谨以此书

献给内蒙古自治区文物考古研究所
成立六十周年

（1954～2014 年）

内蒙古自治区长城资源调查报告
明长城卷

内蒙古自治区文化厅（文物局）
内蒙古自治区文物考古研究所　编著

上　册

文物出版社

封面设计　周小玮
责任校对　赵　宁
责任印制　陈　杰
责任编辑　冯冬梅

图书在版编目（CIP）数据

内蒙古自治区长城资源调查报告·明长城卷/内蒙古
自治区文化厅（文物局），内蒙古自治区文物考古研究
所编著.—北京：文物出版社，2013.11
ISBN 978－7－5010－3866－4

Ⅰ.①内…　Ⅱ.①内…　②内…　Ⅲ.①长城—调查
报告—内蒙古—明代　Ⅳ.①K928.77

中国版本图书馆 CIP 数据核字（2013）第 244298 号

内蒙古自治区长城资源调查报告·明长城卷
内蒙古自治区文化厅（文物局）
内蒙古自治区文物考古研究所　编著

文 物 出 版 社 出 版 发 行
（北京市东直门内北小街 2 号楼　100007）
http：//www.wenwu.com
E-mail：web@ wenwu.com
北京燕泰美术印刷有限责任公司印刷
新 华 书 店 经 销
889×1194　1/16　印张：52
2013 年 11 月第 1 版　2013 年 11 月第 1 次印刷
ISBN 978－7－5010－3866－4　定价：550.00 元

《内蒙古自治区长城资源调查报告·明长城卷》
编纂委员会

主　　任：周纯杰

副 主 任：安泳锝　吴齐文　塔　拉

委　　员：王大方　哈　达　陈永志　李玉春　赵新刚　杨俊杰
　　　　　樊建强　陈雅光　张文平　魏富恒　张宗海　曹佩瑶

主　　编：安泳锝

副 主 编：塔　拉　王大方　张文平（常务）

总 撰 稿：张文平　杨建林

撰　　稿：王仁旺　巴戈那　武俊生　李恩瑞　甄自明　胡春柏
　　　　　张震洲　马登云　杜　斌　翟　禹　郭　勇　霍强胜
　　　　　王永乐

绘　　图：胡春柏　马登云　李　宁　巴戈那　武俊生　李恩瑞
　　　　　刘志博　布　赫　高　平

摄　　影：巴戈那　武俊生　甄自明　冯吉祥　马登云　张旭梅
　　　　　张升华　陈伟才

目　录

下　册

地图·彩图

插图目录

插表目录

地图目录

彩图目录

前　言

　　长城是中华民族悠久历史和文化的代表性建筑，是世界上体量最大的世界文化遗产。近年来，由于各项建设工程的大规模开展以及民众文物保护意识的淡薄，长城正面临着有史以来最为严重的破坏。此次由国家文物局和国家测绘局联合进行的长城资源调查项目，其目的正是通过对长城的全面调查，以加强对该世界文化遗产的保护与研究。

　　目前所知，中国境内最早的长城始建于战国。"战国七雄"之齐、燕、赵、魏、秦五国均修筑有长城，其防卫的对象，或为相邻的他国，或为北方的胡人，是中国境内的早期长城。大规模的长城修筑，始于秦朝。秦始皇统一六国之后，修筑了"起临洮至辽东"的万里长城，以抵御匈奴。此后，西汉、东汉、西晋、北魏、东魏、西魏、北齐、北周、隋、唐、北宋、西夏、金、明等十多个朝代，均有修筑长城的记载，只是规模不等而已。初步统计，中国境内历代长城墙体总长约2万余千米，分布于今天的黑龙江、吉林、辽宁、北京、天津、河北、内蒙古、山西、陕西、宁夏、甘肃、新疆、青海、河南、山东15个省、自治区、直辖市。

　　中国长城的主体是北方长城，即历代中原王朝为抵御北方游牧民族所修建的长城。自然地理学上一般以400毫米降水量线作为干旱区和湿润区的界限。在我国境内，这条降水量线大体处于北纬39°～42°，是农业区与牧业区的自然分界线，实际上形成了一个条形的生态学分界带。在历史上，这条生态学分界带同时又是一条文化分界带，是中国历史上农耕文化与游牧文化的分界带，分界带的标志即是北方长城。历代北方长城的修筑，往往会随着中原王朝与北方游牧政权之间势力的消长而南北移动，移动的范围超出了北纬39°～42°的生态学分界带，大多数在北纬38°～44°，历史与考古学术界往往将这一条形文化分界带惯称为"中国北方长城地带"或"中国北方长城文化带"。

　　从今天的地理范围来看，中国北方长城地带大致东起辽河河套，越太行山脉到达中部的鄂尔多斯高原，西至宁夏—青海文化区。在中国北方长城地带内，长城的修筑经历了三个规模较大的发展阶段：第一阶段是秦汉时期修筑了抵御匈奴的秦汉长城，第二阶段是金朝修筑了抵御北方草原蒙古诸部的金界壕，第三阶段是明王朝修筑了抵御北元蒙古诸部的明长城。

中国北方长城具有特殊的历史意义。可以说，北方长城地带中原农耕文化与北方游牧文化碰撞交融的过程，正是中华民族形成的过程，也是中华文化形成与不断发展的过程。内蒙古自治区地处北方干旱草原与干旱农业的交界地带，历来是草原游牧民族与中原农耕王朝互相争夺的战略要地，也是民族融合和经济文化交流的前沿阵地，从而成为北方长城分布的重点省区。结合史料记载与实地调查，目前可知在内蒙古自治区境内分布有战国燕、战国赵、战国秦、秦、西汉、东汉、北魏、隋、北宋、西夏、金、明等12个时代的长城，墙体总长近8000千米，分布于长城墙体之上及周边的单体建筑、关堡和相关遗存达万余处。内蒙古自治区境内的长城墙体长度占到了全国长城墙体长度的三分之一，是全国拥有长城时代最多、长度最长的省区。

按照国家文物局和国家测绘局的总体部署，2007～2008年，内蒙古自治区率先展开了明长城的调查工作。

第一章
概　述

一　内蒙古自治区明长城分布地区的自然地理与地貌特征

在中华人民共和国的版图上，内蒙古自治区由西南向东北绵延于祖国的北部边疆，西起东经97°12′，东至东经126°04′，南起北纬37°24′，北至北纬53°23′，呈狭长分布，东西直线距离约2400千米，南北跨度约1700千米，总面积118.3万平方千米。地跨中国东北、华北、西北三大区，东与黑龙江省、吉林省、辽宁省接壤，南与河北省、山西省、陕西省及宁夏回族自治区毗邻，西与甘肃省接壤，北与俄罗斯和蒙古国交界，有4200多千米的国境线。

内蒙古自治区的地貌以高原为主，海拔多1000米以上。按照地貌类型，可划分为五大区域，分别为内蒙古高原区、大兴安岭山地和丘陵区、阴山山地和丘陵区、鄂尔多斯高原区、辽嫩平原区。由于地貌复杂，东西跨度较大，内蒙古自治区的气候在以温带大陆性季风气候为主的情况下，兼具降水量少而不均、寒暑变化剧烈、风沙大等特点。全年太阳辐射量由东北向西南递增，降水量由东北向西南递减，境内大部分地区年平均气温0 ℃ ~8 ℃，年平均降水量50 ~450毫米。

内蒙古自治区境内明长城主要分布在内蒙古自治区中西部地区，由东向西跨越乌兰察布市、呼和浩特市、鄂尔多斯市、乌海市和阿拉善盟五个盟市。（地图一、二）由于地理环境不同，长城分布地带的地质地貌及气候类型各有差异。

乌兰察布市和呼和浩特市境内的明长城分布于其南部地区，地质地貌和气候类型大体相同。这一地区为内蒙古高原向黄土高原过渡的边缘地带，地形复杂，丘陵起伏，沟壑纵横，间有高山，海拔多在1000 ~1800米。地处中温带，属大陆性季风气候，四季特征明显。年平均降水量约400毫米，年降雨量集中在7、8、9三个月份。年平均气温约5 ℃，无霜期95 ~145天。

鄂尔多斯市境内的明长城主要分布于鄂托克前旗南部，地处鄂尔多斯高原西南缘，为毛乌素沙地，地势较平缓。此地区属于中温带半干旱大陆性季风气候区，年平均气温7.4 ℃，年平均降水量294毫米，无霜期130天。

乌海市地处北流黄河两岸、贺兰山北端、鄂尔多斯高原西缘，地势东西高中间低，南高北低，平均海拔1150米。黄河由南向北纵穿市区而过，形成了狭长的河滩湿地和农业绿洲。河东有桌子山、甘德尔山和千里山，明长城即分布于这些山地的斜坡或山间平地上，与北流黄河大体平行。此地属中温带大陆性季风气候，为极干旱荒漠区，年平均气温 9.3℃，年平均降水量 162 毫米，无霜期 165 天。

阿拉善盟境内的明长城主要分布于阿拉善左旗与宁夏回族自治区交界地带的贺兰山沿线。贺兰山又名阿拉善乌拉，其东北端与阴山连接，西南与秦岭相连，东侧毗邻宁夏平原，呈南北走向。地形特点是南缓北陡，起伏多悬崖，沟谷狭窄。贺兰山是荒漠和草原的分水岭，山脉阻挡了腾格里沙漠东移，是宁夏平原的天然屏障。这里的明长城主要倚贺兰山脉修筑，或建于奔腾绵延的崇山之间，或建于山脉边缘与宁夏平原交接地带。属中温带半干旱大陆性季风气候，气候干旱，自然条件恶劣。年平均气温 8.3℃，年降水量 64～208 毫米，无霜期 120～180 天。

二　内蒙古自治区明长城修筑历史沿革

有明一代，明蒙关系紧张，北部边防始终是重点。"元人北归，屡谋兴复。永乐迁都北平，三面近塞，正统以后，敌患日多。故终明之世，边防甚重。"[1]为了加强北部边境的防御，明王朝逐渐在北方建立起一套严密的军事防御体系。这套体系以九边为重要军防点，配合沿边都司卫所及长城而形成。杨绍猷形容为"以北京为中心，以九镇为重要军防点，以卫所等为网络，以长城为屏障和阵地，形成北部的严密防线。"[2]长城是这条防线的重要组成部分，累朝修筑，便形成了今天绵延于北方崇山峻岭之中的明万里长城。明长城并非单单一道城墙，还相应地配合墩台、城堡等，明人所谓"城堡以便保聚，墩台以明烽火，边垣以限华夷"[3]，三者相互配合，构成一道横贯万里、纵深几十至数百里的防线。

为了强化防御，明朝将北方防御区划分为九个军镇，即杨绍猷所谓"九镇"，也称"九边"。"其边陲要地称重镇者凡九：曰辽东，曰蓟州，曰宣府，曰大同，曰榆林，曰宁夏，曰甘肃，曰太原，曰固原。皆分统卫所关堡，环列兵戎"[4]，明长城则辖于九边之中。今天分布于内蒙古自治区境内的明长城，明代分别归九边中的大同镇、山西镇（太原镇）、延绥镇（榆林镇）和宁夏镇管辖。其中，乌兰察布市和呼和浩特市境内的明长城归大同镇和山西镇管辖，两镇的分界线在丫角山；鄂尔多斯市准格尔旗东南的明长城归延绥镇管辖；鄂尔多斯市鄂托克前旗、鄂托克旗，乌海市，阿拉善盟阿拉善左旗的明长城归宁夏镇管辖。

明代修筑长城的历史起自洪武朝，止于万历年间，中间历经两百余年，其规模和次数可谓空前绝后。洪武前期，为了加强北平重镇的防卫，明太祖朱元璋曾多次命北平守将征调士卒修筑其北边的关隘，并派兵守御。古北口、居庸关、喜峰口等著名的长城关口，均在这一时期修筑而成。永乐初，明成祖朱棣开始命辽东、宣府、大同等沿边守将筑立墩台、营堡，并开始修筑边墙，此后各边不断修筑增建。

成化年间，河套蒙古兴起，并不断南下侵扰。明朝北方的延绥、宁夏、宣府、大同乃至蓟镇，皆深受其害。在这种形势下，明朝掀起了修边史上的第一个高潮，在陕西、宣大、蓟州等地大规模修筑边墙，重点是河套蒙古南下时首当其冲的延绥、宁夏两镇。

〔1〕《明史》卷九一《兵志三·边防》。

〔2〕杨绍猷：《明朝的边疆政策及其得失》，载马大正主编：《中国历代边疆政策研究》，中国社会科学出版社，1990 年，第191～192 页。

〔3〕〔明〕方逢时：《审时宜酌群议陈要实疏》，载《皇明经世文编》卷三二一。

〔4〕《明史》卷四〇《地理志一》。

弘治时期，达延汗重新统一了蒙古，在对明朝不断进行军事攻击和武力威胁的同时，还发起了政治上的挑衅。面对崛起的北方劲敌，明朝既没有足够的力量来抗御，也缺乏应有的策略以应变，只好继续对甘肃、山西三关、宣大、蓟州等镇在战争中损毁的墙台墩堡进行修葺，并在无墙或边墙低薄、墩堡稀疏之处增筑新的墙台和墩堡。

嘉靖、隆庆时期，明朝再次掀起修边的高潮。这次修边的背景有二：从军事上来说，漠南蒙古强盛，特别是以吉囊、俺答为首的右翼蒙古，由于明朝顽固拒绝其封贡要求而不断南下侵掠，几乎是岁无虚月，月无虚日，以致九边骚动，京师闻警；从政治上而言，明朝最高统治者制定并执行了拒绝通贡、反对民族交往的绝贡固守政策，从而加剧了蒙古的军事进攻。面对进攻，明军无力克敌制胜，只能加强防御，试图将蒙古阻隔在边外。因此修筑边防工事，凭边固守，便成为嘉靖时期北方军事的主要内容。翻开《明实录》，有关修边的记载俯拾皆是。这次修边历时长、范围广，前后延续五十余年，涉及九边各镇，整个长城防御工事得到了一次全面的整修和加固。

万历年间，明蒙之间封贡互市全面展开，和平交往成为双方关系的主流。但明朝只是将封贡互市视为羁縻蒙古的权宜之计，内修战守才是其制御蒙古的根本之策。在这一思想指导下，修边作为政策的主导所在再次展开。这次主要是针对原有的工事进行修缮和加固，多数城堡墩台在这一时期甃以砖石。这是明朝大规模修边的最后一个高潮，也是整个中国长城修筑史的尾声。

以上是明代修边的整体概况，具体到今天内蒙古自治区境内的明长城，情况较为复杂，下面逐一进行介绍。

1. 乌兰察布市和呼和浩特市明长城大边兴废过程

今天，分布于乌兰察布市兴和县、丰镇市、凉城县与呼和浩特市和林格尔县、清水河县境内的这道长城修筑最早，明初被称为大边、极边。关于大边的情况，文献记载较少，具体修筑时间难以确定。洪武六年（1373 年），朱元璋"命大将军徐达等备山西、北平边，谕令各上方略。从淮安侯华云龙言，自永平、蓟州、密云迤西二千余里，关隘百二十有九，皆置戍守。"[1]永乐初年，"自宣府迤西迄山西，缘边皆峻垣深壕，烽堠相接。隘口通车骑者百户守之，通樵牧者甲士十人守之。"[2]这些关隘、边垣、烽堠等，有一部分应该就是今天分布于乌兰察布市和呼和浩特市境内的大边。

《九边考》卷五《大同镇》记载："国初驱除胡虏，筑内外二边墙，各屯兵牧守。膏腴可耕，粮饷亦足。后俱失守，弃为虏地。"[3]这条史料明确表述，在明初的时候修了内、外二边，但并未说明具体的修筑时间。本次调查中，在大边沿线的丰镇市隆盛庄镇双台山上发现了一块石刻题记，其上的刻文大体可辨识，具体释读为："大明洪武二十九年，岁次丙子，四月甲寅吉日，山西行都指挥使司建筑隘口，东山坡至西山坡长二千八十八丈，□□一十一里六□，烟墩三座。"这应该是关于修筑刻文附近这段长城的时间和规模的记载，至少可以说明，早在洪武二十九年（1396 年），这里已经开始修边。

另据《五边典则》记载："永乐十一年十月，山西缘边烟墩成。先是，从江阴侯吴高请，于缘边修筑烟墩。至是，东路自天成卫至榆林口，直抵西忻州卫暖会口，西路自牤牛岭，直抵东胜路，至黄河西对岸灰沟村，烟墩皆成。"[4]此时，大边应已修筑完备，因为这时期随着东胜二卫的内迁，明朝

〔1〕《明史》卷九一《兵志三》。

〔2〕《明史》卷九一《兵志三》。

〔3〕［明］魏焕：《九边考》卷五《大同镇》，载薄音湖、王雄编辑点校：《明代蒙古汉籍史料汇编》第一辑，内蒙古大学出版社，2006 年，第 251 页。

〔4〕［明］徐日久：《五边典则》卷五《宣大总》，载王雄编辑点校：《明代蒙古汉籍史料汇编》第五辑，内蒙古大学出版社，2009 年，第 130 页。

的北边防线逐渐内收，边防营建的重点也在向内收缩。"土木堡之变"（1449 年）之后，经战灾蹂躏，大同地区外部的防御系统几乎全部被摧毁，"正统间，蚵孽间作，于是云川、玉林并入左、右卫，云内、丰州之民悉迁应、朔二州，西边数百里地遂成瓯脱，自是寇患日棘。"〔1〕大边所在的地区逐渐变成了蒙古部的驻牧地。据《重修大边碑记》记载，到了弘治年间，已是"大边荡然"〔2〕。

2. 乌兰察布市和呼和浩特市大同镇所辖明长城二边修筑过程

明初，今内蒙古自治区中南部地区修筑有两道长城，一道是上面介绍的大边，另一道是当时所谓的二边或小边。二边分布于大边之南，大部分地段成为今天的蒙、晋省区分界线，再往南便是大同镇城。今天看到的二边已非明初的二边，它经过明朝中后期的加筑修缮，规模不断扩大，远远超过了大边。

明初，二边的修筑时间和大边差不多，应在洪武、永乐两朝。关于明代大同地区边防设施的沿革，清代学者顾祖禹在《读史方舆纪要》中有如下概述：

大同川原平衍，三面临边，多大举之寇。明初封代藩于此。置大同五卫，大同前、后、左、右卫及忻州卫也；及阳和五卫，阳和、高山、天城、镇房、蔚州卫也，谓之大同迤东五卫；东胜五卫，东胜左、右二卫及玉林、云川、威远三卫也。卫各五千六百人，以屯田戍边。又设大边、二边，以为捍蔽。明初修筑山西烟墩，东路起天成卫北榆林口，直抵忻州暖会口。西路自忻州北牝牛岭，直抵东胜路黄河西岸灰沟村。是时云内、丰州，悉为内境，边围宁谧者数十年。永乐初，东胜二卫移置永平、遵化，自是防维渐疏。正统间，蚵孽间作，于是云川、玉林并入左、右卫，云内、丰州之民悉迁应、朔二州，西边数百里地遂成瓯脱，自是寇患日棘。嘉靖十五年，筑弘赐等内五堡，弘赐、镇川、镇边、镇河、镇房堡是也。二十三年，又筑镇羌等小五堡，镇羌、拒墙、灭胡、迎恩、败胡堡是也。次城靖房，次城威胡，次城新平一带城堡，而全镇之保障稍备。二十五年，增筑边墙，延袤五百余里，西起丫角山，与山西镇老营堡接界，东止李信屯，与宣府西阳河堡接界。三十七年，又增筑云冈等六堡，云冈、云西、红土、黄土、云阳、牛心堡是也。自是以后，增堡缮城、画边置戍益严益密。万历八年，筑大边五百六十余里，又筑三门、马营、桦门等堡，而后绸缪，庶无余策。然初时全算，已失之矣。寻分云中、云东、云西等路，阳和、天城等为东路，右卫、左卫等为中路，平房一带为西路。又得胜等堡为北东路，助马等堡为北西路，仍属中路管辖。又有新平城，仍属东路管辖，而威远路则属中路管辖云。并称险要。而中路之北东路、北西路，尤近寇门；新平孤悬绝塞，界宣、大两镇之冲；平房西连老营，与偏关接壤，为套寇东涉之径，防御尤切云〔3〕。

这段文字大概记述了有明一代大同镇边防设施的沿革。据此，明初，大同镇北就有了大边和二边，以及东、西两路烟墩。永乐时期，随着东胜二卫的内撤，大同北境的防卫开始松懈。到了正统年间，特别是"土木堡之变"之后，边民内迁，防线内收，原来的防戍区成为弃地，大边遭到废弃。嘉靖二十五年（1546 年），西起丫角山老营堡东至李信屯建起了一道边墙，全长五百余里。《宣大山西三镇图说》中的记载与此相同，并且进一步指出了边墙的建造者，"（嘉靖）二十五年，总督翁公万达、巡抚詹公荣增筑边垣，西起丫角山，东止李信屯，延袤五百余里"〔4〕。这次修边主要是对二边的一次大规模加筑增修，此后还有不断修葺，大体形成了今天的规模。

---

〔1〕〔清〕顾祖禹：《读史方舆纪要》卷四四《山西六》。

〔2〕〔清〕胡文烨纂修：《（顺治）云中郡志》，大同市地方志办公室点校本，1988 年，第 514~515 页。

〔3〕〔清〕顾祖禹：《读史方舆纪要》卷四四《山西六》。

〔4〕〔明〕杨时宁：《宣大山西三镇图说》卷二《大同镇总图说》，载薄音湖、王雄编辑点校：《明代蒙古汉籍史料汇编》第二辑，内蒙古大学出版社，2000 年，第 313 页。

3. 乌兰察布市和呼和浩特市山西镇所辖明长城二边修筑过程

关于明代山西镇所辖长城，《宁武府志》中有这样一段记载：

偏头关之地，东连丫角山，西接黄河……大边在关北一百二十里。成化三年总兵王玺复于关北六十里，起老营丫角墩，至老牛湾，筑墙二百四十里，号为"二边"。嘉靖九年，总兵李瑾又于关东北三十里，起石儿庙至石梯墩，号为"三边"……大边墩自窑子头起，至小口子堡止，共十六座。明宣德九年，都督李谦筑。嘉靖初犹存，今皆废为草地，在红门口外六十里[1]。

这段文字大概介绍了山西镇北部的三条长城，即大边、二边和三边，它们与偏头关的方位及距离分别为，大边南距偏头关一百二十里，二边南距偏头关六十里，三边南距偏头关三十里。根据分布范围来看，这里所说的大边就是今天分布于乌兰察布市、呼和浩特市境内的本次调查中命名为大边的长城；二边就是今天分布于蒙、晋省区界线上的本次调查中命名为二边的长城；三边分布在今山西省境内。

根据上述记载，二边修建于成化三年（1467年），修建者为总兵王玺。而《三关志》的记载与此稍有差异，修建时间前提了一年，"关北六十里，起老营丫角墩接忻州至黄河老牛湾，南折河岸，抵石梯隘，延袤二百四十里。成化二年，总兵王玺修之。成化二十二年，兵备副使郝志义重修之。"[2]《三关志》成书于明代，当代人记当代事，似更可信。此后，至嘉靖和万历年间，明朝政府又对二边作了一些增筑修葺。

4. 鄂尔多斯市准格尔旗延绥镇所辖明长城修筑过程

鄂尔多斯市准格尔旗东南部有一段明长城，东起自龙口镇大占村黄河西岸，与山西省河曲县境内的明长城隔河相望，向西经竹里台村，进入陕西省府谷县，准格尔旗境内的这段明长城长585米。

延绥镇长城的最早修筑时间在明成化七年至十年（1471～1474年），由余子俊完成。隆庆四年至六年（1570～1572年），神木兵备道副使张守中对延绥东路的长城进行了加固维修，修筑边墙、城堡、墩台，务期坚固垂久。经过张守中的加固维修，这段长城基本成形。

万历元年后至明末，延绥镇明长城进行了几次包砖及清除淤沙的工程，不过准格尔旗境内的这段长城未见包砖痕迹。

5. 鄂尔多斯市、乌海市和阿拉善盟宁夏镇所辖明长城修筑过程

鄂尔多斯市鄂托克前旗、乌海市、阿拉善盟阿拉善左旗境内的明长城，在明代均归宁夏镇管辖。在明代，宁夏镇的防区划分为东、中、北、西、南五路。鄂托克前旗境内的明长城分布在当时的河东地区，归中路和东路；乌海市境内的明长城分布在北流黄河东岸，归南路和北路；阿拉善左旗境内的明长城分布在贺兰山南缘，归南路和西路。下面为论述方便，以宁夏镇为单位，统一对这几个地区的明长城修筑过程进行阐述。

宁夏镇长城的修筑可分为四个阶段：

①始建阶段（明初至天顺）

这一阶段，宁夏镇长城的修筑刚刚起步，主要集中在关隘、烽火台、营堡之上，大多由总兵官史钊完成。据《嘉靖宁夏新志》记载："史钊，右都督，宣德七年镇守……然置斥堠、建关隘，至今利之。"[3]《明史》亦记载，宁夏总兵官史昭（即史钊）言："所辖屯堡，俱在河外，自河迤东至察罕脑

---

〔1〕 ［清］周景柱：《宁武府志》卷一，载山西省宁武县地方史志编纂委员会：《宁武旧志集成》，巴蜀书社，2010年。

〔2〕 ［明］廖希颜：《三关志》，载嘉靖二十四年刻本。

〔3〕 《嘉靖宁夏新志》卷二《宁夏总镇（续）》，第105页。

儿，抵绥德州，沙漠旷远，并无守备。请于花马池筑哨马营。"[1]史钏修筑的长城，除明确记载哨马营建于河东花马池外，其他建筑位于何地，语焉不详。据艾冲考证，"至于所建关隘的地理位置，从当时军事态势和自然地形分析，必定分布在贺兰山一线……同时，瞭望台、烽火台也在诸山口附近的山上出现。"[2]

此后，至天顺年间，又陆续增添了一些营堡，如西路的广武营和东路的兴武营等。

②形成阶段（成化至正德年间）

成化之后，河套蒙古兴起，宁夏屡遭侵扰，防御工事的修筑显得愈为重要。

成化二年（1466年），宁夏总兵官广义伯吴琮等奏："修筑宁夏三路墩台三十五座，营堡十有七座，关墙沟堑四百五十三处，共长六千四百四十六丈有奇。"[3]

成化十年（1474年），河东边墙修筑完工。此边墙"自黄沙嘴起至花马池止，长三百八十七里。成化十年，都御史余子俊奏筑，巡抚都御史徐廷章、总兵官范瑾力举而成之者。"[4]该段边墙在历史上被称为"河东墙"，也就是今天分布在鄂托克前旗境内的"二道边"。

成化十二年至十九年（1476～1483年），宁夏巡抚贾俊任职期间，主持修建了"城西南墙"和"沿河边墙"。城西南墙，"自双山南起，至广武界止，长一百余里。成化间，巡抚都御史贾俊奏筑。"[5]这段边墙属宁夏西路，大致在今宁夏回族自治区青铜峡市境内。沿河边墙，成化十五年（1479年）筑[6]，在今宁夏回族自治区陶乐县境内的黄河东岸，南连横城堡的"河东墙"，北端隔黄河与西路的镇远关相望。此外，在修筑"沿河边墙"的同时，又加固了西路永安墩至西沙嘴的旧墙[7]。这三段边墙的修筑或加固，把宁夏镇境内的长城连为一气，"宁夏镇长城全线建立，东起花马池营东界，几经曲折，西达中卫镇关墩黄河北岸。"[8]

弘治时，巡抚张贞叔、王珣在河东墙外添挖了4.4万眼"品"字形坑，以加强防御[9]。

到了正德初年，徐廷章、范瑾主持修建的河东墙日渐颓废，防御作用大大降低。时任陕西三边总制的杨一清对此极为关注，正德二年（1507年），便着手加固河东墙。"将旧墙内外帮筑，高厚各二丈，收顶一丈二尺；两面俱筑垛墙，高五尺，连墙共高二丈五尺……墙外每里填筑敌台三座，每座相隔一百二十步；底阔周围四丈五尺，收顶周围二丈二尺，上盖暖铺一间……墙外壕堑，挑浚深二丈，口阔二丈二尺，底阔一丈五尺。"[10]修复工程开工不久，杨一清便因刘瑾陷害而以疾乞退，工程随之停止，竣工的边墙仅四十余里。

③大规模建设阶段（嘉靖年间）

成化至正德年间，奠定了宁夏镇防御工事的基础，嘉靖年间是大规模增修、加固的时期。

嘉靖七年（1528年），朝廷派兵部侍郎王廷相提督延绥、宁夏军务，主持重修边墙，但收效甚微[11]。

〔1〕《明史》卷九一《兵志三·边防》。
〔2〕艾冲：《明代陕西四镇长城》，陕西师范大学出版社，1990年，第64～65页。
〔3〕《明宪宗实录》卷三七"成化二年十二月丙午"。
〔4〕《嘉靖宁夏新志》卷一《宁夏总镇》，第19页。
〔5〕《嘉靖宁夏新志》卷一《宁夏总镇·边防》，第20页。
〔6〕《明宪宗实录》卷一九七"成化十五年十一月丁未"。
〔7〕《明宪宗实录》卷一九七"成化十五年十一月丁未"。
〔8〕艾冲：《明代陕西四镇长城》，陕西师范大学出版社，1990年，第70页。
〔9〕参见《弘治宁夏新志》卷一《宁夏总镇·边防》。
〔10〕［明］杨一清：《为经理要害边防保固疆场事》，载《皇明经世文编》卷一一六。
〔11〕《明世宗实录》卷八六"嘉靖七年三月壬申"。

嘉靖九年（1530 年），陕西三边总制王琼为“防护盐池，以通盐利”，在宁夏花马池与延绥定边相接的地方挑挖壕堑六十里[1]。后发现挑挖的壕堑“真如天险，可资保障”，上书朝廷“宜于花马西北至横城堡通计一百六十里尽力挑挖，庶无空隙。”[2]王琼的修边计划于嘉靖十年（1531 年）春三月实施，至秋九月完工，完成后的工程“堑，深、广皆二丈；堤垒，高一丈，广三丈。沙土易圮处，则为墙，高者二丈余有差，而堑制视以深浅焉。关门四：清水、兴武、安定，以营堡名。在花马池营东者，为喉襟总要，则题曰‘长城关’……毛卜刺堡设暗门一。又视夷险，三里、五里，置周庐敌台若干所，皆设戍二十人，乘城哨守。击刺射蔽之器咸具。”[3]时人形象地将王琼挑挖的这道壕堑称为“深沟高垒”。嘉靖九年，在花马池与延绥定边相接的地方挑挖的壕堑因在花马池城北六十步处设关门一座，其上建有关楼，称为东关门，所以，这段壕堑也被称作“东关门墙”或“东关门”。

王琼之后，唐龙继任三边总制。嘉靖十四年（1535 年）三月，宁夏镇巡官都御史张文魁上奏，蒙古部主吉囊、俺答等纠集大众在河西、花马池等处驻牧，意图侵扰宁夏，建议按照杨一清所议修筑兴武营及延绥干沟一带的边墙，得到了朝廷的认可，由总制唐龙及各督抚筹划实施[4]。到第二年正月，花马池缮修边墙完工[5]。唐龙这次修边主要是对前人修筑边墙的维护。

嘉靖十五年（1536 年），因兴武营一带七十余里的边墙修筑不坚，总制刘天和上书朝廷策划加固[6]。第二年，沿边墙内外挑挖壕堑各一道，长五十三里二分，深一丈五尺，阔一丈八尺[7]。同年，刘天和又从横城至南山口（延绥定边营附近）奏筑堤垒一道，与这一带不断修筑的壕墙并行，构成重险[8]。

嘉靖二十三年至二十五年（1544～1546 年），张衍总制任内，从花马池至安定堡间，沿原旧墩铺空内奏筑增添敌台 263 座，帮筑 417 座[9]。

以上介绍的是宁夏河东地区的修筑情况，再来看看宁夏北境。早在宣德年间，宁夏北境就有长城出现，即“镇远关边墙”，又称“旧北长城”。镇远关边墙横亘于贺兰山尾和黄河之间，“实宁夏北境极要之地。”[10]嘉靖十年（1531 年），王琼委派齐之鸾修筑了北关门长城，西起贺兰山枣儿沟，东经沙湖而达黄河，全长四十多里[11]。北关门长城竣工之后，其北的镇远关边墙被完全放弃，同时放弃的还有镇远关至北关门之间的八十多里的防地。对此，时人多有非议。嘉靖十五年（1536 年），总制刘天和修复了外边长城，即镇远关边墙，同时修复的还有“沿河边墙”。“（嘉靖）十五年，总制刘（天和）修复外边防守，在黄河东与外边对岸处修筑长堤一道，顺河直抵横城大边墙，以截套虏自东过河以入宁夏之路。”[12]新筑的这道长堤后世称为“陶乐长堤”，即今乌海市境内的明长城。

在宁夏西境，嘉靖十年（1531 年）由齐之鸾督理，北起赤木口，南抵大坝堡，修筑了一道长堑，

---

〔1〕《嘉靖宁夏新志》中记载为五十四里，参见《嘉靖宁夏新志》卷三《所属各地》，宁夏人民出版社，1982 年，第 247 页。

〔2〕《明世宗实录》卷一一八“嘉靖九年十月甲申”。

〔3〕《嘉靖宁夏新志》卷三《所属各地·宁夏后卫》，宁夏人民出版社，1982 年，第 248 页。

〔4〕《明世宗实录》卷一七三“嘉靖十四年三月甲申”。

〔5〕《明世宗实录》卷一八三“嘉靖十五年正月丁丑”。

〔6〕《明世宗实录》卷一九〇“嘉靖十五年八月辛丑”。

〔7〕《嘉靖宁夏新志》卷一《宁夏总镇·边防》，第 20 页。

〔8〕［明］魏焕：《巡边总论三·论边墙》，载《皇明经世文编》卷二五〇，第 2629 页。

〔9〕［明］张衍：《上边防事宜疏》，载《皇明经世文编》卷一九六，第 2022 页。

〔10〕《嘉靖宁夏新志》卷一《宁夏总镇·关隘》，第 15 页。

〔11〕《嘉靖宁夏新志》卷一《宁夏总镇·北路平虏城》，第 90 页。

〔12〕［明］魏焕：《九边考》卷八《宁夏镇》，载薄音湖、王维编辑点校：《明代蒙古汉籍史料汇编》第一辑，内蒙古大学出版社，2006 年，第 256～257 页。

全长八十余里，但是它几乎没有起到任何防护作用。"成未月余，风扬沙塞，数日悉平。仍责令杨显、平羌、邵纲、玉泉四堡，时加挑浚。然随挑随淤，人不堪其困苦。巡抚、都御史杨志学奏弃之，四堡始绥。"[1]嘉靖十九年（1540年）巡抚杨守礼、总兵官任杰又命副总兵陶希泉和佥事督粮官孟霖督修赤木口关墙，8月完工[2]。嘉靖三十六年（1557年），陕西三边总督贾应春、巡抚王梦弼等人又对赤木口关墙进行了修补[3]。经过这两次修筑，赤木口关墙成为贺兰山诸山口中最大的关墙，称为"西关门墙"。

嘉靖十七年（1538年），巡抚都御史吴恺将贺兰山诸山口中除赤木口外的所有关墙整修一新。"卷查嘉靖十七年八月，内该前任都御史吴恺具奏，动支无碍脏罚银两，将汝箕、大风、小风、归德、镇北、宿嵬、黄峡等口，陆续修完。又经奏请，发银四万两，专一修理关口，不许别项支用在库。"[4]

④重建和修补阶段（隆庆至万历年间）

嘉靖四十年（1561年）六月，以宁夏为震中发生大地震，"山西太原、大同等府，陕西榆林、宁夏、固原等处各地震有声，宁、固尤甚。城垣、墩台、房屋皆摇塌。地裂，涌出黑黄沙水，压死军人无算，坏广武、红寺等城。"[5]大地震对宁夏的防御工事造成极大破坏，此后隆庆、万历两朝基本上都在进行着修复工作，不再有新的建树。据《明实录》记载，直到隆庆六年（1572年）才将河东墙修复完毕[6]。贺兰山诸山口关墙的修复，则一直持续至万历三十七年（1609年）[7]。

万历初年，为防止河水泛毁，宁夏巡抚罗凤翔将横城以北、西到河堰长七十五丈的一段土墙改建为石墙[8]。万历三十五年（1607年），宁夏巡抚黄嘉善对这段墙体继续甃石维修。第二年，黄嘉善于安定堡一带沙涨处仿效云中台式，修建跨墙砖石券甃敌台四座[9]。

三　内蒙古自治区明长城以往调查情况

长城作为中华民族重要的历史文化遗产，历来备受关注。内蒙古自治区境内的明长城，在第一、二次全国文物普查中均做过调查。20世纪50年代和80年代，国家分别开展了第一次和第二次全国文物普查，对全国的不可移动文物进行了初步的摸底清查。在内蒙古自治区各级文物部门的努力之下，通过这两次普查，基本掌握了自治区境内明长城的分布和走向。2003年，《中国文物地图集·内蒙古自治区分册》出版，其中有专门章节介绍内蒙古自治区境内的明长城。但在这两次文物普查中，均未开展长城方面的专项调查，兼之调查条件和认识水平有限，有相当一部分长城的情况尚未梳理清楚，调查资料也很分散，缺乏系统地整理汇总成果。

除国家组织的普查之外，一些团体和个人爱好者亦对内蒙古自治区境内的长城做过调查，但多偏

〔1〕《嘉靖宁夏新志》卷一《宁夏总镇·南路邵刚堡》，第85页。
〔2〕《嘉靖宁夏新志》卷一《宁夏总镇·南路邵刚堡》，第86页。
〔3〕《明世宗实录》卷四五二"嘉靖三十六年十月丁亥"。
〔4〕《嘉靖宁夏新志》卷一《宁夏总镇·北路平虏城》，第93页。
〔5〕《明世宗实录》卷四九八"嘉靖四十年六月壬申"。
〔6〕《明神宗实录》卷五"隆庆六年九月丙戌"。
〔7〕今宁夏贺兰县贺兰村贺兰沟沟谷南侧的石壁上有一方摩崖石刻，为万历三十七年（1609年）重修贺兰口时所刻。参见华夏子：《明长城考实》，档案出版社，1988年，第256页。
〔8〕[明]杨寿编撰：《万历朔方新志》卷二，载吴忠礼主编：《宁夏历代方志萃编》（第三函），天津古籍出版社，1988年，第86页。
〔9〕[明]杨寿编撰：《万历朔方新志》卷二，载吴忠礼主编：《宁夏历代方志萃编》（第三函），天津古籍出版社，1988年，第88页。

重于明以前的长城，对明长城的关注相对较少。1984～1985 年，化名为"华夏子"的三个年轻人（董耀会、吴德玉、张元华）从山海关出发，历时五百多天，徒步考察了明长城，随后写成了《明长城考实》[1]一书，对明长城的建制沿革、各省所辖明长城等情况予以较为全面系统的介绍，其中即包含有内蒙古自治区境内的明长城。20 世纪 80 年代，呼和浩特市清水河县的长城爱好者高旺对清水河县境内的明长城做过调查，调查成果反映在其著作《内蒙古长城史话》[2]一书中。

四 本次长城资源调查的背景和实施情况

此次长城资源调查工作是在国家的统一部署下开展的。2006 年 10 月，国务院正式颁布了《长城保护条例》。同年，国家文物局印发《"长城保护工程（2005～2014 年）"总体工作方案》，明确了长城保护工程的总任务和总目标，并决定于 2007～2010 年全面开展长城资源调查工作。2007～2008 年，内蒙古自治区率先开展了明长城的调查工作。

（一）组织领导与人员配备情况

根据国家的统一部署，按照《全国长城资源调查管理办法》、《全国长城资源调查工作总体方案》的有关规定，2007 年 3 月，经内蒙古自治区文物局与内蒙古自治区国土资源厅研究，决定成立内蒙古自治区长城资源调查领导小组和内蒙古自治区长城资源调查项目办公室。

内蒙古自治区长城资源调查领导小组负责研究解决自治区长城资源调查工作中的重大问题，确定自治区长城资源调查的指导原则和工作方针，决策有关重大事项。领导小组组长由自治区文化厅副厅长、自治区文物局局长刘兆和及自治区国土资源厅副厅长杨仁选担任。

内蒙古自治区长城资源调查项目办公室负责组织协调各有关部门实施长城资源调查工作，组织项目有关单位制定工作方案，督办自治区长城资源调查工作的进度计划和质量控制，协调解决自治区与相邻省区在长城资源调查工作中的有关问题。项目办公室主任由自治区文化厅文物处处长王大方和自治区国土资源厅测绘管理处处长李玉春担任。

领导小组和项目办公室的组成人员，主要是自治区和各盟市文物、测绘部门的分管领导。因此，随着分管领导的变动，领导小组和项目办公室的组成人员也会做出相应的调整。2007 年底，自治区文物局局长刘兆和卸任，2008 年，自治区长城资源调查领导小组组长改由自治区文化厅厅长王志诚担任。自 2009 年 6 月起，自治区长城资源调查领导小组组长由自治区文化厅副厅长安泳锝担任。

自治区长城资源调查项目办公室在自治区文物考古研究所设立了自治区长城资源调查项目组，作为日常工作机构，负责落实领导小组及项目办公室部署的有关工作，完成长城资源调查和测绘的各项工作任务。项目组组长为自治区文物考古研究所所长塔拉，副组长兼总领队为自治区文物考古研究所第二研究室主任张文平。

自治区测绘事业局将长城资源调查的具体业务工作交由下属单位自治区航空遥感测绘院完成。

自治区长城资源调查项目组基本上以盟市为单位，统一组建各支长城调查队。调查队依照项目办公室和项目组的部署，具体实施长城资源调查和测绘的各项工作任务，负责野外调查、室内整理、报

---

〔1〕 华夏子：《明长城考实》，档案出版社，1988 年。

〔2〕 高旺：《内蒙古长城史话》，内蒙古人民出版社，1991 年。

告编写等各项具体工作。调查队实行队长负责制，队长制定工作计划，调配队员开展工作。调查工作坚持科学、求真、务实的精神，确保调查数据和资料真实、可靠、有效。

此次明长城资源调查，自治区长城资源调查项目组共组建了五支调查队，每队有队长1名，队员均在8名以上。队长均是自治区文物考古研究所及盟市文物考古部门多年从事野外考古工作的业务骨干，调查队员主要从自治区文物考古研究所、自治区航空遥感测绘院和各盟市、旗县文物部门抽调。内蒙古大学历史与旅游文化学院积极参与，派部分大学本科生和硕士研究生参加了调查工作。

五支明长城资源调查队的具体人员组成情况如下：

①乌兰察布市长城资源调查队

队长：李恩瑞（乌兰察布市博物馆　馆员）

队员：马登云、王继军、张强、郝晓菲、张升华、陈伟才、李华、张三平、于宏剑、王多军、于洋、刘志强、包晓强、侯建颖、杨帆、许慧君、杨建林、张巨才、宋磊、白青海、海波。其中，白青海、海波为测绘人员。

②呼和浩特市长城资源调查队

队长：王仁旺（内蒙古自治区文物考古研究所　副研究员）

队员：冯吉祥、霍强胜、李威、刘志博、郭勇、翟禹、杨国华、张鑫、黎男、景丽萍、国海占、王永乐、齐纬、孟凯。其中，孟凯为测绘人员。

③鄂尔多斯市长城资源调查队

队长：甄自明（鄂尔多斯市青铜器博物馆　馆员）

队员：张旭梅、马俊、高平、刘伟、陈琪、乌拉、李祥勇、布赫、马登云、杨建林、郭如宝。其中，郭如宝为测绘人员。

④乌海市长城资源调查队

队长：武俊生（乌海市博物馆　馆员）

队员：李雪飞、吴蕾、刘丽、孟睿、刘军、张震洲、马登云、马文明、刘建军。其中，刘建军为测绘人员。

⑤阿拉善盟长城资源调查队

队长：巴戈那（阿拉善博物馆　副研究员）

队员：张震洲、草格图、朱浩、牛长立、李铁柱、梁媛媛、胜利、王志明。其中，王志明为测绘人员。

（二）田野调查工作情况

为确保调查工作的顺利开展和有序进行，在进入野外工作之前，自治区长城资源调查项目组预先确定了调查范围、技术路线、工作流程、方法步骤和进度安排。以此为准，各队展开野外工作。

1. 确定调查范围

包括自治区辖区内调查范围、自治区与相邻省区调查范围的划定两项内容。

（1）内蒙古自治区辖区内调查范围的划定

五支明长城资源调查队各自负责的调查范围，具体划分如下：

①乌兰察布市长城资源调查队：主要负责调查乌兰察布市、呼和浩特市境内的明长城大边。此段边墙自东向西分布于乌兰察布市兴和县、丰镇市、凉城县与呼和浩特市和林格尔县、清水河县境内。历史上这是明朝在大同镇、山西镇北部修筑的最北的一道边墙，史籍称作"大边"或"极边"。

②呼和浩特市长城资源调查队：主要负责调查乌兰察布市、呼和浩特市境内内蒙古自治区与山西省交界处的明长城。这道长城北距大边2~50千米，史籍称作"二边"。后来一些地方志和民间站在长城以北的立场上，将南面雄伟的二边称作"大边"或"头道边"，而将北面的大边称作"二道边"、"次边"，甚至还有部分墙体被称作"三道边"。这里均采用历史上的名称。

③鄂尔多斯市长城资源调查队：主要负责调查分布于鄂尔多斯市鄂托克前旗南部的内蒙古自治区与宁夏回族自治区交界处的明长城。此处的明长城共有两道，一南一北，基本呈平行走向。北面的长城主要筑成于明成化年间，史籍称作"成化边墙"，民间俗称"二道边"；南面的长城主要筑成于明嘉靖年间，现在是内蒙古自治区与宁夏回族自治区的区界线，史籍称作"嘉靖边墙"，民间俗称"头道边"。此外，还负责调查鄂尔多斯市鄂托克旗境内的几座明代烽火台和准格尔旗东南部一段归延绥镇管辖的明长城。

④乌海市长城资源调查队：主要负责调查分布于乌海市海南区黄河东岸的明长城。这道长城在历史上被称为"陶乐长堤"。

⑤阿拉善盟长城资源调查队：主要负责调查阿拉善盟阿拉善左旗境内的内蒙古自治区与宁夏回族自治区交界处的明长城，以及该道长城西面与之基本呈平行走向的另一道明长城。两道长城大体同时修筑，民间分别俗称"大边"和"二边"。

（2）内蒙古自治区与相邻省区调查范围的划定

内蒙古自治区与山西省、宁夏回族自治区涉及以明长城作为双方省区界的情况，经双方协商，均达成了分工调查的口头或书面协议，具体如下：

①内蒙古自治区文物局与山西省文物局协议。对于内蒙古自治区与山西省作为省区界的明长城二边，经双方友好协商，达成了分工调查的口头协议。具体是，以山西省左云县和右玉县在二边上的县界点（东经112°37′02.70″，北纬40°14′17.90″）为基点，以东部分归山西省调查，以西至黄河东岸部分归内蒙古自治区调查。双方的调查范围均包括主体长城两侧内蒙古自治区与山西省境内的附属墙体和单体建筑等。

②内蒙古自治区文物局与宁夏回族自治区文物局协议。经双方反复协商，2007年6月27日，内蒙古自治区文物局、内蒙古自治区测绘事业局与宁夏回族自治区文物局、宁夏回族自治区测绘局在呼和浩特共同商定双方区界长城分工调查的书面协议。协议具体内容包括：内蒙古自治区鄂托克前旗与宁夏回族自治区交界的明长城头道边及鄂托克前旗境内的二道边，鉴于两者距离较近，不再拆分调查，以东经106°45′为界，东至东经107°03′45″由内蒙古调查自治区，东经106°45′以西由宁夏回族自治区调查。内蒙古自治区阿拉善左旗与宁夏回族自治区交界的明长城，北纬38°05′~38°20′由内蒙古自治区调查，以南由宁夏回族自治区调查。鄂托克前旗境内明长城二道边宁夏回族自治区调查部分，所发生经费全部由宁夏回族自治区承担，遗存编号须采用鄂托克前旗行政代码。双方确认的调查范围，只是双方商定的业务分工，不涉及两区的行政区划问题，调查资料双方可共享。

2. 确定技术路线和工作流程

（1）技术路线

本次长城资源调查依据国家文物局与国家测绘局联合制定的相关标准规范，实行调查与测绘同步、严格数据整合程序的技术路线。

调查对象包括长城本体、附属设施和相关遗存等。调查要素包括时代、行政区划、地理坐标、建筑形式、结构、走向、长度、保存状况与病害记录、自然与人文环境、保护管理状况等。调查记录包括文字、影像、图纸、拓片、摹本、编码、定名在内的全部长城资料信息。

（2）工作流程

具体工作流程如下：

第一，前期准备

利用早期文物普查资料结合有关文献资料，在1∶50000地形图上标注长城走向，初步确定长城的位置，形成1∶50000长城资源调查工作计划用图；并以此为基础，划分调查区域。

按照国家文物局关于以长城为界的省区开展长城资源调查工作的分工原则，通过协商划定内蒙古自治区与宁夏回族自治区、山西省交界的明长城调查范围。

第二，现场确认

利用1∶50000地形图、1∶10000和1∶50000航摄图像作为工作用图，通过查阅已有普查资料和各类文献史料，结合走访群众、实地调研等方法，现场确认调查对象，并标绘到地形图和航摄图像上。

第三，数据采集

利用GPS等设备采集相关数据。原始数据作为日后数据整合的资料，不得随意删改和丢弃。

第四，调查记录

调查人员需每天填写调查日志。对调查对象进行文字记录，并填写长城资源调查登记表，记录长城及其附属设施影像、图纸、拓片、摹本等资料。

第五，数据校核

按规定精度要求，对所采集的GPS数据及其他测量数据进行校核、保存和记录。

第六，临时归卷

调查人员将原始文字及数据资料，交由各长城资源调查队专门资料管理人员归卷管理。

第七，资料数据整理

在外业调查的基础上，完善文字记录，并提取有效GPS数据进行初步整合。

第八，建立档案

对调查资料进行汇总，利用调查成果建立长城记录档案。对测量与采集的各方面数据，进行临时归卷，并对资料进行整理、汇总、校核、制表。同时进行复查，校正、核对各类数据资料。

3. 方法步骤与进度安排

（1）方法步骤

①按照《"长城保护工程（2005～2014年）"总体工作方案》和《全国长城资源调查工作总体方案》的要求，内蒙古自治区文物局与内蒙古自治区测绘事业局共同制定内蒙古自治区明长城调查的工作实施方案与年度计划。

②根据已有工作成果，内蒙古自治区文物局和内蒙古自治区测绘事业局共同做好基于1∶50000地形图的明长城本体位置标绘工作，作为长城资源调查计划用图。自治区文物局负责长城本体标识与核对，自治区测绘事业局负责标绘。

③内蒙古自治区长城资源调查项目办公室负责组织对调查人员进行全员培训。内容为调查、测量及数据采集整合的技术方法，形式包括室内和现场培训。

④统一组队调查，统一调配人员。鼓励社会力量参与。

⑤以县级行政区划为调查单元，分段调查。根据各自任务分工，协作开展田野调查测量、专题要素数据生产、数据采集与汇总等方面工作。跨省区长城资源调查，具体分段与邻省区协商解决。

⑥按照1∶10000的成图精度，采用数字摄影测量方法，进行像控点测量、外业调绘与内业数据采集，完成长城长度测量与长城基础地理信息数据和长城专题要素数据采集。

⑦建立长城资料档案，编制长城记录档案，出版调查报告，整合长城资源调查与测量数据，创建长城资源信息系统。

⑧共同制定长城资源调查宣传工作方案，并组织实施。

（2）进度安排

明长城资源调查分野外调查、资料整理和资料复查三个阶段。

2007年4～11月，完成明长城的田野调查工作。

2007年12月～2008年12月，完成明长城调查的室内资料整理工作。

2009年1～4月，完成明长城调查的资料复查工作。

4. 主要工作过程

（1）野外调查

2007年4月20日，举办了内蒙古自治区长城资源调查启动仪式。根据自治区文物局的部署，在自治区长城资源调查项目办公室的直接领导下，各支明长城调查队陆续开展了野外调查工作。

2007年5～10月，五支明长城调查队全面投入野外工作，并基本完成预定的调查任务。

2008年夏，根据国家长城资源调查项目组对明长城调查的新精神、新要求，以及室内资料整理期间反映的新问题，各明长城调查队对部分地段明长城进行了野外复查工作。

（2）室内整理与检查验收

2008年2～4月，内蒙古自治区长城资源调查项目组组织五支明长城调查队的主要成员，在察哈尔右前旗集宁路工作站对明长城田野调查资料进行集中整理。首要任务是解决部分墙体分段过长的问题。各调查队根据所采集的GPS点，结合野外调查的实际情况，按照国家长城资源调查工作项目组拟订的"以1000米左右为宜，最长不超过3000米"的分段标准，对较长的墙体段落重新作了划分，并对所填的调查登记表进行了系统的调整和修改。此外，各调查队还根据野外调查的草图、GPS采集点数据以及文字记录，用CAD制图软件为所调查的每一段墙体补绘了示意图，并对每一小段的保存状况、长度以及重要特征点作了准确而详细的标注。

2008年11月上旬，各明长城调查队集中在呼和浩特市，对明长城墙体调查登记表进行了全面的自检工作。11月12日，国家明长城资源调查资料检查验收组来呼和浩特市，抽查了内蒙古自治区明长城墙体调查资料86份，占526份墙体表格的16%，全部合格。内蒙古自治区明长城资源调查墙体方面的资料，通过了国家第一阶段的检查验收。

2008年12月，内蒙古自治区长城资源调查项目组组织各明长城调查队，在察哈尔右前旗庙子沟工作站进行为期一个月的资料整理和工作报告、调查报告的初步编写工作。

2009年2～4月，内蒙古自治区长城资源调查项目组成立了由内蒙古自治区文物考古研究所相关专家、项目组成员和五支明长城资源调查队队长组成的内蒙古自治区明长城资源调查资料检查验收组，对自治区明长城调查资料进行了全面的检查验收，验收结论为合格。

2009年4月25～27日，国家明长城资源调查资料检查验收组对内蒙古自治区明长城资源调查资料作了全面检查验收。国家检查验收组依据《长城资源调查工作手册》及《长城资源调查资料全面检查验收规定》，抽检了内蒙古自治区2004份明长城资源调查登记表中的215份，抽检率为11%。国家检查验收组专家通过抽检认为，内蒙古自治区明长城调查资料登录内容齐全，各项记录基本准确，达到了登录要求，符合《长城资源调查资料全面检查验收规定》的要求，达到了国家的验收标准，验收结论为合格。

5. 主要成果数据

此次明长城资源调查，投入的人力、物力均为历史之最，取得了显著的成果，完全掌握了内蒙古自治区境内明长城本体、附属设施及相关遗存的分布走向、保存现状、周边自然人文环境等信息，同时采集了大量文物标本，为内蒙古自治区明长城的研究和保护提供了详尽的第一手资料。

据本次调查中文物部门的统计，内蒙古自治区境内明长城总长706332.6米。按墙体类别统计，土墙502334.6米，石墙34749米，山险4286米，山险墙24813米，壕堑7650米，消失墙体132500米。长城沿线有敌台670座、马面366座、墙体其他建筑5处、烽火台391座、营1座、堡23座、相关遗存17处（挡马墙8段、砖窑2处、采石场2处、碑碣2通、石刻2处、居住址1处）。

第二章

乌兰察布市、呼和浩特市明长城大边

这部分长城由乌兰察布市明长城资源调查队调查，除调查了分布于乌兰察布市、呼和浩特市境内的大边长城外，还调查了兴和县境内分布于大边与二边之间的一段支线。调查墙体总长 292004.5 米，划分为 220 段，沿线有敌台 48 座、烽火台 103 座、堡 2 座、相关遗存 1 处（隆盛庄石刻题记）。具体情况如下表所示。（表一）

表一　乌兰察布市、呼和浩特市明长城大边数据简表

分布行政区域 ＼ 长城资源		长城本体			附属设施		相关遗存
		墙体（米）	敌台（座）	马面（座）	烽火台（座）	关堡（座）	
乌兰察布市	兴和县	50645	24	0	12	0	0
	丰镇市	70352.5	4	0	16	0	石刻1处
	凉城县	80572	6	0	33	0	0
呼和浩特市	和林格尔县	50267	13	0	13	1	0
	清水河县	40168	1	0	29	1	0
总计		292004.5	48	0	103	2	1

一　分布与走向

乌兰察布市和呼和浩特市境内的大边东起乌兰察布市兴和县店子镇南口村，西至呼和浩特市清水河县黄河东岸，由东向西穿越乌兰察布市兴和县、丰镇市、凉城县与呼和浩特市和林格尔县、清水河县，基本为东北－西南走向，具体分布和走向如下：

（一）乌兰察布市兴和县

明长城大边墙体东端起自兴和县店子镇南口村西北 1.8 千米大边与二边相交处，交点处建有一座敌台。向西南延伸，至兴和县五台山向西北急折，抵头道边村又折向西南，经店子镇牧厂沟村、双墩

梁村、山岔沟村，沿葛胡窑村南，过苏木山折向西北，经三道边村，直奔平顶山而上，到达丰镇市浑源窑乡东南猫头山顶。

兴和县还分布有一条连接明长城大边与二边的支线。该段长城起自兴和县店子镇不列窑村南 3.7 千米（东经 113°59′07.00″，北纬 40°31′22.80″）二边墙体之上，向北延伸，翻越韭菜疙瘩山，交汇于明长城大边头道边村长城 3 段与头道边村长城 4 段之间分界处的头道边村 5 号敌台，长约 8.5 千米。（地图三）

（二）乌兰察布市丰镇市

明长城大边进入丰镇市后，沿平顶山，顺山势而上，抵浑源窑乡东南猫头山顶。再沿朱宏窑村东北、后窑村东北、郭家坡村北、十二号村东南、老虎沟村南、兰家沟村北，攀越于山岭之间。然后过双台山进入一段丘陵低山地区，穿隆盛庄镇，至西沟村折向西南，过台子山、牛青山、油篓山，抵红沙坝镇壕堑村，接着过尖山，经兴盛村、东边墙村、西边墙村，进入凉城县。（地图四）

（三）乌兰察布市凉城县

明长城大边自丰镇市西边墙村进入凉城县天城乡，经十一号村、十三号村、七号村、安家营子村，至甘草忽洞村，沿岱海南岸的高山坡地向西南延伸，经东沙梁村，盘绕于王墓山。然后跨步量河，沿二甲地村南、马圈沟村南、牛路沟村西进入丘陵地区，经毛家窑村、前窑子村、大五号村、前六号村、牛心窑村、双古城村、郭丁窑子村、后圪针沟村，过雷劈山，跨浑河，沿二道边村西北进入呼和浩特市和林格尔县。（地图五）

（四）呼和浩特市和林格尔县

明长城大边进入和林格尔县后向西南蜿蜒于丘陵漫坡之上，经山保岱村、上红台村，一直攀沿至海拔 1500 多米的黑台山顶，而后翻越青草毛山，跨过驴圈沟，弯弯曲曲扎入好来沟。过好来沟后又环绕于黄土山丘中，经梁家十五号村、丈房塔村、黑台子村、油房沟村、大西沟村，过盘山进入清水河县。（地图六）

（五）呼和浩特市清水河县

明长城大边从盘山顺势而下进入清水河县，在低山丘陵地区穿行，经韭菜庄乡后窑子村、孔读林村、两锁牛村、魏四窑村、高家山村、石胡梁村、边墙壕村，至五道峁村墙体消失。再往西南，只发现烽火台，未见墙体，烽火台的大致线路为，经四王峁村、三王峁村、二王峁村、大王峁村、下红台子村、山神庙村，与明长城二边遥遥相望。另外，从魏四窑长城 4 段南侧延伸出一列烽火台，向东南过杨家窑乡杨家窑村、韭菜庄乡大双墩村、韭菜庄村，至韭菜庄乡双井村的双井烽火台与明长城二边相接。（地图七）

二　长城本体

（一）乌兰察布市兴和县

兴和县境内的明长城大边总长50645米，划分为30段，其中土墙10段、石墙11段、消失9段，分别长15905米、19484米和15256米，各占此段长城总长的31%、38%和31%，墙体上有敌台24座。（参见地图三）其分类长度统计如下表。（表二）

表二　兴和县明长城大边墙体分类长度统计表　　　　（单位：米）

保存状况＼墙体类型	土墙	石墙	砖墙	木障墙	山险墙	山险	河险	其他墙体	消失长城
较好	0	0	0	0	0	0	0	0	
一般	0	0	0	0	0	0	0	0	
较差	9815	12062	0	0	0	0	0	0	15256
差	5890	7257	0	0	0	0	0	0	
消失	200	165	0	0	0	0	0	0	
总计	15905	19484	0	0	0	0	0	0	50645

四道沟长城（150924382102170001）

起自兴和县店子镇南口村西北1.8千米，止于店子镇四道沟村西南3.05千米。大体呈东北－西南走向。这是明长城大边在乌兰察布市境内的第一段墙体，下接头道边村长城1段。长1162米，保存差。

墙体为石墙，自然基础，毛石干垒。坍塌严重，石块散落于山脊上，部分地段有石砌痕迹。墙体现高0.1~0.5、底宽1.5、顶宽0.1~0.3米。（彩图一）

墙体起点处与内蒙古自治区和山西省交界的明长城二边相接，为本次长城调查的起点。长城周围基岩裸露，风化面上有绿色砂砾；四面环山，山势陡峭，河槽较多。墙体上有敌台1座，即头道边村1号敌台。

头道边村1号敌台（150924352101170001）：位于兴和县店子镇头道边村东5.43千米。骑墙而建，实心。黄褐土夯筑，夯层厚0.18~0.2米。

敌台保存较好。平面呈矩形，剖面呈梯形，整体呈覆斗形。敌台现高大、宏伟，基本保持原貌，部分受到雨水冲刷及啮齿类动物的破坏。敌台现高7.4米，底部东西长10、南北长13米，顶部东西长7.2、南北长9米。（彩图二）

头道边村长城1段（150924382101170002）

起自兴和县店子镇四道沟村西南3.05千米，止于店子镇头道边村东3.8千米。大体呈东北－西南走向。上接四道沟长城，下接头道边村长城2段。长1174米，保存较差。

墙体为自然基础，黄土构筑，具体构筑方式不详。由于自然与人为因素的破坏，墙体已坍塌，高矮、厚薄不齐，呈一道不规则的土垄和锯齿状分布，两侧土皮剥落严重。个别地段经雨水冲刷，痕迹已不明显，需仔细观察，方可认定为长城墙体。墙体现高0.5~0.8、底宽1~1.5、顶宽0.2~0.4米。

头道边村长城 2 段 （150924382301170003）

起自兴和县店子镇头道边村东 3.8 千米，止于店子镇头道边村东南 3.4 千米。大体呈东北－西南走向。上接头道边村长城 1 段，下接头道边村长城 3 段。长 700 米，已消失。初步推断该段墙体原应为土墙。

头道边村长城 3 段 （150924382101170004）

起自兴和县店子镇头道边村东南 3.4 千米，止于店子镇头道边村东南 2.8 千米。呈东北－西南走向。上接头道边村长城 2 段，下接头道边村长城 4 段。长 3820 米。其中保存较差 3450 米、差 370 米，分别占此段墙体长度的 89% 和 11%。

墙体为自然基础，黄土夯筑，夯层厚 0.15 米。坍塌严重，呈一道不规则的土垄和锯齿状分布，两侧土皮剥落严重，个别地段墙体经雨水冲刷，痕迹已不明显。墙体现高 0.5~2.5、底宽 2~3、顶宽 0.2~0.5 米。

墙体上有敌台 4 座，即头道边村 2~5 号敌台，间距 0.695~1.07 千米。

头道边村 2 号敌台 （150924352101170002）：位于兴和县店子镇头道边村东南 2.46 千米。骑墙而建，实心。黄褐土夯筑，夯层厚 0.15~0.2 米。

敌台保存一般。平面呈矩形，剖面呈梯形，整体呈覆斗形。西南壁因雨水冲蚀而出现深沟，下部破坏严重，有夯土脱落现象，底部有石堆，周围灌木丛生。敌台现高 8、底部周长 64 米。

头道边村 3 号敌台 （150924352101170003）：位于兴和县店子镇头道边村东南 3.09 千米。骑墙而建，实心。黄褐土夯筑，夯层厚 0.1~0.25 米。

敌台保存一般。平面呈近圆形，剖面呈梯形，整体形状不规则。西壁破坏严重，有凹陷，其他三壁有剥落现象。敌台现高 7.5、底部周长 60 米。

头道边村 4 号敌台 （150924352101170004）：位于兴和县店子镇头道边村东南 2.83 千米。骑墙而建，实心。黄褐土夯筑，夯层厚 0.2~0.25 米。

敌台保存一般。现存台体平、剖面和整体均呈不规则形。夯土块脱落严重，表面长满野草。敌台现高 4.5 米，底部最宽 20、最窄 2~3 米。

头道边村 5 号敌台 （150924352101170005）：位于兴和县店子镇头道边村东南 2.8 千米。骑墙而建，实心。黄土夯筑，夯层厚 0.2~0.25 米。

敌台保存一般。现存台体平、剖面和整体均呈不规则形。夯土块脱落严重，表面长满野草。敌台现高 4.5、底部周长 20 米。

头道边村长城 4 段 （150924382301170005）

起自兴和县店子镇头道边村东南 2.8 千米，止于店子镇头道边村南 0.1 千米。呈东南－西北走向。上接头道边村长城 3 段，下接头道边村长城 5 段。长 2864 米，已消失。初步推断该段墙体原应为土墙。

头道边村长城 5 段 （150924382101170006）

起自兴和县店子镇头道边村南 0.1 千米，止于店子镇头道边村西 1.2 千米。呈东北－西南走向。上接头道边村长城 4 段，下接头道边村长城 6 段。长 1365 米，保存差。

墙体为自然基础，黄土夯筑，夯层厚约 0.2 米。坍塌严重，呈土垄和矮墙状分布，主要受自然风化和雨水侵蚀的破坏，表面土层疏松脱落，长满杂草，个别地段被农田扰乱，不易辨识。墙体现高 0.2~0.3、底宽 1~1.5、顶宽 0.4~1 米。

头道边村长城 6 段 （150924382102170007）

起自兴和县店子镇头道边村西 1.2 千米，止于店子镇牧厂沟村北 0.5 千米。呈东北－西南走向。

上接头道边村长城 5 段，下接牧厂沟长城 1 段。长 1700 米，保存较差。

墙体为石墙，自然基础，毛石干垒。墙体坍塌严重，形似一条乱石纵横的石路，高低不平，部分地段可见石砌痕迹。墙体现高 0.5 ~ 0.8、底宽 2 ~ 3.5、顶宽 0.3 ~ 1.2 米。

牧厂沟长城 1 段（150924382101170008）

起自兴和县店子镇牧厂沟村北 0.5 千米，止于店子镇头道边村西南 3 千米。呈东北 - 西南走向。上接头道边村长城 6 段，下接牧厂沟长城 2 段。长 610 米，保存较差。

墙体为自然基础，黄土堆筑。现风化严重，呈土垄和矮墙状分布，表面长满杂草，局部被农田破坏，成为田地之间的界线。墙体现高 0.3 ~ 1.2、底宽 3 ~ 5 米。（彩图三）

牧厂沟长城 2 段（150924382301170009）

起自兴和县店子镇头道边村西南 3 千米，止于店子镇头道边村西南 3.4 千米。呈东北 - 西南走向。上接牧厂沟长城 1 段，下接葛胡窑长城 1 段。长 340 米，已消失。初步推断该段墙体原应为土墙。

葛胡窑长城 1 段（150924382101170010）

起自兴和县店子镇头道边村西南 3.4 千米，止于店子镇葛胡窑村东 5.4 千米。呈东北 - 西南走向。上接牧场沟长城 2 段，下接葛胡窑长城 2 段。长 1674 米，保存较差。

墙体为自然基础，黄土夯筑，夯层厚 0.15 ~ 0.25 米。墙体坍塌严重，高矮、厚薄不齐，整体呈一道不规则的土垄状和锯齿形分布，两侧土皮剥落。墙体现高 0.5 ~ 0.8、底宽 1 ~ 3、顶宽 0.3 ~ 0.6 米。（彩图四、五）

葛胡窑长城 2 段（150924382301170011）

起自兴和县店子镇葛胡窑村东 5.4 千米，止于店子镇葛胡窑村东北 4 千米。呈东南 - 西北走向。上接葛胡窑长城 1 段，下接葛胡窑长城 3 段。长 1620 米，已消失。初步推断该段墙体原应为土墙。

葛胡窑长城 3 段（150924382102170012）

起自兴和县店子镇葛胡窑村东北 4 千米，止于店子镇葛胡窑村东北 3.5 千米。呈东南 - 西北走向。上接葛胡窑长城 2 段，下接葛胡窑长城 4 段。长 710 米，保存较差。

墙体为自然基础，土石混筑。现损毁严重，石块散落，高低不平，呈土垄状曲折延伸，已看不出墙体原始形状。墙体现高 0.5 ~ 0.8、底宽 1 ~ 3、顶宽 0.3 ~ 0.6 米。

葛胡窑长城 4 段（150924382301170013）

起自兴和县店子镇葛胡窑村东北 3.5 千米，止于店子镇葛胡窑村东北 3 千米。呈东 - 西走向。上接葛胡窑长城 3 段，下接葛胡窑长城 5 段。长 780 米，已消失。初步推断该段墙体原应为土墙。

葛胡窑长城 5 段（150924382101170014）

起自兴和县店子镇葛胡窑村东北 3 千米，止于店子镇葛胡窑村东北 2.3 千米。呈东北 - 西南走向。上接葛胡窑长城 4 段，下接葛胡窑长城 6 段。长 818 米。其中保存较差 618 米、消失 200 米，分别占此段墙体长度的 76% 和 24%。

墙体为自然基础，黄土夯筑，夯层厚约 0.2 米。受雨水冲刷和自然风化侵蚀破坏，墙体呈一道不规则的土垄和锯齿状分布，两侧墙皮剥落严重，个别地段痕迹已不明显。

葛胡窑长城 6 段（150924382301170015）

起自兴和县店子镇葛胡窑村东北 2.3 千米，止于店子镇葛胡窑村西南 0.36 千米。呈东北 - 西南走向。上接葛胡窑长城 5 段，下接葛胡窑长城 7 段。长 2980 米，已消失。初步推断该段墙体原应为石墙。

葛胡窑长城 7 段（150924382102170016）

起自兴和县店子镇葛胡窑村西南 0.36 千米，止于店子镇葛胡窑村西南 2.2 千米。呈东北 - 西南走向。上接葛胡窑长城 6 段，下接苏木山长城 1 段。长 2578 米，保存差。

墙体为石墙，自然基础，毛石干垒。现损毁严重，石块散落地表，呈一道凸起的不规则堆石带状。墙体现高 0.5～0.7、底宽 2～4、顶宽 0.4～1.2 米。

苏木山长城 1 段（150924382301170017）

起自兴和县店子镇葛胡窑村西南 2.2 千米，止于店子镇葛胡窑村西南 6.7 千米。呈东北－西南走向。上接葛胡窑长城 7 段，下接苏木山长城 2 段。长 4860 米，已消失。初步推断该段墙体原应为石墙。

苏木山长城 2 段（150924382102170018）

起自兴和县店子镇葛胡窑村西南 6.7 千米，止于兴和县张皋镇三道边村东南 6.2 千米。呈东南－西北走向。上接苏木山长城 1 段，下接苏木山长城 3 段。长 2495 米，保存差。

墙体为石墙，自然基础，土石混筑。现已坍塌，沿线石块散落，呈一道凸起的不规则堆石带状，绵延于山脊之间。墙体现高 0.5～0.7、底宽 2.5～3、顶宽 0.4～1 米。

苏木山长城 3 段（150924382102170019）

起自兴和县张皋镇三道边村东南 6.2 千米，止于张皋镇三道边村东南 5.4 千米。呈东南－西北走向。上接苏木山长城 2 段，下接岳家梁长城。长 1022 米，保存差。

墙体为石墙，自然基础，土石混筑。现损毁严重，石块散落地表，呈一道凸起的不规则石带状，顺山脊曲折延伸，局部痕迹模糊，难以辨认。墙体现高 0.5～0.7、底宽 2.5～3、顶宽 0.4～1 米。

岳家梁长城（150924382101170020）

起自兴和县张皋镇三道边村东南 5.4 千米，止于张皋镇三道边村东南 3.3 千米。呈东南－西北走向。上接苏木山长城 3 段，下接石窑沟长城。长 2902 米。其中保存较差 1482 米、差 1420 米，分别占此段墙体长度的 52% 和 48%。

墙体为土墙，自然基础，夯筑，土质黑褐色，夯层厚 0.15～0.2 米。墙体现高 1～1.8、底宽 2.5～3、顶宽 0.3～0.5 米，少量呈土垄状的墙体现高 0.3、宽 2～2.5 米。

石窑沟长城（150924382102170021）

起自兴和县张皋镇三道边村东南 3.3 千米，止于张皋镇三道边村东南 2.2 千米。呈东南－西北走向。上接岳家梁长城，下接三道边村长城 1 段。长 1250 米。其中保存较差 1085 米、消失 165 米，分别占此段墙体长度的 87% 和 13%。

墙体为石墙，自然基础，土石混筑。现已坍塌，损毁严重，石块散落地表，呈一道凸起的不规则堆石带状，部分地段消失。墙体现高 1～1.8、底宽 1.5～3、顶宽 0.3～0.8 米。

三道边村长城 1 段（150924382101170022）

起自兴和县张皋镇三道边村东南 2.2 千米，止于张皋镇三道边村东南 0.1 千米。呈东南－西北走向。上接石窑沟长城，下接三道边村长城 2 段。长 2143 米，保存差。

墙体为土墙。现损毁严重，长满杂草，呈土垄状向山底延伸。墙体现高 0.3～0.6、底宽 1～2 米，顶宽无法测量。

三道边村长城 2 段（150924382301170023）

起自兴和县张皋镇三道边村东南 0.1 千米，止于张皋镇三道边村西北 0.8 千米。呈东南－西北走向。上接三道边村长城 1 段，下接三道边村长城 3 段。长 870 米，已消失。初步推断该段墙体原应为土墙。

三道边村长城 3 段（150924382101170024）

起自兴和县张皋镇三道边村西北 0.8 千米，止于张皋镇三道边村西北 1.2 千米。呈东南－西北走向。上接三道边村长城 2 段，下接三道边村长城 4 段。长 592 米，保存差。

墙体为人工基础，夯筑，土质黑褐色，夯层厚0.15~0.2米，内夹杂有砂砾、草梗。由于自然与人为因素的破坏，墙体已坍塌，高矮、厚薄不齐，两侧墙皮剥落严重，夯层清晰可辨。墙体现高1~1.5、底宽5~6、顶宽0.2~0.3米。

三道边村长城4段（150924382301170025）

起自兴和县张皋镇三道边村西北1.2千米，止于张皋镇三道边村西北1.4千米。呈东南－西北走向。上接三道边村长城3段，下接三道边村长城5段。长242米，已消失。

三道边村长城5段（150924382101170026）

起自兴和县张皋镇三道边村西北1.4千米，止于张皋镇三道边村西北2千米。呈东南－西北走向。上接三道边村长城4段，下接丰镇市朱宏窑长城1段。长807米，保存较差。

墙体为人工基础，夯筑，土色黑褐，夯层厚0.15~0.2米，内夹杂有砂砾、草梗。墙体破坏严重，高矮、厚薄不齐，两侧墙皮剥落、坍塌。墙体现高2~3、底宽5~6、顶宽0.3~0.5米。（彩图六）

不列窑长城1段（150924382102170027）

起自兴和县店子镇不列窑村南3.7千米，止于店子镇不列窑村东南1.9千米。不列窑长城是连接明长城大边与二边之间的一条大致呈南－北走向的支线，共划分为4段。第1段从明长城二边向北延伸，第4段止点交汇于头道边村长城3段与头道边村长城4段分界处的头道边村5号敌台。不列窑长城1段下接不列窑长城2段，呈西南－东北走向，长2543米，保存较差。

墙体为石墙，自然基础，土石混筑，石块之间夹有大量泥土。现已坍塌，呈一道凸起的不规则石带状顺山脊曲折延伸，石块多散落于两侧茂密的丛林及杂草之中，局部可见砌筑痕迹。墙体现高0.3~0.6、底宽2~3米，顶宽无法测量。

墙体上有敌台6座，即不列窑1~6号敌台，间距0.07~0.7千米。

不列窑1号敌台（150924352101170006）：位于兴和县店子镇不列窑村南3.1千米。骑墙而建，实心。土石混筑。

敌台保存一般。平面呈近圆形，剖面呈梯形，整体呈覆钵形。坍塌严重，长满植物。建筑材料为褐色土和石块。敌台现高3、底部周长67米。

不列窑2号敌台（150924352101170007）：位于兴和县店子镇不列窑村南2.9千米。骑墙而建，实心。褐色土堆筑。

敌台保存一般。平面呈近圆形，剖面呈梯形，整体呈覆钵形。坍塌严重，长满植物。建筑材料为褐色土和石块。敌台现高6、底部周长60米。

该敌台西南距不列窑1号敌台0.27千米，东北距不列窑3号敌台0.23千米。

不列窑3号敌台（150924352101170008）：位于兴和县店子镇不列窑村南2.7千米。骑墙而建，实心。褐色土堆筑。

敌台保存较好。平面呈近圆形，剖面呈锥形，整体呈圆锥形土包状。敌台西南有人为挖掘的大坑，东面底部有通向台体内的洞穴，洞口高1.1、宽1米，洞进深1.1米。台体表面生长杂草和灌木丛，散落有石块。敌台现高7、底部周长70米。（图一）

该敌台西南距不列窑2号敌台0.23千米，东北距不列窑4号敌台0.3千米。

不列窑4号敌台（15092435210 1170009）：位于兴和县店子镇不列窑村东南2.6千米。骑墙而建，实心。灰褐土夹杂石粒夯筑，夯层厚0.15~0.25米。

敌台保存一般。平面呈不规则形，剖面呈梯形，整体呈不规则形。东南壁因受雨水冲刷而变得平直，夯层清晰，其他三壁长满杂草。敌台现高5、底部周长32米。

该敌台西南距不列窑 3 号敌台
0.3 千米，东北距不列窑 5 号敌台
0.07 千米。

不列窑 5 号敌台（15092435210117
0010）：位于兴和县店子镇不列窑村
东南 2.5 千米。骑墙而建，实心。
灰褐土夯筑，夯层厚 0.2 米，夹杂
有石粒。

敌台保存较差。平面和剖面呈
不规则形，整体呈不规则状。东南
壁被雨水冲刷，夯土脱落严重，其
他三壁长满野草。敌台现高 5、底
部周长 65 米。

该敌台西南距不列窑 4 号敌台
0.07 千米，东北距不列窑 6 号敌台
0.7 千米。

不列窑 6 号敌台（15092435210117
0011）：位于兴和县店子镇不列窑村
东南 2 千米。骑墙而建，实心。土
石混筑。

敌台保存一般。平面呈近圆形，
剖面呈锥形，整体呈圆形土包状。
台体破坏严重，长满野草。敌台现
高 5、底部周长 75 米。

该敌台西南距不列窑 5 号敌台

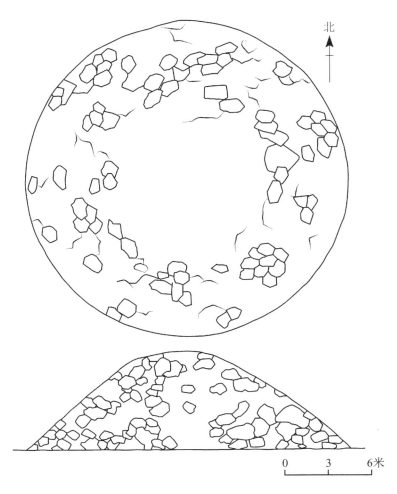

图一　不列窑 3 号敌台平、立面图

0.7 千米，东北距不列窑 7 号敌台 0.37 千米。

不列窑长城 2 段（1509243821102170028）

起自兴和县店子镇不列窑村东南 1.9 千米，止于店子镇不列窑村东 1.3 千米。呈西南 - 东北走向，
上接不列窑长城 1 段，下接不列窑长城 3 段。长 2330 米，保存较差。

墙体为石墙，自然基础，土石混筑，夹有大量的黄土。墙体损毁严重，石块散落于地表，呈一道
凸起的不规则石垄状沿山脊曲折延伸。墙体现高 0.3 ~ 0.6、底宽 2 ~ 3 米，顶宽无法测量。

墙体上有敌台 6 座，即不列窑 7 ~ 12 号敌台，间距 0.11 ~ 0.51 千米。

不列窑 7 号敌台（1509243352101170012）：位于兴和县店子镇不列窑村东南 1.8 千米处。骑墙而
建，实心。土石混筑。

敌台保存较好，比较高大。平面呈近圆形，剖面呈锥形，整体呈圆形土包状。表面长满杂草，四
周散落大量石块。敌台现高 7、底部周长 97 米。

该敌台西南距不列窑 6 号敌台 0.37 千米，东北距不列窑 8 号敌台 0.11 千米。

不列窑 8 号敌台（1509243352101170013）：位于兴和县店子镇不列窑村东南 1.8 千米，建在不列窑
村五台山上。骑墙而建，实心。土石混筑。

敌台保存一般。平面呈近圆形，剖面呈锥形，整体呈圆形土包状。表面长满杂草，四周散落大量石块。敌台现高 2.8、底部周长 60 米。

该敌台西南距不列窑 7 号敌台 0.11 千米，东北距不列窑 9 号敌台 0.4 千米。

不列窑 9 号敌台（150924352101170014）：位于兴和县店子镇不列窑村东南 1.8 千米。骑墙而建，实心。土石混筑。

敌台保存一般。平面呈近圆形，剖面呈锥形，整体呈圆形土包状。表面长满杂草，四周散落大量石块。敌台现高 6、底部周长 64 米。

该敌台西南距不列窑 8 号敌台 0.4 千米，北距不列窑 10 号敌台 0.19 千米。

不列窑 10 号敌台（150924352101170015）：位于兴和县店子镇不列窑村东南 1.7 千米处。骑墙而建，实心。土石混筑。

敌台保存较好。平面呈近圆形，剖面呈锥形，整体呈圆锥状。因有大量的石块堆积在敌台外围，使内部土石得到保护，避免了过度流失，敌台基本保持原貌。现存敌台整体略呈圆锥状，顶部凸出。敌台坚固的外包石阻止了啮齿动物的破坏，台体四周不见孔洞，表面生长有细密的青草，远望如绿色小丘。敌台现高 6、底部周长 64 米。

该敌台南距不列窑 9 号敌台 0.19 千米，北距不列窑 11 号敌台 0.11 千米。

不列窑 11 号敌台（150924352101170016）：位于兴和县店子镇不列窑村东南 1.5 千米。依托山险，骑墙而建，实心。土石混筑。

敌台保存较好。平面呈近圆形，剖面呈锥形，整体呈圆锥状，顶部凸出。表面覆盖厚厚的土石，长有茂盛的杂草，远望如绿色小丘。敌台现高 7、底部周长 67 米。

该敌台南距不列窑 10 号敌台 0.11 千米，东北距不列窑 12 号敌台 0.51 千米。

不列窑 12 号敌台（150924352101170017）：位于兴和县店子镇不列窑村东 1.5 千米，建于五台山山脊上。依托山险，骑墙而建，实心。黄土夯筑，夯层厚 0.1 ~ 0.15 米，内夹杂有砂砾。

敌台保存较差。平面和剖面呈不规则形，整体形状不规则。由于多年的风雨侵蚀，敌台表层的夯土大量剥落，并有坍塌现象。表面由顶至底纵贯有多条凹槽，部分凹槽使敌台变得凹凸不平，局部开裂。此外，啮齿类动物筑洞的破坏，使敌台夯土严重流失。敌台现高 6、底部周长 40 米。

该敌台西南距不列窑 11 号敌台 0.51 千米。

不列窑长城 3 段（150924382102170029）

起自兴和县店子镇不列窑村东 1.3 千米，止于店子镇不列窑村东北 1.6 千米。呈东南－西北走向。上接不列窑长城 2 段，下接不列窑长城 4 段。长 1794 米，保存较差。

墙体为石墙，自然基础，土石混筑。坍塌严重，石块散落地表，呈一道凸起的不规则石垄状沿山脊曲折延伸。墙体现高 0.5 ~ 1、底宽 2 ~ 3、顶宽 0.4 ~ 0.8 米。

墙体上有敌台 3 座，即不列窑 13 ~ 15 号敌台，间距 0.36 ~ 0.4 千米。

不列窑 13 号敌台（150924352101170018）：位于兴和县店子镇不列窑村东北 1.2 千米。依托山险，骑墙而建，实心。黄褐土夯筑，夯层厚 0.15 ~ 0.2 米。

敌台保存一般。平面呈矩形，剖面呈梯形，整体呈覆斗形。四周有被雨水冲刷出的凹槽，由于夯土坚硬，痕迹较浅，基本无坍塌，个别棱角有轻微的夯土剥落现象，整个敌台基本保持原始的风貌。四壁有少量啮齿类动物的洞穴。敌台现高 4.5、底部周长 49 米。

该敌台西北距不列窑 14 号敌台 0.36 千米。

不列窑 14 号敌台（150924352101170019）：位于兴和县店子镇不列窑村东北 1.2 千米。依托山险，骑墙而建，实心。黄褐土夯筑，夯层厚 0.15 ~ 0.2 米。

敌台保存一般。平面呈矩形，剖面呈梯形，整体呈覆斗形。四壁平整，植物生长较少，不见雨水冲刷的凹槽。西壁受风雨侵蚀，表层夯土剥落，裸露出牢固、清晰的夯土结构，夯层明显、均匀。敌台现高 5.8、底部周长 47 米。

该敌台东南距不列窑 13 号敌台 0.36 千米，北距不列窑 15 号敌台 0.4 千米。

不列窑 15 号敌台（150924352101170020）：位于兴和县店子镇不列窑村东北 1.4 千米。骑墙而建，实心。黄土夯筑，夯层厚 0.2 ~ 0.3 米。

敌台保存一般。平面呈矩形，剖面呈梯形，整体形状不规则。四壁平整，植物生长较少。西壁受风雨侵蚀，表层夯土剥落，裸露出牢固、清晰的夯土结构，夯层明显、均匀；南壁原封土保存较好，植物比较茂盛，对表土起着一定的保护作用。敌台现高 6、底部周长 49 米。

该敌台南距不列窑 14 号敌台 0.4 千米，北距不列窑 16 号敌台 0.6 千米。

不列窑长城 4 段（150924382102170030）

起自兴和县店子镇不列窑村东北 1.6 千米，止于店子镇不列窑村东北 3.1 千米。呈东南 – 西北走向。上接不列窑长城 3 段，下接头道村 5 号敌台。长 1900 米，保存较差。

墙体为石墙，自然基础，土石混筑。坍塌严重，石块散落地表，呈一道凸起的不规则石垄状沿山脊曲折延伸，部分段落可见石砌痕迹。墙体现高 0.3 ~ 0.5、底宽 2 ~ 3 米，顶宽无法测量。

墙体上有敌台 4 座，即不列窑 16 ~ 19 号敌台，间距 0.2 ~ 0.6 千米。

不列窑 16 号敌台（150924352101170021）：位于兴和县店子镇不列窑村东北 1.9 千米。骑墙而建，实心。黄土夯筑，夯层厚 0.1 ~ 0.15 米，夹杂有较粗的砂砾和碎石块。

敌台保存较差。平面和剖面呈不规则形，整体形状不规则。由于多年风雨侵蚀，四周由顶至底纵贯多条凹槽，严重处敌台表面参差不齐，高低不平，形成裂痕。此外，啮齿类动物的筑洞对敌台破坏严重。敌台表面长满枯黄的蒿草，有一条人为踩踏的登台小道。敌台现高 7、底部周长 48 米。

该敌台南距不列窑 15 号敌台 0.6 千米，东北距不列窑 17 号敌台 0.36 千米。

不列窑 17 号敌台（150924352101170022）：位于兴和县店子镇不列窑村东北 2.2 千米。骑墙而建，实心。黄土夯筑，夯层厚 0.15 ~ 0.2 米，夹杂有较粗的砂砾和碎石块。

敌台保存一般。平面呈矩形，剖面呈梯形，整体呈覆斗形。四壁平整，植物生长较少，不见雨水冲刷的凹槽。西侧受风雨侵蚀，表层夯土剥落、流失，裸露出牢固、清晰的夯土结构，夯层明显、均匀。此外，啮齿类动物的筑洞对敌台破坏严重。敌台表面有一条人为踩踏的小道。敌台现高 5、底部周长 49 米。

该敌台西南距不列窑 16 号敌台 0.36 千米，西北距不列窑 18 号敌台 0.32 千米。

不列窑 18 号敌台（150924352101170023）：位于兴和县店子镇不列窑村东北 2.4 千米。依托山险，骑墙而建，实心。黄土夯筑，夯层厚 0.2 米，夹杂有较粗的砂砾和碎石块。

敌台保存一般。平面呈矩形，剖面呈梯形，整体呈覆斗形。顶部长有蒿草，四壁比较平整，植物稀疏，未形成较深的雨水冲刷凹槽，啮齿类动物的洞穴也比较少，基本保持原貌，棱角清晰。敌台现高 6、底部周长 44 米。（图二）

该敌台东南距不列窑 17 号敌台 0.32 千米，北距不列窑 19 号敌台 0.58 千米。

不列窑 19 号敌台（150924352101170024）：位于兴和县店子镇不列窑村东北 2.9 千米，建于五台山山脊之上。骑墙而建，实心。黄土夯筑，夯层厚 0.15～0.18 米，夹杂有较粗的砂砾和碎石块。

敌台保存一般。平面呈矩形，剖面呈梯形，整体呈覆斗形。四壁平整，啮齿类动物筑洞较少，植物生长稀疏，不见雨水冲刷出的凹槽。西壁受风雨侵蚀，表层夯土剥落、流失，裸露出牢固、清晰的夯土结构，夯层明显、均匀；南壁原封土保存较好，植物比较茂盛。敌台现高 6、底部周长 47 米。

该敌台南距不列窑 18 号敌台 0.58 千米，北距头道边村 5 号敌台 0.2 千米。

（二）乌兰察布市丰镇市

丰镇市境内明长城大边总长 70352.5 米，划分为 42 段，其中土墙 25 段、石墙 5 段、消失 12 段，分别长 49911.5 米、7560 米和 12881 米，各占此段墙体总长的 71%、11% 和 18%，墙体上有敌台 4 座。（参见地图四）其分类长度统计如下表。（表三）

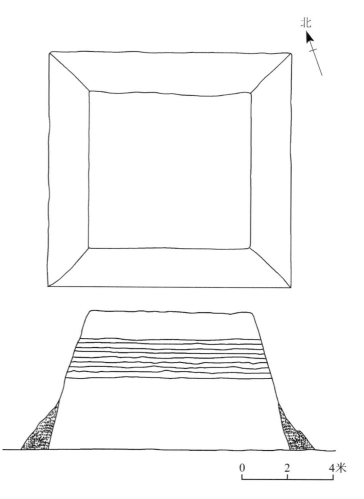

图二　不列窑 18 号敌台平、立面图

表三　丰镇市明长城大边墙体分类长度统计表　　　　　（单位：米）

保存状况 ＼ 墙体类型	土墙	石墙	砖墙	木障墙	山险墙	山险	河险	其他墙体	消失长城
较好	0	0	0	0	0	0	0	0	
一般	0	0	0	0	0	0	0	0	
较差	30993	6827	0	0	0	0	0	0	12881
差	16141.5	643	0	0	0	0	0	0	
消失	2777	90	0	0	0	0	0	0	
总计	49911.5	7560	0	0	0	0	0	0	70352.5

朱宏窑长城 1 段（150981382101170001）

起自丰镇市浑源窑乡朱宏窑村东北 2 千米，止于隆盛庄镇兰家沟村东南 16.6 千米。呈东南－西北走向。上接兴和县三道边村长城 5 段，下接朱宏窑长城 2 段。长 1547 米。其中保存较差 583 米、差 623 米、消失 341 米，分别占此段墙体长度的 38%、40% 和 22%。

墙体为人工基础，深褐土夯筑，夯层厚0.15～0.2米，内夹草梗。墙体破坏严重，保存状况参差不齐，多数地段呈高低起伏的土垄和矮墙状分布，局部地表无法确认其痕迹。墙体现高0.4～2.7、底宽5～6、顶宽0.3～0.5米。（彩图七）

墙体分布在平顶山上，地形复杂，周围沟壑交错，山高谷深，山势陡峭，山上树木花草茂密，墙体两侧耕地较多。

朱宏窑长城2段（150981382101170002）

起自丰镇市隆盛庄镇兰家沟村东南16.6千米，止于隆盛庄镇兰家沟村东南15.8千米。呈东南－西北走向。上接朱宏窑长城1段，下接朱宏窑长城3段。长907米。其中保存较差272米、差479米、消失156米，分别占此段墙体长度的30%、53%和17%。

墙体为人工基础，深褐土夯筑，夯层厚0.15～0.2米，内夹草梗。墙体破坏严重，保存状况参差不齐，多数地此段呈高低起伏的土垄或矮墙状分布，两侧夯土剥落严重。墙体现高0.4～2、底宽2.5～6、顶宽0.3～0.5米。

墙体分布在平顶山上，地形复杂，周围沟壑交错，山势陡峭。山上树木花草茂密，墙体两侧耕地较多。

朱宏窑长城3段（150981382101170003）

起自丰镇市隆盛庄镇兰家沟村东南15.8千米，止于隆盛庄镇兰家沟村东南15.5千米。呈东南－西北走向。上接朱宏窑长城2段，下接朱宏窑长城4段。长240米，已消失。初步推断该段墙体原应为土墙。

朱宏窑长城4段（150981382101170004）

起自丰镇市隆盛庄镇兰家沟村东南15.5千米，止于浑源窑乡后窑村东北1.5千米。呈东南－西北走向。上接朱宏窑长城3段，下接后窑长城1段。长873米，其中保存较差302米、差519米、消失52米，分别占此段墙体长度的35%、59%和6%。

墙体为人工基础，深褐土夯筑，夯层厚0.15～0.2米，内夹草梗。墙体破坏严重，保存状况参差不齐，多数地段呈高低起伏的土垄和矮墙状分布，两侧夯土剥落严重。墙体现高0.3～2、底宽2.5～6、顶宽0.3～0.5米。

墙体分布在平顶山上，地形复杂，周围沟壑交错，山高谷深，墙体两侧耕地较多。

后窑长城1段（150981382101170005）

起自丰镇市浑源窑乡后窑村东北1.5千米，止于隆盛庄镇兰家沟村东南13.4千米。呈东南－西北走向。上接朱宏窑长城4段，下接后窑长城2段。长1546米。其中保存较差199米、差1337米、消失10米，分别占此段墙体长度的12.9%、87%和0.1%。

墙体为人工基础，黄土夯筑，夯层厚0.15～0.2米。墙体破坏严重，保存状况参差不齐，不少地段已消失。其余残存部分呈高低起伏的土垄或矮墙状分布，局部可见清晰的夯层。墙体现高0.8～2.7、底宽1.2～6、顶宽0.2～0.3米。

墙体分布在平顶山上，地形复杂，周围沟壑交错，墙体沿线耕地较多。

后窑长城2段（150981382101170006）

起自丰镇市隆盛庄镇兰家沟村东南13.4千米，止于隆盛庄镇兰家沟村东南12.6千米。呈东南－西北走向。上接后窑长城1段，下接后窑长城3段。长1430米，已消失。初步推断该段墙体原应为土墙。

后窑长城3段（150981382101170007）

起自丰镇市隆盛庄镇兰家沟村东南12.6千米，止于隆盛庄镇兰家沟村东南10.7千米。呈东南－

西北走向。上接后窑长城 2 段，下接后窑长城 4 段。长 1982 米。其中保存较差 1101 米、差 863 米、消失 18 米，分别占此段墙体长度的 56% 、43% 和 1% 。

墙体为人工基础，黄土夯筑，夯层厚 0.15 ~ 0.2 米。墙体破坏严重，保存状况参差不齐，不少地段已消失。其余残存部分呈高低起伏的矮墙或土垄状分布，局部可见清晰的夯层。墙体现高 0.8 ~ 1.9、底宽 1.2 ~ 5、顶宽 0.2 ~ 0.3 米。

墙体分布在平顶山上，地形复杂，周围沟壑交错，墙体沿线耕地较多。

后窑长城 4 段（150981382101170008）

起自丰镇市隆盛庄镇兰家沟村东南 10.7 千米，止于隆盛庄镇郭家坡村东北 1.5 千米。呈东南 – 西北走向。上接后窑长城 3 段，下接郭家坡长城。长 1529 米，已消失。初步推断该段墙体原应为土墙。

郭家坡长城（150981382101170009）

起自丰镇市隆盛庄镇郭家坡村东北 1.5 千米，止于隆盛庄镇兰家沟村东南 6.85 千米。呈东南 – 西北走向。上接后窑长城 4 段，下接十二号村长城 1 段。长 2410 米。其中保存差 2382 米、消失 28 米，分别占此段墙体长度的 99% 和 1% 。

墙体为自然基础，土筑。风化剥落严重，大多数地段呈高低起伏的土垄或矮墙状分布，局部地表无法辨识痕迹。墙体现高 1 ~ 1.2、底宽 0.8 ~ 2 米。（彩图八）

墙体沿线耕地较多，有一条宽约 4 米的乡村道路与长城墙体并行延伸，并多次穿过墙体。

十二号村长城 1 段（150981382101170010）

起自丰镇市隆盛庄镇兰家沟村东南 6.85 千米，止于隆盛庄镇兰家沟村东南 3.8 千米。呈东南 – 西北走向。上接郭家坡长城，下接十二号村长城 2 段。长 3211 米，其中保存较差 2590 米、差 621 米，分别占此段墙体长度的 81% 和 19% 。

墙体为人工基础，深褐土色夯筑，夯层厚 0.1 ~ 0.15 米，内夹杂有细碎的石粒及草梗。该墙体蜿蜒于农田和沟壑之间，破坏严重，保存状况参差不齐，大多数地段呈高低起伏的土垄状分布，个别地段呈矮墙状，可清晰辨认出夯筑痕迹。墙体现高 0.1 ~ 1.8、底宽 0.8 ~ 2、顶宽 0.2 米。

墙体周边耕地较多，附近交通较为便利，有一条宽约 4 米的乡村道路与墙体并行延伸。

十二号村长城 2 段（150981382101170011）

起自丰镇市隆盛庄镇兰家沟村东南 3.8 千米，止于隆盛庄镇兰家沟村东 3.1 千米。呈东南 – 西北走向。上接十二号村长城 1 段，下接老虎沟长城。长 1500 米，已消失。初步推断该段墙体原应为土墙。

老虎沟长城（150981382101170012）

起自丰镇市隆盛庄镇兰家沟村东 3.1 千米，止于隆盛庄镇兰家沟村东北 3.1 千米。呈东南 – 西北走向。上接十二号村长城 2 段，下接兰家沟长城 1 段。长 2028 米。其中保存较差 1302 米、差 726 米，分别占此段墙体长度的 64% 和 36% 。

墙体为自然基础，夯筑，坍塌严重，呈土垄状分布。现高 0.5 ~ 1.2、底宽 2、顶宽 0.5 米。此处交通较为便利，有为开采玄武岩及墨玉矿而修筑的土路，多次穿过墙体。（彩图九）

兰家沟长城 1 段（150981382101170013）

起自丰镇市隆盛庄镇兰家沟村东北 3.1 千米，止于隆盛庄镇兰家沟村东北 1.6 千米。呈东北 – 西南走向。上接老虎沟长城，下接兰家沟长城 2 段。长 1990 米。其中保存较差 907 米、差 1083 米，分别占此段墙体长度的 36% 和 64% 。

墙体为自然基础，黄褐土色夯筑，质地坚硬，夯层厚 0.15～0.2 米，部分墙体夯层中含有碎石块及砂砾。墙体已坍塌，在地表呈土垄状分布。墙体现高 0.2～1.2、底宽 0.5～2、顶宽 0.2～0.5 米。

墙体分布于隆盛庄镇冲积平原上，地质结构复杂，地表多裸露玄武岩，墨玉石矿蕴藏较为集中。地势东高西低，波状起伏，向南倾斜。山上野生花草茂密，墙体沿线耕地较多，南部灌木丛生。

兰家沟长城 2 段（1509813821011701014）

起自丰镇市隆盛庄镇兰家沟村东北 1.6 千米，止于隆盛庄镇兰家沟村东北 1 千米。呈东北 - 西南走向。上接兰家沟长城 1 段，下接兰家沟长城 3 段。长 373 米，保存差。

墙体为石墙，在自然基础上用毛石干垒而成，局部借用天然巨石。损毁严重，石块大多散落流失，在地表上呈凸起的不规则带状分布。墙体现高 0.2～0.8、底宽 2.5～2.7、顶宽 0.6～0.8 米。

兰家沟长城 3 段（1509813821011701015）

起自丰镇市隆盛庄镇兰家沟村东北 1 千米，止于隆盛庄镇兰家沟村西北 1.1 千米。呈东北 - 西南走向。上接兰家沟长城 2 段，下接二道沟长城。长 1203.5 米。其中保存差 1149.5 米、消失 54 米，分别占此段墙体长度的 96% 和 4%。

墙体为人工基础，黄褐土色夯筑，质地坚硬，夯层厚 0.15～0.2 米，部分墙体夯层中含有碎石块及砂砾。墙体已坍塌，在地表呈土垄状分布。墙体现高 0.2～0.5、底宽 0.5～1、顶宽 0.2～0.3 米。

二道沟长城（1509813821011701016）

起自丰镇市隆盛庄镇兰家沟村西北 1.1 千米，止于隆盛庄镇西沟村东南 3.4 千米。呈东南 - 西北走向。上接兰家沟长城 3 段，下接西沟长城 1 段。长 2499 米。其中保存较差 1086 米、差 1016 米、消失 397 米，分别占此段墙体长度的 43%、41% 和 16%。

墙体为人工基础，黄土夯筑，夯层厚 0.15～0.2 米。破坏严重，在地表呈高低起伏的土垄或矮墙状分布，夯层清晰可辨，有大小不一的若干缺口，部分地段墙体完全消失。墙体现高 1.5～2.3、底宽 6～8.5、顶宽 0.5～0.6 米。（彩图一〇）

墙体分布在隆盛庄镇冲积平原上，地势东高西低，中部丘陵、平原相间，西南为平原，长城周边村庄较为集中，农田分布较广，杨树生长茂密。此处交通便利，乡村公路四通八达，新修的兴（和）丰（镇）公路穿长城而过。墙体上有敌台 1 座，即隆盛庄敌台。

隆盛庄敌台（1509813521011701001）：位于丰镇市隆盛庄镇兰家沟村西北 2.64 千米。依长城墙体而建，空心。黄褐土夯筑，夯层厚约 0.15 米。

敌台保存较好。由台基和台墩两部分组成。台基呈不规则形，西北边依托墙体，西南、东南、东北面建有夯土矮墙。台基现高 4 米，四边长分别为 65、60、45、50 米。

台墩上小下大，平面呈正方形，剖面呈梯形，整体呈覆斗形。现高 9、底部边长 21、顶部边长 7 米。中空，分上、下两层。下层东南壁有四个券窑，窑口高 1.9、宽 1.2 米。右侧第一个券窑内有通往上层的阶梯，共 11 级，阶高 0.25、宽 0.2 米，顶部三级台阶进入上层。上层西北、西南、东北壁各有一箭窗，高 2、宽 1.1 米；东南面有两个箭窗，高 2.1、宽 1.3 米。

下层除右侧第一个券窑外，其他三个券窑均无通往上层的通道。从右向左，第二个券窑进深 10、高 2.5 米；第三、四个券窑进深 5.6、高 2.5 米，内有二层台，高 1.1、宽 0.7 米。券窑间有过道相通，过道一侧有灯龛，高 0.5、宽 0.3、进深 0.3 米，上有 0.4 米的烟道，残存烟熏痕迹。敌台内部除了踩踏面，内壁均抹有 0.01 米厚的草拌泥，涂有白灰面。（彩图一一）

敌台内部夯土层裂缝加剧，草拌泥多处脱落；外部遍布洞孔，周围夯土矮墙濒临消失。敌台周围土质为栗钙土和栗褐土，耕地较多。西南 0.5 千米为隆盛庄镇，东北 0.8 千米为二道沟村。

西沟长城 1 段（150981382301170017）

起自丰镇市隆盛庄镇西沟村东南 3.4 千米，止于隆盛庄镇西沟村东南 2 千米。呈东南 - 西北走向。上接二道沟长城，下接西沟长城 2 段。长 1500 米，已消失。初步推断该段墙体原应为土墙。

西沟长城 2 段（150981382301170018）

起自丰镇市隆盛庄镇西沟村东南 2 千米，止于隆盛庄镇西沟村西南 0.4 千米。呈东南 - 西北走向。上接西沟长城 1 段，下接西沟长城 3 段。长 2509 米。其中保存较差 1872 米、差 250 米、消失 387 米，分别占此段墙体长度的 75%、10% 和 15%。

墙体为人工基础，黄土夯筑，夯层厚约 0.15 米。破坏严重，在地表呈高低起伏的土垄或矮墙状分布，个别地段被压在乡间道路下，成为路基。墙体周围有村庄，个别民房依墙体而建，对墙体破坏极大，相当一部分墙体消失。墙体现高 0.2~3.8、底宽 0.8~2.5、顶宽 1 米。

西沟长城 3 段（150981382301170019）

起自丰镇市隆盛庄镇西沟村西南 0.4 千米，止于隆盛庄镇西沟村西南 2.9 千米。呈东北 - 西南走向。上接西沟长城 2 段，下接二十二号村长城 1 段。长 2758 米。其中保存较差 1779 米、差 833 米、消失 146 米，分别占此段墙体长度的 65%、30% 和 5%。

墙体为人工基础，黄土夯筑，夯层厚约 0.15 米。破坏严重，在地表呈高低起伏的土垄或矮墙状分布，相当一部分墙体消失。墙体现高 0.2~3.8、底宽 0.8~2.5、顶宽 0.5~1.5 米。（彩图一二）

二十二号村长城 1 段（150981382101170020）

起自丰镇市隆盛庄镇西沟村西南 2.9 千米，止于隆盛庄镇二十二号村东 1.2 千米。呈东北 - 西南走向。上接西沟长城 3 段，下接二十二号村长城 2 段。长 2083 米。其中保存较差 1903 米、消失 180 米，分别占此段墙体长度的 91% 和 9%。

墙体为人工基础，黄土夯筑，夯层厚 0.15~0.2 米。破坏严重，在地表呈高低起伏的土垄或矮墙状分布，个别地段消失。墙体现高 1~3、底宽 5~10 米。

墙体在起伏的山间绵延，周边沟壑纵横，长满各类杂草，山坡上有梯田。

二十二号村长城 2 段（150981382101170021）

起自丰镇市隆盛庄镇二十二号村东 1.2 千米，止于隆盛庄镇二十二号村东南 0.9 千米。呈东北 - 西南走向。上接二十二号村长城 1 段，下接二十二号村长城 3 段。长 580 米。已消失。初步推断此段原墙体应为土墙。

二十二号村长城 3 段（150981382101170022）

起自丰镇市隆盛庄镇二十二号村东南 0.9 千米，止于隆盛庄镇二十二号村西南 1.7 千米。呈东北 - 西南走向。上接二十二号村长城 2 段，下接二十二号村长城 4 段。长 2336 米。其中保存差 2211 米、消失 125 米，分别占此段墙体长度的 95% 和 5%。

墙体为人工基础，黄土夯筑，夯层厚 0.15~0.2 米。破坏严重，在地表呈高低起伏的土垄或矮墙状分布，高矮、厚薄不齐，个别地段因雨水冲刷消失。墙体现高 0.2~2、底宽 0.5~5 米。

二十二号村长城 4 段（150981382101170023）

起自丰镇市隆盛庄镇二十二号村西南 1.7 千米，止于隆盛庄镇二十二号村西南 2 千米。呈东北 - 西南走向。上接二十二号村长城 3 段，下接二十二号村长城 5 段。长 351 米，已消失。初步推断该段墙体原应为土墙。

二十二号村长城 5 段（150981382101170024）

起自丰镇市隆盛庄镇二十二号村西南 2 千米，止于隆盛庄镇二十二号村西南 3 千米。呈东北 - 西南走向。上接二十二号村长城 4 段，下接二十二号村长城 6 段。长 1148 米。其中保存差 1073 米、消失 75 米，分别占此段墙体长度的 93% 和 7%。

墙体为人工基础，黄土夯筑，夯层厚 0.15 ~ 0.2 米。破坏严重，在地表呈高低起伏的矮墙状分布，高矮、厚薄不齐，个别地段因雨水冲刷消失。墙体现高 1 ~ 3、底宽 5 ~ 10 米。（彩图一三）

墙体在起伏的山间绵延，周边沟壑纵横，植被较好，为退耕、退牧还草地。

二十二号村长城 6 段（1509813 82101170025）

起自丰镇市隆盛庄镇二十二号村西南 3 千米，止于隆盛庄镇二十二号村西南 3.9 千米。呈东北 - 西南走向。上接二十二号村长城 5 段，下接二十二号村长城 7 段。长 950 米，已消失。初步推断此段原墙体应为土墙。

二十二号村长城 7 段（1509813 82101170026）

起自丰镇市隆盛庄镇二十二号村西南 3.9 千米，止于隆盛庄镇二十二号村西南 5.9 千米。呈东北 - 西南走向。上接二十二号村长城 6 段，下接双台子长城 1 段。长 2360 米。其中保存较差 1439 米、差 816 米、消失 105 米，分别占此段墙体长度的 61%、35% 和 4%。

墙体为人工基础，黄土夯筑，夯层厚 0.15 ~ 0.2 米。破坏严重，在地表呈高低起伏的土垄或矮墙状分布，高矮、厚薄不齐，个别地段因雨水冲刷而消失。墙体现高 1 ~ 3、底宽 5 ~ 10 米。（彩图一四）

双台子长城 1 段（1509813 82102170027）

起自丰镇市隆盛庄镇二十二号村西南 5.9 千米，止于丰镇市红沙坝镇双台子村东北 10.2 千米。呈东北 - 西南走向。上接二十二号村长城 7 段，下接双台子长城 2 段。长 1018 米。其中保存较差 748 米、差 270 米，分别占此段墙体长度的 73% 和 27%。

墙体为石墙，自然基础，毛石干垒。坍塌严重，石块散落呈垄状，周围杂草丛生。墙体现高 0.3 ~ 1、底宽 4 ~ 5 米。

墙体在起伏的山间绵延，周边山势陡峭，植被较好，石墙直达被当地居民称为奶头山的山顶。

双台子长城 2 段（1509813 82102170028）

起自丰镇市红沙坝镇双台子村东北 10.2 千米，止于红沙坝镇双台子村东北 8.6 千米。呈东北 - 西南走向。上接双台子长城 1 段，下接双台子长城 3 段。长 1836 米，其中保存较差 1520 米、差 160 米、消失 156 米，分别占此段墙体长度的 83%、9% 和 8%。

墙体为土墙，在石块垒砌的基础上以黄土夯筑而成，夯层厚约 0.2 米。墙体坍塌严重，两侧墙皮剥落，高矮、厚薄不齐，整体呈一道不规则的土垄及锯齿状分布，个别地段因雨水冲刷墙体痕迹不明显。墙体现高 0.5 ~ 1.5、底宽 3 ~ 5 米。

双台子长城 3 段（1509813 82102170029）

起自丰镇市红沙坝镇双台子村东北 8.6 千米，止于红沙坝镇双台子村东北 6.8 千米。呈东北 - 西南走向。上接双台子长城 2 段，下接双台子长城 4 段。长 2403 米，保存较差。

墙体为石墙，自然基础，毛石干垒。有坍塌，石块散落流失，呈矮墙状分布，尚可见垒砌痕迹。墙体现高 0.5 ~ 2、底宽 4 ~ 5、顶宽 0.3 ~ 2 米。（彩图一五）

墙体在起伏的山间绵延，周围地势比较平坦，植被较好，有高压输电线跨过。

双台子长城 4 段（1509813 82102170030）

起自丰镇市红沙坝镇双台子村东北 6.8 千米，止于红沙坝镇双台子村东北 5.8 千米。呈东北 - 西南走向。上接双台子长城 3 段，下接兴盛长城 1 段。长 1100 米，已消失。初步推断此段墙体原应为石墙。

兴盛长城 1 段（1509813821011700031）

起自丰镇市红沙坝镇双台子村东北 5.8 千米，止于红沙坝镇兴盛村东北 4.4 千米。呈东北 - 西南走向。上接双台子长城 4 段，下接兴盛长城 2 段。长 2840 米。其中保存较差 2744 米、消失 96 米，分别占此段墙体长度的 97% 和 3%。

墙体为人工基础，黄土夯筑，夯层厚 0.15 ~ 0.2 米。墙体破坏严重，在地表呈高低起伏的土垄状分布，内部土质结实，表土比较疏松，多已脱落，长有杂草，部分地段因雨水冲刷，墙体痕迹已不明显。墙体现高 0.5 ~ 2、底宽 3 ~ 4、顶宽 0.1 ~ 1 米。

墙体在起伏的山间绵延，周围地势比较平坦，植被较好，208 国道穿墙体而过。

兴盛长城 2 段（1509813821011700032）

起自丰镇市红沙坝镇兴盛村东北 4.4 千米，止于红沙坝镇兴盛村东北 2.6 千米。呈东北 - 西南走向。上接兴盛长城 1 段，下接兴盛长城 3 段。长 2183 米。其中保存较差 2143 米、消失 40 米，分别占此段墙体长度的 98% 和 2%。

墙体为人工基础，黄土夯筑，夯层厚 0.15 ~ 0.2 米。墙体破坏严重，在地表呈高低起伏的土垄状分布，部分地段呈锯齿状。墙体内部土质结实，表土比较疏松，多已脱落，长有杂草。墙体现高 0.5 ~ 2、底宽 3 ~ 4、顶宽 0.1 ~ 1 米。

兴盛长城 3 段（1509813821011700033）

起自丰镇市红沙坝镇兴盛村东北 2.6 千米，止于红沙坝镇兴盛村东北 0.15 千米。呈东北 - 西南走向。上接兴盛长城 2 段，下接兴盛长城 4 段。长 2930 米，已消失。初步推断该段墙体原应为土墙。

兴盛长城 4 段（1509813821011700034）

起自丰镇市红沙坝镇兴盛村东北 0.15 千米，止于红沙坝镇兴盛村西南 1.2 千米。呈东北 - 西南走向。上接兴盛长城 3 段，下接兴盛长城 5 段。长 1117 米，保存较差。

墙体为人工基础，黄土夯筑，夯层厚 0.15 ~ 0.2 米。墙体有破坏，在地表呈高低起伏的土垄及矮墙状分布，高矮、厚薄不齐。墙体内部土质结实，表土比较疏松，多已脱落，长有杂草。墙体现高 1.5 ~ 2、底宽 3 ~ 4、顶宽 0.1 ~ 1 米。

墙体在起伏的山间绵延，周围地势比较平坦，植被较好。

兴盛长城 5 段（1509813821021700035）

起自丰镇市红沙坝镇兴盛村西南 1.2 千米，止于红沙坝镇兴盛村西南 2.9 千米。呈东北 - 西南走向。上接兴盛长城 4 段，下接兴盛长城 6 段。长 1941 米。其中保存较差 1851 米、消失 90 米，分别占此段墙体长度的 95.4% 和 4.6%。

墙体为石墙，自然基础。破坏严重，具体构筑方式不详，坍塌呈带状分布。墙体现高 0.6 ~ 1、底宽 2 ~ 4 米。（彩图一六）

兴盛长城 6 段（1509813821021700036）

起自丰镇市红沙坝镇兴盛村西南 2.9 千米，止于红沙坝镇兴盛村西南 4.6 千米。呈东北 - 西南走向。上接兴盛长城 5 段，下接东边墙长城 1 段。长 1924 米，保存较差。

墙体为石墙，自然基础，毛石干垒。坍塌严重，整体呈垄状及矮墙状分布，局部被农田破坏。墙体现高 0.5 ~ 1、底宽 2 ~ 4 米。

东边墙长城 1 段（1509813821011700037）

起自丰镇市红沙坝镇兴盛村西南 4.6 千米，止于丰镇市巨宝庄镇东边墙村东北 2 千米。呈东南 - 西北走向。上接兴盛长城 6 段，下接东边墙长城 2 段。长 1206 米。其中保存较差 1098 米、消失 108

米，分别占此段墙体长度的91%和9%。

墙体为人工基础，黄土夯筑，夯层厚0.15～0.25米。破坏严重，在地表呈高低起伏的土垄状分布，沿线杂草丛生。墙体现高0.5～2.5、底宽2～4、顶宽0.5～1.5米。

墙体分布的地形以山地丘陵为主，山高谷深，山势陡峭，山上树木、花草茂密。

东边墙长城2段（150981382101170038）

起自丰镇市巨宝庄镇东边墙村东北2千米，止于巨宝庄镇东边墙村东北0.7千米。呈东北－西南走向。上接东边墙长城1段，下接东边墙长城3段。长1447米，保存较差。

墙体为人工基础，黄土夯筑，夯层厚0.2～0.25米。破坏严重，在地表呈高低起伏的土垄状分布，沿线杂草丛生，部分地段呈锯齿形，底部可见垒砌的石块。墙体现高1～1.8、底宽2～2.5、顶宽0.5～1.5米。（彩图一七）

墙体分布于山顶的平地上，周围地势平坦，农田广布。墙体上有敌台1座，即东边墙敌台。

东边墙敌台（150981352101170002）：位于丰镇市巨宝庄镇东边墙村东北1.38千米。骑墙而建，实心。黄土夯筑，夯层厚0.2～0.3米。

敌台保存一般。由台基和台墩两部分组成。台基平面呈正方形，现高4、底部边长46米。台墩平面呈不规则形，剖面呈梯形，整体呈不规则状。破坏严重，夯土层脱落，淤积在台基上。台墩顶部原有测绘控制点，被人为破坏，水泥柱被挖走，留下一个圆形土坑。台墩现高4.2、底部周长72米。

该敌台西距西边墙1号敌台3.5千米。

东边墙长城3段（150981382101170039）

起自丰镇市巨宝庄镇东边墙村东北0.7千米，止于巨宝庄镇东边墙村东北0.35千米。呈东北－西南走向。上接东边墙长城2段，下接西边墙长城1段。长401米，已消失。初步推断该段墙体原应为土墙。

西边墙长城1段（150981382101170040）

起自丰镇市巨宝庄镇东边墙村东北0.35千米，止于巨宝庄镇西边墙村东北0.17千米。呈东－西走向。上接东边墙长城3段，下接西边墙长城2段。长2999米。其中保存较差2863米、消失136米，分别占此段墙体长度的95%和5%。

墙体为人工基础，黄土夯筑，夯层厚0.15～0.2米。破坏严重，在地表呈高低起伏的土垄状分布。个别地段经雨水冲刷，痕迹已不明显，局部消失。墙体现高0.5～1.5、底宽2.5～4、顶宽0.5～1米。

墙体所处地形以山地丘陵为主，山高谷深，山势陡峭，山上树木花草茂密。墙体两侧地势相对平坦，耕地广布。墙体上有敌台1座，即西边墙1号敌台。

西边墙1号敌台（150981352101170003）：位于丰镇市巨宝庄镇西边墙村东北0.6千米。骑墙而建，实心。黄褐土夯筑，夯层厚0.15～0.2米。

敌台保存一般。由台基和台墩两部分组成。台基因破坏而呈不规则形，现高0.8、底部周长145米。台墩平面不规则，剖面呈梯形，整体呈覆斗形。东壁损毁严重，残存中间部分；南壁受雨水冲刷，中部有凹槽，夯土大量脱落；西壁有孔洞。台墩上坍塌下来的夯土堆积在台基上，长满野草。台墩现高11、底部周长95米。

该敌台西南距西边墙2号敌台1.8千米。

西边墙长城2段（150981382101170041）

起自丰镇市巨宝庄镇西边墙村东北0.17千米，止于巨宝庄镇西边墙村西南0.2千米。呈东北－西南走向。上接西边墙长城1段，下接西边墙长城3段。长370米，已消失。初步推断该段墙体原应为土墙。

西边墙长城 3 段（150981382101170042）

起自丰镇市巨宝庄镇西边墙村西南 0.2 千米，止于凉城县天成乡十一号村东北 1.2 千米，属丰镇市。呈东北－西南走向。上接西边墙长城 2 段，下接凉城县境内的十一号村长城 1 段。长 2893 米。其中保存较差 2726 米、消失 167 米，分别占此段墙体长度的 94% 和 6%。

墙体为人工基础，黄土夯筑，夯层厚 0.15～0.2 米。破坏严重，在地表呈高低起伏的土垄状分布，个别地段经雨水冲刷，痕迹已不明显，局部消失。墙体现高 0.5～1.5、底宽 2.5～5、顶宽 0.3～0.5 米。

墙体分布地段地形以山地丘陵为主，多沟壑。周边耕地较多，山坡上多梯田。墙体上有敌台 1 座，即西边墙 2 号敌台。

西边墙 2 号敌台（150981352101170004）：位于丰镇市巨宝庄镇西边墙村西南 1.25 千米。骑墙而建，实心。黄土夯筑，夯层厚 0.08～0.15 米。

敌台保存较好。由台基和台墩两部分组成。台基平面呈正方形，现高 2、边长 42 米。台墩平面呈矩形，剖面呈梯形，整体呈覆斗形。西壁保存较好；南壁中部因雨水冲刷破坏严重，从顶部向北侧开裂；东、北壁夯土坍塌，堆积于台基上，长满杂草。台墩现高 13、底部周长 70 米。

（三）乌兰察布市凉城县

凉城县境内的明长城大边总长 80572 米，划分为 54 段，其中土墙 34 段、消失 20 段，分别长 54310 米和 26262 米，各占此段墙体总长的 67% 和 33%，墙体上有敌台 6 座。（参见地图五）其分类长度统计如下表。（表四）

表四　凉城县明长城大边墙体分类长度统计表　　　　　　　　　　（单位：米）

墙体类型 / 保存状况	土墙	石墙	砖墙	木障墙	山险墙	山险	河险	其他墙体	消失长城
较好	0	0	0	0	0	0	0	0	
一般	0	0	0	0	0	0	0	0	
较差	35287	0	0	0	0	0	0	0	26262
差	17093	0	0	0	0	0	0	0	
消失	1930	0	0	0	0	0	0	0	
总计	54310	0	0	0	0	0	0	0	80572

十一号村长城 1 段（150925382101170013）

起自凉城县天成乡十一号村东北 1.2 千米，止于天成乡十一号村东 0.6 千米。呈东北－西南走向。上接丰镇市西边墙长城 3 段，下接十一号村长城 2 段。长 146 米，保存较差。

墙体为自然基础，黄、褐、灰色土夯筑，夯层厚 0.1～0.2 米，内夹杂有砂砾及草梗。现破坏严重，呈高低起伏的土垄或矮墙状分布，个别地段被沟壑和冲沟截断。墙体表面长满野草，分布有小动物挖的洞穴。墙体现高 0.5～2.5、底宽 2～4.5、顶宽 0.3～0.6 米。

墙体分布地段地形以山地丘陵为主，山高谷深，山势陡峭。山上树木、野生花草茂密，周边耕地较多。

十一号村长城 2 段（150925382101170014）

起自凉城县天成乡十一号村东 0.6 千米，止于天成乡十一号村东南 0.6 千米。呈东北 - 西南走向。上接十一号村长城 1 段，下接十一号村长城 3 段。长 640 米，已消失。初步推断该段墙体原应为土墙。

十一号村长城 3 段（150925382101170015）

起自凉城县天成乡十一号村东南 0.6 千米，止于天成乡十一号村东南 1 千米。呈东北 - 西南走向。上接十一号村长城 2 段，下接二十六号村长城。长 859 米。其中保存较差 784 米、差 75 米，分别占此段墙体长度的 91% 和 9%。

墙体为自然基础，黄、褐、灰色土夯筑，夯层厚 0.1 ~ 0.2 米，内夹杂有砂砾及草梗。现破坏严重，呈高低起伏的土垄或矮墙状分布，表面长满野草，分布有小动物挖的洞穴。墙体现高 0.2 ~ 2、底宽 1 ~ 4.5、顶宽 0.2 ~ 0.6 米。

长城分布地段地形以山地丘陵为主，山高谷深，山势陡峭，山上树木、野生花草茂密，周边耕地较多。

二十六号村长城（150925382301170016）

起自凉城县天成乡十一号村东南 1 千米，止于天成乡二十六号村西北 2.3 千米。呈东北 - 西南走向。上接十一号村长城 3 段，下接小八号村长城 1 段。长 9900 米，已消失。初步推断该段墙体原应为土墙。沿线残存 1 座敌台，即十三号村敌台。

十三号村敌台（150925352101170121）：位于凉城县天成乡十三号村西北 2 千米。根据地表痕迹推断，敌台骑墙而建，实心。黄褐土夹沙夯筑，夯层厚 0.15 ~ 0.2 米。

敌台保存较差。由台基和台墩两部分组成。台基平、剖面呈梯形。坍塌严重，四周坑洼不平，现高 2 米，坡度 46°。台墩被破坏，南壁有三个洞穴，洞口严重坍塌。西侧洞穴宽 2.5、进深 3 米，中间洞穴宽 2.6、进深 2 米，东侧洞穴几乎被坍塌土掩埋。台墩现高 10.5 米，底部边长自西顺时针测量分别为 6、19、15、17 米。

敌台所处地段的墙体大部分消失，东西两侧略有残存，痕迹模糊。

小八号村长城 1 段（150925382301170017）

起自凉城县天成乡二十六号村西北 2.3 千米，止于天成乡小八号村西 2.4 千米。呈东南 - 西北走向。上接二十六号村长城，下接小八号村长城 2 段。长 2145 米。其中保存较差 1166 米、差 829 米、消失 150 米，分别占此段墙体长度的 54%、39% 和 7%。

墙体为自然基础，由黄、褐、灰色土夯筑，夯层厚 0.2 ~ 0.25 米，内夹杂有砂砾及草梗。墙体破坏严重，呈高低起伏的土垄或矮墙状分布，有很长一段已无法确认其痕迹。墙体表面长有野草，分布有小动物挖的洞穴。墙体现高 0.2 ~ 4、底宽 3 ~ 5、顶宽 0.5 ~ 1.5 米。

小八号村长城 2 段（150925382301170018）

起自凉城县天成乡小八号村西 2.4 千米，止于天成乡小八号村西北 4 千米。呈东南 - 西北走向。上接小八号村长城 1 段，下接甘草忽洞长城 1 段。长 1800 米，已消失。初步推断该段墙体原应为土墙。

甘草忽洞长城 1 段（150925382301170019）

起自凉城县天成乡小八号村西北 4 千米，止于天成乡甘草忽洞村东北 3.7 千米。呈东南 - 西北走向。上接小八号村长城 2 段，下接甘草忽洞长城 2 段。长 555 米，保存差。

墙体为自然基础，由黄、褐、灰色土夯筑，夯层厚 0.1 ~ 0.2 米，内夹杂有砂砾及草梗。大多数地段墙体呈不明显的土垄状，局部与地面齐平，需仔细观察方可辨认。墙体周围遍布农田。墙体现高

0.3~0.5、底宽1.5~2、顶宽0.2~1米。

甘草忽洞长城2段（150925382301170020）

起自凉城县天成乡甘草忽洞村东北3.7千米，止于天成乡甘草忽洞村东北3千米。呈东南–西北走向。上接甘草忽洞长城1段，下接甘草忽洞长城3段。长1650米，已消失。初步推断该段墙体原应为土墙。

甘草忽洞长城3段（150925382301170021）

起自凉城县天成乡甘草忽洞村东北3千米，止于天成乡甘草忽洞村东北1.6千米。呈东北–西南走向。上接甘草忽洞长城2段，下接甘草忽洞长城4段。长1855米，保存较差。

墙体为自然基础，由黄、褐、灰色土夯筑，夯层厚0.1~0.2米，内夹杂有砂砾及草梗。破坏严重，呈高低起伏的土垄或矮墙状分布，表面长有野草，周围分布农田。部分地段墙体上埋设有电线杆，附近有人工壕沟，均对墙体造成破坏。墙体现高0.4~1.5、底宽3~5、顶宽0.3~0.5米。

甘草忽洞长城4段（150925382301170022）

起自凉城县天成乡甘草忽洞村东北1.6千米，止于天成乡甘草忽洞村西北1.1千米。呈东北–西南走向。上接甘草忽洞长城3段，下接甘草忽洞长城5段。长1850米，保存差。

墙体为自然基础，黄、褐、灰色土夯筑，夯层厚0.1~0.2米，内夹杂有砂砾及草梗。大多数地段墙体呈不明显的土垄状，局部与地面齐平，需仔细观察方可辨认，表面长有野草。墙体现高0.3~1、底宽2~2.5、顶宽0.2~0.5米。（彩图一八）

墙体上有敌台1座，即甘草忽洞敌台。

甘草忽洞敌台（150925352101170122）：位于凉城县天成乡甘草忽洞村西北1.4千米。骑墙而建，实心。由台基、台墩与围墙三部分构成。黄褐土夯筑，夯层厚0.1~0.15米，内夹杂有小碎石。

敌台保存较好。台基平面呈正方形，边长40米。台基顶部沿边筑有围墙，只残存西、南墙体，现高0.5~2.4、宽0.5~1.4米。台墩平面呈正方形，剖面呈梯形，整体呈覆斗形。顶部南侧凹陷，形成豁口，状如驼峰；南壁有较密集的柱洞，推测为当年修筑墩体时搭建木架所遗留；底部堆积被雨水冲刷下来的夯土块，长满蒿草。台墩现高9.5、底部边长18米。

甘草忽洞长城5段（150925382301170023）

起自凉城县天成乡甘草忽洞村西北1.1千米，止于天成乡甘草忽洞村西1.3千米。呈东北–西南走向。上接甘草忽洞长城4段，下接二道坝长城。长388米，已消失。

二道坝长城（150925382301170024）

起自凉城县天成乡甘草忽洞村西1.3千米，止于天成乡二道坝村东北0.7千米。呈东北–西南走向。上接甘草忽洞长城5段，下接东沙梁长城。长1659米，保存差。

墙体为自然基础，黄、褐、灰色土夯筑，夯层厚0.1~0.2米，内夹杂有砂砾及草梗。墙体被冲沟、农田、人工渠等破坏，呈高低起伏的土垄或矮墙状分布，表面长有野草，个别地段不易辨识。墙体现高0.5~1.5、底宽2~3、顶宽0.2~0.3米。

墙体所处地段地形以山地丘陵为主，山高谷深，山势陡峭。山上树木、野生花草茂密，周围遍布农田。

东沙梁长城（150925382301170025）

起自凉城县天成乡二道坝村东北0.7千米，止于天成乡东沙梁村东北0.24千米。呈东北–西南走向。上接二道坝长城，下接沟子长城。长2495米，保存差。

墙体为自然基础，黄、褐、灰色土夯筑，夯层厚0.1~0.2米，夹杂砂砾及草梗。呈不明显的土垄状分布，表面长满杂草及低矮灌木，部分地段墙体几与地面齐平。墙体现高 0.2~0.5、底宽 3~5、顶宽 0.3~0.5 米。

沟子长城（150925382301170026）

起自凉城县天成乡东沙梁村东北 0.24 千米，止于天成乡沟子村西南 1.7 千米。呈东北－西南走向。上接东沙梁长城，下接小双古城长城。长 2815 米，已消失。初步推断该段墙体原应为土墙。

小双古城长城（150925382301170027）

起自凉城县天成乡沟子村西南 1.7 千米，止于凉城县六苏木镇双古城村西南 1.3 千米。大致呈东北－西南走向。上接沟子长城，下接二甲地长城 1 段。长 2038 米，保存差。

墙体为自然基础，黄、褐、灰色土夯筑，夯层厚 0.1~0.2 米，内夹杂有砂砾及草梗。破坏严重，多数地段呈不明显的土垄状分布，表面长有杂草及低矮灌木丛。墙体现高 0.5~3.5、底宽 2~5、顶宽 0.3~0.5 米。

二甲地长城 1 段（150925382301170028）

起自凉城县六苏木镇双古城村西南 1.3 千米，止于六苏木镇二甲地村东北 2.9 千米。呈东北－西南走向。上接小双古城长城，下接二甲地长城 2 段。长 1344 米，保存差。

墙体为自然基础，黄、褐、灰色土夯筑，夯层厚 0.1~0.2 米，内夹杂有砂砾及草梗。破坏严重，呈高低起伏的土垄状分布，有雨水冲刷出的凹坑，间有豁口，部分地段密布小动物的洞穴。墙体现高 0.8~2.8、底宽 2~3、顶宽 0.3~0.5 米。

二甲地长城 2 段（150925382301170029）

起自凉城县六苏木镇二甲地村东北 2.9 千米，止于六苏木镇二甲地村东北 1.9 千米。呈东北－西南走向。上接二甲地长城 1 段，下接二甲地长城 3 段。长 1300 米，已消失。初步推断该段墙体原应为土墙。

二甲地长城 3 段（150925382301170030）

起自凉城县六苏木镇二甲地村东北 1.9 千米，止于六苏木镇二甲地村东南 0.6 千米。呈东北－西南走向。上接二甲地长城 2 段，下接二甲地长城 4 段。长 1667 米。保存差。

墙体为自然基础，黄、褐、灰色土夯筑，夯层厚 0.15~0.2 米，内夹杂有砂砾及草梗。呈不明显的土垄状分布，表面长满杂草及低矮灌木，部分地段墙体几与地面齐平。墙体现高 1~2.5、底宽 2~3.5、顶宽 0.3~1 米。

二甲地长城 4 段（150925382301170031）

起自凉城县六苏木镇二甲地村东南 0.6 千米，止于六苏木镇二甲地村西南 1.3 千米。呈东北－西南走向。上接二甲地长城 3 段，下接二甲地长城 5 段。长 1640 米。其中保存较差 1450、消失 190 米，分别占此段墙体长度的 88% 和 12%。

墙体为自然基础，黄、褐、灰色土夯筑，夯层厚 0.15~0.2 米，内夹杂有砂砾及草梗。破坏严重，呈高低起伏的矮墙状分布，两侧土墙皮剥落，夯层清晰可见。墙体上有雨水冲刷的凹坑，间有豁口，部分地段密布小动物的洞穴。墙体现高 1~3、底宽 1~4.5、顶宽 0.3~1 米。

二甲地长城 5 段（150925382301170032）

起自凉城县六苏木镇二甲地村西南 1.3 千米，止于六苏木镇二甲地村西南 1.4 千米。呈东北－西南走向。上接二甲地长城 4 段，下接二甲地长城 6 段。长 220 米，已消失。初步推断该段墙体原应为土墙。

二甲地长城 6 段（150925382301170033）

起自凉城县六苏木镇二甲地村西南 1.4 千米，止于六苏木镇二甲地村西南 1.8 千米。呈东北－西南走向。上接二甲地长城5段，下接二甲地长城7段。长290米，保存较差。

墙体为自然基础，黄、褐、灰色土夯筑，夯层厚0.15~0.2米，内夹杂有砂砾及草梗。破坏严重，呈高低起伏的矮墙状分布，两侧土墙皮剥落，夯层清晰可见，部分地段密布小动物的洞穴。墙体现高1~3、底宽1~4.5、顶宽0.3~1米。

二甲地长城7段（150925382301170034）

起自凉城县六苏木镇二甲地村西南1.8千米，止于六苏木镇二甲地村西南2.3千米。呈东北-西南走向。上接二甲地长城6段，下接二甲地长城8段。长470米，保存较差。

墙体为自然基础，黄褐土夯筑，夯层厚0.15~0.2米，内夹杂有砂砾及草梗。破坏严重，呈高低起伏的矮墙状分布，两侧土墙皮剥落，夯层清晰可见，部分地段密布小动物的洞穴。墙体现高1~3、底宽1~5、顶宽0.3~1米。

二甲地长城8段（150925382301170035）

起自凉城县六苏木镇二甲地村西南2.3千米，止于六苏木镇二甲地村西南2.5千米。呈东北-西南走向。上接二甲地长城7段，下接二甲地长城9段。长210米，已消失。初步推断该段墙体原应为土墙。

二甲地长城9段（150925382301170036）

起自凉城县六苏木镇二甲地村西南2.5千米，止于六苏木镇二甲地村西南3.8千米。呈东北-西南走向。上接二甲地长城8段，下接毛家窑长城1段。长1446米。其中保存较差1336、消失110米，分别占此段墙体长度的92%和8%。

墙体为自然基础，黄、褐、灰色土夯筑，夯层厚0.15~0.2米，内夹杂有砂砾及草梗。破坏严重，呈高低起伏的矮墙状分布，两侧土墙皮剥落，夯层清晰可见。墙体上有雨水冲刷的凹坑，间有豁口，部分地段密布小动物的洞穴。墙体现高0.8~3.5、底宽1.5~3、顶宽0.3~0.6米。（彩图一九）

毛家窑长城1段（150925382101170037）

起自凉城县六苏木镇二甲地村西南3.8千米，止于六苏木镇毛家窑村东2.8千米。呈东北-西南走向。上接二甲地长城9段，下接毛家窑长城2段。长3009米，保存差。

墙体为自然基础，黄、褐、灰色土夯筑，夯层厚0.1~0.2米，内夹杂有砂砾及草梗。破坏严重，呈高低起伏的锯齿状分布，长有麻黄、枸杞、小树及杂草，有雨水冲刷的凹坑，间有豁口。此外，修路及架设高压输电线路亦对墙体造成了破坏。墙体现高0.6~3、底宽1~4、顶宽0.2~1米。

墙体所处地形以山地丘陵为主，山高谷深，山势陡峭。山上树木、野生花草茂密，周围遍布农田。墙体上有敌台1座，即二甲地敌台。

二甲地敌台（150925352101170123）：位于凉城县六苏木镇二甲地村西南4.47千米。骑墙而建，实心。由台基和台墩两部分组成。黄土夯筑，夯层厚0.1~0.15米。

敌台保存较好。台基平面呈正方形，自下而上略有收分，多被沙土掩埋，现高3~4、底部边长33米。台墩平面呈矩形，剖面呈梯形，整体呈覆斗形。受风蚀破坏严重，西面顶部因雨水冲刷而凹陷，形成一倒立的三角形豁口，宽0.8、深3米。南壁受雨水冲刷，中部凹陷，形成沟槽，夯土淤积到台基上。台墩现高10、底部边长16米。敌台高峻，攀爬不易，因此未测顶部数据。（图三）

毛家窑长城2段（150925382101 170038）

起自凉城县六苏木镇毛家窑村东2.8千米，止于六苏木镇毛家窑村东0.6千米。呈东-西走向。上接毛家窑长城1段，下接毛家窑长城3段。长2411米，保存差。

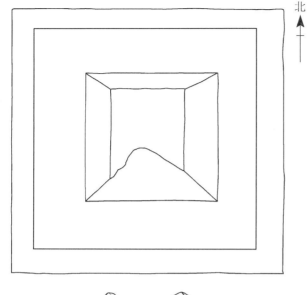

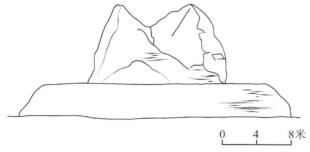

0　　4　　8米

图三　二甲地敌台平、立面图

墙体为自然基础，黄、褐、灰色土夯筑，夯层厚 0.1~0.2 米，夹杂砂砾及草梗。破坏严重，呈土垄状分布，局部需经过仔细观察方可确认，墙体上杂草丛生。墙体现高 0.5~2.5、底宽 1.5~3、顶宽 0.3~0.5 米。

毛家窑长城 3 段（150925382101170039）

起自凉城县六苏木镇毛家窑村东 0.6 千米，止于六苏木镇毛家窑村西南 0.3 千米。呈东北－西南走向。上接毛家窑长城 2 段，下接毛家窑长城 4 段。长 890 米，已消失。初步推断该段墙体原应为土墙。

毛家窑长城 4 段（150925382101170040）

起自凉城县六苏木镇毛家窑村西南 0.3 千米，止于六苏木镇毛家窑村西南 1.5 千米。呈东北－西南走向。上接毛家窑长城 3 段，下接双台子长城 1 段。长 1260 米，保存较差。

墙体为自然基础，黄、褐、灰色土夯筑，夯层厚 0.1~0.2 米，内夹杂有砂砾及草梗。破坏严重，呈高低起伏的锯齿状分布，长有麻黄、枸杞、小树及杂草。修路及架设高压输电线对墙体造成破坏。墙体现高 0.3~1.2、底宽 1.8~3、顶宽 0.2~0.5 米。

双台子长城 1 段（150925382101170041）

起自凉城县六苏木镇毛家窑村西南 1.5 千米，止于六苏木镇双台子村东北 1.9 千米。呈东北－西南走向。上接毛家窑长城 4 段，下接双台子长城 2 段。长 1150 米。其中保存差 820 米、消失 330 米，分别占此段墙体长度的 71% 和 29%。

墙体为自然基础，黄、褐、灰色土夯筑，夯层厚 0.1~0.2 米，内夹杂有砂砾及草梗。破坏严重，多数地段呈高低起伏的矮墙状，表面长有矮草及低矮灌木，有雨水冲刷的凹坑，间有豁口。墙体现高 0.2~2、底宽 2~3.2、顶宽 0.3~0.5 米。

双台子长城 2 段（150925382101170042）

起自凉城县六苏木镇双台子村东北 1.9 千米，止于六苏木镇双台子村东北 1.6 千米。呈东北－西南走向。上接双台子长城 1 段，下接双台子长城 3 段。长 240 米，已消失。初步推断该段墙体原应为土墙。

双台子长城 3 段（150925382101170043）

起自凉城县六苏木镇双台子村东北 1.6 千米，止于六苏木镇双台子村东北 0.2 千米。呈东北－西南走向。上接双台子长城 2 段，下接双台子长城 4 段。长 1611 米。其中保存较差 1461、消失 150 米，分别占此段墙体长度的 91% 和 9%。

墙体为自然基础，黄、褐、灰色土夯筑，夯层厚 0.1~0.2 米，内夹杂有砂砾及草梗。墙体风化破坏严重，夯层清晰可辨，呈高低起伏的矮墙状分布。长满野花、荒草和低矮的灌木，部分地段被乡间小路截断，墙体附近建有电线杆和通信塔。墙体现高 0.3~3、底宽 2~3.2、顶宽 0.3~0.5 米。

墙体所处地段地形以山地丘陵为主，山高谷深，山势陡峭。山上树木、花草茂密，周围农田较多。墙体上有敌台1座，即东沟敌台。

东沟敌台（150925352101170124）：位于凉城县六苏木镇东沟村西北1.2千米。依墙而建，空心。由台基、台墩、围墙、环壕四部分组成。

台基土筑，平面呈正方形，边长40米。台墩位于台基顶部中央，黄土夯筑，夯层厚0.15~0.2米，保存一般。呈覆斗形，现高5、底部边长19米。台墩底部四周各挖有三孔土窑洞，以西面的窑洞为准测得数据分别为：靠南的窑洞宽1.5、高1.3、进深3.5米；靠北的窑洞口被坍塌的夯土掩埋；中间的窑洞宽1.9、高1.3、进深5米，内部有大量塌陷的夯土。其他三面窑洞的数据基本同西面一致。个别窑洞内有烟道，自底直通顶部，内壁有烟熏的痕迹。有的窑洞之间有孔洞相连，孔洞高1.1米。推测这些窑洞供存放战备品及屯兵居住用。敌台内有上下通道，入口在西壁中部，宽1.1、高1.5米，由于坍塌略呈拱形。进入入口是垂直向的通道，通道内壁挖有脚窝，以供上下，出口在敌台顶部。

台基顶部沿边夯筑有围墙，夯层厚0.2~0.25米。平面呈正方形，边长40、现高2、厚0.26米。南墙中部有一洞门，高2.1、宽2.7米，部分坍塌，门两侧墙体连接处暴露有石砌基础。

台基外围有一圈围墙，围墙外有环壕，其构筑方式为：挖壕取土，将土堆积于壕内侧，形成墙体。外围墙轮廓呈正方形，现高0.8~2、边长105米，距台基15~20米。环壕深0.7~1.6、宽2.8米。南侧环壕上有土质小桥，以连接内外，穿过小桥便进入了外围墙内，再往前走正对内围墙上的洞门。土桥长11、宽1.5、高1.4米。桥上两侧有防护性土墙，高1、宽0.6米。此外，北侧环壕外还有一堵土墙，土坯加夯土分层构筑而成，高2.4、宽1.7米，夯层厚0.1米。墙外连接长城主墙体。（彩图二〇）

双台子长城4段（1509253821101170044）

起自凉城县六苏木镇双台子村东北0.2千米，止于六苏木镇双台子村西0.6千米。呈东北－西南走向。上接双台子长城3段，下接双台子长城5段。长700米，已消失。初步推断该段墙体原应为土墙。

双台子长城5段（1509253821101170045）

起自凉城县六苏木镇双台子村西0.6千米，止于六苏木镇双台子村西南2.8千米。呈东北－西南走向。上接双台子长城4段，下接双台子长城6段。长2475米。其中保存较差2385米、消失90米，分别占此段墙体长度的96%和4%。

墙体为自然基础，黄、褐、灰色土夯筑，夯层厚0.1~0.2米，内夹杂有砂砾及草梗。墙体风化破坏严重，呈高低起伏的矮墙状分布，长满野花荒草和低矮的灌木，部分地段被乡间小路截断。墙体现高1.2~3、底宽1.5~4、顶宽0.3~0.6米。（彩图二一）

墙体所处地形以山地丘陵为主，山高谷深，山势陡峭。山上树木、野生花草茂密，周围农田较多。墙体上有敌台1座，即双台子敌台。

双台子敌台（150925352101170125）：位于凉城县六苏木镇双台子村西南1.43千米。依墙而建，实心。由台基、台墩与围墙三部分构筑。均黄褐土夯筑，夯层厚0.1~0.15米。

敌台保存较好。台基平面呈正方形，局部残损。台基顶部沿边筑有围墙，围墙平面呈正方形，边长36米；南墙正中有一宽5米的缺口，疑为门址。台墩呈覆斗形，顶部因雨水冲刷，遍布沟槽，深浅不一；四壁面上有凹洞，有坍塌现象，南壁坍塌较其余三壁严重。台墩现高14、底部边长18米。（彩图二二）

该敌台建在山岭上，四周为平缓的山坡，视野开阔。地表多碎石，附近山坡上农田较多。

双台子长城 6 段（1509253382101170046）

起自凉城县六苏木镇双台子村西南 2.8 千米，止于六苏木镇双台子村西南 4.8 千米。呈东北－西南走向。上接双台子长城 5 段，下接牛心窑长城 1 段。长 2312 米，保存较差。

墙体为自然基础，黄、褐、灰色土夯筑，夯层厚 0.1～0.2 米，内夹杂有砂砾及草梗。墙体风化破坏严重，呈高低起伏的矮墙状分布，长满野花荒草和低矮的灌木。墙体现高 1～4.5、底宽 2～3.5、顶宽 0.3～0.5 米。

牛心窑长城 1 段（1509253382101170047）

起自凉城县六苏木镇双台子村西南 4.8 千米，止于六苏木镇牛心窑村东北 4.2 千米。呈东北－西南走向。上接双台子长城 6 段，下接牛心窑长城 2 段。长 2355 米，已消失。初步推断该段墙体原应为土墙。

牛心窑长城 2 段（1509253382101170048）

起自凉城县六苏木镇牛心窑村东北 4.2 千米，止于六苏木镇牛心窑村东北 2 千米。呈东北－西南走向。上接牛心窑长城 1 段，下接牛心窑长城 3 段。长 2361 米，保存较差。

墙体为自然基础，黄、褐、灰色土夯筑，夯层厚 0.1～0.2 米，内夹杂有砂砾及草梗。墙体风化损毁严重，呈高低起伏的矮墙状分布，高矮、厚薄不等。长满野花荒草和低矮的灌木。墙体现高 1.5～3.5、底宽 4～5、顶宽 0.3～1.5 米。（彩图二三）

牛心窑长城 3 段（1509253382101170049）

起自凉城县六苏木镇牛心窑村东北 2 千米，止于六苏木镇牛心窑村东南 0.35 千米。呈东北－西南走向。上接牛心窑长城 2 段，下接牛心窑长城 4 段。长 2460 米。其中保存较差 2130 米、消失 330 米，分别占此段墙体长度的 87% 和 13%。

墙体为自然基础，黄、褐、灰色土夯筑，夯层厚 0.1～0.2 米，内夹杂有砂砾及草梗。墙体风化损毁严重，呈高低起伏的矮墙状分布，长满野花荒草和低矮的灌木，高矮、厚薄不等，部分地段被乡间小路截断。墙体现高 0.5～2、底宽 5～7、顶宽 0.2～1 米。

牛心窑长城 4 段（1509253382101170050）

起自凉城县六苏木镇牛心窑村东南 0.35 千米，止于六苏木镇牛心窑村西南 2 千米。呈东北－西南走向。上接牛心窑长城 3 段，下接双古城长城 1 段。长 2145 米，其中保存较差 2050、消失 95 米，分别占此段墙体长度的 96% 和 4%。

墙体为自然基础，黄、褐、灰色土夯筑，夯层厚 0.1～0.2 米，内夹杂有砂砾及草梗。呈高低起伏的矮墙或土垄状分布，有雨水冲刷的凹坑，间有豁口。大部分墙体长满荒草和低矮灌木，局部长有树木。墙体现高 0.5～2、底宽 4～6、顶宽 0.3～1 米。

双古城长城 1 段（1509253382101170051）

起自凉城县六苏木镇牛心窑村西南 2 千米，止于六苏木镇双古城村东北 1.7 千米。呈东北－西南走向。上接牛心窑长城 4 段，下接双古城长城 2 段。长 2180 米。其中保存较差 2060、消失 120 米，分别占此段墙体长度的 94% 和 6%。

墙体为自然基础，黄、褐、灰色土夯筑，夯层厚 0.1～0.2 米，夹杂砂砾及草梗。破坏严重，呈高低起伏的矮墙或土垄状分布，表面长有野花、荒草、低矮灌木和零星树木，有雨水冲刷的凹坑，间有豁口。墙体现高 0.5～2、底宽 5～7、顶宽 0.3～1 米。

双古城长城 2 段（1509253382101170052）

起自凉城县六苏木镇双古城村东北 1.7 千米，止于六苏木镇双古城村东北 1.6 千米。呈东北－西南走向。上接双古城长城 1 段，下接双古城长城 3 段。长 260 米，已消失。初步推断该段墙体原应为土墙。

双古城长城 3 段（150925382101170053）

起自凉城县六苏木镇双古城村东北 1.6 千米，止于六苏木镇双古城村东北 0.9 千米。呈东北－西南走向。上接双古城长城 2 段，下接双古城长城 4 段。长 1005 米，保存较差。

墙体为自然基础，黄、褐、灰色土夯筑，夯层厚 0.1 ~ 0.2 米，内夹杂有砂砾及草梗。自然风化剥蚀严重，墙体上有雨水冲刷的凹坑，大部分长满荒草和低矮灌木，部分墙体上长有树木。墙体现高 0.5 ~ 2、底宽 5 ~ 7、顶宽 0.3 ~ 1 米。

双古城长城 4 段（150925382101170054）

起自凉城县六苏木镇双古城村东北 0.9 千米，止于六苏木镇双古城村东北 0.26 千米。呈东北－西南走向。上接双古城长城 3 段，下接双古城长城 5 段。长 1040 米，已消失。初步推断该段墙体原应为土墙。

双古城长城 5 段（150925382101170055）

起自凉城县六苏木镇双古城村东北 0.26 千米，止于六苏木镇双古城村西南 0.8 千米。呈东北－西南走向。上接双古城长城 4 段，下接双古城长城 6 段。长 1040 米。其中保存较差 970 米、消失 70 米，分别占此段墙体长度的 93% 和 7%。

墙体为自然基础，黄、褐、灰色土夯筑，夯层厚 0.1 ~ 0.2 米，内夹杂有砂砾及草梗。破坏严重，呈高低起伏的矮墙状分布，两侧土墙皮剥落严重，夯层清晰可辨。部分地段动物挖洞较多，表面长有野花、荒草、低矮灌木和零星树木。墙体现高 2.5 ~ 4、底宽 2 ~ 5、顶宽 0.2 ~ 0.8 米。

双古城长城 6 段（150925382101170056）

起自凉城县六苏木镇双古城村西南 0.8 千米，止于六苏木镇双古城村西南 1.1 千米。呈东北－西南走向。上接双古城长城 5 段，下接双古城长城 7 段。长 300 米，已消失。初步推断该段墙体原应为土墙。

双古城长城 7 段（150925382101170057）

起自凉城县六苏木镇双古城村西南 1.1 千米，止于六苏木镇双古城村西南 1.6 千米。呈东北－西南走向。上接双古城长城 6 段，下接双古城长城 8 段。长 520 米，保存较差。

墙体为自然基础，黄、褐、灰色土夯筑，夯层厚 0.1 ~ 0.2 米，内夹杂有砂砾及草梗。破坏严重，呈高低起伏的矮墙状分布，两侧墙皮剥落严重，夯层清晰可辨。部分地段动物挖洞较多，表面长有野花、荒草、低矮灌木和零星树木。墙体现高 2.5 ~ 4、底宽 2 ~ 5、顶宽 0.2 ~ 0.8 米。

双古城长城 8 段（150925382101170058）

起自凉城县六苏木镇双古城村西南 1.6 千米，止于六苏木镇双古城村西南 1.9 千米。呈东北－西南走向。上接双古城长城 7 段，下接双古城长城 9 段。长 270 米，已消失。初步推断该段墙体原应为土墙。

双古城长城 9 段（150925382101170059）

起自凉城县六苏木镇双古城村西南 1.9 千米，止于六苏木镇双古城村西南 2.2 千米。呈东北－西南走向。上接双古城长城 8 段，下接双古城长城 10 段。长 365 米，保存较差。

墙体为自然基础，黄、褐、灰色土夯筑，夯层厚 0.1 ~ 0.2 米，内夹杂有砂砾及草梗。破坏严重，呈高低起伏的矮墙状分布。部分地段动物挖洞较多，表面长有野花、荒草、低矮灌木和零星树木。墙体现高 2.5 ~ 4、底宽 2 ~ 5、顶宽 0.2 ~ 0.8 米。

双古城长城 10 段（150925382101170060）

起自凉城县六苏木镇双古城村西南 2.2 千米，止于六苏木镇双古城村西南 2.5 千米。呈东北－西南走向。上接双古城长城 9 段，下接双古城长城 11 段。长 300 米，已消失。初步推断该段墙体原应为土墙。

双古城长城 11 段（150925382101170061）

起自凉城县六苏木镇双古城村西南 2.5 千米，止于六苏木镇双古城村西南 4.1 千米。呈东北－西南走向。上接双古城长城 10 段，下接双古城长城 12 段。长 1915 米。其中保存较差 1760 米、消失 155 米，分别占此段墙体长度的 92% 和 8%。

墙体为自然基础，黄、褐、灰色土夯筑，夯层厚 0.1 ~ 0.2 米，内夹杂有砂砾及草梗。破坏严重，呈高低起伏的矮墙或土垄状分布，表面长有野花、荒草、低矮灌木和零星树木，有雨水冲刷的凹坑，间有豁口。墙体现高 2 ~ 3.5、底宽 2.5 ~ 4、顶宽 0.2 ~ 0.6 米。

双古城长城 12 段（150925382101170062）

起自凉城县六苏木镇双古城村西南 4.1 千米，止于六苏木镇双古城村西南 6.2 千米。呈东北 – 西南走向。上接双古城长城 11 段，下接双古城长城 13 段。长 2505 米。其中保存较差 2440 米、消失 65 米，分别占此段墙体长度的 97% 和 3%。

墙体为自然基础，黄、褐、灰色土夯筑，夯层厚 0.1 ~ 0.2 米，夹杂砂砾及草梗。破坏严重，呈高低起伏的矮墙或土垄状分布，表面长有野花、荒草、低矮灌木和零星树木，有雨水冲刷的凹坑，间有豁口。墙体现高 1.5 ~ 4、底宽 2 ~ 4.5、顶宽 0.15 ~ 1 米。

双古城长城 13 段（150925382101170063）

起自凉城县六苏木镇双古城村西南 6.2 千米，止于六苏木镇双古城村西南 8 千米。呈东北 – 西南走向。上接双古城长城 12 段，下接双古城长城 14 段。长 2022 米。其中保存较差 1947 米、消失 75 米，分别占此段墙体长度的 96% 和 4%。

墙体为自然基础，黄、褐、灰色土夯筑，夯层厚 0.1 ~ 0.2 米，内夹杂有砂砾及草梗。墙体低矮，呈土垄状分布，表面小动物挖洞较多，局部地表无法确认墙体痕迹。墙体现高 1 ~ 3.5、底宽 2 ~ 3.5、顶宽 0.2 ~ 0.4 米。

墙体所处地形以山地丘陵为主，山高谷深，山势陡峭，山上树木、野生花草茂密，周围农田较多。墙体上有敌台 1 座，即后圪针沟敌台。

后圪针沟敌台（150925352101170126）：位于凉城县六苏木镇后圪针沟村东北 1.15 千米。骑墙而建，实心。由台基和台墩两部分组成。

敌台保存较差。台基平面呈正方形，现高 2、边长 52 米，上面散落后人加固台墩所用的大量石块。台基南面半环台墩有一条壕沟；西南角有一类似通道的斜坡缺口，直通台基底部；东北缺失一角，缺失处有石砌建筑遗存，残存高 1 米多的石墙；东北 0.1 千米有另一石砌建筑遗址，残存石墙高 1.2 米。

台墩呈覆斗形，位于台基中部，黄褐土夯筑，夯层厚约 0.23 米。台墩坍塌严重，西、南壁夯土塌陷严重处有石块加固的痕迹，垒砌石块高 1.5 ~ 2.5 米。台墩现高 6、底部边长 23 米。（彩图二四）

双古城长城 14 段（150925382101170064）

起自凉城县六苏木镇双古城村西南 8 千米，止于凉城县新店子镇二道边村东北 1.6 千米。呈东北 – 西南走向。上接双古城长城 13 段，下接双古城长城 15 段。长 690 米，已消失。初步推断该段墙体原应为土墙。

双古城长城 15 段（150925382101170065）

起自和林格尔县新店子镇二道边村东北 1.6 千米，止于新店子镇二道边村东北 0.6 千米。呈东北 – 西南走向。上接双古城长城 14 段，下接双古城长城 16 段。长 1105 米，保存较差。

墙体为自然基础，黄、褐、灰色土夯筑，夯层厚 0.1 ~ 0.2 米，夹杂砂砾及草梗。墙体比较低矮，呈高低起伏的土垄或矮墙状分布。墙体上杂草丛生，动物挖洞较多，周围有小片杨树林。墙体现高 1.2 ~ 4.5、底宽 2.5 ~ 4.5、顶宽 0.3 ~ 0.8 米。

双古城长城 16 段（150925382101170066）

起自和林格尔县新店子镇二道边村东北 0.6 千米，止于新店子镇二道边村西 0.46 千米。呈东北 - 西南走向。上接双古城长城 15 段，下接和林格尔县境内的二道边村长城。长 654 米，已消失。初步推断该段墙体原应为土墙。

（四）呼和浩特市和林格尔县

和林格尔县境内的明长城大边总长 50267 米，划分为 51 段，其中土墙 28 段、石墙 1 段、消失 22 段，分别长 36442 米、1320 米和 12505 米，各占此段墙体总长的 72%、3% 和 25%。墙体上有敌台 13 座。（参见地图六）其分类长度统计如下表。（表五）

表五　和林格尔县明长城大边墙体分类长度统计表　　　　　　（单位：米）

墙体类型／保存状况	土墙	石墙	砖墙	木障墙	山险墙	山险	河险	其他墙体	消失长城
较好	0	0	0	0	0	0	0	0	
一般	0	0	0	0	0	0	0	0	
较差	15445	0	0	0	0	0	0	0	12505
差	17952	0	0	0	0	0	0	0	
消失	3045	1320	0	0	0	0	0	0	
总计	36442	1320	0	0	0	0	0	0	50267

二道边村长城（150123382101170027）

起自和林格尔县新店子镇二道边村西 0.4 千米，止于新店子镇山保岱村东北 1.3 千米。呈东北 - 西南走向。上接凉城县双古城长城 16 段，下接山保岱长城 1 段。长 2371 米，保存较差。

墙体为自然基础，夯筑。呈高低不平的矮墙或土垄状分布，间有豁口，个别地段几乎与地面齐平，濒临消失。墙体上长满杂草和低矮灌木。墙体现高 0.5~2.5、底宽 5~7、顶宽 0.3~1 米。（彩图二五）

墙体位于土山之上，地形以山地丘陵为主，多沟壑，山体土质较松软。周边耕地较多，山坡上多梯田。墙体上有敌台 1 座，即二道边村敌台。

二道边村敌台（150123352101170181）：位于和林格尔县新店子镇二道边村西南 0.83 千米。骑墙而建，实心。由台基和台墩两部分组成。黄褐土夯筑，夯层厚 0.2~0.25 米。

敌台保存一般。台基平面呈正方形，现高 1.5、边长 40 米，上有淤土，四周有缺口。台墩平面形状不规则，剖面呈梯形，整体呈不规则形。顶部雨水冲刷损毁严重，长满野草，四壁不同程度倒塌，坍塌土淤积到台基上。台墩现高 7.5 米，底部东西长 24、南北长 20 米。

山保岱长城 1 段（150123382101170028）

起自和林格尔县新店子镇山保岱村东北 1.3 千米，止于新店子镇山保岱村西南 1.1 千米。呈东北 - 西南走向。上接二道边村长城，下接山保岱长城 2 段。长 2055 米，保存较差。

墙体为自然基础，夯筑，夯层厚 0.2~0.3 米。受人为开路、流水冲刷、农田侵占等因素破坏严重。墙体呈高低不平的土垄或矮墙状分布。墙体现高 1~2.5、底宽 4~8、顶宽 0.5~1 米。

墙体位于土山之上，地形以山地丘陵为主，多沟壑，山体土质较松软。

山保岱长城 2 段（150123382101170029）

起自和林格尔县新店子镇山保岱村西南 1.1 千米，止于新店子镇上红台村东 0.3 千米。呈东北 - 西南走向。上接山保岱长城 1 段，下接上红台长城 1 段。长 2537 米。其中保存较差 2257 米、消失 280 米，分别占此段墙体长度的 89% 和 11%。

墙体为自然基础，夯筑，夯层厚 0.2 ~ 0.3 米。受人为开路、流水冲刷、农田侵占等因素破坏严重，墙体呈高低不平的土垄或矮墙状分布，少数地段无法确认痕迹。墙体现高 1.5 ~ 2.5、底宽 6 ~ 8、顶宽 0.5 ~ 1 米。（彩图二六）

墙体位于土山之上，地形以山地丘陵为主，多沟壑。山体土质较松软，植被较好。墙体上有敌台 1 座，即山保岱敌台。

山保岱敌台（150123352101170182）：位于和林格尔县新店子镇山保岱村西南 1.48 千米。骑墙而建，实心。由台墩和围墙两部分组成。黄褐土夯筑，夯层厚 0.2 ~ 0.25 米。

敌台保存一般。台墩平面呈正方形，剖面呈梯形，整体呈不规则形。顶部长满杂草，四壁有深浅不一的雨水冲沟。台墩现高 8、底部边长 16 米。敌台四周建有围墙，平面呈正方形，边长 38 米。围墙保存较好处高 4.5、宽 2.5 米；南墙中部有一豁口，宽 5 米；豁口外左侧残存一段短墙，长 7.8、高 2、宽 3.5 米。（彩图二七）

上红台长城 1 段（150123382101170030）

起自和林格尔县新店子镇上红台村东 0.3 千米，止于新店子镇上红台村东南 0.08 千米。呈东 - 西走向。上接山保岱长城 2 段，下接上红台长城 2 段。长 260 米，已消失。初步推断该段墙体原应为土墙。

上红台长城 2 段（150123382101170031）

起自和林格尔县新店子镇上红台村东南 0.08 千米，止于新店子镇上红台村西南 1.2 千米。呈东北 - 西南走向。上接上红台长城 1 段，下接上红台长城 3 段。长 1335 米。其中保存差 1255 米、消失 80 米，分别占此段墙体长度的 94% 和 6%。

墙体为自然基础，夯筑，夯层厚 0.2 ~ 0.3 米。呈土垄状分布，比较低矮，高低不平，长满杂草，少数墙体在地表已无法确认其痕迹。墙体现高 0.5 ~ 1.5、底宽 3 ~ 5、顶宽 0.1 ~ 0.5 米。

墙体位于土山之上，地形以山地丘陵为主，多沟壑，山体土质较松软。墙体上有敌台 1 座，即上红台 1 号敌台。

上红台 1 号敌台（150123352101170183）：位于和林格尔县新店子镇上红台村西南 0.82 千米。骑墙而建，实心。由台基和台墩两部分组成。黄土夯筑，夯层厚 0.2 ~ 0.25 米。

敌台保存一般。台基平面呈正方形，南侧损毁严重，其余保存尚好。台基现高 1、边长 36 米。台墩平面呈矩形，剖面呈梯形，整体呈不规则形；东、南、西壁都因雨水冲刷而形成沟槽，深浅不一。台墩现高 12 米，底部东西长 17、南北长 16 米。台墩顶部发现青砖，砖长 42、宽 20、厚 8.5 厘米。（彩图二八）

上红台长城 3 段（150123382101170032）

起自和林格尔县新店子镇上红台村西南 1.2 千米，止于新店子镇上红台村西南 1.5 千米。呈北 - 南走向。上接上红台长城 2 段，下接上红台长城 4 段。长 320 米，已消失。初步推断该段墙体原应为土墙。

上红台长城 4 段（150123382101170033）

起自和林格尔县新店子镇上红台村西南 1.5 千米，止于新店子镇上红台村西南 4.3 千米。呈东北 - 西南走向。上接上红台长城 3 段，下接上红台长城 5 段。长 3520 米。其中保存差 3220 米、消失 300 米，分别占此段墙体长度的 91% 和 9%。

墙体为自然基础，夯筑，夯层厚 0.25～0.3 米。受自然风化、雨蚀等因素破坏严重，呈高低不平的矮墙或土垄状分布，少数地段地表已无法确认墙体痕迹。墙体现高 0.5～2.5、底宽 4～6、顶宽 0.1～0.3 米。

墙体位于土山之上，地形以山地丘陵为主，多沟壑。墙体上有 2 座敌台，即上红台 2 号敌台和营盘梁敌台，间距 1895 米。

上红台 2 号敌台（150123352101170184）：位于和林格尔县新店子镇上红台村南 2.26 千米。骑墙而建，实心。由台基、台墩和围墙三部分组成。三者均夯筑而成，夯层厚约 0.3 米。

敌台保存较好。台基平面呈正方形，现高 0.9、边长 42 米，其东北角和南侧中部与长城墙体相连。台基顶部沿边筑有围墙，平面呈正方形，边长 42 米；南墙中部有豁口，宽 5 米。台墩平面呈矩形，剖面呈梯形，整体呈覆斗形。顶部和四壁生长有少量荒草，东、南、北壁有雨水冲刷出的沟槽，底部堆积有淤土。台墩现高 7 米，底部东西长 18、南北长 20 米。（彩图二九）

营盘梁敌台（150123352101170185）：位于和林格尔县新店子镇营盘梁村西 1.2 千米。骑墙而建，实心。由台基、台墩两部分组成。二者均黄土夯筑，夯层厚 0.2～0.25 米。

敌台保存一般。台基平面呈正方形，东北和西北角与长城墙体相连，现高 0.5、边长 40 米，四周有石砌痕迹，但均已坍塌。台墩平面呈矩形，剖面呈梯形，整体呈不规则形。台墩顶部破坏严重，形成数个近圆形的洞穴，洞口直径 0.3～0.5 米。台墩东壁保存较好，其余三壁有不同程度损毁。台墩现高 6、底部周长 51 米。

上红台长城 5 段（1501233382101170034）

起自和林格尔县新店子镇上红台村西南 1.5 千米，止于新店子镇好来沟村东北 3.9 千米。呈东北－西南走向。上接上红台长城 4 段，下接上红台长城 6 段。长 1350 米，已消失。初步推断该段墙体原应为土墙。

上红台长城 6 段（1501233382101170035）

起自和林格尔县新店子镇好来沟村东北 3.9 千米，止于新店子镇好来沟村东北 2.8 千米。呈东北－西南走向。上接上红台长城 5 段，下接上红台长城 7 段。长 1320 米，保存差。

墙体为石墙，自然基础，毛石干垒。现石块散落在地表，呈带状分布，略高于地面。墙体现高 0.5～1.5、底宽 4～5、顶宽 1～1.5 米。

墙体位于土山之上，地形以山地丘陵为主，山高谷深，山势陡峭，沟壑纵横。

上红台长城 7 段（1501233382101170036）

起自和林格尔县新店子镇好来沟村东北 2.8 千米，止于新店子镇好来沟村东北 2.2 千米。呈东北－西南走向。上接上红台长城 6 段，下接上红台长城 8 段。长 850 米，已消失。初步推断该段墙体原应为土墙。

上红台长城 8 段（1501233382101170037）

起自和林格尔县新店子镇好来沟村东北 2.2 千米，止于新店子镇好来沟村东北 1.6 千米。呈东北－西南走向。上接上红台长城 7 段，下接上红台长城 9 段。长 817 米，保存较差。

墙体为自然基础，夯筑，夯层厚 0.25～0.3 米。由于受自然风化破坏严重，两侧土墙皮剥落，夯层清晰可见，呈矮墙或锯齿状分布，长满杂草。墙体现高 1～1.5、底宽 2.5～4、顶宽 0.2～1 米。

墙体位于土山之上，地形以山地丘陵为主，山高谷深，沟壑纵横。山顶地势相对平坦，开垦有梯田。墙体上有敌台 1 座，即好来沟 1 号敌台。

好来沟 1 号敌台（150123352101170186）：位于和林格尔县新店子镇好来沟村东北 1.86 千米。骑长城墙体而建，实心。黄土夯筑，夯层厚 0.1～0.15 米。

敌台保存一般。平面呈正方形，剖面呈梯形，整体呈覆斗形。顶部土质较松，长有杂草。表层夯土脱落严重，有大量凹坑，底部堆积淤土。敌台现高 11、底部边长 16 米。

上红台长城 9 段（150123382101170038）

起自和林格尔县新店子镇好来沟村东北 1.6 千米，止于新店子镇好来沟村东北 1.3 千米。呈东北－西南走向。上接上红台长城 8 段，下接上红台长城 10 段。长 270 米，已消失。初步推断该段墙体原应为土墙。

上红台长城 10 段（150123382101170039）

起自和林格尔县新店子镇好来沟村东北 1.3 千米，止于新店子镇好来沟村东 0.35 千米。呈东北－西南走向。上接上红台长城 9 段，下接好来沟长城 1 段。长 1180 米。其中保存较差 870 米、差 135 米、消失 175 米，分别占此段墙体长度的 74%、11% 和 15%。

墙体为自然基础，黄土夯筑，夯层厚 0.25～0.3 米。呈高低不平的土垄状分布，两侧土墙皮严重剥落，表面长有杂草，部分地段因开垦农田和修建道路，墙体消失。墙体现高 1～1.5、底宽 2.5～4、顶宽 0.2～1 米。（彩图三〇）

好来沟长城 1 段（150123382101170040）

起自和林格尔县新店子镇好来沟村东 0.35 千米，止于新店子镇好来沟村西南 1 千米。呈东北－西南走向。上接上红台长城 10 段，下接好来沟长城 2 段。长 130 米，已消失。初步推断该段墙体原应为土墙。

好来沟长城 2 段（150123382101170041）

起自和林格尔县新店子镇好来沟村西南 1 千米，止于新店子镇好来沟村西南 1.3 千米。呈东北－西南走向。上接好来沟长城 1 段，下接好来沟长城 3 段。长 345 米，保存差。

墙体为自然基础，褐色土夹沙夯筑，夯层厚 0.1～0.25 米，内含碎石块及草梗。受自然风化、雨蚀等因素破坏严重，呈高低不平的土垄状分布，上面长满杂草。墙体现高 0.3～3、底宽 1.5～4.5、顶宽 0.3～1 米。

好来沟长城 3 段（150123382101170042）

起自和林格尔县新店子镇好来沟村西南 1.3 千米，止于新店子镇好来沟村西南 1.5 千米。呈东北－西南走向。上接好来沟长城 2 段，下接好来沟长城 4 段。长 320 米，已消失。初步推断该段墙体原应为土墙。

好来沟长城 4 段（150123382101170043）

起自和林格尔县新店子镇好来沟村西南 1.5 千米，止于新店子镇好来沟村西南 1.7 千米。呈东北－西南走向。上接好来沟长城 3 段，下接好来沟长城 5 段。长 290 米，保存差。

墙体为自然基础，褐色土夹沙夯筑，夯层厚 0.1～0.25 米，内含碎石块及草梗。受自然风化、雨蚀等因素破坏严重，呈高低不平的土垄状分布，上面长满杂草。墙体现高 0.3～1.5、底宽 1.5～4.5、顶宽 0.3～0.5 米。

好来沟长城 5 段（150123382101170044）

起自和林格尔县新店子镇好来沟村西南 1.7 千米，止于新店子镇好来沟村西南 1.9 千米。呈东北－西南走向。上接好来沟长城 4 段，下接好来沟长城 6 段。长 230 米，已消失。初步推断该段墙体原应为土墙。

好来沟长城 6 段（150123382101170045）

起自和林格尔县新店子镇好来沟村西南 1.9 千米，止于新店子镇好来沟村西南 2.6 千米。呈东北－西南走向。上接好来沟长城 5 段，下接好来沟长城 7 段。长 835 米，保存较差。

墙体为自然基础，黑褐土夯筑，夯层厚 0.1 ~ 0.25 米，内含碎石块及草梗。墙体有破坏，呈高低不平的土垄或矮墙状分布。墙体内部土质结实，混杂碎石块；表面土层疏松脱落，长满杂草。墙体现高 0.3 ~ 3、底宽 1.5 ~ 4.5、顶宽 0.3 ~ 1 米。

墙体所处地形以山地丘陵为主，山高谷深，沟壑纵横。山顶地势相对平坦，开垦有梯田。墙体上有敌台 2 座，即好来沟 2、3 号敌台，间距 0.415 千米。

好来沟 2 号敌台（150123352101170187）：位于和林格尔县新店子镇好来沟村西南 2.12 千米。骑墙而建，实心。由台墩和围墙组成，黄土夯筑，夯层厚 0.2 ~ 0.25 米。

敌台保存较好。台墩规模较小，平面呈矩形，剖面呈梯形，整体呈覆斗形。台墩表面长有杂草，四壁有雨水冲刷形成的凹槽，南壁凹槽较深，底部堆积大量淤土。台墩现高 4.6、底部边长 7 米；台墩外有围墙，平面呈矩形，东西长 32、南北长 28 米。围墙因雨水冲刷遭到破坏，分布有小豁口，保存最好处高 7、宽 3.8 米；南墙中部有一缺口，宽 3.6 米，疑为门址。

好来沟 3 号敌台（150123352101170188）：位于和林格尔县新店子镇好来沟村西南 2.54 千米。骑墙而建，实心。由台基、台墩及围墙三部分组成。均夯筑而成，夯层厚约 0.2 米。

敌台保存一般。台基平面呈正方形，现高 1.5、边长 40 米，东南角和南侧中部与长城墙体相连。台基顶部沿边筑有围墙，平面呈正方形，边长 38 米。围墙破坏严重，宽度不一，有多处缺口和消失段，现高 2.2 ~ 5.8 米；南墙中部有一豁口，宽 3.8 米，疑为门址。台墩平面呈正方形，剖面呈梯形，整体呈不规则形。台墩现高 11、底部边长 16 米，顶部及东、北壁大面积损毁，四壁有雨水冲刷的沟槽和凹坑。（彩图三一）

好来沟长城 7 段（150123382101170046）

起自和林格尔县新店子镇好来沟村西南 2.6 千米，止于新店子镇好来沟村西南 3.2 千米。呈东北－西南走向。上接好来沟长城 6 段，下接好来沟长城 8 段。长 630 米，已消失。初步推断该段墙体原应为土墙。

好来沟长城 8 段（150123382101170047）

起自和林格尔县新店子镇好来沟村西南 3.2 千米，止于新店子镇好来沟村西南 4 千米。呈东北－西南走向。上接好来沟长城 7 段，下接好来沟长城 9 段。长 815 米，保存较差。

墙体为自然基础，黑褐土夯筑，夯层厚 0.1 ~ 0.25 米，内含碎石块及草梗。墙体有破坏，呈高低不平的土垄或矮墙状分布。内部土质结实，混杂碎石块；表面土层疏松脱落，长满杂草。墙体现高 0.5 ~ 3、底宽 1.5 ~ 3.5、顶宽 0.2 ~ 0.5 米。

好来沟长城 9 段（150123382101170048）

起自和林格尔县新店子镇好来沟村西南 4 千米，止于新店子镇好来沟村西南 4.4 千米。呈东北－西南走向。上接好来沟长城 8 段，下接好来沟长城 10 段。长 380 米，已消失。初步推断该段墙体原应为土墙。

好来沟长城 10 段（150123382101170049）

起自和林格尔县新店子镇好来沟村西南 4.4 千米，止于新店子镇好来沟村西南 5.5 千米。呈东北－西南走向。上接好来沟长城 9 段，下接好来沟长城 11 段。长 1445 米。其中保存差 1115 米、消失 330 米，分别占此段墙体长度的 77% 和 23%。

墙体为自然基础，褐色土夹沙夯筑，夯层厚 0.1 ~ 0.25 米，内含碎石块及草梗。受自然风化、雨蚀等因素破坏严重，呈高低不平的土垄状分布，上面长满杂草，局部地表已不见墙体痕迹。墙体现高

1～2.5、底宽2～3.5、顶宽0.2～0.5米。

好来沟长城11段（150123382101170050）

起自和林格尔县新店子镇好来沟村西南5.5千米，止于新店子镇好来沟村西南7.2千米。呈东北－西南走向。上接好来沟长城10段，下接好来沟长城12段。长1530米，已消失。初步推断该段墙体原应为土墙。

墙体上残存1座敌台，即一间房敌台。据当地居民介绍，数年前墙体两侧还残存墙体，现已完全消失。

一间房敌台（150123352101170189）：位于和林格尔县新店子镇一间房村东南0.9千米。骑墙而建，实心。由台基、台墩及围墙三部分组成。黄土夯筑，夯层厚0.1～0.15米。

敌台保存一般。台基平面呈矩形，现高0.5、东西长33.5、南北长43米，东北角和西南角中部与长城墙体相连。台基顶部沿边筑有围墙，基本消失，仅东侧残留两段，一段长4、高1.7、宽0.6米，另一段长4、高1.8、厚0.8米。台墩平面呈矩形，剖面呈梯形，整体呈不规则形；四壁均有损毁，南壁和东壁表面有轻微雨水冲痕；东壁损毁严重，底部堆积坍塌下来的夯土。台墩现高14、底部周长78米。

好来沟长城12段（150123382101170051）

起自和林格尔县新店子镇好来沟村西南7.2千米，止于新店子镇好来沟村西南7.8千米。呈东北－西南走向。上接好来沟长城11段，下接好来沟长城13段。长535米。其中保存差455米、消失80米，分别占此段墙体长度的85%和15%。

墙体为自然基础，褐色土夹沙夯筑，夯层厚0.1～0.25米，内含碎石块及草梗。受自然风化、雨蚀等因素破坏严重，呈低矮的土垄状分布，长满杂草，部分地段墙体基本与地面齐平，濒临消失。墙体现高0.1～1.2、底宽0.2～2、顶宽0.1～0.3米。

墙体所处地形以山地丘陵为主，山高谷深，沟壑纵横。山顶地势相对平坦，开垦有梯田。

好来沟长城13段（150123382101170052）

起自和林格尔县新店子镇好来沟村西南7.8千米，止于新店子镇好来沟村西南8.3千米。呈东北－西南走向。上接好来沟长城12段，下接好来沟长城14段。长1470米，已消失。初步推断该段墙体原应为土墙。

好来沟长城14段（150123382101170053）

起自和林格尔县新店子镇好来沟村西南8.3千米，止于和林格尔县羊群沟乡后砖窑沟村东北7.3千米。呈东北－西南走向。上接好来沟长城13段，下接好来沟长城15段。长135米，保存较差。

墙体为自然基础，黑褐土夯筑，夯层厚0.1～0.25米，内含碎石块及草梗。墙体有破坏，呈高低不平的土垄或矮墙状分布。内部土质结实，混杂碎石块；表面土层疏松脱落，长满杂草。墙体现高1～4.5、底宽1.5～5、顶宽0.3～0.5米。

好来沟长城15段（150123382101170054）

起自和林格尔县羊群沟乡后砖窑沟村东北7.3千米，止于羊群沟乡后砖窑沟村东北6.9千米。呈东北－西南走向。上接好来沟长城14段，下接好来沟长城16段。长450米，已消失。初步推断该段墙体原应为土墙。

好来沟长城16段（150123382101170055）

起自和林格尔县羊群沟乡后砖窑沟村东北6.9千米，止于羊群沟乡后砖窑沟村东北5.5千米。呈东北－西南走向。上接好来沟长城15段，下接后砖窑沟长城1段。长1960米。其中保存较差1550

米、差 140 米、消失 270 米，分别占此段墙体长度的 79%、7% 和 14%。

墙体为自然基础，黑褐土夯筑，夯层厚 0.1 ~ 0.25 米，内含碎石块及草梗。墙体有破坏，呈高低不平的土垄或矮墙状分布。内部土质结实，混杂碎石块，表面土层疏松脱落，长满杂草。部分地段墙体基本与地面齐平，濒临消失。墙体现高 1 ~ 4.5、底宽 1.5 ~ 5、顶宽 0.3 ~ 0.5 米。

后砖窑沟长城 1 段（150123382101170056）

起自和林格尔县羊群沟乡后砖窑沟村东北 5.5 千米，止于羊群沟乡后砖窑沟村东北 4.4 千米。呈东北 – 西南走向。上接好来沟长城 16 段，下接后砖窑沟长城 2 段。长 2105 米，保存差。

墙体位于半山腰，自然基础，黄褐土夯筑，夯层厚 0.1 ~ 0.25 米，内夹杂有碎石块及草梗。呈低矮的土垄状分布，内部土质坚实，混杂石块，表面长满杂草和低矮灌木。部分地段墙体基本与地面齐平，濒临消失。墙体现高 0.3 ~ 2、底宽 1 ~ 2.5、顶宽 0.2 ~ 0.4 米。

后砖窑沟长城 2 段（150123382101170057）

起自和林格尔县羊群沟乡后砖窑沟村东北 4.4 千米，止于羊群沟乡后砖窑沟村东北 3.7 千米。呈东北 – 西南走向。上接后砖窑沟长城 1 段，下接后砖窑沟长城 3 段。长 945 米，已消失。初步推断该段墙体原应为土墙。

后砖窑沟长城 3 段（150123382101170058）

起自和林格尔县羊群沟乡后砖窑沟村东北 3.7 千米，止于羊群沟乡后砖窑沟村东北 3.2 千米。呈北 – 南走向。上接后砖窑沟长城 2 段，下接后砖窑沟长城 4 段。长 1720 米。其中保存差 1400 米、消失 320 米，分别占此段墙体长度的 81% 和 19%。

墙体为自然基础，黄褐土夯筑，夯层厚 0.1 ~ 0.25 米，内夹杂有碎石块及草梗。呈低矮的土垄状分布，表面长满杂草，大部分基本与地面齐平，濒临消失，局部地表已无法确认墙体痕迹。墙体现高 0.2 ~ 2.5、底宽 0.5 ~ 2、顶宽 0.2 ~ 0.5 米。

墙体所处地形以山地丘陵为主，山高谷深，沟壑纵横。山顶地势相对平坦，开垦有梯田。墙体上有敌台 1 座，即黑台子敌台。

黑台子敌台（150123352101170190）：位于和林格尔县羊群沟乡黑台子村西南 0.8 千米。骑墙而建，实心。由台基、台墩及围墙三部分组成。黄土夯筑，夯层厚 0.1 ~ 0.15 米。

敌台保存较好。台基东北和东南角与长城墙体相连，有残损。顶部沿边筑有围墙，东、西、南墙濒临消失，仅存痕迹；北墙局部保留，全长 26 米，中间缺口较多；墙体现高 3.8 ~ 4.6、1.8 米。台墩平面呈矩形，剖面呈梯形，整体呈覆斗形。台墩顶部土质疏松，长有杂草；西壁有轻微的雨水冲痕，左侧中部生长一棵小树，底部无积土，石块较多；北壁有明显雨水冲痕，凸凹不平，底部有大量积土；南壁底部有少量积土；东壁中部雨水冲沟较深，积土达台墩中部。台墩现高 10 米，底部东西长 17.5、南北长 17 米。

后砖窑沟长城 4 段（150123382101170059）

起自和林格尔县羊群沟乡后砖窑沟村东北 3.2 千米，止于羊群沟乡后砖窑沟村东 3.2 千米。呈东北 – 西南走向。上接后砖窑沟长城 3 段，下接后砖窑沟长城 5 段。长 360 米，已消失。初步推断该段墙体原应为土墙。

后砖窑沟长城 5 段（150123382101170060）

起自和林格尔县羊群沟乡后砖窑沟村东 3.2 千米，止于羊群沟乡后砖窑沟村东南 3 千米。呈东北 – 西南走向。上接后砖窑沟长城 4 段，下接后砖窑沟长城 6 段。长 1165 米。其中保存差 1095 米、消失 70 米，分别占此段墙体长度的 94% 和 6%。

墙体为自然基础，黄褐土夯筑，夯层厚 0.1～0.25 米，内夹杂有碎石块及草梗。呈低矮的土垄状分布，表面长满杂草，部分墙体基本与地面齐平，濒临消失。局部地表无法确认墙体痕迹。墙体现高 0.3～4、底宽 3～6、顶宽 0.3～0.5 米。

墙体所处地形以山地丘陵为主，山高谷深，沟壑纵横。山顶上地势相对平坦，开垦有梯田。

后砖窑沟长城 6 段（150123382101170061）

起自和林格尔县羊群沟乡后砖窑沟村东南 3 千米，止于羊群沟乡后砖窑沟村东南 2.8 千米。呈东北－西南走向。上接后砖窑沟长城 5 段，下接后砖窑沟长城 7 段。长 250 米，已消失。初步推断该段墙体原应为土墙。

后砖窑沟长城 7 段（150123382101170062）

起自和林格尔县羊群沟乡后砖窑沟村东南 2.8 千米，止于羊群沟乡后砖窑沟村东南 2.3 千米。呈东北－西南走向。上接后砖窑沟长城 6 段，下接后砖窑沟长城 8 段。长 942 米。其中保存差 892 米、消失 50 米，分别占此段墙体长度的 95% 和 5%。

墙体为自然基础，黄褐土夯筑，夯层厚 0.1～0.25 米，内夹杂有碎石块及草梗。呈土垄状分布。内部土质坚硬，含有碎石块，外部土质比较疏松，长满杂草。局部墙体基本与地面齐平，濒临消失。道路对墙体有破坏，形成豁口。墙体现高 0.3～4、底宽 3～6、顶宽 0.3～0.5 米。

墙体所处地形以山地丘陵为主，山高谷深，沟壑纵横。山顶上地势相对平坦，开垦有梯田。墙体上有敌台 1 座，即后砖窑沟 1 号敌台。

后砖窑沟 1 号敌台（150123352101170191）：位于和林格尔县羊群沟乡后砖窑沟村东南 2.55 千米处。骑墙而建，实心。由台基和台墩两部分组成。

敌台保存一般。台基平面呈正方形，现高 1.8、边长 35 米，土筑，未见夯层，南侧与长城墙体相接。台墩为黑褐土夯筑，夯层厚 0.15～0.2 米。台墩平面形状不规则，剖面呈梯形，整体呈覆斗形。台墩损毁严重，周身均有坍塌，坍塌土淤积在底部，表层土质疏松，长有杂草。台墩现高 8、底部周长 74 米。

后砖窑沟长城 8 段（150123382101170063）

起自和林格尔县羊群沟乡后砖窑沟村东南 2.3 千米，止于羊群沟乡后砖窑沟村东南 2.5 千米。呈东北－西南走向。上接后砖窑沟长城 7 段，下接后砖窑沟长城 9 段。长 2245 米，保存较差。

墙体为自然基础，黄土夯筑，夯层厚 0.1～0.25 米，内夹杂有碎石块及草梗。呈高低不平的土垄和矮墙状分布，两侧土墙皮剥落，斑驳不堪，有动物挖掘的小洞，间有豁口。墙体现高 1～2.5、底宽 4～6、顶宽 0.5～1.5 米。

后砖窑沟长城 9 段（150123382101170064）

起自和林格尔县羊群沟乡后砖窑沟村东南 2.5 千米，止于羊群沟乡后砖窑沟村东南 2.6 千米。呈东北－西南走向。上接后砖窑沟长城 8 段，下接大西沟长城 1 段。长 1000 米，已消失。初步推断该段墙体原应为土墙。

大西沟长城 1 段（150123382101170065）

起自和林格尔县羊群沟乡后砖窑沟村东南 2.6 千米，止于羊群沟乡大西沟村东北 5.6 千米。呈东北－西南走向。上接后砖窑沟长城 9 段，下接大西沟长城 2 段。长 115 米，保存差。

墙体为自然基础，黄土夯筑，夯层厚 0.1～0.25 米。呈高低不平的土垄状分布，比较低矮，长满杂草，部分地段墙体被野草覆盖，需仔细寻找方可辨认。墙体现高 1～2.5、底宽 3～4、顶宽 0.5～1.5 米。

大西沟长城 2 段（150123382101170066）

起自和林格尔县羊群沟乡大西沟村东北 5.6 千米，止于羊群沟乡大西沟村东北 5.6 千米。呈西北 - 东南走向。上接大西沟长城 1 段，下接大西沟长城 3 段。长 200 米，已消失。初步推断该段墙体原应为土墙。

大西沟长城 3 段（150123382101170067）

起自和林格尔县羊群沟乡大西沟村东北 5.6 千米，止于羊群沟乡大西沟村东北 5.1 千米。呈西北 - 东南走向。上接大西沟长城 2 段，下接大西沟长城 4 段。长 625 米，保存较差。

墙体为自然基础，黄土夯筑，夯层厚 0.1 ~ 0.25 米。呈高低不平的土垄或矮墙状分布，长满杂草，部分地段墙体被野草覆盖，需仔细寻找方可辨认。墙体现高 1 ~ 2.5、底宽 3 ~ 4、顶宽 0.25 ~ 0.3 米。

墙体所处地形以山地丘陵为主，山高谷深，沟壑纵横。山顶地势相对平坦，开垦有梯田。墙体上有敌台 1 座，即后砖窑沟 2 号敌台。

后砖窑沟 2 号敌台（150123352101170192）：位于和林格尔县羊群沟乡后砖窑沟村北 2.47 千米。骑墙而建，实心。黑褐土夯筑，夯层厚 0.2 ~ 0.25 米。

敌台保存一般。无台基、围墙。平面呈矩形，剖面呈梯形，整体形状不规则。表面杂草丛生，四壁有不同程度的坍塌，西壁和顶部最为严重。敌台现高 6、底部周长 54 米。

大西沟长城 4 段（150123382101170068）

起自和林格尔县羊群沟乡大西沟村东北 5.1 千米，止于羊群沟乡大西沟村东北 4.9 千米。呈东北 - 西南走向。上接大西沟长城 3 段，下接大西沟长城 5 段。长 220 米，已消失。初步推断该段墙体原应为土墙。

大西沟长城 5 段（150123382101170069）

起自和林格尔县羊群沟乡大西沟村东北 4.9 千米，止于羊群沟乡大西沟村东北 4.9 千米。呈北 - 南走向。上接大西沟长城 4 段，下接大西沟长城 6 段。长 50 米，保存差。

墙体为自然基础，黄土夯筑，夯层厚 0.1 ~ 0.25 米。呈高低不平的土垄状分布，比较低矮，长满杂草。墙体现高 1 ~ 2.5、底宽 3 ~ 4、顶宽 0.5 ~ 1.5 米。

大西沟长城 6 段（150123382101170070）

起自和林格尔县羊群沟乡大西沟村东北 4.9 千米，止于羊群沟乡大西沟村东北 4.6 千米。呈东北 - 西南走向。上接大西沟长城 5 段，下接大西沟长城 7 段。长 300 米，已消失。初步推断该段墙体原应为土墙。

大西沟长城 7 段（150123382101170071）

起自和林格尔县羊群沟乡大西沟村东北 4.6 千米，止于羊群沟乡大西沟村东北 3.8 千米。呈西北 - 东南走向。上接大西沟长城 6 段，下接大西沟长城 8 段。长 1455 米。其中保存差 845 米、消失 610 米，分别占此段墙体长度的 58% 和 42%。

墙体为自然基础，黄土夯筑，夯层厚 0.1 ~ 0.25 米。呈土垄状分布。内部土质坚硬，含有碎石块，外部土质比较疏松，长满杂草。局部墙体基本与地面齐平，濒临消失。道路对墙体有破坏，形成豁口。墙体现高 1 ~ 2.5、底宽 3 ~ 6、顶宽 0.5 ~ 1.5 米。

大西沟长城 8 段（150123382101170072）

起自和林格尔县羊群沟乡大西沟村东北 3.8 千米，止于羊群沟乡大西沟村东北 1.9 千米。呈西北 - 东南走向。上接大西沟长城 7 段，下接大西沟长城 9 段。长 2425 米。其中保存差 2355 米、消失 70 米，分别占此段墙体长度的 97% 和 3%。

墙体为自然基础，黄土夯筑，夯层厚 0.1 ~ 0.25 米。呈土垄状分布。内部土质坚硬，含有碎石块，外部土质比较疏松，长满杂草。局部墙体基本与地面齐平，濒临消失。道路对墙体有破坏，形成豁口。墙体现高 0.5 ~ 1.5、底宽 3 ~ 5、顶宽 0.2 ~ 1 米。

大西沟长城 9 段（150123382101170073）

起自和林格尔县羊群沟乡大西沟村东北 1.9 千米，止于羊群沟乡大西沟村东北 1.4 千米。呈东北 - 西南走向。上接大西沟长城 8 段，下接大西沟长城 10 段。长 545 米。其中保存较差 475 米、消失 70 米，分别占此段墙体长度的 87% 和 13%。

墙体为自然基础，黄土夯筑，夯层厚 0.1 ~ 0.25 米。呈土垄或矮墙状分布。内部土质坚硬，含有碎石块，外部土质比较疏松，长满杂草。道路对墙体有破坏，形成豁口。墙体现高 0.3 ~ 2、底宽 2 ~ 4、顶宽 0.5 ~ 1.5 米。

墙体所处地形以山地丘陵为主，山高谷深，沟壑纵横，附近多梯田。墙体上有敌台 1 座，即大西沟敌台。

大西沟敌台（150123352101170193）：位于和林格尔县羊群沟乡大西沟村西北 3.05 千米。骑墙而建，实心。由台基和台墩两部分组成。土石混筑。

敌台保存一般。台基平面呈矩形，东西长 37、南北长 40 米；外侧石砌，石块垒砌整齐，表面平整光滑，有多处坍塌。台墩平面呈矩形，剖面呈梯形，整体略呈覆斗形；西壁底部与长城墙体相接，西壁坍塌严重，其余三壁保存尚好。台墩现高 9.5 米，底部东西长 22、南北长 23.5 米，顶部东西长 5、南北长 6 米。

大西沟长城 10 段（150123382101170074）

起自和林格尔县羊群沟乡大西沟村东北 1.4 千米，止于羊群沟乡大西沟村东北 1.2 千米。呈东北 - 西南走向。上接大西沟长城 9 段，下接大西沟长城 11 段。长 340 米，已消失。初步推断该段墙体原应为土墙。

大西沟长城 11 段（150123382101170075）

起自和林格尔县羊群沟乡大西沟村东北 1.2 千米，止于羊群沟乡大西沟村东北 2.5 千米。呈东南 - 西北走向。上接大西沟长城 10 段，下接大西沟长城 12 段。长 2480 米。其中保存差 2140 米、消失 340 米，分别占此段墙体长度的 86% 和 14%。

墙体为自然基础，黄土夯筑，夯层比较模糊。墙体破坏严重，在地表呈高低不平的土垄状分布，墙体内部土质坚硬，表面土层疏松，长满杂草。由于修筑公路和农田的破坏，相当一部分地段已不见墙体痕迹。墙体现高 1 ~ 2.5、底宽 2 ~ 4.5、顶宽 0.15 ~ 0.5 米。（彩图三二）

大西沟长城 12 段（150123382101170076）

起自和林格尔县羊群沟乡大西沟村东北 2.5 千米，止于羊群沟乡大西沟村东北 2.9 千米。呈东南 - 西北走向。上接大西沟长城 11 段，下接大西沟长城 13 段。长 700 米，已消失。初步推断该段墙体原应为土墙。

大西沟长城 13 段（150123382101170077）

起自和林格尔县羊群沟乡大西沟村东北 2.9 千米，止于清水河县杨家窑乡后窑子村东北 1.8 千米。呈东北 - 西南走向。上接大西沟长城 12 段，下接清水河县境内后窑子长城 1 段。长 395 米，保存较差。

墙体为自然基础，黄土夯筑，夯层厚 0.1 ~ 0.25 米。呈土垄状分布。内部土质坚硬，含有碎石块，外部土质比较疏松，长满杂草。局部墙体基本与地面齐平，濒临消失。墙体现高 0.6 ~ 1.5、底宽 1 ~ 2、顶宽 0.2 ~ 0.3 米。

（五）呼和浩特市清水河县

清水河县境内的明长城大边总长 40168 米，划分为 43 段。其中土墙 23 段、消失 20 段，分别长 24108 米和 16060 米，各占此段墙体总长的 60% 和 40%。墙体上有敌台 1 座。（参见地图七）其分类长度统计如下表。（表六）

表六　清水河县明长城大边墙体分类长度统计表　　　　　　（单位：米）

保存状况 ＼ 墙体类型	土墙	石墙	砖墙	木障墙	山险墙	山险	河险	其他墙体	消失长城
较好	0	0	0	0	0	0	0	0	16060
一般	0	0	0	0	0	0	0	0	
较差	15383	0	0	0	0	0	0	0	
差	6065	0	0	0	0	0	0	0	
消失	2660	0	0	0	0	0	0	0	
总计	24108	0	0	0	0	0	0	0	40168

后窑子长城 1 段（150124382101170060）

起自清水河县杨家窑乡后窑子村东北 1.8 千米，止于杨家窑乡后窑子村东北 1.1 千米。呈东北 – 西南走向。上接和林格尔县大西沟长城 13 段，下接后窑子长城 2 段。长 860 米，其中保存较差 720 米、消失 140 米，分别占此段墙体长度的 84% 和 16%。

墙体位于半山腰，自然基础，黄土夯筑，夯层厚 0.1 ~ 0.15 米。墙体呈高低不平的土垄状分布，部分地段由于雨水冲刷、山体滑坡、修筑道路等因素的破坏，墙体消失。墙体现高 0.5 ~ 2、底宽 1.5 ~ 3.5、顶宽 0.2 ~ 0.4 米。（彩图三三）

墙体周围山、川、沟相间，山峦起伏，荒漠化严重，土质疏松，雨水切割的深沟较多。

后窑子长城 2 段（150124382101170061）

起自清水河县杨家窑乡后窑子村东北 1.1 千米，止于杨家窑乡后窑子村东北 0.4 千米。呈东北 – 西南走向。上接后窑子长城 1 段，下接后窑子长城 3 段。长 1215 米，已消失。初步推断该段墙体原应为土墙。

后窑子长城 3 段（150124382101170062）

起自清水河县杨家窑乡后窑子村东北 0.4 千米，止于杨家窑乡后窑子村西北 0.1 千米。呈东 – 西走向。上接后窑子长城 2 段，下接后窑子长城 4 段。长 400 米。其中保存较差 115 米、差 215 米、消失 70 米，分别占此段墙体长度的 29%、54% 和 17%。

墙体位于半山腰，自然基础，黄土夯筑，夯层厚 0.1 ~ 0.15 米。墙体呈高低不平的土垄状分布，部分地段由于雨水冲刷、山体滑坡、修筑道路等因素的破坏，墙体消失。墙体现高 0.6 ~ 1.8、底宽 1.5 ~ 3、顶宽 0.1 ~ 0.5 米。（彩图三四）

墙体周围山、川、沟相间，山峦起伏，荒漠化严重，土质疏松，雨水切割的深沟较多。

后窑子长城 4 段（150124382101170063）

起自清水河县杨家窑乡后窑子村西北 0.1 千米，止于杨家窑乡后窑子村西北 0.3 千米。呈东 – 西走向。上接后窑子长城 3 段，下接后窑子长城 5 段。长 260 米，已消失。初步推断该段墙体原应为土墙。

后窑子长城 5 段（150124382101170064）

起自清水河县杨家窑乡后窑子村西北 0.3 千米，止于杨家窑乡后窑子村西北 0.7 千米。呈东北 - 西南走向。上接后窑子长城 4 段，下接后窑子长城 6 段。长 410 米。其中保存较差 170 米、消失 240 米，分别占此段墙体长度的 41% 和 59%。

墙体分布于半山腰，自然基础，黄土夯筑，夯层厚 0.1 ~ 0.15 米。呈高低不平的土垄状分布，多被冲沟和山谷截断，难以连接。墙体现高 0.6 ~ 1.8、底宽 1.5 ~ 3、顶宽 0.1 ~ 0.5 米。

后窑子长城 6 段（150124382101170065）

起自清水河县杨家窑乡后窑子村西北 0.7 千米，止于杨家窑乡后窑子村西北 0.9 千米。呈东北 - 西南走向。上接后窑子长城 5 段，下接后窑子长城 7 段。长 260 米，保存差。

墙体为自然基础，黄土夯筑，夯层厚 0.1 ~ 0.15 米。呈土垄状分布，比较散乱。墙体现高 0.1 ~ 2、底宽 1.5 ~ 3、顶宽 0.1 ~ 0.5 米。

后窑子长城 7 段（150124382101170066）

起自清水河县杨家窑乡后窑子村西北 0.9 千米，止于杨家窑乡后窑子村西北 1.1 千米。呈东南 - 西北走向。上接后窑子长城 6 段，下接孔读林长城 1 段。长 300 米，已消失。初步推断该段墙体原应为土墙。

孔读林长城 1 段（150124382101170067）

起自清水河县杨家窑乡后窑子村西北 1.1 千米，止于杨家窑乡孔读林村东北 1.2 千米。呈东北 - 西南走向。上接后窑子长城 7 段，下接孔读林长城 2 段。长 1480 米。其中保存差 1300 米、消失 180 米，分别占此段墙体长度的 88% 和 12%。

墙体为自然基础，黄土夯筑，夯层厚 0.1 ~ 0.15 米。坍塌严重，呈高低不平的土垄状分布，表面分布有小动物的洞穴，生长小灌木。部分地段由于雨水冲刷、修筑道路等因素的破坏，墙体消失。墙体现高 0.5 ~ 2.5、底宽 1 ~ 2、顶宽 0.1 ~ 0.3 米。

墙体周围山、川、沟相间，山峦起伏，荒漠化严重，土质疏松，雨水切割的深沟较多。墙体上有敌台 1 座，即后窑子敌台。

后窑子敌台（150124352101170546）：位于清水河县杨家窑乡后窑子村西 1.27 千米。实心。由台基、台墩和围墙三部分组成。均黄褐土夯筑，夯层厚 0.1 ~ 0.15 米。

敌台保存一般。台基平面呈正方形，自下而上略有收分，现高 2.3、底部边长 36 米。台基顶部沿边筑有围墙，东、南、西三墙保存较差，北墙相对完好，东、西、北墙分别长 11.8、14、36 米，南墙破坏严重，长度无法测量，墙体现高 0.6 ~ 2.2、宽 0.5 ~ 0.8 米。台墩位于台基顶部中央，平面呈正方形，剖面呈梯形，整体呈覆斗形。台墩四壁有凹坑，东、西、南三壁损毁比较严重，底部有大量淤土；北壁保存较好，表面雨水冲痕较浅，底部淤土较少。墩台现高 7.8、底部边长 16、顶部边长 7 米。（彩图三五）

孔读林长城 2 段（150124382101170068）

起自清水河县杨家窑乡孔读林村东北 1.2 千米，止于杨家窑乡孔读林村北 1.1 千米。呈东 - 西走向。上接孔读林长城 1 段，下接孔读林长城 3 段。长 400 米，已消失。初步推断该段墙体原应为土墙。

孔读林长城 3 段（150124382101170069）

起自清水河县杨家窑乡孔读林村北 1.1 千米，止于杨家窑乡孔读林村西北 1.3 千米。呈东 - 西走向。上接孔读林长城 2 段，下接孔读林长城 4 段。长 1000 米，保存差。

墙体为自然基础，黄土夯筑，夯层厚 0.1 ~ 0.15 米。坍塌严重，呈高低不平的土垄状分布，比较低矮。表面分布有小动物的洞穴，生长小灌木。墙体现高 0.1 ~ 1.5、底宽 0.5 ~ 2.5、顶宽 0.1 ~ 0.3 米。

孔读林长城 4 段（150124382101170070）

起自清水河县杨家窑乡孔读林村西北 1.3 千米，止于杨家窑乡孔读林村西北 1.8 千米。呈东 – 西走向。上接孔读林长城 3 段，下接孔读林长城 5 段。长 650 米，已消失。初步推断该段墙体原应为土墙。

孔读林长城 5 段（150124382101170071）

起自清水河县杨家窑乡孔读林村西北 1.8 千米，止于杨家窑乡孔读林村西北 2.7 千米。呈东南 – 西北走向。上接孔读林长城 4 段，下接孔读林长城 6 段。长 1080 米。其中保存较差 920 米、消失 160 米，分别占此段墙体长度的 85% 和 15%。

墙体为自然基础，黄土夯筑，夯层厚 0.1 ~ 0.15 米。坍塌严重，呈高低不平的土垄状分布，表面分布有小动物的洞穴，生长有小灌木。部分地段由于雨水冲刷、修筑道路等因素的破坏，墙体消失。墙体现高 0.2 ~ 2.5、底宽 0.6 ~ 2.8、顶宽 0.2 ~ 0.5 米。

孔读林长城 6 段（150124382101170072）

起自清水河县杨家窑乡孔读林村西北 2.7 千米，止于杨家窑乡孔读林村西北 3.1 千米。呈东北 – 西南走向。上接孔读林长城 5 段，下接孔读林长城 7 段。长 550 米，已消失。初步推断该段墙体原应为土墙。

孔读林长城 7 段（150124382101170073）

起自清水河县杨家窑乡孔读林村西北 3.1 千米，止于杨家窑乡孔读林村西北 3.2 千米。呈东北 – 西南走向。上接孔读林长城 6 段，下接孔读林长城 8 段。长 230 米，保存较差。

墙体为自然基础，黄土夯筑，夯层厚 0.1 ~ 0.15 米。坍塌严重，呈高低不平的矮墙状分布，间有豁口。墙体上长满杂草和低矮灌木。墙体现高 1.5 ~ 2.5、底宽 1.2 ~ 3.5、顶宽 0.2 ~ 0.5 米。

孔读林长城 8 段（150124382101170074）

起自清水河县杨家窑乡孔读林村西北 3.2 千米，止于杨家窑乡孔读林村西北 3.7 千米。呈东北 – 西南走向。上接孔读林长城 7 段，下接两镇牛长城 8 段。长 800 米，已消失。初步推断该段墙体原应为土墙。

两镇牛长城 1 段（150124382101170075）

起自清水河县杨家窑乡孔读林村西北 3.7 千米，止于杨家窑乡两镇牛村东南 2.7 千米。呈东南 – 西北走向。上接孔读林长城 1 段，下接两镇牛长城 2 段。长 1190 米，保存较差。

墙体沿着山脊穿行，自然基础，黄土夯筑，夯层厚 0.1 ~ 0.25 米。有坍塌，呈高低不平的矮墙状分布，表面有雨水冲刷的凹坑，长满杂草。墙体现高 1.5 ~ 2.5、底宽 4 ~ 5、顶宽 1 ~ 1.5 米。（彩图三六）

两镇牛长城 2 段（150124382101170076）

起自清水河县杨家窑乡两镇牛村东南 2.7 千米，止于杨家窑乡两镇牛村东 2.3 千米。呈东南 – 西北走向。上接两镇牛长城 1 段，下接两镇牛长城 3 段。长 700 米，已消失。初步推断该段墙体原应为土墙。

两镇牛长城 3 段（150124382101170018）

起自清水河县杨家窑乡两镇牛村东 2.3 千米，止于杨家窑乡两镇牛村东 2.1 千米。呈东南 – 西北走向。上接两镇牛长城 2 段，下接两镇牛长城 4 段。长 210 米，保存较差。

墙体为自然基础，黄土夯筑，夯层厚 0.25 ~ 0.3 米。有坍塌，呈高低不平的矮墙状分布，表面有

雨水冲刷的凹坑，长满杂草。墙体现高1.5~3、底宽3~4、顶宽0.3~0.5米。（彩图三七）

两镇牛长城4段（150124382101170077）

起自清水河县杨家窑乡两镇牛村东2.1千米，止于杨家窑乡两镇牛村东1.7千米。呈东北-西南走向。上接两镇牛长城3段，下接两镇牛长城5段。长500米，已消失。初步推断该段原墙体应为土墙。

两镇牛长城5段（150124382101170079）

起自清水河县杨家窑乡两镇牛村东1.7千米，止于杨家窑乡两镇牛村东南1.1千米。呈东北-西南走向。上接两镇牛长城4段，下接两镇牛长城6段。长695米。其中保存较差395米、差70米、消失230米，分别占此段墙体长度的57%、10%和33%。

墙体为自然基础，黄土夯筑，夯层厚0.25~0.3米。有坍塌，呈高低不平的矮墙状分布，表面有雨水冲刷的凹坑，长满杂草，部分地段由于雨水冲刷、修筑道路等因素的破坏，墙体消失。墙体现高0.1~2.5、底宽3~5、顶宽0.1~0.3米。

两镇牛长城6段（150124382101170080）

起自清水河县杨家窑乡两镇牛村东南1.1千米，止于杨家窑乡两镇牛村南0.7千米。呈东北-西南走向。上接两镇牛长城5段，下接两镇牛长城7段。长1300米，已消失。初步推断该段墙体原应为土墙。

两镇牛长城7段（150124382101170081）

起自清水河县杨家窑乡两镇牛村南0.7千米，止于杨家窑乡两镇牛村西南0.9千米。呈东北-西南走向。上接两镇牛长城6段，下接两镇牛长城8段。长555米，其中保存较差215米、差340米，分别占此段墙体长度的39%和61%。

墙体沿着山脊穿行，自然基础，黄土夯筑，夯层厚0.1~0.25米。有坍塌，呈高低不平的土垄或矮墙状分布，表面有雨水冲刷出的凹坑，长满杂草。墙体现高0.5~2、底宽4~5、顶宽0.1~0.3米。

两镇牛长城8段（150124382101170082）

起自清水河县杨家窑乡两镇牛村西南0.9千米，止于杨家窑乡两镇牛村西南1.5千米。呈东北-西南走向。上接两镇牛长城7段，下接魏四窑长城1段。长800米，已消失。初步推断该段墙体原应为土墙。

魏四窑长城1段（150124382101170083）

起自清水河县杨家窑乡两镇牛村西南4.3千米，止于杨家窑乡魏四窑村东北0.6千米。呈东北-西南走向。上接两镇牛长城8段，下接魏四窑长城2段。长900米。其中保存较差410米、差215米、消失275米，分别占此段墙体长度的46%、24%和30%。

墙体为自然基础，黄土夯筑，夯层厚0.2~0.3米。坍塌严重，呈锯齿状分布，表面有小动物和人为挖掘的洞穴，生长有杂草，部分地段因山水冲沟和乡村小道的破坏，墙体消失。墙体现高1.5~2.5、底宽3~4、顶宽0.3~0.5米。（彩图三八）

魏四窑长城2段（150124382101170084）

起自清水河县杨家窑乡魏四窑村东北0.6千米，止于杨家窑乡魏四窑村东南0.2千米。呈东北-西南走向。上接魏四窑长城1段，下接魏四窑长城3段。长450米，已消失。初步推断该段墙体原应为土墙。

魏四窑长城3段（150124382101170085）

起自清水河县杨家窑乡魏四窑村东南0.2千米，止于杨家窑乡魏四窑村西南1.5千米。呈东北-

西南走向。上接魏四窑长城 2 段，下接魏四窑长城 4 段。长 1735 米。其中保存较差 1255 米、差 200 米、消失 280 米，分别占此段墙体长度的 72%、12% 和 16%。

墙体为自然基础，黄土夯筑，夯层厚 0.2～0.3 米。坍塌严重，呈锯齿状分布，表面有小动物和人为挖掘的洞穴，生长有杂草，部分地段因山水冲沟和乡村小道的破坏，墙体消失。墙体现高 0.1～2.5、底宽 3～4、顶宽 0.1～1 米。

魏四窑长城 4 段（150124382101170086）

起自清水河县杨家窑乡魏四窑村西南 1.5 千米，止于杨家窑乡魏四窑村西南 4.3 千米。呈东北 - 西南走向。上接魏四窑长城 3 段，下接高家山长城 1 段。长 2260 米。已消失。初步推断该段墙体原应为土墙。

高家山长城 2 段（150124382101170087）

起自清水河县杨家窑乡魏四窑村西南 4.3 千米，止于杨家窑乡高家山村东北 3.6 千米。呈东北 - 西南走向。上接魏四窑长城 4 段，下接高家山长城 2 段。长 340 米，保存较差。

墙体为自然基础，黄土夯筑，夯层厚 0.1～0.2 米。坍塌严重，呈高低不平的土垄状分布，表面遍布小动物的洞穴，生长着茂密的杂草和低矮灌木，几乎将墙体完全遮盖，需仔细观察方能辨识。墙体现高 1.5～3、底宽 3～4、顶宽 0.3～0.5 米。

高家山长城 2 段（150124382101170088）

起自清水河县杨家窑乡高家山村东北 3.6 千米，止于杨家窑乡高家山村东北 3.4 千米。呈东北 - 西南走向。上接高家山长城 1 段，下接高家山长城 3 段。长 260 米，已消失。初步推断该段墙体原应为土墙。

高家山长城 3 段（150124382101170089）

起自清水河县杨家窑乡高家山村东北 3.4 千米，止于杨家窑乡高家山村东北 2.8 千米。呈东北 - 西南走向。上接高家山长城 2 段，下接高家山长城 4 段。长 600 米，保存较差。

墙体为自然基础，黄土夯筑，夯层厚 0.1～0.2 米。坍塌严重，呈高低不平的土垄状分布，表面遍布小动物的洞穴，生长着茂密的杂草和低矮灌木，几乎将墙体完全遮盖，需仔细观察方能辨识。墙体现高 1～3.5、底宽 2～4、顶宽 0.3～0.6 米。

高家山长城 4 段（150124382101170090）

起自清水河县杨家窑乡高家山村东北 2.8 千米，止于杨家窑乡高家山村东北 2.2 千米。呈东北 - 西南走向。上接高家山长城 3 段，下接高家山长城 5 段。长 560 米，已消失。初步推断该段墙体原应为土墙。

高家山长城 5 段（150124382101170091）

起自清水河县杨家窑乡高家山村东北 2.2 千米，止于杨家窑乡高家山村东北 1.8 千米。呈东北 - 西南走向。上接高家山长城 4 段，下接高家山长城 6 段。长 445 米，保存差。

墙体为自然基础，黄土夯筑，夯层厚 0.1～0.2 米。坍塌严重，呈高低不平的土垄状分布。大部分地段基本与地面齐平，濒临消失。外部长有茂密的杂草和低矮灌木，局部将墙体完全遮盖，需仔细观察方可辨认。墙体现高 1～3.5、底宽 2～4、顶宽 0.3～0.6 米。

高家山长城 6 段（150124382101170092）

起自清水河县杨家窑乡高家山村东北 1.8 千米，止于杨家窑乡高家山村东北 1.2 千米。呈东北 - 西南走向。上接高家山长城 5 段，下接高家山长城 7 段。长 590 米，已消失。初步推断该段墙体原应为土墙。

高家山长城 7 段 （150124382101170093）

起自清水河县杨家窑乡高家山村东北 1.2 千米，止于杨家窑乡高家山村东北 0.15 千米。呈东北 - 西南走向。上接高家山长城 6 段，下接高家山长城 8 段。长 1305 米。其中保存较差 630 米、差 545 米、消失 130 米，分别占此段墙体长度的 48%、40% 和 12%。

墙体为自然基础，黄土夯筑，夯层厚 0.1 ~ 0.2 米。坍塌严重，呈高低不平的土垄状分布，表面遍布小动物的洞穴，生长着茂密的杂草和低矮灌木。部分墙体位于沟谷的边缘，随着水土流失，墙体濒临消失。墙体现高 0.1 ~ 2、底宽 3 ~ 4、顶宽 0.2 ~ 0.3 米。

高家山长城 8 段 （150124382101170094）

起自清水河县杨家窑乡高家山村东北 0.15 千米，止于杨家窑乡高家山村西南 0.15 千米。呈东北 - 西南走向。上接高家山长城 7 段，下接石胡梁长城。长 975 米，已消失。初步推断该段墙体原应为土墙。

石胡梁长城 （150124382101170095）

起自清水河县杨家窑乡高家山村西南 0.15 千米，止于杨家窑乡石胡梁村西南 0.25 千米。呈东北 - 西南走向。上接高家山长城 8 段，下接边墙壕长城 1 段。长 2260 米。其中保存较差 1805 米、差 80 米、消失 375 米，分别占此段墙体长度的 80%、4% 和 16%。

墙体为自然基础，夯筑，夯层厚 0.1 ~ 0.15 米。坍塌严重，呈高低不平的土垄状分布，表面长满杂草及树木，周围分布有耕地。部分地段由于山水冲沟及乡间小路的破坏，墙体消失。墙体现高 0.1 ~ 3、底宽 0.6 ~ 4、顶宽 0.1 ~ 1 米。（彩图三九）

边墙壕长城 1 段 （150124382101170096）

起自清水河县杨家窑乡石胡梁村西南 0.25 千米，止于清水河县北堡乡边墙壕村东北 1.4 千米。呈东北 - 西南走向。上接石胡梁长城，下接边墙壕长城 2 段。长 2270 米，已消失。地表不见痕迹，杂草丛生。根据前后两段墙体类别情况推知，该段墙体原应为土墙。

边墙壕长城 2 段 （150124382101170097）

起自清水河县北堡乡边墙壕村东北 1.4 千米，止于北堡乡边墙壕村西南 1.4 千米。呈东北 - 西南走向。上接边墙壕长城 1 段，下接边墙壕长城 3 段。长 2823 米，保存较差。

墙体为自然基础，夯筑，夯层厚 0.1 ~ 0.2 米。坍塌严重，呈高低不平的土垄或矮墙状分布，表面长满杂草及树木，周围分布有耕地。墙体现高 0.5 ~ 2、底宽 1.5 ~ 3、顶宽 0.2 ~ 1.5 米。

边墙壕长城 3 段 （150124382101170098）

起自清水河县北堡乡边墙壕村西南 1.4 千米，止于北堡乡边墙壕村西南 1.7 千米。呈东北 - 西南走向。上接边墙壕长城 2 段，下接边墙壕长城 4 段。长 295 米，已消失。初步推断该段墙体原应为土墙。

边墙壕长城 4 段 （150124382101170099）

起自清水河县北堡乡边墙壕村西南 1.7 千米，止于北堡乡边墙壕村西南 1.9 千米。呈东北 - 西南走向。上接边墙壕长城 3 段，下接边墙壕长城 5 段。长 185 米，保存较差。

墙体为自然基础，夯筑，夯层厚 0.1 ~ 0.2 米。坍塌严重，呈高低不平的土垄或矮墙状分布，两侧夯土剥落严重，表面长满杂草及树木，周围分布有耕地。墙体现高 0.5 ~ 2、底宽 1.5 ~ 3、顶宽 0.2 ~ 0.5 米。

边墙壕长城 5 段 （150124382101170100）

起自清水河县北堡乡边墙壕村西南 1.9 千米，止于北堡乡边墙壕村西南 2.9 千米。呈东北 - 西南走向。上接边墙壕长城 4 段，下接边墙壕长城 6 段。长 925 米，已消失。初步推断该段墙体原应为土墙。

边墙壕长城 6 段（150124382101170101）

起自清水河县北堡乡边墙壕村西南 2.9 千米，止于北堡乡边墙壕村西南 4.4 千米。呈东北－西南走向。上接边墙壕长城 5 段，下接五道峁长城。长 1810 米。其中保存较差 645 米、差 585 米、消失 580 米，分别占此段墙体长度的 36%、32% 和 32%。

墙体为自然基础，夯筑，夯层厚 0.1～0.2 米。坍塌严重，呈高低不平的土垄或矮墙状分布，两侧夯土剥落严重，表面长满杂草及树木，周围有耕地。耕地和乡村道路对墙体破坏严重，局部直接造成墙体消失。墙体现高 0.1～3、底宽 2～5、顶宽 0.1～1.5 米。

五道峁长城（150124382101170102）

起自清水河县北堡乡边墙壕村西南 4.4 千米，止于北堡乡边墙壕村西南 7.4 千米。是明长城大边在乌兰察布市和呼和浩特市境内的最后一段，上接边墙壕长城 6 段，再往下只有烽火台，不见墙体。大致呈东北－西南走向。长 3335 米。其中保存较差 2525 米、差 810 米，分别占此段墙体长度的 76% 和 24%。

墙体位于半山腰，自然基础，黄土夯筑，夯层厚 0.1～0.2 米。坍塌严重，呈高低不平的土垄状分布，表面长满杂草，间有豁口。墙体现高 0.1～3、底宽 1.5～5、顶宽 0.2～1.5 米。

墙体周围山、川、沟相间，山峦起伏，荒漠化严重，土质疏松，雨水切割的深沟较多。

三 附属设施

（一）乌兰察布市兴和县

兴和县境内有烽火台 12 座，无关堡。（地图八）

头道边村 1 号烽火台（150924353201170025）

位于兴和县店子镇头道边村东 4.36 千米，建在山顶之上。以自然山体为基，实心。黄土夯筑，夯层厚 0.18～0.2 米，内夹杂有砂砾。

烽火台保存一般。平面呈近圆形，剖面呈梯形，整体形状不规则。由于各种因素的破坏，坍塌严重。上部顶呈不规则圆形；西南侧夯土自上而下剥落，形成斜坡。烽火台现高 7.4、底部周长 40 米。（图四；彩图四〇）

烽火台位于长城墙体南侧，北距头道边村长城 1 段 0.02 千米，西距头道边村 2 号烽火台 0.56 千米。

头道边村 2 号烽火台（150924353201170026）

位于兴和县店子镇头道边村东 4.92 千米。以自然山体为基础，实心。黄土夯筑，夯层厚 0.18～0.2 米。

烽火台保存较好。平面呈矩形，剖面呈梯形，整体呈锥状。台墩高大、宏伟，基本保持了原状。顶部长满小松树；四壁有大片夯土剥落、坍塌现象，夯层清晰，坍塌凹陷最深 0.35 米。烽火台现高 7.8、底部周长 45 米，由于攀爬不易，顶部数据无法测量。

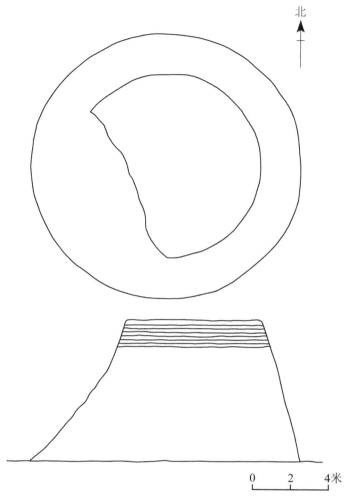

北

0　　2　　4米

图四　头道边村 1 号烽火台平、立面图

烽火台位于长城墙体南侧，北距头道边村长城 1 段 0.015 千米，东距头道边村 1 号烽火台 0.56 千米，西距头道边村 3 号烽火台 0.56 千米。

头道边村 3 号烽火台（1509243532011 70027）

位于兴和县店子镇头道边村东 3.82 千米。实心。由台基和台墩组成。黄土夯筑，夯层厚 0.18~0.23 米，夯土比较均匀、坚实。

烽火台保存较好。台墩平面呈矩形，剖面呈梯形，整体呈覆斗形。除台基受较大破坏外，基本保持了原状。四壁从顶至底有雨水冲刷的沟槽，东壁较为严重，西壁右下角有人为挖的坑洞，深 1、宽 0.8 米。烽火台现高 10 米，底部东西长 10、南北长 12 米，由于攀爬不易，顶部数据无法测量。（彩图四一）

烽火台位于长城墙体南侧，北距头道边村长城 2 段 5 米，东距头道边村 2 号烽火台 0.56 千米，西距头道边村 4 号烽火台 0.39 千米。

头道边村 4 号烽火台（1509243532011 70028）

位于兴和县店子镇头道边村东 3.6 千米。建在山顶之上。实心。由台基和台墩组成。黄土夯筑，夯层厚 0.1~0.15 米。

烽火台保存一般。台基基本被坍塌的夯土掩埋。台墩平面不规则，剖面呈梯形，整体形状不规则。顶部长满蒿草，西北角大量夯土坍塌，堆积在底部形成缓坡；底部其他地方散落大量夯土块。烽火台现高 7、底部周长 50 米，由于攀爬不易，顶部数据无法测量。

烽火台位于长城墙体南侧，北临头道边村长城 2 段，东距头道边村 3 号烽火台 0.39 千米，西北距头道边村 5 号烽火台 0.7 千米，西南距头道边村 6 号烽火台 0.7 千米。

头道边村 5 号烽火台（150924353201170029）

位于兴和县店子镇头道边村东 2.9 千米。实心。由台基和台墩组成。黄土夯筑，夯层厚 0.1~0.15 米，内夹砂砾，夯层均匀、坚实。

烽火台保存一般。台基平面呈正方形，周围堆积石块，推测原有外包石，现滑落流失。台墩平面呈正方形，剖面呈梯形，整体呈覆斗形，基本保持了原貌。台墩顶部内凹，四周表面受风雨侵蚀，夯土剥落，淤积在底部形成斜坡。台基现高 4~4.5、底部边长 40、顶部边长 36 米。台墩现高 5、底部边长 11 米，由于攀爬不易，顶部数据无法测量。（图五）

烽火台位于长城墙体南侧，北距头道边村长城 3 段 0.19 千米，东南距头道边村 4 号烽火台 0.7 千米，南距头道边村 6 号烽火台 0.325 千米。

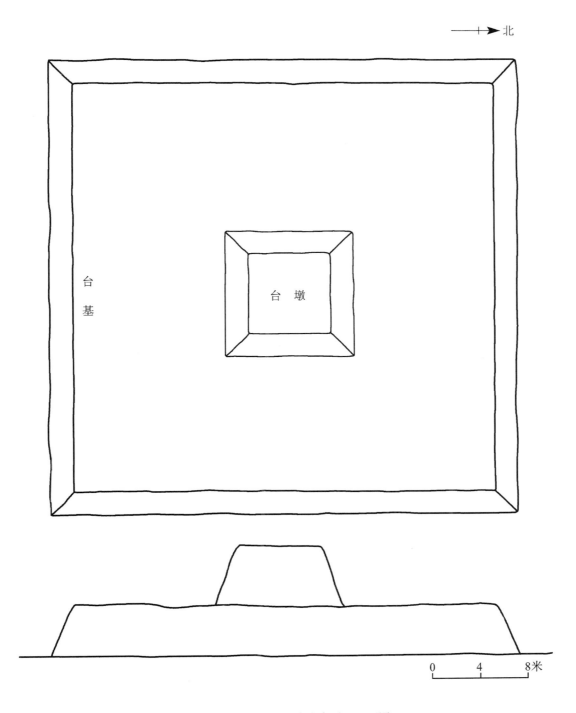

图五　头道边村 5 号烽火台平、立面图

头道边村 6 号烽火台（150924353201170030）

位于兴和县店子镇头道边村东 2.97 千米。实心。黄土夯筑，夯层厚约 0.1 米。

烽火台保存一般。无台基。平面呈正方形，剖面呈梯形，整体呈覆斗形。虽有破坏，但原始风貌犹存。台墩四壁夯土剥落，西南侧有一人为挖的梨形大坑，最大直径 5 米。烽火台现高 4.5、底部边长 30、顶部边长 18 米。

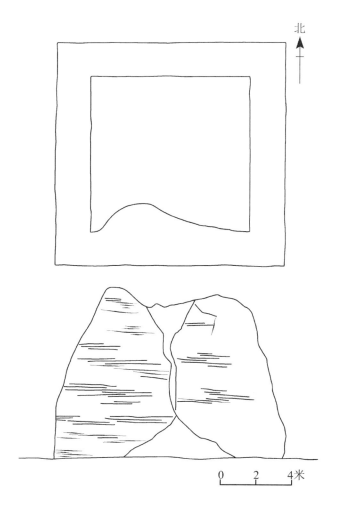

图六　头道边村 7 号烽火台平、立面图

烽火台位于长城墙体南侧，北临头道边村长城 3 段，东距头道边村 4 号烽火台 0.7 千米，北距头道边村 5 号烽火台 0.325 千米。

头道边村 7 号烽火台（1501924353201170031）

位于兴和县店子镇头道边村东南 1.15 千米。建在山坡上。实心。黄土夯筑，夯层厚 0.15 ~ 0.25 米。

烽火台保存较好。无台基。平面呈正方形，剖面呈梯形，整体呈覆斗形。南壁顶部因雨水冲刷而内凹，其他三壁有夯土脱落现象，表面有许多洞穴，脱落的夯土淤积在底部，长满野草。烽火台现高 10、底部边长 13 米，由于攀爬不易，顶部数据无法测量。（图六；彩图四二）

烽火台位于长城墙体东侧，西临头道边村长城 4 段，东距头道边村 2 号敌台 1.4 米，东南距头道边村 5 号敌台 1.8 千米。

葛胡窑 1 号烽火台（150924353201170032）

位于兴和县店子镇葛胡窑村东 4.67 千米。实心。由台基和台墩组成。黄土夯筑，夯层厚 0.15 ~ 0.2 米。

烽火台保存差。台基已被破坏，形状不规则。台墩平面呈矩形，剖面呈梯形，整体呈覆斗形。台墩西壁自上而下被人为削掉。底部东壁有一人为洞穴，高 0.6、宽 0.8、进深 1.5 米，西侧散落有大石块。台基现高 4.5、底部周长 176 米。台墩现高 5.5、底部周长 80 米。

烽火台位于长城墙体南侧，北距葛胡窑长城 2 段 0.3 千米，西距葛胡窑 2 号烽火台 5 千米。

葛胡窑 2 号烽火台（150924353201170033）

位于兴和县店子镇葛胡窑村南 0.5 千米。直接建在山坡之上。周围被铲平，实心。灰褐土堆筑。

烽火台保存一般。平面呈近圆形，剖面呈不规则形。西南壁有人为挖掘的一洞穴，高 1、宽 1.6、进深 1.8 米。台墩上长满杂草，现高 5、底部周长 58 米。

烽火台位于长城墙体南侧，北距葛胡窑长城 7 段 0.065 千米，东距葛胡窑 1 号烽火台 5 千米，西距葛胡窑 3 号烽火台 2.4 千米。

葛胡窑 3 号烽火台（150924353201170034）

位于兴和县店子镇葛胡窑村西南 2.81 千米。实心。黑褐土夯筑，夯层厚 0.3 ~ 0.4 米，夹有碎石块。

烽火台保存较差。无台基。平面和剖面形状均不规则，整体坍塌呈不规则的土包状。上面长满野草，只有顶部一小部分能分辨出夯筑痕迹。台墩现高 2、底部周长 40 米。

烽火台位于长城墙体南侧，北距苏木山长城 1 段 0.25 千米，东距葛胡窑 2 号烽火台 2.4 千米。

岳家梁烽火台（150924353201170035）

位于兴和县张皋镇岳家梁村西北 1 千米。实心。由台基和台墩组成。褐色土构筑，具体构筑方式不详。

烽火台保存一般。台基平面呈正方形。台墩平面呈近圆形，剖面呈梯形。烽火台坍塌严重，形似一座圆形大土丘，上面长有杂草，旁边散落石块。台基现高 4~6、底部边长 40 米，台墩现高 5、底部周长 95 米。

烽火台位于长城墙体南侧，北距岳家梁长城 0.05 千米。

不列窑烽火台（150924353201170036）

位于兴和县店子镇不列窑村东北 2.5 千米。实心。褐色土堆筑。

烽火台保存一般。无台基。平面呈近圆形，剖面不规则，整体呈圆形土包状。上面长满野草，底部南侧散落石块。台墩现高 6、底部周长 80 米。（彩图四三）

烽火台位于不列窑长城 1 段墙体东侧，西南距不列窑 5 号敌台 0.17 千米。

（二）乌兰察布市丰镇市

丰镇市境内有烽火台 16 座，无关堡。（参见地图八）

兰家沟 1 号烽火台（150981353201170029）

位于丰镇市隆盛庄镇兰家沟村东南 18.27 千米，建在平顶山山顶之上。实心。由台基和台墩两部分组成。褐色土夯筑，夯层厚 0.1~0.2 米。

烽火台保存较好。台基比较完整，平面呈正方形，剖面呈梯形。台基基础牢固，夯土厚实，原砌有石块，现滑落流失，长满杂草。台基现高 6、底部边长 50 米。台墩平面呈近圆形，剖面略呈梯形，整体呈覆钵形。台墩保存比较完整，基本接近原貌，顶部内凹，棱角残损。台墩现高 11、底部周长 110 米。烽火台四周散落大小不一的石块。

烽火台位于长城墙体南侧、丰镇市与兴和县的交界处，北距朱宏窑长城 1 段 5 米。

兰家沟 2 号烽火台（150981353201170030）

位于丰镇市隆盛庄镇兰家沟村东南 13.65 千米，建在平顶山山顶之上。实心。由台基和台墩组成。黑褐土夯筑，夯层厚 0.1~0.2 米。

烽火台保存一般。台基平面呈正方形，剖面呈梯形；北面局部损坏严重，夯层裸露，啮齿类动物筑洞较多。台基现高 4、底部边长 50 米。台墩平面呈近圆形，剖面略呈梯形，整体呈覆钵状；平顶内凹，上面有人为堆砌的高 1 米的石堆。台墩现高 7、底部周长 100 米。烽火台四周散落大小不一的石块。（彩图四四）

烽火台西、南两侧各有一条由台基底部通向台顶的通道，宽 2 米，中间踏跺已破坏，夯土裸露。烽火台正西、正东各有一个圆形石圈，比较规整，半径 16、周长 100 米。在圆形石圈的中间有用石块摆成的"十"字形图案，纵横均长 16、宽 0.5 米。"十"字形图案四端距石圈边缘均为 8 米。整个图案平坦整齐。

烽火台位于长城墙体南侧，北距朱宏窑长城 1 段 0.012 千米。

兰家沟 3 号烽火台（150981353201170031）

位于丰镇市隆盛庄镇兰家沟村东南 9.4 千米。实心。褐色土夹石块堆筑。

烽火台保存较好。无台基，形制比较完整。平面呈近圆形，剖面呈梯形，整体呈覆斗形。上面长满杂草。烽火台现高 7、底部周长 74 米。

烽火台建在郭家坡村西北两山间的鞍部，四周堆满密集的石块，显然被人工雕琢过，棱角凸出。在一块毛石上发现刻文，字迹模糊，经冲洗后用放大镜可依稀辨认出部分字迹，有"金大定"等字样。

烽火台位于长城墙体南侧，北临郭家坡长城，西北距兰家沟 4 号烽火台约 0.64 千米。

兰家沟 4 号烽火台（150981353201170032）

位于丰镇市隆盛庄镇兰家沟村东南 8.75 千米。实心。由台基和台墩组成。土石混筑，内部黑褐土夯筑，夯层厚 0.1~0.2 米，外部堆积大量石块。

烽火台保存一般。台基平面呈正方形，剖面呈梯形。局部被采石厂破坏，形成一个大坑。台基现高 4、底部边长 45 米。台墩平面呈近圆形，剖面呈梯形，整体呈圆锥状；平顶内凹，长有杂草。台墩现高 9、底部周长 100 米。烽火台四周散落大小不一的石块。

烽火台位于长城墙体南侧，北临郭家坡长城，东南距兰家沟 3 号烽火台 0.64 千米。

兰家沟 5 号烽火台（150981353201170033）

位于丰镇市隆盛庄镇兰家沟村东南 6.79 千米。实心。由台基和台墩组成。黄褐土夯筑，夯层厚 0.1~0.2 米。

烽火台保存一般。台基平面呈正方形，剖面呈梯形；由于村民取土而有破坏，台基现高 3、底部边长 50 米。台墩平面呈近圆形，剖面呈梯形，整体呈覆斗形；平顶内凹，长有杂草。台墩现高 7、底部周长 65 米。

烽火台位于长城墙体南侧，北距郭家坡长城 0.18 千米，东南距兰家沟 4 号烽火台约 2 千米。

兰家沟 6 号烽火台（150981353201170034）

位于丰镇市隆盛庄镇兰家沟村东南 4 千米。实心。由台基和台墩组成。台基黄褐土夯筑，夯层厚 0.1~0.15 米；台墩黄土夯筑，夯层厚 0.25 米。

烽火台保存一般。台基平面呈正方形，剖面呈梯形。台基现高 2.1、底部边长 37 米。台墩平面呈近圆形，剖面呈梯形，整体呈覆斗形。平顶内凹，局部有残损。台墩现高 6.9、底部周长 90 米。

烽火台位于长城墙体南侧，北距十二号村长城 1 段 0.03 千米，西北距兰家沟 7 号烽火台 1.4 千米。

兰家沟 7 号烽火台（150981353201170035）

位于丰镇市隆盛庄镇兰家沟村东南 2.8 千米。实心。黄褐土夯筑，夯层厚 0.25~0.3 米。

烽火台保存较好。无台基。平面呈矩形，剖面呈梯形，整体呈覆斗形；平顶内凹，局部有残损。烽火台现高 5 米，底部东西长 8、南北长 9 米。

烽火台建于山顶之上，位于长城墙体南侧，北距十二号村长城 2 段 1 千米，东南距离兰家沟 6 号烽火台约 1.4 千米。

兰家沟 8 号烽火台（150981353201170036）

位于丰镇市隆盛庄镇兰家沟村东北 3.17 千米。实心。由台基和台墩组成。黄褐土夯筑，夯层厚 0.25~0.3 米。

烽火台保存较好。台基损毁严重，被挖出三个大坑，形状不规则，现高 6 米，底部四边长分别为 45、47、50、45 米。台墩平面呈近圆形，剖面形状不规则，整体呈覆斗形；平顶内凹，四壁坍塌形成缓坡，长满野草。台墩现高 6、底部周长 99 米。

烽火台建于双台山山顶东侧、长城墙体西侧，东距老虎沟长城 0.05 千米，西距兰家沟 9 号烽火台约 0.9 千米。

兰家沟 9 号烽火台（150981353201170037）

位于丰镇市隆盛庄镇兰家沟村东北 2.2 千米。实心。由台基和台墩组成。黄褐土构筑，由于破坏严重，具体构筑方式不详。

烽火台保存较差。台基平面呈正方形，有残损，现高 5、底部边长 40 米。台墩破坏严重，平面和剖面形状不规则，整体呈不规则形。顶部比较平坦。烽火台现高 3、底部周长 74 米。

烽火台建于双台山山顶西侧、长城墙体南侧，北距兰家沟长城 1 段 0.15 千米，东距兰家沟 8 号烽火台约 0.9 千米。

兰家沟 10 号烽火台（150981353201170038）

位于丰镇市隆盛庄镇西沟村东南 1.08 千米。实心。由台基和台墩两部分组成。黄褐土夯筑，夯层厚 0.2 ~ 0.25 米。

烽火台保存较好。台基平面呈正方形，剖面呈梯形，整体呈覆斗形。南侧破坏严重，有一个高 1.65、宽 1.8 米的洞，洞中部被坍塌的夯土封堵。台基现高 5、边长 49 ~ 55 米。台墩被破坏，呈不规则状，顶部有一深 5、底部周长 30、口部周长 50 米的漏斗状土坑；西北壁有一大缺口，宽 1 米。烽火台西北和东南 8 米处各有一个混凝土结构的现代碉堡，应是 20 世纪 60 年代备战时修筑。

烽火台建于西沟村山坡上，位于长城墙体南侧，北距西沟长城 2 段 0.254 千米。

西沟子烽火台（150981353201170039）

位于丰镇市隆盛庄镇西沟子村西南 2.5 千米。实心。由台基和台墩组成。黄褐土夯筑，台基夯层厚约 0.1 米，台墩夯层厚 0.08 ~ 0.12 米。

烽火台保存较好。台基平面呈正方形，剖面呈梯形，整体呈覆斗形，现高 5、底部边长 50 米。台墩平面呈不规则形，剖面呈梯形，整体形状不规则；平顶内凹，有残损。台墩现高 7 米，底部东西长 16.3、南北长 12 米，顶部边长 6 ~ 8 米。（彩图四五）

烽火台建于西沟村山坡上，位于长城墙体南侧，北距西沟长城 3 段 0.16 千米。

二十二号村烽火台（150981353201170040）

位于丰镇市隆盛庄镇二十二号村东南 0.5 千米。实心。由台基和台墩组成。黄褐土夯筑，台基夯层厚 0.09 ~ 0.12 米，台墩夯层厚 0.07 ~ 0.1 米。

烽火台保存一般。台基平面呈正方形，剖面呈梯形，整体呈覆斗形。现高 4、底部边长 48 米。台墩平面形状不规则；剖面呈梯形，整体呈不规则形；平顶内凹，部分坍塌，杂草丛生。台墩现高 9、底部边长 16 米。

烽火台建于二十二号村东南山坡上，位于长城墙体南侧，北距二十二号村长城 3 段 0.13 千米。

索家沟烽火台（150981353201170041）

位于丰镇市红沙坝镇索家沟村西北 1 千米。实心。黄褐土夯筑，夯层厚约 0.15 米。

烽火台保存一般。无台基。台墩有残损，平面和剖面形状均不规则，整体呈不规则形。现高 7、底部边长 15 米。

烽火台建于一座山峰上，位于长城墙体南侧，北距双台子长城 3 段 0.025 千米。

油篓山烽火台（150981353201170042）

位于丰镇市红沙坝镇油篓山山顶之上。实心。土石混筑，内部黄褐土夯筑，夯层厚 0.15 米；外部包石。

烽火台保存较好。无台基。平面呈正方形，剖面呈梯形，整体呈覆斗形。有多处残损，外包石大多散落流失，西南侧外包石有残留，包石高 7 ~ 9、长 12 米。烽火台现高 15 米，底部边长 20、周长 80 米。

烽火台位于长城墙体南侧，北距兴盛长城 2 段 0.03 千米。

双台子烽火台（150981353201170043）

位于丰镇市红沙坝镇双台子村东南1.5千米。实心。由台基和台墩组成。土石混筑，台基内部黄褐土夯筑，外部有包石。台墩黄土夯筑，不见包石。台基和台墩的夯层厚0.1~0.15米。

烽火台保存较好。台基平面呈近正方形，外有包石，北侧长有灌木；现高4.2、底部边长64米。台墩平面呈近圆形，剖面呈梯形；近一半已坍塌，顶部呈锥状；东壁有两道雨水冲沟，夯土块脱落到台基上；南壁呈缓坡状；西壁因雨水冲刷呈阶梯状。台墩现高10、底部周长108米。

烽火台建于双台子山顶部，位于长城墙体南侧，北距兴盛长城2段4千米。

兴盛烽火台（150981353201170044）

位于丰镇市红沙坝镇兴盛村西南1.9千米，又名尖山烽火台。实心。黄褐土夯筑，夯层厚0.15~0.2米。

烽火台保存较好。无台基。平面呈近圆形，剖面呈梯形，整体呈覆斗形。基本保持了原貌，四壁被雨水冲刷呈台阶状，底部有一圈人工垒砌的石墙痕迹。烽火台现高11、底部周长120米。

烽火台建于一处尖山顶上，位于长城墙体南侧，北距兴盛长城5段0.01千米。

（三）乌兰察布市凉城县

凉城县境内有烽火台33座，无关堡。（参见地图八）

十一号村1号烽火台（150925353201170127）

位于凉城县天成乡十一号村西南1千米。实心。由台基、台墩组成。黄褐土和石块混合构筑。

烽火台保存较好。台基平面呈正方形。四壁有石块垒砌加固的痕迹，损坏严重，只有西北壁保存稍好。台基现高0.8~1.2、底部边长45米。台墩平面呈近圆形，剖面呈梯形，整体呈覆斗形。台墩上及底部有石块散落现象，因表层破坏严重，具体构筑方式难以辨别，顶部有测绘部门标记的控制点。台墩现高9、底部周长101米。（彩图四六）

烽火台位于长城墙体北侧，南临二十六号村长城，西北距十一号村2号烽火台0.03千米。

十一号村2号烽火台（150925353201170128）

位于凉城县天成乡十一号村西南1.07千米。实心。由台基、台墩组成。黄褐土和石块混合构筑。

烽火台保存较好。台基整体呈覆斗形，四壁有石块垒砌加固的痕迹。台基现高2~3、底部边长42、顶部边长32米，四周坡度为45°。台墩平面呈矩形，剖面呈梯形，整体呈覆斗形。台体及底部有石块散落，植物生长茂盛，土质流失较少。台墩现高9、底部周长101米。

烽火台位于长城墙体北侧，南临二十六号村长城，东南距十一号村1号烽火台0.03千米。

十三号村1号烽火台（150925353201170129）

位于凉城县天成乡十三号村西北0.84千米。实心。由台基、台墩组成。黄褐土夯筑，夯层厚0.1~0.15米。

烽火台保存较差。台基基本形制尚存，表面长有篙草，整体呈覆斗形。台基现高4.4、底部边长42、顶部边长32米，四周坡度为45°。台墩平、剖面不规则，损毁严重，夯土大量脱落；南壁损毁尤甚，被雨水冲刷出一道深3.8、宽2.4米的豁口，将台墩分裂，状似驼峰。台墩底边长分别为11.3、9.2、14.9、6.8米，顶部残缺不全，无法采集数据。

烽火台位于长城墙体北侧，南临二十六号村长城，西北距十三号村2号烽火台1.7千米。

十三号村2号烽火台（150925353201170130）

位于凉城县天成乡十三号村西北2.5千米。实心。由台基、台墩两部分组成。黄褐土夹沙夯筑，夯层厚0.15~0.2米。

烽火台保存较好。台基平面呈正方形，自下而上略有收分。由于表面覆盖大量植被，无法辨别其是否为夯筑。台基现高6.5、底部边长50、顶部边长47米，四周坡度为45°。台墩平面呈近圆形，剖面呈梯形，整体呈覆斗形。表面长有密集的篙草，可见啮齿动物的洞穴。台墩现高7、底部周长78.9、顶部直径为1.2米。

烽火台位于长城墙体北侧，南临二十六号村长城，距十三号村1号烽火台1.7千米，东南距十三号村3号烽火台2.5千米。

十三号村3号烽火台（150925353201170131）

位于凉城县天成乡十三号村西南2.18千米。实心。由台基和台墩两部分组成。黄褐土夯筑，夯层厚0.15~0.2米，内夹杂有碎石块及砂砾。

烽火台保存一般。台基保存较好，自下而上略有收分，整体呈覆斗形。台基现高3.8、底部边长30、顶部边长23米，四周坡度为45°。台墩平面呈近圆形，剖面呈梯形，整体呈半圆形土包状。顶部东面部分夯土塌陷，表面长有蒿草。台墩现高5、底部周长80米。

烽火台位于长城墙体北侧，南临二十六号村长城。

二十六号村烽火台（150925353201170132）

位于凉城县天成乡二十六号村东北1.38千米。实心。由台基和台墩两部分组成。内部黄褐土夯筑，夯层厚0.15~0.2米；外包砌有石块。

烽火台保存较差。台基平面呈正方形，自下而上略有收分。表面覆盖沙土，植物生长茂盛，上面散落大量石块。台基现高2.2、底部边长41、顶部边长36米。台墩平、剖面不规则，坍塌严重，形状极不规整，坍塌的夯土淤积在台墩底部四周。台墩外侧包砌的石块大多滑落散失，只在西壁残存一段，长4.9、宽0.8、高3米。台墩现高9、底部周长80米。

烽火台位于长城墙体北侧，南临二十六号村长城，东距十三号村3号烽火台2.5千米。

小八号村1号烽火台（150925353201170133）

位于凉城县天成乡小八号村西1.88千米。实心。由台基和台墩两部分组成。内部黄褐土夹沙夯筑，夯层厚0.15~0.2米；外包砌有石块。

烽火台保存一般。台基平面呈正方形，自下而上略有收分。台基现高4、底部边长53、顶部边长43米。台墩平、剖面不规则，整体呈不规则形。台墩表层夯土大量剥落，西壁由于塌陷出现一处高2.6、宽7米的剖面。台墩外侧包石消失殆尽，只在西壁下半部稍有残留，长15、宽0.6、高0.8米。台墩四周散落有大量石块，长满艾草。台墩现高8、底部周长77米。

烽火台位于长城墙体南侧，北临小八号村长城1段，西南距小八号村2号烽火台0.5千米。

小八号村2号烽火台（150925353201170134）

位于凉城县天成乡小八号村西南2.27千米。实心。由台基、台墩和围墙三部分组成。黄褐土夹沙夯筑，夯层厚约0.15米。

烽火台保存一般。台基呈覆斗状，自下而上略有收分。台基现高3.5、底部边长35、顶部边长28米。台基顶部沿边筑有围墙，黄土夹沙夯筑，夯层厚0.15米。围墙现塌毁殆尽，只在东面有残存，长6.5、宽1.5~3、高1.7~2.1米。台墩坍塌严重，夯土大部分脱落，顶部坑洼不平，四壁参差不齐。台墩现高4.2、底部周长55米。

烽火台位于长城墙体南侧，北临小八号村长城1段，东北距小八号村1号烽火台0.5千米。

甘草忽洞1号烽火台（150925353201170135）

位于凉城县天成乡甘草忽洞村东北2.98千米。实心。黄褐土夯筑，夯层厚0.1~0.15米。

烽火台保存一般。无台基。平面呈矩形，剖面呈梯形，整体呈覆斗形。台体顶部南侧被雨水冲出一个凹沟，将台墩一分为二，呈马鞍状；西壁夯土脱落形成剖面，其他地方长满艾草。烽火台现高8米，底部周长85米，顶部东西长4、南北长5米。

烽火台位于长城墙体南侧，北临甘草忽洞长城3段。

甘草忽洞2号烽火台（150925353201170136）

位于凉城县天成乡甘草忽洞村西北1.51千米。实心。由台基和台墩两部分组成。内部黄褐土夹沙夯筑，夯层厚0.15~0.2米。

烽火台保存较好。台基平面呈正方形，自下而上略有收分。台基东侧有残损，近东南角有一个人为的洞穴，宽0.6~0.7、高0.9、进深0.7米。台基现高5.3、底部边长40、顶部边长36米。台墩平面呈正方形，剖面呈梯形，整体呈覆斗形。台墩顶部南侧被雨水冲刷出一个宽0.6、深0.35米的豁口，原貌尚存，上面杂草稀疏。台墩现高9、底部边长18、顶部边长8米。（图七；彩图四七）

烽火台位于长城墙体北侧，南临甘草忽洞长城4段，西南距甘草忽洞3号烽火台1.3千米。

甘草忽洞3号烽火台（150925353201170137）

位于凉城县天成乡甘草忽洞村西1.98千米。实心。由台基和台墩两部分组成。内部黄褐土夹沙夯筑，夯层厚0.15~0.2米。

烽火台保存一般。台基残毁，呈不规则形，大多被沙土掩盖，现裸露部分高4米，其他尺寸不详。台墩平面呈正方形，剖面呈梯形，整体呈覆斗形。台墩四壁夯土脱落，顶部中间有人为掏挖的深坑，东北角有一人为洞穴，宽0.7~0.8、高0.9、进深0.3~0.5米。台墩现高6.5、底部边长10、顶部周长3.4米。

烽火台位于长城墙体北侧，南临二道坝长城，东北距甘草忽洞2号烽火台1.3千米，南距甘草忽洞4号烽火台1.3千米。

甘草忽洞4号烽火台（150925353201170138）

位于凉城县天成乡甘草忽洞村西南2.09千米。实心。由台基、台墩和围墙三部分组成。内部黄褐土夹沙夯筑，夯层厚0.15~0.2米。

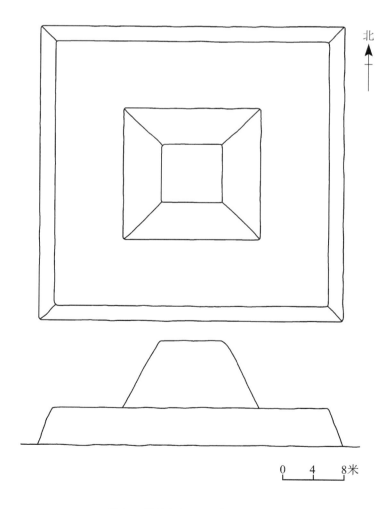

北

0　4　8米

图七　甘草忽洞2号烽火台平、立面图

烽火台保存较好。台基平面呈正方形，自下而上略有收分，现高 3、底部边长 40 米。台基顶部沿边有夯土矮墙，豁口较多，呈锯齿状，现高 0.8～1.2、厚 1～1.5 米。矮墙黄褐土夯筑，夯层较厚，厚 0.15～0.25 米。台墩平面呈正方形，剖面呈梯形，整体呈覆斗形。台墩受到轻微破坏，东壁顶部夯土脱落，南壁因雨水冲刷而向内凹陷。台墩现高 10、底部边长 16、顶部边长 14 米。

烽火台位于长城墙体南侧，北临二道坝长城，北距甘草忽洞 3 号烽火台 1.3 千米。

沟子 1 号烽火台（150925353201170139）

位于凉城县天成乡沟子村东 0.63 千米。实心。黄褐土夯筑，夯层厚 0.15～0.2 米。

烽火台保存一般。无台基。整体形状不规则，东、南、西壁严重坍塌，北壁长满野草。台墩现高 8.5 米，底部边长最长 30、周长 108 米。

烽火台位于长城墙体南侧，北临沟子长城，西南距沟子 2 号烽火台 0.15 千米。

沟子 2 号烽火台（150925353201170140）

位于凉城县天成乡沟子村东南 0.63 千米。实心。黄褐土夯筑，夯层厚 0.1～0.15 米。

烽火台保存较好。无台基。平面呈近圆形，剖面呈梯形，整体呈覆斗形。形似墓葬的封土，上面长满杂草。烽火台现高 9、底部周长 100 米。

烽火台位于长城墙体南侧，北临沟子长城，东北与沟子 1 号烽火台相距 0.15 千米。

二甲地 1 号烽火台（150925353201170141）

位于凉城县六苏木镇二甲地村西南 1.02 千米。空心。由台基、台墩和围墙三部分组成。黄褐土夯筑，夯层厚 0.15～0.2 米。

烽火台保存较好。台基大部分被沙土掩埋，呈不规则形。台基南侧夯层暴露，现高 2.4 米。台墩平面呈正方形，剖面呈梯形，整体呈覆斗形。台墩四壁夯土脱落严重，东、南、西壁底部有土洞，东壁三个，南壁两个，西壁两个，土洞规格相仿，高 1、宽 0.7～0.8 米；南壁土洞与东壁偏南的土洞被现代人打通；东壁三个土洞内部有通道相连，通道高 1、宽 0.5～0.6 米；西壁两个土洞由于夯土脱落，几乎被淤平。部分土洞内壁两侧有 2～4 道垂直的凹槽，宽 0.15 米，通至洞顶。台墩现高 4.4、底部边长 12 米。

烽火台外围有围墙，平面呈正方形，边长 45、现高 4、宽 0.2～0.5 米。南墙上有一个券门，现高 2.2、厚 2.5 米。券门外有挡门墙，长 4.6、现高 1、宽 0.7 米，黄土夯筑，夯层厚 0.1 米。（彩图四八）

烽火台位于长城墙体南侧，北距二甲地长城 4 段 0.27 千米，西距二甲地 2 号烽火台 4.1 千米。

二甲地 2 号烽火台（150925353201170142）

位于凉城县六苏木镇二甲地村南 4.87 千米。实心。由台基、台墩和围墙三部分组成。黄褐土夯筑，夯层厚 0.15～0.2 米。

烽火台保存一般。台基被沙土掩埋，长满野草，具体尺寸不详。台墩平面呈正方形，剖面呈梯形，整体呈覆斗形。台墩平顶内凹，顶部有测绘部门的控制点；四壁夯土脱落，淤积于台基之上。台墩现高 10、底部边长 10 米。

烽火台有围墙，已坍塌，仅残存一小段。长 15、现高 5、宽 0.4 米。

烽火台位于长城墙体北侧，南临毛家窑长城 1 段，西南距牛路沟烽火台 1.6 千米。

牛路沟烽火台（150925353201170143）

位于凉城县六苏木镇牛路沟村西北 0.5 千米。实心。由台基、台墩和围墙三部分组成。黄褐土夯筑，夯层厚 0.1～0.15 米。

烽火台保存一般。台基平面呈正方形，自下而上略有收分，现高 4、底部边长 40 米。台基顶部沿边筑有围墙，现高2.5、底宽0.3～1.2、顶宽0.3～0.7米。台墩平面呈正方形，剖面呈梯形，整体呈覆斗形。台墩东壁夯土脱落；南壁有后人攀爬踩踏出的斜坡；西壁保存尚好，基本保持原貌；北壁夯土脱落轻微，长满野草。台墩现高14、底部边长18、顶部边长10米。

烽火台位于长城墙体南侧，北临毛家窑长城1段，东北距二甲地2号烽火台1.6千米，西距毛家窑1号烽火台2.2千米。

毛家窑1号烽火台（150925353201170144）

位于凉城县六苏木镇毛家窑村东0.9千米。实心。由台基和台墩两部分组成。黄褐土夯筑，夯层厚0.2～0.25米，内夹碎石。

烽火台保存一般。台基呈不规则形，由于雨水侵蚀，四面有不同程度损毁，底部有淤土堆积，现高2、底部周长62米。台墩损毁较为严重，现存形状不规则，顶部密布虫穴，四周有明显的雨水冲刷的沟痕，南面犹甚。台墩现高5.2米，底部东西长10、南北长13、顶部东西长5、南北长6米。

烽火台位于长城墙体南侧，北临毛家窑长城2段，东距牛路沟烽火台2.2千米。烽火台四周为高低起伏的山岭，沟壑纵横，深度从几米至几十米，坡度较缓。

毛家窑2号烽火台（150925353201170145）

位于凉城县六苏木镇毛家窑村西南1.39千米。实心。由台基、台墩和围墙三部分组成。黄褐土夯筑，夯层厚0.15～0.2米，内夹碎石。

烽火台保存一般。台基平面呈正方形，底部淤土堆积，现高4.5、底部边长42米。台基顶部沿边有围墙，破坏严重，局部残存，现存最长一段长40、高2～3、宽0.4～0.6米。台墩平面呈正方形，剖面呈梯形，整体呈覆斗形。台墩四壁遍布雨水冲刷的沟痕，北壁较明显，其余三壁稍轻；四壁另有凹坑，大小不一，西壁上部有一圆洞。台墩现高12、底部边长18、顶部边长13米。

烽火台位于长城墙体南侧，北临毛家窑长城3段。

双台子烽火台（150925353201170146）

位于凉城县六苏木镇双台子村西1.25千米。实心。由台基和台墩两部分组成。黄褐土夯筑，夯层厚0.08～0.15米。

烽火台保存一般。台基破坏严重，几近消失，只西面残留少许。台墩平面不规则，剖面呈梯形，整体呈覆斗形。台墩四壁均有不同程度坍塌，北面犹甚，裂缝较宽，底部堆积有大量淤土。台墩现高4.5米，底部东西长14、南北长12米。

烽火台位于长城墙体北侧，南临双台子长城5段。

大五号村烽火台（150925353201170147）

位于凉城县六苏木镇大五号村东北1千米。实心。由台基和台墩两部分组成。台基条石垒砌，台墩土石混筑。

烽火台保存较好。台基平面呈矩形，东、西、北壁保存尚好，南壁有破坏，几近消失。台基现高2.5米，底部东西长15、南北长18米。台墩平面呈近圆形，剖面呈梯形，由于坍塌，整体呈圆形大土丘状。台墩长满杂草，顶部有数个小动物破坏形成的洞穴。台墩现高4、底部周长70米。

烽火台位于长城墙体北侧，南临牛心窑长城1段，西南距牛心窑1号烽火台2.7千米。

牛心窑1号烽火台（150925353201170148）

位于凉城县六苏木镇牛心窑村东北3千米。实心。由台基和台墩两部分组成。黄褐土夹沙夯筑，夯层厚0.15～0.2米。

烽火台保存较好。台基平面呈正方形，有破坏，东侧残损。台基现高4、底部边长33米。台墩平面呈矩形，剖面呈梯形，整体呈覆斗形。台墩表层有雨水冲刷形成的沟痕，深浅不一。台墩底部东壁和西壁各有一人为土洞，东壁土洞呈半圆形，高 1.7、宽 2、进深 1 米；西壁土洞为现代人所为，从下向上挖掘，高 2.2、宽 1.2 米，进深不详。台墩现高 8 米，底部东西长 16.5、南北长 17 米，顶部东西长 13、南北长 14 米。

烽火台位于长城墙体南侧，北临牛心窑长城 1 段，东北距大五号村烽火台 2.7 千米。

牛心窑 2 号烽火台（150925353201170149）

位于凉城县六苏木镇牛心窑村东北 1.46 千米。实心。由台基、台墩和围墙三部分组成。均黄褐土夯筑，台基和台墩夯层厚 0.2 ~ 0.25 米，围墙夯层厚 0.1 ~ 0.15 米。

烽火台保存一般。台基平面呈正方形，南侧保存尚好，其余三侧有不同程度的损毁，形成大小不一的缺口。台基现高 5、底部边长 40 米。台基顶部沿边建有围墙，大多已破坏，只南侧残存一小段矮墙，长 5.3、高 0.3 ~ 0.5、宽 0.2 ~ 0.4 米。台墩平面呈近圆形，剖面呈梯形，整体呈覆斗状。台墩四壁凹孔较多，底部堆积大量的淤土。台墩现高 9.5、底部周长 65 米。（彩图四九）

烽火台位于长城墙体南侧，北临牛心窑长城 3 段，东北距牛心窑 1 号烽火台 1.6 千米。

后草沟 1 号烽火台（150925353201170150）

位于凉城县六苏木镇后草沟村西北 1.25 千米。原为实心，后人挖有土洞。由台基、台墩和围墙三部分组成。黄褐土夯筑，夯层厚 0.2 ~ 0.25 米。

烽火台保存较好。台基平面呈正方形，自下而上略有收分，现高 4.5、底部边长 25 米。台基西侧和北侧有后人挖掘的土洞。台基顶部沿边残留夯土围墙，墙体现高 0.5 ~ 1.2、宽 0.8 ~ 1 米。

台墩平面呈矩形，剖面呈梯形，整体呈覆斗形。四壁有夯土脱落现象，长满杂草，底部四周散落脱落的夯土。台墩现高 7 米，底部东西长 12.5、南北长 13 米，顶部东西长 9、南北长 10 米。底部东、西壁各有两孔后人挖掘的土洞。西壁底部两土洞中间有通道相连，其中一土洞高 1.5、宽 0.8、进深 0.8 米，另一个被坍塌的夯土掩埋了洞口；东壁底部的两土洞洞口均被坍塌的夯土掩埋，无法得知其具体情况。

烽火台位于长城墙体南侧，北临牛心窑长城 4 段，西北距后草沟 2 号烽火台 0.24 千米。

后草沟 2 号烽火台（150925353201170151）

位于凉城县六苏木镇后草沟村西北 1.5 千米。实心。由台基和台墩两部分组成。黄褐土夯筑，夯层厚 0.15 ~ 0.2 米。

烽火台保存一般。台基平面呈正方形，自下而上略有收分。破坏严重，因雨水冲刷而形成多处"V"形豁口。台基现高 4、底部边长 45 米。台墩平面呈矩形，剖面呈梯形，整体呈覆斗形。四壁有大量夯土脱落，北壁偏东有一人为土洞，洞门高 1.2、宽 0.8 米，洞内坍塌，无法测量其深度。台墩现高 7、底部边长 15、顶部边长 10 米。（彩图五〇）

烽火台位于长城墙体南侧，北临牛心窑长城 4 段，东南距后草沟 1 号烽火台 0.24 千米。

蓝旗窑 1 号烽火台（150925353201170152）

位于凉城县六苏木镇蓝旗窑村东北 1.5 千米。实心。由台基、台墩和围墙三部分组成。黄褐土夯筑，夯层厚 0.2 ~ 0.25 米。

烽火台保存一般。台基平面呈正方形，自下而上略有收分。现高 2.5、底部边长 35 米。台基顶部沿边有围墙，破坏严重，南墙中部有一大豁口。围墙现高 0.8 ~ 2、宽 0.5 ~ 1 米。台墩平面呈正方形，剖面呈梯形，整体呈覆斗形。台墩四壁有大量的坑洞，部分夯土脱落，底部有一土洞，大部分被坍塌土掩埋，洞口高 0.5、宽 0.8 米，北面有一通道直通台基底部，被坍塌土掩埋。台墩现高 6、底部边长

15、顶部边长 9 米。（彩图五一）

烽火台位于长城墙体南侧，北临双古城长城 1 段，西南距蓝旗窑 2 号烽火台 0.24 千米。

蓝旗窑 2 号烽火台（150925353201170153）

位于凉城县六苏木镇兰旗窑村东北 1.25 千米。实心。由台基、台墩和围墙三部分组成。黄褐土夯筑，夯层厚 0.2~0.25 米。

烽火台保存一般。台基平面呈正方形，自下而上略有收分；顶部凸凹不平，坍塌形成四个大坑，原有上下的通道，现被坍塌土掩埋。台基现高 2.6、底部边长 26 米。台基顶部沿边有围墙，消失殆尽，只南墙略有残存，长 5、现高 0.2~1.2、宽 0.4~1 米。台墩平面呈正方形，剖面呈梯形；整体呈覆斗形。长满野草，雨水冲刷痕迹明显，草丛间洞穴较多。台墩现高 4、底部边长 10、顶部边长 6 米。（参见彩图五一）

烽火台位于长城墙体南侧，北临双古城长城 1 段，东北距兰旗窑 1 号烽火台 0.24 千米。

双古城烽火台（150925353201170154）

位于凉城县六苏木镇双古城村南 0.6 千米。实心。由台基、台墩和围墙三部分组成。黄褐土夯筑，夯层厚 0.2~0.25 米。

烽火台保存较差。台基平面呈正方形，自下而上略有收分；由于风雨侵蚀及人为取土的破坏，下降约 1 米，南侧形成五个大土坑，顶部凸凹不平。台基现高 2、底部边长 40 米。台基顶部沿边有围墙，现几乎完全消失，仅在西南角依稀可见墙基的痕迹。台墩平面呈正方形，剖面呈梯形，整体呈覆斗形；夯土流失较为严重，散落的夯土淤积在台基上。南壁从顶部至台基有一道雨水冲沟，宽 2 米。台墩现高 8、底部边长 15、顶部边长 13 米。（彩图五二）

烽火台位于长城墙体南侧，北临双古城长城 5 段。

赵家窑烽火台（150925353201170155）

位于凉城县六苏木镇赵家窑村东 2 千米。实心。由台基、台墩和围墙三部分组成。黄褐土夯筑，夯层厚 0.2~0.25 米。

烽火台保存一般。台基平面呈正方形，自下而上略有收分，现高 5、底部边长 40 米；西南角有一盗洞，深 1.8 米。台基顶部沿边筑有围墙，北墙损毁严重，部分仅存墙基，现高 0.2、宽 0.5 米；其他三面墙体保存尚好，最高 3 米；南墙中部有门，高 3、宽 3 米；西南角有一豁口。台墩平面呈近圆形，剖面呈梯形，整体呈覆斗形；夯土剥落严重，顶部内凹。台墩现高 8、底部周长 70 米。

烽火台位于长城墙体南侧，北临双古城长城 11 段，东北距双古城烽火台 2.3 千米。

郭丁窑子 1 号烽火台（150925353201170156）

位于凉城县六苏木镇郭丁窑子村西南 1.5 千米。实心。由台基、台墩和围墙三部分组成。黄褐土夯筑，夯层厚 0.2~0.25 米。台基内部可见石砌痕迹。

烽火台保存一般。台基平面呈正方形，自下而上略有收分，现高 2.5、边长 36 米。台基西北角坍塌，坍塌处露出内部石砌部分，白灰黏合，顶部东面有一长方形石堆。台基沿边筑有围墙，平面呈正方形，边长 36 米。台基底部东侧有一土洞，洞口高 2.3、宽 1.5 米，洞进深 0.7 米，内有两块青砖，砖长 42、宽 20、厚 8.5 厘米。台基底部南侧有一深土洞，具体尺寸不详。台墩平面不规则，剖面呈梯形，整体呈不规则形。夯土流失严重，现高 3、底部周长 26 米。

烽火台位于长城墙体南侧，北距双古城长城 12 段 0.07 千米，东南距郭丁窑子 2 号烽火台 0.12 千米。

郭丁窑子 2 号烽火台（150925353201170157）

位于凉城县六苏木镇郭丁窑子村西南 1.45 千米。空心。由台基、台墩和围墙三部分组成。黄土夯筑，夯层厚 0.2～0.25 米。台基内部可见石砌痕迹。

烽火台保存较差。台基平面呈正方形，自下而上略有收分，现高 3、边长 17 米；东南与东北角因雨水冲刷而缺失，形成凹坑，西北角有石砌痕迹。台基顶部沿边筑有围墙，现破坏严重，基本消失，只残存墙基。台墩平面呈近圆形，剖面呈梯形，整体为不规则的夯土台。台墩夯土流失严重，顶部中空，应为空心烽火台；四壁坍塌呈矮墙状，北壁保存较好，高 2.4 米；东、西壁对称有两个孔洞，可由内向外观察，孔洞为圆形，直径 0.1 米。台墩现高 6、底部周长 44 米。

烽火台位于长城墙体南侧，北临双古城长城 12 段，西北距郭丁窑子村 1 号烽火台 0.12 千米。

前三间房烽火台（150925353201170158）

位于凉城县六苏木镇前三间房村西北 1.5 千米。实心。由台基、台墩和围墙三部分组成。黄土夯筑，夯层厚 0.15～0.2 米。

烽火台保存较差。台基平面呈正方形，自下而上略有收分。现高 3、边长 45 米。台基南面有宽 5 米的豁口，西北角有一水冲沟，宽 0.3 米，直至台基底部。台基上环台墩一圈挖有树坑，部分栽有松树幼苗。台基顶部沿边筑有围墙，破坏严重，消失殆尽，只在东、南侧残存墙基及少部分墙体，现高 0.8 米，残存墙体西南角有一宽 1.5 米的豁口。台墩平面呈近圆形，剖面呈梯形，整体呈覆斗形，受风雨侵蚀破坏，大量夯土坍塌脱落，自下而上逐渐内收。台墩现高 8、底部边长 12、顶部边长 10 米。（彩图五三）

烽火台位于长城墙体南侧，北临双古城长城 13 段。

小窑沟烽火台（150925353201170159）

位于凉城县六苏木镇小窑沟村西北 1.25 千米。实心。由台基、台墩和围墙三部分组成。黄土夯筑，夯层厚 0.15～0.2 米。

烽火台保存较好。台基平面呈正方形，自下而上略有收分，现高 2、边长 40 米；东南、西南角各有一道冲沟，直至台基底部。台基顶部沿边筑有围墙，破坏严重，坍塌成高约 1 米的土垄。台墩平面呈近圆形，剖面呈梯形，整体呈覆斗形；顶部偏南有一处东西向的豁口，豁口下堆积大量夯土，形成缓坡。台墩现高 8、底部边长 20、顶部边长 15 米。

烽火台位于长城墙体南侧，北临双古城长城 15 段。

（四）呼和浩特市和林格尔县

和林格尔县境内有烽火台 13 座、堡 1 座。（地图八 - 2，参见地图八）

山保岱 1 号烽火台（150123353201170195）

位于和林格尔县新店子镇山保岱村正东 1 千米。实心。由台基、台墩和围墙三部分组成。黄土夯筑，夯层厚 0.2～0.25 米。

烽火台保存较好。台基平面呈正方形，局部有残损，现高 2.6、边长 40 米。台基顶部沿边筑有围墙，破坏严重，消失殆尽，东、南墙稍有保存，墙体保存最好处长 7、高 2、宽 0.8 米。台墩平面呈正方形，剖面呈梯形，整体呈覆斗形。顶部平整，东壁中间有一道较深的雨水冲痕，其余壁面凹坑较多。台墩现高 12、底部边长 15 米。（彩图五四）

烽火台位于长城墙体南侧，北距山保岱长城 1 段 0.11 千米，东北距山保岱 1 号烽火台 0.54 千米。

山保岱 2 号烽火台（150123353201170196）

位于和林格尔县新店子镇山保岱村正南 0.9 千米。实心。由台墩和围墙两部分组成。黄土夯筑，夯层厚 0.2～0.25 米。

烽火台保存较好。无台基。台墩平面呈正方形，剖面呈梯形，整体呈覆斗形。台墩顶部被雨水冲毁，不规则；四壁有少量凹坑，东、西、北壁有明显的雨水冲沟，东壁的较深；底部有淤土堆积。台墩现高6、底部边长15米。台墩有围墙，平面呈正方形，边长40米；整体平整光滑，局部坍塌，南墙上有宽4米的豁口。

烽火台位于长城墙体南侧，北距山保岱长城3段0.04千米。

上红台1号烽火台（150123353201170197）

位于和林格尔县新店子镇上红台村东1千米。实心。由台墩和围墙两部分组成。黄土夯筑，夯层厚0.2～0.25米。

烽火台保存较好。利用自然地势为台基，上有围墙，围墙平面呈正方形，边长40、高2.5、宽1.5米；坍塌较多，有多处豁口，南墙中部一豁口较宽，宽4.5米，推测可能是门址。台墩位于台基中部，平面呈正方形，剖面呈梯形，整体呈覆斗形。台墩长有少量杂草，底部有淤土，四壁有雨水冲刷的凹槽，南壁底部右侧有一半圆形洞穴。台墩现高12、底部边长20、顶部边长17米。

烽火台位于长城墙体南侧，北距山保岱长城2段0.043千米，西距上红台2号烽火台1.3千米。

上红台2号烽火台（150123353201170198）

位于和林格尔县新店子镇上红台村西南0.6千米。实心。由台基和台墩两部分组成。黄褐土夯筑，夯层厚0.1～0.15米。

烽火台保存一般。台基呈不规则形，东侧残损，南侧残留部分，西、北侧保存稍好。台基现高1、周长134米。台墩形状不规则，四壁有不同程度的损毁，底部有大量淤土堆积。现高1.5、底部周长97米。

烽火台位于长城墙体西北侧，东南距上红台长城2段0.39千米，东距上红台1号烽火台1.3千米。

好来沟1号烽火台（150123353201170199）

位于和林格尔县新店子镇好来沟村东北2.64千米。实心。由台基、台墩和围墙三部分组成。黄土夯筑，夯层厚0.1～0.25米。

烽火台保存一般。台基平面呈正方形，有残损，现高2、边长38米。台基顶部沿边筑有围墙，坍塌严重，现只西南角、南墙中部、东南角有残留，长1～3、高1.6、宽0.8～1.1米。台墩平面呈近圆形，剖面呈梯形，整体呈覆斗形。台墩顶部光滑平整，东、南壁中部表面有较浅的雨水冲沟。台墩现高12、底部边长18、顶部边长15米。

烽火台位于长城墙体南侧，北距上红台长城7段0.57千米，西北距好来沟2号烽火台1千米。

好来沟2号烽火台（150123353201170200）

位于和林格尔县新店子镇好来沟村东北2.2千米。实心。由台墩和围墙两部分组成。黄土夯筑，夯层厚0.1～0.25米。

烽火台保存一般。利用自然地势为台基，南侧中部被雨水冲毁，形成缺口，现高3米，底部东西长29、南北长25米。台基顶部沿边筑有围墙，现消失殆尽，仅东南角有残存，长4、高1、宽0.4米。台墩平面呈近圆形，剖面形状不规则，整体呈圆锥状，表面长满杂草。台墩现高3、底部周长44米。

烽火台位于长城墙体西北侧，东南距上红台长城7段0.5千米、好来沟1号烽火台1千米。

好来沟3号烽火台（150123353201170201）

位于和林格尔县新店子镇好来沟村西南0.64千米。实心。由台基、台墩和围墙三部分组成。黄褐土夯筑，夯层厚0.1～0.25米。

烽火台保存一般。台基平面呈正方形，有残损，现高1.5～2米。台基顶部沿边筑有围墙，平面呈正方形，边长38米，有坍塌；东南角基本消失；西墙保存最好处高3.8米；北墙保存较好，高2.5米以上；南墙中部有一缺口，宽 3.4 米，缺口两侧墙体宽 1.5、高 3 米。台墩平面呈近圆形，剖面呈梯形，整体呈覆斗形。四壁有雨水冲蚀形成的沟和凹坑，底部及顶部长有杂草。台墩现高 11.5 米，底部东西长 16、南北长 17 米，顶部东西长 13、南北长 14 米。（彩图五五）

烽火台位于长城墙体东南侧，西北距好来沟长城 1 段 0.4 千米。

梁家十五号村烽火台（150123353201170202）

位于和林格尔县新店子镇梁家十五号村东北 1.5 千米。实心。由台基、台墩和围墙三部分组成。黄褐土夯筑，夯层厚 0.1 ~ 0.25 米。

烽火台保存较好。台基平面呈正方形，现高 2.5、边长 36 米；南侧中部有一缺口，宽 3.5 米。台基顶部沿边筑有围墙，现消失殆尽，仅西墙有部分残存，长 27.5、高 3.4、宽 1.1 米。台墩平面呈正方形，剖面呈梯形，整体呈覆斗形。顶部长满杂草，四壁有大量的风蚀坑洞和雨水冲刷的冲沟，东南壁较深，西南壁较浅。台墩现高 12、底部边长 17、顶部边长 9 米。（彩图五六）

烽火台位于长城墙体南侧，北距好来沟长城 10 段 0.07 千米。

丈房塔烽火台（150123353201170203）

位于和林格尔县羊群沟乡丈房塔村东北 0.74 千米。实心。黄褐土夯筑，夯层厚 0.15 ~ 0.2 米。

烽火台保存较好。无台基、围墙。平面呈矩形，剖面呈梯形，整体呈覆斗形。南壁凹凸不平，夯土大块脱落；东壁有雨水冲刷的凹痕，底部有大量淤土；北壁与西壁保存稍好。顶部长有杂草。台墩现高 7 ~ 8 米，底部东西长 16、南北长 17 米，顶部东西长 9、南北长 10 米。（彩图五七）

烽火台位于长城墙体东南侧，西北距好来沟长城 15 段 0.03 千米。

后砖窑沟烽火台（150123353201170204）

位于和林格尔县羊群沟乡后砖窑沟村东南 1.48 千米。实心。由台基和台墩两部分组成。黄褐土夯筑，夯层厚 0.15 ~ 0.2 米。

烽火台保存一般。台基平面呈矩形，有残损，现高 2 ~ 3 米，底部东西长 30、南北长 32 米。台墩平面呈近圆形，剖面不规则，整体呈覆斗形，残损严重，长满杂草。台墩现高 3.5、底部周长 48 米。

烽火台位于长城墙体北侧，南距砖窑沟长城 8 段 0.08 千米。

大西沟 1 号烽火台（150123353201170205）

位于和林格尔县羊群沟乡大西沟村东北 3.51 千米。实心。由台基和台墩两部分组成。黄褐土夯筑，夯层厚 0.15 ~ 0.2 米。

烽火台保存较差。台基平面呈矩形，有残损，现高 1.1 ~ 3.5 米，底部东西长 32、南北长 28.5 米。台墩平面呈矩形，剖面呈梯形，整体形状不规则，大部分损毁，顶部及四壁长满杂草。台墩现高 3.5、底部周长 32 米。

烽火台位于长城墙体东南侧，西北距大西沟长城 8 段 0.05 千米。

大西沟 2 号烽火台（150123353201170206）

位于和林格尔县羊群沟乡大西沟村东北 1.72 千米。实心。由台基和台墩两部分组成。黄褐土夯筑，夯层厚 0.1 ~ 0.15 米。

烽火台保存较差。台基平面呈正方形，边缘多被雨水冲毁，现高 2.5、边长 38 米。台墩平面呈矩形，剖面呈梯形，整体形状不规则。台墩顶部有南北向的凹槽；南、北两壁损毁严重，夯土大量脱落，表面凹凸不平，凹坑较多；底部有坍塌土，长满杂草。台墩现高 11、底部周长 84 米。（彩图五八）

烽火台位于长城墙体南侧，北距大西沟长城 8 段 0.037 千米，东南距大西沟 3 号烽火台 0.44 千米，东北距大西沟 1 号烽火台 2 千米。

大西沟3号烽火台（150123353201170207）

位于和林格尔县羊群沟乡大西沟村东北1.7千米。实心。由台基和台墩两部分组成。黄褐土夯筑，夯层厚0.1～0.15米。

烽火台保存较差。台基平面呈正方形，因当地居民扩大耕地，导致台基破坏严重，现仅能辨认其大致范围。台墩平面呈矩形，剖面呈梯形，整体形状不规则。台墩顶部夯土脱落，四壁有不同程度的损毁，底部四周有淤土堆积，堆土和台墩表面长有杂草。台墩现高6.5、底部周长36米。

烽火台位于长城墙体东侧，西距大西沟长城8段0.57千米，西北距大西沟2号烽火台0.44千米。

二道边村堡（150123353310211770001）

位于和林格尔县新店子乡二道边村西南1千米、二道边村长城西北，紧靠墙体。平面呈正方形，边长80米，周长320米，面积6400平方米。

该堡保存较差，形制简单，除四周墙垣外不见其他遗迹。堡墙黄土夯筑，夯层清晰、均匀，厚0.2～0.25米。堡墙现高1.8～2、底宽5、顶宽0.6～1.5米。底部有高2米的淤土，顶部有大小不等的缺口，宽1.5～2.7米。南墙中部有一较大的豁口，宽7米，疑为门址。（图八；彩图五九）

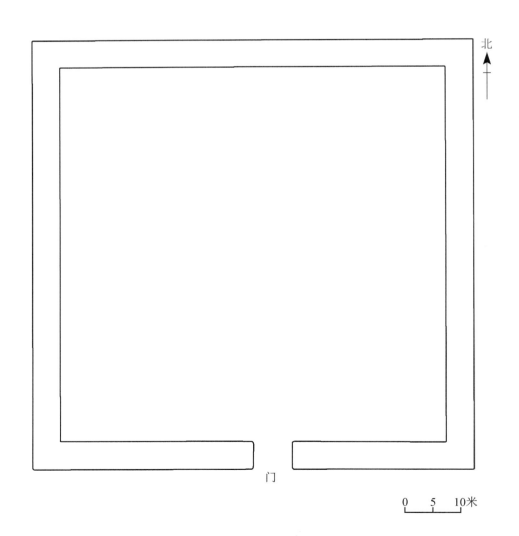

图八　二道边村堡平面图

（五）呼和浩特市清水河县

清水河县境内有烽火台 29 座、堡 1 座。（参见地图八）

后窑子 1 号烽火台（150124353201170547）

位于清水河县杨家窑乡后窑子村东北 1.64 千米。实心。由台基和台墩两部分组成。黑褐土夯筑，夯层厚 0.1 ~ 0.15 米。

烽火台保存较差。台基平面呈矩形，自下而上略有收分，受雨水冲刷多处受损，上面杂草茂密。台基现高 2、东西长 25.5、南北长 30 米。台墩较小，现存形状不规则，四壁严重损毁，底部有大量积土，表面长有杂草。台墩现高 3.2、底部周长 32 米。

烽火台位于长城墙体南侧，北临后窑子长城 1 段，西南距后窑子村 1.6 千米。

后窑子 2 号烽火台（150124353201170548）

位于清水河县杨家窑乡后窑子村西北 0.91 千米。实心。由台基和台墩两部分组成。黄褐土夯筑，夯层厚 0.1 ~ 0.15 米。

烽火台保存较差。台基平面呈正方形，自下而上略有收分，西侧中部因雨水冲刷而坍塌，其余三侧尚好，无大的缺口。台基现高 4.5、边长 28 米。台墩较小，现存形状不规则，顶部多虫穴，四壁因雨水冲刷导致夯土大量流失，台墩及台基上长满杂草。台墩现高 2、底部周长 36 米。由于杂草茂盛，加之覆盖有沙土，烽火台的夯层不甚明显。

烽火台位于长城墙体北侧，南临后窑子长城 7 段。

孔读林烽火台（150124353201170549）

位于清水河县杨家窑乡孔读林村西北 2.64 千米。实心。由台基和台墩两部分组成。黄褐土夯筑，夯层厚 0.2 ~ 0.25 米。

烽火台保存较差。台基平面呈正方形，自下而上略有收分，表面长有茂密的杂草和灌木，周围散落石块。台基现高 2.5、边长 42 米。台墩平面呈矩形，剖面呈梯形，整体呈覆斗形。台墩东、南、西壁损毁，底部夯土淤积，北壁尚好。台墩现高 5.5 米，底部东西长 13.5、南北长 15 米，顶部东西长 4.6、南北长 5 米。（彩图六〇）

烽火台位于长城墙体南侧，北临孔读林长城 5 段，东距两犋牛烽火台 3.1 千米。

两犋牛烽火台（150124353201170550）

位于清水河县杨家窑乡两犋牛村东南 2.1 千米。实心。由台基和台墩两部分组成。黄褐土夯筑，夯层厚 0.15 ~ 0.2 米。

烽火台保存较好。台基破坏严重，平面呈不规则形，只南侧尚有痕迹。台基现高 2、底部周长 68 米。台墩平面呈矩形，剖面呈梯形，整体呈覆斗形。顶部有杂草和虫洞，东、西、南壁因雨水冲刷损毁较严重，北壁凹坑较多，底部淤土堆积。台墩现高 9 米，底部东西长 12、南北长 13.5 米，顶部东西长 5.5、南北长 6 米。

烽火台位于长城墙体南侧，北临两犋牛长城 4 段，西南距魏四窑 1 号烽火台 2.9 千米，东距孔读林烽火台 3.1 千米。

魏四窑 1 号烽火台（1501243532011700551）

位于清水河县杨家窑乡魏四窑村东 1.55 千米。实心。由台基和台墩两部分组成。黄褐土夯筑，夯层厚 0.1 ~ 0.15 米。

　　烽火台保存一般。台基平面呈正方形，边长 42 米，自下而上略有收分，南侧基本消失，北、西两侧中部有较大豁口，底部有四个土洞，洞内夯土掉落，洞口大半被掩埋。台墩平面呈不规则形，剖面呈梯形，整体呈覆斗形。台墩四壁均有不同程度的损毁，多凹孔，大小不一，西壁稍好，东、北两壁部分损毁，南壁大面积坍塌，中间一条雨水冲沟较深。台墩现高 8、底部边长 17 米。

　　烽火台位于长城墙体南侧，北临两犋牛长城 8 段，西北距魏四窑 2 号烽火台 1.1 千米。

魏四窑 2 号烽火台（150124353201170552）

　　位于清水河县杨家窑乡魏四窑村东北 0.7 千米。实心。由台基和台墩两部分组成。黄沙土夯筑，夯层厚 0.1~0.15 米。

　　烽火台保存一般。台基平面呈矩形，自下而上略有收分，南侧大部分被雨水冲毁，其余三侧保存稍好。台基现高 2.8、东西长 26.5、南北长 38 米。台墩整体似一圆形大土丘，上面长有少量杂草，底部坍塌土淤积。台墩现高 5.5、底部周长 46 米。

　　烽火台位于长城墙体北侧，南临魏四窑长城 1 段，东南距魏四窑 1 号烽火台 1.1 千米。

魏四窑 3 号烽火台（150124353201170553）

　　位于清水河县杨家窑乡魏四窑村西南 1.9 千米。实心。由台基和台墩两部分组成。黄沙土夯筑，夯层厚 0.1~0.15 米。

　　烽火台保存较差，人为破坏严重，现代人将烽火台改建成了一处展示台。台基不明显，东侧因修路而破坏，其余三侧经人工修整，上面铺有砂石，四周有青砖包沿。台基西、南、北侧边长 25 米。台墩西、南、北壁底部经人工清理，东壁大部分被人为破坏；底部有一水泥平台，长 12、宽 8.5、高 2 米；四周边缘有许多小方墩，边长 0.8、高 0.5 米；平台东壁写有"绿山净水富民"六个红色大字，平台上靠前方立有一块仿古建筑样式的照壁，为清水河县政府所立，上有"黄土高原水保世行二期贷款项目——五良太小流域"字样，照壁两侧各有一道水泥阶梯通往后面的平台，平台西侧又有一道水泥阶梯，直达烽火台顶部。烽火台顶部有一水泥台，长 7、宽 3 米，四周有铁制护栏。烽火台四周有四个水泥窖，用来存储雨水。台墩现高 11 米，底部东西长 15、南北长 16.5 米。

　　烽火台位于长城墙体南侧，北临魏四窑长城 4 段，西南距后阳坡烽火台 3 千米。

后阳坡烽火台（150124353201170554）

　　位于清水河县杨家窑乡后阳坡村东南 1 千米。实心。由台基和台墩组成。黄褐土夯筑，夯层厚 0.1~0.15 米。

　　烽火台保存一般。台基平面呈正方形，现高 1.5、边长 40 米；东侧坍塌，坍塌处有石块修补的痕迹。台墩位于台基顶部中央，四周的空地上挖有树坑。台墩平面呈矩形，剖面呈梯形，整体呈覆斗形。台墩东、北、南壁因风雨侵蚀，夯土流失严重，在底部形成缓坡，西南角坍塌，可见石块修补痕迹。台墩现高 10、底部边长 16、顶部边长 7 米。

　　烽火台位于长城墙体南侧，北临高家山长城，东北距魏四窑 3 号烽火台 3 千米。

高家山 1 号烽火台（150124353201170555）

　　位于清水河县杨家窑乡高家山村东北 1.2 千米。实心。由台基和台墩组成。黄土夯筑，夯层厚 0.1~0.15 米。

　　烽火台保存一般。台基平面呈正方形，分下、中、上三级，逐级增高内收；下级高 2、边长 40 米；中级高 1、边长 38 米；上级高 1、边长 22 米；下、中级之间平台宽 1 米，中、上级之间平台宽 7 米，上级与台墩之间宽 1 米。台墩在上级顶部中间，平面呈矩形，剖面呈梯形，整体呈覆斗形。台墩顶部夯土流失严重，四壁鸟、虫洞较多；西、南壁因风雨侵蚀的破坏，夯土流失，堆积于台墩底部；南壁

从顶至底形成一条水冲沟。台墩现高 11、底部边长 16、顶部边长 12 米。（彩图六一）

烽火台位于长城墙体南侧，北临高家山长城 7 段。

高家山 2 号烽火台（150124353201170556）

位于清水河县杨家窑乡高家山村西 1 千米。实心。由台基、台墩和围墙三部分组成。黄土夯筑，夯层厚 0.1~0.2 米。

烽火台保存较好。台基平面呈正方形，自下而上略有收分，现高 6、边长 40 米；西南角有条水冲沟，直达台基底部。台基顶部沿边筑有围墙，平面呈正方形；北墙因雨水侵蚀严重坍塌，现仅存墙基；其他三面墙体保存较好，现高 0.2~1.2 米；南墙有一缺口，宽 5 米，应为门址。台墩位于台基顶部中央，平面呈矩形，剖面呈梯形，整体呈覆斗形。台墩四壁夯土脱落，堆积在底部，形成缓坡，堆土中可见大量碎石；西壁有一现代挖掘的洞穴，深 0.5、直径 0.8 米。台墩现高 10、底部边长 20、顶部边长 10 米。（彩图六二）

烽火台位于长城墙体南侧，北临石胡梁长城。

边墙壕 1 号烽火台（150124353201170557）

位于清水河县北堡乡边墙壕村东北 1.5 千米。实心。由台基、台墩、围墙和环壕四部分组成。台基、台墩及围墙均黄土夯筑，夯层厚 0.1~0.2 米。

烽火台保存较好。台基平面呈正方形，自下而上略有收分，有残损，现高 5、边长 40 米。台基四周有壕沟，深 2、宽 2.5 米；西侧有一条通道与外部相连，宽 1 米。台基顶部沿边筑有围墙，破坏严重，消失殆尽，宽 0.8 米，局部只残存底部痕迹。台墩位于台基顶部中央，平面呈矩形，剖面呈梯形，整体呈覆斗形。台墩四壁夯土严重坍塌，堆积在底部形成斜坡。台墩现高 7、底部边长 16、顶部边长 6 米。（彩图六三）

烽火台位于长城墙体南侧，北临边墙壕长城 2 段。

边墙壕 2 号烽火台（150124353201170558）

位于清水河县北堡乡边墙壕村西南 1 千米。实心。由台基和台墩两部分组成。黄土夯筑，夯层厚 0.1~0.2 米。

烽火台保存一般。台基平面呈正方形，自下而上略有收分，现高 4、边长 37 米，四角用石块垒砌加固。台墩位于台基顶部中央，平面呈矩形，剖面呈梯形，整体呈覆斗形。台墩顶部及东、西、北壁夯土流失严重，堆积于底部，形成缓坡；南壁保存较好。台墩现高 6、底部边长 15、顶部边长 6 米。（彩图六四）

烽火台位于长城墙体南侧，北临边墙壕长城 2 段。

五道峁烽火台（150124353201170559）

位于清水河县北堡乡边墙壕村西南 5.1 千米。实心。由台基、台墩及围墙三部分组成。黄土夯筑，夯层厚 0.1~0.2 米。

烽火台保存较好。台基平面呈正方形，自下而上略有收分，现高 4、边长 40 米，略有残损。台基顶部沿边筑有围墙，平面呈正方形，破坏严重，豁口较多，现高 0.3~3、宽 0.3~1 米。台墩位于台基顶部中央，平面呈矩形，剖面呈梯形，整体呈覆斗形。台墩四壁鸟虫筑洞较多，西南角有一窑洞，宽 2、高 2、进深 5 米，洞口右侧沿洞壁有一条竖向的凹槽，直通洞顶，宽 0.2 米；洞内左侧有土灶，有烟熏痕迹，灶宽 0.8、高 1 米。台墩现高 8、底部边长 20、顶部边长 15 米。（彩图六五）

烽火台位于长城墙体东南侧，西北紧临五道峁长城，东北距边墙壕 2 号烽火台 4.2 千米。

大四台 1 号烽火台（150124353201170560）

位于清水河县窑沟乡大四台村东南 0.55 千米。实心，由台基和台墩两部分组成。黄土夯筑，夯层厚 0.1~0.2 米。

烽火台保存较好。台基平面呈正方形，自下而上略有收分，现高 5、边长 31 米；表面覆盖有沙土，植被茂盛，西北角有一水冲沟，南侧中部有一大缺口。台墩平面不规则，剖面呈梯形，整体呈不规则形。台墩四壁夯土大量坍塌，堆积在底部，形成缓坡，上面生长有少量沙打旺。现高5、底部周长58米。

烽火台位于长城墙体西南侧，西南距大四台2号烽火台0.58千米。至此，长城墙体消失，只见一列烽火台向西南延伸，最终与蒙、晋省区界上的明长城二边相接。

大四台2号烽火台（150124353201170561）

位于清水河县窑沟乡大四台村东南1千米。实心。由台基和台墩两部分组成。黄土夯筑，夯层厚0.1~0.2米。

烽火台保存较差。台基损毁严重，大多消失，具体尺寸不详。台墩平面不规则，剖面呈梯形，整体呈不规则形。台墩坍塌严重，坍塌土在底部形成缓坡。台墩现高6、底部周长70米。

烽火台东北距大四台1号烽火台0.58千米，西南距三台子烽火台2.6千米。

三台子烽火台（150124353201170562）

位于清水河县窑沟乡三台子村西北0.8千米，当地俗称三王墓。实心。由台基、台墩及围墙三部分组成。黄土夯筑，夯层厚0.1~0.25米。

烽火台保存较好。台基平面呈正方形，自下而上略有收分，现高1.5、边长50米，表面覆盖有沙土，植被茂盛。台基顶部沿边筑有围墙，保存比较完整，现高1~3米，东墙损坏严重，夯层厚0.23米。台墩位于台基顶部中央，平面呈正方形，剖面呈梯形，整体呈覆斗形。台墩四壁有少量夯土坍塌，堆积在底部，形成缓坡；南壁底部有一洞穴，洞口直径0.5米。台墩现高12、底部边长20、顶部边长10米。

烽火台东北距大四台2号烽火台2.6千米。

二台子烽火台（150124353201170563）

位于清水河县窑沟乡二台子村东南0.5千米，当地俗称二王墓。实心。由台基和台墩两部分组成。黄土夯筑，夯层厚0.1~0.25米。

烽火台保存较差。台基已破坏，与台墩之间形成缓坡。台墩平面呈矩形，剖面呈梯形，整体呈覆斗形。台墩四壁有风雨侵蚀形成的坑洞，东、南两壁夯土脱落较多。台墩现高0.5、底部边长14、顶部边长5米。（彩图六六）

烽火台北距三台子烽火台3.5千米。

大台子烽火台（150124353201170564）

位于清水河县窑沟乡大台子村北0.8千米，当地俗称大王墓。实心。由台基、台墩和围墙三部分组成。黄土夯筑，夯层厚0.1~0.25米。

烽火台保存一般。台基平面呈正方形，自下而上略有收分，现高3、边长40米；表面覆盖有沙土，植被茂盛，东侧有三个缺口，南侧靠西因人为取土使得台基残损约1米。台基顶部沿边筑有围墙，南墙保存尚好，现高1、宽0.2米，其余三墙消失殆尽。台墩位于台基顶部中央，平面呈矩形，剖面呈梯形，整体呈覆斗形。台墩东、北壁夯土剥落，堆积在台墩底部，形成缓坡；南壁东部有一处坍塌，形成凹坑；西壁凹陷处有现代修筑的小庙，高2米。台墩现高8、底部边长17、顶部边长6.7米。台基顶部台墩之外的空地被开垦成农田。（彩图六七）

烽火台位于土山上。周围山岭平缓，沟壑纵横，山岭上植被稀疏，多农田。

下红台烽火台（150124353201170565）

位于清水河县窑沟乡下红台子村西南0.5千米。实心。黄土夯筑，夯层厚0.25米。

烽火台保存较差。无台基，无围墙，形状不规则。四壁夯土坍塌严重，淤积在底部形成缓坡，南壁底部有风蚀形成凹坑。烽火台现高6、底部周长38米。

烽火台东北距大台子烽火台 5.5 千米。周围为低矮山岭，东面山势陡峭。

山神庙 1 号烽火台（150124353201170566）

位于清水河县窑沟乡山神庙村东南 0.4 千米。实心。由台基和台墩两部分组成。黄土夯筑，夯层厚 0.1～0.25 米。

烽火台保存较差。台基基本消失，只东侧尚有残存，边长 30 米。台墩平面不规则，剖面呈梯形，整体呈不规则形。台墩北壁保存尚好，其余三壁坍塌严重，整体形成斜坡，西北侧长有一棵榆树。台墩现高 4、底部周长 65 米。（彩图六八）

烽火台建于土山上，周围山势平缓，多农田。南距山神庙 2 号烽火台 0.14 千米。

山神庙 2 号烽火台（150124353201170567）

位于清水河县窑沟乡山神庙村东南 1 千米。实心。由台基和台墩两部分组成。黄土夯筑，夯层厚 0.1～0.25 米。

烽火台保存较差。台基保存尚好，平面呈正方形，自下而上略有收分，现高 2、边长 40 米。台墩完全坍塌，整体呈覆斗形，现高 7、底部周长 68 米。

烽火台建于土山上，南与明长城二边遥遥相望。周围山势平缓，多农田。北距山神庙 1 号烽火台 0.14 千米。

杨家窑 1 号烽火台（150124353201170568）

位于清水河县杨家窑乡杨家窑村西南 1.5 千米。实心。由台墩和围墙两部分组成。黄土夯筑，夯层厚 0.1～0.25 米。

烽火台为自然基础，保存一般。台墩基本保持原貌，平面呈正方形，剖面呈梯形，整体呈覆斗形。台墩顶部长满杂草，东壁有坍塌，东北角已损毁，西壁人为及鸟虫挖掘的小洞较多。台墩现高 9、底部边长 12.5、顶部边长 7 米。台墩外围筑有围墙，平面呈矩形，东西长 35、南北长 33 米，残损严重，现高 1.2、宽 1.3 米。南向开门，门宽 6 米。围墙距台墩 11 米。（彩图六九）

这是从魏四窑长城 4 段南侧向东南延伸出的又一列烽火台，最终与蒙、晋省区界上的明长城二边相接。此烽火台东南距杨家窑 2 号烽火台 5.5 千米。

杨家窑 2 号烽火台（150124353201170569）

位于清水河县杨家窑乡杨家窑村东南 4.8 千米。实心。由台基和台墩两部分组成。黄土夯筑，夯层厚 0.2～0.3 米。

烽火台保存一般。台基平面呈正方形，自下而上略有收分，现高 2、周长 106 米，四周夯土剥落严重。台墩形状不规则，顶部长有杂草，四壁密布鸟虫打挖的小洞，北壁坍塌严重，坍塌土在底部堆积。台墩现高 8、底部边长 10.8、顶部边长 4.7 米。

烽火台西北距杨家窑 1 号烽火台 5.5 千米，东南距杨家窑 3 号烽火台 2.9 千米。

杨家窑 3 号烽火台（150124353201170570）

位于清水河县杨家窑乡杨家窑村东南 7.5 千米。实心。黄土夯筑，夯层厚 0.2～0.3 米。

烽火台保存差。为自然基础，无台基。整体形状不规则，外观似一座小土堆，现高 2.7、底部最长 4.5、顶部最长 3 米。台墩东北和东南各有一后来修建的土堆，东北土堆高 3.5、底部边长 5、顶部边长 2.3 米；东南土堆高 5、周长 20 米，顶部有一圆坑，直径 0.5、深 0.2 米。烽火台与两个土堆之间用矮墙相连，形成三角形，矮墙高 2.5、宽 3.5 米。据双台子村村民赵润恒介绍，烽火台东北和东南的两个土堆为抗日战争时期日军所垒筑。

烽火台西北距杨家窑 2 号烽火台 2.9 千米，西南距杨家窑 4 号烽火台 0.68 千米。

杨家窑 4 号烽火台（150124353201170571）

位于清水河县杨家窑乡杨家窑村东南 8 千米。实心。黄土夯筑，夯层厚 0.2～0.3 米。

烽火台保存差。为自然基础，无台基。整体形状不规则。顶部长有杂草，损毁较严重，四壁风化坍塌，夯层清晰可见，鸟虫挖掘的小洞较多，上半部完全残损，东壁塌毁，坍塌的夯土堆积在底部。台墩现高 10、底边最长 9.5、顶边最长 4.3 米。（彩图七〇）

烽火台东北距杨家窑 3 号烽火台 0.68 千米，东南距大双墩烽火台 4.4 千米。

大双墩烽火台（150124353201170572）

位于清水河县韭菜庄乡大双墩村西北 0.6 千米。实心。由台基和台墩两部分组成。黄土夯筑，夯层厚 0.1～0.2 米。

烽火台保存较差。台基平面呈正方形，破坏严重，现高 2、底部边长 24 米；北壁有四个人为坑洞，大小相仿，直径 1.2、深 0.8～1 米。台墩形状不规则，顶部损毁较严重，已看不出原来形状，四壁密布鸟虫打挖的小洞，西壁上部有一大洞，台墩底部淤土堆积。台墩现高 9、底边最长 10、顶边最长 4 米。

烽火台西北距杨家窑 4 号烽火台 4.4 千米。

韭菜庄 1 号烽火台（150124353201170573）

位于清水河县韭菜庄乡韭菜庄村西北 0.3 千米。实心，由台基和台墩两部分组成。黄土夯筑，夯层厚 0.1～0.2 米。

烽火台保存较差。台基平面呈正方形，现高 2.2、边长 13 米，有残损，长满杂草。台墩位于台基顶部中央，距台基边缘 5.6 米，整体呈不规则形，损毁严重，已看不出原来形状，外部夯层不清晰，四周分布许多人为和动物挖掘的小洞。台墩现高 6、底部周长 22.8 米。

烽火台西南距韭菜庄 2 号烽火台 0.04 千米。

韭菜庄 2 号烽火台（150124353201170574）

位于清水河县韭菜庄乡韭菜庄村西北 0.3 千米。实心。由台基和台墩两部分组成。黄土夯筑，夯层厚 0.1～0.2 米。

烽火台保存较差。台基平面呈正方形，现高 1.5、边长 13.5 米，有残损，长满杂草。台墩损毁严重，整体呈不规则形，从外观已看不出原来的形状，西北角有一座现代小庙。台墩现高 2、底部周长 30 米。

烽火台东北距韭菜庄 1 号烽火台 0.04 千米。

双井烽火台（150124353201170575）

位于清水河县韭菜庄乡双井村西北 0.6 千米。实心。由台基和台墩两部分组成。黄土夯筑，夯层厚 0.1～0.25 米。

烽火台保存一般。台基平面呈正方形，现高 2.3、边长 22 米，南侧长有低矮灌木。台墩位于台基顶部中央，距台基边缘 7.4 米，平面呈矩形，剖面呈梯形，整体呈覆斗形，四壁密布人为或小动物打挖的小洞穴，东侧有一条小道直通顶部。台墩现高 8.5、底部边长 8、顶部边长 5 米。（彩图七一）

烽火台南与明长城二边相望，西北距大双墩烽火台 3 千米。

后窑子堡（150124353102170001）

位于清水河县后窑子村东北 2 千米、后窑子长城 1 段东南约 1 千米。平面呈正方形，边长 75 米，周长 300 米，面积 5625 平方米。

该堡建在山坡的平坦处，保存较好，形制简单，除四周墙垣外不见其他遗迹。堡墙黄土构筑，由于长满杂草以及长期的雨水冲刷，无法辨别是否为夯筑。堡墙现高 5.5～6.5、底宽 5～6、顶宽 0.6～1.5 米。该堡四周城垣无大的缺口，门址不清。（图九）

北

0　5　10米

图九　后窑子堡平面图

四　相关遗存

乌兰察布市和呼和浩特市大边沿线有相关遗存 1 处，即隆盛庄石刻题记。

隆盛庄石刻题记（150981354110170001）

位于丰镇市隆盛庄镇兰家沟村东北 1.4 千米、兰家沟长城 2 段南 0.04 千米。刻于双台山一块较大的岩石向阳一面，阴刻，有两周围框，外框宽 1.1、高 0.95 米，内框宽 1、高 0.85 米。围框上部刻有"题记"两字，围框内刻有五六个字。（彩图七二～七四）

由于岩石本身不够坚硬，属砂质岩，密度疏松，历经多年风雨侵蚀及人为破坏，部分字体已模糊不清，但内容仍可辨读。主要是该段长城的修筑时间、修筑者、起止位置及长度等。刻文及格式如下：

记　　□

大明洪武贰拾玖
年岁次丙子四月
甲寅吉日山西行
都指挥使司建築
隘口东山坡至西
山坡长贰千捌拾
捌丈□□壹拾壹
里陸□煙墩三座

第三章

乌兰察布市、呼和浩特市明长城二边

乌兰察布市、呼和浩特市明长城二边位于内蒙古自治区和山西省交界处，大多是两省区界线，局部伸入山西省境内，因此，本节的论述亦会对山西省明长城相关情况有所涉及。这部分长城由呼和浩特市明长城资源调查队调查。另外，乌兰察布市丰镇市境内有一段从二边向北伸出的支线，在呼和浩特市长城资源调查队协议调查范围之外，由乌兰察布市长城资源调查队调查。

乌兰察布市、呼和浩特市明长城二边总长 234664 米，划分为 119 段，沿线有敌台 462 座、马面 366 座、烽火台 237 座、堡 15 座、相关遗存 14 处（挡马墙 8 段、砖窑 2 处、采石场 2 处、碑碣 2 通）、墙体其他设施 5 座。具体情况如下表所示。（表七）

表七　乌兰察布市、呼和浩特市明长城二边数据简表

长城资源 / 分布行政区域		长城本体				附属设施		相关遗存
		墙体（米）	敌台（座）	马面（座）	其他	烽火台（座）	关堡（座）	
乌兰察布市	丰镇市	23712	24	0	0	15	0	0
	凉城县	29687	67	50	3	2	0	挡马墙 8 段、砖窑 2 处
山西省朔州市右玉县		8034	5	6	1	51	5	0
呼和浩特市	和林格尔县	51406	113	49	1	17	1	0
	清水河县	115128	243	253	0	48	3	采石场 2 处
山西省忻州市偏关县		2036	5	2	0	35	1	碑碣 2 通
山西省朔州市平鲁区		4661	5	6	0	69	5	0
总计		234664	462	366	5	237	15	14

一　分布与走向

二边分布于内蒙古自治区与山西省交界地带，绝大部分为两省区的界线。为了调查方便，内蒙古自治区文物局与山西省文物局达成分工调查的协议。具体是，以内蒙古自治区乌兰察布市凉城县曹碾满族乡三墩湾村东南 0.75 千米、山西省左云县和右玉县在二边上的县界点（东经 112°37′02.70″，北

纬 40°14′17.90″）为基点，以东归山西省调查，以西至黄河东岸归内蒙古自治区调查。双方的调查范围包含主体长城两侧内蒙古自治区与山西省境内的附属墙体和单体建筑。因此，本文在阐述内蒙古自治区境内明长城二边的分布与走向时，以内蒙古自治区的行政区划为主线，东起乌兰察布市凉城县曹碾满族乡三墩湾村，西至黄河东岸，同时亦会对山西省境内的情况有所涉及。

（一）乌兰察布市丰镇市

乌兰察布市丰镇市境内有一段二边的支线。从丰镇市官屯堡乡山岩村明长城二边伸出，向东北延伸至丰镇市黑土台镇忻堡村，民间习惯上把明长城大边称为二道边，把二边称作头道边，而把这条支线长城称作三道边。其具体走向为[1]，东北起自黑土台镇忻堡村西南 1.5 千米，向西南延伸，经黑土台镇黑土台村、常山窑二号村、毛毛口村、山西村、缸房窑村和官屯堡乡榆柏沟村，在官屯堡乡山岩村西南 1.3 千米与内蒙古自治区、山西省交界处的明长城二边相接。（参见地图四）

（二）乌兰察布市凉城县

此次调查的明长城二边东端起点位于凉城县曹碾满族乡三墩湾村东南 0.75 千米路旁的自然冲沟，东接山西省左云县明长城。此处为左云、右玉两县交界，长城墙体在此向西北延伸，沿途经过右玉县庄窝村、冯家沟村和凉城县曹碾满族乡芦草沟村至马头山。长城墙体在马头山山脊上延伸，沿途再经右玉县破虎堡村、十五沟村、二三墩村、韩家窑村和凉城县十七沟村、七墩窑村，至右玉县李达窑乡韩家窑村西北 1.3 千米处（东经 112°28′21″，北纬 40°17′1.2″）分为两支。一支为支线，呈东 - 西走向，在右玉县境内向西延伸，至二十一村与二边主墙体遥遥相望。另一支为主线，继续沿省区界线向西延伸，在右玉县十五沟村西北 1 千米处折向西南，沿途经凉城县张王沟村、马场沟村、八台沟村，止于凉城县十二沟村东 0.5 千米处，与右玉县杀虎口明长城相接。

杀虎口明长城东接凉城县明长城，西接右玉县河西明长城，均为二边主体长城。杀虎口长城止点为维修后的杀虎口城楼西长城墙体，断点处（东经 112°18′12.80″，北纬 40°14′45.50″）也是河西长城的起点。河西长城为一段消失的长城，位于苍头河河床之中，向西延伸至苍头河万金桥，西接和林格尔县二十五湾长城。（参见地图五）

（三）呼和浩特市和林格尔县

和林格尔县境内的明长城二边为内蒙古自治区和山西省的界线，前接右玉县河西长城。起自苍头河西岸，向西南延伸，经和林格尔县二十三村、四十二村和右玉县二十五湾村，至转角台。随后折向东南大约 1000 米后，又折向西南，沿途经和林格尔县前海子洼村、后海子洼村、十二沟村、磨扇凹村至桦林山。

此段墙体沿山脊向上延伸，翻过桦林山后转而向下，在桦林山脚下分为两支。一支为主墙体，向南延伸至右玉县的三十二村后，折向西南，沿途经三十八村、四十二村，至十三边村。另外一支为附属墙体，向南延伸，至十三边村与主墙体汇合，该附属墙体的修筑时间明显早于主墙体。

---

[1] 调查的时候是从北向南调查，所以这里分布走向及下文的详细介绍均按调查顺序从北向南进行。

汇合后的长城墙体继续向西南延伸，至右玉县云石堡，地势转而平缓，起伏不大，墙体基本修建在平地之上。过云石堡，主墙体继续在山脉上向西南蜿蜒，沿途经和林格尔县的韭菜沟村、口子沟村、大沙口村，止于楼沟村南0.5千米处。这里为两省区（内蒙古自治区、山西省）、四县区（朔州市平鲁区、右玉县、和林格尔县、清水河县）交界处，亦是清水河县明长城的起点，西南与清水河县七墩镇长城相接。

云石堡北2～4千米处有一段附属墙体，大体呈东北-西南走向，长约3000米，定名为后爱好长城。起点位于和林格尔县后爱好村东1.4千米，止点位于韭菜沟村东0.8千米，起、止点与主墙体相接。此段墙体修筑较早，后来废弃，与主墙体呈葫芦形分布。（参见地图六）

（四）呼和浩特市清水河县

清水河县境内明长城二边东接和林格尔县明长城。起自和林格尔县楼沟村南0.5千米，向西南穿过五洞山进入清水河县七墩镇村。向西南延伸，经清水河县板申沟村、福心沟村、十七坡村、小岔子村、头墩村和山西省朔州市平鲁区高泉营子村、八墩村、二墩村，从清水河县窑子上村穿过。窑子上村西南0.5千米109国道穿过长城墙体。此后，长城墙体向西南延伸，至十七沟村东南0.4千米折向南，经山西省朔州市平鲁区帐贵窑子村、寺回口村至小七墩村，又折向西南，一直延伸至清水河县的口子上村。

在口子上村，长城墙体分为三道，向西、西南、南三个方向延伸。向西延伸的墙体，在清水河县水草沟村向西北方向拐一个弧度，转而向南延伸，在山西省偏关县野羊洼村西北0.6千米与东南-西北走向的野羊洼长城相接。从保存状况看，这段墙体应修筑于明代初期，保存较差。墙体上多马面。这段长城修建于半山腰上，不适合长期防御，后期重修长城时将其废弃，在其东边的山梁上另筑一道新墙体。这段新筑的墙体便是从口子上村向西南延伸的那一道。此段墙体路线较直，基本呈东北-西南走向，止于柏羊岭2号堡北0.02千米，与东南-西北走向的柏羊岭长城相接。

从口子上村分出的第三道墙体向南延伸，经老洼沟村五眼井村和阴王沟村，至柏羊岭村东南0.5千米，折而向西北延伸。向西北延伸的这段长城分别命名为柏羊岭长城1、2段和野羊洼长城，在其南侧分布有柏羊岭1、2号堡。在阴王沟村西北1千米，从长城墙体中又岔出一条长城，向南延伸，进入山西省境内，经偏关县史家圪台村、八里泉村、边墙上村，至老营镇的老营堡，转向东南深入山西省腹地。这段长城在明代为山西镇内边墙，与本次调查的山西镇外边墙遥相呼应，构成双重防御体系。因为这段长城最后伸入山西省境内，归山西省长城资源调查队调查，我们未采集数据。

口子上村南0.5千米处两道墙体之间有五眼井堡。据记载，此堡建于明代崇祯年间。五眼井堡西侧是猴儿山，推测为史籍中经常提到的"丫角山"，是当时山西镇与大同镇的分界线。

从口子上村分开的向西、西南延伸的墙体，在野羊洼村西北0.6千米汇合后继续向西南延伸，至偏关县小元峁村。小元峁村南有小元峁堡，长城墙体在小元峁堡北1千米折而向西，途经偏关县窑洼、后南海子、前南海子、许家湾等村庄，经行7千米，至偏关县水泉堡，折向西北。此后，墙体弯弯曲曲向前延伸，时而转为西南，时而拐为西北，经行约20千米后，至清水河县正湖梁村。正湖梁村西南约0.7千米、长城墙体南0.4千米有隶属于偏关县万家寨镇的滑石涧堡。

长城墙体过滑石涧堡后向西延伸，至水门塔村消失1.9千米。此处有一条黄河支流，墙体位于支流南岸，顺着河流向西南曲折延伸，多年的洪水冲刷导致墙体消失。长城墙体于清水河县望雨梁村东南0.3千米再次出现，大约经行5千米后，止于黄河岸边的老牛湾。

　　内蒙古自治区境内二边最后一段墙体为老牛湾山险，位于黄河支流南岸，以自然形成的悬崖峭壁为屏障。因万家寨引水工程的修建，水位上涨，使山险断崖部分多被淹没于水下。山险长862米。

　　以上是内蒙古自治区境内二边的分布与走向情况。另外山西省朔州市平鲁区和偏关县境内还残存几段二边附属墙体，亦属内蒙古自治区长城资源调查队调查，现将其分布与走向情况大体介绍如下：

　　山西省朔州市平鲁区与清水河县交界，境内残存三段二边附属墙体，保存较差。第一段为九洞长城，呈东北－西南走向。起自九洞村西北0.45千米，止于九洞村西南2千米。起、止点与清水河县二边主墙体相接，沿途有多处断口。后两段为八墩长城1、2段，位于清水河县三里铺长城东侧，起于八墩村西北0.45千米，止于八墩村西南1.9千米，起、止点与清水河县二边主墙体相接。

　　山西省偏关县与清水河县交界，境内残存两段二边的附属墙体。位于主墙体南侧，因修建较早，保存总体较差。本次调查将两段附属墙体命名为后海子长城和窑沟子长城，前者附着于清水河县头道沟长城墙体南侧，后者附着于清水河县杏树峁长城墙体南侧。大体呈西北－东南走向。（参见地图七）

二　长城本体

（一）乌兰察布市丰镇市

　　丰镇市境内有一条二边支线，长23712米，划分为13段，其中土墙11段、消失2段，分别长19112米和4600米，各占此段墙体长度的81%和19%。墙体上有敌台24座。（参见地图四）其分类长度统计如下表。（表八）

表八　丰镇市明长城二边支线墙体分类长度统计表　　　　　　　　（单位：米）

墙体类型 保存状况	土墙	石墙	砖墙	木障墙	山险墙	山险	河险	其他墙体	消失长城
较好	0	0	0	0	0	0	0	0	
一般	0	0	0	0	0	0	0	0	
较差	3217	0	0	0	0	0	0	0	4600
差	15839	0	0	0	0	0	0	0	
消失	56	0	0	0	0	0	0	0	
总计	19112	0	0	0	0	0	0	0	23712

忻堡长城1段（150981382101170043）

　　起自丰镇市黑土台镇忻堡村西南1.5千米，止于黑土台镇忻堡村西南1.9千米。呈东北－西南走向。下接忻堡长城2段。长383米，保存差。

　　墙体为人工基础，土筑，破坏严重，具体构筑方式不详。残存墙体略呈土垄状分布，被杂草等植被覆盖，不易辨识。墙体现高0.5～1、底宽2.5～5、顶宽0.3～0.5米。

　　墙体周围的地形以丘陵为主，山势较缓，耕地较多。

忻堡长城2段（150981382101170044）

　　起自丰镇市黑土台镇忻堡村西南1.9千米，止于黑土台镇黑土台村东北0.3千米。呈东北－西南走向。上接忻堡长城1段，下接黑土台长城1段。长2200米，已消失。初步推断该段墙体原应为土墙。

黑土台长城1段（150981382101170045）

起自丰镇市黑土台镇黑土台村东北0.3千米，止于黑土台镇黑土台村西南2.5千米。呈东北－西南走向。上接忻堡长城2段，下接黑土台长城2段。长2778米，保存较差。

墙体基础和构筑方式不详，土筑。受雨水冲刷和自然风化侵蚀严重，呈一道不规则的土垄状分布。墙体现高0.5～2.5、底宽5～8、顶宽0.5～1.5米。（彩图七五）

墙体所处地形以丘陵为主，地势较缓，耕地较多。

黑土台长城2段（150981382101170046）

起自丰镇市黑土台镇黑土台村西南2.5千米，止于黑土台镇常山窑二号村东南1.3千米。呈东北－西南走向。上接黑土台长城1段，下接常山窑二号村长城1段。长1500米，保存差。

墙体基础不详。黄土夯筑，破坏严重，呈土垄或矮墙状分布，表面长满杂草。墙体现高0.5～1.5、底宽2.5～5、顶宽0.3～0.5米。（彩图七六）

墙体周围分布耕地，沿线植被较好，生长乔木和灌木等。

常山窑二号村长城1段（150981382101170047）

起自丰镇市黑土台镇常山窑二号村东南1.3千米，止于黑土台镇常山窑二号村东南0.9千米。呈东北－西南走向。上接黑土台长城2段，下接常山窑二号村长城2段。长439米，保存较差。

墙体基础和构筑方式不详，土筑。受雨水冲刷和自然风化侵蚀破坏，坍塌严重，高低不平，呈一道不规则的土垄状分布。墙体现高0.5～2.5、底宽2.5～5、顶宽0.3～1.5米。

墙体所处地形以丘陵为主，地势较缓，耕地较多。墙体起、止点处各有一座敌台，即常山窑二号村1、2号敌台。

常山窑二号村1号敌台（150981352101170005）：位于丰镇市黑土台镇常山窑二号村东南1.3千米。骑墙而建，实心。在自然基础上夯筑而成，土质呈黄褐色，夯层厚0.15～0.2米，夹杂砂砾。

敌台保存一般。无台基。平面呈矩形，剖面呈梯形。台体南壁下方有一盗洞，顶部偏南亦有一盗洞，直径1、深约2米。敌台现高6米；底部边长8米；顶部破损，边长2.4～4米。

敌台四周建有正方形围墙，现只在南、西、北三面有残存，长25米，东墙已消失。残存围墙呈土垄状，现高0.5～0.8、宽1.5米。西南距常山窑二号村2号敌台0.45千米。（彩图七七）

常山窑二号村2号敌台（150981352101170006）：位于丰镇市黑土台镇常山窑二号村东南0.9千米处。骑墙而建，实心。在自然基础上夯筑而成，土质呈黄褐色，夯层厚0.1～0.2米，内夹杂有砂砾。

敌台保存一般。无台基。平面呈正方形，剖面呈梯形，整体呈上小下大的覆斗形。已残损，部分坍塌，东南角有攀爬踩踏形成的台阶状小道，底部被积土掩埋，植物生长茂盛。敌台南壁高2.3米处有一盗洞，深约1.5米，洞口呈椭圆形，最大直径0.8米。敌台现高5米；底部边长11米；顶部破损，边长2～4米。

常山窑二号村长城2段（150981382101170048）

起自丰镇市黑土台镇常山窑二号村东南0.9千米，止于黑土台镇常山窑二号村西南1.4千米。呈东北－西南走向。上接常山窑二号村长城1段，下接毛毛口长城。长2200米，保存差。

墙体基础和构筑方式不详，土筑。破坏严重，呈土垄状分布，多被杂草覆盖，不易辨识。墙体现高0.2～0.5、底宽0.8～1.5、顶宽0.3～0.5米。

墙体所处地形以丘陵为主，地势较缓，耕地较多。

毛毛口长城（1509813382101170049）

起自丰镇市黑土台镇常山窑二号村西南 1.4 千米，止于黑土台镇毛毛口村西南 2.3 千米。呈东北－西南走向。上接常山窑二号村长城 2 段，下接山西村长城 1 段。长 2400 米，已消失。初步推断该段墙体原应为土墙。

山西村长城 1 段（1509813382101170050）

起自丰镇市黑土台镇毛毛口村西南 2.3 千米，止于黑土台镇山西村西北 0.7 千米。呈东北－西南走向。上接毛毛口长城，下接山西村长城 2 段。长 1984 米，保存差。

墙体基础及构筑方式不详，土筑。破坏严重，呈土垄或矮墙状分布，表层长满杂草，多不易辨识。墙体现高 0.5～1.5、底宽 2.5～5、顶宽 0.3～0.5 米。

墙体所处地形以丘陵为主，地势较缓，耕地较多。墙体上有 5 座敌台，即山西村 1～5 号敌台，间距 0.4～0.46 千米。

山西村 1 号敌台（1509813352101170007）：位于丰镇市黑土台镇山西村东北 1.7 千米。骑墙而建，实心。破坏严重。土筑，具体构筑方式不详。

敌台保存差。无台基、围墙等设施。坍塌破坏呈土包状，现高 1.5、底部边长 14 米。西南距山西村 2 号敌台 0.4 千米。

山西村 2 号敌台（1509813352101170008）：位于丰镇市黑土台镇山西村东北 1.3 千米。骑墙而建，实心。破坏严重。土筑，具体构筑方式不详。

敌台保存差。无台基、围墙等设施。坍塌破坏呈土包状，现高 2、底部边长 14 米。西南距山西村 3 号敌台 0.45 千米，东北距山西村 1 号敌台 0.4 千米。

山西村 3 号敌台（1509813352101170009）：位于丰镇市黑土台镇山西村东北 1 千米。骑墙而建，实心。破坏严重。土筑，具体构筑方式不详。

敌台保存差。无台基、围墙等设施。坍塌破坏呈土包状，现高 1.5、底部边长 14 米。西南距山西村 4 号敌台 0.45 千米，东北距山西村 2 号敌台 0.45 千米。

山西村 4 号敌台（1509813352101170010）：位于丰镇市黑土台镇山西村北 0.7 千米。骑墙而建，实心。破坏严重。土筑，具体构筑方式不详。

敌台保存差。无台基、围墙等设施。坍塌破坏呈土包状，现高 2、底部边长 14 米。西南距山西村 5 号敌台 0.46 千米，东北距山西村 3 号敌台 0.45 千米。

山西村 5 号敌台（1509813352101170011）：位于丰镇市黑土台镇山西村西北 0.7 千米。骑墙而建，实心。破坏严重。土筑，具体构筑方式不详。

敌台保存差。无台基、围墙等设施。坍塌破坏呈土包状，现高 2、底部边长 14 米。西南距山西村 6 号敌台 0.85 千米，东北距山西村 4 号敌台 0.46 千米。

山西村长城 2 段（1509813382101170051）

起自丰镇市黑土台镇山西村西北 0.7 千米，止于黑土台镇缸房窑村东北 0.24 千米。呈东北－西南走向。上接山西村长城 1 段，下接缸房窑长城 1 段。长 2434 米，保存差。

墙体基础及构筑方式不详，土筑。破坏严重，呈土垄或矮墙状分布，表层长满杂草，多不易辨识。墙体现高 0.5～1.5、底宽 2.5～5、顶宽 0.3～0.5 米。（彩图七八）

墙体所处地形以丘陵为主，地势较缓，耕地较多。墙体上有 2 座敌台，即山西村 6 号敌台和缸房窑 1 号敌台，间距 0.5 千米。

山西村 6 号敌台（1509813352101170012）：位于丰镇市黑土台镇山西村西北 1.2 千米。骑墙而建，实心。破坏严重。土筑，具体构筑方式不详。

敌台保存差。无台基、围墙等设施。坍塌破坏呈土包状，现高 2、底部边长 14 米。东北距山西村 5 号敌台 0.85 千米。

缸房窑 1 号敌台（1509813352101170013）：位于丰镇市黑土台镇缸房窑村东北 1 千米。骑墙而建，实心。破坏严重。土筑，具体构筑方式不详。

敌台保存差。无台基、围墙等设施。坍塌破坏呈土包状，现高 2、底部边长 14 米。东南距缸房窑 2 号敌台 0.8 千米，东北距山西村 6 号敌台 0.5 千米。

缸房窑长城 1 段（1509813382101170052）

起自丰镇市黑土台镇缸房窑村东北 0.24 千米，止于黑土台镇缸房窑村西南 1 千米。呈东北－西南走向。上接山西村长城 2 段，下接缸房窑长城 2 段。长 1300 米，保存差。

墙体基础及构筑方式不详，土筑。破坏严重，呈土垄或矮墙状分布，表层长满杂草，多不易辨识，周围有村庄和耕地。墙体现高 0.3～1、底宽 1.5～2.5、顶宽 0.3～0.5 米。（彩图七九）

墙体所处地形以丘陵为主，地势较缓，耕地较多。墙体上有 2 座敌台，即缸房窑 2、3 号敌台，间距 0.2 千米。

缸房窑 2 号敌台（1509813352101170014）：位于丰镇市黑土台镇缸房窑村东北 0.25 千米。骑墙而建，实心。破坏严重。土筑，具体构筑方式不详。

敌台保存差。无台基、围墙等设施。坍塌破坏呈正方形大土包状，现高 1.8、底部边长 14 米。东北距缸房窑 1 号敌台 0.8 千米。

缸房窑 3 号敌台（1509813352101170015）：位于丰镇市黑土台镇缸房窑村西南 1 千米。骑墙而建，实心。破坏严重。土筑，具体构筑方式不详。

敌台保存差。无台基、围墙等设施。坍塌破坏呈正方形大土包状，现高 2、底部边长 14 米。西南距缸房窑 4 号敌台 0.4 千米，东北距缸房窑 2 号敌台 0.2 千米。

缸房窑长城 2 段（1509813382101170053）

起自丰镇市黑土台镇缸房窑村西南 1 千米，止于丰镇市官屯堡乡榆柏沟村南 0.2 千米。呈东北－西南走向。上接缸房窑长城 1 段，下接榆柏沟长城。长 2580 米，保存差。

墙体基础及构筑方式不详，土筑。破坏严重，呈土垄或矮墙状分布，表层长满杂草，多不易辨识，周围分布有村庄和耕地。墙体现高 0.5～1.5、底宽 2.5～5、顶宽 0.3～0.5 米。（彩图八〇）

墙体所处地形以丘陵为主，地势较缓，耕地较多。墙体上有 7 座敌台，即缸房窑 4～9 号敌台和榆柏沟 1 号敌台，间距 0.2～0.5 千米。

缸房窑 4 号敌台（1509813352101170016）：位于丰镇市黑土台镇缸房窑村西南 1.4 千米。骑墙而建，实心。破坏严重。土筑，具体构筑方式不详。

敌台保存差。无台基、围墙等设施。坍塌破坏呈正方形大土包状，现高 2、底部边长 14 米。西南距缸房窑 5 号敌台 0.5 千米，东北距缸房窑 3 号敌台 0.4 千米。

缸房窑 5 号敌台（1509813352101170017）：位于丰镇市黑土台镇缸房窑村西南 1.9 千米。骑墙而建，实心。破坏严重。土筑，具体构筑方式不详。

敌台保存差。由台基和台墩两部分组成。台基平面呈正方形，内凹，外观形同围墙，部分已被开垦为农田，现高 2～4、边长 50 米。台墩经多年风雨侵蚀已不见当年的风貌，呈正方形大土包状，平面呈正方形，现高 5、边长 16 米。西南距缸房窑 6 号敌台 0.4 千米，东北距缸房窑 4 号敌台 0.5 千米。

缸房窑 6 号敌台（1509813352101170018）：位于丰镇市黑土台镇缸房窑村西南 2.3 千米。骑墙而建，实心。破坏严重。土筑，具体构筑方式不详。

敌台保存差。无台基、围墙等设施。坍塌破坏呈正方形大土包状，现高 2.2、底部边长 14 米。西南距缸房窑 7 号敌台 0.25 千米，东北距缸房窑 5 号敌台 0.4 千米。

缸房窑 7 号敌台（150981352101170019）：位于丰镇市黑土台镇缸房窑村西南 2.5 千米。骑墙而建，实心。黄土夯筑，夯层厚 0.08 ~ 0.1 米。

敌台保存差。无台基、围墙等设施。平面呈近圆形，剖面呈锥形，整体呈圆锥状。东北部塌陷，露出夯筑痕迹，夯层明显。敌台现高 3、底部周长 38 米。西南距缸房窑 8 号敌台 0.2 千米，东北距缸房窑 6 号敌台 0.25 千米。

缸房窑 8 号敌台（150981352101170020）：位于丰镇市黑土台镇缸房窑村西南 2.7 千米。骑墙而建，实心。破坏严重。土筑，具体构筑方式不详。

敌台保存差。无台基、围墙等设施。坍塌破坏呈正方形大土包状，现高 2.2、底部边长 14 米。西南距缸房窑 9 号敌台 0.4 千米，东北距缸房窑 7 号敌台 0.2 千米。

缸房窑 9 号敌台（150981352101170021）：位于丰镇市黑土台镇缸房窑村西南 3 千米。骑墙而建，实心。土筑，具体构筑方式不详。

敌台保存差。无台基、围墙等设施。破坏严重，坍塌呈正方形大土包状，现高 1.8、底部边长 14 米。西南距榆柏沟 1 号敌台 0.5 千米，东北距缸房窑 8 号敌台 0.4 千米。

榆柏沟 1 号敌台（150981352101170022）：位于丰镇市官屯堡乡榆柏沟村南 0.2 千米。骑墙而建，实心。黄土夯筑，夯层厚 0.1 ~ 0.2 米。

敌台保存差。由台基和台墩两部分组成。台基平面呈正方形，坍塌严重，高低不齐，现高 0.3 ~ 1.2、边长 36 米。台墩经多年风雨侵蚀的破坏，已损毁呈正方形大土包状，现高 1.2、底部边长 12、顶部边长 11.4 米。西南距榆柏沟 2 号敌台 0.2 千米，东北距缸房窑 9 号敌台 0.5 千米。

榆柏沟长城（150981382101170054）

起自丰镇市官屯堡乡榆柏沟村南 0.2 千米，止于官屯堡乡榆柏沟村西南 1.8 千米。呈东北－西南走向。上接缸房窑长城 2 段，下接山岩长城。长 1747 米，保存差。

墙体基础及构筑方式不详。呈土垄或矮墙状分布，表层土质疏松，有脱落现象，且被杂草覆盖，多不易辨识。墙体现高 0.5 ~ 1、底宽 2.5 ~ 5、顶宽 0.3 ~ 0.5 米。

墙体周围的地形以丘陵为主，地势较缓，耕地较多。墙体上有 3 座敌台，即榆柏沟 2 ~ 4 号敌台，间距 0.2 ~ 0.37 千米。

榆柏沟 2 号敌台（150981352101170023）：位于丰镇市官屯堡乡榆柏沟村西南 0.6 千米。骑墙而建，实心。破坏严重。土筑，具体构筑方式不详。

敌台保存差。由台基和台墩两部分组成。台基平面呈正方形，现高 0.2 ~ 1.2、边长 36 米。台墩损毁，形成一圆形大土丘，现高 1.5、底部周长 76 米。

榆柏沟 3 号敌台（150981352101170024）：位于丰镇市官屯堡乡榆柏沟村西南 1 千米。骑墙而建，实心。破坏严重。土筑，具体构筑方式不详。

敌台保存差。无台基、围墙等设施。坍塌破坏呈正方形大土包状，现高 1.3、底部边长 12 米。西南距榆柏沟 4 号敌台 0.37 千米。

榆柏沟 4 号敌台（150981352101170025）：位于丰镇市官屯堡乡榆柏沟村西南 1.3 千米。骑墙而建，实心。破坏严重。土筑，具体构筑方式不详。

敌台保存差。由台基和台墩两部分组成。台基平面呈正方形，现高 0.3 ~ 0.8、边长 36 米。台墩损毁呈正方形大土丘状，现高 1.3、底部边长 12 米。东北距榆柏沟 3 号敌台 0.37 千米，西南距山岩 1 号敌台 0.5 千米。

山岩长城（150981382101170055）

起自丰镇市官屯堡乡榆柏沟村西南 1.8 千米，止于官屯堡乡山岩村西南 1.3 千米。呈东北－西南走向。上接榆柏沟长城，下接蒙、晋两省区交界处的明长城二边。长 1767 米。其中保存差 1711 米，消失 56 米，分别占此段墙体长度的 97% 和 3%。

墙体基础及构筑方式不详，土筑。破坏严重，呈土垄或矮墙状分布，表层长满杂草，多不易辨识。墙体现高 0.3~1.5、底宽 2.5~4.5、顶宽 0.3~0.5 米。

墙体所处地形以山地为主，海拔较低，山下为河谷开阔地，多河滩地。墙体上有 3 座敌台，即山岩 1~3 号敌台，间距 0.54~1.1 千米。

山岩 1 号敌台（150981352101170026）：位于丰镇市官屯堡乡山岩村东北 0.5 千米。骑墙而建，实心。土筑，具体构筑方式不详。

敌台保存差。无台基、围墙等设施。破坏严重，坍塌呈正方形大土包状，现高 1.2、底部边长 12 米。西南距山岩 2 号敌台 1.1 千米，东北距榆柏沟 4 号敌台 0.5 千米。

山岩 2 号敌台（150981352101170027）：位于丰镇市官屯堡乡山岩村西南 0.7 千米。骑墙而建，实心。在自然基础上黄土夯筑而成，夯层厚 0.15~0.2 米。

敌台保存一般。无台基。平面呈近正方形，剖面呈梯形，整体呈不规则锥状。底部堆积大量黄土。由于此地多西北风，故东南堆土较多，西北堆土较少，裸露出夯筑的痕迹，夯层明显。敌台现高 4、底部边长 12 米。西南距山岩 3 号敌台 0.54 千米，东北距山岩 1 号敌台 1.1 千米。

山岩 3 号敌台（150981352101170028）：位于丰镇市官屯堡乡山岩村西南 1.2 千米。骑墙而建，实心。在自然基础上夯筑而成，土质黄褐，内夹杂有砂砾，夯层厚 0.15~0.2 米。

敌台保存一般。无台基、围墙等设施。平面呈不规则形，剖面呈梯形，整体呈上小下大的覆斗形。顶部已无棱角，近圆形，四壁有夯土脱落现象，底部四周堆积大量坍塌土，植物生长茂盛。敌台现高 8 米；底部周长 47 米；顶部呈不规则形，周长 28 米。

（二）乌兰察布市凉城县

凉城县境内的明长城二边总长 29687 米，划分为 12 段，为土墙。墙体上有敌台 67 座、马面 50 座、墙外单体建筑 3 座。（参见地图五）墙体分类长度统计如下表。（表九）

表九　凉城县明长城二边墙体分类长度统计表　　　　　　　（单位：米）

墙体类型 保存状况	土墙	石墙	砖墙	木障墙	山险墙	山险	河险	其他墙体	消失长城
较好	10640	0	0	0	0	0	0	0	
一般	13910.5	0	0	0	0	0	0	0	
较差	3878.5	0	0	0	0	0	0	0	0
差	530	0	0	0	0	0	0	0	
消失	728	0	0	0	0	0	0	0	
总计	29687	0	0	0	0	0	0	0	29687

三墩湾长城（150925382101170001）

起自凉城县曹碾满族乡三墩湾村东南0.75千米路旁的自然冲沟，止于曹碾满族乡三墩湾村西南0.6千米。是内蒙古自治区明长城调查队在乌兰察布市境内调查的明长城二边第一段，大致呈东南－西北走向。下接冯家沟长城。长1458米。其中保存一般1400米、消失58米，分别占此段墙体长度的96%和4%。

墙体为自然基础，黄土夯筑，夯层清晰可见，厚约0.2米，内含小砂砾。墙体遭到不同程度损坏，部分地段可见墙体外侧包石，石块规整。墙体现高1.5~6米，个别保存较好地段高7米，墙体底宽8、顶宽2米。（彩图八一、八二）

墙体起点北侧沟谷内有三墩湾村，已废弃，无人居住。沿线北侧山坡上有梯田，现已退耕。墙体上有敌台2座、马面2座，即三墩湾1、2号敌台和三墩湾1、2号马面。

三墩湾1号敌台（150925352101170001）：

位于凉城县曹碾满族乡三墩湾村西南0.7千米。骑墙而建，实心。黄土夯筑，夯层厚0.15~0.2米，土色浅黄，土质较细。

敌台保存较好。平面呈近正方形，剖面呈梯形。东壁顶部有塌陷现象，西壁保存较为完整，高12米。底部东、南、西、北四边分别长12、11.8、12、14米；顶部平面呈正方形，边长5.5米。（图一〇）

三墩湾2号敌台（150925352101170002）：位于凉城县曹碾满族乡三墩湾村西南0.8千米。骑墙而建，实心。黄土夯筑，夯层厚0.2~0.25米，土质纯净，无夹杂物，比较坚硬。

敌台保存较差。平面呈正方形，剖面呈梯形。仅西壁保存稍好，其余各壁遭到破坏。敌台现高10、底部边长12.5、顶部边长6米。

冯家沟长城（150925382101170002）

起自凉城县曹碾满族乡三墩湾村西南0.6千米，止于曹碾满族乡芦草沟村西南0.58千米。呈东南－西北走向。上接三墩湾长城，下接芦草沟长城。长2411米。其中保存较好208米、一般2094.5米、较差108.5米，分别占此段墙体长度的9%、87%和4%。

墙体为自然基础，黄土夯筑，夯层厚0.2~0.3米，内含小砂砾。墙体有不同程度损坏，剖面呈梯形。墙体现高1.5~6.5、底宽6~8、顶宽1.5~3米。（彩图八三）

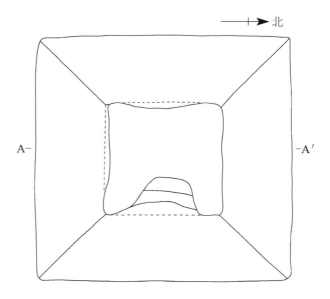
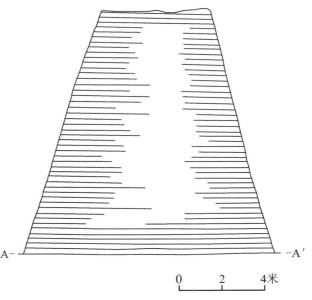

图一〇 三墩湾1号敌台平、剖面图

墙体起点处北侧沟谷内有三墩湾村，已废弃，无人居住。墙体附近灌木、杂草丛生，北侧沟底树木较多。墙体上有敌台4座、马面5座，即冯家沟1～4号敌台和冯家沟1～5号马面。

冯家沟1号敌台（150925352101170003）：位于凉城县曹碾满族乡三墩湾村西1.5千米。骑墙而建，空心。黄土夯筑，夯层厚0.15～0.25米。

敌台保存较好。平面呈近正方形，剖面呈梯形。东、西壁小部分坍塌，南壁内有一条通向敌台顶部的通道。通道洞口在南壁底部，洞内宽1.7、高1.8米，尚残存攀爬用的脚窝，共3排。敌台现高9米；底部东、南、西、北四边长分别为9、10、11、12米；顶部平面呈正方形，边长5米。（彩图八四）

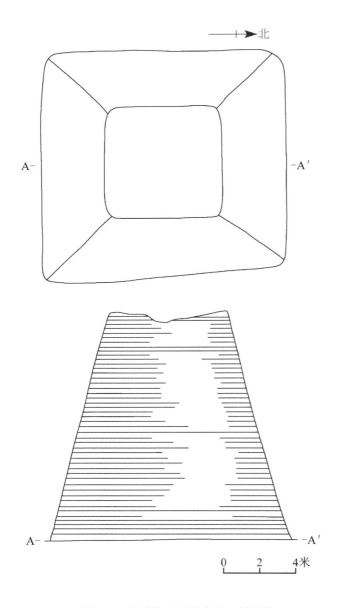

图一一　冯家沟2号敌台平、剖面图

冯家沟2号敌台（150925352101170004）：位于山西省右玉县李达窑乡庄窝村北0.8千米。骑墙而建，实心。黄土夯筑，夯层厚0.1～0.15米，土质纯净，无夹杂物。

敌台保存一般。平面呈近正方形，剖面呈梯形。东、西壁小部分坍塌，北壁塌毁严重，南壁下部有一现代挖掘的洞穴，洞口高1.3、宽1.8米，洞进深1.5米。敌台现高13米，底部东、南、西、北四边长分别为13.5、13.5、13.3、12.5米，顶部东西长6.5、南北长6米。（图一一；彩图八五）

冯家沟3号敌台（150925352101170005）：位于凉城县曹碾满族乡芦草沟村东南1.1千米。骑墙而建，空心。黄土夯筑，夯层厚0.15～0.2米。

敌台保存一般。平面呈矩形，剖面呈梯形。部分塌损，南壁底部有一洞穴，洞口高1.2、宽0.5～1.1米，洞内有向上的通道，已塌毁。敌台现高11米，底部东西长13、南北长15.5米，顶部东西长5、南北长6米。

冯家沟4号敌台（150925352101170006）：位于凉城县曹碾满族乡芦草沟村南0.5千米。骑墙而建，空心。黄土夯筑，夯层厚0.15～0.2米。

敌台保存一般。平面呈矩形，剖面呈梯形。南壁有一洞穴，洞口高1.8、宽0.5～1米，可通往敌台顶部。敌台现高9.5米，底部东西长10.5、南北长13米，顶部东西长4.6、南北长7米。

敌台南侧有一圈夯土筑成的围墙，与敌台东、西两壁连接。现围墙坍塌严重，东、西墙长15米，南墙长21米，墙宽2米。

芦草沟长城（15092538210117 0003）

起自凉城县曹碾满族乡芦草沟村西南0.58千米，止于曹碾满族乡十七沟村南0.15千米。呈东南－西北走向。上接冯家沟长城，下接二三墩长城。长2638米。其中保存较好716米、一般1595米、较差242米、消失85米，各占此段墙体长度的27%、60%、9%和4%。

墙体为自然基础，黄土夯筑，夯层厚0.2米，内含小砂砾。墙体有不同程度损坏，剖面呈梯形，部分地段可见墙体外侧的包石，石块规整，附着于墙体外侧。墙体现高1~8、底宽11、顶宽1~2米。（彩图八六）

墙体上有敌台4座、马面7座，即芦草沟1~4号敌台和芦草沟1~7号马面。

芦草沟1号敌台（150925352101170007）：位于凉城县曹碾满族乡芦草沟村西0.59千米。骑墙而建，实心。黄土夯筑，夯层厚0.15~0.2米。

敌台保存较好。平面呈矩形，剖面呈梯形。四壁有残损，南壁底部有一洞穴，洞口高1.4、宽1.2米，洞内坍塌，进深3米。敌台现高14米，底部东西长15、南北长13米，顶部东西长9、南北长6米。敌台南侧连接东、西壁有一圈土墙将其南半部包围，土墙夯筑，夯层厚0.2米；受人为因素破坏严重，南墙长17米，东墙长19米，土墙现高0.5~3.5、宽0.2~1.8米。

芦草沟2号敌台（15092535210117 0008）：位于凉城县曹碾满族乡芦草沟村西1.2千米。骑墙而建，空心。黄土夯筑，夯层厚0.15~0.2米。

敌台保存一般。平面呈矩形，剖面呈梯形。四壁有残损，南壁底部有一洞穴，内部塌毁。敌台现高11.5米，底部东西长12、南北长16米，顶部东西长5、南北长7.5米。（图一二）敌台南侧连接东、西两壁，隐约有一圈土墙将其南半部包围，现土墙破坏严重，具体数据不可测。

芦草沟3号敌台（15092535210117 0009）：位于凉城县曹碾满族乡十三沟村东南0.3千米。骑墙而建，实心。黄土夯筑，夯层厚0.15~0.2米，内含砂砾和碎瓦块。

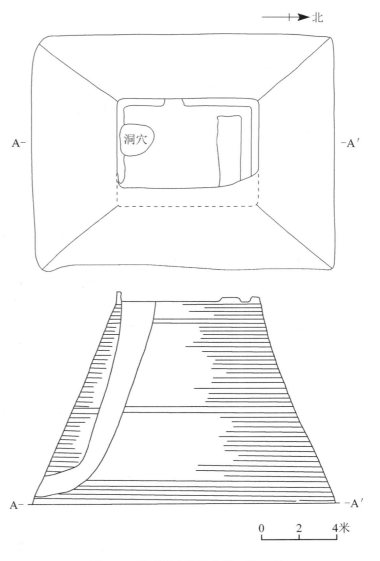

北

洞穴

A- -A'

A- -A'

0　2　4米

图一二　芦草沟2号敌台平、剖面图

敌台保存一般。平面呈矩形，剖面呈梯形。四壁有残损，南壁西南角和中部暴露砖砌痕迹；南壁中部有一人工洞穴直通敌台顶部，洞高 5.5、宽 2.5 米，洞内高 3.5 米暴露砖筑痕迹；东、北壁坍塌。敌台现高 7.5 米，底部东西长 11.5、南北长 11 米，顶部东西长 7、南北长 8.5 米。

芦草沟 4 号敌台（15092535210117 0010）：位于凉城县曹碾满族乡十三沟村东南 0.6 千米。骑墙而建，实心。黄土夯筑，土质较细，夯层厚约 0.2 米。

敌台保存一般。平面呈矩形，剖面呈梯形。断面上夯层清晰可见。敌台现高 12 米，底部东西长 11.5、南北长 12 米，顶部东西长 5、南北长 4 米。（彩图八七）

二三墩长城（150925382101170004）

起自凉城县曹碾满族乡十七沟村南 0.15 千米，止于曹碾满族乡七墩窑村南 0.2 千米。呈东南－西北走向。上接芦草沟长城，下接七墩窑长城。长 2576 米。其中保存较好 836 米、一般 1488 米、较差 94 米、消失 158 米，各占此段墙体长度的 32%、58%、4% 和 6%。

墙体为自然基础，黄土夯筑，夯层厚 0.2 米，内含小砂砾。墙体有不同程度损坏，剖面呈梯形，夯层清晰可见。部分地段可见墙体外侧的包石，石块规整，附于土墙外侧。墙体现高 1~8、底宽 5~10、顶宽 0.8~2.5 米。（彩图八八）

墙体上有敌台 6 座、马面 4 座，即二三墩 1~6 号敌台和二三墩 1~4 号马面。

二三墩 1 号敌台（150925352101170011）：位于凉城县曹碾满族乡十三沟村西 0.5 千米。骑墙而建，实心。黄土夯筑，夯层厚 0.2~0.25 米。

敌台保存较好。平面呈矩形，剖面呈梯形。有残损，南壁底部中间有一人为的小洞穴。敌台现高 13 米，底部边长 13 米，顶部东西长 6、南北长 5 米。敌台南侧残存一个和敌台连为一体的围院，破坏严重，西墙和东墙比较清晰，西墙长 5、高 1.2 米，东墙长 4、高 1 米。院内散落少量的砖、瓦等遗物。

二三墩 2 号敌台（150925352101170012）：位于山西省右玉县李达窑乡十五沟村北 0.5 千米。骑墙而建，实心。黄土夯筑，夯层厚 0.15~0.25 米。

敌台保存一般。平面呈矩形，剖面呈梯形。破坏严重，顶部有一直径 3 米的洞，四壁坍塌成斜坡，表面分布风化形成的坑窝。敌台现高 12.5 米，底部东西长 12.5、南北长 14 米，顶部边长 6.5 米。敌台南侧残存一个小围院，现只存南墙，长 24、高 1、宽 2 米，南墙距敌台 12 米。

二三墩 3 号敌台（150925352101170013）：位于凉城县曹碾满族乡十七沟村东南 0.3 千米。骑墙而建，实心。黄土夯筑，夯层厚 0.2~0.25 米。

敌台保存较好。平面呈正方形，剖面呈梯形。顶部较平，北壁顶部有少量塌陷，东、西两壁坍塌成斜坡，表面分布风化形成的坑窝，未发现明显人为破坏痕迹。敌台现高 10、底部边长 12、顶部边长 6 米。（彩图八九）

二三墩 4 号敌台（150925352101170014）：位于凉城县曹碾满族乡十七沟村西南 0.7 千米。骑墙而建，实心。黄土夯筑，夯层厚 0.15~0.2 米。

敌台保存较好。平面呈矩形，剖面呈梯形。四壁较完整，夯层清晰可见，内无夹杂物。敌台现高 13 米，底部东西长 11、南北长 14 米，顶部东西长 4、南北长 6 米。（彩图九〇）

二三墩 5 号敌台（150925352101170015）：位于凉城县曹碾满族乡二三墩村东口。骑墙而建，实心。黄土夯筑，夯层厚 0.2~0.25 米。

敌台保存较好。平面呈正方形，剖面呈梯形。四壁比较完整，夯层明显，北壁相对其他各壁保存较差，南壁人为掏挖的小洞穴较多，底部一洞穴较大，洞口高 1、直径 1.2 米。由于多年雨水冲刷和风沙侵蚀等自然因素的破坏，台体与长城墙体连接处有小部分塌陷，西壁与长城墙体连接处有一条乡间小道穿过。敌台现高 12.7、底部边长 14、顶部边长 6 米。（图一三）

敌台南侧有一个小围院，现只残存有西墙和东墙的北段，分别长 5 米和 4 米，高不足 1 米。

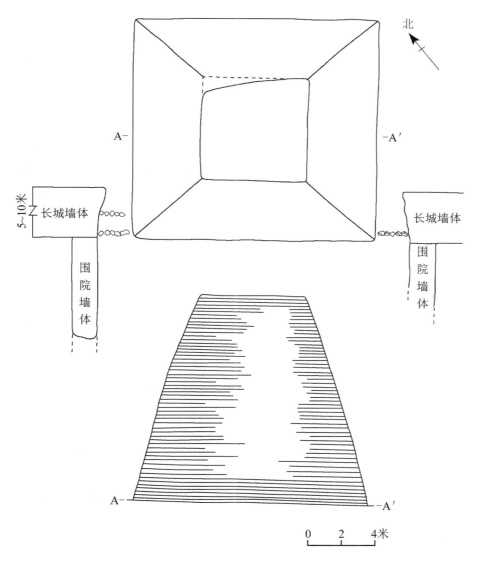

图一三　二三墩 5 号敌台平、剖面图

二三墩 6 号敌台（150925352101170016）：位于凉城县曹碾满族乡二三墩村西南角。完全坍塌，接近消失。其建筑形制不详，具体尺寸无法测量。

七墩窑长城（150925382101170005）

起自凉城县曹碾满族乡七墩窑村南 0.2 千米，止于山西省右玉县李达窑乡韩家窑村东北 1 千米。呈东南－西北走向。上接二三墩长城，下接头墩长城。长 2735 米。其中保存较好 1780 米、一般 499 米、较差 400 米、消失 56 米，各占此段墙体长度的 65%、18%、15% 和 2%。

墙体为自然基础，黄土夯筑，夯层厚 0.2 米，内含小砂砾。墙体有不同程度损坏，剖面呈梯形，夯层清晰可见，部分地段可见墙体外侧包石。墙体附近生长少量灌木及大量杂草，沿线植被总体较好。

墙体现高 1.5 ~ 8、底宽 8、顶宽 0.5 ~ 3 米。

　　墙体上有敌台 6 座、马面 5 座，即七墩窑 1 ~ 6 号敌台和七墩窑 1 ~ 5 号马面。

　　七墩窑 1 号敌台（150925352101170017）：位于山西省右玉县李达窑乡二三墩村西 0.85 千米。骑墙而建，实心。黄土夯筑，夯层厚 0.15 ~ 0.2 米。

　　敌台保存较好。平面呈矩形，剖面呈梯形，整体呈覆斗状。顶部小部分坍塌，断面夯层清晰。敌台现高 11.6 米；底部东西长 12、南北长 13 米；顶部平面呈正方形，边长 6.5 米。（图一四）

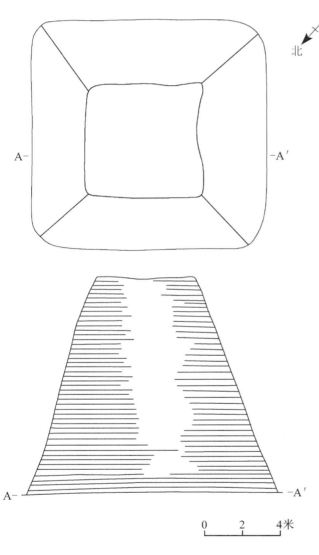

图一四　七墩窑 1 号敌台平、剖面图

　　七墩窑 2 号敌台（150925352101170018）：位于山西省右玉县李达窑乡二三墩村西 0.9 千米。骑墙而建，实心。黄土夯筑，夯层厚 0.2 ~ 0.25 米。

　　敌台保存较差。平面呈矩形，剖面呈梯形。顶部破坏严重，表面凸凹不平，四壁大部分坍毁。西、北壁破坏严重，东、南壁保存相对较好。敌台现高 7 米，底部东西长 15.5、南北长 9 米，顶部东西长 6.5、南北长 4.5 米。

　　七墩窑 3 号敌台（150925352101170019）：位于山西省右玉县李达窑乡二三墩村西 1.3 千米。骑墙而建，实心。黄土夯筑，夯层厚 0.2 ~ 0.25 米。

　　敌台保存较差。平面呈矩形，剖面呈梯形。顶部残损，表面凸凹不平。四壁坍塌，东壁坍塌最为严重，西、北壁相对较好。敌台现高 10 米，底部东西长 10、南北长 13 米，顶部东西长 5、南北长 6 米。（图一五）

　　七墩窑 4 号敌台（15092535210117 0020）：位于山西省右玉县李达窑乡二三墩村西北 1.7 千米。骑墙而建，实心。黄土夯筑，夯层厚 0.2 ~ 0.3 米。

　　敌台保存一般。平面呈矩形，剖面呈梯形。西、南壁保存基本完整，南壁有几处因自然破坏而形成的小坑窝，东、北壁保存较差，顶部大量坍塌。敌台现高 11 米，底部东西长 12.5、南北长 14.5 米，顶部边长 5 米。（彩图九一）

　　七墩窑 5 号敌台（15092535210117 0021）：位于凉城县曹碾满族乡七墩窑村西南 0.3 千米。骑墙而建，实心。黄土夯筑，夯层厚 0.2 ~ 0.25 米。

　　敌台保存较差。平面呈矩形，剖面呈梯形，整体呈覆斗状。顶部较平，西壁坍塌严重，夯层明显，南壁有小部分塌陷，东壁与长城墙体连接处已断开。敌台现高 9 米，底部东西长 11、南北长 13 米，顶部东西长 5、南北长 4 米。

七墩窑6号敌台（15092535210117 0022）：位于山西省右玉县李达窑乡二三墩村西北3千米、八墩村北1.5千米。骑墙而建，空心。黄土夯筑，夯层厚0.15～0.2米。

敌台保存较好。平面呈正方形，剖面呈梯形。北壁破坏严重，大面积坍塌，其他各壁保存尚好。南壁底部正中有一个洞穴，洞口高2.6、宽1.5～2米，洞进深2.5米，应为上下敌台的通道。敌台现高12、底部边长11、顶部边长7米。（彩图九二）

头墩长城（150925382101170006）

起自山西省右玉县李达窑乡韩家窑村东北1千米，止于李达窑乡头墩村南0.5千米。呈东南–西北走向。上接七墩窑长城，下接庙沟长城。长2886米。其中保存较好495米、一般1838米、较差515米、消失38米，各占此段墙体长度的17%、64%、18%和1%。

墙体为自然基础，黄土夯筑，夯层厚0.2～0.3米，内无夹杂物。墙体剖面呈梯形，夯层清晰可见，两侧原砌有石块，现多已脱落，堆积于墙体底部。墙体现高1～8、底宽5～8、顶宽0.5～3米。（彩图九三）

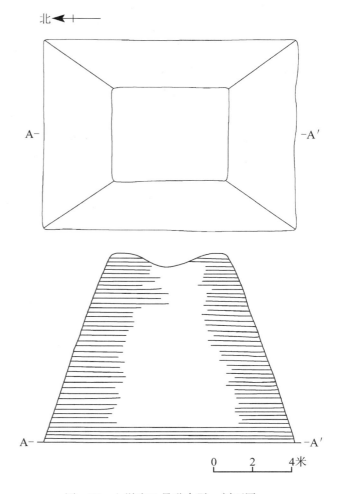

图一五　七墩窑3号敌台平、剖面图

此段墙体上有敌台6座、马面3座，即头墩1～6号敌台和头墩1～3号马面。

头墩1号敌台（150925352101170023）：位于凉城县六苏木镇庙沟村东南3千米的平缓山坡南面。骑墙而建，实心。黄土夯筑，夯层厚0.15～0.2米。

敌台保存较差。平面呈近椭圆形，剖面呈梯形。破坏严重，顶部凸凹不平，四壁坍塌呈斜坡状，表面因雨水冲刷形成凹坑。敌台现高5米，底部东西长7.5、南北长10米，顶部东西长3、南北长1.5米。

头墩2号敌台（150925352101170024）：位于凉城县六苏木镇庙沟村东南3千米的山顶上。骑墙而建，实心。黄土夯筑，夯层厚0.15～0.2米。

敌台保存较差。平面呈矩形，剖面呈梯形。敌台顶部有残损，现呈三角形，凸凹不平。四壁有大面积的坍塌，在敌台四周形成斜坡，北壁保存稍好，表面有雨水冲刷的坑窝。敌台现高6米，底部东西长9.5、南北长7.5米，顶部东西长4.5、南北长1米。

头墩3号敌台（15092535210117 0025）：位于山西省右玉县李达窑乡头墩村东南1千米。骑墙而建，实心。黄土夯筑，夯层厚0.15～0.2米。

敌台保存较差。平面呈矩形，剖面呈梯形，整体呈覆斗形。四壁有不同程度坍塌，南、北、西壁最为严重，整个壁面出现多处裂痕和塌陷，西壁向内形成三条自上而下的裂缝，深约2米；北壁呈斜坡状；东壁保存稍好，坍塌轻微；南壁中部有两条自上而下的裂缝；西北角裂开，脱离台体，有多处裂痕。敌台现高8米，底部东西长12、南北长8.5米，顶部东西长5、南北长3米。

头墩4号敌台（15092535210117 0026）：位于山西省右玉县李达窑乡头墩村东南1千米。骑墙而建，实心。黄土夯筑，夯层厚0.1~0.25米。

敌台保存较好。平面呈正方形，剖面呈梯形。四壁较为完整，西壁上部少许塌陷。敌台周围散落少量砖、瓦等遗物。敌台现高10、底部边长14、顶部边长5米。（图一六；彩图九四）

头墩5号敌台（15092535210117 0027）：位于山西省右玉县李达窑乡头墩村南0.7千米。骑墙而建，实心。黄土夯筑，夯层厚0.15~0.2米。

敌台保存较差。平面呈矩形，剖面呈梯形，整体呈覆斗形。四壁受到严重破坏，表面形成许多坑窝。敌台现高8米；底部边长13.5米；顶部破坏严重，具体尺寸无法测量。

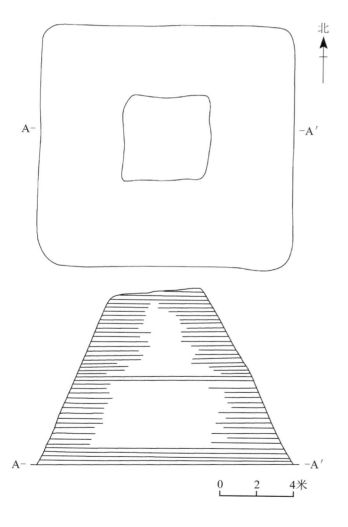

图一六　头墩4号敌台平、剖面图

头墩6号敌台（150925352101170028）：位于山西省右玉县李达窑乡头墩村南0.6千米。骑墙而建，实心。黄土夯筑，夯层厚0.15~0.2米。

敌台保存一般。平面呈矩形，剖面呈梯形，整体呈覆斗形。顶部坑洼不平，四壁受到严重破坏，东壁严重坍塌，呈斜坡状；南壁中部塌毁；北壁保存相对较好，底部左侧有几个雨水冲刷的大坑。敌台现高9米，底部东西长10.5、南北长11.5米，顶部东西长4、南北长6米。

庙沟长城（150925382101170007）

起自山西省右玉县李达窑乡头墩村南0.5千米，止于凉城县六苏木镇八墩窑村南0.4千米。呈东-西走向。上接头墩长城，下接八墩窑长城。长2891米，保存较好。

墙体为自然基础，黄土夯筑，夯层厚0.15~0.2米，内无夹杂物。墙体破坏轻微，基本保持原貌。墙体现高1.5~8、底宽8、顶宽1.5~3.5米。（彩图九五、九六）

墙体上有敌台8座、马面8座，即庙沟1~8号敌台和庙沟1~8号马面。

庙沟1号敌台（150925352101170029）：位于凉城县六苏木镇庙沟村东南0.92千米。骑墙而建，空心。黄土夯筑，夯层厚0.13~0.3米。

敌台保存较好。平面呈矩形，剖面呈梯形。破坏轻微，北壁底部小部分塌陷，中部有一条自下而上的裂缝，长约4米，其余各壁比较规整，壁面上有少量大小不一的坑窝。南壁中部高2.5米处有一个洞口，高1.33、宽0.5~1.4、进深1.3米，洞口下有三级台阶，方便从底部进入洞口。此处有明显的修补痕迹，后补部分宽6.5、高2.5米，夯层厚0.3米，台阶位于这个后补台体上。洞内是一条通往敌台顶部的通道，横剖面长1.1、宽0.8米；两侧各有一排脚窝，排列规整，方便攀爬，脚窝宽0.3~0.5、高0.1~0.13米。敌台现高14米，底部东西长15、南北长14米，顶部东西长10、南北长9米。（图一七；彩图九七）

庙沟2号敌台（150925352101170030）：位于凉城县六苏木镇庙沟村东南0.55千米。骑墙而建，空心。黄土夯筑，夯层厚0.15~0.2米。

敌台保存较差。平面呈矩形，剖面呈梯形。西壁有数个大小不一的坑窝，南壁偏西有一条自上而下的裂缝，长6米。西壁底部正中有一小洞口，洞内是一条通道，可通往敌台顶部，现洞内完全塌陷，被堵死。洞口有坍塌现象，高0.3、宽0.8米。敌台现高12米，底部东西长16、南北长14米，顶部东西长9、南北长8米。

庙沟3号敌台（150925352101170031）：位于凉城县六苏木镇庙沟村南0.37千米。骑墙而建，实心。黄土夯筑，夯层厚0.15~0.2米，内无夹杂物。

敌台保存较好。平面呈矩形，剖面呈梯形。敌台现高14米，底部东西长15、南北长14米，顶部东西长10、南北长9米。敌台西侧有围墙，连接敌台南、北两壁，现围墙大部分坍塌，仅存小段墙体和部分墙体基部，南墙与北墙长10米，西墙长22米，墙体宽0.5~1米。

庙沟4号敌台（150925352101170032）：位于凉城县六苏木镇庙沟村西0.41千米。骑墙而建，空心。黄土夯筑，夯层厚0.2~0.25米，内无夹杂物。

敌台保存较好。平面呈正方形，剖面呈梯形。破坏轻微，四壁较完整，壁面可见裂缝。敌台西壁底部有一洞，洞内是一条通往敌台顶部的通道，洞内完全塌陷，被堵死，洞口亦坍塌严重。敌台现高15、底部边长15、顶部边长10米。

庙沟5号敌台（150925352101170033）：位于凉城县六苏木镇庙沟村西0.85千米。骑墙而建，空心。黄土夯筑，夯层厚0.2~0.25米，内无夹杂物。

敌台保存较好。平面呈矩形，剖面呈梯形。东、北壁破坏严重，东北角部分塌陷，坍塌的夯土堆积成一道直斜坡。敌台西壁底部偏南和南壁底部偏西各有一人为洞穴，洞内相连，较为规整，呈拱形，壁上抹有草泥。南洞高1.7、宽0.8~1.5、进深4.8米，西洞高1.8、宽0.5~2、进深4.9米。从洞口保存现状看，曾被村民用做仓库。敌台现高14.5米；底部东西长14.5、南北长15.5米；顶部平面呈

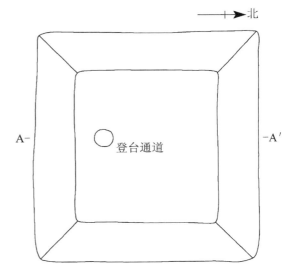

→北

A- 　　登台通道　　-A′

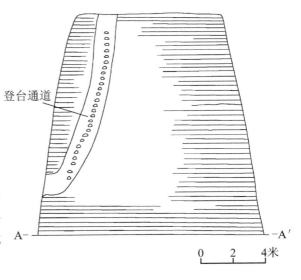

登台通道

A-　　　　　　　　　　-A′

0　　2　　4米

图一七　庙沟1号敌台平、剖面图

正方形，边长 10 米。

庙沟 6 号敌台（150925352101170034）：位于凉城县六苏木镇庙沟村西北 1.3 千米。骑墙而建，空心。黄土夯筑，夯层厚 0.15～0.2 米。

敌台保存较好。平面呈矩形，剖面呈梯形。破坏轻微，比较完整。南壁底部正中有一洞穴，洞口及洞内保存较好，可通往敌台顶部，洞内两侧残存脚窝的痕迹。敌台现高 9 米，底部东西长 13.5、南北长 12 米，顶部东西长 9、南北长 8 米。

敌台北侧有一围墙，起、止点均与长城墙体相接，将敌台北侧包围。总长 73 米，其中东、西墙长 17、北墙长 39 米，墙体底宽 3.5、顶宽 0.5～1 米，现存最高 5.5 米；北墙外脚下有一条壕堑，包围了敌台和围墙，并向东、西两侧延伸，与长城墙体平行。壕堑较宽，口宽 18、底宽 14 米，东、西边长 15 米，北边长 65 米。（彩图九八、九九）

庙沟 7 号敌台（150925352101170035）：位于凉城县六苏木镇庙沟村西 1.8 千米。骑墙而建，实心。黄土夯筑，夯层厚 0.2～0.25 米，内无夹杂物。

敌台保存较好。平面呈矩形，剖面呈梯形。北壁破坏严重，其余各壁保存尚好。敌台现高 12 米，底部东西长 13.5、南北长 12.5 米，顶部东西长 8、南北长 7 米。

敌台北侧有围墙，起、止点与长城墙体相接，将敌台北侧包围。围墙保存较好，总长 62 米，其中东、西墙长 11、北墙长 40 米，现高 1～4 米。

庙沟 8 号敌台（150925352101170036）：位于凉城县六苏木镇八墩窑村南 0.4 千米。骑墙而建，空心。黄土夯筑，夯层厚 0.15～0.2 米，内无夹杂物。

敌台保存较好。平面呈矩形，剖面呈梯形。四壁较为完整，东壁中部有一道裂缝，长 6 米；西壁小部分塌陷；南壁底部有一洞穴，洞口部分塌陷，高、宽约 0.5 米，洞内可通往敌台顶部，洞内壁面残存脚窝，痕迹明显。敌台现高 13 米，底部东西长 16、南北长 14 米，顶部东西长 9、南北长 8 米。敌台附近散落少量瓷片和青砖碎块等遗物。

八墩窑长城（150925382101170008）

起自凉城县六苏木镇八墩窑村南 0.4 千米，止于六苏木镇张王沟村东北 1.5 千米。呈东 - 西走向。上接庙沟长城，下接张王沟长城。长 3171 米。其中保存较好 2805 米、一般 56 米、较差 270 米、消失 40 米，各占此段墙体长度的 88%、2%、9% 和 1%。

墙体为自然基础，黄土夯筑，夯层厚 0.2～0.3 米，内无夹杂物。受各种因素的影响，墙体有不同程度的损坏，总体保存较好。通过断面观察，墙体夯筑结实，夯层清晰。部分地段墙体外侧可见挡马墙，多被破坏，保存较差。墙体现高 1.5～8、底宽 5～8、顶宽 1.5～3.5 米。（彩图一〇〇）

墙体上防御设施比较密集，有敌台 9 座、马面 3 座，即八墩窑 1～9 号敌台和八墩窑 1～3 号马面。

八墩窑 1 号敌台（150925352101170037）：位于凉城县六苏木镇八墩窑村西南 0.6 千米。骑墙而建，实心。黄土夯筑，夯层厚 0.15～0.2 米，内无夹杂物。

敌台保存较好。平面呈正方形，剖面呈梯形。顶部平整，南壁分布大小不一的坑窝，其余各壁较为完整。敌台现高 13.5、底部边长 15、顶部边长 10 米。

八墩窑 2 号敌台（150925352101170038）：位于凉城县六苏木镇八墩窑村西南 1.3 千米。骑墙而建，实心。黄土夯筑，夯层厚 0.2～0.25 米，内无夹杂物。

敌台保存一般。平面呈矩形，剖面呈梯形。顶部较为平缓，四壁有雨水冲刷形成的坑窝、凹槽以及少量裂缝，西北角高 3 米处坍塌，东壁和南壁底部因水土流失而破坏。敌台现高 12 米，底部东西长 14、南北长 13 米，顶部边长 8 米。

八墩窑 3 号敌台（150925352101170039）：位于凉城县六苏木镇八墩窑村西南 1.8 千米。骑墙而建，实心。黄土夯筑，夯层厚 0.15 ~ 0.2 米，内无夹杂物。

敌台保存较好。平面呈正方形，剖面呈梯形。破坏轻微，顶部长有野草，四壁比较完整，分布坑窝和裂缝。敌台现高 13、底部边长 15、顶部边长 7 米。

八墩窑 4 号敌台（150925352101170040）：位于凉城县六苏木镇八墩窑村西南 2.7 千米。骑墙而建，实心。黄土夯筑，夯层厚 0.2 ~ 0.25 米，内无夹杂物。

敌台保存一般。平面呈矩形，剖面呈梯形。顶部残损，表面凸凹不平。西壁和北壁保存相对较好，西壁表面有许多坑窝；东北角有一条自上而下的大裂缝；东壁有多条雨水冲刷形成的小凹槽；东南角因雨水冲刷和水土流失形成了多条自上而下的裂痕；东、南、北壁由于坍塌在底部与台体形成 1.5 米的斜坡。敌台现高 13 米，底部东西长 12、南北长 12.5 米，顶部东西长 9、南北长 7 米。

八墩窑 5 号敌台（150925352101170041）：位于凉城县六苏木镇八墩窑村西 3 千米。骑墙而建，实心。黄土夯筑，夯层厚 0.2 ~ 0.25 米，内无夹杂物。

敌台保存一般。平面呈矩形，剖面呈梯形。四壁相对比较完整，北壁从底部往上 2 米有少量塌陷，南壁顶部中间有一个东西长 1.5、南北长 1.2、深 1.2 米的大坑。敌台现高 12 米，底部东西长 14.5、南北长 14 米，顶部东西长 9、南北长 7 米。敌台北侧残存一段围墙，长 32、高 4、底宽 3.5、顶宽 1.3 米。

八墩窑 6 号敌台（150925352101170042）：位于凉城县六苏木镇上窑子村南 1.4 千米。骑墙而建，实心。黄土夯筑，夯层厚 0.2 ~ 0.25 米，内无夹杂物。

敌台保存一般。平面呈矩形，剖面呈梯形。东壁保存较好，顶部有一条雨水冲刷形成的长 2 米的凹槽；南壁顶部中间有一个长 3、宽 2、深 0.8 米的塌陷大坑，底部距地面 3 米有一个宽 1.2、高 2 米的洞穴；西壁顶部有两条自上而下的凹槽，长约 3 米；北壁底部有少量坍塌。敌台现高 13 米，底部东西长 13、南北长 15 米，顶部东西长 9、南北长 7 米。

敌台北侧残存一段围墙，地表暴露少量建筑遗迹。（彩图一〇一）

八墩窑 7 号敌台（150925352101170043）：位于凉城县六苏木镇上窑子村南 1.5 千米。骑墙而建，实心。黄土夯筑，夯层厚 0.2 ~ 0.25 米，内无夹杂物。

敌台保存较差。平面呈矩形，剖面呈梯形。顶部坑洼不平，四壁破坏严重，南壁和北壁大部分坍塌，在高 6 米处形成斜坡，分布有多条雨水冲刷形成的裂缝；南壁顶部有一大坑；东壁有多条裂缝；北壁外侧高 3.5 米处形成斜坡，敌台现高 14 米，底部东西长 14.5、南北长 11 米，顶部东西长 6、南北长 3 米。

八墩窑 8 号敌台（150925352101170044）：位于凉城县六苏木镇上窑子村南 1.5 千米。骑墙而建，实心。黄土夯筑，夯层厚 0.2 ~ 0.25 米，内无夹杂物。

敌台保存一般。平面呈矩形，剖面呈梯形。顶部因雨水冲刷形成一个直径约 2 米的大洞，北壁坍塌成斜坡，东、南、西壁分布有大量裂缝和坑窝。敌台现高 9 米，底部东西长 11.5、南北长 12.5 米，顶部东西长 7、南北长 5 米。

八墩窑 9 号敌台（150925352101170045）：位于凉城县六苏木镇十七梁村南 1.5 千米。骑墙而建，实心。黄土夯筑，夯层厚 0.15 ~ 0.2 米，内无夹杂物。

敌台保存较差。平面呈近正方形，剖面呈梯形。北壁保存稍好，其余各壁从顶部自上而下坍塌，形成斜坡，从南壁坍塌处可观察到砖石混筑的外壁。敌台现高 13、底部边长 11、顶部边长 4 米。敌台周围有大量的砖、石等建筑遗物。

张王沟长城（150925382101170009）

起自凉城县六苏木镇张王沟村东北 1.5 千米，止于六苏木镇马场沟村东 2 千米。呈东北－西南走向。上接八墩窑长城，下接马场沟长城。长1985米。其中保存较好216米、一般1477米、较差182米、消失110米，各占此段墙体长度的11%、74%、9%和6%。

墙体为自然基础，黄土夯筑，夯层厚0.15~0.2米。因多年的风雨侵蚀，墙体有不同程度的破坏，剖面呈梯形，部分地段墙体外侧可见石砌痕迹。墙体现高1~6、底宽8、顶宽0.8~2米。（彩图一〇二）

墙体上有敌台6座、马面2座，即张王沟1~6号敌台和张王沟1、2号马面。

张王沟1号敌台（150925352101170046）：位于凉城县六苏木镇张王沟村东北1.1千米。骑墙而建，实心。黄土夯筑，夯层厚0.15~0.2米。

敌台保存较好。平面呈矩形，剖面呈梯形。四壁保存比较完整，西壁有三处较小的坑窝，底部正中有一条自下向上的裂缝，长1米；南壁偏东有一条雨水冲出的小沟槽；北壁也有一条雨水冲刷的沟槽和两处较小的坑窝，北壁与长城墙体连接处被一条乡间小路打断；东壁最为完整。敌台现高14.5米，底部东西长14、南北长13.4米，顶部东西长9、南北长8米。（彩图一〇三）

张王沟2号敌台（150925352101170047）：位于凉城县六苏木镇张王沟村东北1千米。骑墙而建，实心。黄土夯筑，夯层厚0.15~0.2米。

敌台保存一般。平面呈矩形，剖面呈梯形。北壁整体向内塌陷，破坏较严重；西壁分布少量坑窝；南壁底部有小部分塌陷；东壁保存较好。未发现明显人为因素破坏痕迹。敌台现高7米，底部东西长13、南北长10.5米，顶部东西长7、南北长6米。（彩图一〇四）

张王沟3号敌台（150925352101170048）：位于凉城县六苏木镇张王沟村东0.8千米。骑墙而建，实心。黄土夯筑，夯层厚0.15~0.2米。

敌台保存一般。平面呈矩形，剖面呈梯形。东壁分布大量大小不一的坑窝，底部向内塌陷；南壁偏东有一条雨水冲出的沟槽；西、北壁整体塌陷，出现较大的裂缝；北壁脚下有一条乡间小路穿过，对台体造成一定程度的破坏。敌台现高10米，底部东西长11.5、南北长13米，顶部东西长6、南北长7米。

张王沟4号敌台（150925352101170049）：位于凉城县六苏木镇张王沟村东0.7千米。骑墙而建，实心。黄土夯筑，夯层厚0.15~0.2米。

敌台保存一般。平面呈矩形，剖面呈梯形。台体表面分布有大小不一的坑窝；北壁大部分塌陷，中部形成一道斜坡；南壁整体塌陷，中部向内坍塌2米，偏西部分倾斜，面临坍塌；东壁破损不堪，堆积坍塌土与敌台之间形成了一道斜坡。未发现明显人为因素破坏痕迹。敌台现高14米，底部东西长11.5、南北长13米，顶部边长3米。

张王沟5号敌台（15092535210117 0050）：位于凉城县六苏木镇张王沟村东南0.5千米。骑墙而建，实心。黄土夯筑，夯层厚0.15~0.2米。

敌台保存一般。平面呈矩形，剖面呈梯形。顶部凹凸不平；西壁破坏较为严重，大部分已坍塌；东壁相对比较完整；南、北壁次之。敌台现高11米，底部东西长10、南北长13米，顶部东西长3、南北长5米。

张王沟6号敌台（15092535210117 0051）：位于凉城县六苏木镇张王沟村东南0.8千米。骑墙而建，实心。黄土夯筑，夯层厚0.15~0.2米。

敌台保存较好。平面呈矩形，剖面呈梯形。顶部平整；西壁底部正中部分坍塌，可见一洞穴，洞口呈矩形，宽0.7、高0.35、进深0.8米；南壁塌陷较多，坍塌夯土与敌台之间形成一道斜坡；北、东壁保存相对较好。敌台现高10米，底部东西长13、南北长12米，顶部东西长6、南北长4.5米。（图一八）

马场沟长城（150925382101170010）

起自凉城县六苏木镇马场沟村东2千米，止于六苏木镇马场沟村南1.5千米。呈东北-西南走向。

上接张王沟长城，下接八台沟长城。长 2778 米。其中保存一般 2093 米、较差 640 米、消失 45 米，各占此段墙体长度的 75%、23% 和 2%。

墙体为自然基础，黄土夯筑，夯层厚 0.15 ~ 0.2 米，内无夹杂物。因多年的风雨侵蚀，墙体有不同程度的破坏，剖面呈梯形，部分地段墙体外侧可见石砌痕迹。墙体外侧残存有 2 座墙外单体建筑，保存极差，其构造和作用尚不明确。墙体现高 1 ~ 6、底宽 3 ~ 8、顶宽 0.8 ~ 2 米。（彩图一〇五）

墙体上附属设施比较密集，有敌台 7 座、马面 5 座，即马场沟 1 ~ 7 号敌台和马场沟 1 ~ 5 号马面。墙体外则有墙外单体建筑 2 座，即马场沟 1、2 号墙外单体建筑。

马场沟 1 号敌台（150925352101170052）：位于凉城县六苏木镇张王沟村东南 1 千米。骑墙而建，实心。黄土夯筑，夯层厚 0.15 ~ 0.2 米，内无夹杂物。

敌台保存一般。平面呈矩形，剖面呈梯形。顶部平整，南、北壁破坏严重，西壁保存较好，东壁次之。敌台现高 9 米，底部东西长 9、南北长 11 米，顶部东西长 4、南北长 7 米。（图一九）

马场沟 2 号敌台（150925352101170053）：位于凉城县六苏木镇张王沟村南 1.8 千米。骑墙而建，实心。黄土夯筑，夯层厚 0.15 ~ 0.2 米，内无夹杂物。

敌台保存较差。平面呈矩形，剖面呈梯形。顶部有塌毁，西、北壁大部分坍塌，东壁偏北坍塌，南壁分布少量大小不一的坑窝。敌台现高 9 米，底部东西长 12、南北长 11 米，顶部东西长 7、南北长 3 米。

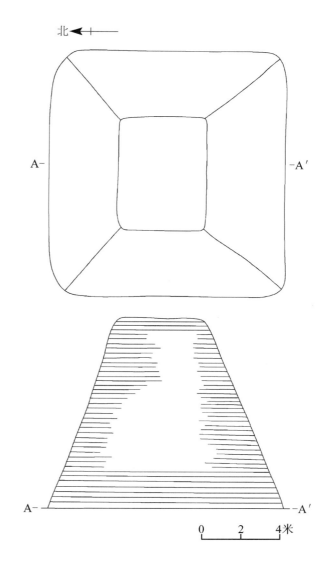

图一八　张王沟 6 号敌台平、剖面图

马场沟 3 号敌台（150925352101170054）：位于凉城县六苏木镇张王沟村南 2.2 千米。骑墙而建，实心。黄土夯筑，夯层厚 0.15 ~ 0.2 米，内无夹杂物。

敌台建于山顶，视野开阔。敌台保存一般。平面呈矩形，剖面呈梯形。顶部部分塌毁；北壁顶部东、西侧有坍塌，形状近似三角形；东、南壁保存稍好。西壁自上而下有三条裂缝，贯穿整个壁面，有坍塌现象。未发现明显人为因素破坏痕迹。敌台现高 10 米，底部东西长 11.5、南北长 10 米，顶部东西长 6、南北长 3.5 米。

马场沟 4 号敌台（150925352101170055）：位于凉城县六苏木镇马场沟村东南 1.5 千米。骑墙而建，实心。黄土夯筑，夯层厚 0.15 ~ 0.2 米，内无夹杂物。

敌台保存一般。平面呈矩形，剖面呈梯形。南壁偏西及顶部坍塌较多；东壁偏北部分塌毁，比较

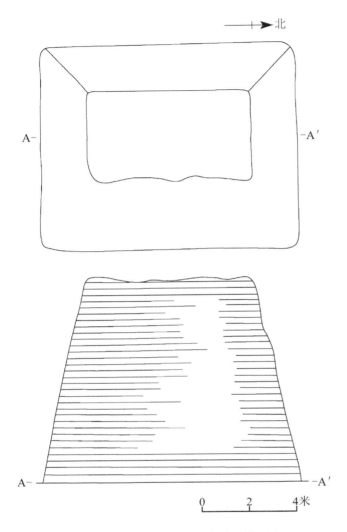

图一九　马场沟1号敌台平、剖面图

轻微，整体尚好，中间有一条雨水冲刷的凹槽及几处大小不一的坑窝；西、北壁有坍塌。敌台旁有山西测绘院树立的测绘标志，为水泥柱。敌台现高10.5米，底部东西长12.5、南北长9.5米，顶部东西长3.5、南北长3米。（彩图一〇六）

马场沟5号敌台（150925352101170056）：位于山西省右玉县李达窑乡四台沟村北1.2千米。骑墙而建，实心。黄土夯筑，夯层厚0.15~0.2米，内无夹杂物。

敌台保存一般。平面呈矩形，剖面呈梯形。顶部平整，四壁均有坍塌，北壁西北角坍塌严重，有一条自上至下的裂缝，宽0.25米，可能会导致西北角整体倒塌；东、西壁保存较好；南壁偏西有一条雨水冲出的凹槽。敌台现高9米，底部东西长13、南北长11.5米，顶部东西长6、南北长4米。

马场沟6号敌台（150925352101170057）：位于山西省右玉县李达窑乡四台沟村西北1千米。骑墙而建，实心。黄土夯筑，夯层厚0.15~0.2米，内无夹杂物。

敌台保存一般。平面呈矩形，剖面呈梯形。顶部平整，四壁均有坍塌，东、西壁塌陷比较严重，西壁整体塌毁；南壁中部被雨水冲出一条自上而下的凹槽；北壁保存稍好。敌台现高9米，底部东西长13.5、南北长12米，顶部东西长6、南北长5米。

马场沟7号敌台（150925352101170058）：位于凉城县六苏木镇马场沟村南1.4千米。骑墙而建，实心。黄土夯筑，夯层厚0.15~0.2米，内无夹杂物。

敌台保存一般。平面呈矩形，剖面呈梯形。顶部平整；西壁有几处大小不一的坑窝；南壁顶部塌陷出一"V"形缺口，宽2米；东壁向内整体塌陷2米。敌台现高13米，底部东西长12.5、南北长12米，顶部东西长5、南北长6米。（图二〇）

马场沟1号墙外单体建筑（150925352 199170118）：位于凉城县六苏木镇马场沟村南1.5千米。建在长城墙体之北的一处平台上，东临马场沟1号马面。由三段墙体构成，轮廓呈"Π"形，向北凸出。北墙与长城墙体平行，长35米，距长城墙体14.5米；东、西墙垂直伸向长城墙体，已坍塌，是否与长城墙体相接，尚不清楚。

单体建筑黄土夯筑，夯层厚0.1~0.2米，内无夹杂物。破坏严重，北墙中部有坍塌，东、西墙大部分塌毁，长度无法测量。单体建筑三段墙体现高1~4.5、底宽4、顶宽0.4~0.6米。其功用目前尚不清楚。（彩图一〇七）

马场沟 2 号墙外单体建筑（150925352199170119）：位于凉城县六苏木镇马场沟村南 1.5 千米。建在长城墙体之北的一处平台上，东临马场沟 5 号马面。由三段墙体构成，轮廓呈"∏"形，向北凸出。北墙与长城墙体平行，长 37 米，距长城墙体 10.5 米；东、西墙垂直伸向长城墙体，明显窄于北墙，基本消失，未见与长城墙体相接。

单体建筑黄土夯筑，夯层厚 0.1～0.2 米，内无夹杂物。破坏严重，北墙尚好，东、西墙基本消失，仅西墙残存一小部分。单体建筑三段墙体现高 0.5～2 米，北墙底宽 4、顶宽 0.4 米，东、西墙宽 0.4～0.6 米，明显窄于北墙。其功用目前尚不清楚。（彩图一〇八）

八台沟长城（150925382101170011）

起自凉城县六苏木镇马场沟村南 1.5 千米，止于六苏木镇八台沟南 1.6 千米。呈东北－西南走向。上接马场沟长城，下接十二沟长城。长 1918 米。其中保存较好 63 米、一般 620 米、较差 837 米、差 260 米、消失 138 米，分别占此段墙体长度的 3%、32%、44%、14% 和 7%。

墙体为自然基础，黄土夯筑，夯层厚 0.15～0.2 米，内无夹杂物。历经多年自然和人为因素的破坏，墙体多数地段保存较差，道路和冲沟多次截断墙体。墙体现高 0.5～7、底宽 8、顶宽 0.2～2 米。在地势低缓处，墙外修筑挡马墙和墙外单体建筑（挡马墙 1 道、墙外单体建筑 1 座）。墙外单体建筑应当起加强防御的作用，破坏严重，特征不明确，其具体作用和功能还需更多的实物资料来说明。由于破坏严重，其是否与长城墙体连接亦难判断。（彩图一〇九、一一〇）

墙体上有敌台 3 座、马面 2 座，即八台沟 1～3 号敌台和八台沟 1、2 号马面，及墙外单体建筑 1 座，即八台沟墙外单体建筑。

八台沟 1 号敌台（150925352101170059）：位于凉城县六苏木镇十二沟村东北 1.5 千米。骑墙而建，实心。黄土夯筑，夯层厚 0.15～0.2 米，内无夹杂物。

敌台保存一般。平面呈矩形，剖面呈梯形。顶部平整；北壁轻度坍塌；西壁表面有几处雨水冲刷而形成的坑窝；南壁中部有一条雨水冲刷形成的凹槽，凹槽偏西有一条长 2 米的裂缝；东壁中部大部分塌毁，内凹 1.5 米。未发现明显人为破坏痕迹。敌台现高 12 米，底部东西长 15、南北长 13.5 米，顶部边长 5 米。（图二一）

八台沟 2 号敌台（150925352101170060）：位于凉城县六苏木镇十二沟村东北 1.2 千米。骑墙而建，

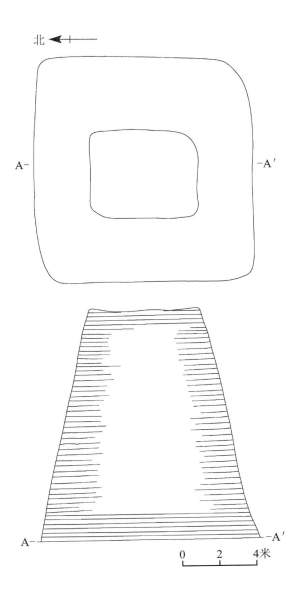

北

A— —A′

A— —A′

0 2 4米

图二〇 马场沟 7 号敌台平、剖面图

北 ←——

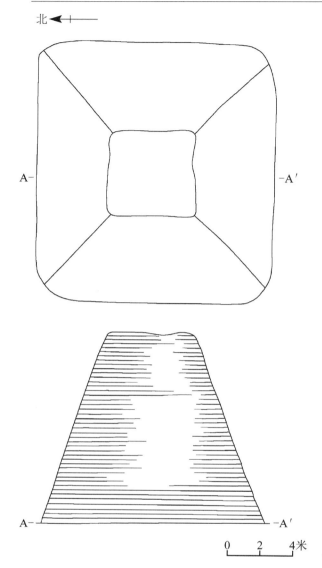

图二一　八台沟 1 号敌台平、剖面图

空心。黄土夯筑，夯层厚 0.15 ~ 0.2 米，内无夹杂物。

敌台保存一般。平面呈矩形，剖面呈梯形。西壁中部小部分坍塌，坍塌的夯土在敌台和长城之间形成斜坡；北壁顶部偏东小部分坍塌；南壁保存较好，有几处因雨水冲出的坑窝；东壁中部向内塌陷 0.5 米，塌陷处有一圆形洞口，洞内为通向敌台顶部的通道，洞口已基本被坍塌土堵死。敌台现高 10 米，底部东西长 14、南北长 13 米，顶部边长 7 米。（图二二；彩图一一一）西侧残存围墙，已塌毁，残存基础部分。

八台沟 3 号敌台（150925352101170061）：位于凉城县六苏木镇十二沟村东 0.8 千米。骑墙而建，空心。黄土夯筑，夯层厚 0.15 ~ 0.2 米，内无夹杂物。

敌台保存一般。平面呈矩形，剖面呈梯形。顶部凸凹不平；东壁有残损；南壁有坍塌，底部可见一洞口，宽 1.2、高 0.5 米，基本被坍塌土堵死，推测此洞穴内有通往敌台顶部的通道；西壁偏南有两道自上而下的裂缝，长 4 ~ 5 米；北壁保存最好。敌台现高 11 米，底部东西长 11、南北长 12 米，顶部东西长 6、南北长 7 米。（彩图一一二）

八台沟墙外单体建筑（150925352199170120）：位于凉城县六苏木镇十二沟村东北 1.4 千米。建在长城墙体之北的一处平台上，由三段墙体构成，轮廓呈"∏"形，向西凸出。西墙与长城墙体平行，南临八台沟 2 号敌台，长 35 米，距长城墙体 8 米；南、北墙垂直伸向长城墙体，明显窄于西墙，基本消失，未见与长城墙体相接。

单体建筑黄土夯筑，夯层厚 0.15 ~ 0.2 米，内无夹杂物。破坏严重，西墙大部分坍塌，现高 0.5 ~ 1、底宽 5、顶宽 0.4 ~ 1.5 米；南、北墙宽 0.4 ~ 0.6 米。其功用目前尚不清楚。（彩图一一三）

十二沟长城（150925382101170012）

起自凉城县六苏木镇八台沟村南 1.6 千米，止于六苏木镇十二沟村东 0.5 千米。呈东 – 西走向。上接八台沟长城，下接山西省右玉县杀虎口长城。长 2240 米。其中保存较好 630 米、一般 750 米、较差 590 米、差 270 米，各占此段墙体长度的 28%、34%、26% 和 12%。

墙体为自然基础，黄土夯筑，夯层厚 0.15 ~ 0.2 米，内无夹杂物。墙体受自然风雨侵蚀及开路、修梯田等因素破坏严重，有不同程度的坍塌和截断，整体保存一般。墙体现高 1 ~ 8、底宽 3 ~ 7、顶宽 0.18 ~ 2.5 米。（彩图一一四）

墙体上有敌台 4 座、马面 4 座，即十二沟 1 ~ 4 号敌台和十二沟 1 ~ 4 号马面。

十二沟 1 号敌台（150925352101170062）：位于凉城县六苏木镇十二沟村东 0.34 千米。骑墙而建，实心。黄土夯筑，夯层厚 0.15 ~ 0.2 米，内无夹杂物。

0　　2　　4米

敌台保存较好。平面呈正方形，剖面呈梯形。顶部正中有小部分塌陷；东壁齐整，中部有两条自上而下的裂缝，长5~6米；西壁保存较好，偏北部有一条自上而下延伸的裂缝；南壁有几处受自然因素破坏形成的大小不一的坑窝。敌台现高10米，底部边长13米，顶部东西长8、南北长7米。

敌台南侧有围墙将台体包围，围墙多已坍塌，黄土夯筑，夯层厚0.1~0.2米。南墙中部及东、西墙各残存一部分墙体，分别长24、10、10米，现高1.5~2、宽0.4~0.6米。南墙中部有一弧形洞口，穿过洞口即达敌台南壁脚下的台地上，洞口高1、宽1.5米。南墙距敌台8米。（彩图一一五）

十二沟2号敌台（150925352101170063）：位于凉城县六苏木镇十二沟村西南0.5千米。骑墙而建，实心。黄土夯筑，夯层厚0.15~0.2米，内无夹杂物。

敌台保存较好。平面呈矩形，剖面呈梯形。顶部平整；东壁偏北有一条自上而下雨水冲刷的凹槽，长5米；西壁有一条自上而下宽约0.3米的凹槽和少量坑窝；西北角破坏严重，基部有长约2、宽2、深约1.5米的雨水冲沟；南壁保存较为完好，有少量坑窝。敌台位于一平台上，两侧长城墙体保存较好，墙体顶宽3米。敌台现高15米，底部东西长15、南北长13米，顶部东西长9、南北长8米。（图二三）

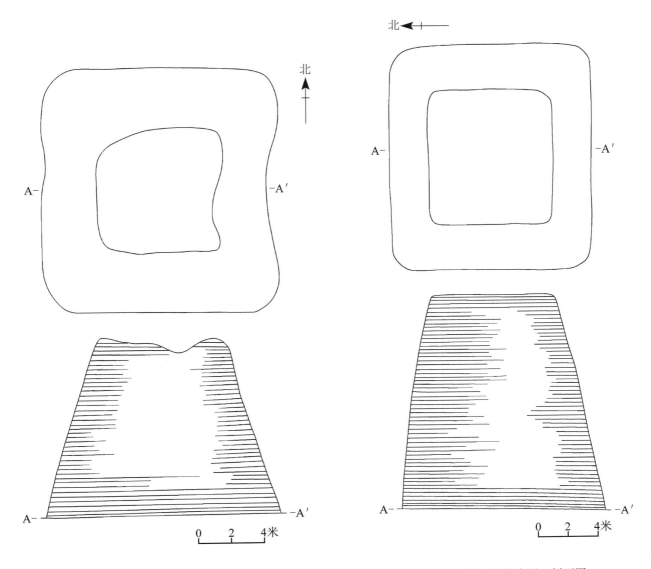

图二二 八台沟2号敌台平、剖面图　　　　图二三 十二沟2号敌台平、剖面图

　　十二沟 3 号敌台（150925352101170064）：位于凉城县六苏木镇十二沟村西南 1.2 千米。骑墙而建，实心。黄土夯筑，夯层厚 0.15～0.2 米，内无夹杂物。

　　敌台建在一个平坦的台地上，视野较为开阔。保存较差。平面呈正方形，剖面呈梯形。四壁有破坏，东壁由于雨水冲刷而形成几条凹槽；南壁偏东有一人为的洞穴，洞口底宽 1.3、顶宽 0.5、高 1.3 米，洞进深 1.2 米；西壁有几条雨水冲刷的凹槽，宽约 0.3 米。敌台现高 13、底部边长 14、顶部边长 5 米。（彩图一一六）

　　十二沟 4 号敌台（150925352101170065）：位于凉城县六苏木镇十二沟村西 1.5 千米。骑墙而建，空心。黄土夯筑，夯层厚 0.15～0.2 米，内无夹杂物。

　　敌台保存一般。平面呈正方形，剖面呈梯形。顶部塌陷，坑洼不平，有一东西长 2.5、南北长 2.2 米的洞穴；四壁破坏严重，北壁中部坍塌，形成斜坡，东北角和西北角有柱状残存；南壁有大量坑窝，底部形成斜坡，斜坡上有一人为洞穴，高 2.2、宽 2.4、进深 4.8 米，洞内可直通敌台顶部，与顶部的洞穴相通；东壁保存相对较好，只有少量的坑窝和两道较小的冲沟；西壁有两道较大的冲沟。敌台现高 9 米，底部边长 12 米，顶部东西长 6、南北长 5 米。（图二四；彩图一一七）

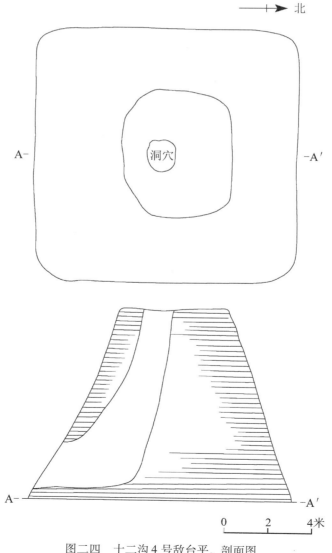

图二四　十二沟 4 号敌台平、剖面图

（三）山西省朔州市右玉县

右玉县境内明长城二边总长 8034 米，划分为 4 段，其中土墙 3 段、消失 1 段，分别长 7767 米和 267 米，各占此段墙体总长的 91% 和 9%。墙体上有敌台 5 座、马面 6 座、城楼 1 座。（参见地图五）其分类长度统计如下表。（表一〇）

表一〇　山西省朔州市右玉县明长城二边墙体分类长度统计表　　　　（单位：米）

墙体类型 保存状况	土墙	石墙	砖墙	木障墙	山险墙	山险	河险	其他墙体	消失长城
较好	1089	0	0	0	0	0	0	0	
一般	755	0	0	0	0	0	0	0	
较差	3762	0	0	0	0	0	0	0	267
差	1946	0	0	0	0	0	0	0	
消失	215	0	0	0	0	0	0	0	
总计	7767	0	0	0	0	0	0	0	8034

杀虎口长城（140623382101170001）

起自凉城县六苏木镇十二沟村东 0.5 千米，止于和林格尔县新店子镇河西村东 0.5 千米。大致呈东北 - 西南走向。上接凉城县十二沟长城，下接右玉县河西长城。长 2639 米。其中保存较好 1089 米、一般 755 米、差 795 米，各占此段墙体长度的 41%、29% 和 30%。

墙体为自然基础，黄土夯筑，夯层厚 0.15 ~ 0.2 米，内无夹杂物。保存一般。墙体受自然及人为因素破坏严重，有不同程度的坍塌和截断。部分地势相对平缓地段的长城墙体外侧可见挡马墙，存在两条墙体重叠分布的现象。（彩图一一八）墙体现高 5 ~ 7.5、底宽 9、顶宽 1.5 ~ 4.5 米。杀虎口万金桥上修筑有水上长城，大多已消失，仅存三个桥墩，由青条石砌筑而成，长城南 0.6 千米有杀虎堡，筑于明嘉靖二十三年（1544 年）。（彩图一一九）

墙体上有敌台 5 座、马面 6 座、城楼 1 座，即杀虎口 1 ~ 5 号敌台、杀虎口 1 ~ 6 号马面及杀虎口城楼。

杀虎口 1 号敌台（140623352101170001）：位于右玉县杀虎口城堡东北 1.5 千米。骑墙而建，空心。黄土夯筑，夯层厚 0.15 ~ 0.2 米，内无夹杂物。

敌台保存一般。平面呈正方形，剖面呈梯形。顶部坑洼不平；南壁有多个坑窝，中部以下坍塌成斜坡，斜坡上有一个人为洞穴，洞口底宽 2.9、高 2.4 米，洞进深 6 米，深 1.5 米处有一东西长 0.8、南北长 1 米的矩形洞口通向顶部；东、西、北壁有少量坑窝和雨水冲刷的小凹槽。敌台现高 12、底部边长 13.5、顶部边长 5 米。（彩图一二〇）

杀虎口 2 号敌台（140623352101170002）：位于右玉县杀虎口城堡东北 1.3 千米。骑墙而建，实心。黄土夯筑，夯层厚 0.15 ~ 0.2 米，内无夹杂物。外侧包有砖石，现已滑落流失。

敌台保存一般。平面呈正方形，剖面呈梯形。顶部四周可见女墙，黄土夯筑，底宽 0.7、顶宽 0.4 米，东、北、南面女墙较高，高 1.2 ~ 2.3 米；西墙较低，高 0.3 ~ 0.4 米；东、南、北女墙上有瞭望孔，高 0.4 ~ 0.5 米。敌台四壁有残损，周围散落大量砖石和条石，推测敌台由条石做基础，用砖石包砌。敌台现高 9.5、底部边长 11、顶部边长 7 米。

杀虎口 3 号敌台（140623352101170003）：位于右玉县杀虎口乡杀虎口村东 0.8 千米。骑墙而建，实心。黄土夯筑，夯层厚 0.15～0.2 米，内无夹杂物。

敌台保存一般。平面呈矩形，剖面呈梯形。四壁有残损，北壁有几处因自然因素破坏而形成的坑窝；南壁保存较差，中部向内整体塌陷；西壁中间有一条雨水冲刷的凹槽；东壁保存较好。敌台现高 14 米，底部东西长 12.5、南北长 11.5 米，顶部东西长 7、南北长 6 米。

杀虎口 4 号敌台（140623352101170004）：位于右玉县杀虎口乡杀虎口村东北 0.2 千米。骑墙而建，实心。黄土夯筑，夯层厚 0.15～0.2 米，内无夹杂物。

敌台保存较好。平面呈矩形，剖面呈梯形。东壁顶部偏南有小部分塌陷，中部有自上而下的沟槽，沟槽内有几个较小坑窝；南壁大部分向内塌陷，深约 1 米；西壁底部有几处塌陷后形成的坑窝。敌台现高 14 米，底部东西长 14、南北长 12 米，顶部东西长 6、南北长 5 米。

杀虎口 5 号敌台（140623352101170005）：位于右玉县杀虎口城堡北。骑墙而建，实心。内部黄土夯筑，外部包砌青砖，白灰勾缝。2002～2005 年，右玉县杀虎口旅游区对该敌台进行了维修，恢复了原貌。

敌台建在高 5.3 米的平台上，平台高出墙体 1.5 米，顶部东西长 18.4、南北长 21 米；上有垛口墙，高 5.3 米。台体平面呈矩形，剖面呈梯形，高 9.75 米，底部东西长 13、南北长 15 米，顶部边长 10 米。

杀虎口城楼（140623352104170001）：位于右玉县杀虎口旅游区，俗称"杀虎口"。建于明代，2002～2005 年，由杀虎口旅游区进行了修复。

城楼建造于东西走向的长城墙体之中，宽于现存长城墙体，高大雄伟。青条石基础，青砖包砌，白灰勾缝。两侧为城门墩，中间为拱形门洞，通高 10 米，门洞最高 5.6 米，在 4.4 米处起拱，门洞宽 5、进深 14.7 米。门洞上方有一白色大理石匾额，长 4.6、宽 1.5 米，上有罗哲文先生题写的"杀虎口"三字。

东、西门墩形制相仿，尺寸相同，高 13 米，底部东西长 12.5、南北进深 17.6 米，方向为北偏西 30°。门墩底部为青条石基础，高 1.12 米；上为包砖，高 12 米。青条石长 62、宽 19 厘米。台墩顶部东西长 16.4、南北长 14.4 米，沿边有垛口墙和排水设施。垛口墙高 2.4 米，垛口长 1.2、高 0.6、宽 0.4 米，垛口间距 0.52 米。顶部中央建有二层阁楼，硬山式双面出水；阁楼高 8.5 米，面阔三间，单间东西长 3.18、南北进深 4.77 米，柱径 0.33 米；木架结构，上有彩绘。阁楼顶部有动物造型，台墩南侧有登台步道。

门墩东、西两侧为翻新的砖包长城墙体，包砖长 39.5、宽 19.5、厚 7 厘米。城墙高 8 米，东侧与门墩的接合处有一暗门，高 1.8、宽 1.7 米，条石砌筑；距地面 3.05 米处有一匾额，长 0.73、宽 0.46 米，字迹漫漶，已无法辨认。城墙顶部 8.1 米，青砖铺地，砖呈正方形，边长 30 厘米。顶部两侧有相同的垛口墙和排水设施；垛口墙高 2.03 米，垛口高 0.6、宽 0.63、长 0.4 米，垛口间距 1.8～2 米，中间有边长 0.2 米的正方形射孔，射孔与射孔中间底部有边长 0.4 米的正方形礌石孔。射孔间距 0.48 米，礌石孔间距 5 米。（图二五、二六；彩图一二一）

河西长城（140623382301170002）

起自内蒙古自治区呼和浩特市和林格尔县新店子镇河西村东 0.5 千米，止于新店子镇河西村西 0.6 千米。大致呈东北 - 西南走向。上接杀虎口长城，下接二十五湾长城。长 267 米，已消失。

墙体位于和林格尔县和右玉县交界处的一条河流（山西省马营河村以南称苍头河，以北包括进入内蒙古自治区境内称兔毛河）的河床中，河内常年流水。此处为明长城中著名的苍头河水上长城，墙体已消失。只在河床北岸残存三个石砌的桥墩，依稀可见当年雄姿。

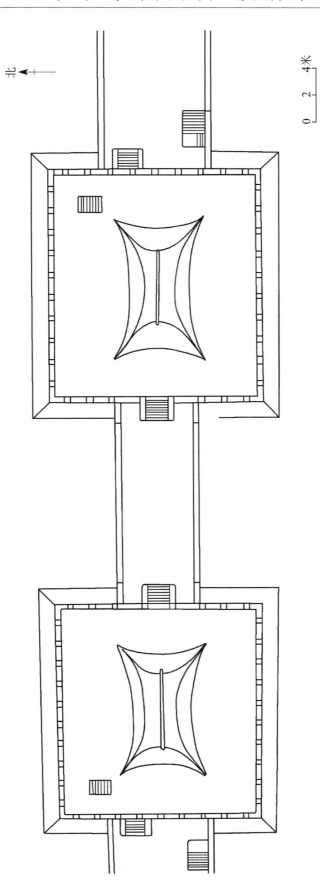

图二五　杀虎口城楼平面图

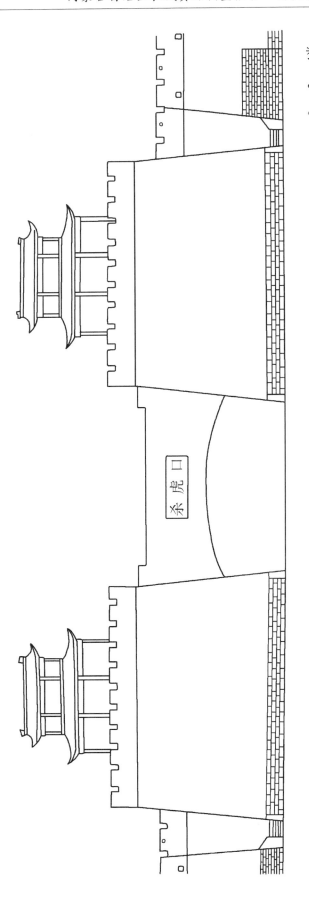

图二六　杀虎口城楼立面图

大坡长城（140601382101170004）

起自右玉县李达窑乡韩家窑村西北1.3千米，止于李达窑乡大坡村西南1千米。这段长城是从明长城二边主线向西伸出的一条支线，从凉城县头墩长城向西伸出，下接十五沟长城。大体呈东北－西南走向。长2680米，其中保存较差1362米、差1151米、消失167米，分别占此段墙体长度的50%、44%和6%。

墙体基础不详，黄土夯筑，夯层厚0.2米，内夹杂有砂砾。起点处墙体痕迹明显，呈矮墙状分布，后半段保存差，接近消失。墙体现高0.2～1、底宽2、顶宽0.2～0.5米。

墙体上不见马面、敌台等设施，沿线发现有汉代特征的绳纹陶片和建筑构件。

十五沟长城（140601382101170003）

起自右玉县李达窑乡大坡村西南1千米，止于李达窑乡十五沟村东北0.5千米。这段长城是二边支线的延伸，上接大坡长城，下与二边主线相望。大体呈东北－西南走向。长2448米。其中保存较差2400米、消失48米，各占此段墙体长度的98%和2%。

墙体基础不详，黄土夹砂夯筑，夯层厚0.2米，夯层内可见汉代绳纹陶片。墙体因水土流失而破坏严重，在地表呈土垄状分布。墙体现高0.2～1.3、底宽1.5～3、顶宽0.5～1米。墙体上不见马面、敌台等设施。

（四）呼和浩特市和林格尔县

和林格尔县境内的明长城二边总长51406米，划分为26段，其中土墙25段、消失1段，分别长50406米和1000米，各占此段墙体总长度的98%和2%。墙体上有敌台113座、马面49座、墙外单体建筑1座。（参见地图六）其分类长度统计如下表。（表一一）

表一一　和林格尔县明长城二边墙体分类长度统计表　　　　（单位：米）

墙体类型 保存状况	土墙	石墙	砖墙	木障墙	山险墙	山险	河险	其他墙体	消失长城
较好	4857	0	0	0	0	0	0	0	
一般	20206	0	0	0	0	0	0	0	
较差	18725	0	0	0	0	0	0	0	1000
差	5596	0	0	0	0	0	0	0	
消失	1022	0	0	0	0	0	0	0	
总计	50406	0	0	0	0	0	0	0	51406

二十五湾长城（150123382101170001）

起自和林格尔县新店子镇河西村西0.6千米，止于新店子镇二十三村东0.5千米，位于苍头河西岸。大致呈东北－西南走向。上接右玉县河西长城，下接和林格尔县二十三村长城。长284米，保存差。

墙体为自然基础，黄土夯筑，夯层厚0.15～0.2米。由于常年水土流失和雨水冲刷使墙体破坏严重，两侧坍塌成斜坡，表面生长大量的杂草及少量乔木和灌木。墙体现高0.5～2.5、底宽2～4、顶宽0.3～0.8米。

墙体东1.5千米为杀虎口城堡，西0.5千米为和林格尔县新店子镇二十三村和河西村，东南0.5

千米为山西省右玉县杀虎口乡二十五湾村，村中有常住居民。

二十三村长城（150123382101170002）

起自和林格尔县新店子镇二十三村东0.5千米，止于新店子镇前菜木贝村东南0.5千米。大致呈东北－西南走向。上接二十五湾长城，下接海子湾长城。长2796米。其中保存一般1069米、较差496米、差1147米、消失84米，各占此段墙体长度的38%、18%、41%和3%。

墙体为自然基础，黄土夯筑，夯层厚0.15～0.2米。墙体大多已坍塌，坍塌土堆积在两侧呈斜坡状，个别地段仅残存基础部分。墙体现高1～4、底宽6、顶宽0.5～1米。（彩图一二二）

墙体有敌台5座、马面2座，即二十三村1~5号敌台和二十三村1、2号马面。

二十三村1号敌台（15012335210117 0001）：位于和林格尔县新店子镇河西村南0.8千米。骑墙而建，空心。黄土夯筑，夯层厚0.15～0.2米。

敌台保存较差。平面呈矩形，剖面呈梯形。北壁中部偏西有一条雨水冲刷形成的凹槽，宽0.5～2、深1米；西壁有较多坑窝，底部向内凹陷，偏北部出现一条自上而下的裂缝，贯穿整个台体，有导致西壁整体坍塌的危险；东壁有几处坑窝，底部有一个洞穴，洞口高1、宽1.2米，可通往敌台顶部，洞内坍塌严重，通道基本被堵死。敌台现高10米，底部东西长13、南北长11.5米，顶部东西长5、南北长4米。（图二七）敌台东部有一人工修筑的平台，连接台体东壁，上有围墙，围墙保存差，已坍塌，仅能观察到墙基部分的夯层，具体数据已无法测量。

二十三村2号敌台（150123352101170002）：位于和林格尔县新店子镇河西村南1.6千米。骑墙而建，实心。黄土夯筑，夯层厚0.15～0.2米。

敌台保存一般。平面呈正方形，剖面呈梯形。西壁有几处坑窝，底部夯层裸露，清晰可见；北壁有两条自上而下的裂缝，可能导致北壁整体坍塌；南壁有两条自上而下的大裂缝，底部有一处坍塌形成的豁口，宽0.4、高0.6、深0.5米。敌台现高14米，底部边长12米，顶部东西长5、南北长6米。

二十三村3号敌台（150123352101170003）：位于和林格尔县新店子镇二十四村南0.5千米。骑墙而建，实心。黄土夯筑，夯层厚0.15～0.2米。

敌台保存较差。平面呈矩形，剖面呈梯形。整体破坏严重，顶部较为平整，四壁有残损，西南角严重坍塌，形成斜坡，西壁残存部分有多条裂缝，东壁坑窝较多。敌台现高10米，底部东西长12、南北长14米，顶部东西长4、南北长6米。

二十三村4号敌台（150123352101170004）：位于和林格尔县新店子镇前菜木贝村东1千米。骑墙而建，实心。黄土夯筑，夯层厚0.15～0.2米。

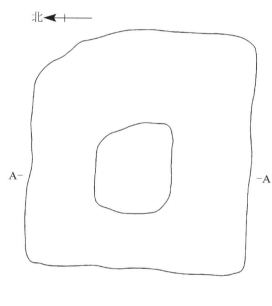

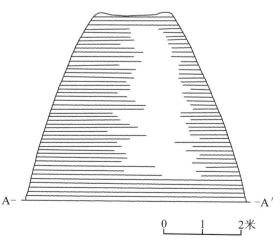

0　　1　　2米

图二七　二十三村1号敌台平、剖面图

敌台保存一般。平面呈矩形，剖面呈梯形。顶部较为平整，四壁因雨水冲刷形成许多坑窝和裂缝，西壁自上而下坍塌，形成高3米的斜坡。敌台现高9米，底部东西长17.5、南北长15.5米，顶部东西长7、南北长9米。（彩图一二三）

二十三村5号敌台（150123352101170005）：位于和林格尔县新店子镇前菜木贝村东0.5千米。建于长城墙体的拐角处，长城墙体在此拐了一个90°的大弯，走向由东北－西南转向西北－东南。由于所处位置重要，该敌台建造的高大雄伟。骑墙而建，实心。黄土夯筑，夯层厚0.15～0.2米。

敌台保存一般。平面呈矩形，剖面呈梯形。敌台顶部平整；四壁有不同程度坍塌，西壁和南壁坍塌较为严重，形成斜坡；东壁和北壁保存相对较好，表面分布坑窝；底部四角有现代洞穴和小围墙。敌台现高12米，底部边长14米，顶部东西长5、南北长6米。

海子湾长城（150123382101170003）

起自和林格尔县新店子镇前菜木贝村东南0.5千米，止于新店子镇前菜木贝村东南2.2千米。大致呈西北－东南走向。上接二十三村长城，下接北辛窑长城。长1663米。其中保存一般492米、较差654米、差470米、消失47米，分别占墙体长度的30%、39%、28%和3%。

墙体为自然基础，黄土夯筑，夯层厚0.15～0.2米。墙体大多已坍塌，两侧呈斜坡状，个别地段仅残存基础部分，沿线不见砖石包砌痕迹。墙体现高1～6、底宽6、顶宽0.5～1米。

墙体上有敌台5座、马面2座，即海子湾1～5号敌台和海子湾1、2号马面。

海子湾1号敌台（150123352101170006）：位于和林格尔县新店子镇前菜木贝村东南1千米。骑墙而建，实心。黄土夯筑，夯层厚0.15～0.2米。

敌台保存较差。平面呈矩形，剖面呈梯形。顶部小部分坍塌；南壁塌毁严重，导致壁面凸凹不平；北壁分布大小不一的坑窝；西壁顶部偏北有一处因坍塌形成的大洞。敌台现高16米，底部东西长16.5、南北长14米，顶部东西长8、南北长4米。

敌台东侧残存围墙，围墙建在一个平台之上，两端与敌台两侧长城墙体相连，将敌台东半部包围在内。受自然因素破坏，围墙大多已消失，痕迹比较模糊，北墙残留部分墙基，测得北墙和南墙长12.5、东墙长20米，东墙距敌台东壁11.5米。

海子湾2号敌台（150123352101170007）：位于和林格尔县新店子镇前菜木贝村东南1.4千米。骑墙而建，实心。黄土夯筑，夯层厚0.15～0.2米。

敌台保存一般。平面呈矩形，剖面呈梯形。东壁中部局部坍塌，塌陷土形成一道斜坡；北壁和西壁分布较多大小不一的坑窝，西壁偏北自上而下有一条雨水冲刷的凹槽，底部因风沙侵蚀形成四处坑窝；南壁保存较好，有几处大小不一的坑窝。敌台现高10米，底部东西长12、南北长13米，顶部东西长8、南北长6米。（彩图一二四）

海子湾3号敌台（150123352101170008）：位于和林格尔县新店子镇前菜木贝村东南1.7千米。骑墙而建，实心。黄土夯筑，夯层厚0.15～0.2米。

敌台保存较差。平面呈矩形，剖面呈梯形。东壁向内坍塌，偏北及东北角全部塌毁，中部有一条自上而下的裂缝，长约7.5米，可能导致敌台再次坍塌；西壁南侧整体坍塌，仅残留北部一半的台体，上有一条裂缝；由于西壁坍塌的破坏，南壁亦残损严重，如果西壁残存部分继续坍塌，南壁将无存。敌台现高15米，底部东西长8、南北长6米，顶部东西长4、南北长3米。

海子湾4号敌台（150123352101170009）：位于和林格尔县新店子镇前菜木贝村东南1.8千米。骑墙而建，实心。黄土夯筑，夯层厚0.15～0.2米。

敌台保存一般。平面呈矩形，剖面呈梯形。南壁有少量小坑窝，坑窝因雨水冲刷风蚀而形成，偏

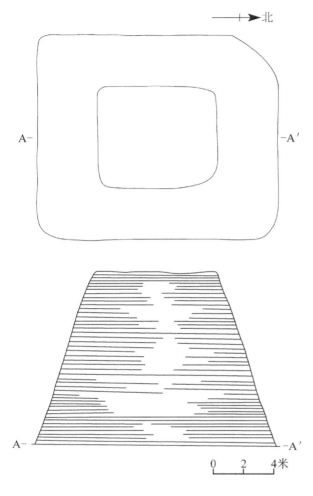

图二八　海子湾 4 号敌台平、剖面图

西部自上而下有一条裂缝，长 1 米，底部因风蚀而内凹；西、北壁保存较差，大部分坍塌，西北角消失；东壁保存相对较好。敌台现高 12 米，底部东西长 14、南北长 16 米，顶部东西长 7、南北长 8 米。（图二八）

海子湾 5 号敌台（150123352101170010）：位于和林格尔县新店子镇前菜木贝村东南 2 千米。骑墙而建，实心。黄土夯筑，夯层厚 0.15～0.2 米。

敌台顶部平整；东壁底部偏北有一人为洞穴，洞口较大，呈弧形，宽 1.5、高 1.5、进深 3.5 米；东壁偏南部分坍塌，形成梯形豁口，上宽 1.5、下宽 3、向内凹陷 1.3 米；北壁大部分坍塌，西北角消失，仅存偏东一小部分台体。敌台现高 8 米，底部东西长 12、南北长 14 米，顶部东西长 6、南北长 8 米。

北辛窑长城（150123382101170004）

起自和林格尔县新店子镇前菜木贝村东南 2.2 千米，止于山西省右玉县马营河乡二分关村北 0.5 千米。大致呈东北－西南走向。上接海子湾长城，下接二分关长城。长 1390 米，保存较差。

墙体为自然基础，黄土夯筑，夯层厚 0.15～0.2 米。墙体破坏严重，大部分坍塌，在墙体两侧形成斜坡，个别地段墙体仅残存基础部分，仅有小段墙体保存较好。墙体现高 1～7.5、底宽 6～8、顶宽 0.2～4 米。（彩图一二五）

墙体上有敌台 4 座、马面 2 座，即北辛窑 1～4 号敌台和北辛窑 1、2 号马面。

北辛窑 1 号敌台（150123352101170011）：位于和林格尔县新店子镇前菜木贝村东南 2 千米。骑墙而建，空心。黄土夯筑，夯层厚 0.15～0.2 米。

敌台建在一个高出地面的平台上，保存较好。平面呈矩形，剖面呈梯形。顶部中央有一个洞穴，已塌陷，使顶部受到了破坏，坑洼不平；东壁中部坍塌，形成高约 4 米的斜坡，斜坡处的壁面上有一人为的洞穴，洞口宽、高 2 米，洞内与敌台顶部的洞穴相通；北壁东北角坍塌，中部有两条自上而下的裂缝，宽约 0.2 米；南壁东南角有坍塌，中部有两条自上而下的裂缝。敌台现高 14 米，底部东西长 13、南北长 15 米，顶部边长 5 米。（彩图一二六）

北辛窑 2 号敌台（150123352101170012）：位于和林格尔县新店子镇羊塔村东北 1.5 千米。骑墙而建，实心。黄土夯筑，夯层厚 0.15～0.2 米。

敌台保存较好。平面呈矩形，剖面呈梯形。顶部由于坍塌而凸凹不平；四壁均有破坏，西壁西南角有坍塌；南壁中间部分完全塌毁，向内凹陷 3 米，只残存左、右下角，呈立柱状，宽约 2 米；东壁和北壁有几条自上而下的裂缝。敌台现高 14 米，底部东西长 15、南北长 13.5 米，顶部东西长 6、南北长 7 米。

北辛窑 3 号敌台（150123352101170013）：位于和林格尔县新店子镇羊塔村东北 1.2 千米。骑墙而建，实心。黄土夯筑，夯层厚 0.15~0.2 米。

敌台保存一般。平面呈正方形，剖面呈梯形。顶部由于坍塌而凸凹不平；东壁自上而下有两条雨水冲刷的凹槽，宽约 1 米；北壁坍塌严重，形成高 6.5 米的斜坡，在东北角和西北角各残留一个高 2 米和 1.3 米的夯土立柱；西壁自上而下有多条裂缝，西南角坍塌，形成高 4 米斜坡；南壁有多条雨水冲刷的凹槽，偏西有一人为大坑。敌台现高 12 米，底部边长 14 米，顶部东西长 5、南北长 6 米。（彩图一二七）

北辛窑 4 号敌台（150123352101170014）：位于和林格尔县新店子镇羊塔村东北 1 千米。骑墙而建，实心。黄土夯筑，夯层厚 0.15~0.2 米。

敌台位于二分关村北侧，人为破坏严重，保存一般。平面呈矩形，剖面呈梯形。东壁坍塌，形成高 6 米的斜坡；其他各壁保存尚好，有少量裂缝和坑窝。东壁斜坡与墙体连接处及南壁和北壁底部中间各有一人为窑洞，洞内存放着村民的杂物。敌台现高 10 米，底部东西长 12、南北长 13 米，顶部东西长 4、南北长 7 米。（彩图一二八）

二分关长城（150123382301170005）

起自山西省右玉县马营河乡二分关村北 0.4 千米，止于和林格尔县新店子镇羊塔村南 0.4 千米。大致呈东北－西南走向。上接北辛窑长城，下接羊塔长城。长 1000 米，已消失。

墙体处于两山间的低洼地段，山水冲刷造成墙体消失。

羊塔长城（150123382101170006）

起自和林格尔县新店子镇羊塔村南 0.4 千米，止于新店子镇前海子洼村东 0.7 千米。大致呈东北－西南走向。上接二分关长城，下接前海子洼长城。长 1390 米。其中保存较好 156 米、一般 727 米、较差 470 米、消失 37 米，各占此段墙体长度的 11%、52%、34% 和 3%。

墙体为自然基础，黄土夯筑，夯层厚 0.15~0.2 米。墙体破坏严重，大部分坍塌，个别地段仅残存基础部分。墙体现高 1~6、底宽 5~8、顶宽 0.5~3.5 米。

此段墙体上有敌台 3 座，即羊塔 1~3 号敌台。

羊塔 1 号敌台（150123352101170015）：位于和林格尔县新店子镇前海子洼村东 1 千米、羊塔村西南约 0.8 千米。骑墙而建，实心。黄土夯筑，夯层厚 0.15~0.2 米。

敌台保存较好。平面呈矩形，剖面呈梯形。顶部平整；北壁有多处因风蚀而形成的坑窝，顶部有小部分塌陷；东壁偏南有坍塌，东南角消失；南壁偏东有坍塌，壁上多风蚀形成的坑窝；西壁保存相对较好，底部因风蚀而内凹。敌台现高 9 米，底部东西长 13.5、南北长 13 米，顶部东西长 6、南北长 6.5 米。（图二九）

羊塔 2 号敌台（15012335210117 0016）：位于和林格尔县新店子镇羊塔村西南 1 千米。骑墙而建，实心。黄土夯筑，夯层厚 0.15~0.2 米。

敌台保存较好。平面呈矩形，剖面呈梯形。顶部平整；西、南两壁有几处因风蚀而形成的坑窝；东壁整体塌陷，导致东北角完全消失；北壁部分坍塌；西壁偏北和西北角底部有小部分塌陷。敌台现高 11 米，底部东西长 13.5、南北长 13 米，顶部东西长 4、南北长 5.5 米。

羊塔 3 号敌台（150123352101170017）：位于和林格尔县新店子镇前海子洼村南 0.5 千米。骑墙而建，实心。黄土夯筑，夯层厚 0.15~0.2 米。

敌台保存较好。平面呈矩形，剖面呈梯形。顶部平整，四壁损毁轻微，东、西、南壁有少量大小不一的坑窝，其中西、南两壁底部因风蚀而内凹，北壁因雨水冲刷和风蚀而凸凹不平。敌台现高 11

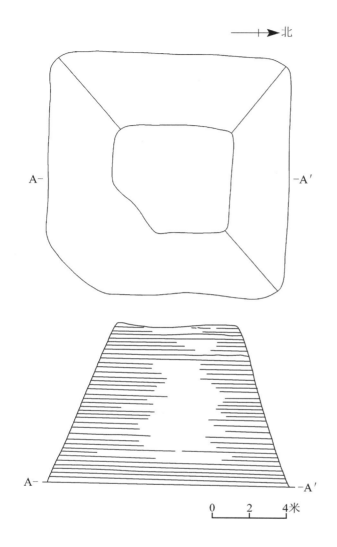

0　　2　　4米

图二九　羊塔1号敌台平、剖面图

米，底部边长13米，顶部东西长6、南北长5米。

前海子洼长城（150123382101170007）

起自和林格尔县新店子镇前海子洼村东0.7千米，止于新店子镇前海子洼村西南1.2千米。大致呈东北－西南走向。上接羊塔长城，下接磨扇凹长城。长2910米。其中保存较好100米、一般2671米、较差70米、消失69米，各占此段墙体长度的3%、92%、3%和2%。

墙体为自然基础，黄土夯筑，夯层厚0.15~0.2米。墙体破坏严重，大部分坍塌，两侧呈斜坡，上面长满杂草及少量灌木。墙体现高1.5~6.5、底宽5~8、顶宽0.5~2.5米。（彩图一二九）

此段墙体上单体建筑比较密集，有敌台8座，即前海子洼1~8号敌台。

前海子洼1号敌台（1501233521011700 18）：位于和林格尔县新店子镇前海子洼村西南0.4千米。骑墙而建，空心。黄土夯筑，夯层厚0.15~0.2米。

敌台保存较好。平面呈近正方形，剖面呈梯形。东壁中部有一条自上而下的裂缝，长4米；南壁比较平整，中部有一洞穴，洞内可通往敌台顶部，洞口宽1.5、高1.7米；西壁偏南自上而下有一条长2米的裂缝；北壁保存较好。敌台现高15米，底部东西长14、南北长13.5米，顶部边长8米。（彩图一三〇）

前海子洼2号敌台（150123352101170019）：位于和林格尔县新店子镇前海子洼村西南0.6千米。骑墙而建，实心。黄土夯筑，夯层厚0.15~0.2米。

敌台保存一般。平面呈矩形，剖面呈梯形。东、南壁轻度坍塌，壁上多风蚀形成的坑窝；西壁因雨水冲刷和风蚀而坑洼不平，顶部部分塌陷；北壁中部偏西大多塌毁。敌台现高5米，底部东西长15.5、南北长9米，顶部东西长7、南北长3.5米。

前海子洼3号敌台（150123352101170020）：位于和林格尔县新店子镇前海子洼村西南0.9千米。骑墙而建，空心。黄土夯筑，夯层厚0.15~0.2米。

敌台保存一般。平面呈正方形，剖面呈梯形。南壁有坍塌，壁面不平整，有一条裂缝；西壁偏北有坍塌，偏南有一条较大的裂缝，可能导致敌台再次坍塌；北壁大部分塌毁，破损不堪，上面长有一棵榆树和较多杂草。敌台周围散落少量青砖残块。敌台现高11米，底部边长13.5，顶部东西长6、南北长3.5米。

前海子洼 4 号敌台（150123352101170021）：位于和林格尔县新店子镇后海子洼村南 1 千米。骑墙而建，空心。黄土夯筑，夯层厚 0.15~0.2 米。

敌台保存一般。平面呈近正方形，剖面呈梯形。南、北壁大面积坍塌；西壁中部塌毁，只西北角和西南角有残存，呈立柱状，现高 1~1.3 米；东壁底部中央有洞穴，洞口宽 1.3、高 1.2 米，洞进深 3 米，洞内可通往敌台顶部；东壁南侧距地面 3 米亦有一个人为的洞穴，洞口高 1.5、宽 1 米。敌台现高 9 米，底部东西长 14、南北长 13.5 米，顶部东西长 5、南北长 6 米。

前海子洼 5 号敌台（150123352101170022）：位于和林格尔县新店子镇后海子洼村南 1.2 千米。骑墙而建，实心。黄土夯筑，夯层厚 0.15~0.2 米。

敌台保存较好。平面呈矩形，剖面呈梯形。东壁东南角有一条自上而下的裂缝，裂缝下方有一人为洞穴，洞口宽 2、高 3 米，洞进深 1.3 米；北壁由于雨水冲刷形成一条自上至下的凹槽，宽约 0.5 米；西壁西北角和西南角各有一条裂缝。敌台现高 10 米，底部东西长 14、南北长 15 米，顶部东西长 6、南北长 5 米。

前海子洼 6 号敌台（150123352101170023）：位于和林格尔县新店子镇十二沟村南 1 千米。骑墙而建，实心。黄土夯筑，夯层厚 0.15~0.2 米。

敌台保存较差。平面呈矩形，剖面呈梯形。东、北、西壁破坏严重，北壁坍塌形成斜坡，斜坡上多台阶状风蚀痕；东壁东南角和东北角已塌毁；西壁西北角坍塌形成一个较大的斜坡，斜坡上坑洼不平；南壁受雨水冲刷形成几条凹槽，宽 0.4 米。敌台现高 10 米，底部东西长 15、南北长 13 米，顶部东西长 3.5、南北长 5 米。

敌台南侧残存围墙，轮廓呈长方形，东西长 12、南北长 21 米，墙体现高约 1 米。（彩图一三一）

前海子洼 7 号敌台（150123352101170024）：位于和林格尔县新店子镇十二沟村西南 0.8 千米。骑墙而建，实心。黄土夯筑，夯层厚 0.15~0.2 米。

敌台整体保存较好。平面呈矩形，剖面呈梯形。南壁多坑窝，自上而下有一条雨水冲刷的凹槽，宽约 0.1 米，东南角有夯土剥落的痕迹；东壁底部中间有一个人为洞穴，高、宽、进深各 1 米；北壁和西壁保存相对较好，由于雨水冲刷和风沙侵蚀的破坏，壁面上形成多个坑窝，有夯土脱落现象。敌台现高 9 米，底部东西长 15、南北长 15.5 米，顶部东西长 7、南北长 8 米。（彩图一三二）

前海子洼 8 号敌台（150123352101170025）：位于和林格尔县新店子镇十二沟村西南 0.8 千米。骑墙而建，实心。黄土夯筑，夯层厚 0.15~0.2 米。

敌台保存较好。平面呈矩形，剖面呈梯形。顶部已塌陷；南壁有较大的裂缝，宽 0.3 米；西壁由于坍塌在底部形成高 3 米的斜坡，坡上分布坑窝；北壁有两条裂缝，底部有坍塌形成的斜坡；东壁偏南有因雨水冲刷而坍塌的痕迹。敌台现高 11 米，底部东西长 12、南北长 10 米，顶部东西长 6、南北长 7 米。

磨扇凹长城（150123382101170008）

起自和林格尔县新店子镇前海子洼村西南 1.2 千米，止于和林格尔县新店子镇黑土崖村东北 1.4 千米。大致呈东北-西南走向。上接前海子洼长城，下接三十二村长城。长 2727 米。其中保存较好 205 米、一般 1789 米、较差 733 米，各占此段墙体长度的 8%、66% 和 26%。

墙体为自然基础，黄土夯筑，夯层厚 0.15~0.2 米。墙体破坏严重，大部分坍塌，两侧呈斜坡状，上面长满杂草及少量灌木，局部只残存基部。个别地段墙体外侧可见砖石包砌的痕迹。墙体现高 1~7、底宽 6、顶宽 0.5~2 米。（彩图一三三）

墙体上单体建筑比较密集，有敌台 8 座、马面 2 座，即磨扇凹 1~8 号敌台、磨扇凹 1、2 号马面。

北 ←——

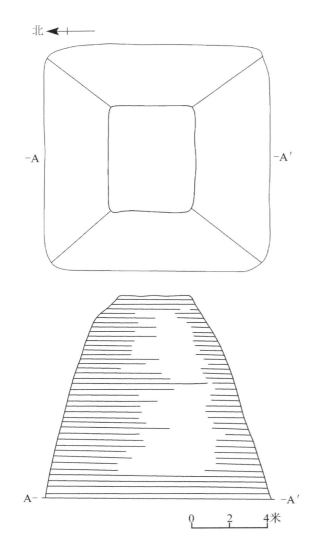

0　2　4米

图三〇　磨扇凹3号敌台平、剖面图

磨扇凹1号敌台（150123352101170026）：位于和林格尔县新店子镇磨扇凹村东1.6千米。骑墙而建，实心。黄土夯筑，夯层厚0.15～0.2米。

敌台保存一般。平面呈矩形，剖面呈梯形。顶部有塌陷，坑洼不平，长满杂草；南壁中部自上而下坍塌，形成斜坡，斜坡上有几级台阶状风蚀痕；西壁因雨水冲刷，夯土大量脱落，中上部有一条凹槽，宽0.5～0.7米；东壁东南角有一条裂缝，东北角有一个人为洞穴，洞口高1.5、宽1.2米，洞进深0.8米。敌台现高11米，底部东西长14、南北长12.5米，顶部东西长6.5、南北长5米。（彩图一三四）

磨扇凹2号敌台（150123352101170027）：位于和林格尔县新店子镇磨扇凹村东1.4千米。骑墙而建，实心。黄土夯筑，夯层厚0.15～0.2米。

敌台保存较好。平面呈矩形，剖面呈梯形。南壁有坍塌，在底部形成斜坡，坡上高3米处有一人为洞穴，洞口宽1.5、高1.2米，洞进深2米；西壁有两条自上而下的凹槽；北壁整体较好，底部中间距地面3米有坍塌；东壁有两条较大的凹槽，紧贴东壁有一条宽0.3米的山水冲沟。敌台现高14米，底部东西长12、南北长13米，顶部东西长5、南北长7米。

磨扇凹3号敌台（150123352101170028）：位于和林格尔县新店子镇磨扇凹村东南1.6千米。骑墙而建，实心。黄土夯筑，夯层厚0.15～0.2米。

敌台保存较好。平面呈近正方形，剖面呈梯形。顶部比较平整；南壁底部有两处因夯土坍塌而凹陷；西壁中部偏北有一条凹槽、几处坑窝，偏南有一条长约4米的裂缝，可能导致西南角坍塌；北壁有塌陷；东壁保存较好，壁面较平，偏北处有一条裂缝贯穿台体。敌台现高9米，底部东西长14、南北长13.5米，顶部东西长5、南北长4米。（图三〇；彩图一三五）

磨扇凹4号敌台（150123352101170029）：位于和林格尔县新店子镇磨扇凹村东南2.1千米。骑墙而建，实心。黄土夯筑，夯层厚0.15～0.2米。

敌台保存较好。平面呈正方形，剖面呈梯形。北壁比较平整，有少许坑窝，偏东有一条雨水冲刷的凹槽，下部有一人为洞穴，洞口高1.2、宽0.8米，洞进深1.2米；东壁表面凸凹不平，坍塌的夯土在底部形成斜坡；南壁偏东和东南角部分坍塌，表面生长少量杂草；西壁有许多大小不一的坑窝，部分坑窝是由于夯土坍塌造成。敌台现高16、底部边长14、顶部边长6米。

磨扇凹5号敌台（15012335210117 0030）：位于和林格尔县新店子镇磨扇凹村东南2.5千米。骑墙而建，实心。黄土夯筑，夯层厚0.15～0.2米。

敌台保存一般。平面呈矩形，剖面呈梯形。顶部因坍塌残存较少；西壁整体塌陷，形成斜坡，坡面上长满杂草；北壁偏西有一处坍塌，偏东坍塌较为严重，形成一条较大的雨水冲沟，沟内生长杂草；东壁凸凹不平，分布大量雨水冲刷形成的凹槽，偏北塌比较严重；南壁保存相对较好，有少量坑窝，偏东有一条雨水冲刷的凹槽。敌台现高 6 米，底部东西长 16、南北长 14.5 米，顶部东西长 2、南北长 4 米。

磨扇凹 6 号敌台（15012335210117 0031）：位于山西省右玉县右卫镇半沟村西 2 千米。骑墙而建，实心。黄土夯筑，夯层厚 0.15～0.2 米。

敌台保存较好。平面呈矩形，剖面呈梯形。顶部比较平整；北壁偏西有一雨水冲刷的凹槽；东壁有几处风蚀形成的坑窝；南壁下部有一人为洞穴，洞口宽 1.3、高 1.5 米，洞进深 4 米。敌台现高 6 米，底部东西长 12、南北长 9 米，顶部边长 5 米。（彩图一三六）

磨扇凹 7 号敌台（150123352101170032）：位于山西省右玉县右卫镇半沟村西 2.1 千米。骑墙而建，实心。黄土夯筑，夯层厚 0.15～0.2 米。

敌台保存一般。平面呈矩形，剖面呈梯形。顶部凸凹不平；北壁大部分坍塌，形成一个陡坡，坡上长满杂草；西壁破坏严重，大部分坍塌，偏北有残存；南壁偏西大约四分之一坍塌，其余部分有多个风蚀形成的坑窝；东壁偏北有塌陷，壁面上多风蚀形成的坑窝。敌台现高 13 米，底部东西长 14、南北长 12.5 米，顶部东西长 6、南北长 4 米。

磨扇凹 8 号敌台（150123352101170033）：位于山西省右玉县右卫镇三十二村北 2.3 千米。骑墙而建，实心。黄土夯筑，夯层厚 0.15～0.2 米。

敌台保存一般。平面呈矩形，剖面呈梯形。顶部平整；东壁受风蚀破坏严重，坑窝遍布，深 1.5 米，中部偏南有一条雨水冲刷的小凹槽；北壁底部有三个人为洞穴，推测应是村民为躲避风雨所挖。敌台现高 10 米，底部东西长 13.5、南北长 12 米，顶部东西长 7、南北长 8 米。

三十二村长城（150123382101170009）

起自和林格尔县新店子镇黑土崖村东北 1.4 千米，止于山西省右玉县杨千河乡三十二村西南 0.25 千米。大致呈北－南走向。上接磨扇凹长城，下接三十八村长城。长 2834 米。其中保存较好 1085 米、一般 253 米、较差 1496 米，各占此段墙体长度的 38%、9% 和 53%。

墙体为自然基础，黄土夯筑，夯层厚 0.15～0.2 米，个别地段夯层中可见砂砾。墙体剖面呈梯形，大部分保存较好，极少断裂或倒塌，局部有石块包砌的痕迹。墙体现高 1～5、底宽 5、顶宽 2～3 米。（彩图一三七）

墙体上有敌台 8 座，即三十二村 1～8 号敌台，不见马面。

三十二村 1 号敌台（150123352101170034）：位于山西省右玉县杨千河乡三十二村北 2.2 千米。骑墙而建，实心。黄土夯筑，夯层厚 0.15～0.2 米。

敌台建于北－南走向的长城墙体上，南 20 米处长城墙体分为两支，一支向南延伸，一支向西延伸。此处位于两山山谷之间，是一个较大的风口，风蚀对敌台破坏严重，现敌台外观呈圆锥状，保存较差。敌台四壁坍塌成斜坡，有人为踩踏的痕迹，形成多条小道。敌台现高 5 米，底部东西长 8、南北长 10 米，顶部东西长 1、南北长 4 米。

三十二村 2 号敌台（150123352101170035）：位于山西省右玉县杨千河乡三十二村北 2 千米。骑墙而建，实心。黄土夯筑，夯层厚 0.15～0.2 米。

敌台保存较好。四壁有不同程度的坍塌，形成斜坡，表面长满野草。北壁有少量风蚀形成的坑窝和鸟、虫、兽破坏的坑洞，有一人为洞穴，洞口高 0.7、宽 1.2 米，洞进深约 2 米；南壁保存较差，坑

北 ←——

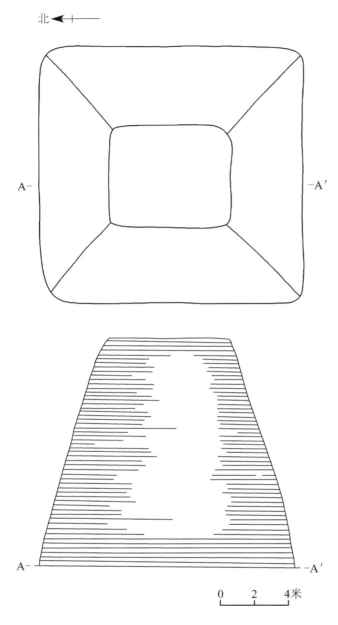

A-　　　　　　　　　　-A′

A-　　　　　　　　　　-A′

0　2　4米

图三一　三十二村 2 号敌台平、剖面图

洞密布。敌台现高 14 米，底部边长 15 米，顶部东西长 6、南北长 7 米。（图三一；彩图一三八、一三九）

三十二村 3 号敌台（150123352101170036）：位于山西省右玉县杨千河乡三十二村北 1.5 千米。骑墙而建，实心。黄土夯筑，夯层厚 0.15～0.2 米。

敌台保存较好。东壁从顶部整体坍塌，在地面形成较大的斜坡，斜坡上长满杂草和低矮灌木，零星散落瓷片和砖瓦片；西壁和北壁各有一条裂缝，西面有坍塌形成的缺口，呈倒三角形；南壁底部中间有一人为洞穴，洞口宽 1.5、高 1.3 米，洞进深 2 米。敌台现高 13 米，底部边长 14 米，顶部东西长 5、南北长 7 米。

三十二村 4 号敌台（150123352101170037）：位于山西省右玉县杨千河乡三十二村北 1.3 千米。骑墙而建，实心。黄土夯筑，夯层厚 0.15～0.2 米。

敌台保存较好。顶部有塌陷；北壁少量坍塌，有一条裂缝和十几个坑洞；西、北、南壁保存相对较好，分布有沆洞。敌台现高 12 米，底部东西长 16、南北长 15 米，顶部边长 6 米。

三十二村 5 号敌台（150123352101170038）：位于山西省右玉县杨千河乡三十二村北 1.1 千米。骑墙而建，实心。黄土夯筑，夯层厚 0.15～0.2 米。

敌台保存一般。四壁受到不同程度的破坏。东壁整体坍塌，与长城墙体及地面形成一个较大的斜坡，坡上长满杂草及灌木丛；北壁坍塌呈锥状，上面长有杂草；西壁由于雨水冲刷及风蚀的破坏，表面凸凹不平，有一道宽约 1 米的裂缝；南壁自上而下有三道雨水冲刷的凹槽，右侧夯土脱落，散落地表。敌台现高 9 米，底部东西长 11、南北长 10 米，顶部边长 6 米。

三十二村 6 号敌台（150123352101170039）：位于山西省右玉县杨千河乡三十二村北 0.9 千米。骑墙而建，实心。黄土夯筑，夯层厚 0.15～0.2 米。

敌台整体保存较好。东壁有坍塌，形成斜坡，壁面和斜坡上长满杂草；西南角底部有少量夯土坍塌；东北角有一个缺口，夯土散落于地表，缺口处露出了敌台的部分基石；北壁有坍塌，形成斜坡，坡上长有低矮的杏树；南壁因雨水冲刷，有两道凹槽。敌台现高 14 米，底部东西长 14.5、南北长 13

米，顶部东西长 5、南北长 6 米。

三十二村 7 号敌台（150123352101170040）：位于山西省右玉县杨千河乡三十二村西北 0.7 千米。骑墙而建，实心。黄土夯筑，夯层厚 0.15 ~ 0.2 米。

敌台保存一般。东壁整体坍塌，形成斜坡；西壁有一道裂缝，宽约 1 米，底部夯土脱落，散落地表；南壁自上而下有三道雨水冲刷的凹槽。敌台现高 9 米，底部东西长 11、南北长 10 米，顶部边长 6 米。（彩图一四〇）

三十二村 8 号敌台（150123352101170041）：位于山西省右玉县杨千河乡三十二村西北 0.4 千米。骑墙而建，实心。黄土夯筑，夯层厚 0.15 ~ 0.2 米。

敌台保存一般。北壁和东壁基本塌陷，形成斜坡；西壁呈半椭圆形，因风雨侵蚀，壁面上有较多坑洞，凹凸不平，局部夯土脱落，与地面形成斜坡，坡上散落大量残砖瓦；南壁从顶而下有一道雨水冲刷的凹槽，呈倒三角形，有两道自上而下的裂缝以及数十个坑洞。敌台现高 9 米，底部东西长 14、南北长 11 米，顶部东西长 6、南北长 4 米。

三十八村长城（150123382101170010）

起自山西省右玉县杨千河乡三十二村西南 0.25 千米，止于杨千河乡三十八村西 0.3 千米。大致呈东北 - 西南走向。上接三十二村长城，下接四十二村长城。长 2035 米，保存较差。

墙体为自然基础，黄土夯筑，夯层厚 0.15 ~ 0.2 米，个别地段夯层中夹杂砂土和砾石。墙体破坏严重，大部分坍塌，两侧形成或大或小的斜坡，局部被公路截断。墙体现高 1 ~ 4、底宽 5、顶宽 0.3 ~ 1 米。（彩图一四一）

墙体分布于丘陵地带，地势较高，视野开阔，沿途植被较好。南侧有一条土路与墙体并行向前延伸。墙体上有敌台 6 座，即三十八村 1 ~ 6 号敌台，不见马面。

三十八村 1 号敌台（150123352101170042）：位于山西省右玉县杨千河乡三十二村西南 0.25 千米。骑墙而建，实心。黄土夯筑，夯层厚 0.15 ~ 0.2 米。

敌台保存较好。东壁少量坍塌，底部有一人为洞穴，洞口宽 1、高 0.5 米，洞进深 2 米；北壁因雨水冲刷的破坏，壁面凹凸不平，自上而下有三条雨水冲刷的凹槽；西壁上半部有夯土脱落现象，有几条凹槽；南壁保存较差，顶部有坍塌，与地面形成斜坡。敌台现高 9 米，底部边长 11 米，顶部东西长 6、南北长 7 米。（图三二；彩图一四二）

三十八村 2 号敌台（15012335210 1170043）：位于山西省右玉县杨千河乡三十二村西南 0.5 千米。骑墙而建，实心。黄土夯筑，夯层厚 0.15 ~ 0.2 米。

敌台保存较差。四壁有坍塌，形成斜坡。北壁整体塌陷，与地面形成较大的斜坡；西壁有一道雨水冲刷的凹槽和两条裂缝，其中一条裂缝较大，自顶而下呈倒三角形，基础部分有人为挖掘的浅坑；南壁大部分坍塌，壁面凹凸不平。敌台现高 12 米，底部东西长 13、南北长 9.5 米，顶部东西长 6、南北长 4 米。

三十八村 3 号敌台（15012335210 1170044）：位于山西省右玉县杨千河乡三十八村东北 1.8 千米。骑墙而建，实心。黄土夯筑，夯层厚 0.15 ~ 0.2 米。

敌台保存较差。东壁和南壁整体坍塌，与地面形成较大的斜坡；北壁中部有塌陷，形成斜坡，有人为踩踏出的小道；西北角有一人为洞穴，高、宽、进深各约 1 米。敌台现高 9 米，底部东西长 13.5、南北长 14 米，顶部东西长 5、南北长 3 米。

三十八村 4 号敌台（15012335210 1170045）：位于山西省右玉县杨千河乡三十八村东北 0.8 千米。骑墙而建，实心。黄土夯筑，夯层厚 0.15 ~ 0.2 米，内含有砂砾。

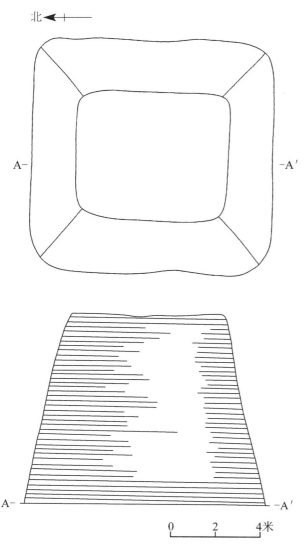

图三二 三十八村1号敌台平、剖面图

敌台保存一般。四壁有破损，壁面上冲沟和裂缝较多。东壁保存较差，中间有一道宽近1米的冲沟，夯土脱落，形成一道斜坡，北壁左上角有一道裂缝，自顶部而下呈倒三角形，其他部分较为规整；西壁顶部有坍塌，与地面形成斜坡，壁面上有少许坑洞及两道自顶而下的裂缝；南壁有两道裂缝，右侧一道较宽，呈倒三角形，基部夯土脱落，裸露一些砂砾。敌台现高11米，底部东西长14、南北长13.5米，顶部边长6米。（彩图一四三）

三十八村5号敌台（150123352101170046）：位于山西省右玉县杨千河乡三十八村东北0.6千米。骑墙而建，实心。黄土夯筑，夯层厚0.15～0.2米，内无夹杂物。

敌台保存较差。四壁有坍塌，与地面形成斜坡，顶部基本消失，呈锥状。敌台现高8米，底部东西长7、南北长14米，顶部东西长2、南北长4米。（彩图一四四）

三十八村6号敌台（150123352101170047）：位于山西省右玉县杨千河乡三十八村东北0.25千米。骑墙而建，实心。黄土夯筑，夯层厚0.15～0.2米，内无夹杂物。

敌台保存一般。四壁有不同程度的损坏。东壁整体坍塌，与地面形成一道斜坡，顶部中部有一缺口；北壁上半部较平，下半部有夯土脱落现象，左侧边缘自顶部坍塌，并有一条裂缝自顶部直贯底部，右下角大片夯土脱落，在地面形成斜坡；西壁有大大小小数十个凹坑，系风沙侵蚀所致；南壁有两道雨水冲刷形成的冲沟。敌台现高14米，底部东西长13、南北长15.5米，顶部边长4米。

四十二村长城（150123382101170011）

起自山西省右玉县杨千河乡三十八村西0.3千米，止于杨千河乡后庄窝村西北1.1千米。大致呈东北－西南走向。上接三十八村长城，下接后庄窝长城。长2710米，保存较差。

墙体为自然基础，黄土夯筑，夯层厚0.15～0.2米。墙体破坏严重，大部分坍塌，两侧形成或大或小的斜坡；顶部凸凹不平，有人为踩踏的痕迹。墙体现高1～4、底宽3～6、顶宽0.4～2米。（彩图一四五）

墙体分布于丘陵地带，地势较高，视野开阔，沿途植被较好。所处为和林格尔县和右玉县交界地带。墙体上有敌台10座，即四十二村1～10号敌台，不见马面。

四十二村1号敌台（150123352101170048）：位于山西省右玉县杨千河乡三十八村西南0.05千米。骑墙而建，实心。黄土夯筑，夯层厚0.15～0.2米，内含砂砾。

敌台保存较差。四壁有坍塌，形成斜坡。东壁与西壁基本坍塌，形成斜坡；西壁有大块夯土即将脱落，立于斜坡上；北壁有一条自上而下的裂缝，西北角自顶至底夯土完全脱落，壁面凹凸不平，有多个坑洞；南壁有两条宽约0.5米的冲沟，系雨水冲刷所致，有几处坑洞，壁面凹凸不平。敌台现高12米，底部东西长10、南北长13米，顶部东西长3、南北长7米。

四十二村2号敌台（150123352101170049）：位于山西省右玉县杨千河乡三十八村西南0.8千米。骑墙而建，实心。黄土夯筑，夯层厚0.15～0.2米，内含砂砾。

敌台保存较差。顶部土质疏松，有塌陷；东壁整体坍塌，形成斜坡；北壁中部自上而下有一条冲沟，上部残缺较大，呈倒三角形，壁面有几个凹坑，右下角有几条裂缝，有夯土脱落现象，基部因水土流失破损严重；西壁凹凸不平，表层有一大块夯土几近脱落，有数十个凹坑，右侧有一条裂缝。敌台现高16米，底部东西长12、南北长14.5米，顶部东西长3.5、南北长7米。（彩图一四六）

四十二村3号敌台（150123352101170050）：位于山西省右玉县杨千河乡三十八村南1千米。骑墙而建，实心。黄土夯筑，夯层厚0.15～0.2米，内含砂砾。

敌台保存较差。顶部有坍塌，四壁受到不同程度破坏。北壁大片坍塌，底部有一人为洞穴，宽、高、进深1.5米，壁面自上而下有四五条裂缝；西壁因雨水冲刷凹凸不平，有三条冲沟；东壁有一条冲沟，上部残缺较大，呈倒三角形，有一些风蚀凹坑；南壁整体塌陷，与地面形成斜坡。敌台现高9米，底部东西长13、南北长7米，顶部东西长6、南北长3米。（图三三）

四十二村4号敌台（150123352101170051）：位于山西省右玉县杨千河乡三十八村西南1.4千米。骑墙而建，实心。黄土夯筑，夯层厚0.15～0.2米，内含砂砾。

敌台保存较差。四壁有不同程度的坍塌，与地面形成斜坡。东、北壁坍塌较多，大片的夯土脱落；南壁有数十个小凹坑，基部有两个人为洞穴。敌台现高14米，底部东西长13.5、南北长6米，顶部东西长2.5、南北长6米。

四十二村5号敌台（150123352101170052）：位于山西省右玉县杨千河乡四十二村西0.2千米。骑墙而建，实心。黄土夯筑，夯层厚0.15～0.2米，内无夹杂物。

敌台保存较差。基本失去原有形状和面貌。四壁坍塌较多，形成大的斜坡，坡上有几条小道，系人为踩踏形成。敌台现高7米，底部东西长13、南北长12米，顶部边长2米。

四十二村6号敌台（150123352101170053）：位于山西省右玉县杨千河乡四十二村西南0.25千米。骑墙而建，实心。黄土夯筑，夯层厚0.15～0.2米，内无夹杂物。

敌台保存较差。东壁整体坍塌，与地面形成斜坡；北壁凹凸不平，有数十个大大小小的凹坑，夯土大量脱落，呈斜坡状，右下角有一条裂缝，夯土块几近脱落；西壁有数十个凹坑，中间有一条雨水冲刷的凹槽，左下角有一条裂缝；南壁有数十个凹坑，上半部夯土大片脱落。敌台现高13米，底部东西长12、南北长15米，顶部东西长4、南北长5米。

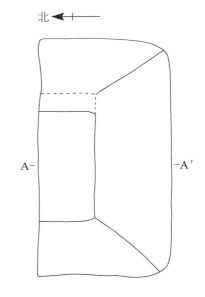

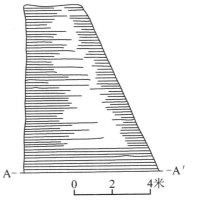

图三三　四十二村3号敌台平、剖面图

　　四十二村 7 号敌台（150123352101170054）：位于山西省右玉县杨千河乡四十二村西南 0.5 千米。骑墙而建，实心。黄土夯筑，夯层厚 0.15～0.2 米，内无夹杂物。

　　敌台保存较差。顶部大部分坍塌，起伏不平；东、北壁坍塌严重，形成较大的斜坡；西壁有几道裂缝，有坍塌，与地面形成斜坡，西南角有一大块夯土即将脱落，裂缝宽 0.4 米；南壁保存稍好，表面凸凹不平，壁面有一道雨水冲沟。敌台现高 9 米，底部东西长 10、南北长 15.5 米，顶部东西长 2、南北长 6 米。（彩图一四七）

　　四十二村 8 号敌台（150123352101170055）：位于山西省右玉县杨千河乡四十二村西南 0.7 千米。骑墙而建，实心。黄土夯筑，夯层厚 0.15～0.2 米，夯土中可见红色土和少量砂砾。

　　敌台保存较差。四壁破坏严重，整体呈圆锥状。顶部大幅度坍塌，几近消失，坍塌土与地面形成斜坡，几乎与顶部齐平，未坍塌的壁面上长满杂草和低矮灌木。由于损坏严重，具体尺寸无法测量。

　　四十二村 9 号敌台（150123352101170056）：位于山西省右玉县杨千河乡四十二村西南 0.9 千米。骑墙而建，实心。黄土夯筑，土质疏松，夯层厚 0.15～0.2 米，含有少量砂砾。

　　敌台保存差。四壁面有坍塌，与地面形成较大的斜坡。南壁呈锥形，有两条裂缝，宽 0.3 米，壁面上有大量雨水冲刷的痕迹；西壁左半部有塌陷，右半部有几个凹坑，系雨水冲刷和风沙侵蚀所致。敌台现高 10 米，底部东西长 12、南北长 15 米，顶部东西长 5、南北长 7 米。

　　四十二村 10 号敌台（150123352101170057）：位于山西省右玉县杨千河乡四十二村西南 1.2 千米。骑墙而建，实心。黄土夯筑，夯层厚 0.15～0.2 米。

　　敌台保存较差。东壁下半部表层夯土脱落，散落地表；北壁密布大大小小的凹坑，上半部有杂草，下半部有少量夯土脱落；南壁有数十个凹坑和两条裂缝，底部有少量夯土脱落；西壁有数十个凹坑，局部坍塌成斜坡，坡上生长灌木和杏树等，基础部分露出基石。敌台现高 12 米，底部东西长 14.5、南北长 14 米，顶部边长 6 米。（图三四）

　　后庄窝长城（150123382101170012）

　　起自山西省右玉县杨千河乡后庄窝村西北 1.1 千米，止于杨千河乡十三边村南。大致呈东北－西南走向。上接四十二村长城，下接十三边长城。长 2597 米。其中保存一般 935 米、较差 1635 米、消失 27 米，各占此段墙体长度的 36%、63% 和 1%。

　　墙体为自然基础，黄土夯筑，夯层厚 0.15～0.2 米。墙体现高 1～6、底宽 3～5.5、顶宽 1.5～2.5 米。

　　墙体分布于丘陵地带，地势较高，视野开阔，沿途植被较好。所处为和林格尔县和右玉县

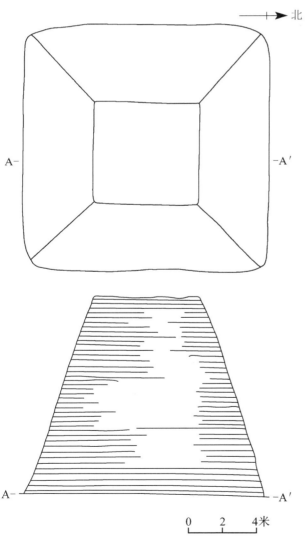

北

A—　　　　　—A'

A—　　　　　—A'

0　　2　　4米

图三四　四十二村 10 号敌台平、剖面图

交界地带。（彩图一四八）

墙体上有敌台10座，即后庄窝1~10号敌台，不见马面。

后庄窝1号敌台（150123352101170058）：位于山西省右玉县杨千河乡四十二村西南1.4千米。骑墙而建，实心。黄土夯筑。夯层厚0.13~0.2米，内含砂砾。

敌台保存一般。顶部有坍塌，长有杂草；南壁因雨水冲刷及其他因素破坏有三条裂缝，另有数十个风沙侵蚀形成的凹坑；东壁有四条裂缝和几十个凹坑，北部有大块的夯土即将脱落；北壁下半部有大片夯土脱落，中间自上而下有一条裂缝；西壁有两道冲沟，上半部有坍塌。敌台现高14米，底部边长13.5米，顶部东西长7、南北长6米。

后庄窝2号敌台（150123352101170059）：位于山西省右玉县杨千河乡四十二村西南1.5千米。骑墙而建，实心。黄土夯筑，夯层厚0.13~0.2米，内无夹杂物。

敌台保存一般。北壁有数十个大大小小的凹坑，下半部有七八条裂缝，底部有坍塌形成的斜坡；西壁顶部有塌陷，夯土大量脱落，脱落处长有杂草，壁面上有数十个凹坑；南壁除凹坑外，不见其他损坏；东壁大面积坍塌，从顶至底形成斜坡。敌台四面坍塌形成的斜坡上长满杂草，草丛中散落残青砖。敌现高13米，底部东西长14、南北长13米，顶部边长6米。

后庄窝3号敌台（150123352101170060）：位于山西省右玉县杨千河乡四十二村西南1.6千米。骑墙而建，实心。黄土夯筑，夯层厚0.15~0.2米，内无夹杂物。

敌台保存较差。四壁受到极大破坏，大面积坍塌，形成斜坡，坡上长满杂草及沙棘。由于坍塌整体呈锥状，顶部破坏严重，基本消失，壁面多裂缝、冲沟及大小不一的凹坑，系雨水冲刷、水土流失和风沙侵蚀所致。敌台破坏严重，具体尺寸无法测量。

后庄窝4号敌台（150123352101170061）：位于山西省右玉县杨千河乡后庄窝村西1.1千米。骑墙而建，实心。黄土夯筑，夯层厚0.15~0.2米，内无夹杂物。

敌台保存较差。南壁中间自顶部坍塌，露出横断面，经雨水冲刷，外观呈"凹"字形；东壁表层夯土坍塌，壁面凸凹不平，长有杂草，中间部分有一人为洞穴，宽1.5、高1、进深2米，洞口上方有两条裂缝；北壁凸凹不平，有数十个凹坑；西壁由于雨水冲刷，约有七条冲沟，西北角有一条宽0.3米的裂缝。敌台四面有坍塌形成的斜坡，坡上生长杂草、沙棘、杏树等。敌台现高10米，底部东西长14、南北长13.5米，顶部东西长7、南北长5米。（彩图一四九）

后庄窝5号敌台（150123352101170062）：位于山西省右玉县杨千河乡后庄窝村西1.3千米。骑墙而建，实心。黄土夯筑，夯层厚0.15~0.2米，内无夹杂物，土质疏松。

敌台保存差。四壁整体塌陷，坍塌部分与地面形成斜坡。整体因坍塌呈锥状，顶部破坏严重，基本消失。敌台东侧与长城墙体断开，有一条人为踩踏出的南北向的小路。壁面上有一条小路。敌台现高7米，底部边长13米，顶部破坏严重，具体尺寸无法测量。

后庄窝6号敌台（150123352101170063）：位于山西省右玉县杨千河乡后庄窝村西1.6千米。骑墙而建，实心。黄土夯筑，夯层厚0.15~0.2米，内无夹杂物。

敌台保存较差。东壁整体坍塌，因雨水冲刷露出横断面，中间凹陷，长满杂草；北壁坍塌严重，壁面凸凹不平，有大块夯土脱落；西壁整体坍塌，形成较大斜坡，坡上长满杂草、沙棘等；南壁有数十个凹坑，表面凸凹不平，中间有一条裂缝。敌台现高9.5米，底部东西长13、南北长14米，顶部东西长2、南北长5米。（彩图一五〇）

后庄窝7号敌台（150123352101170064）：位于山西省右玉县杨千河乡后庄窝村西南1.9千米。骑墙而建，实心。黄土夯筑，夯层厚0.15~0.2米，内无夹杂物。

敌台保存较差。四壁有坍塌，坍塌部分与地面形成斜坡，坡上长满杂草及灌木。四壁残存部分由于雨水冲刷凸凹不平，表面多风蚀形成的凹坑，有裂缝。敌台现高5米，底部东西长10、南北长7米，顶部东西长8、南北长4米。（彩图一五一）

后庄窝8号敌台（150123352101170065）：位于山西省右玉县杨千河乡后庄窝村西南2千米。骑墙而建，实心。黄土夯筑，夯层厚0.15～0.2米，内无夹杂物。

敌台保存差。北、东壁破坏严重，表面凸凹不平，大面积坍塌，坍塌部分与地面形成斜坡，坡上长满杂草及灌木；西壁坍塌形成斜坡，只残存一小段高2、宽1.5米的夯土块；南壁仅剩半面，中间有一坑洞和一条冲沟，与顶部呈倒三角形。敌台现高10米，底部东西长9、南北长12米，顶部东西长4、南北长6米。

后庄窝9号敌台（150123352101170066）：位于山西省右玉县杨千河乡后庄窝村西南2.2千米。骑墙而建，空心。黄土夯筑，夯层厚0.15～0.2米，内无夹杂物。

敌台保存一般。东壁顶部大面积坍塌，表层夯土脱落，形成多个大小不一的凹坑和裂缝，底部有一宽1、高1.5米的洞穴，此洞原为通往敌台顶部的通道，现已堵死；南壁有三条自上而下的冲沟，雨水冲刷的痕迹清晰可见，顶端开口与顶部呈倒三角形，壁面分布数十个凹坑；西壁中部有一条裂缝、数十个凹坑，左侧有一条冲沟，底部夯土部分脱落，有明显的水流冲刷痕迹；北壁中间基部有一人工洞穴，宽、高、进深1米，壁面上有数条冲沟，雨水冲刷痕迹明显。敌台现高15米，底部边长12米，顶部东西长7、南北长8米。（彩图一五二）

后庄窝10号敌台（150123352101170067）：位于山西省右玉县杨千河乡后庄窝村西南2.5千米。骑墙而建，实心。黄土夯筑，夯层厚0.15～0.2米，内无夹杂物。

敌台保存差。由于受多年自然和人为因素破坏，敌台四壁均有不同程度坍塌，大块夯土脱落，并有多条大小不一的裂缝。北壁保存稍好，较为平整。敌台现高9米，底部东西长13、南北长7米，顶部东西长7、南北长2.5米。

黑土崖长城（150123382101170013）

此段长城为附属墙体。起自和林格尔县新店子镇黑土崖村东北1.6千米，止于新店子镇黑土崖村西北0.4千米。上接磨扇凹长城，下接丈房沟长城。大致呈东北－西南走向。长1990米。其中保存较好750米、一般1080米、较差160米，各占此段墙体长度的38%、54%和8%。

墙体为自然基础，黄土夯筑，夯层厚0.15～0.25米，夯层中夹杂少量砂砾。此段墙体位于主墙体北侧，明代早期修筑，保存较差，墙体剖面略呈梯形。墙体中可见包石痕迹，长990米。石砌部分现高0.2～2.5米，垒砌整齐。墙体内侧石块包砌痕迹明显；外侧较差，包砌痕迹基本消失。墙体现高0.5～6、底宽6、顶宽0.2～4米。（彩图一五三）

墙体上有马面3座，即黑土崖1～3号马面，不见敌台。墙体上只有马面不见敌台，反映了明代早期长城的特点。

丈房沟长城（150123382101170014）

此段长城为附属墙体。起自和林格尔县新店子镇黑土崖村西北0.4千米，止于新店子镇丈房沟村东南1.6千米。上接黑土崖长城，下接黄草梁长城。大致呈东北－西南走向。长1910米。其中保存一般1220米、较差654米、消失36米，各占此段墙体长度的64%、34%和2%。

墙体为自然基础，黄土夯筑，夯层厚0.15～0.25米。个别地段残存外包石痕迹。此段墙体位于主墙体北侧，依山脊而建，视野较为开阔。墙体剖面略呈梯形。部分地段可见外包石的痕迹，现遭到破坏，石块多散落墙体两侧。墙体现高0.8～6、底宽4～8、顶宽0.6～4米。

墙体上有马面4座，即丈房沟1~4号马面，不见敌台。

黄草梁长城（150123382101170015）

此段长城为附属墙体。起自和林格尔县新店子镇丈房沟村东南1.6千米，止于新店子镇黄草梁村西北0.4千米。上接丈房沟长城，下接羊山长城。大致呈北-南走向。长1170米。其中保存一般640米、较差530米，分别占此段墙体长度的55%和45%。

墙体黄土夯筑，夯层厚0.15~0.25米。个别地段残存外包石痕迹。此段墙体位于主墙体西侧，依山脊而建，视野较为开阔。墙体坍塌严重，两侧呈斜坡状，剖面略呈梯形，墙体两侧散落石块。墙体现高0.8~7、底宽4~7.5、顶宽0.5~3.5米。（彩图一五四）

墙体上有马面3座，即黄草梁1~3号马面，不见敌台。

羊山长城（150123382101170016）

长城为附属墙体。起自和林格尔县新店子镇黄草梁村西北0.4千米，止于新店子镇二道边村东北1千米。上接黄草梁长城，下接二道边长城。大致呈东北-西南走向。长1293米。其中保存较好310米、一般570米、较差382米、消失31米，各占此段墙体长度的24%、44%、30%和2%。

墙体为自然基础，黄土夯筑，夯层厚0.15~0.2米，内无夹杂物。此段墙体位于主墙体北侧，由于修筑年代较早，未经维修，破坏严重，较其他墙体保存差。墙体已坍塌，两侧呈斜坡，上面长有杂草。墙体现高1~8、底宽2~8、顶宽1.2~4米。（彩图一五五）

墙体上有马面4座，即羊山1~4号马面，不见敌台。

二道边长城（150123 38210117 0017）

此段长城为附属墙体。起自和林格尔县新店子镇二道边村东北1千米，止于新店子镇二道边村南0.8千米。上接羊山长城，下接圣山长城。大致呈东北-西南走向。长748米。其中保存差696米、消失52米，各占此段墙体长度的93%和7%。

墙体为自然基础，黄土夯筑，夯层厚0.15~0.2米，内无夹杂物。此段墙体位于主墙体外侧，破坏严重，多已坍塌，个别地段只残存基础。墙体现高0.5~3.5、底宽3~6、顶宽0.8~2.5米。

墙体沿途植被较好，无敌台、马面等设施。墙体西0.011千米有一座烽火台。

圣山长城（150123382101170018）

此段长城为附属墙体。起自和林格尔县新店子镇二道边村南0.8千米，止于山西省右玉县杨千河乡十三边村南。上接二道边长城，下接十三边长城。大致呈北-南走向。长2462米。其中保存差2419米、消失43米，各占此段墙体长度的98%和2%。

墙体为自然基础，黄土夯筑，夯层厚0.15~0.2米，内无夹杂物。此段墙体位于主墙体西侧，建于两山之间的谷地中，修建较早，又未修缮，破坏较严重，完全坍塌，个别地段只可见墙体的大体轮廓。墙体现高0.5~1.5、底宽1.5~2.5、顶宽0.5~1.3米。

墙体沿线植被稀疏，分布有农田。墙体上不见敌台、马面等设施。

十三边长城（150123382101170019）

起自山西省右玉县杨千河乡十三边村南，止于和林格尔县羊群沟乡后爱好村东南1.5千米。上接后庄窝长城（二边主墙体）和圣山长城（二边附属墙体），下接高家窑长城。大致呈东北-西南走向。长1611米。其中保存一般1125米、较差486米，各占此段墙体长度的70%和30%。

墙体为自然基础，黄土夯筑，夯层厚0.15~0.2米，内无夹杂物。墙体多已坍塌，坍塌的夯土在墙体两侧形成或大或小的斜坡，个别地段墙体外侧残存外包石的痕迹。墙体现高1~5、底宽3~6、顶宽0.3~2米。（彩图一五六、一五七）

墙体沿线植被较好，分布有大面积的农田。墙体上有敌台9座，即十三边1~9号敌台，不见马面。

十三边1号敌台（150123352101170068）：位于山西省右玉县杨千河乡十三边村南0.2千米。骑墙而建，实心。黄土夯筑，夯层厚0.15~0.2米，内无夹杂物。

敌台保存较差。顶部有坍塌，长有杂草；东壁有两道裂缝，底部有一人为洞穴，高、宽、进深约1米，左侧有较大坍塌，整个壁面凸凹不平；北壁有两条裂缝，西北角有一处坍塌；西壁整体塌陷，坍塌部分在地面形成一道斜坡；南壁凸凹不平，有数十个雨水冲刷的凹坑，中部坍塌，有一道宽0.3米的冲沟，自顶而下，与顶部呈倒三角形。敌台现高10米，底部东西长9、南北长11.5米，顶部东西长3、南北长6米。（图三五；彩图一五八）

十三边2号敌台（150123352101170069）：位于山西省右玉县杨千河乡十三边村南0.4千米。骑墙而建，空心。黄土夯筑，夯层厚0.15~0.2米，内无夹杂物。

敌台保存一般。东壁长有杂草，顶部有一半圆形缺口，底部有一人为洞穴，宽2、高1.3、进深7米，内空，直通敌台顶部；北壁有数个坑洞，长有杂草；西壁整体坍塌，坍塌部分与地面形成斜坡；南壁中部有一人工洞穴，宽2、高1.05、进深1.5米。敌台现高10米，底部东西长18、南北长13米，顶部东西长5、南北长6米。

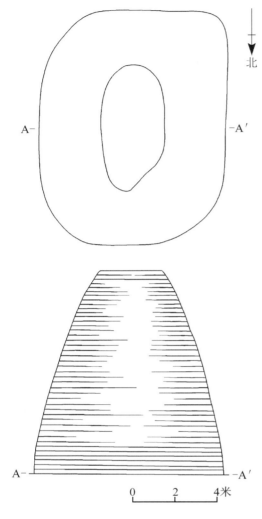

图三五　十三边1号敌台平、剖面图

十三边3号敌台（150123352101170070）：位于山西省右玉县杨千河乡十三边村南0.4千米。骑墙而建，实心。黄土夯筑，夯层厚0.15~0.2米，内无夹杂物。

敌台保存差。东壁塌毁呈锥状，顶部坍塌严重；西壁有数十个凹坑和两道冲沟；北壁夯土大块脱落，形成一个较大的斜坡；东壁和北壁底部有坍塌形成的斜坡，坡上有人为踩踏的小路。敌台现高11米，底部东西长14、南北长14.5米，顶部东西长3、南北长3.5米。

十三边4号敌台（150123352101170071）：位于山西省右玉县杨千河乡十三边村南0.6千米。骑墙而建，实心。黄土夯筑，夯层厚0.15~0.2米，内无夹杂物。

敌台保存较差。东壁有坍塌，壁面凸凹不平，有十几个凹坑，坍塌土与地面形成斜坡，坡上长满杂草，有一条人为踩踏的小路；北壁整体坍塌，与地面形成一较大的斜坡；西壁上有几处坑洞，雨水冲刷和水土流失痕迹明显，西南角有几道裂缝。敌台现高12米，底部边长14米，顶部东西长5、南北长4米。

十三边5号敌台（150123352101170072）：位于山西省右玉县杨千河乡十三边村南0.8千米。骑墙而建，实心。黄土夯筑，夯层厚0.15~0.2米，内含少量砂砾。

敌台保存较差。顶部凸凹不平，长满杂草；北、南壁表面凸凹不平，生长零星杂草，有几十个坑洞和几条裂缝，系雨水冲刷、风沙侵蚀所致；西壁中间顶部有塌陷，缺口处与顶部呈倒三角形，其余壁面有几十个坑洞，壁面上长有零星杂草；东壁整体坍塌，形成斜坡。敌台现高 12 米，底部东西长 12、南北长 14 米，顶部东西长 4、南北长 7 米。（彩图一五九）

十三边 6 号敌台（150123352101170073）：位于山西省右玉县杨千河乡十三边村南 0.9 千米。骑墙而建，实心。黄土夯筑，夯层厚 0.15～0.2 米，内含砂砾。

敌台保存较差。东壁整体坍塌，长满杂草，坍塌部分与地面形成斜坡，坡上有一条人为踩踏的小路；北壁凸凹不平，有数个坑洞和三条裂缝，局部大块夯土脱落，壁上杂草稀疏，底部西北角露出基石；南壁有明显雨水冲刷的痕迹，长有杂草，有两道冲沟及几十个大大小小的坑洞。敌台现高 11 米，底部东西长 12、南北长 15 米，顶部东西长 3、南北长 5.5 米。

十三边 7 号敌台（150123352101170074）：位于山西省右玉县杨千河乡十三边村南 1 千米。骑墙而建，实心。黄土夯筑，夯层厚 0.15～0.2 米，内无夹杂物。

敌台保存较差。顶部坍塌，凸凹不平，长有杂草；南壁中部整体塌陷，露出的横断面呈"凹"字形，坍塌的夯土与地面形成斜坡，坡上长有杂草，有一条小路；西壁保存稍好，有坍塌形成的斜坡；北壁与东北角整体坍塌，坍塌部分与地面形成斜坡。敌台现高 8 米，底部东西长 12、南北长 15 米，顶部东西长 3、南北长 4 米。

十三边 8 号敌台（150123352101170075）：位于山西省右玉县杨千河乡十三边村南 1.2 千米。骑墙而建，实心。黄土夯筑，夯层厚 0.15～0.2 米，内无夹杂物。

敌台保存较差。西、北壁布满大大小小数十个坑洞，北壁部分坍塌；南壁整体塌毁，坍塌部分与地面形成斜坡，坡上长满杂草；东壁有大面积夯土脱落现象，有一条宽 0.2 米的裂缝。敌台现高 8 米，底部东西长 16.5、南北长 14 米，顶部边长 5 米。（彩图一六〇）

十三边 9 号敌台（150123352101170076）：位于山西省右玉县杨千河乡十三边村南 1.4 千米。骑墙而建，实心。黄土夯筑，夯层厚 0.15～0.2 米，内无夹杂物。

敌台保存较差。顶部大量坍塌，长满杂草；北、东、西壁整体塌陷，坍塌部分与地面形成斜坡，坡上长有杂草和一些低矮灌木；西壁保存稍好，壁面形状尚存，有数十个坑洞及一条自上而下的冲沟。敌台现高 12 米，底部边长 14 米，顶部东西长 5、南北长 4 米。

高家窑长城（150123382101170020）

起自和林格尔县羊群沟乡后爱好村东南 1.5 千米，止于山西省右玉县杨千河乡高家窑村西 2.6 千米。大致呈北－南走向。上接十三边长城，下接碓臼沟长城。长 1910 米。其中保存一般 545 米、较差 1365 米，各占此段墙体长度的 29% 和 71%。

墙体为自然基础，黄土夯筑，夯层厚 0.15～0.2 米，内无夹杂物。墙体坍塌，坍塌的夯土在墙体两侧形成斜坡，坡上长满各类杂草，乡间小路给墙体造成多个断口。墙体现高 1～5、底宽 3.5～8、顶宽 1～3.5 米。（彩图一六一）

墙体沿线植被较好。墙体上有敌台 6 座，即高家窑 1～6 号敌台，不见马面。

高家窑 1 号敌台（150123352101170077）：位于山西省右玉县杨千河乡十三边村南 1.5 千米。骑墙而建，实心。黄土夯筑，夯层厚 0.15～0.2 米，内无夹杂物。

敌台保存较差。顶部不平，有塌陷，长有杂草；东、南、西壁整体塌陷，形成较大斜坡，坡上长有杂草，西壁斜坡上有一条人为踩踏的小路；北壁受风沙侵蚀和水土流失破坏严重，壁面凸凹不平，有数十个坑洞及多条裂缝。敌台现高 9 米，底部边长 14 米，顶部东西长 5、南北长 10 米。

敌台周围植被较好，以杂草、沙棘和杨树为主，北侧有一条东－西走向的山水冲沟，沟中有大量砂石。

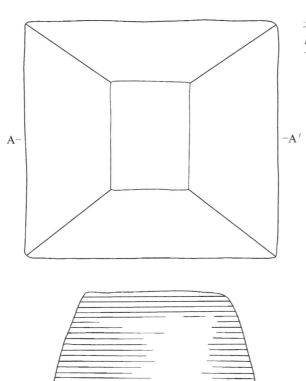

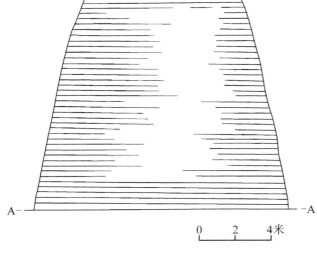

图三六　高家窑 3 号敌台平、剖面图

高家窑 2 号敌台（150123352101170078）：位于山西省右玉县杨千河乡十三边村南 1.6 千米。骑墙而建，实心。黄土夯筑，夯层厚 0.15～0.2 米，内含少量砂砾。

敌台保存较差。顶部不平，长满杂草；东、南壁整体坍塌，形成较大斜坡，坡上长满杂草，有一条人为踩踏的小路；北、西壁部分坍塌，壁面凸凹不平。敌台现高 14 米，底部东西长 10、南北长 14 米，顶部东西长 6、南北长 3 米。敌台南侧有一基台，长 12、宽 1 米，部分地段露出基石，台上散落青砖和石块。

高家窑 3 号敌台（150123352101170079）：位于山西省右玉县杨千河乡十三边村南 2 千米。骑墙而建，实心。黄土夯筑，夯层厚 0.15～0.2 米，内含小石块、砂砾等。

敌台保存较差。顶部不平，长有杂草；东壁有坍塌，坍塌部分与地面形成斜坡，坡上长有杂草，有几处风蚀形成的坑洞；北、西、南壁有夯土脱落现象，凸凹不平，杂草稀疏，表面有数十个大大小小的凹坑。敌台现高 13 米，底部东西长 14.5、南北长 13.5 米，顶部东西长 5、南北长 7 米。（图三六）

高家窑 4 号敌台（150123352101170080）：位于山西省右玉县杨千河乡十三边村南 2.4 千米。骑墙而建，实心。黄土夯筑，夯层厚 0.15～0.2 米，内无夹杂物。

敌台保存较差。东、北壁整体坍塌，坍塌土与地面形成斜坡，东面的斜坡较大，坡上长有杂草，北面斜坡上长有低矮的杏树、沙棘和杂草；西壁表面杂草稀疏，有几处风沙侵蚀形成的坑洞和几条雨水冲沟；南壁右下角有一人为洞穴，宽 2.5、高 1.3、进深 1 米。敌台现高 10 米，底部东西长 13.5、南北长 12.5 米，顶部东西长 5、南北长 4 米。

高家窑 5 号敌台（150123352101170081）：位于山西省右玉县杨千河乡十三边村南 2.6 千米。骑墙而建，实心。黄土夯筑，夯层厚 0.15～0.2 米，内含少量砂砾。

敌台保存差。东、南、北壁整体坍塌，坍塌下的夯土与地面形成斜坡，坡上长满杂草；西壁保存稍好，壁面坑窝较多，底部有夯土滑落形成的斜坡，斜坡上部有一人工洞穴，宽 0.5、高 1、进深 1 米。敌台现高 8 米，底部东西长 9.5、南北长 9 米，顶部边长 2 米。（彩图一六二）

高家窑 6 号敌台（150123352101170082）：位于山西省右玉县杨千河乡十三边村南 2.7 千米。骑墙而建，实心。黄土夯筑，夯层厚 0.15～0.2 米，内无夹杂物。

敌台保存一般。四壁有坍塌，坍塌的夯土与地面形成斜坡，坡上长满杂草。敌台现高 12 米，底部东西长 16.5、南北长 15 米，顶部东西长 7、南北长 5 米。（彩图一六三）

碓臼沟长城（150123382101170021）

起自山西省右玉县杨千河乡高家窑村西 2.6 千米，止于杨千河乡碓臼沟村北 1.1 千米。大致呈东北 - 西南走向。上接高家窝长城，下接后爱好长城。长 1420 米。其中保存一般 905 米、较差 515 米，各占此段墙体长度的 64% 和 36%。

墙体为自然基础，黄土夯筑，夯层厚 0.15 ~ 0.2 米，内无夹杂物。墙体大面积倒塌，坍塌的夯土在墙体两侧形成斜坡，坡上长满杂草。个别地段可见外包石痕迹，大多石块脱落殆尽，散落于墙体两侧斜坡上。墙体现高 1 ~ 5、底宽 3.5 ~ 8、顶宽 1 ~ 3 米。（彩图一六四）

墙体上有敌台 4 座，即碓臼沟 1 ~ 4 号敌台，不见马面。

碓臼沟 1 号敌台（150123352107170083）：位于山西省右玉县杨千河乡十三边村南 2.8 千米。骑墙而建，实心。黄土夯筑，夯层厚 0.15 ~ 0.2 米，内无夹杂物。

敌台保存一般。四壁有坍塌，坍塌的夯土与地面形成斜坡，坡上长有杂草，有人为踩踏的小路。敌台现高 12 米，底部东西长 16、南北长 14.5 米，顶部东西长 7、南北长 5 米。（彩图一六五）

碓臼沟 2 号敌台（150123352101170084）：位于山西省右玉县杨千河乡十三边村南 3 千米。骑墙而建，实心。黄土夯筑，夯层厚 0.15 ~ 0.2 米，内无夹杂物。

敌台保存一般。四壁有坍塌，坍塌的夯土与地面形成斜坡，坡上长有杂草，坡下有小路环绕敌台。敌台现高 11 米，底部东西长 17.5、南北长 13.5 米，顶部东西长 6、南北长 5 米。敌台东面有一基台，残存一道墙体，南 - 北走向，长 26、现高 1 米，距敌台 17 米。

碓臼沟 3 号敌台（150123352101170085）：位于山西省右玉县杨千河乡十三边村南 3 千米。骑墙而建，实心。黄土夯筑，夯层厚 0.15 ~ 0.2 米，内无夹杂物。

敌台保存较差。南壁有一道宽 1 米的冲沟，底部有一个宽 1 米的人工洞穴，壁面上有几十个凹坑，东部有一较大的缺口；西壁凸凹不平，左侧坍塌，形成斜坡；东壁整体坍塌，情形类似于北壁，西北角有坍塌形成的斜坡，坡上长满杂草，有人为踩踏的小路。敌台现高 11、底部边长 10、顶部边长 6 米。（彩图一六六）

碓臼沟 4 号敌台（150123352101170086）：位于山西省右玉县杨千河乡碓臼沟村西北 1.5 千米。骑墙而建，实心。黄土夯筑，夯层厚 0.15 ~ 0.2 米，内无夹杂物。

敌台保存较差。东、南、北壁整体坍塌，坍塌的夯土与地面形成斜坡，坡上长满杂草；西壁凸凹不平，有几处坑窝和两道雨水冲刷形成的沟槽，底部有坍塌的夯土形成的斜坡。敌台现高 8 米，底部东西长 11、南北长 14 米，顶部边长 3 米。

后爱好长城（150123382101170022）

此段长城为附属墙体。起自和林格尔县羊群沟乡后爱好村东 1.4 千米，止于羊群沟乡韭菜沟村东 1 千米。大致呈东北 - 西南走向。起点在高家窑长城西侧，基本与主墙体并行，下接韭菜沟长城。长 3000 米。其中保存一般 1535 米、较差 637 米、差 580 米、消失 248 米，各占此段墙体长度的 51%、21%、20% 和 8%。

墙体为自然基础，黄土夯筑，夯层厚 0.15 ~ 0.2 米，内无夹杂物。此段墙体分布于主墙体北侧，建于起伏交错的丘陵地带，修筑于明代早期，未进行维修和加固，破坏比较严重。墙体多有坍塌，坍塌的夯土在墙体两侧形成斜坡，坡上长满各类杂草。墙体上多有鸟兽虫蛇打挖的坑洞，个别地段有人为挖掘的洞穴。墙体现高 0.2 ~ 7、底宽 3 ~ 6、顶宽 0.2 ~ 3 米。

墙体上只有马面，不见敌台。地势较低的地段马面分布密集，共有马面11座，即后爱好1~11号马面。

韭菜沟长城（150123382101170023）

起自和林格尔县羊群沟乡韭菜沟村东0.8千米，止于羊群沟乡火盘沟村东0.2千米。大致呈东北-西南走向。上接碓臼沟长城和后爱好长城，下接火盘沟长城。长1917米。其中保存较好600米、一般600米、较差717米，各占此段墙体长度的31%、31%和37%。

墙体为自然基础，黄土夯筑，夯层厚0.15~0.2米，内无夹杂物。墙体坍塌，坍塌的夯土在墙体两侧形成斜坡，坡上长满杂草。墙体附近散落瓷片、建筑构件等。墙体现高1.5~7、底宽4~8、顶宽1.5~3米。（彩图一六七）

墙体沿线植被较好，北侧内蒙古自治区和林格尔县境内有韭菜沟村，南侧山西省右玉县境内有云石堡村，交通比较便利。墙体上有敌台7座、马面4座，即韭菜沟1~7号敌台和韭菜沟1~4号马面。

韭菜沟1号敌台（150123352101170087）：位于山西省右玉县杨千河乡碓臼沟村西北1.5千米。骑墙而建，实心。黄土夯筑，夯层厚0.15~0.2米，内无夹杂物。

敌台保存较差。顶部四周严重坍塌，残存较少，上面长满杂草；东、西、北壁整体坍塌，坍塌的夯土与地面形成斜坡，西、北侧斜坡上长满杂草；东壁有一人工洞穴，高1.5、宽2、进深4米；南壁保存稍好，由于风蚀破坏，壁面凹凸不平，有多个坑窝。敌台现高11米，底部东西长14.5、南北12.5米，顶部东西长3、南北长5米。

韭菜沟2号敌台（150123352101170088）：位于山西省右玉县杨千河乡碓臼沟村西1.2千米。骑墙而建，实心。黄土夯筑，夯层厚0.15~0.2米，内无夹杂物。

敌台保存较差。西壁中部整体坍塌，只西北角和西南角各残存一个夯土立柱；北壁顶部西侧塌陷，其余部分比较平坦，夯层明显，长有稀疏的杂草，底部因夯土坍塌而形成斜坡，坡上有一条小路穿长城墙体而过；南壁有数十个大大小小的坑洞，中部一个坑洞较深，顶部有杂草，底部有夯土坍塌形成的斜坡。敌台现高11米，底部东西长16、南北长14.5米，顶部东西长3、南北长6米。（彩图一六八）

韭菜沟3号敌台（150123352101170089）：位于山西省右玉县杨千河乡碓臼沟村西1.4千米。骑墙而建，实心。黄土夯筑，夯层厚0.15~0.2米，内无夹杂物。

敌台保存较差。顶部西低东高，长有大量杂草；东、西、北壁整体坍塌，坍塌的夯土在地面形成较大的斜坡，坡上长满杂草，西、北壁斜坡上长有低矮的灌木；南壁西侧夯土脱落较多，有大量风蚀形成的坑窝；西壁由于坍塌，形成一个高6、东西长5、南北长4米的夯土立柱。敌台现高10米，底部东西长13、南北长10、顶部东西长3、南北长5米。

敌台东侧可见一个平台，长19、宽12米，长满杂草，散落有瓷片和青砖。

韭菜沟4号敌台（150123352101170090）：位于山西省右玉县杨千河乡碓臼沟村西南1.6千米。骑墙而建，实心。黄土夯筑，夯层厚0.15~0.2米，内无夹杂物。

敌台保存差。顶部凹凸不平，长有杂草；东壁与长城墙体相连，坍塌较严重，坍塌部分与长城墙体连成一片，形成一个较大的斜坡，坡上长有稀疏的杂草；北、西、南壁底部有坍塌形成的斜坡，坡上长有杂草；南壁有几道裂缝和几个风蚀形成的坑洞。敌台现高9米，底部东西长11.5、南北长9.5米，顶部东西长5、南北长6米。（彩图一六九）

韭菜沟5号敌台（150123352101170091）：位于山西省右玉县杨千河乡碓臼沟村西南2千米。骑墙而建，实心。黄土夯筑，夯层厚0.15~0.2米，夹杂少量砂砾。

敌台保存较差。顶部坍塌呈尖状，底部四周形成较大的斜坡，顶部及底部斜坡上长有杂草；东壁与长城墙体相接，大面积坍塌；南、西、北壁部分坍塌。敌台现高8、底部边长9、顶部边长2米。

韭菜沟6号敌台（150123352101170092）：位于山西省右玉县杨千河乡碓臼沟村西南2.1千米。骑墙而建，空心。构筑方式比较特别，下半部高4米，黄土加石块夯筑而成，石块较大，夯层较明显；上半部长、宽略小于下半部，以下半部为基台，黄土夯筑而成，高1.3米，夯土纯净。

敌台保存较差。顶部有较多坍塌，中间有一自上而下的洞穴直通底部；东壁有一洞穴，与顶部洞穴相通，壁面上半部长有稀疏的杂草，侧面有一坍塌形成的斜坡将洞口大部分覆盖，只露出洞口左上一隅，洞口宽4米，高和进深不详。敌台现高约5.3、底部边长13、顶部边长11米。（彩图一七〇）

韭菜沟7号敌台（150123352101170093）：位于山西省右玉县杨千河乡碓臼沟村南2.5千米。骑墙而建，实心。黄土夯筑，夯层厚0.15~0.2米，内无夹杂物。

敌台保存较差。四壁因坍塌而形成斜坡，坡上长满杂草，整体略呈圆锥状。敌台人为破坏严重，南壁底部有四孔现代窑洞。敌台现高13米，底部东西长17、南北长13米，顶部东西长3、南北长6米。

火盘沟长城（150123382101170024）

起自和林格尔县羊群沟乡火盘沟村东0.2千米，止于羊群沟乡火盘沟村东南2千米。大致呈东北－西南走向。上接韭菜沟长城，下接井沟长城。长1717米。其中保存较好320米、较差1357米、消失40米，各占墙体长度的19%、79%和2%。

墙体为自然基础，黄土夯筑，夯层厚0.15~0.2米，内无夹杂物。墙体多已坍塌，顶部凸凹不平，墙体两侧有鸟兽打挖的坑洞，个别地方有人工洞穴。墙体底部坍塌的夯土堆积形成斜坡，坡上长满杂草。墙体现高1.5~7、底宽3.5~8、顶宽1.3~3.5米。（彩图一七一）

墙体沿线植被较好，多杂草和灌木。墙体上有敌台5座、马面2座，即火盘沟1~5号敌台和火盘沟1、2号马面。

火盘沟1号敌台（150123352101170094）：位于山西省右玉县杨千河乡碓臼沟村西南2.7千米。骑墙而建，实心。黄土夯筑，夯层厚0.15~0.2米，内无夹杂物。

敌台保存一般。顶部有塌陷，长满杂草；四壁有坑洞和雨水冲刷的冲沟，杂草稀疏。西壁底部有坍塌形成的斜坡，坡上长有杂草，斜坡上有小路穿过，小路外侧有一道雨水冲刷的沟谷；北壁右下角和中部各有一道裂缝，底部斜坡较大。敌台现高12米，底部东西长14.5、南北长11米，顶部东西长5、南北长4.5米。

火盘沟2号敌台（150123352101170095）：位于山西省右玉县杨千河乡碓臼沟村西南2.8千米。骑墙而建，实心。黄土夯筑，夯层厚0.15~0.2米，内无夹杂物。

敌台保存较差。四壁有坍塌，坍塌的夯土与地面形成斜坡，坡上长满杂草。东壁中部自顶至底有一道凹沟，系雨水冲刷所致，宽、深约1米。敌台现高9米，底部东西长14.5、南北长11米，顶部东西长7、南北长5米。

敌台东侧有一基台，呈矩形，东西长11、南北长20米。

火盘沟3号敌台（150123352101170096）：位于山西省右玉县杨千河乡碓臼沟村西南3千米。骑墙而建，实心。黄土夯筑，夯层厚0.15~0.2米，内无夹杂物。

敌台保存较差。四壁及顶部受到不同程度的破坏。敌台现高12米，底部东西长7、南北7.5米，顶部东西长6、南北长5.5米。（彩图一七二）

火盘沟4号敌台（150123352101170097）：位于山西省右玉县杨千河乡碓臼沟村西南3.1千米。骑墙而建，实心。黄土夯筑，夯层厚0.15~0.2米，内无夹杂物。

敌台保存较差。四壁及顶部受到不同程度的破坏，底部有坍塌形成的斜坡；北壁有一条裂缝，西北角有塌陷；东壁整体坍塌，形成斜坡，斜坡上有几处尚未倒塌的夯土立柱，高 4 ~ 6 米；南壁底部有一人工洞穴，高 1.5、宽 1、进深 1.7 米。敌台底部有小路环绕。敌台现高 12 米，底部东西长 14、南北长 11.5 米，顶部边长 7 米。

火盘沟 5 号敌台（150123352101170098）：位于山西省右玉县杨千河乡碓臼沟村西南 3.3 千米。骑墙而建，实心。黄土夯筑，夯层厚 0.15 ~ 0.2 米，内无夹杂物。

敌台保存一般。南壁有数十个坑洞和两条裂缝，系雨水冲刷和水土流失所致；东壁整体坍塌，形成斜坡，坡上有一尚未倒塌的夯土立柱，高 4 米；北壁稍有不平，有明显的雨水冲刷痕迹，东侧基部有一人为洞穴，高 2.3、宽 1.5 米，深度不详，洞口散落大大小小的夯土块；西壁顶部表层夯土坍塌，有一条裂缝及数十个坑洞。敌台现高 11 米，底部东西长 15、南北长 14 米，顶部东西长 7、南北长 5 米。（彩图一七三）

井沟长城（150123382101170025）

起自和林格尔县羊群沟乡火盘沟村东南 2 千米，止于羊群沟乡井沟村东南 0.9 千米。大致呈东北 - 西南走向。上接火盘沟长城，下接大沙口长城。长 2932 米。其中保存较好 475 米、一般 2369 米、较差 43 米、消失 45 米，各占此段墙体长度的 16%、81%、1% 和 2%。

墙体为自然基础，黄土夯筑，夯层厚 0.15 ~ 0.2 米，内无夹杂物。墙体多有坍塌，顶部凹凸不平，底部坍塌夯土堆积，形成斜坡，坡上长满各类杂草。墙体分布地带地势较低，河道、冲沟和道路给墙体造成多个断口。墙体两侧散落较多瓷片和建筑构件等。墙体现高 1.5 ~ 7、底宽 3.5 ~ 8、顶宽 1.3 ~ 3.5 米。（彩图一七四）

墙体沿线地势起伏交错，四面环山，两侧分布较多沟谷，植被较好，杂草较多。墙体上有敌台 8 座、马面 5 座，即井沟 1 ~ 8 号敌台和井沟 1 ~ 5 号马面。

井沟 1 号敌台（150123352101170099）：位于和林格尔县羊群沟乡井沟村东北 0.9 千米。骑墙而建，实心。黄土夯筑，夯层厚 0.15 ~ 0.2 米，内无夹杂物。

敌台保存一般。东、南、北壁有坍塌，东壁近四分之三塌毁，南壁和北壁坍塌轻微，壁上有小坑窝及雨水冲刷的沟槽；西壁保存较好，壁面较平，无坍塌，有少量小坑窝及雨水、风蚀形成的小沟槽。敌台现高 14 米，底部东西长 10、南北长 13 米，顶部东西长 2.5、南北长 4 米。

敌台外围残存围墙的痕迹，东西长 17、南北长 10 米，高度无法测量。

井沟 2 号敌台（150123352101170100）：位于和林格尔县羊群沟乡井沟村东北 0.8 千米。骑墙而建，实心。黄土夯筑，夯层厚 0.15 ~ 0.2 米，内无夹杂物。

敌台保存一般。西壁和北壁有轻微破坏，坍塌较少，壁面比较平整，底部有坍塌形成的斜坡；东壁和南壁破坏比较严重，东壁坍塌夯土堆积在底部，使整个台体基部变大，南壁沿基部有高 4 米的内凹。敌台现高 7、底部边长 10、顶部边长 2 米。（图三七）

井沟 3 号敌台（150123352101170101）：位于和林格尔县羊群沟乡井沟村东北 0.75 千米。骑墙而建，实心。黄土夯筑，夯层厚 0.15 ~ 0.2 米，内无夹杂物。

敌台保存一般。东、南壁完整，无坍塌，有少量坑窝；西壁北侧坍塌严重；北壁因坍塌呈三角状内凹，壁面有雨水冲刷形成的凹槽，底部由于坍塌夯土堆积而形成小斜坡，坡上杂草茂盛。敌台现高 12 米，底部东西长 11、南北长 13 米，顶部东西长 5、南北长 3 米。

井沟 4 号敌台（150123352101170102）：位于和林格尔县羊群沟乡井沟村东 0.7 千米。骑墙而建，实心。黄土夯筑，夯层厚 0.15 ~ 0.2 米，内无夹杂物。

敌台保存一般。东壁有少量风雨侵蚀形成的坑窝，上部有少量坍塌；北壁坍塌较为严重，坍塌部位呈三角形内凹，壁面上有雨水冲刷形成的沟槽；西壁有坍塌，坍塌的夯土在地面形成较大斜坡，坡面直抵旁边深沟；南壁保存较好，无坍塌现象，只有少量坑窝。敌台现高12米，底部东西长10、南北长13米，顶部东西长3、南北长5米。

井沟5号敌台（150123352101170103）：位于和林格尔县羊群沟乡井沟村东南0.6千米。骑墙而建，实心。黄土夯筑，夯层厚0.15～0.2米，内无夹杂物。

敌台保存一般。南壁较直，分布大小不等的坑窝及雨水冲刷的沟槽；西壁较平，夯层明显，分布风雨侵蚀形成的小坑窝；北壁保存较好，无坍塌，无坑窝，只在底部有小范围内凹现象；东壁较平，中部有竖条状坍塌，东北部顶端坍塌呈阶梯状。敌台现高14米，底部东西长12、南北长13米，顶部东西长5、南北长6米。（彩图一七五）

井沟6号敌台（15012335210117 0104）：位于和林格尔县羊群沟乡井沟村东南0.65千米。骑墙而建，实心。黄土夯筑，夯层厚0.15～0.2米，内夹杂有青砖和碎石等。有台基。

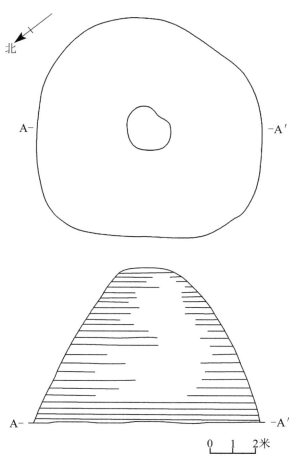

图三七　井沟2号敌台平、剖面图

敌台保存一般。台基平面呈正方形，现高4米，四周有深约1米的壕沟。台墩北壁下半部坍塌成竖切面，上半部有数条裂缝；西壁上部坍塌严重，残存的壁面上有几处坑洼；南壁保存较好，壁面平整，底部坍塌成竖直切面，坍塌土与台基混为一体，形成斜坡，坡上长满杂草；东壁下部坍塌，坍塌土呈锥状立于台墩边上。敌台现高10、底部边长7、顶部边长5米。

井沟7号敌台（15012335210117 0105）：位于和林格尔县羊群沟乡井沟村东南0.8千米。骑墙而建，实心。黄土夯筑，夯层厚0.15～0.2米，内无夹杂物。

敌台保存较好，破坏轻微。北壁底部有小块坍塌，靠近东壁有一条通顶的裂缝；南壁较为平整，有少量坑窝和凹槽；东壁坍塌呈阶梯状，底部有少量堆土；西壁因风沙侵蚀、雨水冲刷形成多处坑窝。敌台现高12米，底部东西长12、南北长13.5米，顶部东西长3、南北长3.5米。（彩图一七六）

井沟8号敌台（150123352101170106）：位于和林格尔县羊群沟乡井沟村东南0.9千米。骑墙而建，实心。黄土夯筑，夯层厚0.15～0.2米，内无夹杂物。

敌台保存一般。北壁较平，右上角有一个小洞，偏东有少许坍塌，坍塌的夯土在地面形成斜坡，底部中间有一洞穴，高0.5、宽1.2、进深1.5米，坡面上长有少量杂草；西壁大面积坍塌，呈阶梯状。敌台现高7米，底部东西长8、南北长7米，顶部东西长3、南北长3.5米。

大沙口长城（150123382101170026）

起自和林格尔县羊群沟乡井沟村东南0.9千米，止于羊群沟乡楼沟村南0.5千米。大致呈东北-西南走向。上接井沟长城，下接清水河县七墩镇长城。长2990米。其中保存较好856米、一般1681米、较差190米、消失263米，各占此段墙体长度的29%、56%、6%和9%。

墙体为自然基础，黄土夯筑，夯层厚0.15~0.2米，内无夹杂物。墙体多有坍塌，坍塌的夯土在墙体两侧形成斜坡，坡上生长大量杂草和少量灌木类植物。墙体分布地带多山水冲沟，给墙体造成多个断口。墙体现高3.5~8、底宽5~7.5、顶宽1~3米。（彩图一七七）

墙体上有敌台7座，分别为口子沟1、2敌台，大沙口1~3号敌台和楼沟1、2敌台；马面5座，分别为口子沟马面、大沙口1~3号马面和楼沟马面，墙体外侧有一座"Ⅱ"形墙外单体建筑。

口子沟1号敌台（150123352101170107）：位于和林格尔县羊群沟乡井沟村东南1千米。骑墙而建，实心。黄土夯筑，夯层厚0.15~0.2米，内无夹杂物。

敌台保存较差。四壁均有坍塌，西壁坍塌土与地面形成斜坡，坡上长满小榆树；南壁有一人工洞穴，高1、宽1.2、进深1米，内壁完整。敌台现高3米，底部东西长5、南北长4米，顶部东西长2、南北长1.5米。（彩图一七八）

口子沟2号敌台（150123352101170108）：位于和林格尔县羊群沟乡井沟村东南1千米。骑墙而建，实心。黄土夯筑，夯层厚0.15~0.2米，内无夹杂物。

敌台保存一般。东、北壁坍塌严重，东壁底部有小范围的凹陷，北壁坍塌的夯土与地面形成较大斜坡，坡上长满杂草；西壁几乎整体坍塌，坍塌的夯土与地面形成斜坡，底部有两个现代挖掘的洞穴。敌台现高7米，底部东西长10、南北长11米，顶部东西长5、南北长7米。

大沙口1号敌台（150123352101170109）：位于和林格尔县羊群沟乡大沙口村东0.5千米。骑墙而建，空心。黄土夯筑，夯层厚0.15~0.2米，内无夹杂物。

敌台保存一般。四壁受到不同程度的破坏。西、北两壁保存较好，西壁西北角有一条长2米的冲沟，底部有一个人工洞穴，洞口宽1、高1.5米，洞进深1.5米；南壁偏西有一条长6米的冲沟，底部有几处内凹现象，中间有一个现代洞穴。敌台现高12米，底部东西长11、南北长12米，顶部东西长3.5、南北长4米。

大沙口2号敌台（150123352101170110）：位于和林格尔县羊群沟乡大沙口村东南0.7千米。骑墙而建，空心。黄土夯筑，夯层厚0.15~0.2米，内无夹杂物。

敌台保存一般。顶部凸凹不平，长满蒿草；北壁坍塌严重，有一条长5米的裂痕，坍塌的夯土与地面形成斜坡；西壁由于坍塌呈一个独立的三棱锥体，上面长有小榆树、蒿草等植物；南壁较平，有较大坑窝，受东壁坍塌影响，东南角塌裂；东壁坍塌较为严重，坍塌处参差不齐，底部有两个洞穴，一早一晚，早期的在底部中间，洞内是通往敌台顶部的通道，内壁有明显的台阶，洞内高2.7、宽3、进深3米，另一个洞穴为现代所挖。敌台现高9米，底部东西长10、南北长11米，顶部边长3米。（彩图一七九）

大沙口3号敌台（150123352101170111）：位于和林格尔县羊群沟乡大沙口村南1.2千米。骑墙而建，空心。黄土夯筑，夯层厚0.15~0.2米，内无夹杂物。

敌台保存一般。北壁中间有一竖向坑窝，底部有一人为洞穴，洞口宽1.2、高0.8米，洞进深1.5米；西壁多风雨侵蚀形成的坑窝，受南壁坍塌影响，残存壁面呈三角形；东、南壁整体坍塌，坍塌的夯土堆积于敌台底部，壁面已不存。敌台现高8米，底部东西长8、南北长9米，顶部东西长1.5、南北长4米。

敌台外围可见围墙，东西长10、南北长36米，多已坍塌破坏，现高5、底宽6、顶宽0.2~0.6米。

楼沟 1 号敌台（150123352101170112）：位于和林格尔县羊群沟乡楼沟村东北 0.4 千米。骑墙而建，实心。黄土夯筑，夯层厚 0.15 ~ 0.2 米，夹杂砖、石块等。

敌台保存一般。东壁东北部坍塌呈阶梯状，壁面有较大裂缝，底部中间有人为洞穴，宽 1.5、高 1、进深 1 米，洞口和内部夹层里有包砖，洞口有明显坍塌；北壁坍塌呈阶梯状；西壁有较大的裂痕，露出内部包砖石的通道，通道洞口现高 2、进深 1.5 米。敌台四壁可见明显人为拆挖砖石的痕迹，留有挖砖石后的沟槽，周围碎砖较多。敌台现高 13 米，底部东西长 11、南北长 12 米，顶部东西长 6、南北长 8 米。

楼沟 2 号敌台（150123352101170113）：位于和林格尔县羊群沟乡楼沟村东南 0.2 千米。骑墙而建，实心。黄土夯筑，夯层厚 0.15 ~ 0.2 米，内无夹杂物。

敌台保存较差。顶部不平，由东向西倾斜；南壁东南角有小部分塌陷，坍塌的夯土堆积呈阶梯状，壁面不平，有一条从上至下的沟槽，底部内凹；东、西壁坍塌较严重，西壁坍塌呈阶梯状，东壁坍塌的夯土与地面形成斜坡；北壁有塌陷，坍塌的夯土与地面形成斜坡，坡面上长满杂草。敌台现高 7 米，底部东西长 13、南北长 11 米，顶部东西长 6.5、南北长 6 米。（彩图一八○）

大沙口墙外单体建筑（150123352199170180）：位于和林格尔县羊群沟乡楼沟村南 0.4 千米。建在长城墙体之北的一处平台上，由三段墙体构成，轮廓呈"Ⅱ"形，向北凸出。北墙与长城墙体平行，长 39、现高 6、底宽 8、顶宽 0.5 ~ 1 米，东、西墙垂直伸向长城墙体，已坍塌，是否与长城主墙体相接，尚不清楚。（彩图一八一）

单体建筑黄土夯筑，夯层厚 0.1 ~ 0.2 米，内无夹杂物。破坏严重，只有北墙轮廓较清晰，其功用尚不清楚。

（五）呼和浩特市清水河县

清水河县境内明长城二边总长 115128 米，划分为 59 段，其中土墙 57 段、山险 1 段、消失 1 段，分别长 112366 米、862 米和 1900 米，各占此段墙体总长度的 97%、1% 和 2%。墙体上有敌台 243 座、马面 253 座。（参见地图七）其分类长度统计如下表。（表一二）

表一二　清水河县明长城二边墙体分类长度统计表　　　　　（单位：米）

墙体类型 / 保存状况	土墙	石墙	砖墙	木障墙	山险墙	山险	河险	其他墙体	消失长城
较好	8104	0	0	0	0	0	0	0	
一般	31532	0	0	0	0	0	0	0	
较差	50381	0	0	0	0	862	0	0	1900
差	19188	0	0	0	0	0	0	0	
消失	3161	0	0	0	0	0	0	0	
总计	112366	0	0	0	0	862	0	0	115128

七墩镇长城（150124382101170001）

起自清水河县韭菜庄乡新村东北 2.5 千米，止于韭菜庄乡新村东 0.4 千米。上接和林格尔县大沙口长城，下接清水河县新村长城。大致呈东北 - 西南走向。长 2936 米。其中保存较好 235 米、一般

北 ←——

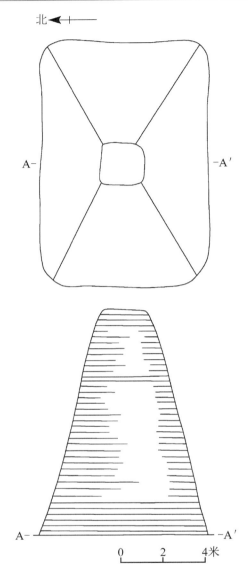

图三八　七墩镇 1 号敌台平、剖面图

1550 米、较差 370 米、差 599 米、消失 182 米，各占此段墙体长度的 8%、53%、13%、20% 和 6%。

墙体为自然基础，黄土夯筑，夯层厚 0.15 ~ 0.2 米，内无夹杂物。墙体有不同程度的坍塌，坍塌的夯土在墙体两侧形成斜坡，坡上生长大量的杂草。墙体穿行地带多山水冲沟，给墙体造成多个断口。墙体现高 1 ~ 5、底宽 2 ~ 6、顶宽 0.5 ~ 3 米。（彩图一八二）

墙体沿线植被较好，地表散落有陶片、瓷片和建筑构件等。墙体上有敌台 9 座、马面 3 座，即七墩镇 1 ~ 9 号敌台和七墩镇 1 ~ 3 号马面。

七墩镇 1 号敌台（150124352101170001）：位于清水河县韭菜庄乡新村东北 2.5 千米。骑墙而建。黄沙土夯筑，夯层厚 0.15 ~ 0.2 米，内无夹杂物。

敌台保存一般。四壁有不同程度的破坏，西壁坍塌较为严重，与地面形成斜坡，坡面不平，长满杂草；南壁坍塌部位呈内凹三角形，一条冲沟以此为起点，与另一条冲沟交错向山下延伸。敌台现高 11 米，底部东西长 12、南北长 8 米，顶部边长 2 米。（图三八）

七墩镇 2 号敌台（150124352101170002）：位于清水河县韭菜庄乡新村东北 2.3 千米。骑墙而建，实心。黄土夯筑，夯层较为坚硬，厚 0.15 ~ 0.2 米，内无夹杂物。

敌台建在高 3 米的土台上，整体保存较好。西、北壁保存最好，有少量坍塌，壁面稍微内凹，底部有小部分坍塌的夯土；东壁坍塌较为严重，坍塌的夯土堆积形成斜坡。敌台现高 9 米，底部东西长 9、南北长 8 米，顶部边长 1.5 米。

敌台两侧有围墙，墙体现高 4.5、底宽 8、顶宽 1 ~ 1.5 米，东墙长 40 米。

七墩镇 3 号敌台（150124352101170003）：位于清水河县韭菜庄乡新村东北 2.1 千米。骑墙而建，实心。黄土夯筑，夯层厚 0.15 ~ 0.2 米，内无夹杂物。

敌台保存一般。南、北壁坍塌严重，北壁内凹，下部与地面形成陡峭斜坡；西壁保存尚好，紧邻一条沟谷；东壁受风蚀影响比较严重，形成坑窝。敌台现高 12 米，底部东西长 12、南北长 14 米，顶部东西长 6、南北长 4 米。

七墩镇 4 号敌台（150124352101170004）：位于清水河县韭菜庄乡新村东北 1.7 千米。骑墙而建，实心。黄土夯筑，夯层厚 0.15 ~ 0.2 米，内无夹杂物。

敌台保存一般。顶部凸凹不平，呈弧形；南壁不平，有部分坍塌，有雨水冲刷、风蚀形成的坑窝；东壁偏南坍塌较多，坍塌的夯土与地面形成斜坡，中部及偏北部有较多风蚀形成的坑窝；北壁坍塌较严重，整体呈斜坡状，上面长满杂草。敌台现高 11 米，底部东西长 11、南北长 10 米，顶部东西长 3、南北长 2.5 米。

敌台周围有围院，南、北墙已消失。残存西墙长 39、现高 1 ~ 2、底宽 3、顶宽 0.5 米。围墙由黄土夯筑，夯层厚 0.15~0.2 米。

七墩镇 5 号敌台（150124352101170005）：位于清水河县韭菜庄乡新村东北 1.4 千米。骑墙而建，实心。黄土夯筑，夯层厚 0.15~0.2 米，内无夹杂物。

敌台保存一般。顶部凸凹不平，长满杂草；西壁整体坍塌；北壁由于雨水冲刷及受西壁坍塌的影响，偏西及西北角顶部大面积坍塌；东壁坍塌较多，壁上有坑窝；南壁情况与北壁相似，西半部凸凹不平。敌台现高 9 米，底部东西长 6、南北长 10 米，顶部东西长 2.5、南北长 3 米。

七墩镇 6 号敌台（150124352101170006）：位于清水河县韭菜庄乡新村东北 1.1 千米。骑墙而建，实心。黄土夯筑，夯层厚 0.15~0.2 米，内无夹杂物。

敌台保存一般。顶部稍有不平；西壁整体坍塌，坍塌的夯土与地面形成较大斜坡；北壁西北角有坍塌，台壁与地面垂直，上半部呈三角形；东壁分布大小不等的坑窝，总体上壁面较平，垂直于地面，底部有小范围内凹现象；南壁中部偏东有自上而下的裂缝，偏西有较多坑窝。敌台现高 10 米，底部东西长 8、南北长 11 米，顶部东西长 2、南北长 6 米。

敌台周围有围院、挡马墙等设施，均保存不完整。围院南、北墙长 9 米，东墙长 28、底宽 3、顶宽 0.5~1 米。挡马墙长 18 米。

七墩镇 7 号敌台（150124352101170007）：位于清水河县韭菜庄乡新村东北 0.5 千米。骑墙而建，实心。黄土夯筑，夯层厚 0.15~0.2 米。

敌台保存一般。东壁上半部有小范围坍塌，分布较多坑窝，中部有一小洞，洞口外部坍塌，洞高 4、宽 1~2.5 米，洞进深 0.8 米，洞内有通向顶部的台阶；北壁坍塌较为严重，坍塌的夯土与地面形成斜坡，坡上长满杂草；西壁中间坍塌形成内凹，底部呈斜坡；南壁相对保存较好，偏东有坍塌，壁上有较多坑窝，顶部有两处豁口。敌台现高 10 米，底部东西长 12、南北长 9 米，顶部东西长 3、南北长 3.5 米。

敌台西侧有围院，围墙多处坍塌。现存西墙长 20 米，南、北墙各长 8 米，底宽 4~5、顶宽 1 米。

七墩镇 8 号敌台（150124352101170008）：位于清水河县韭菜庄乡新村东北 0.4 千米。骑墙而建，实心。黄土夯筑，夯层厚 0.15~0.2 米。

敌台保存一般。西壁大面积坍塌，垂直于地面，有较多坑窝；南壁受西壁坍塌影响，偏西及西南角塌毁，壁面分布少量坑窝；东壁保存较好；北壁偏西北角有坍塌和裂缝。敌台现高 10 米，底部东西长 8、南北长 9 米，顶部边长 3 米。

七墩镇 9 号敌台（150124352101170009）：位于清水河县韭菜庄乡新村西南 0.3 千米。骑墙而建，实心。黄土夯筑，夯层厚 0.15~0.2 米，内无夹杂物。

敌台保存差。顶部呈圆顶状；四周壁面有裂缝、冲沟和坑洞；北壁坍塌形成较大斜坡，斜坡上长满杂草，有人为踩踏的小路，壁面仅残留上半部；西壁上半部长满杂草，底部坍塌形成的斜坡上有几棵低矮的榆树，壁面有几十个坑洞，西南角有较大的裂缝，夯土块即将脱落；南壁有一条宽 0.3 米的沟槽，生长稀疏的杂草，并有几处坑洞。敌台现高 7 米，底部东西长 12、南北长 11 米，顶部东西长 2、南北长 3 米。（彩图一八三）

新村长城（150124382101170002）

起自清水河县韭菜庄乡新村东 0.3 千米，止于韭菜庄乡板申沟村东 0.5 千米。上接七墩镇长城，下接板申沟长城。大致呈东北－西南走向。长 1745 米。其中保存一般 530 米、较差 1168 米、消失 47 米，各占此段墙体长度的 30%、68% 和 2%。

墙体为自然基础，黄土夯筑，夯层厚 0.15~0.2 米，内无夹杂物。墙体有不同程度的坍塌，坍

塌的夯土在墙体两侧形成斜坡，坡上生长杂草。墙体现高 1～5、底宽 3～6、顶宽 0.8～2 米。（彩图一八四）

墙体沿线地势稍平坦，两侧有沟谷，个别地段将长城墙体冲断。墙体上有敌台 5 座、马面 2 座，即新村 1～3 号敌台新墩 1、2 号敌台和新村马面、新墩马面。

新村 1 号敌台（150124352101170010）：位于清水河县韭菜庄乡新村西南 0.5 千米。骑墙而建，实心。黄土夯筑，夯层较明显，厚 0.15～0.2 米，内无夹杂物。

敌台保存一般。顶部有坍塌，凸凹不平，长满杂草；西壁有两道裂缝，西北角有一块夯土即将脱落；北壁坍塌较多，形成大的斜坡。敌台各壁有不同程度的坍塌，在底部与地面形成不同高度的斜坡，坡上长满杂草，各壁面长有稀疏的杂草，斜坡上散落碎砖、石块等。敌台现高 8 米，底部东西长 10.5、南北长 10 米，顶部边长 5 米。

新村 2 号敌台（150124352101170011）：位于清水河县韭菜庄乡新村西南 0.8 千米。骑墙而建，实心。黄土夯筑，夯层厚 0.15～0.2 米，内无夹杂物。

敌台保存一般。顶部有塌陷，长满杂草；四壁凸凹不平，有坑洞，个别地方有裂缝，系雨水冲刷、风沙侵蚀及水土流失所致；四壁底部有坍塌形成的斜坡，坡上长有杂草，散落较多石块、青砖、瓦片等，有人为踩踏的小路；西壁塌毁严重，残存一个高 3 米的尖顶夯土立柱。敌台现高 10 米，底部边长 12 米，顶部东西长 2、南北长 3 米。

新村 3 号敌台（徐氏楼）（150124352101170012）：位于清水河县韭菜庄乡新村西南 1.1 千米。此敌台民间称徐氏楼，传说明代有一位徐姓将军在此驻守，久而久之，人们便称其为徐氏楼，为清水河县明长城中少有的修建较好的敌台之一。

由于受多年雨水冲刷和风沙侵蚀的破坏，敌台四壁均有少许破坏。东墙有一条裂缝，自顶部箭窗延伸至底部洞门；顶部破坏较大，女墙等设施残破不堪，青砖掉落，散乱堆积于底部，底部四缘有斜坡，长满杂草，散落有红色条石。（彩图一八五、一八六）

敌台四壁顶端各有三个拱形箭窗。东壁仅余中间较大的箭窗；西壁三个箭窗尚存，保存较好；南壁和北壁箭窗已破坏无存。因攀登困难，箭窗的详细数据无法测量，仅能看出中间箭窗形制要大于两侧，两侧箭窗形制基本相同。

西壁箭窗以上尚残存一段女墙，高约 3 米。女墙与台体之间有三层青砖，第一层为平铺，第二、三层为尖状排列。

敌台南、北侧与长城墙体连接处各有一个用砖券顶的拱形石门通道。现南面石门通道已经坍塌，仅剩半扇石门；北面石门通道尚存，因坍塌，通道内大半被砂石黄土堵塞，通道西侧有一对石门，宽 0.6、厚 0.15 米，高度因石门下半部被掩埋无法测量。通道为拱形，上径 0.95、下径 1.25、可见深 1.9 米。

敌台东壁底部中间有一洞门，系红色条石垒砌，最底部有两扇石门，左门关闭，右门向里打开，紧贴通道内侧。（彩图一八七、一八八）此门为进出敌台的唯一通道，因年久失修，石门被顶部坍塌的夯土、青砖、石块等掩盖大半，石门现存高 0.45、厚 0.12 米，横跨面长 0.5 米。洞门口呈拱形，宽 0.94 米，洞门两侧各砌有一块长方形条石与洞门口同高，宽 0.23 米，右侧能见高 0.6 米，左侧能见高 0.42 米，下半部均被坍塌土掩埋。洞门顶部有六层红色条石，自上至下第三、四层为三块并列的条石，第三层中间条石上用双钩法刻有“洞门”二字。（参见彩图一八七）

敌台现高约 12、底部边长 15、顶部边长 10 米。从外观来看，敌台结构可分为两部分，底部红色条石垒砌，高 3.4 米，红色条石长 90～160、宽 45、厚 20～25 厘米；上部青砖垒砌，高 8.6 米，青砖

长 40、宽 20、厚 10 厘米。（图三九）

　　敌台周围有一大一小两个围院。小围院平面呈不规则长方形，西墙长 30 米，距长城墙体 14 米；东墙长 35 米，距长城墙体 20 米。大围院位于敌台东侧，东西长 60、南北长 160 米。大围院南墙距小围院南墙 62.5 米，大围院北墙距小围院北墙 62.5 米。围院墙体保存一般，个别地段已坍塌。

　　敌台东南有一保护标志，第一行字因磨损无法辨认，主体大字为"徐氏楼"，落款为"朔州市平鲁区人民政府立"；西南侧还有一个保护标志，为一水泥制碑，正面刻有三行字，第一行为"清水河县第一批文物保护单位"，第二行为"明代长城重点保护区"，第三行为落款："清水河县人民政府立，1989 年 12 月 1 日"。

　　新墩 1 号敌台（150124352101170013）：位于清水河县韭菜庄乡新村西南 1.4 千米。骑墙而建，实心。黄土夯筑，夯层厚 0.15 ~ 0.2 米，内无夹杂物。

　　敌台保存差。顶部坍塌严重，近尖状；四壁凸凹不平，有明显夯土脱落的痕迹，有数量不等的风蚀坑洞；东、南壁底部有夯土坍塌后形成的斜坡，上面长满杂草；东壁底部有一人为洞穴，宽 1、高 1.5 米，深度不详，洞口周围夯土脱落；南壁底部中央有一人为洞穴，宽 1、高 1、进深 0.5 米。敌台顶部及各壁长有稀疏的杂草。敌台现高 10 米，底部东西长 11、南北长 12.5 米，顶部东西长 2、南北长 3 米。

　　新墩 2 号敌台（150124352101170014）：

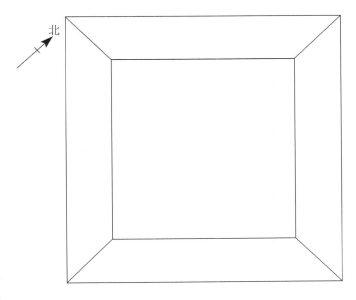

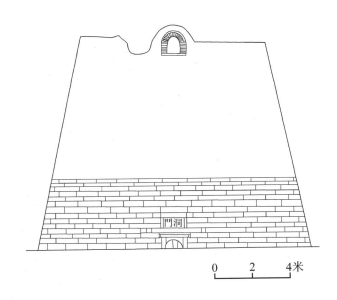

图三九　新村 3 号敌台（徐氏楼）平、立面图

位于清水河县韭菜庄乡新村西南 1.9 千米。骑墙而建，实心。黄土夯筑，夯层厚 0.15 ~ 0.2 米，内无夹杂物。

　　敌台保存差。顶部几近尖状，四周长满杂草；四壁受到严重破坏，大面积坍塌，与地面形成较大斜坡，坡上长满杂草；南壁与长城墙体断开。敌台剖面呈拱形，现高 8 米，底部东西长 10、南北长 9 米，顶部边长 3 米。

　　板申沟长城（150124382101170003）

　　起自清水河县韭菜庄乡板申沟村东 0.5 千米，止于韭菜庄乡头道沟村东南 1.8 千米。大致呈东北－西南走向。上接新村长城，下接福心沟长城。长 2402 米。其中保存一般 666 米、较差 1651 米、

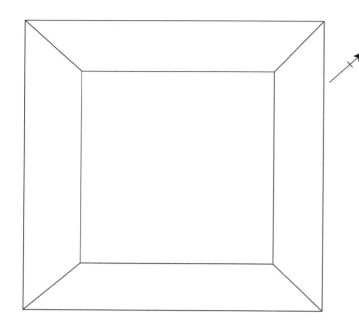

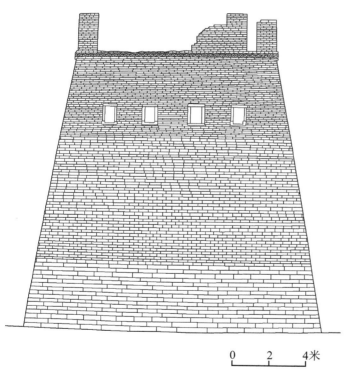

图四〇　板申沟1号敌台（箭牌楼）平、立面图

消失 85 米，各占此段墙体长度的 28%、69% 和 3%。

墙体为自然基础，黄土夯筑，夯层厚 0.15 ~ 0.2 米，内无夹杂物。墙体剖面呈梯形，现遭到不同程度的破坏，多有坍塌，坍塌的夯土在墙体两侧形成斜坡，坡上生长杂草。墙体现高 0.8 ~ 2.5、底宽 2.5 ~ 4.5、顶宽 0.8 ~ 1 米。（彩图一八九）

墙体沿线植被较好，周围交通便利。墙体上有敌台 5 座、马面 7 座，即板申沟 1 ~ 5 号敌台和板申沟 1 ~ 7 号马面。

板申沟 1 号敌台（箭牌楼）（1501 24352101170015）：位于清水河县韭菜庄乡板申沟村南 1.1 千米。敌台由黄土、红色条石、青砖三种材料构筑而成，较为坚固。现保存较好，局部有损坏。顶部垛口墙残破不堪，青砖散落地面，各壁顶部射孔有不同程度的损坏。东壁右侧底部有一个人为洞口。各壁有裂缝。

敌台保存较好。平面呈正方形，剖面呈梯形。表层由红色条石和青砖垒砌而成。敌台现高 17.6、底部边长 15、顶部边长 10 米。底部红色条石垒砌，高约 3.4 米，红色条石长 90 ~ 160、宽 45、厚 20 ~ 25 厘米；上半部青砖垒砌，高约 14.2 米，青砖长 40 ~ 50、宽 20、厚 10 厘米。与徐氏楼不同，此敌台不见供人进出的洞门。（图四〇；彩图一九〇）

敌台四壁顶端各有四个射孔，呈长方形，现只有西壁的四个保存完好，东壁和北壁各存一个，南壁残存两个。射孔高约 1.1、外宽 0.9、内宽 0.5 米，孔内侧石块形制为外括"八"字形，内括也是"八"字形。

敌台顶部射孔上有垛口墙，现仅存四个角的垛墙，高约 2、宽约 1 米。垛口墙与敌台中间有四层稍凸出敌台壁面的青砖，应为台檐，第一、四层为平铺的青砖，二、三层为青砖的一角凸出壁面，外观为并排的三角形青砖。

敌台东壁北侧底部有一人为挖掘的洞穴，使壁面遭到极大破坏。从洞内的断面可以看到，敌台内部构造为土石混筑，即一层夯土一层红色条石交替叠加。

敌台周围似有一个围院，痕迹非常模糊，详细数据无法测量。敌台四周为斜坡，附近散落成堆的碎石块、瓦片和红色条石等。

板申沟 2 号敌台（15012435210117 0016）：位于清水河县韭菜庄乡新村西南 3.4 千米。骑墙而建，实心。黄土夯筑，夯层厚 0.15 ~ 0.2 米，内无夹杂物。

敌台保存差。顶部有坍塌，凸凹不平，长满杂草；西壁整体坍塌，与地面形成较大斜坡；东、北壁左侧坍塌，与地面形成斜坡；南壁有数十个坑洞及一条短裂缝；敌台底部四周有坍塌形成的斜坡，上面长满杂草。敌台现高 10、底部边长 15、顶部边长 6 米。

板申沟 3 号敌台（15012435210117 0017）：位于清水河县韭菜庄乡新村西南 4 千米。骑墙而建，实心。黄土夯筑，夯层厚 0.15 ~ 0.2 米，内无夹杂物。

敌台保存较差。顶部有坍塌，边缘犹甚，凸凹不平，生长有少量杂草；东壁坍塌较多，坍塌部分与长城墙体坍塌所成斜坡连为一体，中间有一道凹槽；南壁保存稍好，有几道较大的裂缝和数处坑洞；西、北壁整体坍塌，形成较大的斜坡，斜坡上长有杂草，散落有石块和碎青砖。敌台现高 10 米，底部东西长 10、南北长 9.5 米，顶部边长 4 米。

板申沟 4 号敌台（150124352101170018）：位于清水河县韭菜庄乡新村西南 4.3 千米。骑墙而建，实心。黄土夯筑，夯层厚 0.15 ~ 0.2 米，内无夹杂物。

敌台保存较差。顶部有坍塌，长满杂草；西壁保存稍好，有数十个坑洞，壁面凸凹不平，坍塌部分在底部形成一个小斜坡；其余各壁整体坍塌，形成较大斜坡，坡上长满杂草。敌台现高 11 米，底部东西长 12、南北长 13 米，顶部东西长 3、南北长 4 米。

敌台西侧有一围院，现只可看出其南北向的墙体，长 38、现高 2、宽 1 米，墙体距敌台 7.5 米。

板申沟 5 号敌台（150124352101170019）：位于清水河县韭菜庄乡新村西南 4.7 千米。骑墙而建，实心。黄土夯筑，夯层厚 0.15 ~ 0.2 米，内无夹杂物。

敌台保存较差。四壁受到不同程度的破坏，大面积坍塌，坍塌部分在底部形成较大斜坡，坡上长满各类杂草，壁面有稀疏的杂草；底部斜坡上环绕有小路，有少量的沙棘。敌台现高 10 米，底部边长 10 米，顶部东西长 8、南北长 5.5 米。

福心沟长城（150124382101170004）

起自清水河县韭菜庄乡七墩沟村东南 1.8 千米，止于韭菜庄乡福心沟村东 0.5 千米。大致呈东北 – 西南走向。上接板申沟长城，下接十七坡长城。长 2439 米。其中保存一般 200 米、较差 1041 米、差 1176 米、消失 22 米，各占此段墙体长度的 8%、43%、48% 和 1%。

墙体为自然基础，黄土夯筑，夯层厚 0.15 ~ 0.2 米，内无夹杂物。墙体剖面呈梯形，遭到不同程度的破坏，多有坍塌，坍塌的夯土在墙体两侧形成斜坡，坡上生长大量的杂草。墙体现高 0.8 ~ 2.3、底宽 2 ~ 3.5、顶宽 0.5 ~ 1.5 米。（彩图一九一）

墙体沿线植被较好，经过的村庄有内蒙古自治区境内的福心沟村、七墩沟村，山西省境内的蒋家坪村等，周围交通便利。墙体上有敌台 5 座、马面 5 座，即蒋家坪 1 ~ 3 号敌台及福心沟 1、2 号敌台和蒋家坪 1、2 号马面及福心沟 1 ~ 3 号马面。

蒋家坪 1 号敌台（150124352101170020）：位于清水河县韭菜庄乡七墩沟村东 2 千米。骑墙而建，实心。黄土夯筑，夯层厚 0.15 ~ 0.2 米，内无夹杂物。外侧原砌有青砖或条石，现脱落流失殆尽，只南壁东侧顶部边缘尚有残存，排列有一定规则。

敌台保存较好。四壁有不同程度残损，西壁有一道裂缝，表层夯土大量脱落；南壁保存较好，较为平坦，有少量裂缝和数个坑洞；东壁顶部有坍塌，呈凹字形，长满杂草；北壁有几条裂缝。敌台现高 8 米，底部东西长 11、南北长 9 米，顶部东西长 7、南北长 5 米。（彩图一九二）

蒋家坪 2 号敌台（150124352101170021）：位于清水河县韭菜庄乡七墩沟村东南 2.5 千米。骑墙而建，实心。黄土夯筑，夯层厚 0.15 ~ 0.2 米，个别地方夹有红色条石。

敌台保存一般。建于基台之上，基台较平缓，长满杂草。台体顶部长满杂草，散落青砖和石块，四周边缘有一层用红色条石垒砌，稍微凸出于台体表面；西壁坍塌严重，夯土脱落较多；其余各壁有数处坑洞和裂缝，表层有夯土脱落现象，个别地方夯土中夹杂红色条石。敌台现高 11 米，底部东西长 12、南北长 12.5 米，顶部东西长 4、南北长 5 米。

蒋家坪 3 号敌台（150124352101170022）：位于清水河县韭菜庄乡福心沟村东北 1.4 千米。骑墙而建，实心。黄土夯筑，夯层厚 0.15 ~ 0.2 米，内无夹杂物。

敌台保存差。顶部基本消失，仅残存几块夯土立柱；四壁整体坍塌，坍塌部分形成斜坡，坡上长满杂草，散落大量石块、条石、碎青砖、碎瓦片等。因损坏严重，敌台具体尺寸无法测量。

福心沟 1 号敌台（150124352101170023）：位于山西省朔州市平鲁区高石庄乡九洞村东北 1.5 千米。骑墙而建，实心。黄土夯筑，夯层厚 0.15 ~ 0.2 米，个别地方夹有红色条石。

敌台保存一般。建于基台之上。顶部长满杂草，边缘部分排列有青砖和石块，稍凸出壁面；东壁上半部有坍塌，坍塌部分形成斜坡，长有零星杂草；其余各壁保存稍好，底部均有斜坡，斜坡上长满杂草，壁面上有坑洞和裂缝；西壁总体较好。敌台现高 12 米，底部东西长 14、南北长 13.5 米，顶部东西长 6、南北长 7.5 米。（彩图一九三、一九四）

敌台西侧有一个围院的痕迹，可见一道南 - 北走向的围墙，长 38、现高 2.7、底宽 2、顶宽 0.5 米。围墙距敌台 8.5 米。

福心沟 2 号敌台（150124352101170024）：位于清水河县韭菜沟乡福心沟村东北 0.7 千米。骑墙而建，实心。黄土夯筑，夯层厚 0.15 ~ 0.2 米，内无夹杂物。

敌台保存较好。北壁中央有一道雨水冲刷的凹槽，自顶部有坍塌，形成缺口，呈倒三角形；南壁中部有一道冲沟，较长，深 0.5 米，有数十个坑洞；东、西壁保存稍好。敌台底部四面有坍塌形成的斜坡，坡上长满杂草，有小路环绕；顶部长满杂草。敌台现高 14 米，底部东西长 7、南北长 8 米，顶部东西长 3.5、南北长 4 米。

敌台东侧有一基台的痕迹，东西长 11、南北长 29 米，距敌台 9 米。

十七坡长城（150124382101170005）

起自清水河县韭菜庄乡福心沟村东 0.5 千米，止于韭菜庄乡十七坡村东南 0.3 千米。上接福心沟长城，下接岔子长城。大致呈东北 - 西南走向。长 2748 米。其中保存较好 1317 米、一般 595 米、较差 782 米、消失 54 米，各占此段墙体长度的 48%、22%、28% 和 2%。

墙体为自然基础，黄土夯筑，夯层厚 0.15 ~ 0.2 米，内无夹杂物。墙体剖面呈梯形，遭不同程度的破坏，多有坍塌，坍塌的夯土在墙体两侧形成斜坡，坡上生长大量的杂草，个别地段可见砖石包砌痕迹。墙体现高 3 ~ 6、底宽 3 ~ 5、顶宽 1 ~ 4 米。（彩图一九五）

墙体上有敌台 10 座、马面 4 座，即十七坡 1 ~ 10 号敌台和十七坡 1 ~ 4 号马面。

十七坡 1 号敌台（150124352101170025）：位于清水河县韭菜庄乡福心沟村东南 0.5 千米。骑墙而建，实心。黄土夯筑，夯层厚 0.15 ~ 0.2 米，内无夹杂物。

敌台保存一般。顶部凸凹不平，长有杂草，东侧大面积坍塌；四壁有十几至几十个不等的坑洞，有明显雨水冲刷和风力侵蚀痕迹，底部有坍塌形成的斜坡，坡上长有大量杂草。敌台四周散落青砖块、瓦片等建筑构件及大量明清时期的碎瓷片。敌台现高 13 米，底部东西长 15.5、南北长 14.5 米，顶部边长 5 米。敌台周围有明显围院痕迹。（图四一）

十七坡 2 号敌台（150124352101170026）：位于清水河县韭菜庄乡福心沟村东南 0.9 千米。骑墙而建，实心。黄土夯筑，夯层厚 0.15 ~ 0.2 米，内无夹杂物。

敌台保存一般。四壁多坑洞，高 3 ~ 4 米，系夯土坍塌后经雨水冲刷、风力侵蚀形成，顶部及上半部长满杂草，底部有坍塌形成的斜坡，坡上长有大量杂草，有小路环绕；东、北壁整体坍塌，形成较大斜坡，东北角斜坡上有一块巨大的夯土立柱。敌台现高 9 米，底部边长 13 米，顶部东西长 6、南北长 3 米。

敌台东、西侧长城墙体有明显红色条石包砌的痕迹。

十七坡 3 号敌台（150124352101170027）：位于清水河县韭菜庄乡福心沟村南 1.1 千米。骑墙而建，实心。黄土夯筑，夯层厚 0.15 ~ 0.2 米，内无夹杂物。

敌台保存较差。顶部有坍塌，长满杂草；南、北壁整体坍塌，南壁坍塌形成的斜坡上有一夯土立柱，高 2 米；东、西壁整体稍好，有数十个坑洞，壁面上生长有少量杂草，西壁有一道雨水冲刷的凹槽。四壁底部有坍塌形成的斜坡，坡上长满杂草，有小路环绕。敌台现高 9 米，底部东西长 12.5、南北长 14.5 米，顶部边长 7 米。

敌台东、西侧长城墙体有明显红色条石包砌的痕迹。

十七坡 4 号敌台（150124352101170028）：位于清水河县韭菜庄乡福心沟村西南 0.5 千米。骑墙而建，实心。黄土夯筑，夯层厚 0.15 ~ 0.2 米，夹有少量红色条石。

敌台保存较差。顶部长满杂草，有大面积坍塌；东、北壁整体坍塌；南壁稍好，有数十个坑洞，并有冲沟，基部露出红色条石垒砌的基石；西壁坍塌严重，坍塌的夯土在底部形成斜坡，坡上长满杂草，环绕有小路。敌台现高 8 米，底部东西长 12.5、南北长 11 米，顶部东西长 6.5、南北长 6 米。

敌台东、西侧长城墙体有明显红色条石包砌的痕迹。

十七坡 5 号敌台（150124352101170029）：位于清水河县韭菜庄乡福心沟村西南 0.9 千米。骑墙而建，实心。黄土夯筑，夯层厚 0.15 ~ 0.2 米，内无夹杂物。

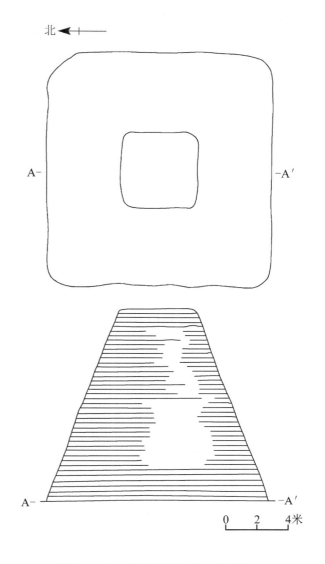

北 ←

A-　　　　　　　　　　　　　　-A'

A-　　　　　　　　　　　　　　-A'

0　2　4米

图四一　十七坡 1 号敌台平、剖面图

　　敌台保存较差。顶部呈圆形，坍塌严重，长有杂草；东、西、北壁整体坍塌，自顶部与地面形成较大斜坡；西壁稍好，分布有数道深冲沟及数处坑洞。敌台四周坍塌形成的斜坡上生长杂草和灌木。敌台现高9米，底部东西长12、南北长16.5米，顶部东西长4、南北长6.5米。（图四二）

十七坡6号敌台（150124352101170030）：位于清水河县韭菜庄乡福心沟村西南1.2千米。骑墙而建，实心。黄土夯筑，夯层厚0.15～0.2米，内无夹杂物。

　　敌台保存较差。顶部破坏严重，西南角残存有一夯土立柱，高1.5米；西壁整体坍塌；南壁凸凹不平，有数十处坑洞；东壁大面积坍塌；北壁稍好。敌台底部有坍塌形成的斜坡，坡上长有杂草、灌木，四周散落少量碎青砖、瓦片等。敌台现高9米，底部东西长11、南北长12米，顶部东西长4.5、南北长6米。

十七坡7号敌台（150124352101170031）：位于清水河县韭菜庄乡福心沟村西南1.4千米。骑墙而建，实心。黄土夯筑，夯层厚0.15～0.2米，内无夹杂物。

　　敌台保存一般。顶部坍塌严重，长有杂草，边缘部分有一层排列规则的青砖和条石，稍凸出壁面；西壁整体坍塌；南壁稍好，坍塌较少，壁面凸凹不平，有数十个坑洞及数道冲沟；东壁大部分坍塌。敌台底部有坍塌形成的斜坡，坡上长满杂草，环绕有小路，散落一些包砌敌台及城墙的石块和碎青砖。敌台现高12米，底部东西长14.5、南北长13.5米，顶部东西长6、南北长6.5米。

十七坡8号敌台（150124352101170032）：位于清水河县韭菜庄乡十七坡村东0.3千米。骑墙而建，实心。黄土夯筑，夯层厚0.15～0.2米，内无夹杂物。

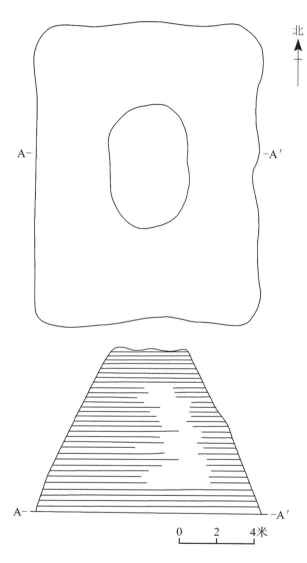

图四二　十七坡5号敌台平、剖面图

　　敌台保存较差。西壁整体坍塌；南壁有数十个坑洞和数条冲沟；东壁和北壁大面积坍塌，壁面尚有残留。敌台底部四周有坍塌形成的斜坡，坡上长满杂草，散落较多碎青砖、石块等，环绕人为踩踏的小路。敌台现高8米，底部东西长11、南北长14.5米，顶部东西长4、南北长6米。

　　十七坡9号敌台（150124352101170033）：位于清水河县韭菜庄乡十七坡村东0.25千米。骑墙而建，实心。黄土夯筑，夯层厚0.15～0.2米，内含少量砂砾。

　　敌台保存较差。顶部坍塌较多，长满杂草；西、北、东壁整体坍塌，分布多条裂缝，坍塌部分与地面形成斜坡，坡上长满杂草；南壁稍好，坍塌较少，壁面较为平整，有几处坑洞，东南部有几块夯土脱落。敌台现高12米，底部边长14.5米，顶部东西长3、南北长6米。

十七坡 10 号敌台（150124352101170034）：位于清水河县韭菜庄乡十七坡村东南 0.2 千米。骑墙而建，实心。土石混筑，可见夯层，比较清晰，厚 0.15 ~ 0.2 米。

敌台保存较差。顶部凸凹不平，长满杂草，中间有一坑洞和一个高 1 米的夯土立柱；南壁有一缺口，夯土自顶部坍塌，露出内部石块，下半部夯层较为明显，西南角有裂缝；西壁较为平整，仅有少许坑洞；北壁稍好，局部表层夯土脱落，在底部没有形成较大的斜坡；东壁基本平整，仅有少许坑洞和冲沟。敌台西南侧长城墙体下有一废弃的窑洞，倚长城墙体而建，由包砌城墙的红色条石筑成，窑洞前残存一个围院，地面上散落成堆的包砌城墙的石块。敌台现高 10、底部边长 13、顶部边长 12 米。

小岔子长城（150124382101170006）

起自清水河县韭菜庄乡十七坡村东南 0.3 千米，止于韭菜庄乡小岔子村东南 0.5 千米。上接十七坡长城，下接高泉营子长城。大致呈东北 – 西南走向。长 2755 米。其中保存较好 377 米、一般 714 米、较差 1320 米、差 252 米、消失 92 米，各占此段墙体长度的 14%、26%、48%、9% 和 3%。

墙体为自然基础，黄土夯筑，夯层厚 0.15 ~ 0.2 米，内无夹杂物。由于受多年雨水冲刷和水土流失的影响，墙体受到不同程度的破坏。坍塌的夯土在两侧形成斜坡，坡上长满杂草及少量灌木。墙体剖面呈梯形。墙体现高 3 ~ 6、底宽 4 ~ 8、顶宽 1.5 ~ 3.5 米。（彩图一九六）

墙体蜿蜒在山脊上，周围地势崎岖，破坏较为严重，沿途植被较好。沿线经过的村庄有内蒙古自治区境内的小岔子村和头墩村，山西省境内的大何堡村、大嘴沟村和高泉营子村等，交通较为便利。墙体上有敌台 8 座、马面 3 座，即小岔子 1 ~ 8 号敌台和小岔子 1 ~ 3 号马面。

小岔子 1 号敌台（150124352101170035）：位于清水河县韭菜庄乡十七坡村南 0.6 千米。骑墙而建，实心。黄土夯筑，夯层厚 0.15 ~ 0.2 米，内无夹杂物。

敌台保存较差。东壁自顶部坍塌，露出少许青砖和瓦片；南壁顶部有一条冲沟，下半部有两条冲沟，其余地方稍平整，顶部边缘长有杂草；西壁凸凹不平，表层夯土大量脱落，中部有一道冲沟，宽 0.5 米，壁面长有零星的杂草；北壁整体坍塌。敌台底部四周有坍塌形成的斜坡，坡上长有稀疏的杂草。敌台现高 9 米，底部东西长 16、南北长 15 米，顶部东西长 4、南北长 5 米。

小岔子 2 号敌台（150124352101170036）：位于清水河县韭菜庄乡十七坡村南 0.8 千米。骑墙而建，实心。黄土夯筑，夯层厚 0.15 ~ 0.2 米，内无夹杂物。

敌台保存较好。顶部稍有不平，长满杂草，四周边缘规则地排列着红色条石和青砖，稍凸出壁面；四壁保存尚好，坍塌轻微，壁面分布坑洞，底部有坍塌形成的斜坡，坡上长满杂草，散落破碎的青砖、瓦片及包砌城墙的石块。敌台现高 9、底部边长 13、顶部边长 4 米。

小岔子 3 号敌台（150124352101170037）：位于清水河县韭菜庄乡十七坡村南 1.1 千米。骑墙而建，实心。黄土夯筑，夯层厚 0.15 ~ 0.2 米，内无夹杂物。

敌台保存较好。顶部较平，长满杂草，有青砖和红色条石排列，比较规则，稍凸出壁面；东壁两端有两条裂缝，其余地方稍平；北壁保存较好；南、西壁稍差，壁面凸凹不平，总体坍塌较少，有数十个风蚀形成的坑洞；除西壁外，其余各壁底部有坍塌形成的斜坡，坡上长满杂草。敌台现高 10 米，底部东西长 16、南北长 14.5 米，顶部东西长 4、南北长 5 米。

敌台周围残存围院痕迹，墙体尚存，高 2、底宽 2 ~ 3、顶宽 0.5 米；东、西墙长 22 米，南、北墙长 38 米，西墙稍短于东墙；西墙距敌台 4 米，东墙距敌台 9.5 米。

小岔子 4 号敌台（150124352101170038）：位于清水河县韭菜庄乡十七坡村南 1.6 千米。骑墙而建，实心。黄土夯筑，夯层厚 0.15 ~ 0.2 米，内无夹杂物。

敌台保存较好。顶部有坍塌，长满杂草，边缘部分排列有规则的条石、青砖等，稍凸出壁面；南壁有两道自顶而下的冲沟；北壁顶端有一处缺口。四壁有数量不等的风蚀坑洞，表层夯土有脱落现象，底部有坍塌形成的斜坡，坡上长满杂草，局部散落石块、碎青砖、碎瓦片等。敌台现高14、底部边长14.5、顶部边长6.5米。

小岔子5号敌台（150124352101170039）：位于清水河县韭菜庄乡十七坡村南1.8千米。骑墙而建，实心。黄土夯筑，夯层厚0.15~0.2米，内无夹杂物。

敌台保存较差。棱角残损，四壁已无法准确辨认，整体呈不规则圆锥状。壁面坍塌部分与地面形成较大的斜坡，坡上长满杂草；南壁有一个较大的夯土立柱，高4米，壁面中部和西南角各有一道冲沟；西壁稍好，顶部已呈尖状，凸凹不平，长满杂草。敌台现高7米，底部边长11米，顶部东西长4、南北长2.5米。

小岔子6号敌台（150124352101170040）：位于清水河县韭菜庄乡小岔子村东0.5千米。骑墙而建，实心。黄土夯筑，夯层厚0.15~0.2米，内无夹杂物。

敌台保存一般。顶部边缘局部可见排列规则的青砖和条石，稍凸出壁面；四壁轻微坍塌，表层夯土有脱落现象，壁面较为平整，零星长有杂草，各分布数十个坑洞；四壁底部有坍塌及夯土脱落形成的斜坡，坡上长满杂草。敌台现高15米，底部边长14米，顶部东西长4.5、南北长5米。

敌台周围残存一个围院的痕迹。现仅存西墙，长40、高4、底宽2、顶宽0.5米。

小岔子7号敌台（150124352101170041）：位于清水河县韭菜庄乡小岔子村东南0.6千米。骑墙而建，实心。黄土夯筑，夯层厚0.15~0.2米，内无夹杂物。

敌台保存较差。东壁整体坍塌，形成一较大斜坡；西壁与南壁有数十个坑洞，系雨水冲刷、风沙侵蚀所致；北壁破坏较大，表层夯土脱落，左侧大面积坍塌。北壁与长城墙体接合处露出大量红色条石，可能是后来垒砌，敌台南侧散落红色石块。敌台四壁底部有坍塌形成的斜坡，坡上长满杂草和灌木。敌台现高12米，底部边长12米，顶部东西长5、南北长4.5米。

小岔子8号敌台（150124352101170042）：位于清水河县韭菜庄乡小岔子村东南0.7千米。骑墙而建，实心。黄土夯筑，夯层厚0.15~0.2米，内无夹杂物。

敌台保存较差。顶部损坏严重，基本消失；四壁严重坍塌，底部形成大小不一的斜坡，坡上长有杂草，散落包砌城墙的石块、青砖等。敌台现高7米，底部东西长11.5、南北长9米，顶部东西长6、南北长1米。

高泉营子长城（150124382101170007）

起自清水河县韭菜庄乡小岔子村东南0.5千米，止于山西省朔州市平鲁区高石庄乡八墩村西北0.3千米。上接小岔子长城，下接三里铺长城。大致呈东北－西南走向。长2128米。其中保存较好939米、一般433米、较差686米、消失70米，各占此段墙体长度的44%、20%、32%和3%。

墙体为自然基础，黄土夯筑，夯层厚0.15~0.2米，内无夹杂物。由于受到多年雨水冲刷和水土流失的破坏，墙体坍塌较多，在两侧形成斜坡，坡上长满杂草及少量灌木；顶部凸凹不平，有人为踩踏的痕迹。墙体现高2~5.5、底宽3~6、顶宽0.5~2.5米。（彩图一九七）

墙体沿线地势险要，沟谷纵横，起伏较大。多处沟谷将长城墙体冲断，周围植被较好。墙体上有敌台7座、马面1座，即高泉营子1~7号敌台和高泉营子马面。

高泉营子1号敌台（150124352101170043）：位于清水河县韭菜庄乡头墩村东南0.65千米。骑墙而建，实心。黄土夯筑，夯层厚0.15~0.2米，内无夹杂物。

敌台保存一般。东壁小范围坍塌，坍塌的夯土堆积于地表，整体壁面较平；南壁平直，分布大小不等的坑窝；西壁坑窝较少；北壁大面积坍塌，坍塌的夯土在地面形成斜坡，坡上长满杂草。敌台现高 11 米，底部东西长 15、南北长 13 米，顶部边长 6 米。

高泉营子 2 号敌台（150124352101170044）：位于清水河县韭菜庄乡头墩村东南 0.9 千米。骑墙而建，实心。黄土夯筑，夯层厚 0.15～0.2 米，内无夹杂物。

敌台保存较好。顶部较平；东壁平直，偏南有一条自上而下的裂缝；南、西壁保存尚好，无坍塌，壁面平直，有少量坑窝。敌台现高 15 米，底部东西长 12、南北长 11 米，顶部边长 7 米。（彩图一九八）

高泉营子 3 号敌台（150124352101170045）：位于清水河县韭菜庄乡头墩村东南 1 千米。骑墙而建，实心。黄土夯筑，夯层厚 0.15～0.2 米，内无夹杂物。

敌台保存较好。顶部长满杂草；东壁中部自上而下有一排坑窝；南壁上半部分布网格状的坑窝；西壁中部有五个竖排坑窝，较大，进深 1 米；北壁底部有少量堆土，西北角有一个 2 米见方的坑。敌台现高 12 米，底部东西长 13、南北长 15 米，顶部东西长 8、南北长 9 米。

敌台东侧有围院，建在高 3 米的土台上，痕迹明显，院墙消失。围院东西长 40、南北长 12 米。

高泉营子 4 号敌台（150124352101170046）：位于清水河县韭菜庄乡头墩村东南 1.1 千米。骑墙而建，实心。黄土夯筑，夯层厚 0.15～0.2 米，内无夹杂物。

敌台保存较好。顶部较平，长满杂草；东壁分布较多坑窝，中间有一竖向凹槽；南壁中部有坑窝；西壁尚好，中部有小坑窝；北壁轻微坍塌，底部有小堆坍塌的夯土，壁面小范围内凹。敌台现高 12 米，底部东西长 15、南北长 14 米，顶部东西长 8、南北长 7 米。（彩图一九九）

敌台东侧残存有围院的痕迹，破坏严重，具体尺寸无法测量。

高泉营子 5 号敌台（150124352101170047）：位于清水河县韭菜庄乡头墩村东南 1.3 千米。骑墙而建，实心。黄土夯筑，夯层厚 0.15～0.2 米，内无夹杂物。

敌台保存较好。顶部长满杂草；西壁轻微坍塌，局部内凹，分布少量坑洞；南壁分布网格状的坑窝，底部堆积少量坍塌的夯土；北壁坍塌较多，坍塌部分与地面形成斜坡，坡上长满杂草。敌台现高 11 米，底部东西长 12、南北长 14 米，顶部东西长 6、南北 7.5 米。

高泉营子 6 号敌台（150124352101170048）：位于清水河县韭菜庄乡头墩村东南 1.5 千米。骑墙而建，实心。黄土夯筑，夯层厚 0.15～0.2 米，内无夹杂物。

敌台保存一般。东壁中部内凹，分布小坑窝，底部有堆土；南壁因风蚀、雨水冲刷等因素破坏，壁面凹凸不平；北壁小范围坍塌，坍塌的夯土在底部形成斜坡，坡上长满杂草。敌台现高 8 米，底部东西长 12、南北长 14 米，顶部边长 6 米。

高泉营子 7 号敌台（150124352101170049）：位于清水河县韭菜庄乡头墩村东南 1.75 千米。骑墙而建，实心。黄土夯筑，夯层厚 0.15～0.2 米，内无夹杂物。

敌台保存较好。顶部长满杂草；南壁高出长城墙体 3 米，有坍塌；东壁分布网格状的坑窝；北壁底部小范围坍塌，坍塌的夯土堆积于地面，中部有数个坑洞，较深。敌台现高 14 米，底部东西长 14、南北长 12 米，顶部边长 6 米。

三里铺长城（150124382101170008）

起自山西省朔州市平鲁区高石庄乡八墩村西北 0.3 千米，止于高石庄乡二墩村西北 0.4 千米。上接高泉营子长城，下接二墩长城。大致呈东北－西南走向。长 2427 米。其中保存较好 471 米、一般 800 米、较差 1111 米、消失 45 米，各占此段墙体长度的 19%、33%、46% 和 2%。

墙体为自然基础，黄土夯筑，夯层厚 0.15～0.2 米，内无夹杂物。由于受到多年雨水冲刷和水土流失的破坏，墙体坍塌较多，在两侧形成斜坡，坡上长满杂草及少量灌木，散落大量的碎青砖、瓦片和陶、瓷片。墙体现高 1.5～4、底宽 3～6.5、顶宽 0.8～2 米。（彩图二〇〇、二〇一）

墙体沿线地势险要，沟谷纵横，起伏较大。沿途经过内蒙古自治区境内的三里铺村。墙体上有敌台 7 座、马面 2 座，即三里铺 1～7 号敌台和三里铺 1、2 号马面。

三里铺 1 号敌台（150124352101170050）：位于清水河县韭菜庄乡头墩村东南 2 千米。骑墙而建，实心。黄土夯筑，夯层厚 0.15～0.2 米，内无夹杂物。

敌台保存较好。东壁有坍塌，壁面凸凹不平，坍塌的夯土在底部形成斜坡，坡上长满杂草，壁面高出长城墙体 6 米；南、西壁有少量坑窝；北壁底部小部分坍塌，壁面较平直，稍向内凹。敌台现高 10 米，底部东西长 15、南北长 12 米，顶部边长 5 米。

三里铺 2 号敌台（150124352101170051）：位于山西省朔州市平鲁区高石庄乡八墩村西南 1.2 千米。骑墙而建，实心。黄土夯筑，夯层厚 0.15～0.2 米，内无夹杂物。

敌台保存较差。顶部有坍塌，边缘有一层排列规则的青砖和红色条石；四壁有表层夯土脱落现象，凸凹不平，长有零星杂草，分布数十个坑洞和裂缝，底部有坍塌形成的斜坡，坡上长满杂草；南壁右下角有一个人为洞穴，高 0.4、宽 0.5 米。敌台南、北壁与长城墙体接合处可见包砌墙体的石块痕迹。敌台现高 11 米，底部东西长 13、南北长 16 米，顶部边长 5 米。

三里铺 3 号敌台（150124352101170052）：位于山西省朔州市平鲁区高石庄乡八墩村西南 1.4 千米。骑墙而建，实心。黄土夯筑，夯层厚 0.15～0.2 米，内无夹杂物。

敌台保存差。北、东、西壁整体坍塌，形成斜坡，坡上长有杂草，残存的壁面上长有稀疏的杂草；南壁稍好，凸凹不平，有明显雨水冲刷、水土流失和风沙侵蚀的痕迹。由于破坏严重，四壁界线很难分辨，只局部可见初始壁面。敌台现高 11 米，底部东西长 12、南北长 11 米，顶部东西长 1、南北长 6 米。

三里铺 4 号敌台（150124352101170053）：位于山西省朔州市平鲁区高石庄乡八墩村西南 1.6 千米。骑墙而建。从西壁及其断面来看，敌台外层包有条石，条石间白灰抹缝，夹有夯土；内层土石混筑；再里层黄土夯筑，夯层厚 0.15～0.2 米。

敌台保存一般。顶部整体坍塌，条石散落；北壁和东壁整体坍塌，形成斜坡，坡上长满杂草和灌木丛，条石散落一地，条石长 60～95、宽 40～45、高 14～20 厘米。东侧与敌台相连处的长城墙体保存尚好，条石垒砌。敌台现高 8 米，底部边长 10 米，顶部东西长 5.5、南北长 3 米。（彩图二〇二）

三里铺 5 号敌台（150124352101170054）：位于山西省朔州市平鲁区高石庄乡八墩村西南 1.9 千米。骑墙而建，实心。黄土夯筑，夯层厚 0.15～0.2 米，内无夹杂物。

敌台保存差。顶部凸凹不平，长满杂草；北壁整体坍塌；西壁基础部分坍塌；南壁有几条裂缝和几十个坑洞；东壁下部坍塌成斜坡，东南角有一道较大的冲沟，底部形成冲积坡。敌台现高 13、底部边长 12、顶部边长 6 米。

三里铺 6 号敌台（150124352101170055）：位于山西省朔州市平鲁区高石庄乡二墩村东北 0.7 千米。骑墙而建，实心。黄土夯筑，夯层厚 0.15～0.2 米，内无夹杂物。

敌台保存较差。顶部有较大面积坍塌，长满杂草；东、南、西壁整体坍塌，自顶至底形成大斜坡，坡上长满杂草，散落碎青砖、条石、石块等，残存的壁面上长有稀疏的杂草，呈凸凹不平之状；南壁保存稍好。敌台现高 7 米，底部东西长 12、南北长 7 米，顶部东西长 6、南北长 2 米。（彩图二〇三）

三里铺 7 号敌台（150124352101170056）：位于山西省朔州市平鲁区高石庄乡二墩村北 0.6 千米。骑墙而建，实心。黄土夯筑，夯层厚 0.15～0.2 米，内无夹杂物。

敌台保存较差。顶部有坍塌，起伏不平，长满杂草；北壁整体坍塌，形成斜坡，坡上长满杂草；东壁左侧角部分坍塌；西壁顶部部分坍塌；南壁有数十个坑窝，顶部有一缺口和一条裂缝。敌台底部四周有坍塌形成的斜坡，坡上长满杂草，壁面上长有稀疏的杂草。敌台现高 10 米，底部东西长 10、南北长 9 米，顶部边长 5 米。

二墩长城（150124382101170009）

起自山西省朔州市平鲁区高石庄乡二墩村西北 0.4 千米，止于清水河县韭菜庄乡八墩沟村南 1 千米。上接三里铺长城，下接窑子上长城。大致呈东北－西南走向。长 2969 米。其中保存一般 1182 米、较差 1708 米、消失 79 米，各占此段墙体长度的 40%、58% 和 2%。

墙体为自然基础，黄土夯筑，夯层厚 0.15~0.2 米，内无夹杂物。由于受到多年雨水冲刷和水土流失的破坏，墙体坍塌较多，在两侧形成斜坡，坡上长满杂草及少量灌木，散落大量包砌墙体的条石、青砖块和瓦片等。个别地段长城墙体被农田、民房、公路及自然冲沟破坏。墙体现高 4~5、底宽 4~6、顶宽 1~3 米。（彩图二〇四）

墙体穿行地段地势较为崎岖，起伏较大，沟谷纵横交错，多处将长城墙体截断。墙体上有敌台 9 座、马面 7 座，即二墩 1~3 号、六墩 1~6 号敌台和二墩 1、2 号马面及六墩 1~5 号马面。

二墩 1 号敌台（150124352101170057）：位于山西省朔州市平鲁区高石庄乡二墩村北 0.1 千米。骑墙而建，实心。黄土夯筑，夯层厚 0.15~0.2 米，内无夹杂物。

敌台保存一般。顶部塌陷，凸凹不平，长满杂草；南壁有较大面积坍塌，壁面不平，有数处坑洞和冲沟，右侧坍塌较多，外观呈锥状；西壁左侧塌陷，有数十个坑洞；北壁与东壁整体塌陷。四壁底部有坍塌形成的斜坡，坡上长满杂草。敌台现高 9 米，底部边长 11 米，顶部东西长 2、南北长 3.5 米。（图四三；彩图二〇五）

二墩 2 号敌台（150124352101170058）：位于山西省朔州市平鲁区高石庄乡二墩村西 0.4 千米。骑墙而建，空心。外层条石包砌；内层土石混筑，一层夯土、一层条石，夯土层厚 0.25~0.3 米。

敌台保存较好。四壁外观大体一致，上半部夹杂的石块较大、较稀疏，下半部夹杂的石块较小、较密集，底部均有坍塌形成的斜坡，局部高 3 米，斜坡上散落大量的石块、碎青砖和碎瓦片，长有稀疏的

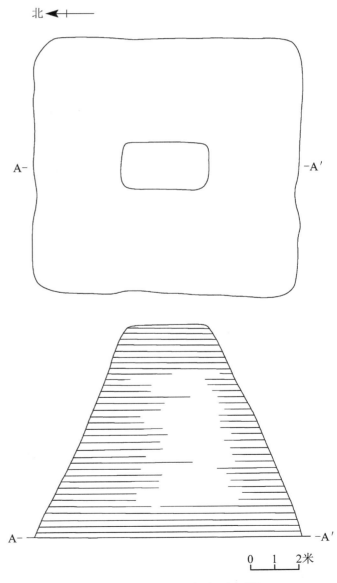

北 ←

A—　　　—A′

A—　　　　　　　　　　　　—A′

0　1　2米

图四三　二墩 1 号敌台平、剖面图

杂草；东壁底部有一进出敌台的洞门，系条石垒砌而成，洞口现高 0.4、宽 1 米，洞口上沿有一块条石，条石长 100、厚 30 厘米；（彩图二〇六）西壁上部有一条裂缝，顶部有一较小缺口。敌台现高 13、底部边长 13、顶部边长 5.5 米。（彩图二〇七）

敌台周围有一围院，保存较好。西墙高于东墙，西墙高 3、底宽 4、顶宽 1.5 米；东墙濒临消失，现高 0.5 米。墙体上长有杂草，有人为踩踏的小路。围院内侧斜坡小于外侧，西墙残存部分外侧与地面形成长 5 米的斜坡。以西墙为基准，测得围院的方向为北偏西 30°。

二墩 3 号敌台（150124352101170059）：位于山西省朔州市平鲁区高石庄乡二墩村西南 0.7 千米。骑墙而建，实心。黄土夯筑，夯层厚 0.15～0.2 米，内无夹杂物。

敌台保存较差。顶部凸凹不平，有较大面积坍塌，长满杂草；西壁整体坍塌，夯层较为明显，从断面可以看出夯层内无任何夹杂物；北壁左侧较好，右侧西北角坍塌，坍塌部分在地面形成斜坡；南壁左侧大量坍塌，右侧有一条裂缝，系风沙侵蚀所致。敌台底部四周有坍塌形成的斜坡，坡上长满杂草。敌台现高 9 米，底部东西长 10、南北长 12.5 米，顶部边长 4 米。

六墩 1 号敌台（150124352101170060）：位于山西省朔州市平鲁区高石庄乡二墩村西南 0.84 千米。骑墙而建，实心。黄土夯筑，夯层厚 0.15～0.2 米，内无夹杂物。

敌台保存较差。顶部长有杂草，边缘有较多坍塌；东壁中部有一道冲沟，表层夯土脱落，凸凹不平，底部坍塌形成的斜坡上有一洞穴，系野生动物之居所；北、西壁相类，壁面稍平，有几处坑洞，底部有较大斜坡；南壁稍差，顶部有几处缺口，坑洞较多，壁面凸凹不平。敌台底部四周有坍塌形成的斜坡，坡上长满杂草。敌台现高 10 米，底部东西长 12、南北长 9 米，顶部边长 4 米。

六墩 2 号敌台（150124352101170061）：位于山西省朔州市平鲁区高石庄乡二墩村西北 0.2 千米。骑墙而建，实心。黄土夯筑，夯层厚 0.15～0.2 米，内无夹杂物。

敌台保存较差。东壁坍塌较多，坍塌部分在地面形成斜坡，坡上有一块高 4.5 米的夯土立柱；北壁左侧大面积坍塌，有几条裂痕；西壁南北两侧各有两条冲沟，较深，呈倒三角形；南壁表层夯土大量脱落，分布大量的坑洞和裂缝。敌台底部四周有坍塌形成的斜坡，坡上长满杂草。四壁及顶部长满杂草，顶部边缘有排列规则的青砖和条石。敌台现高 13 米，底部东西长 12.5、南北长 13 米，顶部东西长 3、南北长 5 米。

敌台周围可见一保存较好的围院。西墙保存状况好于东墙，东墙濒临消失，只残存墙体痕迹。围院东西长 30、南北长 40 米。墙体内侧高 2.5、外侧高 4、底宽 5、顶宽 2 米。围院内散落较多的石块、碎青砖和瓦片。

六墩 3 号敌台（150124352101170062）：位于山西省朔州市平鲁区井坪镇六墩村西。骑墙而建，实心。黄土夯筑，夯层厚 0.15～0.2 米，内无夹杂物。

敌台保存较差。东壁底部有一人为洞穴，宽 2、高 1.5、进深 2.5 米，其余地方凸凹不平，有大块夯土脱落现象；南壁顶部有坍塌，有数十个坑洞；西壁中部整体坍塌，形成一较大斜坡。敌台底部四周有坍塌形成的斜坡，坡上长满杂草；四壁及顶部长满杂草；顶部边缘有排列规则的青砖和条石，稍凸出于壁面。敌台现高 10、底部边长 15、顶部边长 5 米。

敌台西侧有一个围院，平面呈正方形，边长 26 米，墙体高 4、底宽 5、顶宽 4 米。

六墩 4 号敌台（150124352101170063）：位于山西省朔州市平鲁区井坪镇六墩村西南 0.35 千米。骑墙而建，实心。黄土夯筑，夯层厚 0.15～0.2 米，内无夹杂物。

敌台保存较差。顶部有坍塌，长满杂草；北、东、南壁有坍塌，南壁有一道宽 0.5 米的冲沟，另有数十个坑洞；西壁稍好，上半部表层夯土有坍塌。敌台底部四周有坍塌形成的斜坡，西壁底部斜坡较小，坡上长满杂草。敌台现高8、底部边11.5、顶部边长5米。

六墩5号敌台（150124352101170064）：位于山西省朔州市平鲁区井坪镇六墩村西南0.5千米。骑墙而建，实心。黄土夯筑，夯层厚0.15~0.2米，内无夹杂物。

敌台保存较差。顶部长有杂草，中间稍高于四周，边缘排列一层不规则的青砖、条石，稍凹于壁面；东壁上半部坍塌，表层夯土大量脱落，右下角有一个洞口；北壁稍有坍塌，台壁内陷；西壁表层夯土坍塌，壁面凸凹不平；南壁有数十个坑洞，整体保存较好。敌台底部四周有坍塌形成的斜坡，坡上长有稀疏杂草。敌台现高10米，底部东西长13、南北长12米，顶部边长5米。

敌台西侧有一个围院。西墙保存较好，东墙消失，仅存残迹。其东侧残存一个平台，基部露出包砌石块，地表散落石块。围院东西长35、南北长24米，墙体内侧高2.5、外侧高4、底宽5、顶宽3米。院体内部杂草丛生，墙体两侧底部有坍塌形成的斜坡，坡上长满杂草。

六墩6号敌台（150124352101170065）：位于山西省朔州市平鲁区井坪镇六墩村西南0.85千米。骑墙而建，实心。黄土夯筑，夯层厚0.15~0.2米，内无夹杂物。

敌台保存一般。顶部边缘有排列规则的碎青砖和石块，稍凸出于墙体表面；东南角表层夯土坍塌；南壁不平，有较多坑洞；西壁和北壁有几十个坑洞。敌台底部四周有坍塌形成的斜坡，坡上长满杂草。敌台现高12米，底部边长13米，顶部东西长6、南北长7米。

敌台外围有一个围院，保存较好。四面墙体俱存，仅拐角处断开。围院呈正方形，边长35米，墙体内侧高3、外侧高4、底宽5~6、顶宽2~3米。院内地势平坦，长满杂草，墙体上长有稀疏的杂草。敌台处于围院中央。

窑子上长城（150124382101170010）

起自清水河县韭菜庄乡八墩沟村南1千米，止于韭菜庄乡十七沟村东南0.6千米。上接二墩长城，下接帐贵窑子长城。大致呈东北－西南走向。长2963米。其中保存较好613米、一般1352米、较差946米、消失52米，各占此段墙体长度的21%、46%、32%和1%。

墙体为自然基础，黄土夯筑，夯层厚0.15~0.2米，内无夹杂物。由于受到多年雨水冲刷和水土流失的破坏，墙体坍塌较多，在两侧形成斜坡，坡上长满杂草及少量灌木，散落有大量的原包砌墙体的条石、青砖块和瓦片等。墙体现高1~3.5、底宽3.5~6.5、顶宽0.8~1.3米。（彩图二〇八、二〇九）

墙体穿行地段地势较为崎岖，起伏较大，沟谷纵横交错，多处将长城墙体截断。墙体上有敌台6座、马面8座，即窑子上1~4号、十七沟1、2号敌台和窑子上1~4号、十七沟1~4号马面。

窑子上1号敌台（150124352101170066）：位于山西省朔州市平鲁区井坪镇六墩村西南1.1千米。骑墙而建，空心。外层土石混筑，内层黄土夯筑，夯层厚0.15~0.2米。

敌台保存较好。顶部凸凹不平，中部上下敌台的通道被堵塞；西壁外部土石混筑层全部坍塌，露出内部黄土夯筑部分，较平整；南壁左侧土石混筑层尚存；北壁坍塌，露出内部夯土层。敌台底部四周有坍塌形成的斜坡，坡上散落石块和青砖，长有稀疏的杂草。敌台现高12、底部边长9、顶部边长5米。（彩图二一〇）

敌台外围有一个围院。长城墙体只与围院墙体相接，不伸进围院与敌台相连。围院墙体尚存，有几处断口。东、西墙中部各有一洞门，系进出围院的通道。东墙洞门高1、宽1.6、深2.2米；西墙洞门高0.7、内宽1.3米，深度由于夯土坍塌堵塞无法测量，洞门被坍塌土掩盖大半。洞门为条石券顶，两门均损坏，条石、青砖脱落，散于地面，洞口上沿墙体土石混筑。围院平面呈矩形，东西长30、南北长35米，墙体内侧高1~6、外侧高5~6、底宽5~6、顶宽2米。围院内灌木丛生，墙体由于坍塌在两侧底部形成斜坡，坡上及墙体上长满杂草。（彩图二一一）

窑子上2号敌台（150124352101170067）：位于清水河县韭菜庄乡窑子上村东0.3千米。骑墙而建，实心。黄土夯筑，夯层厚0.15～0.2米，内无夹杂物。

敌台保存较好。顶部凸凹不平，四周边沿夯土脱落，沿边排列一层规则的碎青砖和条石，稍凸出于壁面；东壁和西壁表层夯土坍塌，基本形制尚好。敌台四壁有数量不等的坑洞、裂缝、雨水冲刷痕，底部有坍塌形成的斜坡，坡上长满杂草，周围散落碎青砖和石块。敌台现高9米，底部边长11米，顶部东西长3、南北长4米。

敌台外围隐约可见一围院，只存西北角和西南角小段墙体，其余消失。

窑子上3号敌台（150124352101170068）：位于清水河县韭菜庄乡窑子上村南0.2千米。骑墙而建，实心。黄土夯筑，夯层厚0.15～0.2米，内无夹杂物。

敌台保存较差。坍塌破坏严重，整体呈圆锥形，四壁坍塌，在底部形成大的斜坡。敌台现高5米，底部边长5米，顶部东西长3、南北长2米。

窑子上4号敌台（150124352101170069）：位于清水河县韭菜庄乡窑子上村南0.6千米。骑墙而建，实心。黄土夯筑，夯层厚0.15～0.2米，内无夹杂物。

敌台保存较差。四壁有较为严重的破坏。南壁有几道冲沟和几处坑洞；东壁中部坍塌，有较深的冲沟，形成凹槽，右侧东北角有坍塌；北壁整体坍塌；西壁坍塌比较多，有一道裂缝和数十个坑洞。四壁底部形成斜坡，坡上长满杂草，较为稀疏，有小路环绕。敌台现高9米，底部东西长12.5、南北长11.5米，顶部东西长4、南北长3米。

十七沟1号敌台（150124352101170070）：位于清水河县韭菜庄乡十七沟村东北1.6千米。骑墙而建，实心。黄土夯筑，夯层厚0.15～0.2米，内无夹杂物。

敌台保存较差。顶部坍塌较多，凸凹不平；西壁有两道自顶部而下的冲沟，右侧西南角大量坍塌；南壁上部有坍塌，右侧有一条较深的冲沟，壁面有数十个坑洞，东南角坍塌，形成缺口；东壁顶部坍塌，壁面有数十个坑洞。敌台现高11米，底部边长12米，顶部东西长4、南北长3米。

十七沟2号敌台（150124352101170071）：位于清水河县韭菜庄乡十七沟村东1千米。骑墙而建，实心。黄土夯筑，夯层厚0.15～0.2米，内无夹杂物。

敌台保存较差。顶部凸凹不平；南壁表层夯土脱落，有数十个坑洞；西壁坍塌较多；北壁有较大坍塌，顶部坍塌处残存少量碎青砖和石块；东壁有一条人为踩踏的小路，顺着壁面直通至敌台顶部，上半部可见残存的包砌壁面的青砖。敌台底部四周有坍塌形成的斜坡，坡上长满杂草。敌台现高12米，底部边长13米，顶部东西长4、南北长2米。

帐贵窑子长城（150124382101170011）

起自清水河县韭菜庄乡十七沟村东南0.6千米，止于山西省朔州市平鲁区阻虎乡帐贵窑子村西南1千米。上接窑子上长城，下接寺回口长城1段。大致呈北–南走向。长2206米。其中保存一般197米、较差1801米、差115米、消失93米，各占此段墙体长度的9%、82%、5%和4%。

墙体为自然基础，黄土夯筑，夯层厚0.15～0.2米，内无夹杂物。墙体坍塌较多，在两侧形成斜坡，坡上长满杂草，个别地段内部可见石块。长城沿线个别村庄毗邻长城墙体而建，对墙体造成一定的破坏。墙体现高3～6、底宽4～6、顶宽1～3米。（彩图二一二）

墙体穿行地段地势崎岖，沟谷纵横交错。墙体上有敌台4座、马面5座，即帐贵窑子1～4号敌台和帐贵窑子1～5号马面。

帐贵窑子1号敌台（150124352101170072）：位于山西省朔州市平鲁区阻虎乡帐贵窑子村西北0.7千米。骑墙而建，实心。土石混筑，可见夯层厚0.2～0.25米，包含石块和砖头。

敌台保存较差。东壁和南壁破坏较严重，东壁破损，底部堆有大量的夯土和石块；南壁受东壁坍塌影响，只残存一部分，靠近长城墙体处有坍塌的夯土。敌台现高 7 米，底部东西长 13、南北长 7 米，顶部东西长 11、南北长 5 米。（图四四）

敌台外围似有围院，但损毁严重，痕迹模糊。

帐贵窑子 2 号敌台（150124352101170073）：位于山西省朔州市平鲁区阻虎乡帐贵窑子村西北 0.5 千米。骑墙而建，实心。黄土夯筑，夯层模糊，厚 0.2 ~ 0.25 米，夹杂石块和碎青砖。

敌台保存较差。台体约二分之一坍塌。东壁、南壁破坏殆尽，形成一个大斜坡；西壁严重坍塌，只残存小部分壁面，底部堆有坍塌土，下方可见长 6 米的砖石混砌壁面，高 1 米；北壁长有杂草，底部有少量坍塌的夯土堆积成的坡面。敌台现高 5 米，底部东西长 6、南北长 5 米，顶部东西长 1、南北长 2 米。

帐贵窑子 3 号敌台（150124352101170074）：位于山西省朔州市平鲁区阻虎乡帐贵窑子村西南 0.6 千米。骑墙而建，实心。土石混筑，夯层明显，厚 0.2 ~ 0.25 米，夹杂石块和碎青砖。

敌台保存较差。顶部凸凹不平；东壁坍塌严重，从顶部中间部位坍塌形成三角形斜坡，坡上长满杂草；南壁坍塌呈梯形，有大的内凹面，形成三角状的坍塌夯土堆；西壁从顶部开始坍塌，坍塌的夯土分层堆积在地面，大范围内凹，底部可见小范围包石；北壁完全坍塌。敌台现高 7 米，底部东西长 12、南北长 8 米，顶部边长 2 米。

帐贵窑子 4 号敌台（150124352101170075）：位于山西省朔州市平鲁区阻虎乡帐贵窑子村西南 0.9 千米。骑墙而建，实心。土石混筑，夯层明显，厚 0.2 ~ 0.25 米，夹杂石块和碎青砖。

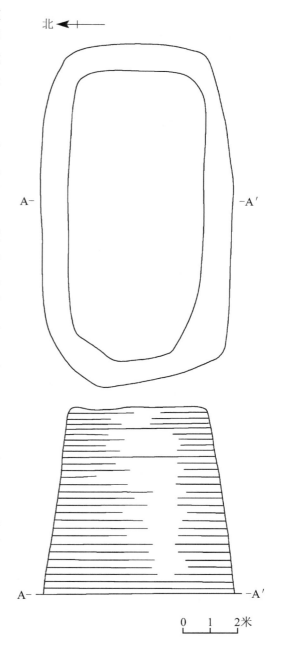

图四四　帐贵窑子 1 号敌台平、剖面图

敌台保存较差。顶部凸凹不平；东壁坍塌较严重，从顶部向下形成长 3 米的竖坡面，下方为坍塌的夯土形成的大斜坡，坡上长满杂草；南壁保存较好，壁面平直，有少量坑窝及几条竖向雨水沟槽，沟槽深 1 ~ 2 米；北壁上半部平直，中部以下形成斜坡。敌台现高 15 米，底部边长 15 米，顶部东西长 6、南北长 7 米。

寺回口长城 1 段（150124382101170012）

起自山西省朔州市平鲁区阻虎乡帐贵窑子村西南 1 千米，止于平鲁区阻虎乡寺回口村。大致呈北 - 南走向。上接帐贵窑子长城，下接新窑上长城。长 1588 米。其中保存较好 235 米、一般 658 米、较差 695 米，各占此段墙体长度的 15%、41% 和 44%。

墙体为自然基础，黄土夯筑，夯层厚 0.15～0.2 米，内无夹杂物。墙体因多年雨水冲刷的破坏，坍塌较多，在两侧形成斜坡，坡上长满杂草，遗留有建筑构件和生活用具残片。墙体现高 1.5～5、底宽 3.5～7、顶宽 1～3 米。（彩图二一三）

墙体穿行地段地势崎岖，沟谷纵横交错。墙体上有敌台 5 座、马面 2 座，即寺回口 1～5 号敌台和寺回口 1、2 号马面。

寺回口 1 号敌台（150124352101170076）：位于山西省朔州市平鲁区阻虎乡帐贵窑子村西南 1.3 千米。骑墙而建，实心。土石混筑，夯层明显，厚 0.2～0.25 米，夹杂石块和碎青砖。

敌台保存一般。顶部较平，长满杂草；东壁整体内凹，底部有大量坍塌的夯土；南壁西南部坍塌严重，内凹，壁面有宽 3、深 1.5 米的沟槽；北壁西半部坍塌严重，夯土松动，底部有堆土。敌台周围散落大量的青砖碎块和陶瓷残片。敌台现高 9 米，底部东西长 14、南北长 10 米，顶部边长 5 米。

寺回口 2 号敌台（150124352101170077）：位于山西省朔州市平鲁区阻虎乡帐贵窑子村西南 1.45 千米。骑墙而建，实心。土石混筑，夯层明显，厚 0.2～0.25 米，夹杂石块和碎青砖。

敌台保存一般。顶部较平，残留石块和砖块，有女墙痕迹；东壁平直，中部有两条长 1 米的坍塌缝；西壁有坍塌，夯土松动，中部下方有大量堆土；北壁偏西有一条雨水冲蚀的沟槽，长 5、宽 1、深 0.7 米。敌台现高 8 米，底部东西长 11、南北长 13 米，顶部东西长 8、南北长 10 米。

寺回口 3 号敌台（150124352101170078）：位于山西省朔州市平鲁区阻虎乡帐贵窑子村西南 2 千米。骑墙而建，实心。黄土夯筑，夯层明显，厚 0.2～0.25 米，内夹杂石块。

敌台保存一般。东壁南侧有一条自上而下的雨水冲沟，宽 2、深 1 米，其余部分坍塌和裂缝较多，凸凹不平；北壁内凹，露出夯层内夹杂的石块，中部坍塌成斜坡；南壁凸凹不平，有较多大小不等的坑窝和少量冲沟；西壁南北两侧各有一个较大的深坑，中部塌陷，底部有小堆坍塌的夯土。敌台现高 10 米，底部边长 11 米，顶部东西长 6、南北长 4 米。

寺回口 4 号敌台（150124352101170079）：位于山西省朔州市平鲁区阻虎乡帐贵窑子村西南 2.2 千米。骑墙而建，实心。内部黄土夯筑，夯层明显，厚 0.2～0.25 米，内无夹杂物；外有包石。

敌台保存较差。北壁严重坍塌，坍塌的夯土形成斜坡，上面散落较多石块，西北角可见小范围包石；西壁西北角有宽 4、高 3 米的包石，排列齐整，其余大部分坍塌，坍塌的夯土中有较多条石；南壁较好，下部有宽、高 1 米的条石垒砌的基台。敌台现高 16 米，底部边长 15 米，顶部东西长 4.5、南北长 5 米。

寺回口 5 号敌台（150124352101170080）：位于山西省朔州市平鲁区阻虎乡帐贵窑子村西南 2.5 千米。骑墙而建，空心。土石混筑，内部为黄土夹杂石块夯筑，外层包石。

敌台保存较好。顶部凸凹不平，不见包石，长满小榆树和杂草，可见 1 米见方的洞口，为通道出口；东壁残存高 6 米的包石，顶部高 12 米的包石消失，露出内部的夯土层，壁面比较平直，无坍塌和裂缝，底部中间有一道门，右上侧有小部分坍塌，门高 2、宽 1 米，门内是通往顶部的台阶，阶宽 0.2、长 0.9、高 0.15 米，通道中间有一个二道门，高 2、宽 0.9 米，两道门之间的通道略宽，向左右两侧扩展 0.5 米，顶高 2.5 米；北壁保存较好，壁面平直，高 8.5 米，包石尚在，只东端底部一小块残缺；南壁中部向外鼓起，有两条自顶部而下的裂缝，较窄；西壁包石直达敌台顶部，壁高 10 米，紧临壁面长有多棵榆树，壁面有向外凸起现象，有轻度裂痕。敌台现高 8.5、底部边长 12、顶部边长 8.5 米。（彩图二一四～二一七）

敌台外部包石有三种类型，分别为长 25、宽 25、厚 15 厘米，长 50、宽 25、厚 20 厘米，长 75、宽 40、厚 25 厘米。

寺回口长城2段（150124382101170013）

起自山西省朔州市平鲁区阻虎乡寺回口村西南1.8千米，止于平鲁区阻虎乡寺回口村西南1.7千米。此段长城属于回寺口长城1段的附属墙体，位于主墙体西侧，首尾与寺回口长城1段相接。因为保存状况差于主体长城，可以断定其修筑年代早于主体长城，后来可能因为不适合军事防御的需要而废弃，又在其东面新建了另外的长城墙体。大体呈西北－东南走向。长230米，保存较差。

墙体为自然基础，黄土夯筑，夯层厚0.15～0.2米，内无夹杂物。墙体两侧均有坍塌形成的斜坡，所经地域较为干旱，多为石块，沿途及墙体上几乎没有任何植被生长。个别地段坍塌严重，形成断口。墙体现高3～4、底宽2～3、顶宽0.5～1米。

墙体及附近没有任何附属设施，墙体较直，地面遗物极少。这也证明墙体属于早期修筑，与和林格尔县黑土崖、黄草梁等段长城的情形较为相似。

新窑上长城（150124382101170014）

起自山西省朔州市平鲁区阻虎乡寺回口村，止于平鲁区阻虎乡辛庄村西南红山村旧址。大致呈北－南走向。上接寺回口长城1段，下接新庄窝长城。长2801米。其中保存一般790米、较差1869米、消失142米，各占此段墙体长度的28%、67%和5%。

墙体为自然基础，黄土夯筑，夯层厚0.15～0.2米，内无夹杂物。墙体因多年雨水冲刷的破坏，坍塌较多，在两侧形成斜坡，坡上长满杂草，遗留有建筑构件和生活用具残片。沿途部分村庄邻近长城墙体而建，也对墙体造成了破坏。墙体现高3～6、底宽4～6、顶宽1～3米。（彩图二一八、二一九）

墙体沿线植被较好，经过的村庄有内蒙古自治区境内的新窑上村、山西省境内的辛庄子村和红山村。墙体中有敌台9座、马面1座，即新窑上1～6号、辛庄子1～3号敌台和新窑上马面。

新窑上1号敌台（150124352101170081）：位于山西省朔州市平鲁区阻虎乡寺回沟村西南1千米。骑墙而建，实心。黄土夯筑，夯层明显，厚0.12～0.2米，内无夹杂物。

敌台保存较差。南壁稍好，夯层明显，其余各壁坍塌严重，形成较大斜坡，斜坡上长满杂草，散落大量的碎青砖和石块。敌台现高6米，底部东西长7、南北长4米，顶部东西长4、南北长1米。

新窑上2号敌台（150124352101170082）：位于山西省朔州市平鲁区阻虎乡寺回沟村西南1.4千米。骑墙而建，实心。黄土夯筑，夯层厚0.15～0.2米，内无夹杂物；外有包石。

敌台保存较差。顶部凸凹不平，西高东低；东壁和南壁夯层脱落，有少量坑洞；南壁西侧顶部有一小段冲沟；西壁破坏严重，中部大面积坍塌，形成斜坡；北壁底部有坍塌形成的小斜坡。敌台现高8米，底部东西长13、南北长12米，顶部东西长3、南北长4米。（彩图二二〇）

敌台外围有围院。平面呈矩形，东西长11、南北长20米。墙体两侧尚残存有包石。敌台西、南侧各有一道壕沟，长102、宽4～5、深3米，两侧长满沙棘。

新窑上3号敌台（150124352101170083）：位于山西省朔州市平鲁区阻虎乡寺回沟村西南1.6千米。骑墙而建，实心。黄土夯筑，夯层厚0.15～0.2米，内无夹杂物。

敌台建在高2米的土台上。保存较差。顶部坍塌下陷；东壁有小面积坍塌，形成斜坡，两端残存包石痕迹；南壁中部大部分坍塌形成斜坡；西壁多坑洞，靠北部有冲沟；北壁整体塌陷。敌台现高6米，底部东西长14、南北长12米，顶部东西长8、南北长6米。

新窑上4号敌台（150124352101170084）：位于山西省朔州市平鲁区阻虎乡辛庄子村西北1千米。骑墙而建，实心。黄土夯筑，夯层厚0.15～0.2米，内包含石块。

敌台保存较差。顶部凹陷；东壁大面积坍塌，形成斜坡；南壁底部起高5米残存有条石，壁面有裂缝，上部夯层中夹杂石块；西壁有包石；北壁整体坍塌成斜坡，分布有冲沟。敌台现高9米，底部东西长 12、南北长 10 米，顶部东西长 6、南北长 5 米。

新窑上 5 号敌台（150124352101170085）：位于山西省朔州市平鲁区阻虎乡帐贵窑子村西北 1.3 千米。骑墙而建，实心。内部黄土夯筑，夯层厚 0.15～0.2 米，内无夹杂物；外有包石。

敌台保存较差。顶部平整；东壁大面积坍塌；南壁保存稍好，东侧有雨水冲刷的沟槽和坑洞；西壁坍塌，从顶部断裂，中间有裂缝和坑洞；北壁西侧坍塌较多，中间坍塌成斜坡，上部残存包石。敌台现高 10 米，底部东西长 13、南北长 14 米，顶部东西长 5、南北长 6 米。

敌台外围有围院，破坏严重，墙体现高不足 1 米。

新窑上 6 号敌台（150124352101170086）：位于山西省朔州市平鲁区阻虎乡辛庄子村西北 0.7 千米。骑墙而建，空心。内部黄土夯筑，夯层厚 0.15～0.2 米，内无夹杂物；外有包石。

敌台保存一般。顶部凹凸不平，长满杂草；东壁保存相对较好，外包石基本完整，壁面有几条裂缝，中下部有通往敌台内部的洞门，由于坍塌，敌台内部的通道已被填实；南壁东下部有坍塌，壁面上有裂缝；西壁大面积坍塌，形成斜坡，露出里面的条石；北壁中部坍塌。敌台现高 8 米，底部东西长 12、南北长 15 米，顶部东西长 8、南北长 9 米。（彩图二二一）

辛庄子 1 号敌台（150124352101170087）：位于山西省朔州市平鲁区阻虎乡辛庄子村西 0.7 千米。骑墙而建，空心。内部黄土夯筑，夯层厚 0.15～0.2 米，内无夹杂物；外有包石。

敌台保存较好，基本保持了原貌。南壁底部东侧有破损，西侧坍塌，砖石凸出，中部有裂缝，西北部仅保留条石，其余部分夯土脱落在地表形成斜坡；北壁底部东侧有小部分破损，西侧上部坍塌；东壁保存较好，包有条石并开有拱形洞门，洞门高出地表 2 米，洞门高 2、宽 0.8 米，有券顶，下有台阶，通过洞门可上下敌台，入门后右侧为两级阶梯通道，通道上出口在顶部西北角。敌台现高 8.3 米，底部东西长 11.6、南北长 10.7 米，顶部东西长 9.6、南北长 8.7 米。

辛庄子 2 号敌台（150124352101170088）：位于山西省朔州市平鲁区阻虎乡辛庄子村西南 1 千米。骑墙而建，实心。内部黄土夯筑，夯层厚 0.15～0.2 米，内无夹杂物；外有包石。

敌台保存一般。四壁均有破坏，长满杂草。东壁坍塌成斜坡，西壁南半部整体坍塌，南壁大部坍塌，北壁西半部坍塌。敌台现高 5 米，底部东西长 10、南北长 9 米，顶部东西长 8、南北长 7 米。

辛庄子 3 号敌台（150124352101170089）：位于山西省朔州市平鲁区阻虎乡辛庄子村西南 1.1 千米。骑墙而建，实心。内部黄土夯筑，夯层厚 0.15～0.2 米，内无夹杂物；外有包石。

敌台保存较差。通体长满杂草。东壁自顶部向下坍塌严重，形成斜坡；南壁东侧因雨水冲刷坍塌，壁面多坑洞；西壁小部分坍塌，有两道冲沟；北壁稍好，有少量坑洞并有小部分坍塌。敌台现高 8 米，底部东西长 10、南北长 14 米，顶部东西长 5、南北长 8 米。

新庄窝长城（150124382101170015）

起自山西省朔州市平鲁区阻虎乡红山村，止于平鲁区阻虎乡正沟村南 0.4 千米。大致呈北–南走向。上接新窑上长城，下接头墩长城。长 1522 米。其中保存较好 726 米、一般 744 米、消失 52 米，各占此段墙体长度的 48%、49% 和 3%。

墙体为自然基础，黄土夯筑，夯层厚 0.15～0.2 米，个别地段夯层内夹杂碎石块。墙体因多年雨水冲刷的破坏，坍塌较多，在两侧形成斜坡，坡上长满杂草。沿途部分村庄邻近长城墙体而建，对墙体造成破坏。墙体现高 3～6、底宽 4～6、顶宽 1～3 米。（彩图二二二）

墙体沿线地势崎岖，多条冲沟将长城墙体截断。墙体沿线经过的村庄有山西省境内的正沟村、头墩村和红山村。墙体上有敌台 6 座，即新庄窝 1～6 号敌台，不见马面。

新庄窝 1 号敌台（150124352101170090）：位于山西省朔州市平鲁区阻虎乡正沟村东北 0.8 千米。

骑墙而建，实心。黄土夯筑，夯层厚 0.15～0.2 米，内无夹杂物。

敌台保存一般。东壁两侧有坍塌；南壁整体坍塌成斜坡；西壁稍好，有多个坑洞；北壁由于中部坍塌使顶部中间凹陷。敌台现高 4 米，底部东西长 15、南北长 17 米，顶部东西长 2、南北长 4 米。

新庄窝 2 号敌台（150124352101170091）：位于清水河县韭菜庄乡新窑上村南 1.5 千米。骑墙而建，实心。内部黄土夯筑，夯层厚 0.15～0.2 米，内无夹杂物；外有包石。

敌台保存一般。东壁底部因雨水冲刷形成高 4 米的斜坡，坡上有台阶；南壁有几处坑窝及小裂缝；北壁有几条自上至下的裂缝；西壁破坏最为严重，整体坍塌成斜坡，坡上长有少量灌木，有台阶，西南角和西北角残留宽 1 米的夯土立柱。敌台现高 12 米，底部东西长 14.5、南北长 11.5 米，顶部边长 4 米。

新庄窝 3 号敌台（150124352101170092）：位于山西省朔州市平鲁区阻虎乡红山村南 0.9 千米。骑墙而建，实心。黄土夯筑，夯层较为坚硬，厚 0.15～0.2 米，内无夹杂物。

敌台保存一般。顶部坑洼不平，长满杂草和灌木；东壁严重坍塌并形成高 4 米的斜坡，坡上有台阶并长有少量灌木；南壁几乎全部坍塌，仅西南角残留宽 2 米的夯土立柱；西壁顶部被雨水冲刷破坏，底部因此受到损坏，壁面有少量鸟兽筑巢留下的坑窝；北壁中部坍塌且有少量坑窝。敌台现高 10 米，底部东西长 15、南北长 16 米，顶部东西长 4、南北长 5 米。（图四五）

新庄窝 4 号敌台（150124352101170093）：位于山西省朔州市平鲁区阻虎乡正沟村北 0.3 千米。骑墙而建，实心。黄土夯筑，夯层较为坚硬，厚 0.15～0.2 米，内无夹杂物。

敌台保存较好。顶部凸凹不平，长满杂草；东壁底部中间有高 2 米的斜坡，坡上长有少量灌木；北壁有两条自上而下的冲沟，宽 0.5 米，表面有大量坑窝；南壁表面有许多坑窝；西壁顶部中间有两条冲沟，表面因风沙侵蚀而形成大量坑窝。敌台现高 11 米，底部东西长 11、南北长 14 米，顶部边长 5 米。

新庄窝 5 号敌台（150124352101170094）：位于山西省朔州市平鲁区阻虎乡正沟村西。骑墙而建，实心。黄土夯筑，夯层较为坚硬，厚 0.15～0.2 米，内无夹杂物。

敌台保存较差。顶部因坍塌变得凸凹不平；东壁现已无存；南壁东侧被村民的房屋破坏，剩余部分有几条大的沟槽和两个人为的大洞，口径 1 米；西壁表面有几条冲沟和大量坑窝；北壁顶部有一条自上而下的冲沟，

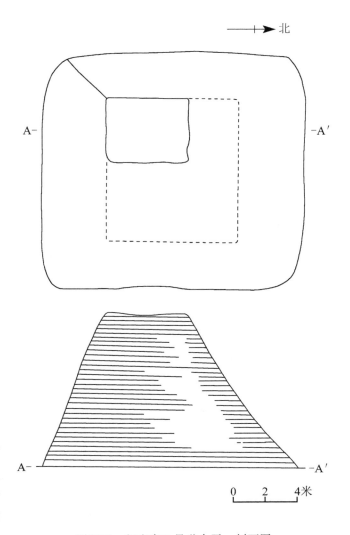

图四五　新庄窝 3 号敌台平、剖面图

宽1米，有多个坑窝，底部因人为取土而坍塌成高2~4米的斜坡，坡面坑洼不平。敌台现高10米，底部东西长10、南北长8米，顶部东西长4、南北长3米。（彩图二二三）

新庄窝6号敌台（150124352101170095）：位于山西省朔州市平鲁区阻虎乡正沟村南0.2千米。骑墙而建，空心。内部黄土夯筑，夯层较为坚硬，厚0.15~0.2米；外包砌条石，条石经过雕琢，极为规整，条石之间白灰勾缝。

敌台保存较好。四壁仅有轻微破损，外包石大多尚存。顶部有大量的碎砖块，推断应有建筑，因年久而损坏，现长满杂草；壁有两条裂缝；西壁中间有一条裂缝，西南部有几条裂缝；南壁有数条小裂缝；东壁北端有坍塌，坍塌部分长3、宽2、高1.5米，底部北侧有几块条石被抽出，中间有几条小裂缝，下方有一人工修筑的不规则洞门，高1.3、宽1.3米。敌台现高10.5米，底部东西长14.5、南北长13.5米，顶部东西长12、南北长11米。外包条石长142、宽75、厚30厘米。（彩图二二四）

头墩长城（150124382101170016）

起自山西省朔州市平鲁区阻虎乡正沟村南0.4千米，止于平鲁区阻虎乡头墩村西南1千米。大致呈北-南走向。上接新庄窝长城，下接其花峁长城。长1882米。其中保存一般897米、较差945米、消失40米，各占此段墙体长度的48%、50%和2%。

墙体为自然基础，黄土夯筑，夯层清晰，厚0.15~0.2米，内无夹杂物。墙体因多年雨水冲刷的破坏，坍塌较多，在两侧形呈斜坡，坡上长满杂草。墙体现高1~3、底宽3.5~6.5、顶宽0.8~2.5米。（彩图二二五）

墙体沿线地势崎岖，多条冲沟将长城墙体截断。墙体沿线经过的村庄有内蒙古自治区境内的新庄窝村、山西省境内的头墩村和小七墩村。墙体上有敌台6座，即头墩1~6号敌台，不见马面。

头墩1号敌台（150124352101170096）：位于山西省朔州市平鲁区阻虎乡正沟村南0.4千米。骑墙而建，实心。黄土夯筑，夯层较为坚硬，厚0.15~0.2米，内无夹杂物。

敌台保存较差。东壁整体坍塌成高4米的斜坡，坡面呈台阶状，坑洼不平；南壁有一条小裂缝和较多坑窝；西壁西北角局部坍塌，表面坑窝较多；北壁中间部分坍塌成高6米的斜坡，坡面呈台阶状，长有少量灌木。敌台现高11米，底部东西长17、南北长11.5米，顶部东西长6、南北长5米。

头墩2号敌台（150124352101170097）：位于山西省朔州市平鲁区阻虎乡头墩村北0.4千米。骑墙而建，实心。黄土夯筑，夯层较为坚硬，厚0.15~0.2米，内无夹杂物。

敌台保存较差。东壁表面有多处坑窝和小冲沟；南壁保存一般，有一条雨水冲刷形成的小裂缝和许多坑窝；西壁较差，顶部有几个较大的坑洞和许多小坑窝；北壁大部分坍塌，形成高5米的斜坡，坡上长有杂草、沙棘等，中间有凹陷，表面有少量的坑窝。敌台现高14米，底部东西长15、南北长12.5米，顶部东西长4、南北长5米。

头墩3号敌台（150124352101170098）：位于山西省朔州市平鲁区阻虎乡头墩村北0.3千米。骑墙而建，实心。黄土夯筑，夯层较为坚硬，厚0.15~0.2米，内无夹杂物。

敌台保存差。整体坍塌呈锥状。西壁被一条南-北走向的冲沟冲毁，现已无存，其余各壁坍塌成斜坡，坡面呈台阶状，上有坑窝，凸凹不平，斜坡上长有杂草和灌木。敌台现高7米，底部东西长9、南北长8米，顶部东西长1、南北长5米。

头墩4号敌台（150124352101170099）：位于山西省朔州市平鲁区阻虎乡头墩村西0.35千米。骑墙而建，实心。黄土夯筑，夯层清晰，厚0.15~0.2米，内无夹杂物。

敌台保存一般。顶部坑洼不平，长满杂草；北壁顶部中间部分坍塌，表面有大量坑窝；东壁整体坍塌成高 8 米的斜坡，坡上长有杂草和少量灌木；南壁保存一般，表面有较多的坑窝；西壁因雨水冲刷而坍塌。敌台现高 9 米，底部东西长 6、南北长 13 米，顶部东西长 2、南北长 6 米。

头墩 5 号敌台（150124352101170100）：位于山西省朔州市平鲁区阻虎乡头墩村西南 0.3 千米。骑墙而建，实心。黄土夯筑，夯层清晰，厚 0.15 ~ 0.2 米，内无夹杂物。

敌台保存较差。顶部坑洼不平，长满杂草；东壁因水土流失形成较大斜坡；南壁有多处坑窝和几道雨水冲刷形成的冲沟，底部有裂缝；西壁中部坍塌成高 2 米的斜坡。敌台现高 10 米，底部东西长 15、南北长 12.5 米，顶部东西长 3.5、南北长 2.5 米。

头墩 6 号敌台（150124352101170101）：位于山西省朔州市平鲁区阻虎乡头墩村西南 0.4 千米。骑墙而建，实心。黄土夯筑，夯层清晰，厚 0.15 ~ 0.2 米，内无夹杂物。

敌台保存较差。东壁中部坍塌成高 8 米的斜坡，坡面呈台阶状，上有坑窝；南壁中间有一条宽 1 米的竖向冲沟，表面有大量的坑窝；西壁北侧有一条竖向的裂缝和多个坑窝，底部有雨水冲刷的痕迹；北壁中间和底部有坍塌，形成斜坡。敌台现高 12 米，底部东西长 13、南北长 15 米，顶部边长 6 米。

正沟长城（150124382101170017）

起自山西省朔州市平鲁区阻虎乡正沟村北 0.6 千米，止于平鲁区阻虎乡头墩村西 0.5 千米。此段墙体是一段附墙，位于头墩长城西侧。大致呈东北 – 西南走向。上接新庄窝长城，下接头墩长城。长 1350 米。其中保存较差 350 米、差 1000 米，各占此段墙体长度的 26% 和 74%。

墙体为自然基础，黄土夯筑，夯层清晰，厚 0.15 ~ 0.2 米，内无夹杂物。墙体因多年雨水冲刷的破坏，坍塌较多，在两侧形成斜坡，坡上长满杂草。墙体现高 0.2 ~ 2、底宽 4 ~ 6、顶宽 0.5 ~ 1 米。（彩图二二六）

墙体沿线植被较好，经过的村庄有山西省境内的正沟村和头墩村。墙体上有敌台 1 座、马面 1 座，即正沟敌台和正沟马面。

正沟敌台（150124352101170102）：位于山西省朔州市平鲁区阻虎乡正沟村西北 0.4 千米。骑墙而建，实心。黄土夯筑，夯层厚 0.15 ~ 0.2 米，内无夹杂物。

敌台保存较差。东壁有多处坑窝；西壁有一条竖向的冲沟及大量坑窝；南壁表面有因雨水冲刷而形成的较大坑洞；北壁保存较好，坑窝较少。敌台现高 8 米，底部边长 6 米，顶部东西长 3.5、南北长 2 米。（图四六）

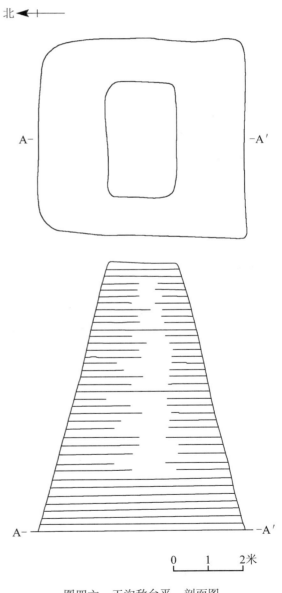

北 ←

A-　　　　　-A'

A-　　　　　-A'

0　　1　　2 米

图四六　正沟敌台平、剖面图

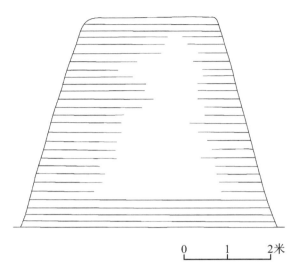

0　　1　　2米

图四七　其花峁长城墙体剖面图

其花峁长城（150124382101170018）

起自山西省朔州市平鲁区阻虎乡小头墩村西南1千米，止于平鲁区阻虎乡小七墩村西南0.7千米。大致呈东北－西南走向。上接头墩长城，下接六墩长城。长2086米。其中保存较好410米、一般848米、较差812米、消失16米，各占此段墙体长度的20%、41%、38%和1%。

墙体为自然基础，黄土夯筑，夯层清晰，厚0.15~0.2米，内无夹杂物。墙体坍塌较多，顶部坑洼不平，两侧坍塌形成斜坡，坡上长满杂草。墙体沿线地势崎岖、陡峭，分布有多条沟谷，多处将墙体打断。墙体现高1~5、底宽4~6、顶宽1~3米。（图四七；彩图二二七）

墙体周围植被较好，沿途经过的村庄有内蒙古自治区境内的其花峁村、山西省境内的小七墩村和六墩村。墙体上有敌台7座、马面2座，即其花峁1~7号敌台和其花峁1、2号马面。

其花峁1号敌台（150124352101170103）：位于清水河县北堡乡其花峁村东北1千米。骑墙而建，实心。内部黄土夯筑，夯层清晰，厚0.15~0.2米，内无夹杂物；外青色条石包砌。

敌台保存较差。顶部坑洼不平、长满杂草；西、北壁由于敌台下方沟谷的冲刷破坏而坍塌，现已无存，沟谷中堆积大量的条石碎块；南壁西部坍塌，中间有一条宽0.05米的裂缝；东壁北部完全坍塌。敌台现高7米，底部东西长13、南北长15米，顶部边长6米。

其花峁2号敌台（150124352101170104）：位于清水河县北堡乡其花峁村东北0.7千米。骑墙而建，实心。黄土夯筑，夯层清晰，厚0.15~0.2米，内无夹杂物。

敌台保存一般。顶部坑洼不平，长满杂草；东、北壁因雨水冲刷的破坏已成斜坡，坡上长有杂草和少量灌木，有几条台阶状小道；南壁西侧有一道大的裂缝和几个坑窝；西壁表面坑窝较多，底部坍塌成高2米的斜坡，坡上有两道台阶。敌台现高11米，底部边长14米，顶部东西长3、南北长2米。

其花峁3号敌台（150124352101170105）：位于清水河县北堡乡其花峁村东0.2千米。骑墙而建，实心。夯层清晰，比较坚硬，厚0.15~0.2米，内无夹杂物。

敌台保存较差。顶部坑洼不平并长满杂草；东壁整体塌陷成斜坡，坡上有台阶和数条冲沟；南壁西部有一条宽0.4米的冲沟及许多坑窝，西南角从基部向上形成高6米的坍塌面；西壁保存稍好，有少量坑窝；北壁完全坍塌成斜坡，坡上有台阶，西北角留有宽2米的夯土立柱。敌台现高10米，底部东西长14、南北长12米，顶部东西长6、南北长5米。

其花峁4号敌台（150124352101170106）：位于山西省朔州市平鲁区阻虎乡小七墩村西南0.3千米。骑墙而建，实心。黄土夯筑，夯层清晰，厚0.15~0.2米，内无夹杂物。

敌台保存较差。顶部不平，长满杂草，南侧下陷；东壁自顶部向下坍塌成斜坡，坡上长满杂草和灌木；南壁坍塌成斜坡，西侧有冲沟；西壁稍好，表层有小块夯土脱落，有少量坑洞；北壁东侧坍塌并有坑洞，西侧有冲沟。敌台现高8米，底部东西长13、南北长12米，顶部边长6米。

其花峁5号敌台（150124352101170107）：位于山西省朔州市平鲁区阻虎乡小七墩村西南0.4千米。骑墙而建，实心。土石混筑。

敌台保存一般。顶部不平，长满杂草；东壁底部中间有凹陷；南壁保存较好；西壁自顶部坍塌成斜坡；北壁顶部不平，表面参差不平，分布有坑洞。敌台现高10米，底部东西长9、南北长12米，顶部东西长5、南北长9米。

敌台外围有围院，东西长60、南北长80米，墙体高8米。长城墙体将敌台围院分为东、西两区，东区现为农田，西区杂草丛生，散落砖瓦和瓷片。围院南墙有洞门，宽0.8、进深0.85、高0.95米，四周用石块券顶，宽3、高1.5米。西墙正中有马面，保存一般，高8米。东墙正中门处已成缺口，宽4米。围墙外部有包石，石砌痕迹高10米。包石滑落处夯层清晰可见，厚0.15~0.2米。（彩图二二八~二三〇）

其花峁6号敌台（150124352101170108）：位于山西省朔州市平鲁区阻虎乡小七墩村西南0.5千米。骑墙而建，实心。黄土夯筑，夯层清晰，厚0.15~0.2米，内无夹杂物。

敌台保存较差。东壁两端大面积坍塌，北部有冲沟，形成小斜坡；南壁顶部西侧坍塌，夯土脱落，并有冲沟和坑洞；西壁顶部中间大部分坍塌，长满杂草；北壁有较大坑洞，西部因雨水冲刷坍塌下陷。敌台现高12米，底部边长8米，顶部东西长5、南北长6米。

其花峁7号敌台（150124352101170109）：位于山西省朔州市平鲁区阻虎乡小七墩村西南0.7千米。骑墙而建，实心。土石混筑，夯层清晰，厚0.15~0.2米，内夹杂石块。

敌台保存一般。东壁只剩北部的土石混筑部分，夯土坍塌成大斜坡，顶部中间凹陷；南壁夯土平整，有冲沟和裂缝；西壁中间大面积坍塌成斜坡，表面有冲沟；北壁顶部中间凹陷，表面生长有杂草。敌台现高6米，底部东西长8、南北长10米，顶部东西长4、南北长6米。

六墩长城（150124382101170019）

起自山西省朔州市平鲁区阻虎乡小七墩村西南0.7千米，止于阻虎乡六墩村西0.25千米。上接其花峁长城，下接九墩长城。大致呈北－南走向。长1149米，保存较差。

墙体为自然基础，黄土夯筑，夯层厚0.15~0.2米，内无夹杂物。受水土流失及雨水冲刷的破坏，墙体坍塌较多，两侧形成斜坡，坡上长满杂草。墙体现高0.8~2、底宽3~6.5、顶宽0.5~1米。

墙体周围植被较好，沿途经过的村庄有内蒙古自治区境内的八墩村和山西省境内的六墩村，现已废弃，交通不便。墙体上有敌台4座，即八墩1~4号敌台，不见马面。

八墩1号敌台（150124352101170110）：位于山西省朔州市平鲁区阻虎乡小七墩村西南0.9千米。骑墙而建，实心。黄土夯筑，夯层清晰，厚0.15~0.2米，内无夹杂物。

敌台保存较差。东壁顶部坑洼不平，大面积坍塌，形成斜坡；南壁表面多杂草，部分夯土脱落，在底部形成斜坡；西壁坍塌较多；北壁整体坍塌成土堆。敌台现高5米，底部东西长8、南北长13米，顶部东西长4、南北长6米。

八墩2号敌台（150124352101170111）：位于山西省朔州市平鲁区阻虎乡小七墩村西南1.2千米。骑墙而建，实心。黄土夯筑，夯层清晰，厚0.15~0.2米，内无夹杂物。

敌台保存较差。南壁顶部有冲沟，自上而下，导致坍塌；西壁整体坍塌；北壁西部大面积坍塌，形成斜坡，周围多砖石、瓦片。敌台现高14米，底部东西长12、南北长10米，顶部边长6米。

八墩3号敌台（150124352101170112）：位于山西省朔州市平鲁区阻虎乡小七墩村西南1.6千米。骑墙而建，实心。黄土夯筑，夯层清晰，厚0.15~0.2米，内无夹杂物。

敌台建在高1米的台基上，保存较差。顶部有坍塌，通体长满杂草，东壁表面有冲沟和坑窝；南壁有较多的坑窝，有冲沟，底部有凹陷；西壁坑窝较多，底部和顶部有凹陷；北壁有凹陷，表面坑窝较多。敌台现高15米，底部边长9米，顶部东西长5、南北长6米。

八墩4号敌台（150124352101170113）：位于山西省朔州市平鲁区阻虎乡小七墩村西南1.8千米。骑墙而建，实心。黄土夯筑，夯层清晰，厚0.15～0.2米，内无夹杂物。

敌台保存较差。四壁受到了不同程度的破坏。东壁顶部坍塌成小面积斜坡；南壁有坑洞和冲沟，顶部凸凹不平；西壁表面坑洞较多，夯土有脱落；北壁顶部大量坍塌，形成斜坡。敌台现高14米，底部东西长8、南北长10米，顶部东西长5、南北长7米。

敌台外围残存围院，围墙高约6米。

八墩长城（150124382101170020）

起自六墩长城墙体上的八墩2号敌台折点处，止于六墩长城墙体上的八墩4号敌台。呈北－南走向。全长629米，保存差。此段墙体附属于长城主墙体，与六墩长城平行，位于其西侧。

墙体为自然基础，黄土夯筑，夯层厚0.15～0.2米。墙体保存较主墙体差，坍塌成三角状斜坡，长满杂草，周围多砖石等建筑构件和陶瓷残片。墙体现高3～4米。沿线有马面2座，即八墩1、2号马面。（彩图二三一）

九墩长城（150124382101170021）

起自山西省朔州市平鲁区阻虎乡六墩村西0.25千米，止于阻虎乡九墩村西南2.5千米。大致呈东北－西南走向。上接六墩长城，下接泉子沟长城。长2942米。其中保存一般628米、较差2154米、消失160米，各占此段墙体长度的21%、73%和6%。

墙体为自然基础，黄土夯筑，夯层清晰，厚0.15～0.2米，内无夹杂物。墙体坍塌较多，顶部坑洼不平，两侧形成斜坡，坡上长满杂草。墙体现高1～4、底宽4～6、顶宽1～3米。（图四八；彩图二三二）

墙体沿线地势崎岖、陡峭，分布多条沟谷，多处将墙体截断。墙体上有敌台8座，即九墩1～8号敌台，不见马面。

九墩1号敌台（150124352101170114）：位于山西省朔州市平鲁区阻虎乡小七墩村西南2.1千米。骑墙而建，实心。黄土夯筑，夯层清晰，厚0.15～0.2米，内无夹杂物。

敌台保存一般。顶部坑洼不平，长有杂草；西、南、北壁坍塌成斜坡，东壁有较多的坑洞和裂缝。敌台现高4米，底部东西长8、南北长12米，顶部东西长6、南北长7米。（图四九）

九墩2号敌台（150124352101170115）：

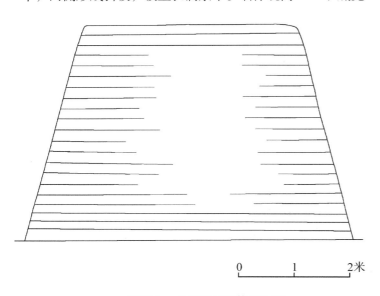

0　　　1　　　2米

图四八　九墩长城墙体剖面图

位于清水河县北堡乡八墩村南0.5千米。骑墙而建，实心。黄土夯筑，夯层清晰，厚0.15～0.2米，内无夹杂物。

敌台保存一般。顶部坑洼不平，长满杂草和少量灌木；北壁保存一般，底部形成高2米的小斜坡，壁面有少量坑窝，上部西侧有两道宽0.5米的竖向裂缝；西壁有多条较小的冲沟，表面局部坍塌成高2米的斜坡，坡上长有杂草、灌木及几棵小树；南壁保存一般，表面有几条冲沟和少量坑窝，底部东侧呈斜坡状，坡上长有大量柠条；东壁中部形成斜坡，坡上长有几棵柠条，表面有台阶。敌台现高4米，底部东西长8、南北长12米，顶部东西长6、南北长7米。

九墩 3 号敌台（150124352101170116）：位于山西省朔州市平鲁区阻虎乡九墩村西 0.1 千米。骑墙而建，实心。黄土夯筑，夯层清晰，厚 0.15~0.2 米，内无夹杂物。

敌台保存较差，受损严重。顶部西高东低；四壁除西壁有小部分残存外，其余无存，呈斜坡状。敌台现高 3.5 米，底部东西长 7、南北长 4 米，顶部东西长 3、南北长 1 米。

九墩 4 号敌台（150124352101170117）：位于山西省朔州市平鲁区阻虎乡九墩村西 0.25 千米。骑墙而建，实心。黄土夯筑，夯层清晰，厚 0.15~0.2 米，内无夹杂物。

敌台保存一般。顶部呈台阶状；北壁有少量坑窝和几条冲沟；西壁整体坍塌，形成高 7 米的斜坡，仅在北部残留一个宽 2 米的夯土立柱；南壁坍塌成高 7 米的斜坡，东部有部分残留，斜坡上有两层台阶，长有少量杂草和灌木；东壁南部形成斜坡，北部保存稍好，表面有多处裂缝和坑窝。敌台现高 9 米，底部东西长 11、南北长 12 米，顶部东西长 5、南北长 2 米。

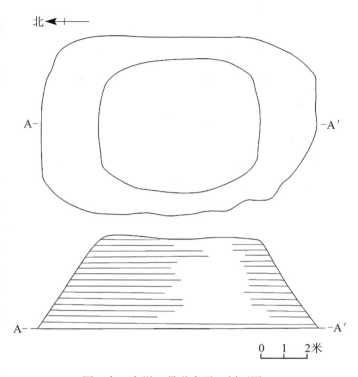

图四九　九墩 1 号敌台平、剖面图

九墩 5 号敌台（150124352101170118）：位于山西省朔州市平鲁区阻虎乡九墩村西 0.35 千米。骑墙而建，实心。黄土夯筑，夯层清晰，厚 0.15~0.2 米，内无夹杂物。

敌台保存较差。顶部坑洼不平；南壁表面有少量坑窝，基部有高 2 米的斜坡；西壁包砌条石，现人为挖取殆尽，露出内部残存的石块；北壁整体塌陷成高 2 米的斜坡，坡上长有少量杂草和灌木；东壁表面坑窝较多。敌台现高 9 米，底部东西长 8、南北长 9 米，顶部东西长 4、南北长 2 米。

九墩 6 号敌台（150124352101170119）：位于山西省朔州市平鲁区阻虎乡九墩村西南 1.8 千米。骑墙而建，实心。黄土夯筑，夯层清晰，厚 0.15~0.2 米，内无夹杂物。

敌台保存较差。南壁整体坍塌，仅东部、西南角底部残存有宽 1 米和高 3.5 米的夯土立柱，其他部分坍塌形成斜坡，坡上长有大量杂草和几棵小树；东壁保存尚好，表面有许多鸟类筑巢留下的坑窝，长有大量灌木；北壁有两道宽 0.5 米的冲沟和少量坑窝，底部有高 3 米的斜坡，坡上长满杂草和灌木；西壁坍塌成斜坡，仅北部留有宽 2 米的夯土立柱，斜坡上长有大量的杂草和灌木。敌台现高 10 米，底部东西长 13、南北长 13.5 米，顶部东西长 4、南北长 4.5 米。（彩图二三三）

九墩 7 号敌台（150124352101170120）：位于山西省朔州市平鲁区阻虎乡九墩村西南 2 千米。骑墙而建，实心。黄土夯筑，夯层清晰，厚 0.15~0.2 米，内无夹杂物。

敌台保存较差。顶部坑洼不平，长满杂草；南壁顶部以下 5 米较平整，再往下形成斜坡，坡上长有灌木和杂草；西壁保存较差，斜坡较高；东、北壁坍塌成斜坡，坡上杂草丛生。敌台现高 9 米，底部东西长 10、南北长 8 米，顶部东西长 3、南北长 2 米。

九墩 8 号敌台（150124352101170121）：位于山西省朔州市平鲁区阻虎乡九墩村西南 2 千米。骑墙而建，空心。内部黄土夯筑，外包青石。包石多已脱落，露出内部夯土部分，夯层清晰，厚0.15～0.2米，内无夹杂物。

敌台保存较好。顶部形成东高西低的斜面，坑洼不平，长满杂草；西壁坍塌成斜坡，坡上有大量的灌木和碎石块；东壁较好，有两道裂缝；南壁有一人为的洞门，西部坍塌；北壁西部塌陷成斜坡，其余部分有裂缝。敌台现高11米，底部东西长10、南北长14米，顶部东西长4、南北长11米。（彩图二三四）

泉子沟长城（150124382101170022）

起自山西省朔州市平鲁区阻虎乡九墩村西南2.5千米，止于清水河县北堡乡泉子沟村北1.4千米。大致呈东北-西南走向。上接九墩长城，下接碌碡坪长城。长1837米。其中保存较差796米、差1041米，各占此段墙体长度的43%和57%。

墙体为自然基础，黄土夯筑，夯层清晰，厚0.15～0.2米，内无夹杂物。墙体坍塌较多，顶部坑洼不平，两侧形成斜坡，坡上长满杂草，有多处被冲沟截断。墙体现高0.8～4、底宽4～6、顶宽0.5～2米。

墙体沿线为丘陵地形，地势崎岖，沟谷较多。墙体上有敌台5座，即泉子沟1～5号敌台，不见马面。

泉子沟1号敌台（150124352101170122）：位于清水河县北堡乡泉子沟村东北2.3千米。骑墙而建，实心。黄土夯筑，夯层清晰，厚0.15～0.2米，内无夹杂物。

敌台保存较差。四壁坍塌形成斜坡，坡上长满杂草和沙棘，整体呈近锥状。敌台现高8米，底部边长8米，顶部东西长1、南北长1.5米。（图五〇）

泉子沟2号敌台（150124352101170123）：位于清水河县北堡乡泉子沟村东北2千米。骑墙而建，实心。黄土夯筑，夯层清晰，厚0.15～0.2米，内无夹杂物。

敌台保存较差。顶部坑洼不平，长满杂草；南壁中部塌陷，局部有残留；其余各壁塌毁成斜坡，坡上长满杂草和灌木。敌台现高9米，底部东西长9、南北长8米，顶部东西长2、南北长1米。

泉子沟3号敌台（150124352101170124）：位于清水河县北堡乡泉子沟村东北2千米。骑墙而建，实心。黄土夯筑，夯层清晰，厚0.15～0.2米，内无夹杂物。

敌台保存较差。顶部坑洼不平，长满杂草；东壁坍塌成斜坡状，坡上长满杂草、灌木和沙

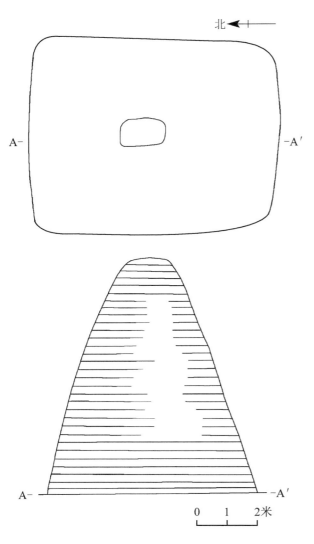

北←

A-　　　　-A'

A-　　　　-A'

0　1　2米

图五〇　泉子沟1号敌台平、剖面图

棘；南壁底部形成高 7 米的斜坡，坡上杂草丛生，残存高 2 米的壁面；西壁残存高 4 米的壁面，下方形成高 5 米的斜坡，坡上长满植物；北壁残存壁面高 2 米，下方为高 7 米的斜坡，坡上杂草茂盛。敌台现高 9 米，底部东西长 9、南北长 8 米，顶部东西长 2、南北长 1 米。

泉子沟 4 号敌台（150124352101170125）：位于清水河县北堡乡泉子沟村东北 1.6 千米。骑墙而建，实心。黄土夯筑，夯层清晰，厚 0.15～0.2 米，内无夹杂物。

敌台保存较差。东壁底部形成高 4 米的斜坡，中部有坍塌；北壁坍塌，仅东部残存宽 0.8 米的夯土立柱；西壁坍塌成斜坡，上面长满杂草，上部残存高 2 米的壁面，西北角留有宽 1 米的壁面；南壁西部小部分残存，其余坍塌成斜坡，上面长满杂草和沙棘。敌台现高 9 米，底部东西长 11、南北长 12 米，顶部边长 3 米。

泉子沟 5 号敌台（150124352101170126）：位于清水河县北堡乡泉子沟村东北 1.4 千米。骑墙而建，实心。黄土夯筑，夯层清晰，厚 0.15～0.2 米，内无夹杂物。

敌台保存较差。顶部坑洼不平、长满杂草；东、北壁坍塌成斜坡，坡上生长大量杂草；南壁中部塌毁，在底部形成高 4 米的斜坡；西壁有坍塌。敌台现高 8 米，底部东西长 11、南北长 8 米，顶部东西长 2、南北长 1 米。

碌碡坪长城（150124382101170023）

起自清水河县北堡乡泉子沟村北 1.4 千米，止于北堡乡泉子沟村西 0.8 千米。大致呈东北 – 西南走向。上接泉子沟长城，下接口子上长城 1 段。长 1780 米。其中保存一般 1169 米、较差 531 米、消失 80 米，各占此段墙体长度的 66%、30% 和 4%。

墙体为自然基础，黄土夯筑，夯层清晰，厚 0.15～0.2 米，内无夹杂物。墙体有坍塌，顶部坑洼不平，两侧形成斜坡，坡上长满杂草，多处被冲沟截断。墙体现高 0.8～3、底宽 3～5.5、顶宽 0.15～0.5 米。（彩图二三五）

墙体分布于山上，两侧沟谷较多，沿线植被较好，生长有大量杂草、沙棘树和杨树。沿途经过的村庄有内蒙古自治区境内的泉子沟村和碌碡坪村。墙体上有敌台 4 座、马面 1 座，即碌碡坪 1～4 号敌台和碌碡坪马面。

碌碡坪 1 号敌台（150124352101170127）：位于清水河县北堡乡泉子沟村北 1 千米。骑墙而建，实心。黄土夯筑，夯层清晰，厚 0.15～0.2 米，内无夹杂物。

敌台保存较差。顶部因雨水冲刷而坑洼不平，长有少量杂草；西壁底部形成高 2 米的斜坡，壁面有大量鸟兽筑巢时留下的坑窝及一道雨水冲沟；南壁整体呈斜坡，雨水冲刷出几道台阶，上面长有杂草及几棵杨树；北壁坍塌形成斜坡，中部凹陷，仅西北角残存宽约 1 米的夯土立柱；东壁坍塌成斜坡，坡上长有杂草和灌木。敌台现高 7 米，底部东西长 8、南北长 7 米，顶部东西长 2、南北长 3 米。

碌碡坪 2 号敌台（150124352101170128）：位于清水河县北堡乡泉子沟村北 0.7 千米。骑墙而建，空心。内部黄土夯筑，外侧包砌有青色条石。从条石脱落和断裂处可看到内部夯筑部分，夯层清晰、坚硬，厚 0.15～0.2 米，内无夹杂物。

敌台保存较好。顶部较平坦，长满大量杂草；四壁有较为严重的破坏；南壁保存较好，中间高 2 米处有一人工修筑的洞门，宽 0.8、高 2、进深 0.9 米，上部为拱形顶，壁面有两道较小的裂缝；西壁表面有几条裂缝；北壁保存一般，表面有三道裂缝，因裂缝整体有坍塌的趋势。敌台现高 10、底部边长 14、顶部边长 12 米。（彩图二三六）

碌碡坪 3 号敌台（150124352101170129）：位于清水河县北堡乡泉子沟村旧址西 1 千米。骑墙而建，实心。黄土夯筑，夯层清晰、坚硬，厚 0.15～0.2 米，内无夹杂物。

敌台保存较差。顶部不平，长有少量杂草。东壁坍塌成斜坡，坡上长满杂草和灌木；北壁因雨水冲刷在底部形成高3米的斜坡，壁面夯土大量脱落，有少量的坑窝；西壁表面坑洼不平，有较多的坑窝和几条雨水冲沟；南壁保存较差，表面夯土大量脱落，有较多坑窝和一条冲沟，壁面长有少量灌木。敌台现高8米，底部东西长10、南北长11米，顶部东西长1、南北长5米。

碌碡坪4号敌台（150124352101170130）：位于清水河县北堡乡泉子沟村旧址西0.5千米。骑墙而建，实心。黄土夯筑，夯层清晰、坚硬，厚0.15~0.2米，内无夹杂物。

敌台保存较差。东壁表面分布坑窝，生长两棵小树和少量灌木；南壁有大量鸟兽筑巢留下的坑窝及几道雨水冲刷的痕迹；西壁表面有少量坑窝和灌木；北壁中部坍塌，在基部形成高8米的斜坡，坡上长有大量杂草和灌木。敌台现高10.8米，底部东西长14、南北长12.5米，顶部东西长5、南北长4米。

口子上长城1段（150124382101170024）

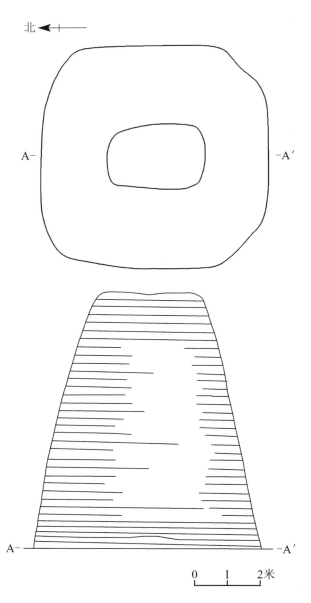

北 ←

A —　　　　　— A′

A —　　　　　— A′

0　1　2米

图五一　口子上1号敌台平、剖面图

起自清水河县北堡乡泉子沟村西0.8千米，止于北堡乡口子上村东北0.5千米。大致呈东北－西南走向。上接碌碡坪长城，下接北堡长城1段。长1951米。其中保存较差1086米、差555米、消失310米，各占此段墙体长度的56%、28%和16%。此段长城中部向南分出另一段长城，为口子上长城2段。

墙体为自然基础，黄土夯筑，夯层清晰，厚0.15~0.2米，内无夹杂物。墙体有坍塌，顶部坑洼不平，两侧形成斜坡，坡上长满杂草。多处被冲沟截断，个别地段墙体中混杂石块。墙体现高0.5~3、底宽4~6、顶宽0.5~2米。（彩图二三七）

墙体沿线植被较好，沿途经过的村庄有内蒙古自治区古境内的口子上村。墙体上有敌台4座、马面5座，即口子上1~4号敌台和口子上1~5号马面。

口子上1号敌台（150124352101170131）：位于清水河县北堡乡口子上村东北2千米。骑墙而建，实心。黄土夯筑，夯层清晰、坚硬，厚0.15~0.2米，内无夹杂物。

敌台保存较差。顶部不平，长有少量杂草和灌木；东壁坍塌形成斜坡，坡上长有大量杂草和少量灌木；北壁由于北面沟谷断面的破坏坍塌形成一个较大的斜坡；南壁底部有高2米的斜坡，坡上长有大量杂草和少量灌木，壁面有坑窝和几道雨水冲沟；西壁底部有高2米的斜坡，坡上长有少量灌木和杂草，壁面有鸟兽筑巢时留下的坑窝和两道较大的雨水冲沟。敌台现高8米，底部边长7米，顶部东西长2、南北长3米。（图五一）

口子上2号敌台（150124352101170132）：位于清水河县北堡乡口子上村东北0.85千米。骑墙而建，实心。黄土夯筑，夯层清晰、坚硬，厚 0.15~0.2 米，内无夹杂物。

敌台保存较差。东、西、南壁有坍塌，在地面形成高 4~5 米的斜坡；北壁中部坍塌，壁面有多处裂缝和坑窝，底部长有几棵大树。敌台现高 10.5 米，底部边长 7 米，顶部东西长 2、南北长 3 米。

口子上 3 号敌台（150124352101170133）：位于清水河县北堡乡口子上村东 0.75 千米。骑墙而建，实心。黄土夯筑，夯层清晰、坚硬，厚 0.15~0.2 米，内无夹杂物。

敌台保存较差。四壁有不同程度的坍塌，坍塌的夯土在地表形成高 2~4 米的斜坡，坡上长满杂草和灌木。残存壁面凹凸不平，长有零星的杂草。敌台现高 8 米，底部东西长 9、南北长 8 米，顶部东西长 2.5、南北长 4 米。

口子上 4 号敌台（150124352101170134）：位于清水河县北堡乡口子上村东 0.55 千米。骑墙而建，实心。黄土夯筑，夯层清晰、坚硬，厚 0.15~0.2 米，内无夹杂物。

敌台保存较差。四壁有坍塌，在地面形成斜坡，坡上长满杂草。敌台现高 6 米，底部东西长 12、南北长 9 米，顶部东西长 5、南北长 4 米。

北堡长城 1 段（150124382101170025）

起自清水河县北堡乡口子上村北 0.5 千米，止于北堡乡口子上村西 1.8 千米。大致呈东北 – 西南走向。上接口子上长城 1 段，下接北堡长城 2 段。长 1842 米。其中保存一般 332 米、较差 966 米、差 242 米、消失 302 米，各占此段墙体长度的 18%、52%、13% 和 17%。

墙体为自然基础，黄土夯筑，夯层清晰，厚 0.2~0.3 米，内无夹杂物。墙体多有坍塌，在两侧形成斜坡，坡上长满杂草。墙体现高 0.5~3、底宽 4~6、顶宽 0.5~3 米。经过地区地势较为崎岖，沟壑众多，对墙体有破坏。

墙体沿线植被较好。沿途经过的村庄有内蒙古自治区境内的口子上村和北堡村。墙体上有敌台 3 座、马面 10 座，即北堡 1~3 号敌台和北堡 1~10 号马面。

北堡 1 号敌台（150124352101170135）：位于清水河县北堡乡口子上村北 0.25 千米。骑墙而建，实心。黄土夯筑，夯层清晰、坚硬，厚 0.15~0.2 米，内无夹杂物。

敌台保存较差。四壁受到严重破坏。东、南、北壁因雨水冲刷形成高 4~5 米的斜坡，坡上生长大量杂草和灌木，壁表上有少量坑窝和冲痕；西壁基部有人为洞穴，洞口宽 0.8、高 0.6 米，洞进深 2 米。敌台现高 7 米，底部东西长 5.5、南北长 7 米，顶部东西长 3、南北长 7 米。

北堡 2 号敌台（150124352101170136）：位于清水河县北堡乡口子上村西 1.3 千米。骑墙而建，实心。黄土夯筑，夯层清晰、坚硬，厚 0.15~0.2 米，内无夹杂物。

敌台保存较差。东、南、北壁自顶部往下形成高 5~7 米的斜坡，坡上长有大量杂草和少量灌木，残存的壁表有雨水冲痕和少量坑窝；西壁底部有人为洞穴，对敌台造成破坏。敌台现高 10 米，底部东西长 11、南北长 9 米，顶部东西长 4、南北长 3 米。

北堡 3 号敌台（150124352101170137）：位于清水河县北堡乡口子上村西 1.8 千米。骑墙而建，实心。黄土夯筑，夯层比较坚硬，厚 0.15~0.2 米，内无夹杂物。

敌台保存较差。四壁因雨水冲刷有不同程度的坍塌，与地面形成 4~5 米的斜坡，坡上长满杂草和沙棘。敌台现高 12 米，底部东西长 21、南北长 23 米，顶部东西长 8、南北长 7 米。

北堡长城 2 段（150124382101170026）

起自清水河县北堡乡口子上村西 1.8 千米，止于北堡乡水草沟村东 1.1 千米。大致呈东北 – 西南走向。上接北堡长城 1 段，止点处长城分为两支，一支向西南延伸，为水草沟长城 1 段，另一支向南延伸，为水草沟长城 3 段。长 1915 米。其中保存差 1876 米、消失 39 米，各占此段墙体长度的 98% 和 2%。

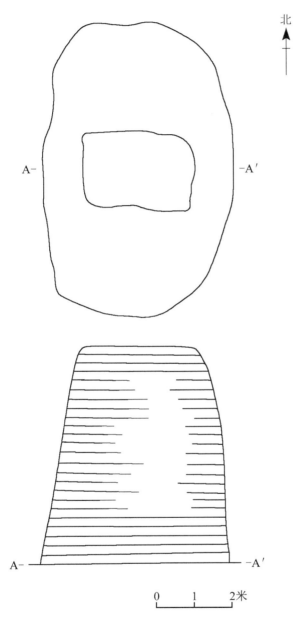

北

0　　1　　2米

图五二　北堡 5 号敌台平、剖面图

墙体为自然基础，黄土夯筑，夯层清晰，厚0.2～0.3 米，内无夹杂物。墙体有坍塌，剖面呈梯形，大部分只残存底部，被踩踏成道路。墙体现高0.3～4、底宽3～6、顶宽0.3～1.5 米。

墙体沿一道山梁向沟谷延伸，弯弯曲曲，沿线植被较好。沿途经过的村庄有内蒙古自治区境内的北堡乡北堡村和水草沟村。墙体上有敌台 2 座、马面 3 座，即北堡 4、5 号敌台和北堡 11～13 号马面。

北堡 4 号敌台（150124352101170138）：位于清水河县北堡乡北堡村南 1.5 千米。骑墙而建，实心。黄土夯筑，夯层清晰、坚硬，厚0.15～0.2 米，内无夹杂物。

敌台保存较差。东壁因雨水冲刷，自顶部以下形成斜坡，坡上形成多层台阶，长有杂草及少量灌木；南壁有几条大冲沟；西壁表面有多个坑洞和几道冲沟；北壁底部形成高 5 米的斜坡，坡上长满杂草和少量灌木，残存壁面有两道冲沟。敌台现高 12 米，底部东西长 12、南北长 11 米，顶部东西长 6.5、南北长 4 米。

北堡 5 号敌台（150124352101170139）：位于清水河县北堡乡北堡村南 1.8 千米。骑墙而建，实心。黄土夯筑，夯层清晰、坚硬，厚0.15～0.2 米，内无夹杂物。

敌台保存差。四壁因雨水冲刷坑洼不平，有多个坑窝和雨水冲痕。坍塌的夯土在底部形成高 4～6 米的斜坡，坡上长满杂草。敌台现高 6 米，底部东西长 5、南北长 8 米，顶部东西长 3、南北长 2 米。（图五二）

水草沟长城 1 段（150124382101170027）

起自清水河县北堡乡水草沟村东 1.1 千米，止于北堡乡水草沟村南 1.1 千米。上接北堡长城 2 段。长 897 米。其中保存较差 852 米、消失 45 米，各占此段墙体长度的 95% 和 5%。

墙体为自然基础，黄土夯筑，夯层清晰，厚0.2～0.3 米，内无夹杂物。墙体因受多年自然和人为因素的破坏，坍塌较多。两侧形成了大小不等的斜坡，坡上生长大量的杂草和各类灌木。墙体现高0.5～3、底宽4～6、顶宽0.5～2.5 米。

墙体穿行地段地势起伏较大，两侧沟谷纵横交错。墙体上有敌台 2 座、马面 3 座，即水草沟1、2 号敌台和水草沟 1～3 号马面。

水草沟 1 号敌台（150124352101170140）：位于清水河县北堡乡水草沟村西北 0.75 千米。骑墙而建，实心。黄土夯筑，夯层清晰、坚硬，厚 0.15～0.2 米，内无夹杂物。

敌台保存一般。四壁有坍塌，壁表有雨水冲痕和坑窝，坍塌部分在底部形成斜坡，坡上长满杂草和灌木。敌台现高 10 米，底部东西长 12、南北长 10 米，顶部东西长 7、南北长 5.5 米。

水草沟 2 号敌台（150124352101170141）：位于清水河县北堡乡水草沟村南 0.85 千米。骑墙而建，实心。黄土夯筑，夯层清晰、坚硬，厚 0.15～0.2 米，内无夹杂物。

敌台保存一般。四壁因雨水冲刷而坑洼不平，有多个坑窝和雨水冲痕，有坍塌，坍塌的夯土在底部形成高 4～6 米的斜坡，坡上长满杂草。敌台现高 10 米，底部东西长 12、南北长 10 米，顶部东西长 3.5、南北长 2 米。（图五三）

水草沟长城 2 段（150124382101170028）

起自清水河县北堡乡水草沟村南 1 千米，止于山西省偏关县老营镇野羊洼村西北 0.8 千米。大致呈北 - 南走向。上接水草沟长城 1 段，下接野羊洼长城和窑子沟长城。长 1135 米，保存较差。

墙体为自然基础，黄土夯筑，夯层清晰，厚 0.2～0.3 米，内无夹杂物。墙体因受多年自然和人为因素的破坏，坍塌较多，在两侧形成大小不等的斜坡，坡上生长大量杂草和灌木。墙体现高 0.8～2、底宽 4～5、顶宽 0.5～1.2 米。（彩图二三八）

墙体穿行地段地势起伏较大，两侧沟谷纵横交错。墙体上有敌台 6 座，即水草沟 3～8 号敌台。

水草沟 3 号敌台（150124352101170142）：位于清水河县北堡乡水草沟村南 1 千米。骑墙而建，实心。黄土夯筑，夯层清晰、坚硬，厚 0.15～0.2 米，内无夹杂物。

敌台保存一般。四壁因雨水冲刷坑洼不平，有多个坑窝和雨水冲痕，坍塌的夯土在底部形成高 1～3 米的斜坡，坡上长满大量杂草和少量灌木。敌台现高 12 米，底部东西长 12、南北长 6 米，顶部东西长 5、南北长 2 米。

水草沟 4 号敌台（150124352101170143）：位于清水河县北堡乡水草沟村南 1.2 千米。骑墙而建，实心。黄土夯筑，夯层清晰、坚硬，厚 0.15～0.2 米，内无夹杂物。

敌台保存较差。四壁因雨水冲刷坑洼不平，有多个坑窝和雨水冲痕，坍塌的夯土在底部形成高 1～3 米的斜坡，坡上长满大量杂草和少量灌木。敌台现高 7 米，底部东西长 9、南北长 8 米，顶部边长 3 米。

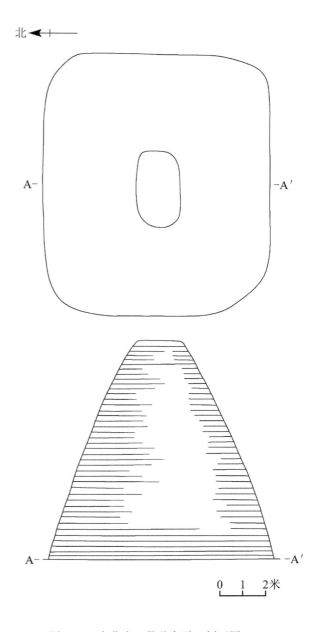

图五三　水草沟 2 号敌台平、剖面图

水草沟 5 号敌台（150124352101170144）：位于清水河县北堡乡水草沟村南 1.4 千米。骑墙而建，实心。黄土夯筑，夯层清晰、坚硬，厚 0.15~0.2 米，内无夹杂物。

敌台保存较差。四壁因雨水冲刷坑洼不平，有多个坑窝和雨水冲痕，坍塌的夯土在底部形成高 4~6 米的斜坡，坡上散落大量石块及其他建筑构件，长满杂草。敌台现高 9 米，底部东西长 8.5、南北长 10 米，顶部东西长 4、南北长 3 米。

水草沟 6 号敌台（150124352101170145）：位于清水河县北堡乡水草沟村南 1.7 千米。骑墙而建，实心。黄土夯筑，夯层清晰、坚硬，厚 0.15~0.2 米，内无夹杂物。

敌台保存较差。东、南、西壁坍塌形成斜坡，坡上长满杂草和灌木，南面坡上有少量石块，西面斜坡有几层自然形成的台阶；北壁底部形成高 4 米的斜坡，上面杂草丛生，残存壁面有自然形成的较小台阶。敌台现高 8 米，底部东西长 9、南北长 6 米，顶部东西长 6、南北长 2.5 米。

水草沟 7 号敌台（150124352101170146）：位于清水河县北堡乡水草沟村南 2.1 千米。骑墙而建，实心。黄土夯筑，夯层清晰、坚硬，厚 0.15~0.2 米，内无夹杂物。

敌台保存较差。东壁有几条较大的冲沟和较多鸟兽筑巢留下的坑窝，右侧底部因雨水冲刷而坍塌；南壁坍塌成斜坡，上面长有少量灌木；西壁表面有三条宽 0.5~0.7 米的冲沟；北壁有一条冲沟和少量坑窝。敌台现高 8.5 米，底部东西长 9、南北长 8.5 米，顶部东西长 5、南北长 3 米。（彩图二三九）

水草沟长城 3 段（150124382101170029）

起自清水河县北堡乡水草沟村东 0.5 千米，止于北堡乡水草沟村东南 1.3 千米。大致呈北－南走向。位于水草沟长城 1、2 段东侧，起点与北堡长城 2 段及水草沟长城 1 段相接，止点相接于水草沟长城 2 段。长 1391 米。其中保存较差 1294 米、消失 97 米，各占此段墙体长度的 93% 和 7%。

墙体为自然基础，黄土夯筑，夯层清晰，厚 0.2~0.3 米，内无夹杂物。墙体因受多年自然和人为因素的破坏，坍塌较多。两侧形成大小不等的斜坡，坡上生长大量杂草和灌木。墙体现高 0.5~2、底宽 3~5、顶宽 0.5~1.5 米。（图五四）

墙体穿行地段地势起伏较大，两侧沟谷纵横交错。墙体上有敌台 3 座、马面 1 座，即水草沟 8~10 号敌台和水草沟 4 号马面。

水草沟 8 号敌台（150124352101170147）：位于清水河县北堡乡水草沟村东南 0.5 千米。骑墙而建，实心。黄土夯筑，夯层清晰、坚硬，厚 0.15~0.2 米，内无夹杂物。

敌台保存一般。顶部凹凸不平，长有几棵小树和杂草；东壁表面坑洼不平，有几条雨水冲沟，底部有坍塌形成的斜坡，生长有少量灌木；南壁坍塌，后人用石块重新垒砌，台壁上有几棵小树；西壁表面有几条冲沟和小树，底部有高 2 米的斜坡，上面生长少量杂草和灌木；北壁因雨水冲刷形成小斜坡，长有杂草。敌台现高 4 米，底部边长 5 米，顶部东西长 4、南北长 3.5 米。

水草沟 9 号敌台（150124352101170148）：位于清水河县北堡乡水草沟村东南 1.8 千米。骑墙而建，实心。黄土夯筑，夯层清晰、坚硬，厚 0.15~0.2 米，内无夹杂物。

敌台保存较差。四壁因雨水冲刷而坑洼不平，有多个坑窝和雨水冲痕，坍塌的夯土在底部形成高 2~3 米的斜坡，

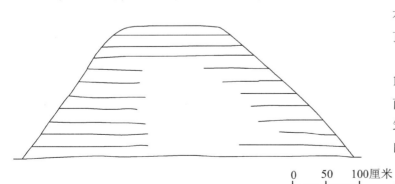

0　　50　　100厘米

图五四　水草沟长城 3 段墙体剖面图

坡上长有大量杂草和少量灌木。敌台现高 9 米，底部东西长 7、南北长 9 米，顶部东西长 4、南北长 6 米。

水草沟 10 号敌台（150124352101170149）：位于清水河县北堡乡水草沟村东南 2 千米。骑墙而建，实心。黄土夯筑，夯层清晰、坚硬，厚 0.15～0.2 米，内无夹杂物。

敌台保存较差。四壁因雨水冲刷而坑洼不平，有多个坑窝和雨水冲痕，坍塌的夯土在地面形成高 3～4 米的斜坡，坡上长有大量杂草和少量灌木。敌台现高 8 米，底部东西长 10、南北长 9 米，顶部东西长 6、南北长 5 米。

口子上长城 2 段（150124382101170030）

起自清水河县北堡乡口子上村东北 0.8 千米，止于北堡乡口子上村南 1.6 千米。大致呈东北 - 西南走向。从口子上长城 1 段中部向南支出，下接腰榨长城。长 2851 米。其中保存较好 333 米、一般 2014 米、较差 452 米、消失 52 米，各占此段墙体长度的 12%、71%、16% 和 1%。

墙体为自然基础，黄土夯筑，夯层清晰，厚 0.2～0.3 米，内无夹杂物。墙体有坍塌，两侧形成大小不等的斜坡，坡上生长大量的杂草和各类灌木。部分地段墙体被村庄截断，造成数个断口。在墙体保存相对较好的地段，尚可见墙体的外包砖石。其结构可分为内、中、外三层，最内是夯土墙，最外是包砌的砖石，中间填充碎小砖石块。墙体现高 1～7、底宽 3～8、顶宽 1～6 米。（图五五；彩图二四○）

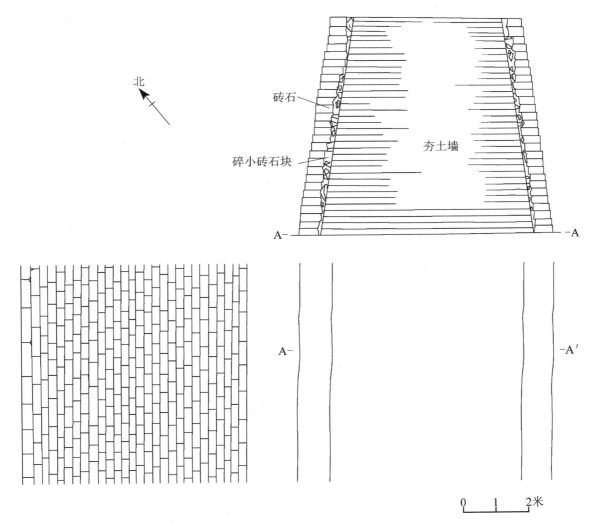

图五五　口子上长城 2 段墙体平、立、剖面图

墙体穿行地段地势起伏较大，两侧沟谷纵横交错。墙体上有敌台5座、马面6座，即口子上5～9号敌台和口子上6～11号马面。

　　口子上5号敌台（150124352101170150）：位于清水河县北堡乡口子上村东北0.8千米。骑墙而建，实心。黄土夯筑，夯层清晰、坚硬，厚0.15～0.2米，内无夹杂物。

　　敌台保存较差。整体呈锥状，通体长满杂草和灌木。四壁因坍塌和雨水冲刷而形成斜坡，北面斜坡上有自然形成的数层台阶。敌台现高7米，底部东西长8、南北长9米，顶部东西长2.5、南北长3米。

　　口子上6号敌台（150124352101170151）：位于清水河县北堡乡口子上村东北0.9千米。骑墙而建，实心。黄土夯筑，夯层清晰、坚硬，厚0.15～0.2米，内无夹杂物。

　　敌台保存较差。东、南壁坍塌形成斜坡，被开垦成农田；西壁现高8米，上部约有5米砌石，下部因人为拆除包石而露出夯层；北壁坍塌形成台阶状斜坡，上面生长大量杂草、灌木和乔木。敌台现高8米，底部东西长17、南北长13米，顶部东西长14、南北长8米。

　　口子上7号敌台（150124352101170152）：位于清水河县北堡乡口子上村东0.6千米。骑墙而建，空心。内部黄土夯筑，夯层厚0.15～0.2米；外包砌青色条石。

　　敌台保存较好。顶部黄土封顶，坑洼不平，长有少量杂草；四壁无大的损毁，只东壁顶部有轻微人为破坏的痕迹。敌台现高7.5米，底部东西长12、南北长10米，顶部东西长10、南北长8米。

　　口子上8号敌台（150124352101170153）：位于清水河县北堡乡口子上村南0.5千米。骑墙而建，实心。内部黄土夯筑，夯层清晰、坚硬，厚0.15～0.2米；外包砖石。现外包砖石拆除殆尽。

　　敌台保存一般。顶部不平，有一个东西长2.4、南北长2.8、深3米的大坑；四壁因人为拆除砖石及雨水冲刷而坑洼不平，有多个坑窝和雨水冲痕，坍塌的夯土在底部形成高3～4米的斜坡，坡上长满杂草和灌木。敌台现高9米，底部东西长7、南北长10米，顶部东西长4、南北长8.5米。（图五六；彩图二四一）

　　口子上9号敌台（150124352101170154）：位于清水河县北堡乡口子上村西南2.1千米。骑墙而建，实心。黄土夯筑，夯层清晰、坚硬，厚0.15～0.2米；外部甃有砖石，被人为拆除。

　　敌台保存较差。四壁有坍塌，在底部形成斜坡，坡上长有少量杂草和灌木，散落碎石块。东壁残存高2米的青条石包砌部分；南壁残存的条石包砌部分高1.9米；西壁表面大部分条石被拆移，西北角墼部残存高2.4米的包石。敌台现高6米，底部边长11米，顶部东西长5、南北长3米。

　　腰榨长城（150124382101170031）

　　此段墙体是主墙体的附属墙体，起自清水河县北堡乡口子上村南1.6千米，止于山西省偏关

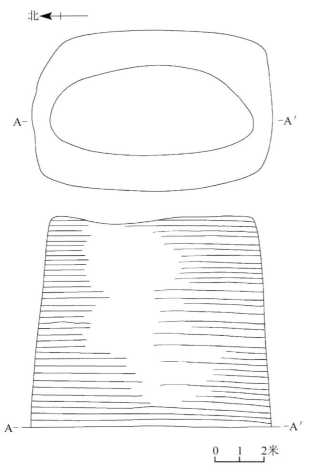

北 ◀——

A— —A′

A— —A′

0　1　2米

图五六　口子上8号敌台平、剖面图

县老营镇柏羊岭村西北 1 千米。大致呈
北 – 南走向。上接口子上长城 2 段，下
接野羊洼长城和柏羊岭长城 2 段。长
2153 米，保存较差。

墙体为自然基础，黄土夯筑，夯层
清晰，厚 0.2 ~ 0.3 米，部分地段土石混
筑。墙体有坍塌，两侧形成高低不等的
斜坡，坡上生长大量杂草和灌木。墙体
现高 1 ~ 2、底宽 3 ~ 5、顶宽 1 ~ 1.5 米。
（图五七；彩图二四二）

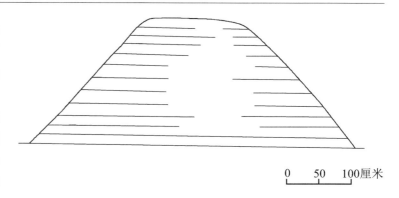

0　　50　　100厘米

图五七　腰榨长城墙体剖面图

墙体穿行地段地势起伏较大，两侧沟谷纵横交错。墙体上有敌台 2 座，即腰榨 1、2 号敌台。

腰榨 1 号敌台（150124352101170155）：位于清水河县北堡乡口子上村西南 3 千米。骑墙而建，实
心。土石混筑，可见夯层，厚 0.15 ~ 0.2 米。

敌台保存较差。四壁因雨水冲刷而坑洼不平，有多个坑窝和雨水冲痕。坍塌的夯土在地面形成高
1 ~ 3 米的斜坡，坡上长满大量杂草。敌台现高 9.5 米，底部东西长 11、南北长 10 米，顶部东西长
4.5、南北长 5 米。

腰榨 2 号敌台（150124352101170156）：位于清水河县北堡乡口子上村西南 3.2 千米。骑墙而建，
实心。黄土夯筑，夯层清晰、坚硬，厚 0.15 ~ 0.2 米，内无夹杂物。

敌台保存较差。东壁坍塌成高 5 米的斜坡，坡上长满杂草和灌木，残存高 4 米的壁面，有少量坑
窝；南壁坍塌形成斜坡，上面杂草丛生，残存壁表有大量坑窝和雨水冲痕；西壁残存 2 米，受雨水冲
刷严重，基部形成的斜坡上长满植物；北壁坍塌，西北角残存宽 1 米的夯土立柱，底部形成斜坡，上
面生长大量杂草和沙棘。敌台现高 12 米，底部东西长 13、南北长 12 米，顶部东西长 4、南北长
2.5 米。

老洼沟长城 1 段（150124382101170032）

起自清水河县北堡乡口子上村，止于北堡乡口子上村南 1.3 千米。大致呈北 – 南走向。从口子上
长城 2 段中部向东南分出，在腰榨长城东向南延伸，下接老洼沟长城 2 段。长 1887 米。其中保存一般
1077 米、较差 646 米、消失 164 米，各占此段墙体长度的 57%、34% 和 9%。

墙体为自然基础，黄土夯筑，夯层清晰，厚 0.2 ~ 0.3 米，部分地段土石混筑。墙体有坍塌，两侧
形成高低不等的斜坡，坡上生长大量杂草和灌木。墙体现高 0.5 ~ 2、底宽 3 ~ 6、顶宽 0.8 ~ 3 米。（彩
图二四三、二四四）

墙体穿行地段地势起伏较大，两侧沟谷纵横交错，植被较好。沿途经过的村庄有内蒙古自治区境
内的口子上村、老洼沟村和废弃的五眼井村。墙体上有敌台 5 座、马面 2 座，即老洼沟 1 ~ 5 号敌台和
老洼沟 1、2 号马面。

老洼沟 1 号敌台（150124352101170157）：位于清水河县北堡乡口子上村中南部。骑墙而建，实
心。黄土夯筑，夯层清晰、坚硬，厚 0.15 ~ 0.2 米，内无夹杂物。

敌台保存较差。东壁底部被人为挖开一个大洞，用作存储粮食；西壁因人工取土而使表面有一个大豁
口，中间凹陷，基部形成高 2.5 米的斜坡，残存部分有两棵小树；北壁表面有一个大坑，储放粮食所用。敌
台现高 7 米，底部东西长 8、南北长 8.5 米，顶部东西长 3、南北长 4.5 米。（彩图二四五、二四六）

老洼沟 2 号敌台（150124352101170158）：位于清水河县北堡乡口子上村南 0.2 千米。骑墙而建，实

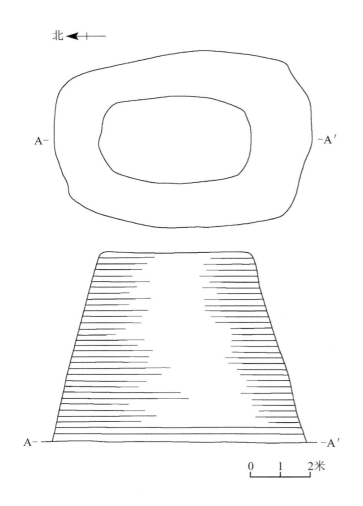

图五八　老洼沟 2 号敌台平、剖面图

心。黄土夯筑，夯层清晰、坚硬，厚 0.15 ~ 0.2 米，内无夹杂物。

敌台保存较差。四壁因雨水冲刷而坑洼不平，有多个坑窝和雨水冲痕，坍塌的夯土在地面形成高低不等的斜坡，坡上长满大量杂草和灌木。敌台现高 6.5 米，底部东西长 6、南北长 8.5 米，顶部东西长 3、南北长 5 米。（图五八；彩图二四七）

老洼沟 3 号敌台（15012435210 1170159）：位于清水河县北堡乡口子上村南 0.4 千米。骑墙而建，实心。黄土夯筑，夯层清晰、坚硬，厚 0.15 ~ 0.2 米，内无夹杂物。

敌台保存较差。四壁因雨水冲刷而坑洼不平，有多个坑窝和雨水冲痕，坍塌的夯土在地面形成高低不等的斜坡，坡上长满大量杂草和灌木。敌台现高 6 米，底部东西长 6、南北长 8 米，顶部东西长 4、南北长 1 米。

老洼沟 4 号敌台（15012435210 1170160）：位于清水河县北堡乡口子上村南 0.8 千米。骑墙而建，实心。黄土夯筑，夯层清晰、坚硬，厚 0.15 ~ 0.2 米，内无夹杂物。

敌台保存较差。南、北壁有坍塌；东壁被雨水冲刷成一个断面；西壁底部有人为的洞穴，洞口高 2.5、宽 1 米，洞进深 2

米。敌台现高 7 米，底部东西长 7、南北长 4 米，顶部东西长 3、南北长 1.5 米。（图五九）

老洼沟 5 号敌台（15012435210 1170161）：位于清水河县北堡乡口子上村南 1.2 千米。骑墙而建，实心。黄土夯筑，夯层清晰、坚硬，厚 0.15 ~ 0.2 米，内无夹杂物。

敌台保存较差。四壁由于坍塌和风蚀形成台阶状斜坡，坡上长有杂草、沙棘等。敌台现高 6 米，底部东西长 5、南北长 8.5 米，顶部东西长 1、南北长 2.5 米。

老洼沟长城 2 段（150124382101170033）

起自清水河县北堡乡口子上村南 1.3 千米，止于北堡乡口子上村南 4 千米。大致呈北 - 南走向。上接老洼沟长城 1 段，下接阴王沟长城。长 1915 米。其中保存一般 438 米、较差 1477 米，各占此段墙体长度的 23% 和 77%。

墙体为自然基础，黄土夯筑，夯层清晰，厚 0.2 ~ 0.3 米，部分地段土石混筑。墙体有坍塌，两侧形成高低不等的斜坡，坡上生长大量杂草和灌木。墙体现高 0.8 ~ 2、底宽 3 ~ 5、顶宽 0.5 ~ 1 米。（彩图二四八、二四九）

墙体穿行在一条山脊之上，周围植被较好。沿途经过的村庄有内蒙古自治区境内的老洼沟村和废弃的五眼井村。墙体上有敌台 1 座、马面 6 座，即老洼沟 6 号敌台和老洼沟 3 ~ 8 号马面。

老洼沟 6 号敌台（150124352101170162）：位于清水河县北堡乡口子上村南 1.5 千米。骑墙而建，实心。黄土夯筑，夯层清晰、坚硬，厚 0.15～0.2 米，内无夹杂物。

敌台保存较差。四壁因雨水冲刷而坑洼不平，有多个坑窝和雨水冲痕。坍塌的夯土在地面形成高低不等的斜坡，坡上长满杂草和灌木。敌台现高 9 米，底部边长 10 米，顶部东西长 5、南北长 2 米。

阴王沟长城（150124382101170034）

起自清水河县北堡乡口子上村南 4 千米，止于山西省偏关县老营镇柏羊岭村东 0.35 千米。大致呈东北 - 西南走向。上接老洼沟长城 2 段，下接柏羊岭长城 1 段。长 703 米。其中保存较差 614 米、差 89 米，各占此段墙体长度的 87% 和 13%。在此段长城起点往南 614 米处，向东南岔出另一条长城，延伸进入山西省境内，直至山西省偏关县老营镇的老营堡，后伸入山西省腹地（支线未做调查）。

墙体为自然基础，黄土夯筑，夯层清晰，厚 0.2～0.3 米。由于人为和自然因素的破坏，墙体两侧大量坍塌，坍塌的夯土在地面形成斜坡，坡上及墙体上长满杂草。墙体现高 0.5～1.5、底宽 2～4、顶宽 0.5～1.3 米。（彩图二五〇）

墙体穿行在一条山脊上，周围植被较好。墙体上不见附属设施。

柏羊岭长城 1 段（150124382101170035）

起自山西省偏关县老营镇柏羊岭村东 0.35 千米，止于老营镇柏羊岭村东南 0.3 千米。大致呈东北 - 西南走向。上接阴王沟长城，下接柏羊岭长城 2 段。长 596 米，保存差。

墙体为自然基础，黄土夯筑，夯层清晰，厚 0.2～0.3 米。由于人为和自然因素的破坏，墙体两侧大量坍塌，坍塌的夯土在地面形成斜坡，坡上及墙体上长满杂草。墙体现高 1～2、底宽 3～6、顶宽 0.5～2 米。

墙体上有马面 3 座，即柏杨岭 1～3 号马面，不见敌台。

柏羊岭长城 2 段（150124382101170036）

起自山西省偏关县老营镇柏羊岭村东南 0.3 千米，止于老营镇柏羊岭村西北 1 千米。大致呈东南 - 西北走向。上接柏羊岭长城 1 段，下接野羊洼长城和腰榨长城。长 1921 米。其中保存较差 481 米、差 1440 米，分别占此段墙体长度的 25% 和 75%。

墙体为自然基础，黄土夯筑，夯层清晰，厚 0.2～0.3 米。由于人为和自然因素的破坏，墙体两侧大量坍塌，坍塌的夯土在地面形成斜坡，坡上及墙体上长满杂草。个别地段可见残存的包石和包砖。从保存状况看，此段墙体构筑较早。墙体现高 1～3、底宽 3～6、顶宽 1～3 米。（彩图二五一）

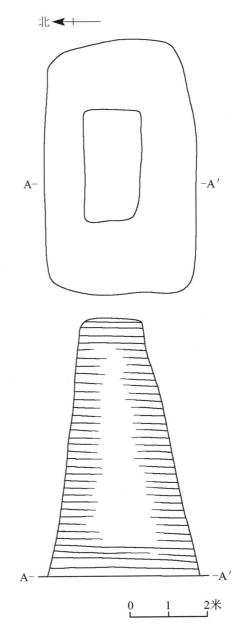

图五九　老洼沟 4 号敌台平、剖面图

墙体上有敌台5座、马面5座，即柏羊岭1~5号敌台、柏羊岭4~8号马面。

柏羊岭1号敌台（150124352101170163）：位于山西省偏关县老营镇柏羊岭村东南0.5千米。骑墙而建，实心。黄土夯筑，夯层清晰，厚0.15~0.2米，内无夹杂物。

敌台保存较差。四壁因雨水冲刷而坑洼不平，有多个坑窝和雨水冲痕。坍塌的夯土在地面形成斜坡，坡上长满大量杂草和少量灌木。敌台现高9米，底部东西长10.5、南北长9米，顶部东西长2、南北长1米。

柏羊岭2号敌台（150124352101170164）：位于山西省偏关县老营镇柏羊岭村中。骑墙而建，实心。黄土夯筑，夯层清晰，厚0.15~0.2米，内无夹杂物。

敌台保存较差。四壁因雨水冲刷而坑洼不平，有多个坑窝和雨水冲痕。坍塌的夯土在地面形成斜坡，坡上长满杂草和灌木。南壁紧依民房后墙，壁表被人为挖了一个大洞。敌台现高9米，底部东西长6、南北长8米，顶部东西长1、南北长4米。

柏羊岭3号敌台（150124352101170165）：位于山西省偏关县老营镇柏羊岭村西北0.05千米。骑墙而建，空心。内部黄土夯筑，夯层清晰，厚0.15~0.2米；外部包有青砖和条石，多已脱落。

敌台保存一般。顶部不平，上面的封顶砖和石板被人为拆除；东壁顶部有一个人为的大口子；南壁表面的条石被拆除，壁面有较多的小坑洞和人为的大坑；其他壁面有坍塌，底部有斜坡。敌台现高9米，底部东西长8.5、南北长8米，顶部东西长4.5、南北长5米。（彩图二五二）

柏羊岭4号敌台（150124352101170166）：位于山西省偏关县老营镇柏羊岭村西北1.4千米。敌台原为一个马面，后经二次修复改建为敌台，有明显的二次修复痕迹。初始部分黄土夯筑，内无夹杂物；二次修筑的夯层内夹杂砂砾，局部土石混筑，夯层清晰、坚硬，夯层厚0.15~0.2米。

敌台保存较差。四壁坍塌形成斜坡，上面长有杂草。敌台现高8米，底部东西长10、南北长7米，顶部东西长3、南北长1米。

柏羊岭5号敌台（150124352101170167）：位于山西省偏关县老营镇柏羊岭村西北1.8千米。骑墙而建，空心。内部黄土夯筑，夯层厚0.15~0.2米；外包青石。

敌台保存较好。顶部不平，长满杂草；四壁遭到不同程度的破坏，东壁由于人为拆取包石，内部夯层暴露，整体保存较好，仅有少量雨水冲痕；南壁上部包石被拆移，壁表尚好，有少量雨水冲痕，下部残存高4、宽约1.4米的条石包砌部分；西壁包石全无，内部夯筑部分保存较好，有少量雨水冲槽；北壁条石被拆移，底部因雨水冲刷有少量坍塌。敌台现高8.5米，底部边长8米，顶部东西长6、南北长5米。

野羊洼长城（150124382101170037）

起自山西省偏关县老营镇柏羊岭村西北1千米，止于老营镇野羊洼村西北0.8千米。大致呈东南－西北走向。上接柏羊岭长城2段和腰榨长城，下接水草沟长城2段和窑子沟长城。长2739米。其中保存一般493米、较差1366米、差880米，分别占此段墙体长度的18%、50%和32%。

墙体为自然基础，黄土夯筑，夯层清晰，厚0.2~0.3米。由于人为和自然因素的破坏，墙体两侧大量坍塌。坍塌的夯土在地面形成斜坡，坡上及墙体上长满杂草。个别地段残存包石和包砖。墙体现高1~3.5、底宽4~6、顶宽0.8~3米。（图六〇；彩图二五三）

墙体周围植被较好。沿途村庄较少，只有山西省境内的野羊洼村。墙体上有敌台5座、马面8座，即野羊洼1~5号敌台、野羊洼1~8号马面。

野羊洼1号敌台（150124352101170168）：位于山西省偏关县老营镇柏羊岭村西北1.65千米。骑墙而建，空心。内部黄土夯筑，夯层清晰，厚0.15~0.2米；外部包有青砖和条石。

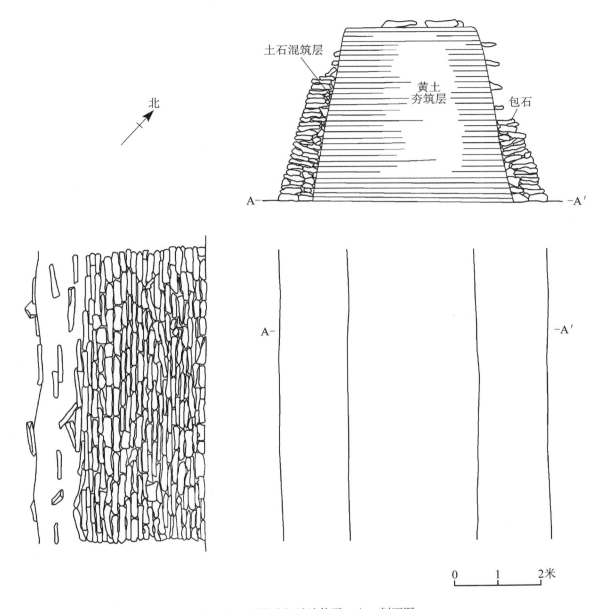

图六〇　野羊洼长城墙体平、立、剖面图

　　敌台保存较差。南壁倚长城墙体，残存高 1.7 米的条石包砌部分，条石保存尚好；东壁破坏严重，仅残存上部高 1 米的部分，下部坍塌成斜坡；西、北壁坍塌形成斜坡，坡上长有杂草和灌木，散落较多碎石块。敌台现高 6 米，底部东西长 11、南北长 9 米，顶部东西长 3.5、南北长 5 米。

　　野羊洼 2 号敌台（150124352101170169）：位于山西省偏关县老营镇柏羊岭村西北 1.9 千米。当地人称"九窑十八洞"。

　　敌台由台基和台体两部分组成。台基用青色条石垒砌，高 5.5 米。台体内部黄土夯筑，夯层清晰、坚硬，无夹杂物，厚 0.2 ~ 0.3 米；外部用青砖垒砌。台体顶部有两处砖砌的排水设施，四壁各设四个箭窗，位于顶部下方 2.5 米处，高 1.2、宽 0.6 米，上为圆弧形，下为正方形，内部相同。敌台保存一般。东壁现高 11 米，有两条裂缝；南壁只残存台基，台体部分坍塌；西壁台基部分保存较好，台体坍塌；北壁台基保存较好，台体东部部分保存尚好，西部坍塌，残存壁面上有一条裂缝。台体的四个箭窗仅残存东壁三个和北壁一个，其余坍塌。敌台现高 11 米；底部边长 16 米；顶部塌陷，具体尺寸无法测量。（彩图二五四、二五五）

野羊洼 3 号敌台（150124352101170170）：位于山西省偏关县老营镇野羊洼村东北 0.5 千米。骑墙而建，实心。黄土夯筑，夯层清晰、坚硬，厚 0.15～0.2 米，内无夹杂物。

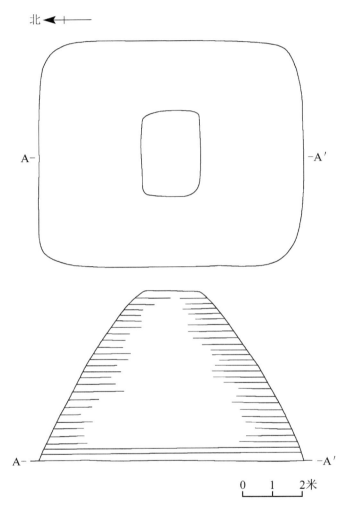

图六一　野羊洼 3 号敌台平、剖面图

敌台保存较差。四壁因雨水冲刷而坑洼不平，有多个坑窝和雨水冲痕，有坍塌。坍塌的夯土在地面形成高低不等的斜坡，坡上长满杂草和灌木。敌台现高 6 米，底部东西长 8、南北长 9 米，顶部东西长 3、南北长 2 米。（图六一）

野羊洼 4 号敌台（150124352101170171）：位于山西省偏关县老营镇野羊洼村东北 0.4 千米。敌台经过二次修复，原为黄土夯筑，夯层厚 0.2～0.3 米，内无夹杂物；二次修复为土石混筑，土色红黄。敌台外部整体包有条石和青砖。

敌台保存一般。四壁有不同程度的破坏，坍塌的夯土在底部形成斜坡，坡上及壁面长有零星的杂草。东壁底部有一人为掏挖的小洞；南壁建在长城墙体上，保存一般，条石包砌，条石排列比较零乱，上部脱落，可观察到二次修建的土石混筑台壁。敌台现高 10 米，底部边长 10 米，顶部东西长 7、南北长 8 米。

野羊洼 5 号敌台（150124352101170172）：位于山西省偏关县老营镇野羊洼村西北 0.7 千米。骑墙而建，空心。内部黄土夯筑，夯层清晰，厚 0.15～0.2 米，夯层中包含少量砂石；外部包有青砖和条石。

敌台保存一般。顶部较平，铺有青砖，长有少量杂草；四壁有不同程度的坍塌，外部包砌的青砖与条石多已脱落；南壁底部条石包砌部分高 2 米，上部包有青砖，左上角有部分青砖脱落。敌台现高 8 米，底部东西长 8.5、南北长 10.2 米，顶部东西长 5、南北长 6.1 米。

窑子沟长城（150124382101170038）

起自山西省偏关县老营镇野羊洼村西北 0.8 千米，止于清水河县北堡乡楝木塔村东北 2.4 千米。大致呈东北 - 西南走向。上接水草沟长城 2 段和野羊洼长城，下接楝木塔长城。长 2662 米。其中保存较好 584 米、一般 1009 米、较差 1069 米，分别占此段墙体长度的 22%、38% 和 40%。

墙体为自然基础，内部黄土夯筑，夯层清晰，厚 0.2～0.3 米；外部包有砖石。墙体内侧包石保存较好，外侧较差，包砌方式有所不同，外侧是采用加工过的较平整石块和条石堆砌，用白灰勾缝；内侧多是将一些较薄的石片和石块粗略地堆放在墙体边。墙体顶部部分地段铺有青砖。由于人为和自然因素的破坏，墙体两侧大量坍塌，坍塌的夯土在地面形成斜坡，坡上及墙体上长满杂草。个别地段残存包石和包砖。墙体现高 5 ~ 6、底宽 6、顶宽 2 ~ 3.7 米。（图六二；彩图二五六）

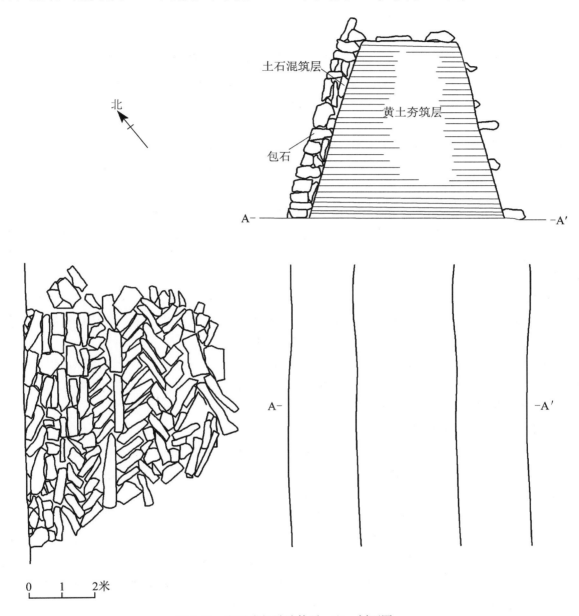

图六二　窑子沟长城墙体平、立、剖面图

墙体周围植被较好。沿途经过的村庄有内蒙古自治区境内的山台子村和山西省境内的野羊洼村。墙体上有敌台 4 座、马面 10 座，即窑子沟 1 ~ 4 号敌台、窑子沟 1 ~ 10 号马面。

窑子沟 1 号敌台（150124352101170173）：位于清水河县北堡乡井阳上村东南 2.7 千米。骑墙而建，实心。黄土夯筑，夯层清晰、坚硬，厚 0.15 ~ 0.2 米，夹有少量小石块。

敌台保存一般。东壁上半部坍塌成斜坡，坡上长满杂草；南壁保存较差，由于大面积坍塌而残破不堪，西部损坏严重，底部因风蚀而内凹，中部被雨水冲出一条沟槽，左上角基本消失；西壁相对较好，表面较平，偏南有塌陷，中部有一条宽约 0.2 米的裂缝，偏北因风蚀有几处坑洞，底部内凹；北壁保存较好，表面平整，底部和东部有坍塌。敌台现高 9.1 米，底部东西长 11.8、南北长 14 米，顶部东西长 1.5、南北长 8.5 米。

窑子沟 2 号敌台（150124352101170174）：位于清水河县北堡乡井阳上村东南 2.8 千米。骑墙而建，空心。内部黄土夯筑，夯层清晰，夹杂砂砾和小石块，厚 0.15 ~ 0.2 米；外部包有条石，条石打磨规整。

敌台保存一般。顶部较平，铺有青砖，长满杂草；东壁包石完全脱落，内部夯筑部分受到严重的破坏；南壁无坍塌，条石排列整齐；西壁右下角和上部有部分条石脱落；北壁右上角有较多条石脱落，夯土受到一定破坏，残存部分条石堆砌整齐，形制基本相同。敌台现高 8.6 米，底部东西长 15.06、南北长 10 米，顶部东西长 8.17、南北长 6.8 米。

窑子沟 3 号敌台（150124352101170175）：位于清水河县北堡乡井阳上村东南 2.4 千米。骑墙而建，空心。内部黄土夯筑，夯层清晰，夹杂砂砾和小石块，厚 0.1 ~ 0.2 米；外部包有砖石，基部包砌条石，台体部分包砌青砖。

敌台保存较好。顶部较平，铺有正方形石板；东壁包砖和包石完全脱落，内部夯筑部分受到严重破坏，塌落的夯土、青砖和包石堆积成斜坡；西壁上部有少量青砖脱落，偏北有条裂缝，包砖部分开裂；北壁左上角有部分青砖脱落。敌台现高 11.5 米，底部东西长 12.2、南北长 12 米，顶部东西长 8.8、南北长 6 米。

窑子沟 4 号敌台（150124352101170176）：位于清水河县北堡乡栋木塔村东北 2.4 千米。骑墙而建，空心。内部黄土夯筑，夯层清晰，夹杂砂砾和小石块，厚 0.04 ~ 0.1 米；外部包有砖石，基部包砌条石，台体部分包砌青砖。包砌的砖石大部分被人为取走。

敌台保存一般。东壁包砖完全脱落；南壁上半部包砖脱落坍塌，塌落的青砖堆积成斜坡；西壁偏北有部分青砖脱落；北壁包砖全部脱落，堆积成斜坡。敌台现高 7.2 米，底部边长 8.5 米，顶部东西长 6、南北长 5.82 米。（彩图二五七）

栋木塔长城（150124382101170039）

起自清水河县北堡乡栋木塔村东北 2.4 千米，止于北堡乡栋木塔村东南 1.6 千米。大致呈东北 - 西南走向。上接窑子沟长城，下接小元峁长城。长 2017 米。其中保存较好 852 米、一般 1165 米，分别占此段墙体长度的 42% 和 58%。

墙体为自然基础，大部分地段黄土夯筑，夯层厚 0.2 ~ 0.3 米，夹杂有砂砾。局部地段内部黄土夯筑，外部包砌砖石，包石和夯土之间有一层土石混筑。顶部平铺有青砖。墙体坍塌严重，在两侧形成斜坡，坡上长满杂草，散落碎石块。墙体现高 5 ~ 6、底宽 6、顶宽 1 ~ 4 米。（图六三；彩图二五八、二五九）

墙体周围植被较好。沿途经过的村庄有内蒙古自治区境内的栋木塔村和山西省境内的朱儿洼村、小元峁村。墙体上有敌台 2 座，马面 8 座，即栋木塔 1、2 号敌台和栋木塔 1 ~ 8 号马面。

栋木塔 1 号敌台（150124352101170177）：位于清水河县北堡乡栋木塔村东北 1.8 千米。骑墙而建，空心。内部黄土夯筑，夯层厚 0.08 ~ 0.15 米，夹杂有砂砾；外侧基部包有条石，台体部分包砌青砖。

敌台保存较差。东壁大多消失，偏南连接长城墙体部分有所保留，底部包有条石，其他部分坍塌成斜坡；南壁上半部坍塌，下半部条石包砌部分比较完整；西壁的青砖和条石散失殆尽，夯土部分外露；北壁整体坍塌，底部散落较多的青砖和条石。敌台现高 4 米，底部东西长 10.2、南北长 8.4 米，顶部东西长 5、南北长 4.3 米。

栋木塔 2 号敌台（150124352101170178）：位于清水河县北堡乡栋木塔村东南 1.5 千米。骑墙而建，空心。内部黄土夯筑，夯层厚 0.05 ~ 0.15 米，夹杂有砂砾；外侧基部包有条石，台体部分包砌青砖。

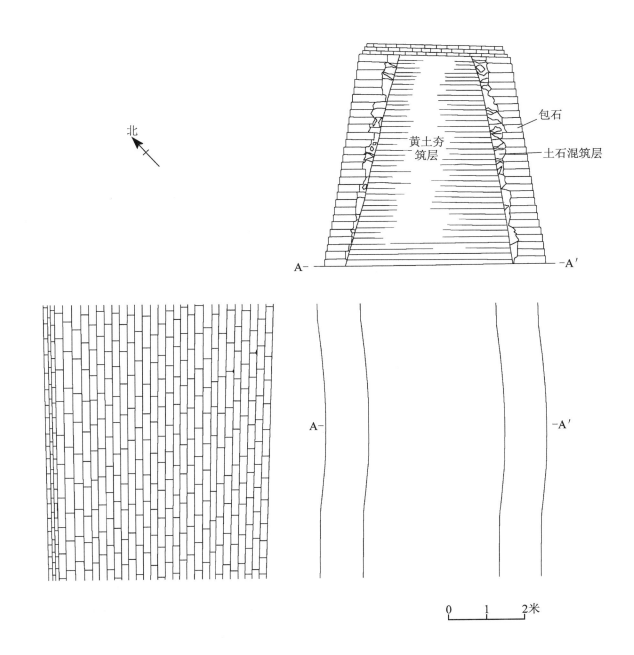

北

包石

黄土夯
筑层

土石混筑层

A—　　　　　　　　　　　　　—A′

A—　　　　　　　　　　　　　—A′

0　　1　　2米

图六三　棟木塔长城墙体平、立、剖面图

　　敌台保存较差。东壁条石包砌部分保存尚好，包砖全部流失；南壁下半部偏东连接长城墙体处保存有部分条石，条石之间白灰勾缝；西壁条石和青砖被全部取走，夯土坍塌成斜坡，上面长满杂草。敌台现高 5.8 米，底部东西长 7.5、南北长 8.8 米，顶部东西长 4.1、南北长 4.2 米。

　　小元峁长城（150124382101170040）

　　起自清水河县北堡乡棟木塔村东南 1.6 千米，止于北堡乡棟木塔村西南 2.3 千米。大体呈东北 - 西南走向。上接棟木塔长城，下接窑洼长城。长 2005 米，保存一般。

　　墙体为自然基础，内部黄土夯筑，夯层厚 0.15～0.2 米，夹杂有砂砾；外部包有砖石，多数地段包石残存。墙体坍塌破坏严重，两侧有坍塌形成的斜坡，坡上长满杂草并散落有碎石块。墙体内侧高

0.5~1、底宽3.5~6、顶宽1.5~2.5米。（彩图二六○）

墙体周围植被较好，外侧山坡较陡峭，利于防守。沿途经过的村庄有内蒙古自治区境内的栋木塔村、小井沟村和山西省境内的小元峁村和朱儿洼村。墙体上有敌台3座、马面8座，即小元峁1~3号敌台、小元峁1~8号马面。

小元峁1号敌台（150124352101170179）：位于清水河县北堡乡栋木塔村南1.6千米。骑墙而建，空心。内部黄土夯筑，夯层厚0.05~0.15米，夹杂有砂砾；外侧基部包有青石，台体部分包砌青砖。

敌台保存较好。顶部平整，铺有青砖；东壁上部有少量青砖脱落，中部偏北有一条竖向的裂缝；南壁中部大部分包砖脱落，在底部堆积成斜坡，露出的夯筑部分凸凹不平；西壁上部有小部分包砖风化严重，中部和北部各有一条裂缝。敌台现高11.58米，底部东西长10、南北长9.2米，顶部东西长8.6、南北长7.4米。

小元峁2号敌台（150124352101170180）：位于清水河县北堡乡栋木塔村南1.85千米。骑墙而建，空心。内部黄土夯筑，夯层厚0.05~0.15米，夹杂有砂砾；外侧基部包有青石，台体部分包砌青砖。

敌台保存一般。顶部较平，铺有青砖，长满杂草；东壁青砖部分脱落，塌落的包砖堆积成斜坡；南壁上半部包砖全部脱落，夯土外露，下半部砖石有保留；西壁青砖全部脱落，塌落的包砖堆积成斜坡，夯土外露；北壁左半部有小部分青砖脱落。敌台现高8.15米，底部东西长10、南北长11.5米，顶部东西长6、南北长5.84米。

小元峁3号敌台（150124352101170181）：位于清水河县北堡乡栋木塔村西南2.3千米。骑墙而建，空心。内部黄土夯筑，夯层厚0.05~0.15米，夹杂有砂砾；外部包有砖石，顶部铺有青砖。从构筑方式看，此敌台原为马面，后改建为敌台。

敌台保存一般。顶部较平，四壁有轻微坍塌；南壁坍塌成斜坡，看不出包石痕迹，上半部中间有条石包砌的门道，有台阶痕迹，阶长1、宽0.6米。敌台现高6.5米，底部东西长9、南北长8米，顶部东西长5、南北长4米。

窑洼长城（150124382101170041）

起自清水河县北堡乡栋木塔村西南2.3千米，止于山西省偏关县水泉乡窑洼村西北1.3千米。大体呈东南－西北走向。上接小元峁长城，下接碓臼坪长城。长3072米。其中保存较好247米、一般1256米、较差992米、差577米，分别占此段墙体长度的8%、41%、32%和19%。

墙体为自然基础，黄土夯筑，夯层厚0.2~0.3米，夹杂少量砂砾、碎石，个别地段墙体外侧可见包石痕迹。墙体坍塌严重，两侧有坍塌形成的斜坡，坡上长满杂草，散落碎石块。墙体现高1~3.5、底宽4~8、顶宽0.8~4.5米。

墙体所经地区气候干旱，风力较大。山势崎岖、陡峭，沟谷纵横，致使墙体遭受很大破坏。墙体上有敌台9座、马面12座，即窑洼1~9号敌台、窑洼1~12号马面。

窑洼1号敌台（150124352101170182）：位于山西省偏关县水泉乡窑洼村东1.3千米。骑墙而建，实心。黄土夯筑，夯层坚硬，厚0.15~0.2米，夹杂大量的石块和残砖。

敌台保存较差。东壁较为规整，大部分砖石脱落，夯土暴露，内含少量青砖和条石，基部残存几层条石；南壁在长城墙体上，高出墙体2.7米，表面长有少量灌木；西、北壁因雨水冲刷坍塌成台阶状的斜坡，上面长满杂草。敌台现高7米，底部东西长13、南北长5米，顶部东西长10、南北长5米。

窑洼2号敌台（150124352101170183）：位于山西省偏关县水泉乡窑洼村东1千米。骑墙而建，空心。内部黄土夯筑，夯层坚硬，厚0.15~0.2米，夹杂少量砂石块；外部包有砖石。

敌台保存较差。四壁有不同程度的坍塌，坍塌的夯土在地面形成高低不等的斜坡。敌台现高 8 米，底部东西长 16、南北长 10.5 米，顶部东西长 14、南北长 5 米。外包条石宽 35、厚 20 厘米。

窑洼 3 号敌台（150124352101170184）：位于山西省偏关县水泉乡窑洼村东 0.8 千米。建于东南－西北走向的长城墙体北约 25 米，从长城墙体向北另修有一条墙体和敌台相连，连接的墙体和长城主墙体形制相同，两侧均有条石包砌。敌台内部黄土夯筑，夯层坚硬，厚 0.15～0.2 米，夹杂少量砂石块；外部包有砖石，基部有七层条石，高 1 米。

敌台保存较好。顶部不平，长满杂草；东壁平整，东南角有少量坍塌；南壁上部坍塌较多；西壁较为平整，顶部西南角有坍塌；北壁保存较好，表面有少量青砖脱落，少部分青砖被侵蚀，壁表有几条裂缝。敌台现高 10、底部边长 14、顶部边长 9.5 米。（彩图二六一、二六二）

窑洼 4 号敌台（150124352101170185）：位于山西省偏关县水泉乡窑洼村东 0.4 千米。骑墙而建，空心。内部黄土夯筑，夯层坚硬，厚 0.15～0.2 米，内无夹杂物；外部包有砖石，基部有十三层条石，条石之上包砌青砖。

敌台保存一般。东、北壁各残存两个瞭望孔，内部为青砖券顶，瞭望孔破坏比较严重；南壁和西壁因自然坍塌及人为破坏，保存较差；东壁残存的包砖上有几条裂缝，基石保存较好；北壁大部分倒塌，因修筑公路表面有较大的裂缝，基石保存较好；顶部东北角残存一排水设施，保存尚好。敌台现高 10 米，底部东西长 7.5、南北长 8 米，顶部东西长 6、南北长 7 米。（彩图二六三）

窑洼 5 号敌台（150124352101170186）：位于山西省偏关县水泉乡窑洼村东 0.15 千米。骑墙而建，空心。内部黄土夯筑，夯层坚硬，厚 0.15～0.2 米，内无夹杂物；外部包有砖石。

敌台保存较差。四壁遭到严重破坏，有程度不同的坍塌，坍塌的夯土在地面形成斜坡，坡上长满杂草。敌台现高 8 米，底部东西长 7、南北长 8 米，顶部东西长 3、南北长 4 米。（图六四）

窑洼 6 号敌台（150124352101170187）：位于山西省偏关县水泉乡窑洼村。骑墙而建，实心。黄土夯筑，夯层坚硬，厚 0.15～0.2 米。

敌台保存较差。顶部不平，长满杂草；四壁遭受不同程度的破坏，西壁因水土流失形成二层台面，壁表有少量坑窝，左下角 5 米处坍塌；北壁因雨水冲刷呈台阶状，西北角和东北角坍塌，残存壁表凹凸不平。四面斜坡上长满杂草和灌木。敌台现高 10 米，底部东西长 7、南北长 9 米，顶部东西长 4、南北长 5 米。

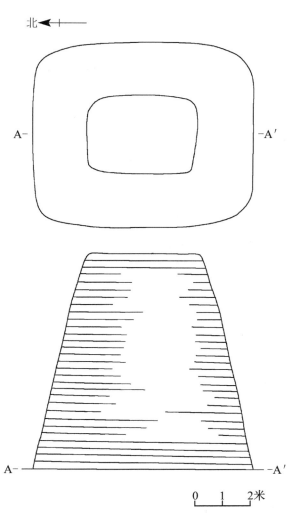

北←→

0　1　2米

图六四　窑洼 5 号敌台平、剖面图

窑洼7号敌台（150124352101170188）：位于偏关县水泉乡窑洼村西0.45千米。骑墙而建，空心。内部黄土夯筑，夯层坚硬，厚0.1～0.15米；外部包有砖石。

敌台保存较好。四壁破坏较少，有夯土脱落现象及雨水冲刷出的痕迹，底部有少量雨水冲刷形成的坡面。北壁残存一段土石混筑部分，高5、宽4、厚0.5米；东、西壁与长城墙体接合处各有一个宽1.5米的缺口，系人为拆移包石所致。敌台现高7、底部边长10、顶部边长8.5米。（彩图二六四、二六五）

窑洼8号敌台（150124352101170189）：位于偏关县水泉乡窑洼村西北1千米。骑墙而建，实心。黄土夯筑，夯层厚0.1～0.15米。

敌台保存较差。四壁受到不同程度的破坏。东壁因雨水冲刷残存高4米的台体，下方为坍塌形成的斜坡；西壁底部形成高2.5米的斜坡，壁表有少量坑窝和雨水冲痕；北壁因雨水冲刷形成高3米的斜坡。敌台现高6米，底部东西长5、南北长6米，顶部东西长1、南北长3米。

窑洼9号敌台（150124352101170190）：位于偏关县水泉乡窑洼村西北1.3千米。骑墙而建，实心。黄土夯筑，夯层厚0.15～0.2米，夹杂有砂石。

敌台保存较差。四壁因雨水冲刷而坍塌，在地面形成斜坡。敌台现高9米，底部东西长12、南北长10米，顶部东西长10、南北长4米。

碓臼坪长城（150124382101170042）

起自山西省偏关县水泉乡窑洼村西北1.3千米，止于清水河县北堡乡碓臼坪村西南1.7千米。上接窑洼长城，下接许家湾长城。大体呈东南－西北走向。长1575米。其中保存一般520米、较差867米、差158米、消失30米，分别占此段墙体长度的33%、55%、10%和2%。

墙体为自然基础，多数地段黄土夯筑，夯层厚0.2～0.3米，夹杂少量砂砾、碎石。部分地段墙体的结构分为三层，内层是黄土夯筑墙体，外层是包石，两者之间土石混筑，一层黄土一层条石交错叠压。墙体坍塌严重，两侧有坍塌形成的斜坡，坡上长满杂草，散落碎石块。墙体现高3～5、底宽6、顶宽1～3.2米。（图六五；彩图二六六）

墙体上有敌台2座、马面11座，即碓臼坪1、2号敌台和碓臼坪1～11号马面。

碓臼坪1号敌台（150124352101170191）：位于清水河县北堡乡碓臼坪南1.1千米。原为马面，后改建为敌台。骑墙而建，空心。内部黄土夯筑，夯层厚0.05～0.15米，夯筑坚实，内无夹杂物；外部包有砖石。

敌台保存一般。顶部铺有青砖，长满杂草，偏东坍塌严重，东北角消失；南壁可见部分外包石，夹杂有残砖，东、西部坍塌，上部豁口宽1米；西壁表面有一条竖向的沟槽；北壁可见外包石，底部散落较多条石，中部有三层青砖。敌台现高8米，底部东西长6、南北长5米，顶部东西长2、南北长1米。

碓臼坪2号敌台（150124352101170192）：位于清水河县北堡乡碓臼坪村西南0.8千米。骑墙而建，空心。内部黄土夯筑，夯层厚0.05～0.15米，夯筑坚实，内无夹杂物；外部包砖石。

敌台保存较好。顶部平坦，铺有青砖；四壁外包石多被人为拆移，各壁有拆移条石后残留的坑窝，长有杂草；东、南壁中部残存少量外包石。敌台现高9米，底部东西长12、南北长11米，顶部东西长7、南北长5米。（彩图二六七）

许家湾长城（150124382101170043）

起自清水河县北堡乡碓臼坪村西南1.7千米，止于北堡乡川峁上村西南0.3千米。大致呈东南－西北走向。上接碓臼坪长城，下接川峁上长城。长1406米。其中保存一般692米、较差656米、消失58米，分别占此段墙体长度的49%、47%和4%。

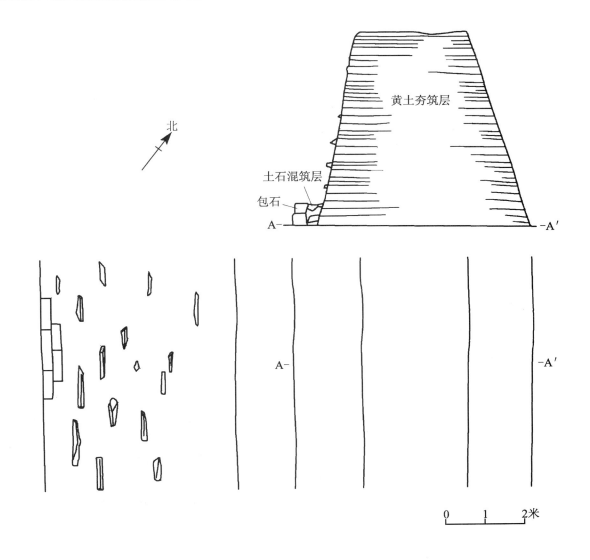

图六五　碓臼坪长城墙体平、立、剖面图

墙体为自然基础，黄土夯筑，夯层厚 0.1~0.15 米，夯层清晰，内无夹杂物，局部可见外包石。墙体坍塌严重，两侧有坍塌形成的斜坡，坡上长满杂草，散落碎石块。墙体现高 1~3、底宽 4~7、顶宽 0.8~4 米。

墙体所处区域地势较为崎岖，两侧多自然冲沟，周围植被一般。沿途经过的村庄有内蒙古自治区境内的碓臼坪村和山西省境内的前南海子村、后南海子村和许家湾村。墙体上有敌台 1 座、马面 6 座，即许家湾敌台、许家湾 1~6 号马面。

许家湾敌台（150124352101170193）：位于清水河县北堡乡碓臼坪村东南 0.9 千米。骑墙而建，空心。内部黄土夯筑，夯层厚 0.05~0.15 米，夯筑坚实，夹杂有砂砾；外部砌有砖石，砖石和夯土之间是一层土石混筑层。

敌台保存一般。东壁包石和土石混筑部分已无存，夯土外露，表面平整，内有砂砾，中间有一层青砖，由此可判断，此敌台早期应为马面，后改建为敌台；西、北壁和东壁一样，夯土外露。**敌台现高 9 米，底部东西长 8、南北长 9 米，顶部东西长 5、南北长 7 米。**

川峁上长城（150124382101170044）

起自清水河县北堡乡川峁上村西南 0.3 千米，止于北堡乡头道沟村南 1 千米。上接许家湾长城，下接头道沟长城。大致呈东南 – 西北走向。长 2636 米。其中保存一般 214 米、较差 2353 米、消失 69 米，分别占此段墙体长度的 8%、89% 和 3%。

墙体为自然基础，内部黄土夯筑，夯层厚 0.2 ~ 0.3 米；外部两侧包砖石，顶部铺砌青砖。墙体坍塌严重，两侧呈斜坡，坡上长满杂草，散落碎石块，外包石和顶部铺砌的青砖局部有残存。墙体现高 1 ~ 3、底宽 4 ~ 8、顶宽 0.5 ~ 4.5 米。（彩图二六八）

墙体周围植被较好，生长大量松树、杨树和沙棘等。墙体上有敌台 5 座、马面 4 座，即川峁上 1 ~ 5 号敌台、川峁上 1 ~ 4 号马面。

川峁上 1 号敌台（150124352101170194）：位于清水河县北堡乡川峁上村北坡上，骑墙而建，空心。内部黄土夯筑，夯层厚 0.15 ~ 0.2 米，夯筑坚实，内无夹杂物；外部包砖石。

敌台保存一般。外部包石因人为拆移消失殆尽，内部夯筑部分外露，表面夯土大量脱落，凸凹不平，有雨水冲刷的痕迹。南壁和北壁与长城墙体接合处有宽约 1.5 米的缺口，当是拆除砖石所致。敌台现高 7、底部边长 12、顶部边长 9.5 米。

川峁上 2 号敌台（150124352101170195）：位于清水河县北堡乡川峁上村北 0.5 千米。骑墙而建，实心。黄土夯筑，夯层厚 0.15 ~ 0.2 米，夯筑坚实，内无夹杂物。

敌台保存较差。顶部不平，长满杂草；东壁因雨水冲刷在底部形成高 2 米的斜坡，残存壁表凸凹不平，有少量雨水冲痕；南壁底部斜坡高 1 米，壁表有少量雨水冲痕和坑窝；西壁呈台阶状，上面生长大量灌木及柠条；北壁有少量坑窝和雨水冲痕。敌台现高 6 米，底部边长 10 米，顶部东西长 2、南北长 5 米。

川峁上 3 号敌台（150124352101170196）：位于清水河县北堡乡川峁上村西北 1 千米。骑墙而建，实心。黄土夯筑，夯层厚 0.15 ~ 0.2 米，夯筑坚实，内无夹杂物。

敌台保存一般。四壁因雨水冲刷而坑洼不平，有多个坑窝和几道雨水冲痕，坍塌的夯土在地面形成高低不等的斜坡，坡上长满杂草和灌木。敌台现高 6.5 米，底部东西长 13.5、南北长 11.5 米，顶部东西长 8、南北长 7 米。

川峁上 4 号敌台（150124352101170197）：位于清水河县北堡乡川峁上村西北 1.4 千米。骑墙而建，实心。黄土夯筑，夯层厚 0.15 ~ 0.2 米，夯筑坚实，内无夹杂物。

敌台保存较差。顶部凸凹不平，长满大量杂草和灌木；东壁保存一般，顶部高 2 米为二次修复，表面有大量坑窝和雨水冲痕；南壁因雨水冲刷造成中间部分坍塌，形成宽 0.7 米的缺口，壁表凸凹不平呈台阶状；西壁底部形成冲刷面和两道较大的冲沟；北壁形成高 4 米的斜坡，坡上长满大量杂草和少量灌木。敌台现高 8 米，底部东西长 12、南北长 10 米，顶部东西长 6、南北长 5 米。

川峁上 5 号敌台（150124352101170198）：位于清水河县北堡乡头道沟村南 1 千米。骑墙而建，实心。黄土夯筑，夯层厚 0.15 ~ 0.2 米，夯筑坚实，内无夹杂物。

敌台保存较差。顶部不平，长满杂草和灌木；四壁有坍塌，在底部形成斜坡，坡上长满杂草和灌木，残存壁面凸凹不平。敌台现高 6 米，底部东西长 6、南北长 7 米，顶部东西长 1.5、南北长 2 米。

头道沟长城（150124382101170045）

起自清水河县北堡乡头道沟村南 1 千米，止于北堡乡腰栅嘴村西南 1.5 千米。上接川峁上长城，下接杏树峁长城，另从墙体中延伸出一小段墙体，向南绕一圈，首尾连接于头道沟长城，整体分布于山西省偏关县境内，命名为后海子长城。头道沟长城大致呈东南 – 西北走向。长 2204 米。其中保存一般 1295 米、较差 909 米，分别占此段墙体长度的 59% 和 41%。

墙体为自然基础，黄土夯筑，夯层厚 0.15~0.2 米，内无夹杂物。墙体坍塌破坏严重，两侧有坍塌形成的斜坡，坡上长满杂草，散落碎石块。墙体现高 1~4、底宽 4~8、顶宽 0.5~2 米。（彩图二六九）

墙体穿行地段地势崎岖，两侧有多条沟谷。墙体上有敌台 4 座、马面 5 座，即头道沟 1~4 号敌台、头道沟 1~5 号马面。

头道沟 1 号敌台（15012435210117 0199）：位于清水河县北堡乡头道沟村西 1 千米。骑墙而建，空心。内部黄土夯筑，夯层厚 0.15~0.2 米，内无夹杂物；外部包有砖石。

敌台保存较差。四壁由于坍塌及因雨水冲刷，在地面形成斜坡，坡上长有杂草和少量灌木，个别地方残存包石痕迹。敌台现高 6 米，底部东西长 7、南北长 5 米，顶部东西长 4、南北长 2.5 米。

头道沟 2 号敌台（15012435210117 0200）：位于清水河县北堡乡头道沟村西 1.6 千米。骑墙而建，实心。黄土夯筑，夯层厚 0.15~0.2 米，内无夹杂物。

敌台保存较差。顶部东高西低，长满杂草；四壁由于坍塌及雨水冲刷，在地面形成斜坡，坡上长有杂草和少量灌木。敌台现高 6 米，底部东西长 8、南北长 7 米，顶部东西长 4、南北长 3 米。

头道沟 3 号敌台（15012435210117 0201）：位于清水河县北堡乡腰栅嘴村南 1.3 千米。骑墙而建，实心。黄土夯筑，夯层清晰、坚实，厚 0.15~0.2 米，内无夹杂物。

敌台保存较差。顶部不平，长满杂草；东壁表面凸凹不平，因雨水冲刷形成几条长 1 米的沟槽；西壁形成的斜坡与长城墙体连为一体；北壁表面有较多的坍塌断面，不平整。敌台现高 7 米，底部东西长 10、南北长 7 米，顶部东西长 6、南北长 4 米。

头道沟 4 号敌台（15012435210117 0202）：位于清水河县北堡乡腰栅嘴村。骑墙而建，实心。黄土夯筑，夯层清晰、坚实，厚 0.15~0.2 米，内无夹杂物，局部土石混筑。

敌台保存一般。东壁表面上部因雨水冲刷有少量坍塌和小裂缝，右下角残存高 5、宽 2、厚 1.1 米的土石混筑部分；南壁上部有少量坍塌和坑窝，底部有三个人为挖制的大洞，为居所，破坏严重；西壁底部有高 5、宽 1、厚 1.1 米的土石混筑部分；北壁夯土脱落严重，有少量雨水冲刷痕迹。敌台现高 8、底部边长 10、顶部边长 8 米。（彩图二七〇）

杏树峁长城（15012438210117 0046）

起自清水河县北堡乡腰栅嘴村西南 1.5 千米，止于北堡乡杏树峁村南 1.4 千米。上接头道沟长城，下接关地嘴长城。此段墙体后半段东南部另有一条东 - 西走向的墙体，为山西省偏关县窑沟子长城。此段墙体大致呈东南 - 西北走向。长 2302 米。其中保存一般 782 米、较差 1520 米，分别占此段墙体长度的 34% 和 66%。

墙体为自然基础，黄土夯筑，夯层厚 0.15~0.2 米，内无夹杂物。墙体坍塌严重，两侧有坍塌形成的斜坡，坡上长满杂草，散落碎石块。墙体现高 1.5~3、底宽 4~6.5、顶宽 0.8~3 米。（彩图二七一）

墙体穿行地段地势崎岖，两侧有多条沟谷。沿途经过的村庄有内蒙古自治区境内的关地嘴村、应牛峁村、杏树峁村及山西省境内的窑沟子村。墙体上有敌台 1 座、马面 15 座，即杏树峁敌台、杏树峁 1~15 号马面。

杏树峁敌台（15012435210117 0203）：位于清水河县北堡乡腰栅嘴村西南 1.95 千米。骑墙而建，空心。内部黄土夯筑，夯层厚 0.18~0.25 米，内无夹杂物；外包砖石，现脱落流失殆尽。

敌台保存一般。东壁表面大面积坍塌，向内凹进约 2 米；南壁上半部坍塌较多，下半部保存较好，东南角坍塌；西壁凸凹不平，南北两角有小部分坍塌；北壁上半部坍塌较多，呈台阶状，东侧形成斜坡。底部四周散落碎石块。敌台现高 7.35 米，底部东西长 6.8、南北长 5 米，顶部东西长 3、南北长 2 米。

关地嘴长城（150124382101170047）

起自清水河县北堡乡杏树垴村南1.4千米，止于北堡乡安根楼村东。上接杏树垴长城，下接安根楼长城，起点南约0.5千米另有一道东－西走向的偏关县窑沟子长城。此段墙体大体呈东南－西北走向。长1805米，其中保存较差1292米、差513米，分别占此段墙体长度的72%和28%。

墙体为自然基础，黄土夯筑，夯层厚0.15~0.2米，内无夹杂物。墙体坍塌严重，起伏不平，两侧有坍塌形成的斜坡，坡上长满杂草，散落碎石块。墙体现高0.8~1.8、底宽4~7、顶宽1~3米。（彩图二七二）

墙体穿行地段地势崎岖，两侧有多条沟谷。沿途经过的村庄有内蒙古自治区境内的安根楼村、关地嘴村及山西省境内的窑沟子村。墙体上有敌台1座、马面8座，即关地嘴敌台、关地嘴1~8号马面。

关地嘴敌台（150124352101170204）：位于清水河县北堡乡安根楼村东南1.9千米。骑墙而建，实心。黄土夯筑，夯层清晰、坚实，厚0.05~0.15米，内无夹杂物。

敌台保存较差。东壁表面平直，有小部分夯土脱落；南、北壁整体坍塌成斜坡，长满杂草；西壁两侧坍塌较为严重，中部保留部分台体。敌台现高5米，底部东西长10、南北长8米，顶部东西长6、南北长2米。

安根楼长城（150124382101170048）

起自清水河县北堡乡安根楼村东，止于单台子乡下黄家梁村东。上接关地嘴长城，下接阳洼子长城。大体呈东北－西南走向。长2429米，其中保存较差889米、差1540米，分别占此段墙体长度的37%和63%。

墙体为自然基础，黄土夯筑，夯层厚0.15~0.2米，内无夹杂物。墙体坍塌严重，两侧有坍塌形成的斜坡，坡上长满杂草并散落碎石块。墙体现高1~3、底宽2~4、顶宽0.5~2米。（彩图二七三）

墙体穿行地段地势崎岖，两侧有多条沟谷。沿途经过的村庄有内蒙古自治区境内的安根楼村、上黄家梁村和下黄家梁村。墙体上有敌台5座、马面10座，即安根楼1~5号敌台、安根楼1~10号马面。

安根楼1号敌台（150124352101170205）：位于清水河县北堡乡安根楼村。骑墙而建，实心。黄土夯筑，夯层清晰、坚实，厚0.15~0.2米，内无夹杂物。

敌台保存较差。东壁表面不平整，有几条较大的裂缝；南壁有大片的坍塌痕迹，底部是高1.5、宽2米的斜坡；西壁呈二层台状，底部有两个人为洞穴，高1.2、宽1、进深4米；北壁中间有长1.5米的冲沟。敌台现高6米，底部东西长10、南北长8米，顶部东西长7、南北长6米。（彩图二七四）

安根楼2号敌台（15012435210117 0206）：位于清水河县北堡乡安根楼村西南0.45千米。骑墙而建，空心。内部黄土夯筑，夯层厚0.15~0.2米；外部包砖石。

敌台保存较好。东壁夯土有脱落，有少量雨水冲痕；南壁东侧有宽1.3、高4、厚1米的土石混筑部分；北壁东侧有宽3、高4.5、厚1米的土石混筑部分。敌台现高7米，底部东西长10、南北长11米，顶部东西长8、南北长9米。（图六六）

安根楼3号敌台（15012435210117 0207）：位于清水河县北堡乡安根楼村西南0.6千米。骑墙而建，实心。黄土夯筑，夯层厚0.15~0.2米，内无夹杂物。

敌台保存较差。东壁凸凹不平，有较多雨水冲痕；南壁上部坍塌，形成大坑，凸凹不平，底部形成斜坡；西壁3米以下部分形成斜坡；北壁现高3米，下为斜坡。敌台现高6米，底部东西长7、南北长 10 米，顶部东西长 4、南北长 8 米。

安根楼 4 号敌台（15012435210117 0208）：位于清水河县北堡乡安根楼村西南 0.95 千米。骑墙而建，实心。黄土夯筑，夯层厚 0.15～0.2 米，内无夹杂物。

敌台保存较差。顶部不平，长满杂草和灌木；东壁因雨水冲刷形成斜坡；南壁西半部坍塌，底部形成高 3 米的斜坡；西壁坍塌成斜坡，只残存北部小部分；北壁中间部分坍塌，底部形成高 2.5 米的斜坡，残存壁表凸凹不平。敌台现高 10 米，底部四周斜坡上长满杂草和灌木。敌台现高 7 米，底部东西长 10.5、南北长 10 米，顶部东西长 4、南北长 6.5 米。

安根楼 5 号敌台（150124352101170209）：位于清水河县单台子乡上黄家梁村东南 0.2 千米。骑墙而建，实心。黄土夯筑，夯层清晰、坚实，厚 0.15～0.2 米，内无夹杂物。上部约 3 米为二次修筑时加筑。

敌台保存一般。东壁有明显的二次修筑痕迹，表面不平整，有几处即将坍塌；其他各壁有不同程度的坍塌，坍塌的夯土在地面形成斜坡，坡上长满杂草和灌木。敌台现高 9 米，底部东西长 9、南北长 7.5 米，顶部边长 6 米。

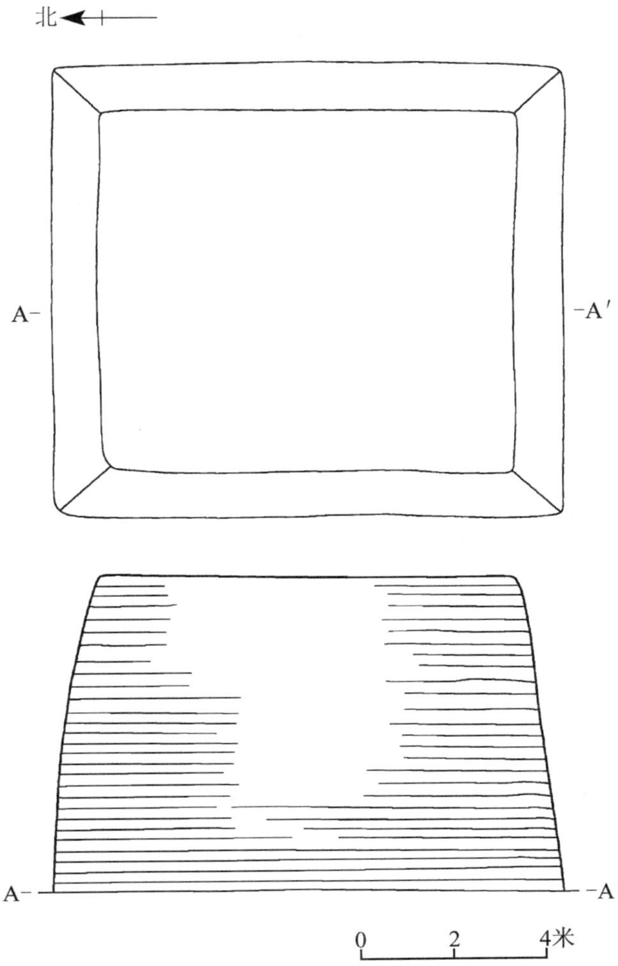

阳洼子长城（150124382101170049）

图六六　安根楼 2 号敌台平、剖面图

起自清水河县单台子乡下黄家梁村，止于山西省偏关县万家寨镇阳洼子村西北 1 千米。上接安根楼长城，下接石垛墕长城。大体呈东南 – 西北走向。长 2639 米，保存差。

墙体为自然基础，黄土夯筑，夯层厚 0.15～0.2 米，内无夹杂物。墙体坍塌破坏严重，两侧有坍塌形成的斜坡，坡上长满杂草并散落碎石块。墙体现高 0.8～3、底宽 2～4、顶宽 0.5～3 米。（彩图二七五）

墙体穿行地段地势崎岖，两侧有多条沟谷。沿途经过的村庄有内蒙古自治区境内的下黄家梁村和山西省境内的阳洼子村。墙体上有敌台 4 座、马面 9 座，即阳洼子 1～4 敌台、阳洼子 1～9 号马面。

阳洼子 1 号敌台（150124352101170210）：位于清水河县单台子乡下黄家梁村。骑墙而建，实心。黄土夯筑，夯层清晰、坚实，厚 0.15～0.2 米。

敌台保存较差。四壁受到不同程度的破坏，东壁和北壁破坏最为严重，临近东北角有道路穿过，对敌台有破坏；东壁底部有两孔现代挖掘的窑洞，已废弃。敌台现高 10 米，底部东西长 9、南北长 10 米，顶部东西长 6、南北长 7 米。（彩图二七六）

阳洼子 2 号敌台（150124352101170211）：位于山西省偏关县万家寨镇阳洼子村西北 0.4 千米。骑墙而建，实心。黄土夯筑，夯层清晰、坚实，厚 0.15～0.2 米。

敌台建在正方形台基之上，台基边长 17、高 2 米。台墩保存较差。四壁受到不同程度的破坏。东、南壁破坏较为严重，南壁和台基南侧因修公路遭到破坏，残存部分较为规整；西壁和北壁保存稍好。敌台现高 8 米，底部东西长 12、南北长 11 米，顶部东西长 4、南北长 3 米。（彩图二七七）

阳洼子 3 号敌台（150124352101170212）：位于山西省偏关县万家寨镇阳洼子村西北 0.1 千米。骑墙而建，空心。内部黄土夯筑，夯层清晰、坚实，厚 0.15 ~ 0.2 米；外部包有砖石，砖石和夯土之间有一土石混筑层。基部有十四层条石，高 2 米；上面是砖砌部分，高 12 米。

敌台保存一般。东壁有较小的裂缝，顶部以下 2 米处有四个射孔，均有破损，呈盖帽状；南壁残存一个门洞和一个瞭望孔，高度低于东壁的瞭望孔，位于顶部往下 2.5 米处，门被人为破坏，残存部分宽 1.4、高 3 米，门和瞭望孔厚 0.32 米；西壁有三个瞭望孔，二个保存较好，内高 1.1、内宽 0.5 米，为三伏三券式砌法，西南角遭到破坏；北壁残存四个瞭望孔，三个为上圆下方，一个形状无法辨认。敌台四壁有裂缝，顶部坍塌。内券室保存较好，现堆放有村民的杂物。（彩图二七八 ~ 二八〇）

敌台现高 14、底部边长 14、顶部边长 12 米。包砖有两种规格，一种长 43、宽 20、厚 8 厘米，另一种长 37、宽 18、厚 6 厘米。

阳洼子 4 号敌台（150124352101170213）：位于山西省偏关县万家寨镇阳洼子村西北 0.4 千米。骑墙而建，实心。黄土夯筑，夯层清晰、坚实，厚 0.15 ~ 0.2 米。

敌台保存较差。四壁表面凸凹不平，基部形成斜坡，坡上长满杂草、灌木。敌台现高 6 米，底部东西长 9、南北长 6 米，顶部东西长 5、南北长 2 米。

石垛墕长城（150124382101170050）

起自山西省偏关县万家寨镇阳洼子村西北 1 千米，止于万家寨镇阳洼子村西北 0.8 千米。上接阳洼子长城，下接白泥窑长城。大体呈东 - 西走向。长 1853 米。其中保存一般 391 米、较差 1017 米、差 265 米、消失 180 米，分别占此段墙体长度的 21%、55%、14% 和 10%。

墙体为自然基础，黄土夯筑，夯层厚 0.15 ~ 0.2 米，内无夹杂物。墙体坍塌破坏严重，两侧有坍塌形成的斜坡，坡上长满杂草并散落碎石块。墙体现高 1 ~ 3、底宽 4 ~ 7、顶宽 2 ~ 4.5 米。（彩图二八一）

墙体穿行地段地势崎岖，两侧有多条沟谷。沿途经过的村庄只有内蒙古自治区境内的石垛墕村。墙体上有敌台 3 座、马面 5 座，即石垛墕 1 ~ 3 敌台、石垛墕 1 ~ 5 号马面。

石垛墕 1 号敌台（150124352101170214）：位于山西省偏关县万家寨镇阳洼子村西北 0.7 千米。骑墙而建，空心。内部黄土夯筑；外部包有砖石，底部为条石，上部为青砖；黄土夯筑部分和外包石之间有一土石混筑层。四壁各有几处小窗口，入口应在南壁，顶部有一块石牌，现已残破。

敌台保存一般。南壁部分坍塌，有较多青砖脱落，中部洞口上方部分坍塌，致使洞口顶部残损，底部包石部分保存较好；西壁两侧有坍塌，北部较严重，大部分青砖和少量条石脱落；北壁中部和西部大部分坍塌，部分条石和大量青砖脱落，壁上保留两个小窗。

敌台现高 11、底部边长 14、顶部边长 13 米。南壁中部大窗口高 1.5、宽 0.9 米，小窗口高 0.7、宽 0.4 米。东、北、西壁各有四个小窗口，东壁窗口高 0.7、宽 0.4 米，窗距 2 米。

敌台内部有四组走廊，彼此相通，每组高 2.6、宽 2.5 米。南壁内部有一条通往顶部的通道，有条石铺砌的台阶，台阶宽 0.6、高 0.24 米。南壁附近有半块残碑，上有题记"西路管粮同知张鑑，万历岁次丁酉秋八月吉旦"。（彩图二八二 ~ 二八五）

石垛墕 2 号敌台（150124352101170215）：位于山西省偏关县万家寨镇阳洼子村西北 0.95 千米。骑墙而建，空心。内部黄土夯筑，夯层厚 0.04 ~ 0.1 米，内无夹杂物；外部包有砖石，夯筑部分和外包石之间有一土石混筑层。

敌台保存较好。外包石脱落流失殆尽，剩余部分保存较好，无坍塌，有少量坑窝。顶部铺有青砖，多有滑落。敌台现高5、底部边长7、顶部边长6米。（图六七；彩图二八六）

石垛墕3号敌台（15012435210117 0216）：位于山西省偏关县万家寨镇阳洼子村西北1.15千米。骑墙而建，空心。内部黄土夯筑，夯层厚0.15~0.2米，内无夹杂物；外部包有砖石，夯筑部分和外包石之间有一土石混筑层。

敌台保存较差。东壁和西壁包石部分消失，现存土石混筑部分，坍塌堆积呈斜坡状；南壁严重坍塌，基本消失；北壁大部分坍塌，保留部分包砖，坍塌堆积呈斜坡状。敌台现高5.5米，底部边长11米，顶部东西长6、南北长4米。

白泥窑长城（150124382101170051）

起自山西省偏关县万家寨镇阳洼子村西北0.8千米，止于清水县河单台子乡石垛墕村西南1.25千米。上接石垛墕长城，下接正泥墕长城。大体呈东北－西南走向。长1550米。其中保存较好310米、一般574米、较差656米、消失10米，分别占此段墙体长度的20%、37%、42%和1%。

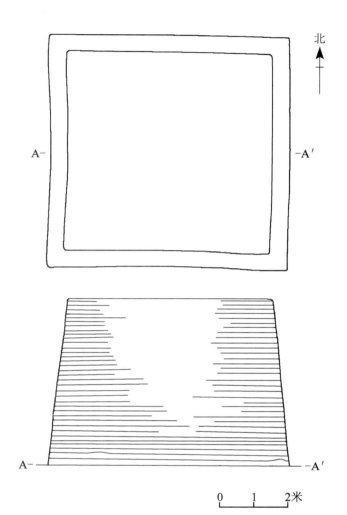

图六七　石垛墕2号敌台平、剖面图

墙体为自然基础，黄土夯筑，夯层厚0.15~0.2米，内无夹杂物。墙体坍塌严重，两侧有坍塌形成的斜坡，坡上长满杂草并散落碎石块。墙体中段顶部修筑了一条道路，对墙体破坏极为严重。墙体现高1~3.5、底宽4.5~7、顶宽0.8~1.5米。（彩图二八七）

墙体穿行地段地势崎岖，两侧有多条沟谷。沿途经过的村庄只有内蒙古自治区境内的石垛墕村。墙体上有敌台1座、马面10座，即白泥窑敌台、白泥窑1~10号马面。

白泥窑敌台（150124352101170217）：位于清水河县单台子乡石垛墕村西南1千米。骑墙而建，实心。黄土夯筑，夯层厚0.05~0.15米，夹有石块和砂砾。

敌台保存一般。顶部较平，长满杂草；东壁和南壁坍塌呈斜坡状，残存上半部台体；西壁较差，北侧上半部严重坍塌，上下两部分之间形成台阶；北壁保存稍好，表面略有不平，没有塌陷。敌台现高6米，底部东西长14、南北长10米，顶部东西长11、南北长8.5米。

正泥墕长城（150124382101170052）

起自清水河县单台子乡石垛墕村西南1.25千米，止于山西省偏关县万家寨镇正泥墕村北0.4千米。上接白泥窑长城，下接东牛腻塔长城。大体呈东南－西北走向。长1235米。其中保存一般1119米、较差116米，分别占此段墙体长度的91%和9%。

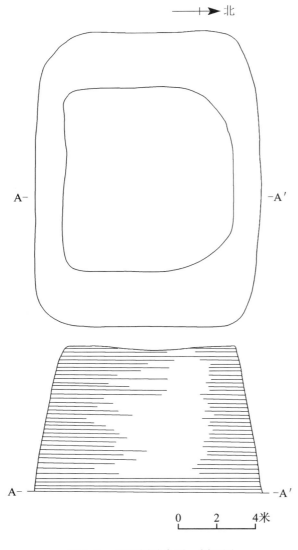

图六八　正泥墕敌台平、剖面图

墙体为自然基础，黄土夯筑，夯层厚 0.1 ～ 0.2 米，局部含有白砂砾。墙体坍塌严重，两侧有坍塌形成的斜坡，坡上长满杂草并散落碎砖、石块。墙体现高 2 ～ 5、底宽 6、顶宽 1 ～ 4 米。（彩图二八八）

墙体穿行地段地势崎岖，两侧有多条沟谷。沿途经过的村庄只有山西省境内的万家寨镇正泥墕村。墙体上有敌台 1 座、马面 9 座，即正泥墕敌台、正泥墕 1 ～ 9 号马面。

正泥墕敌台（150124352101170218）：位于山西省偏关县万家寨镇正泥墕村北 0.4 千米。骑墙而建，实心。黄土夯筑，夯层厚 0.05 ～ 0.15 米，内无夹杂物。

敌台保存较差。四壁受到不同程度的破坏，东、北两壁保存较差，四周底部有坍塌形成的斜坡，坡上长有杂草和灌木。敌台上有一个现代修建的小庙，为祈雨场所，条石垒砌，外部为长方形，内部为拱形，高 1、宽 0.8 米。敌台现高 8 米，底部东西长 16、南北长 12 米，顶部东西长 10、南北长 9 米。（图六八）

东牛腻塔长城（150124382101170053）

起自山西省偏关县万家寨镇正泥墕村北 0.4 千米，止于清水河县单台子乡青草峁村南 0.3 千米。上接正泥墕长城，下接青草峁长城。大体呈东 – 西走向。长 1814 米。其中保存差 1769 米、消失 45 米，分别占此段墙体长度的 98% 和 2%。

墙体为自然基础，黄土夯筑，夯层厚 0.1 ～ 0.2 米，局部含有白砂砾。墙体坍塌严重，两侧有坍塌形成的斜坡，坡上长满杂草并散落碎砖、石块。墙体现高 0.5 ～ 2、底宽 2 ～ 4、顶宽 0.5 ～ 3 米。（彩图二八九）

墙体两侧植被较好，经过的地段地势崎岖陡峭，两侧沟谷纵横。沿途经过的村庄有内蒙古自治区境内的青草峁村和山西省境内的正泥墕村。墙体上有敌台 5 座、马面 5 座，即东牛腻塔 1 ～ 5 号敌台、东牛腻塔 1 ～ 5 号马面。

东牛腻塔 1 号敌台（150124352101170219）：位于山西省偏关县万家寨镇正泥墕村西北 0.5 千米。骑墙而建，空心。内部黄土夯筑，夯层厚 0.05 ～ 0.15 米，内无夹杂物；外部包有砖石。

敌台保存较差。顶部不平，长满杂草和灌木；东壁因雨水冲刷，中间部分坍塌成斜坡，残存部分高 3 米，顶部有一条冲沟，表面凸凹不平；南壁西部坍塌成高 2 米的斜坡，残壁坑洼不平，有少量坑窝和几道冲沟；西壁部分为土石混筑，南侧上部坍塌；北壁成为台阶状的斜坡，残存部分高 2.3 米，为土石混筑。敌台现高 7 米，底部东西长 10、南北长 8.5 米，顶部边长 5 米。

东牛腻塔 2 号敌台（150124352101170220）：位于山西省偏关县万家寨镇正泥墕村西北 0.8 千米。骑墙而建，空心。内部黄土夯筑，夯层厚 0.15～0.2 米，内无夹杂物；外部包有砖石。

敌台保存较差。顶部不平，长满杂草；东壁夯土大量脱落，露出土石混筑部分，并有较多的雨水冲痕；南壁位于长城墙体之上，表面不平，残壁 1 米以下为斜坡；西壁不平整，表面有少量石块；北壁已成斜坡。敌台现高 6 米，底部东西长 9、南北长 7 米，顶部东西长 6、南北长 4 米。

东牛腻塔 3 号敌台（150124352101170221）：位于清水河县单台子乡青草峁村东 0.8 千米。骑墙而建，实心。黄土夯筑，夯层厚 0.15～0.2 米，内无夹杂物。

敌台保存较差。顶部不平，长满杂草和灌木；东壁表面凸凹不平，底部有高 2 米的斜坡；南壁位于长城墙体上，现高 2.5 米，表面有较多的雨水冲痕；西壁表面有较多的坑窝和雨水冲沟；北壁中部坍塌形成长 1.5、宽 0.6 米的豁口，底部形成高 2 米的斜坡。敌台现高 7 米，底部东西长 5、南北长 8 米，顶部东西长 3、南北长 5 米。（彩图二九〇）

东牛腻塔 4 号敌台（150124352101170222）：位于清水河县单台子乡青草峁村东 0.4 千米。骑墙而建，实心。黄土夯筑，夯层厚 0.15～0.2 米，内无夹杂物。

敌台保存较差。顶部凸凹不平，长满杂草；东壁表面有几条较小的冲沟，底部形成高 2 米的斜坡；南壁因下方的沟谷而面临坍塌，表面有多条雨水冲槽；西、北壁坍塌成为斜坡，只在东北角残留一个夯土立柱。敌台现高 6.5 米，底部东西长 14、南北长 7 米，顶部东西长 10、南北长 3 米。

东牛腻塔 5 号敌台（150124352101170223）：位于清水河县单台子乡青草峁村南 0.35 千米。骑墙而建，实心。黄土夯筑，夯层厚 0.15～0.2 米，内无夹杂物。

敌台保存较差。顶部不平，长满杂草；东壁残存部分高 3 米，下方为斜坡，坡上有较大的裂缝；南壁位于长城墙体上，中部有一条宽约 0.5 米的裂缝，基部坍塌严重，散落较多石块；北壁保存较差，中部有一条宽约 0.5 米的冲沟，另有几条小裂缝。敌台现高 7 米，底部东西长 9、南北长 8 米，顶部东西长 2.5、南北长 4 米。

青草峁长城（150124382101170054）

起自清水河县单台子乡青草峁村南 0.3 千米，止于山西省偏关县万家寨镇正湖梁村东 0.7 千米。大体呈东 - 西走向。上接东牛腻塔长城，下接正胡梁长城。长 1641 米。其中保存一般 917 米、较差 614 米、消失 110 米，分别占此段墙体长度的 56%、37% 和 7%。

墙体为自然基础，黄土夯筑，夯层厚 0.1～0.2 米，内无夹杂物。墙体坍塌严重，两侧有坍塌形成的斜坡，坡上长满杂草并散落碎砖、石块。墙体现高 2～4、底宽 4～7、顶宽 2～3.5 米。（彩图二九一）

墙体两侧植被较好，经过的地段地势崎岖陡峭，两侧沟谷纵横。沿途经过的村庄有内蒙古自治区境内的青草峁村和山西省境内的南庄王村。墙体上有敌台 3 座、马面 6 座，即青草峁 1～3 号敌台、青草峁 1～6 号马面。

青草峁 1 号敌台（15012435210117 0224）：位于清水河县单台子乡青草峁村西 0.8 千米。骑墙而建，实心。黄土夯筑，夯层厚 0.15～0.2 米，内无夹杂物。

敌台保存较差。四壁受到不同程度的破坏，东、南壁破坏尤甚。敌台现高 7 米，底部东西长 7、南北长 8 米，顶部边长 5.5 米。（图六九）

青草峁 2 号敌台（15012435210117 0225）：位于山西省偏关县万家寨镇南庄王村北 0.8 千米。骑墙而建，实心。黄土夯筑，夯层厚 0.15～0.2 米，内无夹杂物。

敌台保存较差。四壁受到不同程度的破坏，东、北壁破坏犹甚。敌台现高 8 米，底部东西长 6、南北长 8 米，顶部东西长 4、南北长 1 米。

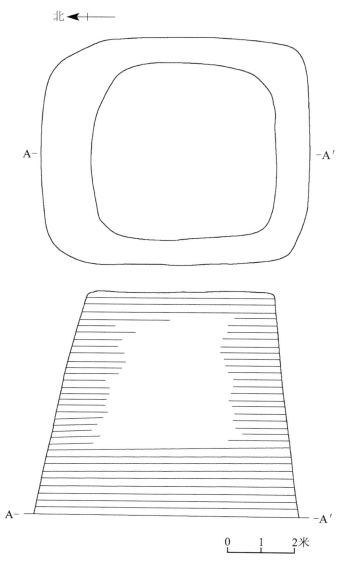

图六九　青草峁1号敌台平、剖面图

青草峁3号敌台（150124352101170226）：位于山西省偏关县万家寨镇南庄王村北1千米。骑墙而建，实心。黄土夯筑，夯层厚0.15~0.2米，内无夹杂物。

敌台保存较差。四壁受到不同程度的破坏，东、南壁破坏犹甚。敌台现高9米，底部东西长8、南北长7米，顶部东西长4、南北长2米。

正湖梁长城（150124382101170055）

起自山西省偏关县万家寨镇正湖梁村东0.7千米，止于清水河县单台子乡北古梁村东南0.8千米。上接青草峁长城，下接北古梁长城。大体呈东－西走向。长2829米。其中保存一般1286米、较差891米、差502米、消失150米，分别占此段墙体长度的45%、31%、18%和6%。

墙体为自然基础，黄土夯筑，夯层厚0.15~0.2米，内无夹杂物。墙体坍塌严重，两侧有坍塌形成的斜坡，坡上长满杂草并散落碎砖、石块。墙体现高1~3、底宽4~6、顶宽1.5~3米。（彩图二九二）

墙体两侧植被较好，经过的地段地势崎岖陡峭，两侧沟谷纵横。沿途经过的村庄有内蒙古自治区境内的正湖梁村、北古梁村和山西省境内的南庄王村。墙体上有敌台8座、马面3座，即正湖梁1~8号敌台、正湖梁1~3号马面。

正湖梁1号敌台（15012435210117 0227）：位于清水河县单台子乡正湖梁村东0.6千米。骑墙而建，实心。黄土夯筑，夯层厚0.15~0.2米，内无夹杂物。

敌台保存一般。顶部不平，长有大量的灌木和杂草；东壁顶部以下3米为平直的壁表，表面雨水冲刷严重，下有高2米的斜坡；南壁残存部分高1米，受雨水冲刷表面凹凸不平，下为斜坡；西壁中部坍塌成斜坡，残存壁表有几条雨水冲痕；北壁成为斜坡，西部有小部分残存。敌台底部四周斜坡上长满杂草和灌木。敌台现高7米，底部边长9米，顶部东西长6、南北长3.5米。（图七〇）

正湖梁2号敌台（15012435210117 0228）：位于清水河县单台子乡正湖梁村东0.5千米。骑墙而建，实心。黄土夯筑，夯层厚0.15~0.2米，内无夹杂物。

敌台保存较差。顶部不平，长有大量杂草；东壁被雨水冲刷成斜坡，北部有少量残存，表面凸凹不平；南壁中部坍塌成斜坡；西壁表面凸凹不平，有较多雨水冲痕；北壁呈多层台阶状。敌台底部四周斜坡上长满杂草和灌木。敌台现高5米，底部东西长8、南北长7米，顶部东西长4、南北长3.5米。

正湖梁 3 号敌台（150124352101170229）：位于清水河县单台子乡正湖梁村东 0.4 千米。骑墙而建，实心。黄土夯筑，夯层厚 0.15～0.2 米，内无夹杂物。

敌台保存较差。顶部不平，长有大量的杂草；东壁因雨水冲刷倒塌严重，底部有几个人为大洞，用来放置东西；南壁中部坍塌；西壁形成斜坡，南部尚存，底部有一个人为洞穴；北壁成为一个较大的斜坡，上面有几个人为挖掘的洞穴。敌台底部四周斜坡上长满杂草和灌木。敌台现高 8 米，底部东西长 8、南北长 8.5 米，顶部东西长 4.5、南北长 4 米。

正湖梁 4 号敌台（150124352101170230）：位于清水河县单台子乡正湖梁村东南 0.3 千米。骑墙而建，实心。黄土夯筑，夯层厚 0.15～0.2 米，内无夹杂物。

敌台保存较差。只东壁有小部分残留，其余各壁坍塌。

正湖梁 5 号敌台（150124352101170231）：位于清水河县单台子乡正湖梁村西南 0.5 千米。骑墙而建，实心。黄土夯筑，夯层厚 0.15～0.2 米，内无夹杂物。

敌台保存较差。顶部不平，长满杂草；东壁受雨水冲刷而坍塌，底部形成斜坡，北部有宽 2、厚 1.2、高 2 米的土石混筑部分；南壁保存一般，表面凸凹不平，夯土大量脱落并有雨水冲痕；西壁有几条雨水冲痕，有少量的坑窝；北壁形成斜坡，西部有残存。敌台底部四周斜坡上长满杂草和灌木。敌台现高 8 米，底部东西长 9、南北长 10 米，顶部东西长 8、南北长 7 米。

正湖梁 6 号敌台（150124352101170232）：位于清水河县单台子乡酸枣洼村西南 0.5 千米。骑墙而建，实心。黄土夯筑，夯层厚 0.15～0.2 米，内无夹杂物。

敌台保存较差。顶部不平，长满杂草；东壁夯土大量脱落；南壁位于长城墙体上，高约 2 米处有一个大坑；西壁有坍塌，残存部分表面有少量坑窝；北壁表面有较多坑窝和几道凹槽，底部中间有高 1.5 米的斜坡。敌台底部四周斜坡上长满杂草和少量灌木。敌台现高 9 米，底部东西长 10、南北长 9 米，顶部边长 6 米。

正湖梁 7 号敌台（150124352101170233）：位于清水河县单台子乡北古梁村东南 0.5 千米。骑墙而建，实心。黄土夯筑，夯层厚 0.15～0.2 米，内无夹杂物。

敌台保存较差。顶部不平，长满杂草；东壁有明显的倒塌痕迹，夯土大量脱落，受雨水冲刷严重；南壁受雨水冲刷夯土大量脱落；西壁表面有少量坑窝和几道雨水沟槽；北壁有坍塌痕迹，有几道冲沟。

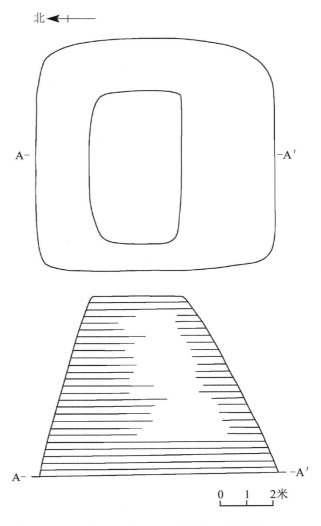

北　←

A—　　　—A'

A—　　　—A'

0　1　2米

图七〇　正湖梁 1 号敌台平、剖面图

敌台底部四周斜坡上长满杂草和少量灌木。敌台现高 7 米，底部东西长 10、南北长 9 米，顶部东西长 8、南北长 7 米。

正湖梁 8 号敌台（150124352101170234）：位于清水河县单台子乡北古梁村东南 0.5 千米。骑墙而建，实心。黄土夯筑，夯层厚 0.15 ~ 0.2 米，内无夹杂物。

敌台保存较差。顶部不平，长满杂草；东壁顶部坍塌严重，南部因沟谷流水冲刷而坍塌；南壁倒塌痕迹明显，表面不平整；西壁受雨水冲刷严重，凸凹不平，夯土大量脱落；北壁保存尚好，有少量坑窝和冲刷痕迹，底部有高 1 米的斜坡。敌台底部四周斜坡上长满杂草和少量灌木。敌台现高 9.5 米，底部东西长 12、南北长 5 米，顶部东西长 6.5、南北长 3 米。（彩图二九三）

北古梁长城（150124382101170056）

起自清水河县单台子乡北古梁村东南 0.8 千米，止于单台子乡北古梁村西南 0.4 千米。大体呈东 - 西走向。上接正湖梁长城，下接水门塔长城。长 455 米，保存较好。

墙体为自然基础，黄土夯筑，夯层厚 0.1 ~ 0.15 米，内无夹杂物。墙体保存尚好，基本没有坍塌和断裂，没有植物生长，可见初始结构。墙体现高 5 ~ 6.5、底宽 5 ~ 7.5、顶宽 1 ~ 2.5 米。

墙体西南为黄河支流断点处水门塔消失长城的起点，北侧 1 千米为内蒙古自治区境内单台子乡北古梁村（现无人居住）。沿线北侧有一条公路，通往单台子乡。墙体上没有附属设施。

水门塔长城（150124382101170057）

起自清水河县单台子乡北古梁村西南 0.4 千米，止于山西省偏关县万家寨镇马道嘴村西北 1 千米。上接北古梁长城，下接闫王鼻子长城。大体呈东北 - 西南走向。长 1900 米，已消失。

墙体位于黄河支流的南岸。因受长年洪水冲刷致使墙体消失，沿线的 3 座敌台尚残存，即水门塔 1 ~ 3 号敌台。

水门塔 1 号敌台（150124352101170235）：位于清水河县单台子乡北古梁村西南 0.5 千米。实心。由于附近墙体消失，与墙体位置关系不详。黄土夯筑，夯层厚 0.05 ~ 0.15 米，内无夹杂物。

敌台保存一般。顶部不平，长有较多杂草；东壁和西壁保存相对较好，表面稍有不平；南、北壁保存较差，有较多坍塌。敌台底部四周有坍塌形成的斜坡，坡上长满杂草和少量灌木。敌台现高 6 米，底部东西长 9、南北长 10 米，顶部东西长 4、南北长 6 米。

水门塔 2 号敌台（150124352101170236）：位于清水河县单台子乡北古梁村西南 1 千米。实心。由于附近墙体消失，与墙体位置关系不详。黄土夯筑，夯层厚 0.05 ~ 0.15 米，内无夹杂物。

敌台保存较差。四壁有不同程度的坍塌，整体呈圆锥状。敌台现高 9 米，底部东西长 9、南北长 8 米，顶部东西长 2.5、南北长 2 米。

水门塔 3 号敌台（150124352101170237）：位于山西省偏关县万家寨镇马道嘴村西北 0.5 千米。实心。由于附近墙体消失，与墙体位置关系不详。黄土夯筑，夯层厚 0.1 ~ 0.15 米，内无夹杂物。

敌台保存较差。四壁有不同程度的坍塌。敌台现高 5.8 米，底部东西长 7、南北长 5.9 米，顶部东西长 5、南北长 1.5 米。

闫王鼻子长城（150124382101170058）

起自山西省偏关县万家寨镇马道嘴村西北 1 千米，止于清水河县老牛湾堡东北 0.5 千米。上接水门塔长城，下接老牛湾长城。大体呈东北 - 西南走向。长 2827 米。其中保存较差 1274 米、差 1364 米、消失 189 米，分别占此段墙体长度的 45%、48%、7%。

墙体穿行地段土质较差，为黄沙土质，极易流失，难以保存，致使墙体遭到极大破坏，个别地段几近消失。墙体现高 0.2 ~ 1.5、底宽 1.5 ~ 3、顶宽 1.5 ~ 0.8 米。（彩图二九四）

墙体位于黄河支流的南岸，为沙漠地貌。沿途经过的村庄有内蒙古自治区境内的旺雨梁村、老牛湾村和闫王鼻子村，山西省境内的马道嘴村、新庄窝村。墙体上有敌台6座、马面1座，即闫王鼻子1～6号敌台、闫王鼻子马面。

闫王鼻子1号敌台（150124352101170238）：位于山西省偏关县万家寨镇马道嘴村西北0.6千米。骑墙而建，实心。黄土夯筑，夯层厚0.05～0.15米，内无夹杂物。

敌台保存一般。顶部不平，长有杂草；东、北壁整体坍塌，形成斜坡；西壁较平，有几条狭窄的雨水冲槽；南壁表面稍有不平，底部因风蚀而内凹，部分夯土脱落。敌台底部四周斜坡上长满杂草和灌木。敌台现高8、底部边长10、顶部边长7米。

闫王鼻子2号敌台（150124352101170239）：位于山西省偏关县万家寨镇马道嘴村西北1千米。骑墙而建，实心。黄土夯筑，夯层厚0.05～0.15米，内无夹杂物。

敌台保存较好。东、西、北壁保存尚好，南壁中部由上至下被雨水冲刷出一个"V"形凹槽。敌台现高8、底部边长9、顶部边6米。

闫王鼻子3号敌台（150124352101170240）：位于山西省偏关县万家寨镇老牛湾村东北1.4千米。骑墙而建，实心。黄土夯筑，夯层厚0.05～0.15米，内无夹杂物。

敌台保存较差。四壁有不同程度的坍塌，在底部形成斜坡，坡上长有杂草和灌木。敌台现高6.5米，底部边长7米，顶部东西长1.8、南北长2.5米。

闫王鼻子4号敌台（150124352101170241）：位于山西省偏关县万家寨镇老牛湾村东北1.3千米。骑墙而建，实心。黄土夯筑，夯层厚0.05～0.15米，内无夹杂物。

敌台保存较差。顶部不平，长有少量杂草；东壁表面受雨水冲刷有大量冲槽，东南角坍塌严重；南壁底部和西南角形成斜坡；西壁底部受雨水冲刷破坏严重；北壁底部冲刷严重，壁面上夯土大量脱落。敌台现高6米，底部东西长8、南北长9米，顶部东西长5、南北长6米。（彩图二九五）

闫王鼻子5号敌台（150124352101170242）：位于山西省偏关县万家寨镇老牛湾村东北0.4千米。骑墙而建，实心。黄土夯筑，夯层厚0.05～0.15米，内无夹杂物。

敌台保存较差。顶部不平，杂草较多；东壁中部坍塌，两侧有残存；西壁因雨水冲刷形成两条较大的冲沟；南、北壁坍塌成为斜坡。敌台现高8米，底部东西长9、南北长10米，顶部东西长3、南北长7米。

闫王鼻子6号敌台（150124352101170243）：位于山西省偏关县万家寨镇老牛湾村西北0.5千米。骑墙而建，实心。黄土夯筑，夯层厚0.15～0.2米，内无夹杂物。

敌台保存一般。四壁轻微坍塌，有风蚀的痕迹，壁表布满大小不一的坑窝，有多处夯土脱落，底部因风蚀而内凹。敌台现高7米，底部东西长9、南北长7米，顶部东西长7、南北长4.2米。

老牛湾长城（150124382105170059）

起自清水河县老牛湾堡东北0.5千米，止于清水河县老牛湾堡北0.1千米。上接闫王鼻子长城，是清水河县境内最后一段明长城墙体。呈东北－西南走向。长862米，保存较差。

老牛湾长城是一段以悬崖峭壁形成的山险，位于黄河支流南岸。因万家寨引水工程的水位上涨，将山险断崖部分淹没。现山险保存较差，断崖很陡峭，石质坚硬，高约20米。沿线经过的村庄有内蒙古自治区境内的旺雨梁村、老牛湾村和闫王鼻子村，山西省境内的马道嘴村、新庄窝村和老牛湾堡。附近已被开发成旅游景点。

（六）山西省忻州市偏关县

偏关县境内的明长城二边总长 2036 米，划分为 2 段，均为土墙，是附属墙体。墙体上有敌台 5 座、马面 2 座。（参见地图七）其分类长度统计如下表。（表一三）

表一三　山西省忻州市偏关县明长城二边墙体分类长度统计表　　　　（单位：米）

墙体类型 / 保存状况	土墙	石墙	砖墙	木障墙	山险墙	山险	河险	其他墙体	消失长城
较好	0	0	0	0	0	0	0	0	
一般	0	0	0	0	0	0	0	0	
较差	0	0	0	0	0	0	0	0	0
差	1917	0	0	0	0	0	0	0	
消失	119	0	0	0	0	0	0	0	
总计	2036	0	0	0	0	0	0	0	2036

北 ←

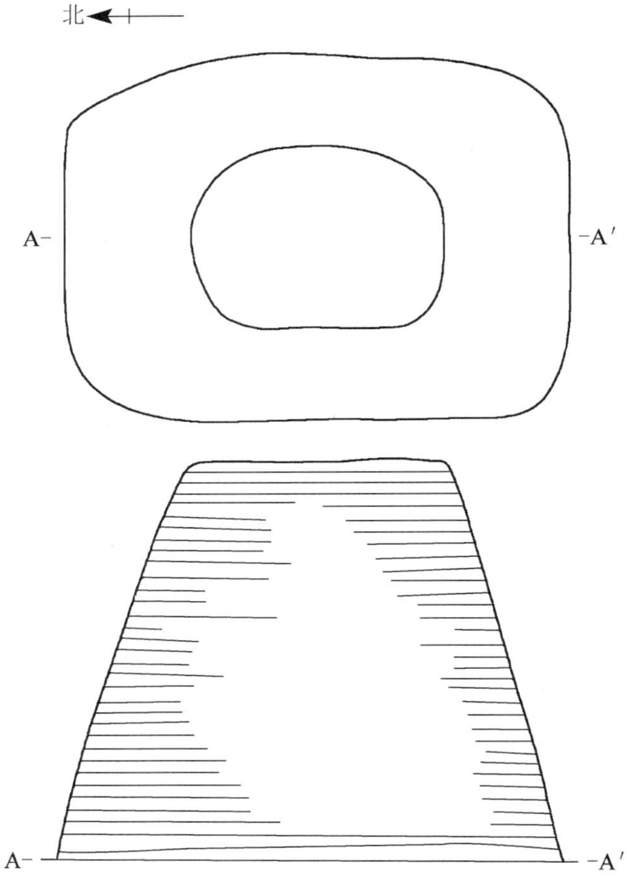

图七一　后海子 1 号敌台平、剖面图

后海子长城（140932382101170001）

起自偏关县水泉乡后海子村西北 0.8 千米，止于水泉乡后海子村西北 2.3 千米。位于内蒙古自治区清水河县头道沟长城南侧，是其附属墙体。起止点与头道沟长城相接。墙体大体呈东 - 西走向。长 888 米。其中保存差 769 米、消失 119 米，分别占此段墙体长度的 87% 和 13%。

墙体为自然基础，黄土夯筑，夯层厚 0.2~0.3 米，内无夹杂物。墙体破坏严重，坍塌较多，形成多个断口，整体呈土垄状。墙体现高 1~3、底宽 3~5、顶宽 0.5~1.5 米。（彩图二九六）

墙体周围地势崎岖陡峭，两侧沟谷纵横。墙体上有敌台 3 座、马面 1 座，即后海子 1~3 号敌台和后海子马面。

后海子 1 号敌台（140932352101170001）：位于偏关县水泉乡后海子村西北 0.7 千米。骑墙而建，实心。黄土夯筑，夯层厚 0.15~0.2 米，内无夹杂物。

敌台保存较差。顶部呈锥状，长有少量杂草；东壁成为斜坡；南壁呈多层台阶状，在底部形成斜坡；西壁表面有大量雨水冲痕和坑窝；北壁表面生长少量杂草，有少量坑窝和几道雨水冲沟。敌台现高 6.5 米，底部东西长 6、南北长 8 米，顶部东西长 3、南北长 4 米。（图七一）

后海子 2 号敌台（14093235210117 0002）：位于偏关县水泉乡后海子村西北 1.3 千米。骑墙而建，实心。黄土夯筑，夯层厚 0.15～0.2 米，内无夹杂物。

敌台保存较差。四壁受到不同程度的破坏，东、北壁保存较差。敌台现高 7 米，底部东西长 6、南北长 8 米，顶部边长 3 米。（彩图二九七）

后海子 3 号敌台（14093235210117 0003）：位于偏关县水泉乡后海子村西北 1.5 千米。骑墙而建，实心。黄土夯筑，夯层厚 0.15～0.2 米，内无夹杂物。

敌台保存较差。四壁受到不同程度的破坏，坍塌的夯土在底部形成斜坡，坡上长满杂草和灌木。敌台现高 6 米，底部东西长 7、南北长 6 米，顶部东西长 4、南北长 1.5 米。

窑沟子长城（14093238210117 0002）

起自偏关县水泉乡窑沟子村东 1.8 千米，止于水泉乡窑沟子村东 0.7 千米。位于内蒙古自治区清水河县关地嘴长城和杏树峁长城南侧，是其附属墙体。墙体大体呈东 - 西走向。长 1148 米，保存差。

墙体为自然基础，黄土夯筑，夯层厚 0.15～0.2 米，内无夹杂物。墙体破坏严重，坍塌较多，形成多个断口，整体呈土垄状。墙体现高 1～2.5、底宽 3～5、顶宽 0.5～1.5 米。（图七二；彩图二九八）

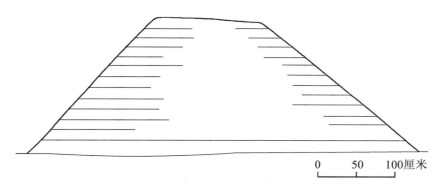

0　　50　　100厘米

图七二　窑沟子长城墙体剖面图

墙体周围植被较好，生长大量松树、柠条和沙棘等。墙体上有敌台 2 座、马面 1 座，即窑沟子 1、2 号敌台和窑沟子马面。

窑沟子 1 号敌台（140932352101170004）：位于偏关县水泉乡窑沟子村东 1.4 千米。骑墙而建，实心。黄土夯筑，夯层厚 0.15～0.2 米，内无夹杂物。

敌台保存较差。四壁受到不同程度的破坏，夯土坍塌，在底部形成斜坡，坡上长满杂草和灌木。敌台现高 7 米，底部东西长 7、南北长 8 米，顶部边长 5 米。

窑沟子 2 号敌台（140932352101170005）：位于偏关县水泉乡窑沟子村东 0.8 千米。骑墙而建，实心。黄土夯筑，夯层厚 0.15～0.2 米，内无夹杂物。

敌台保存较差。四壁受到不同程度的破坏，夯土坍塌，在底部形成斜坡，坡上长满杂草和灌木。敌台现高 6 米，底部东西长 8、南北长 6 米，顶部东西长 5、南北长 2 米。

（七）山西省朔州市平鲁区

平鲁区境内的明长城二边总长 4661 米，划分为 3 段，其中土墙 2 段、消失 1 段，为附属墙体，分别长 4291 米和 370 米，各占此段墙体总长的 92% 和 8%。墙体上有敌台 5 座、马面 6 座。（参见地图七）其分类长度统计如下表。（表一四）

表一四　　山西省朔州市平鲁区明长城二边墙体分类长度统计表　　　　　（单位：米）

墙体类型 保存状况	土墙	石墙	砖墙	木障墙	山险墙	山险	河险	其他墙体	消失长城
较好	0	0	0	0	0	0	0	0	370
一般	358	0	0	0	0	0	0	0	
较差	1695	0	0	0	0	0	0	0	
差	1836	0	0	0	0	0	0	0	
消失	402	0	0	0	0	0	0	0	
总计	4291	0	0	0	0	0	0	0	4661

八墩长城 1 段（140603382101170001）

起自平鲁区高石庄乡八墩村西北 0.45 千米，止于高石庄乡八墩村西南 0.7 千米。位于内蒙古自治区清水河县三里铺长城南侧，是其附属墙体。起点与头道沟长城相接，止点与同为附属墙体的八墩长城 2 段相连。大体呈东北 – 西南走向。长 1953 米。其中保存一般 70 米、较差 658 米、差 1065 米、消失 160 米，分别占此段墙体长度的 4%、29%、59% 和 8%。

墙体为自然基础，内部黄土夯筑，夯层厚 0.15 ~ 0.2 米，内无夹杂物；外包条石和青砖。墙体破坏严重，外包条石和青砖流失殆尽。坍塌的夯土在两侧形成斜坡，坡上长满杂草，散落明清时期的瓷片、陶片和建筑构件。墙体穿行地段多雨水冲沟，对墙体有破坏，造成数个断口。墙体现高 2 ~ 5、底宽 4 ~ 6、顶宽 1 ~ 2 米。（彩图二九九）

墙体周围植被较好，沿途经过的村庄有山西省境内的九洞村、大庙坡村等。墙体上有敌台 5 座、马面 2 座，即八墩 1 ~ 5 号敌台和八墩 1、2 号马面。

八墩 1 号敌台（140603352101170001）：位于平鲁区高石庄乡八墩村西北 0.7 千米。骑墙而建，实心。黄土夯筑，夯层厚 0.15 ~ 0.2 米，内无夹杂物。

敌台保存较差。四壁受到不同程度的破坏，坍塌的夯土在底部形成斜坡，坡上长满杂草和灌木。敌台现高 8 米，底部东西长 12、南北长 13 米，顶部东西 5 长、南北长 6 米。（彩图三〇〇）

八墩 2 号敌台（140603352101170002）：位于平鲁区高石庄乡八墩村西南 0.5 千米。骑墙而建，实心。黄土夯筑，夯层厚 0.15 ~ 0.2 米，内无夹杂物。

敌台保存较差。东壁紧邻河槽，受其影响，坍塌严重，基本消失；南、北、西壁由于坍塌、雨水冲刷呈锥状，长满杂草。敌台周围散落青砖、瓦片等建筑构件和明清瓷片。敌台现高 4 米，底部东西长 15、南北长 14 米，顶部东西长 1、南北长 0.5 米。

八墩 3 号敌台（140603352101170003）：位于平鲁区高石庄乡八墩村西南 0.8 千米。骑墙而建，实心。黄土夯筑，夯层厚 0.15 ~ 0.2 米，内无夹杂物。

敌台保存较差。坍塌严重，整体呈锥状，长满杂草。敌台现高 3、底部边长 5、顶部边长 1 米。

八墩 4 号敌台（140603352101170004）：位于平鲁区高石庄乡八墩村西 1 千米。骑墙而建，实心。黄土夯筑，夯层厚 0.15 ~ 0.2 米，内无夹杂物。

敌台保存较差。损毁严重，四壁不明显，底部形成大斜坡，上面长满杂草。敌台现高 3、底部边长 4、顶部边长 1 米。

八墩 5 号敌台（140603352101170005）：位于平鲁区高石庄乡八墩村西南 1.2 千米。骑墙而建，实心。黄土夯筑，夯层厚 0.15 ~ 0.2 米，内无夹杂物。

敌台保存较差。坍塌成锥状，长满杂草，四周散落少量青砖、瓦片等建筑构件。敌台现高 3 米，底部东西长 4、南北长 2 米，顶部尺寸无法测量。

八墩长城 2 段（140603382101170002）

起自平鲁区高石庄乡八墩村西南 0.7 千米，止于高石庄乡八墩村西南 1.9 千米。位于内蒙古自治区清水河县三里铺长城南侧，是其附属墙体。上接八墩长城 1 段，止点位于三里铺长城和二墩长城交接处。呈东北－西南走向。长 370 米，已消失。

此段墙体离村庄较近，人类活动影响较大，人为破坏是造成其消失的主要原因，墙体穿行地段是农田。

九洞长城（140603382101170003）

起自平鲁区高石庄乡九洞村西北 0.45 千米，止于高石庄乡九洞村西南 2 千米。位于内蒙古自治区清水河县十七坡长城东侧，是其附属墙体。起点与十七坡长城相接，止点与清水河县小岔子长城相连。大体呈东北－西南走向。长 2338 米，其中保存一般 288 米、较差 1037 米、差 771 米、消失 242 米，分别占此段墙体长度的 12%、44%、33% 和 11%。

墙体为自然基础，黄土夯筑，夯层厚 0.15～0.2 米，内无夹杂物。墙体破坏严重，坍塌较多，顶部呈尖状，在两侧形成斜坡，坡上长满杂草，散落有陶片、瓷片和建筑构件等。墙体穿行地段多雨水冲沟，对墙体有破坏，造成数个断口。墙体沿线个别村庄如八墩村、九洞村等距墙体很近，耕地对墙体有破坏。墙体现高 2～5、底宽 4～6、顶宽 1～2 米。

墙体周围植被较好，不见敌台，有马面 4 座，即九洞 1～4 号马面。

三　附属设施

（一）乌兰察布市丰镇市

丰镇市境内有烽火台 15 座，无关堡。（参见地图八）

忻堡 1 号烽火台（150981353201170045）

位于丰镇市黑土台镇忻堡村东南 1.5 千米。实心。黄褐土夯筑，夯层厚 0.1～0.2 米，内夹有砂石粒。

烽火台保存一般。无台基。平面呈矩形，剖面呈梯形，整体形状不规则。因雨水冲刷呈台阶状，大部分坍塌内凹，有人为挖掘的深洞，底部堆积大量黄土。由于该地西北风盛行，东南面积土较少。烽火台现高 6～7 米；底部边长 8.2 米；顶部残破，形状不规则，现存最好的南侧长 2.5 米。

烽火台在长城墙体南侧，西北距忻堡 2 号烽火台 1.2 千米。从忻堡 1 号烽火台开始的丰镇市境内的烽火台，均分布于前面所介绍的丰镇市境内明长城二边支线，即丰镇民间所谓的三道边旁侧。

忻堡 2 号烽火台（150981353201170046）

位于丰镇市黑土台镇忻堡村东北 0.5 千米。实心。灰褐土夯筑，夯层厚 0.1～0.2 米，夹有砂石粒。

烽火台保存较差。无台基。平面呈不规则形，剖面呈梯形，整体呈不规则形。大部分坍塌内凹，顶部呈不规则锥状，底部堆积大量黄土。由于该地区西北风盛行，东南面积土较少。烽火台现高 4 米，底部周长 25.9 米。底部南侧有人为挖掘的窑洞，现高 0.7、宽 1.2、进深 0.8 米。

烽火台位于长城墙体南侧，东南距忻堡 1 号烽火台 1.2 千米，西南距忻堡 3 号烽火台 0.9 千米。

忻堡 3 号烽火台（1509813532011700047）

位于丰镇市黑土台镇忻堡村西 0.45 千米。实心。灰褐土夯筑，夯层清晰，厚 0.1～0.2 米，内夹砂石粒。

烽火台保存一般。无台基。平面形状不规则，剖面呈梯形，整体呈不规则形。顶部呈不规则锥状，底部堆积大量黄土。由于该地区西北风盛行，东南面积土较少。烽火台现高 6、底部边长 8 米。

烽火台位于长城墙体南侧，东北距忻堡 2 号烽火台 0.9 千米，西南距忻堡 4 号烽火台 0.6 千米。

忻堡 4 号烽火台（1509813532011700048）

位于丰镇市黑土台镇忻堡村西南 0.95 千米。实心。灰褐土夯筑，夯层厚 0.1～0.2 米，夹有砂石粒。

烽火台保存一般。无台基。平面呈不规则形，剖面呈梯形，整体呈不规则方体。大部分坍塌内凹，底部堆积大量黄土。由于该地区西北风盛行，东南面积土较少。烽火台现高 4 米；底部西北壁保存较好，长 7 米；顶部形状不规则，西、北壁长分别为 2、1.6 米。

烽火台在长城墙体南侧，东北距忻堡 3 号烽火台 0.6 千米，西南距忻堡 5 号烽火台 0.6 千米。

忻堡 5 号烽火台（1509813532011700049）

位于丰镇市黑土台镇忻堡村西南 1.5 千米。实心。灰褐土夯筑，夯层厚 0.1～0.2 米，内夹砂石粒。

烽火台保存较差。无台基。平面呈不规则形，剖面呈梯形，整体呈不规则形。大部分坍塌内凹，底部堆积大量黄土。由于该地区西北风盛行，东南面积土较少。烽火台现高 4 米，底部西北、西南、东南、东北边长依次为 6、5.5、5、3 米，顶部数据无法采集。

烽火台位于长城墙体南侧，东北距忻堡 4 号烽火台 0.6 千米。

忻堡 6 号烽火台（1509813532011700050）

位于丰镇市黑土台镇忻堡村西南 2.4 千米。实心。灰褐土夯筑，夯层厚 0.1～0.2 米，夹有砂石粒。

烽火台保存较好。无台基。平面呈矩形，剖面呈梯形，整体为上下小大的台体。台体上部损毁严重，顶部残损近似球面，长满杂草，四壁有夯土脱落现象。北壁下方有人为挖掘的土坑，宽 2、高 1.3、进深 1 米。烽火台现高 8、底部边长 11 米。（彩图三〇一）

烽火台位于长城墙体南侧，北临忻堡长城 2 段。东北距忻堡 5 号烽火台 0.9 千米，西南距黑土台烽火台 0.9 千米。

黑土台烽火台（1509813532011700051）

位于丰镇市黑土台镇黑土台村东北 1.1 千米。实心。灰褐土构筑，台体表面覆盖厚厚的浮土，具体构筑方式不详。

烽火台保存较好。无台基。平面呈不规则形，剖面呈梯形，整体呈大土丘状。烽火台现高 3、底部周长 40.6 米。

烽火台位于长城墙体南侧，北临忻堡长城 2 段。东北距忻堡 6 号烽火台 0.9 千米。

常山窑二号村 1 号烽火台（1509813532011700052）

位于丰镇市黑土台镇常山窑二号村东南 1.2 千米。实心。灰褐土夯筑，夯层厚 0.15～0.2 米，夹有砂石粒。

烽火台保存差。无台基。平面呈不规则形，剖面呈梯形，整体呈大土丘状。台体大部分被浮土掩埋，顶部局部可见夯筑痕迹。烽火台现高 3、底部周长 39 米。

烽火台位于长城墙体南侧，北临常山窑二号村长城 2 段。西南距常山窑二号村 2 号烽火台 0.16 千米。

常山窑二号村 2 号烽火台（150981353201170053）

位于丰镇市黑土台镇常山窑二号村东南 1.2 千米。实心，褐色土堆筑。

烽火台保存一般。由台基和台墩两部分组成。台基平面呈正方形，剖面呈梯形，现高 1.5、边长 40 米。台墩平面呈矩形，剖面呈梯形，整体呈大土丘状，长满杂草，有一条人为踩踏的小道。台墩现高 4、底部周长 62 米。

烽火台位于长城墙体南侧，北临常山窑二号村长城 2 段。东北距常山窑二号村 1 号烽火台 0.16 米。

山西村烽火台（150981353201170054）

位于丰镇市黑土台镇山西村东北 0.45 千米。实心。黄褐土夯筑，夯层厚 0.1～0.2 米，夹有砂石粒。

烽火台保存较差。无台基。平面呈近圆形，剖面呈梯形，整体呈圆锥状。南部自上而下坍塌内凹，内部夯层清晰可辨。烽火台现高 8、底部周长 57 米。

烽火台位于长城墙体南侧，北距山西村长城 1 段 0.5 千米。

缸房窑 1 号烽火台（150981353201170055）

位于丰镇市黑土台镇缸房窑村东北 1.1 千米。实心，灰褐土堆筑。

烽火台保存一般。由台基和台墩两部分组成。台基平面呈正方形，现高 1.5、边长 40 米。台墩平面呈矩形，剖面呈梯形，整体呈圆形土丘状，外部覆盖有浮土。台墩现高 3、底部周长 60 米。

烽火台位于长城墙体南侧，北距山西村长城 2 段 0.6 千米。

缸房窑 2 号烽火台（150981353201170056）

位于丰镇市黑土台镇缸房窑村西南 0.6 千米。实心。黄褐土夯筑，夯层厚 0.1～0.2 米，夹有砂石粒。

烽火台保存一般。无台基。平面呈矩形，剖面呈梯形。台体顶部损毁，长满杂草；四壁有夯土脱落现象，东壁较严重，东南角有踩踏形成的小道；西壁保存稍好，夯层清晰可辨。烽火台现高 8 米，底部边长 16 米；顶部不规则，边长 4～6 米。

烽火台位于长城墙体南侧，北临缸房窑长城 1 段。

缸房窑 3 号烽火台（150981353201170057）

位于丰镇市黑土台镇缸房窑村西南 0.9 千米。实心，灰褐土堆筑。

烽火台保存一般。由台基和台墩两部分组成。台基平面呈正方形，现高 1.5、边长 40 米。台墩平面呈近圆形，剖面呈梯形，整体呈圆形土丘状，东北侧有一个人为的大土坑。台墩现高 3、底部周长 60 米。

烽火台位于长城墙体南侧，北临缸房窑长城 1 段。东北距缸房窑 2 号烽火台 0.35 千米。

榆柏沟 1 号烽火台（150981353201170058）

位于丰镇市官屯堡乡榆柏沟村西南 0.35 千米。实心。黄褐土夯筑，夯层厚 0.1～0.15 米。

烽火台保存一般。由台基和台墩两部分组成。台基平面呈正方形，现高 1.5、边长 16 米。台墩平面呈近圆形，剖面呈梯形，整体呈不规则的土丘状。台墩四壁多已坍塌，内部夯筑痕迹暴露，夯层清晰可辨，上面长满青草。台墩现高 2、底部边长 8、顶部边长 5 米。

烽火台位于长城墙体南侧，北距榆柏沟长城 0.5 千米。

榆柏沟 2 号烽火台（150981353201170059）

位于丰镇市官屯堡乡榆柏沟村西南 0.9 千米。实心，灰褐土堆筑。

烽火台保存一般。无台基。平面呈近圆形，剖面呈梯形，整体呈圆形土丘状，长满青草。烽火台现高 4、底部周长 70 米。

烽火台位于长城墙体南侧，北距榆柏沟长城 0.03 千米。

（二）乌兰察布市凉城县

凉城县境内有烽火台 2 座，无关堡。（参见地图八－2）

三墩湾烽火台（150925352201040116）

位于凉城县曹碾满族乡三墩湾村西南 0.5 千米。此烽火台为汉代所建，明代修复沿用。实心。黄土夯筑，夯层厚 0.25 米。

烽火台保存较差。平面呈矩形，剖面呈梯形。四壁有不同程度的塌陷，南壁稍好，其余损毁严重，台体上长有少量杂草。烽火台现高 2 米，底部边长 5 米，顶部东西长 2.5、南北长 2.2 米。（图七三）

烽火台位于长城墙体北侧，南距三墩湾长城 0.2 千米。

杀虎口 2 号烽火台（150925352201170117）

位于山西省右玉县杀虎口古城堡东北 2 千米凉城县境内。实心。由台墩和围墙组成，黄土夯筑，夯层厚 0.2～0.3 米。

烽火台建在一个较高的平台上，平面呈矩形，剖面呈梯形，整体呈二层台式，顶部沿边残存女墙痕迹。台墩通高 7.5 米，上层台面边长 7 米，二层台面边长 21 米，两层台面上杂草丛生。台墩底部周围有一圈现代备战备荒时挖掘的壕沟，深 1.5～3、宽 3.5 米。（彩图三〇二）

壕沟外有内外两圈围墙，平面均呈正方形。内侧围墙边长 42、高 6～7、底宽 3～5、顶宽 0.5～1 米，夯层明显，外部坍塌成斜坡状。外侧围墙边长 60、高 0.5～3 米，底宽不详，顶宽 0.5～1 米。内、外围墙相距 10 米，中间杂草丛生，散落少量建筑构件。（彩图三〇三）

烽火台位于长城墙体北侧，南距杀虎口长城 0.57 千米。

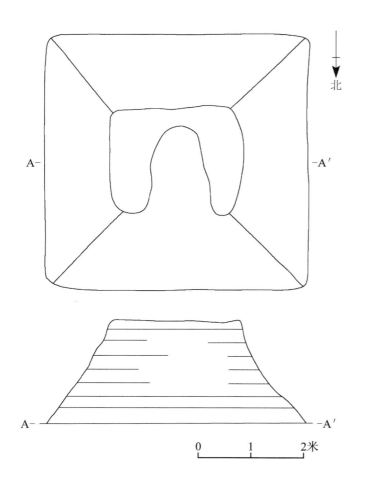

图七三　三墩湾烽火台平、剖面图

（三）山西省朔州市右玉县

右玉县境内有烽火台51座、堡5座。（参见地图八-2）

大坡烽火台（140623353201170013）

位于右玉县李达窑乡十五沟村东北0.5千米。实心。黄土夯筑，夯层厚0.15~0.2米。由台基、台墩、围墙三部分组成。

烽火台保存较好。台基平面呈正方形，现高3米。台墩平面呈近圆形，剖面呈梯形，顶部轻微残损。四壁有小部分夯土脱落，西壁有几处小坑窝。台墩现高9、底部直径11.5、顶部直径4米。烽火台外围有一圈围墙，平面呈不规则长方形，仅残存墙基。（彩图三〇四）

十五沟烽火台（140623353201170014）

位于右玉县李达窑乡大坡村东0.2千米。实心。黄土夯筑，夯层厚0.15~0.2米。有围墙。

烽火台保存较好。平面呈近圆形，剖面呈梯形，整体呈圆锥状。四壁有小部分夯土脱落和数个小坑窝。烽火台现高10、底部直径11、顶部直径4米。烽火台外围有一圈围墙，平面呈不规则长方形，仅残存墙基。

杀虎口1号烽火台（140623353201170015）

位于右玉县杀虎口古城堡东北1.5千米。实心。黄土夯筑，夯层厚0.15~0.2米，夯层较疏松，内含少量砖石和汉代陶片。

烽火台建在20米见方的台地上。保存一般。平面呈近圆形，剖面呈矩形。盗掘严重，南壁被挖一个宽3、进深8米的槽沟，沟内散落少量建筑构建；东壁上有一个盗洞，洞内有少量的砖石和汉代陶片。烽火台现高5米，底部东西长9、南北长10米。

烽火台位于长城墙体北侧，南临杀虎口长城。

杀虎口3号烽火台（140623353201170016）

位于右玉县杀虎口乡杀虎口村北0.03千米。实心。黄土夯筑，夯层厚0.15~0.2米。

烽火台保存较差。平面呈正方形，剖面呈梯形。西壁偏南局部塌毁，底部有一个人为洞穴，宽1.5、高1.5、进深4.5米；南壁有坍塌，底部有机械取土的痕迹；东壁中部偏北坍塌；北壁中部向内塌陷2米。

烽火台位于长城墙体北侧，南距杀虎口长城0.03千米。

杀虎口4号烽火台（140623353201170017）

位于右玉县杀虎口古城堡南0.5千米。实心。黄土夯筑，夯层厚0.15~0.2米。由台基和台墩两部分组成。

烽火台保存较好。台基平面呈矩形，现高4米。台墩平面呈矩形，剖面呈梯形，保存尚好。台墩顶部较平，四壁稍有破坏，有少许洞孔。台墩现高4.6米，底部东西长7.8、南北长8米，顶部东西长6、南北长5米。

烽火台位于长城墙体南侧，西北0.57千米为杀虎堡。

杀虎口5号烽火台（140623353201170018）

位于右玉县杀虎口古城堡西南0.3千米。实心。黄土夯筑，夯层厚0.15~0.2米。

烽火台保存一般。平面呈正方形，剖面呈梯形。顶部坍塌，形成一倒三角形豁口；四壁有损毁，凹凸不平，多风蚀及人为破坏产生的孔洞；南壁塌毁，形成斜坡。烽火台现高6、底部边长6.5米。

烽火台位于长城墙体南侧，北0.45千米为杀虎堡。（彩图三〇五）

庄窝烽火台（140623353201170019）

位于内蒙古自治区凉城县曹碾满族乡三墩湾村东南0.78千米右玉县境内。根据烽火台的形制及夯层中夹杂的瓦片、陶瓷碎片推断，此烽火台为汉代所建，明代沿用。实心。内部黄土夯筑，夯层厚0.15～0.2米，夹有少量碎石粒和汉代陶、瓦碎片；外部包砌石片，现大多脱落流失。

烽火台建在较高的山顶上，保存较差。平面呈矩形，剖面呈梯形。破坏严重，东、西壁塌毁。烽火台现高4.5米，底部东西长10、南北长8米，顶部南北长2.7米。

烽火台位于长城墙体南侧，北距三墩湾长城0.1千米。

冯家沟1号烽火台（140623353201170020）

位于右玉县李达窑乡庄窝村北0.9千米。根据烽火台的形制及周边散落的瓦片、陶瓷碎片推断，此烽火台为汉代所建，明代沿用。实心。内部黄土夯筑，土质较细，夯层厚0.15～0.2米，夹有少量碎石粒；外部包砌石片，现大多脱落流失。

烽火台保存较差。平面呈矩形，剖面呈梯形。破坏严重，四壁残损，仅余中心部分。底部周围石块散落，应是坍塌脱落的外包石。烽火台现高5米，底部东西长11、南北长7米，腰部边长4.5米，顶部边长1.5米。

烽火台位于长城墙体南侧，北距三墩湾长城0.03千米。

冯家沟2号烽火台（140623353201170021）

位于内蒙古自治区凉城县曹碾满族乡芦草沟村南0.4千米。根据烽火台的形制及内部夹杂的少量汉代瓦片推断，此烽火台为汉代所建，明代沿用。实心。黄土夯筑，土质较细，夯层厚0.15～0.2米，夹有少量汉代瓦片。

烽火台保存较差。平面呈矩形，剖面呈梯形。四壁坍塌。烽火台现高7米，底部东西长16.5、南北长12.5米，顶部东西长2、南北长3米。

烽火台位于长城墙体南侧，北临冯家沟长城。

芦草沟1号烽火台（140623353201170022）

位于内蒙古自治区凉城县曹碾满族乡芦草沟村西0.55千米。实心。黄土夯筑，土质较细，夯层厚0.1～0.15米。

烽火台保存一般。平面呈正方形，剖面呈梯形。部分塌毁，东、北壁保存相对较好，夯层清晰，西、南壁坍塌较为严重。紧邻烽火台西、南壁有农田，是破坏烽火台的主要原因。烽火台现高8.5米，底部边长9米，顶部东西长4.2、南北长1米。（图七四）

烽火台位于长城墙体南侧，北临芦草沟长城。

芦草沟2号烽火台（140623353201170023）

位于内蒙古自治区凉城县曹碾满族乡芦草沟村西1.1千米。实心。黄土夯筑，土质较细，夯层厚0.1～0.15米。

烽火台保存较差。平面呈近圆形，剖面呈梯形。破坏严重，四壁严重坍塌，仅残存有中心部分。烽火台现高2.5、直径4米。

烽火台位于长城墙体南侧，北临芦草沟长城。

芦草沟3号烽火台（140623353201170024）

位于内蒙古自治区凉城县曹碾满族乡十三沟村东南0.4千米。实心。黄土夯筑，土质较细，夯层厚0.1～0.15米，内含有少量汉代的瓦片及陶片。

烽火台保存较差。平面呈近圆形，剖面呈矩形，整体呈椭圆形的锥状。四壁有多处坑窝和风蚀形成的台阶，部分塌陷。烽火台现高 4 米，底部东西长 4、南北长 5 米。（彩图三〇六）

烽火台位于长城墙体南侧，北临芦草沟长城。

芦草沟 4 号烽火台（140623353201170025）

位于内蒙古自治区凉城县曹碾满族乡十三沟村西南 0.1 千米。实心。黄土夯筑，土质较细，夯层厚 0.15~0.2 米。

烽火台保存一般。平面呈矩形，剖面呈梯形。四壁有多处坑窝和风蚀形成的台阶。南、西壁保存稍好；东、北壁较差，出现倒塌，形成斜坡。烽火台现高 7 米，底部东西长 6.5、南北长 8.5 米，顶部边长 3 米。

烽火台位于长城墙体南侧，北临芦草沟长城。

二三墩 1 号烽火台（140623353201170026）

位于内蒙古自治区凉城县曹碾满族乡十七沟村东南约 0.4 千米。实心。黄土夯筑，土质较细，夯层厚 0.2~0.25 米。

烽火台保存一般。平面呈正方形，剖面呈梯形。四壁破坏严重，壁面上形成多个坑窝及台阶状的雨水冲刷痕，顶部东南角已塌毁，形成斜坡。烽火台现高 13 米，底部边长 13 米，顶部东西长 6、南北长 5 米。（彩图三〇七）

烽火台位于长城墙体南侧，北临二三墩长城。

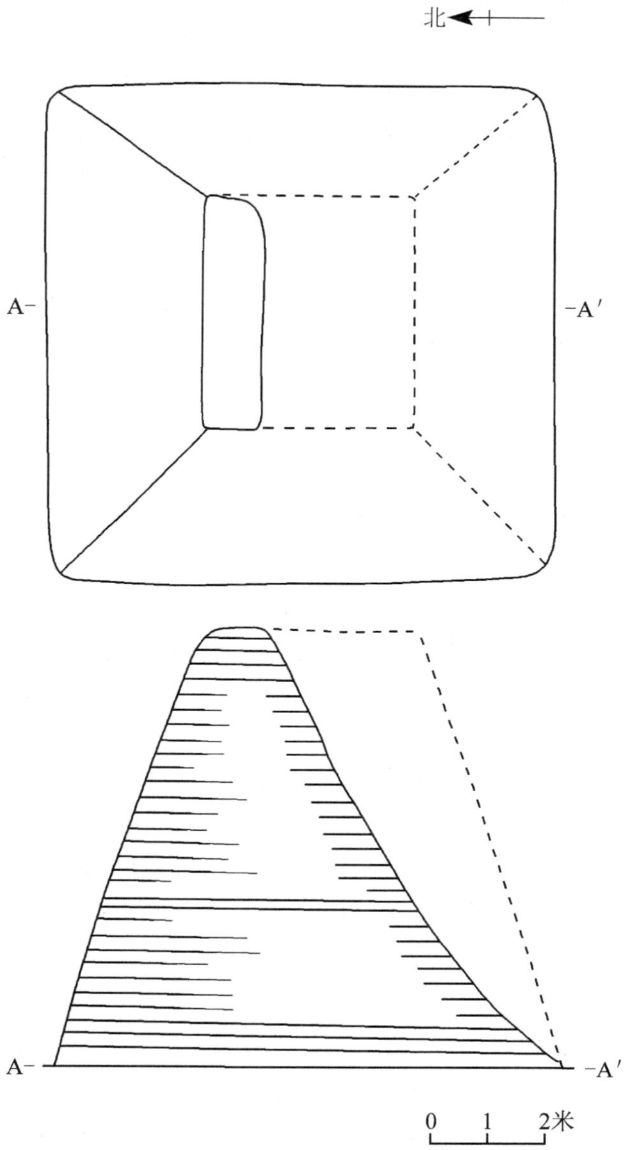

图七四　芦草沟 1 号烽火台平、剖面图

二三墩 2 号烽火台（140623353201170027）

位于内蒙古自治区凉城县曹碾满族乡十七沟村东南 0.4 千米。实心。黄土夯筑，土质较细，夯层厚 0.15~0.2 米。

烽火台保存一般。平面呈矩形，剖面呈梯形。顶部凹凸不平，中部有破坏；东、西壁塌毁；南、北壁保存尚好。烽火台周围有农田，对台体底部造成破坏。烽火台现高 8 米，底部东西长 9、南北长 8 米，顶部东西长 2.5、南北长 1.5 米。

烽火台位于长城墙体南侧，北临二三墩长城。

二三墩 3 号烽火台（140623353201170028）

位于内蒙古自治区凉城县曹碾满族乡二三墩湾村西 0.3 千米。实心。黄土夯筑，土质较细，夯层厚 0.2~0.25 米。

烽火台保存较差。平面呈矩形，剖面呈梯形。四壁塌陷严重，附近散落有大量明代瓷片。烽火台现高 6 米，底部东西长 4、南北长 6 米，顶部东西长 1、南北长 3 米。

烽火台位于长城墙体南侧，北临二三墩长城。

七墩窑 1 号烽火台（140623353201170029）

位于内蒙古自治区凉城县厂汉营乡二三墩湾村西 1 千米。实心。黄土夯筑，夯层厚 0.2 ~ 0.25 米。

烽火台保存一般。平面呈近圆形，剖面呈梯形。自然因素破坏较为严重，未发现人为因素破坏痕迹。台体上长满杂草。烽火台现高 8 米，底部东西长 12、南北长 13 米，顶部东西长 1、南北长 3 米。

烽火台位于长城墙体南侧，北距七墩窑长城 0.04 千米。

七墩窑 2 号烽火台（140623353201170030）

位于内蒙古自治区凉城县厂汉营乡二三墩村西北 1.7 千米。实心。黄土夯筑，夯层厚 0.2 ~ 0.25 米。

烽火台保存较差。平面呈矩形，剖面呈梯形。顶部平整，长满杂草；四壁有不同程度的塌陷，未发现人为破坏因素。烽火台现高 5.5 米，底部东西长 6、南北长 5 米，顶部东西长 3、南北长 2.5 米。

烽火台位于长城墙体南侧，北临七墩窑长城。

头墩 1 号烽火台（140623353201170031）

位于内蒙古自治区凉城县曹碾满族乡七墩窑村南 0.4 千米。根据烽火台夯层中包含的汉代陶片及附近散落的明代陶瓷片判断，此烽火台为汉代所建，明代增修沿用。实心。黄土夯筑，夯层厚 0.15 ~ 0.2 米，夯层中夹杂少量汉代陶片。

烽火台保存较差。平面呈矩形，剖面呈梯形。东、北壁坍塌较多，四角塌毁。烽火台现高 7 米，底部东西长 8、南北长 12 米，顶部东西长 2、南北长 3 米。

烽火台位于长城墙体南侧，北临头墩长城。

头墩 2 号烽火台（140623353201170032）

位于内蒙古自治区凉城县曹碾满族乡七墩窑村西南 0.9 千米。实心。黄土夯筑，夯层厚 0.15 ~ 0.2 米。由台基和台墩两部分组成。

烽火台保存较好。台基平面呈正方形，保存完整，现高 1.5、边长 30 米，上面散落少量砖瓦等明代建筑构件。台墩平面呈矩形，剖面呈梯形。台墩顶部凹凸不平，长满杂草；四壁有残损，西壁长有一棵杏树。台墩现高 7 米，底部东西长 8、南北长 5 米，顶部东西长 6、南北长 3 米。（彩图三〇八）

烽火台位于长城墙体东侧，西距头墩长城 0.03 千米。

头墩 3 号烽火台（140623353201170033）

位于右玉县李达窑乡韩家窑村南 1.2 千米。实心。黄土夯筑，夯层厚 0.2 ~ 0.25 米。

烽火台保存一般。平面呈近圆形，剖面呈梯形。顶部凹凸不平，长满杂草；四壁坍塌成斜坡，呈台阶状，北壁稍好。烽火台现高 7 米，底部东西长 5、南北长 4.5 米，顶部边长 2.5 米。

烽火台位于长城墙体东南，西北与头墩长城相邻。

头墩 4 号烽火台（140623353201170034）

位于右玉县李达窑乡头墩村南 0.4 千米。实心。黄土夯筑，夯层厚 0.15 ~ 0.2 米，夯筑坚硬，内无夹杂物。

烽火台保存较差。平面呈近圆形，剖面呈梯形。壁面坑洼不平，有风蚀形成的坑窝和台阶状风蚀痕。夯土坍塌，在底部形成斜坡。烽火台现高 6 米，底部东西长 12、南北长 9 米，顶部东西长 2、南北长 1 米。

烽火台位于长城墙体南侧，北与头墩长城相邻。

庙沟烽火台（140623353201170035）

位于内蒙古自治区凉城县六苏木镇庙沟村西 0.38 千米。实心。黄土夯筑，夯层厚 0.2 ~ 0.25 米，内无夹杂物。

烽火台保存一般。平面呈正方形，剖面呈梯形。顶部凹凸不平；东、北壁破坏严重；南壁底部有两个人为洞穴，洞口较小，现高 0.5、宽 0.8 米。台体上长满杂草。烽火台现高 8 米，底部边长 10 米，顶部东西长 3、南北长 4 米。（图七五）

烽火台位于长城墙体南侧，北与庙沟长城相邻。

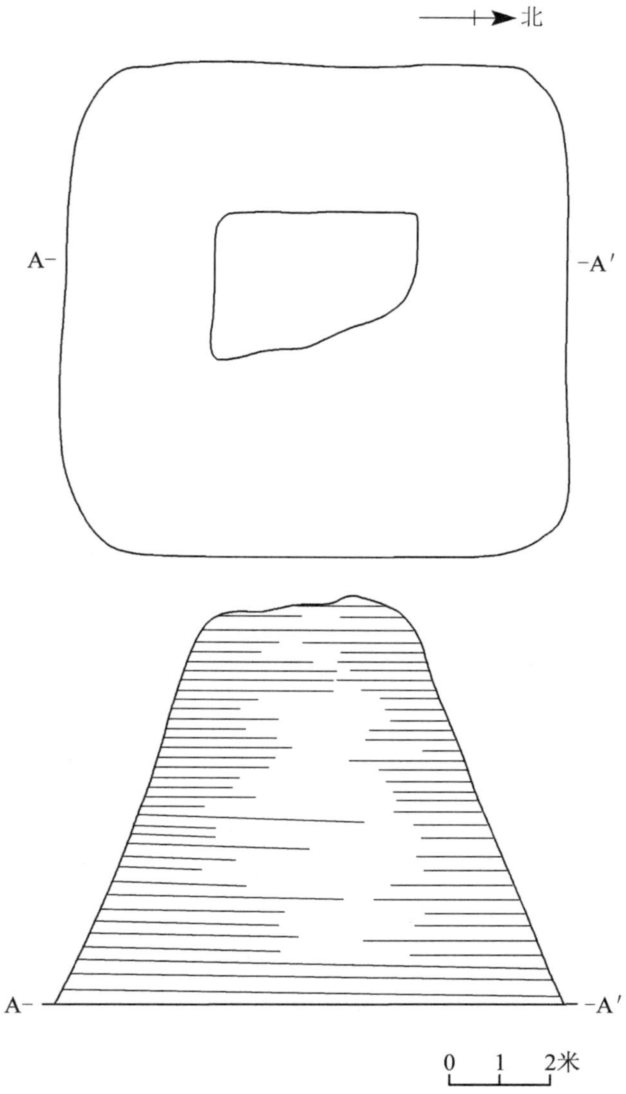

八墩窑烽火台（140623353201170036）

位于内蒙古自治区凉城县六苏木镇八墩村西南 2 千米。实心。黄土夯筑，夯层厚 0.15 ~ 0.2 米，内无夹杂物。

烽火台保存较差。平面呈近圆形，剖面呈梯形。顶部呈三角状，坑洼不平；四壁长有杂草和少量沙棘。东南角坍塌，顶部裸露出少量砖瓦；北壁局部坍塌；西壁底部中间塌毁，内凹。烽火台现高 8 米，底部东西长 10.5、南北长 8.5 米，顶部东西长 4、南北长 2.5 米。

烽火台位于长城墙体南侧，北与八墩窑长城相邻。

马场沟烽火台（140623353201170037）

位于内蒙古自治区凉城县六苏木镇张王沟村西南 2.2 千米。实心。黄土夯筑，夯层厚 0.15 ~ 0.2 米，内无夹杂物。由台基和台墩两部分组成。

图七五　庙沟烽火台平、剖面图

烽火台保存一般。台基平面呈正方形，高 3 米，有残损。台墩位于台基顶部中央，平面呈矩形，剖面呈梯形。台墩四壁有破损，北壁大多塌毁；西壁有一处裂痕并有多个大小不一的坑窝；南壁相对较好，残留八级台阶，阶高 0.3、宽 0.45 米，应是登台通道，西南、东南角呈弧形。台墩现高 6.5 米，底部边长 7 米，顶部东西长 1、南北长 1.5 米。

烽火台位于长城墙体西侧，东与马场沟长城相邻。

八台沟烽火台（140623353201170038）

位于内蒙古自治区凉城县六苏木镇十二沟村东 1.6 千米。实心。黄土夯筑，夯层厚 0.15 ~ 0.2 米，内无夹杂物。

烽火台保存一般。平面呈矩形，剖面呈梯形。四壁有残损。烽火台现高 9 米，底部东西长 10、南

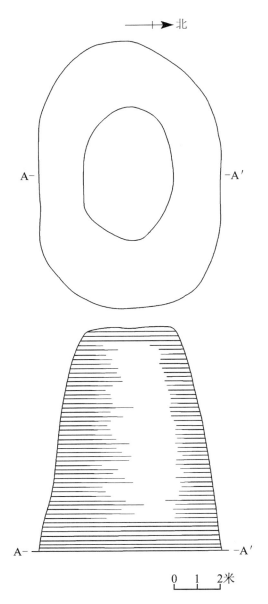

图七六　十二沟烽火台平、剖面图

北长 13 米，顶部东西长 4、南北长 2 米。烽火台外围有围墙，平面呈不规则长方形，大部分坍塌；北墙长 45、高 0.5 米；西墙长 38、高 3.5、底宽 2、顶宽 0.5~1 米；南墙长 47 米，残存较少，中部有人为破坏形成的豁口，宽 4 米；东墙长 40 米，现存最高 2 米。围墙距烽火台 10 米，其间被开垦成农田。

烽火台位于长城墙体南侧，北与八台沟长城相邻。

十二沟烽火台（140623353201170039）

位于内蒙古自治区凉城县六苏木镇十二沟村东 0.29 千米。实心。黄土夯筑，夯层厚 0.15~0.2 米，内无夹杂物。

烽火台保存较好。平面略呈椭圆形，剖面呈梯形。东壁中部有坍塌，在底部形成斜坡；南壁偏东及东南角大部分塌毁，偏西有一处较大的坑窝。烽火台现高 10 米，底部东西长 12、南北长 8 米，顶部东西长 6、南北长 4 米。（图七六）

烽火台位于长城墙体西侧，东与十二沟长城相邻。

二十三村烽火台（140623353201170040）

位于右玉县杀虎口古城堡西 2.5 千米。实心。黄土夯筑，夯层厚 0.15~0.2 米，内无夹杂物。

烽火台建在一个较高的平台之上。保存一般。平面略呈圆形，剖面呈梯形。四壁坍塌严重，通顶形成斜坡，坡上有风蚀形成的阶梯和大量坑窝。烽火台现高 4 米，底部东西长 7.5、南北长 8 米，顶部东西长 2、南北长 3 米。（图七七）

烽火台位于长城墙体南侧，北与二十三村长城相邻。

海子湾 1 号烽火台（140623353201170041）

位于右玉县杀虎口乡海子湾村西 1.5 千米。实心。黄土夯筑，夯层厚 0.15~0.2 米，内无夹杂物。

烽火台保存较差。平面呈矩形，剖面呈梯形。四壁坍塌严重，通顶形成斜坡，坡上长满杂草。紧邻烽火台分布农田，对烽火台造成破坏。烽火台现高 3 米，底部东西长 5、南北长 4 米，顶部东西长 1、南北长 0.5 米。

烽火台位于长城墙体南侧，北与海子湾长城相邻。

海子湾 2 号烽火台（140623353201170042）

位于右玉县杀虎口乡海子湾村西 1.35 千米。实心。黄土夯筑，夯层厚 0.15~0.2 米。由台基和台墩两部分组成。

烽火台保存较差。台基平面呈正方形，高 1.5 米。台墩平面呈矩形，剖面呈梯形。台墩四壁坍塌严重，东壁保存稍好，其他三壁损毁，底部有一处凹陷。台墩上长满杂草，长有一棵榆树。台墩现高 4 米，底部东西长 5、南北长 4 米，顶部东西长 1.5、南北长 1 米。

烽火台位于长城墙体东侧，西与海子湾长城相邻。

海子湾3号烽火台（140623353201170043）

位于右玉县右卫镇北辛窑村北0.8千米。实心。黄土夯筑，夯层厚0.15～0.2米。

烽火台保存较差。平面呈矩形，剖面呈梯形。四壁严重塌毁，西壁稍好，其余三壁基本无存，通顶形成斜坡，坡上长满杂草。烽火台现高5米，底部东西长5、南北长3米，顶部边长1米。

烽火台位于长城墙体东侧，西与海子湾长城相邻。

北辛窑1号烽火台（140623353201170044）

位于右玉县右卫镇北辛窑村北0.8千米。建在一个较高的台地上。实心。黄土夯筑，夯层厚0.15～0.2米，有围墙。

烽火台保存一般。平面呈矩形，剖面呈梯形。顶部西高东低，长满杂草，东北角被雨水冲刷出一个大坑，四壁底部形成高2～3米的斜坡；东壁中部竖直坍塌，宽2.5米；南壁中部有一个宽4.5米的坍塌面，坍塌的夯土在底部形成斜坡，坡上有一人为洞穴，宽2.5、进深4.2米；西壁和北壁底部各有一个人为洞穴，西壁洞穴宽、高、进深1米，

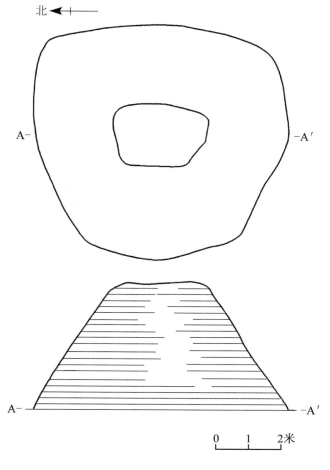

图七七　二十三村烽火台平、剖面图

北壁洞穴宽1、高1.2、进深2米。烽火台现高8.5米，底部东西长11、南北长12米，顶部东西长2.5、南北长2米。（彩图三〇九）

烽火台外围有围墙，较高，平面呈矩形，东西长60、南北长70米，有四角台。设南门，宽3米。门外有挡门墙。东墙和北墙保存较好，现高3～3.5米；西墙和南墙保存较差，现高0.5～1.2、底宽1.5、顶宽0.5～1米。（图七八）

烽火台位于长城墙体东南，西北与北辛窑长城相邻。

北辛窑2号烽火台（14062335320 1170045）

位于右玉县右卫镇二分关村北0.5千米。实心。黄土夯筑，夯层厚0.15～0.2米，夹有少量碎石块。

烽火台保存较差。平面呈正方形，剖面呈梯形。顶部坑洼不平，长满杂草；四壁有裂缝，东壁稍好，其他三壁坍塌严重，在底部形成斜坡。烽火台现高5、底部边长8、顶部边长3米。

烽火台位于长城墙体东南，西北与北辛窑长城相邻。

北辛窑3号烽火台（14062335320 1170046）

位于右玉县右卫镇二分关村西南0.3千米。实心。黄土夯筑，夯层厚0.15～0.2米，内无夹杂物。

烽火台建在一处高耸的山峰上。保存较差。平面呈近圆形，剖面呈梯形，整体呈圆锥状。各壁有坍塌，通顶形成斜坡，坡上有风蚀造成的台阶和大量坑窝。烽火台现高4、底部直径8、顶部直径1米。

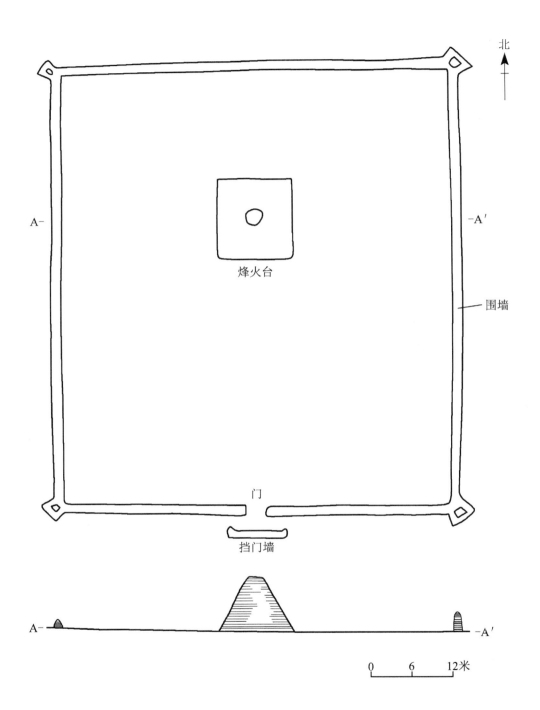

图七八　北辛窑 1 号烽火台平、剖面图

烽火台位于长城墙体东南，西北与北辛窑长城相邻。

羊塔烽火台（140623353201170047）

位于内蒙古自治区和林格尔县新店子镇前海子洼村南 0.7 千米。实心。黄土夯筑，夯层厚 0.15～0.2 米，内无夹杂物。

烽火台保存一般。平面呈矩形，剖面呈梯形。北壁中部偏西有一条雨水冲刷的沟槽；东壁塌陷，只偏北残留部分台体；南壁破损不堪，偏西严重塌毁；西壁局部坍塌，表面凹凸不平。烽火台现高 8 米，底部东西长 11.5、南北长 10 米，顶部边长 3 米。

烽火台位于长城墙体南侧，北距羊塔长城 0.2 千米。

前海子洼 1 号烽火台（140623353201170048）

位于内蒙古自治区和林格尔县新店子镇前海子洼村西南 1 千米。实心。黄土夯筑，夯层厚 0.15 ~ 0.2 米，内无夹杂物。

烽火台保存较差。平面呈矩形，剖面呈梯形。四壁坍塌严重，仅北壁残留部分台体，其余三壁基本消失。坍塌的夯土在底部形成斜坡，坡上长满杂草。烽火台现高 2.5 米，底部东西长 8、南北长 7 米，顶部东西长 1、南北长 2 米。

烽火台位于长城墙体南侧，北与前海子洼长城相邻。

前海子洼 2 号烽火台（140623353201170049）

位于内蒙古自治区和林格尔县新店子镇前海子洼村西南 1.1 千米。实心。黄土夯筑，夯层厚 0.15 ~ 0.2 米，内无夹杂物。

烽火台保存一般。平面呈矩形，剖面呈梯形。东、北壁保存尚好，壁面比较平整，东壁顶部偏南少量塌陷；西、南壁破坏严重，整体倒塌。烽火台现高 8 米，底部东西长 9、南北长 7.5 米，顶部东西长 2、南北长 2.5 米。

烽火台位于长城墙体南侧，北与前海子洼长城相邻。

前海子洼 3 号烽火台（140623353201170050）

位于右玉县右卫镇圆山子村西南 1.5 千米。实心。黄土夯筑，夯层厚 0.15 ~ 0.2 米，内无夹杂物。

烽火台建在一个较高的平台上。保存较差。平面呈近圆形，剖面呈梯形。四壁破坏严重，形成斜坡，坡上有风蚀形成的台阶和坑窝。烽火台现高 6 米，底部直径 12 米，顶部东西长 3、南北长 2.5 米。（图七九）

烽火台位于长城墙体南侧，北与前海子洼长城相邻。

前海子洼 4 号烽火台（140623353201170051）

位于右玉县右卫镇圆山子村西 2.5 千米。实心。黄土夯筑，夯层厚 0.2 ~ 0.3 米，内无夹杂物。有围墙。

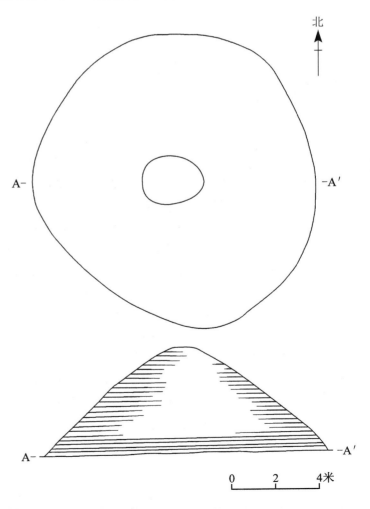

图七九　前海子洼 3 号烽火台平、剖面图

烽火台建在一个较高的山丘上。保存较差。平面呈矩形，剖面呈梯形。顶部不规则且凹凸不平。东、北、西壁完全坍塌，通顶形成斜坡；南壁底部中间有一人为洞穴，高4、宽2.5、进深5米，有人类居住过的痕迹。烽火台现高8米，底部东西长10、南北长11米，顶部东西长2、南北长4.5米。烽火台外围有围墙，平面呈长方形，东西长30、南北长28米，破坏严重，残存墙体最高1.5、底宽1.3、顶宽0.8米。

烽火台位于长城墙体东侧，西距前海子洼长城0.05千米。

磨扇凹1号烽火台 （140623353201170052）

位于内蒙古自治区和林格尔县新店子镇磨扇凹村东南1.5千米。实心。黄土夯筑，夯层厚0.2～0.3米，内无夹杂物，有少量汉代陶片。

烽火台建在一个较高的山丘上。保存差。平面呈近圆形，剖面呈梯形。破坏极为严重，四壁坍塌，形成缓坡，有大量夯土流失。烽火台现高4米，底部东西长5.5、南北长3.5米，顶部东西长1、南北长2米。

烽火台位于长城墙体东侧，西距磨扇凹长城0.1千米。

磨扇凹2号烽火台 （140623353201170053）

位于内蒙古自治区和林格尔县新店子镇磨扇凹村东南1.7千米。实心。黄土夯筑，夯层厚0.2～0.3米，内无夹杂物。

烽火台建在长城墙体由低向高处延伸的拐点外围，地势较低。保存较差。平面呈矩形，剖面呈梯形。顶部凹凸不平，四壁坍塌，形成斜坡。烽火台现高6米，底部东西长10、南北长3.5米。

烽火台位于长城墙体东侧，西距磨扇凹长城0.16千米。

磨扇凹3号烽火台 （140623353201170054）

位于右玉县右卫镇三十二村北2.5千米。实心。黄土夯筑，夯层厚0.2～0.3米，掺杂少量砂砾。

烽火台保存较差。平面呈矩形，剖面呈梯形。顶部因雨水冲刷、风力侵蚀的破坏已呈尖状；四壁凹凸不平，夯土脱落，堆积于底部。烽火台现高8米，底部东西长7、南北长14米。

烽火台位于长城墙体东侧，西距磨扇凹长城0.06千米。

十三边烽火台 （140623353201170055）

位于右玉县杨千河乡十三边村南约0.4千米。实心。黄土夯筑，夯层厚0.15～0.2米，内无夹杂物。

烽火台保存较差。平面呈近圆形，剖面呈梯形。破坏严重，顶部呈锥状，四壁坍塌，形成斜坡，坡上长有杂草和低矮灌木，散落青砖和石块。烽火台现高3、底部直径10米。

烽火台位于长城墙体东侧，西距十三边长城0.11千米。

韭菜沟1号烽火台 （140623353201170056）

位于右玉县杨千河乡碓臼沟村西1千米。实心。黄土夯筑，夯层厚0.15～0.2米，内无夹杂物。

烽火台保存较差。平面呈矩形，剖面呈梯形。破坏严重，四壁坍塌，形成斜坡，坡上长满杂草。烽火台现高5米，底部东西长13、南北长14米，顶部边长1米。

烽火台位于长城墙体东侧，西距韭菜沟长城0.018千米。

韭菜沟2号烽火台 （140623353201170057）

位于右玉县杨千河乡碓臼沟村西1.3千米，建在一个平台之上。实心。黄土夯筑，夯层厚0.15～0.2米，内无夹杂物。

烽火台保存较差。平面呈正方形，剖面呈梯形。四壁受到不同程度的破坏，均有坍塌，形成斜坡。东、北壁各有一人为洞穴，大小相当，高1.59、宽1、进深3～4米，被坍塌的夯土掩埋过半。烽火台现高 5 米，底部边长 8 米，顶部东西长 2、南北长 3 米。

烽火台位于长城墙体东侧，西距韭菜沟长城 0.04 千米。

韭菜沟 3 号烽火台（140623353201170058）

位于右玉县杨千河乡碓臼沟村西 1.8 千米。实心。黄土夯筑，夯层厚 0.15～0.2 米，内无夹杂物。

烽火台保存较差。平面呈矩形，剖面呈梯形。顶部凹凸不平，东、北、南壁坍塌，通顶形成斜坡，上面长满杂草；西壁稍好，坍塌较少。烽火台现高 6 米，底部东西长 8、南北长 12 米，顶部边长 7 米。

烽火台位于长城墙体南侧，北距韭菜沟长城 0.07 千米。

韭菜沟 4 号烽火台（140623353201170059）

位于右玉县杨千河乡碓臼沟村西南 2.3 千米。实心。黄土夯筑，夯层厚 0.15～0.2 米，内含少量砂砾。有围墙。

烽火台保存较差。平面呈矩形，剖面呈梯形。顶部凹凸不平，有一条冲沟，西南角坍塌较多；四壁有破坏，底部形成斜坡，坡上长满杂草，西侧斜坡上长有三棵榆树。烽火台现高 7 米，底部东西长 13、南北长 10 米，顶部边长 6 米。烽火台南侧有围墙，北墙与烽火台相接，平面呈正方形，边长 40 米，围墙坍塌，保存最高 3.5、底宽 3、顶宽 0.5 米。围墙内长满杂草，散落青砖块、瓦片和瓷片。

烽火台位于长城墙体南侧，北距韭菜沟长城 0.06 千米。

火盘沟 1 号烽火台（140623353201170060）

位于右玉县杨千河乡碓臼沟村西南 2.8 千米。实心。黄土夯筑，夯层厚 0.15～0.2 米，内无夹杂物。

烽火台建在一个平台之上。保存较差。平面呈矩形，剖面呈梯形。顶部凹凸不平，长满杂草，四壁均有破坏；西壁保存稍好，有少量坑洞，长有零星杂草；南壁整体坍塌，通顶形成斜坡；东壁南半部随南壁坍塌；北壁东半部坍塌。烽火台现高 5 米，底部东西长 10、南北长 7 米，顶部东西长 6、南北长 4.5 米。

烽火台位于长城墙体东侧，西距火盘沟长城 0.16 千米。

火盘沟 2 号烽火台（140623353201170061）

位于右玉县杨千河乡碓臼沟村西南 3.2 千米。实心。黄土夯筑，夯层厚 0.15～0.2 米，内无夹杂物。

烽火台保存较差。平面呈矩形，剖面呈梯形，整体呈近锥状。四壁坍塌，通顶形成斜坡，长满杂草，环绕台体有人为踩踏的小道。烽火台现高 4 米。

烽火台位于长城墙体东侧，西距火盘沟长城 0.02 千米。

火盘沟 3 号烽火台（140623353201170062）

位于右玉县丁家窑乡云石堡村东北 0.3 千米。实心。黄土夯筑，夯层厚 0.15～0.2 米，内无夹杂物。

烽火台保存较好。平面呈正方形，剖面呈梯形。四壁破坏较少，顶部西北角和西壁局部有坍塌，其余部分尚好。烽火台现高 7、底部边长 10、顶部边长 8 米。

烽火台位于长城墙体东南侧，西北与火盘沟长城相邻。

火盘沟 4 号烽火台（140623353201170063）

位于右玉县丁家窑乡云石堡村西北。实心。黄土夯筑，夯层厚 0.15～0.2 米，内无夹杂物。

烽火台建在高 20 米的土台上。保存一般。平面呈矩形，剖面呈梯形。南壁上部小部分坍塌，坍塌部分与地面形成斜坡；东壁整体塌毁，已成斜坡。烽火台现高 12 米，底部边长 12 米，顶部东西长 3.5、南北长 4 米。（彩图三一〇）

烽火台位于长城墙体东南，西北与火盘沟长城相邻。

破虎堡（140623353102170001）

位于右玉县城东北 50 千米、内蒙古自治区凉城县二三墩长城南 0.5 千米。原为破虎堡乡政府所在地。该堡呈"日"字形，周长 1150 米，面积 50374 平方米，正门位于南墙中部偏西。方向北偏东 15°。堡内外有护城壕 760 米、角楼 4 座、马面 5 座、马道一处、照壁 1 座。（图八〇；彩图三一一）

堡墙及附属于其上的马面和角楼为黄土夯筑。外侧原包有砖石，被人为拆除殆尽，表面有砖石被拆除后留下的坑窝和凹槽，（彩图三一二）散落的青砖长 37~40、宽 18.5、厚 7 厘米。堡墙明显分为三层：内部为夯土墙，外层为包石，二者中间土石混筑，内部夯土墙厚 1~1.5 米，外层包石厚约 1 米，中间土石混筑部分厚 1~1.5 米。现大部分墙体仅残存内部夯土墙，局部可见土石混筑部分，结构为一层条石一层夯土叠压而成，夯土疏松，应为后期包石时，先垒砌外侧包石，在土墙与石墙之间填充夯土与石块。

堡墙保存尚好，南、北墙长 210 米，东、西墙长 365 米。东、西墙现高 4~10、底宽 6~7、顶宽 2~3 米，夯层厚 0.15~0.2 米。北墙现高 8~10、底宽 6~8、顶宽 2~3.5 米，中部内侧有马道，已废弃，依稀可见台阶痕迹；东段人为破坏严重，墙体倒塌，可出入堡内外。南墙保存较好，现高 8~10、底宽 6~7、顶宽 2~3 米，未见较大的断裂和坍塌，顶部长满杂草，自西向东 68 米处为堡正门。（彩图三一三~三一五）

堡墙上有马面 5 座，东、西墙各 2 座，北墙外侧 1 座。保存较差，形制相仿，现高 7 米，底部东西长 14.5、南北长 8 米，顶部东西长 8、南北长 6 米。四角有角楼，现高 8.5、底部边长 9、顶部边长 5 米，底部凸出墙体 3、顶部凸出墙体 2 米。马面和角楼形制被破坏，外观为夯土台墩，剖面呈梯形，马面平面呈矩形，角楼平面呈正方形。

东、西、北堡墙外均有两道并排的护城壕，宽 2~3、深 2~4 米，多被村民修为农田。内侧壕沟距堡墙约 3~5 米，局部因墙体坍塌将壕沟填埋；北墙外壕沟保存最好，痕迹明显，最北处距堡墙 11.5 米。（彩图三一六）

堡南门保存较为完整。拱形门洞，下部为青石基础，高 1.36 米，九层基石交错叠压垒砌而成。基石长 68~73、宽 20、厚 32 厘米。门洞高 7.5、下宽 9.6、上宽 9.4、进深 15 米，分为内外两部分，外侧形制略小于内侧，外侧高 4、宽 3、进深 5 米，内侧高 6、宽 3.7、进深 10 米。门洞内外侧均为"三券三伏"式砖砌法。门洞上方有匾额，长 1.9、宽 1 米，刻字磨损消失。匾额周围有几组砖雕，葵花纹，凸出于墙体，雕刻精美、细腻，纹饰宽约 0.1 米。城门楼消失。（彩图三一七~三二〇）

堡内北墙南约 0.2 千米处横向有一道墙体，与东西墙相连，将堡分为南、北两部分，使破虎堡整体呈"日"字形。此道墙体黄土夯筑，损毁严重，只在与东、西墙连接处保存稍好，其余断断续续，濒临消失。这道墙体中部现为小路，残留一段长约 7 米呈南-北走向的青石铺砌的古道，内有一道门槛，宽 2.7 米，根据残存的青石遗迹测得门宽 3.6 米。

堡南门外 27.5 米处有一座照壁，保存完整。东西向。长 10.7、宽 0.95、高 5 米。顶部为两出水砖式结构，筒瓦和板瓦组合封顶，板瓦之下垒砌五层青砖。顶部个别地方稍有残破，原貌尚存，长满杂草。照壁东西侧各有宽 0.95 米的砖柱，稍凸出于壁面，砖柱之间土坯垒砌，外涂一层白灰，有几处脱落。照壁基部用五层青色条石交错叠压垒砌，高 1 米，条石上有三层青砖，高 0.25 米。（彩图三二一）

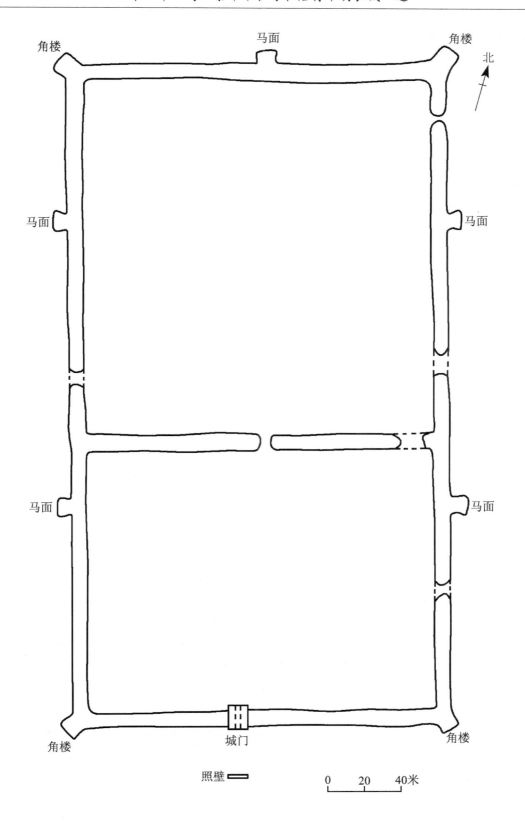

图八〇　破虎堡平面图

堡南门洞内西侧中部距地面 2.5 米墙内镶嵌一块石碑，长 0.53、宽 0.35 米。是明万历二十五年（1597 年）重修城堡时所立的功德碑。青黑色，阴刻楷体碑文，依稀可辨，全文抄录如下：

議修關□官□□□

功德二□志□□□□□鄭化民

掌房□□官頭四名

瑞國□全國忠鮑國常國禮

□工□官一名于江

□管修門□官一名許朝

□管理修工官□二十七名

鄔相□□張士臣姬相李榮

王京王□林付世官梁鎮□本

李如春石紀陳邦安岳相解鳳

常國□陳相陳棟嚴□□□萌

姚尚倉韓□韓生姚大林劉會

黃儒□國名

原□□□□字□大志等

泥匠二名鄭義龐天厚

石匠□□天才等一十名

鐵木□匠張思月□□□陰等

萬曆二十五年八月吉旦立

残虎堡（1509253353102170002）

位于右玉县城东北 55 千米，北距庙沟长城 7 段 2.8 千米，在李达窑乡残虎堡自然村中。平面呈矩形，周长 900 米，面积 50000 平方米。设南门。堡内外有护城壕 627 米、角楼 4 座、马面 2 座、瓮城 1 座。

残虎堡建于明嘉靖二十三年（1544 年），隆庆六年（1572 年）包砖。设操守官一员，管领旗军 395 名，马 38 匹，地处北边极冲，战略位置重要。清顺治年间改为民堡。

该堡保存较差。现是残虎堡村居民区，有居民 60 多户。四周堡墙、马面和四角楼黄土夯筑，夯层厚 0.1～0.15 米，外甃砖石，被人为拆除，消失殆尽。堡墙东西长 200、南北长 250 米。东墙大部分被拆毁，仅残留南北段小部分，高 3～10 米；南墙东段遭破坏，西段残存高 9～10、底宽 7～8、顶宽 2～3 米，中部开门，已损毁，门外有瓮城，仅存痕迹；西墙现高 7～8 米，有马面 1 座，北段被拆出一个宽 15 米的缺口，是出入堡的通道；北墙西段现高 8～10、东段现高 5～6 米，有马面 1 座。（图八一；彩图三二二、三二三）

东、北、西堡墙外有护城壕，保存尚好，痕迹清晰。宽 5～6、深 2～3 米，壕内被开成农田。（彩图三二四）

杀虎堡（1406233353102170003）

位于右玉县杀虎口乡杀虎口村。北距杀虎口长城 0.7 千米。该堡经过修复，形制完好，平面呈"目"字形，由新、旧两座堡构成，旧堡在北，新堡在南，中间以墙体相连。新、旧堡均呈正方形，边长 250 米，二者之间相连墙体长 150 米。堡城南北长 650、东西长 250 米，周长 1800 米，面积 162500 平方米。堡内外有角楼 4 座、马面 5 座、瓮城 2 座、古道 1 条。（图八二）

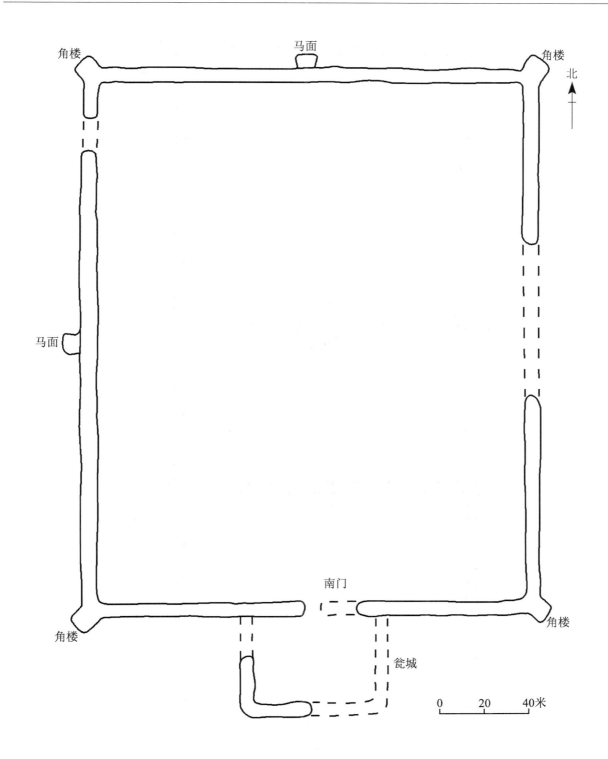

图八一　残虎堡平面图

　　杀虎堡旧堡建于明嘉靖二十三年（1544 年），嘉靖四十三年（1564 年）在旧堡南建新堡，名为平集堡。万历二年（1574 年）将堡墙包砖。

　　堡墙及马面、角楼黄土夯筑，夯层厚 0.2 ~ 0.3 米，无夹杂物，较为坚硬。外侧惫有砖石，被人为拆除，消失殆尽。（彩图三二五）东墙人为破坏严重，其余墙体保存尚好，现高 3 ~ 10、底宽 6 ~ 10、

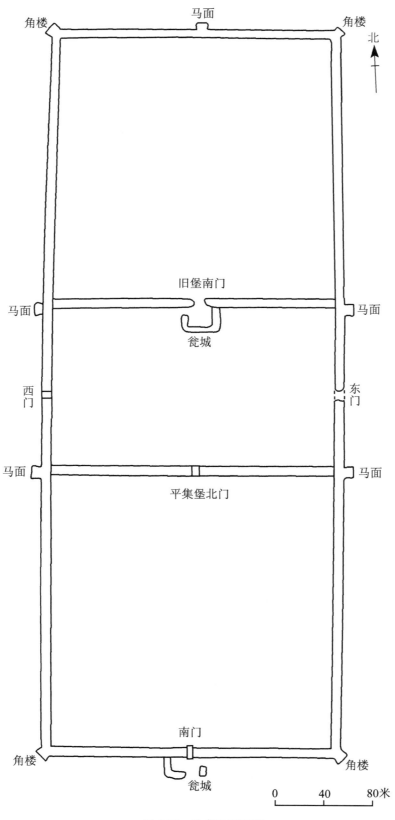

图八二　杀虎堡平面图

顶宽 3~6 米。堡墙有 5 座马面，北墙 1 座，东、西墙各 2 座，东、西墙马面由新、旧堡的角楼改建而成。北墙马面周围散落大量黄、绿色琉璃瓦和碎砖块，推测马面上有楼铺一类的建筑。角楼位于堡城四角，规格相当，底宽 12、顶宽 6 米；基部凸出墙体 4.5 米，顶部凸出 3 米。

堡城有城门 3 座，东门、南门和西门，南门外有瓮城。东门和西门已破坏，（彩图三二六）南门及瓮城保存尚好。（彩图三二七）南门通高 8、宽 13.5、进深 5 米，门宽 3.5、高 4.4 米，门上方有仿木结构的方框，上书"平集堡"。（彩图三二八）门基用青条石垒砌，高 0.62 米，条石长 78、宽 30、厚 16 厘米。南门外有瓮城，平面呈矩形，瓮城门向东开，规格不及南门，通高 9 米，砖券砌 6.6 米，门高 4.5、宽 3.4、进深 5.9 米，两侧门墩宽 3.8、高 0.45 米。

由于该堡由新、旧两座堡构成，堡内有两座门，即旧堡南门及新堡（平集堡）北门（彩图三二九）。旧堡南门破坏严重，包砖完全流失，地表散落大量砖石碎块；门外有瓮城，（彩图三三〇）平面呈长方形，东西长 20、南北长 25；瓮城墙高约 8、底宽 4、顶宽 1 米；瓮城门向西开，宽 5、高 4 米。新堡北门稍好，门基青石铺砌，上为砖制三券三伏，白灰勾缝，高 3.5、宽 3.8、进深 13 米，外侧门上方有一白色大理石匾，字迹无存。

该堡西门外有一条宽约 4 米的石道，西北通向杀虎口关口。车辙痕迹清晰。（彩图三三一）

韭菜沟堡（1406233353102170004）

位于右玉县丁家窑乡云石堡村西 1 千米、长城墙体东南。西北距韭菜沟长城 0.01 千米。该堡平面略呈矩形。设东门。东、南、西、北墙分别长 245、184、240、145 米。周长 814 米，面积 35525 平方米。堡有角楼 4 座、马面 3 座、瓮城 1 座。（图八三；彩图三三二）

该堡保存一般。堡墙、马面和角楼黄土夯筑，夯层明显，内无夹杂物。堡墙现高 4、底宽 7、顶宽 1~2 米。南墙保存较好，其他墙体均有坍塌，西墙和北墙有宽 9 米的豁口，东墙大部分坍塌。南、北、西墙外侧中部有马面，形制相仿，平面呈矩形，剖面呈梯形，现高 4 米，底部东西长 7、南北长 9 米，顶部东西长 2.7、南北长 3 米。

四角有角楼，现只残存西北和东北角楼。西北角楼现高 2.6 米，基座东西长 6.5、南北长 8.4 米，顶部东西长 2.6、南北长 1.2 米；东北角楼现高 4.8 米，基座与西北角楼相同，顶部东西长 0.5、南北长 1 米。

东墙中部开门，宽 7 米，方向正东。门外有瓮城，平面呈矩形，东西长 15、南北长 18 米。瓮城门朝北，宽 5 米。

云石堡（1406233353102170005）

位于右玉县丁家窑乡云石堡村西 1 千米、长城墙体东南。西北与韭菜沟长城相邻，西侧有韭菜沟堡。该堡平面呈矩形，东西长 180、南北长 170 米，周长 700 米，面积 30600 平方米。设东门，朝向正东。堡内外有角楼 4 座、马面 3 座、瓮城 1 座。（图八四；彩图三三三）

该堡保存较好。堡墙、马面和角楼黄土夯筑，外侧甃有青砖，流失殆尽，只东墙和南墙局部残留，包砖厚 1.4~2 米。堡墙现高约 11、底宽 6、顶宽 2 米。西墙和北墙总体较好，南墙有宽约 50 米的豁口。北墙外隐约可见壕沟，现长 3~5 米，痕迹很模糊。南、北、西墙外侧中部有马面，形制相仿，平面呈矩形，剖面呈梯形，底宽 14~16、顶宽 8~12 米，向外凸出 6~10 米。（彩图三三四~三三六）

四角有角楼，形制相仿，尺寸相同。现高 12 米，底部东西长 10、南北长 15 米。西南、西北角楼保存较好，东南、东北角楼有坍塌。

东墙中部开门，宽 7.5 米。门外有瓮城，平面呈矩形，东西长 32、南北长 50 米。瓮城门朝北，宽 8.5 米。

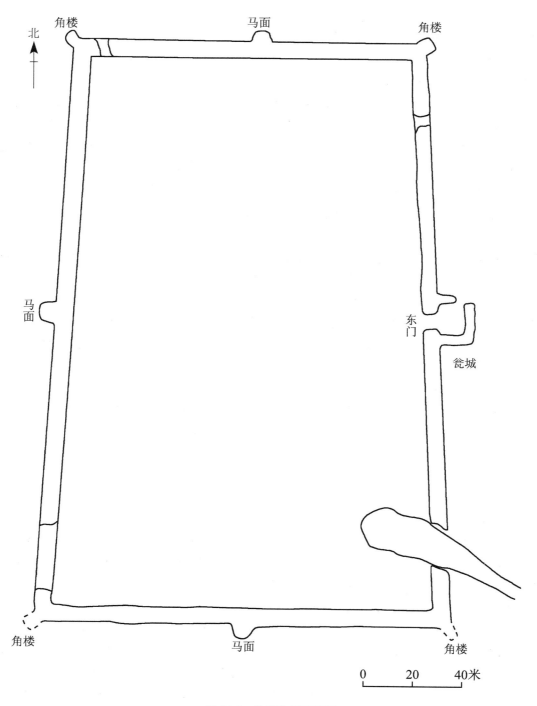

图八三　韭菜沟堡平面图

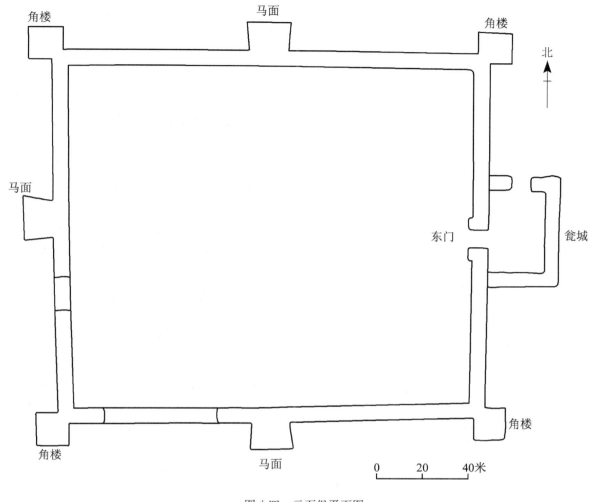

图八四　云石堡平面图

（四）呼和浩特市和林格尔县

和林格尔县境内有烽火台 17 座、堡 1 座。（地图八 - 4）

黑土崖 1 号烽火台 （150123353201170163）

位于和林格尔县新店子镇黑土崖村东北 1.2 千米。实心。黄土夯筑，夯层厚 0.15～0.2 米，内夹有碎砂砾。

烽火台保存较差。平面略呈近圆形，剖面呈梯形，顶部呈弧形。四壁坍塌较多，形成斜坡，长满杂草。烽火台现高 5 米，底部直径 7 米，顶部东西长 2、南北长 1.5 米。（图八五）

烽火台位于长城墙体南侧，北距黑土崖长城 0.01 千米。

黑土崖 2 号烽火台 （150123353201170164）

位于和林格尔县新店子镇黑土崖村东北 1 千米。实心。黄土夯筑，夯层厚 0.08～0.15 米，夹有碎砂砾。

烽火台保存较差。平面呈矩形，剖面呈梯形。四壁破坏严重。南、北壁保存相对较好，比较完整；东壁整体塌毁，基本消失；西壁向内塌陷 1 米，壁上有多个风蚀形成的坑窝。烽火台现高 4 米，底部

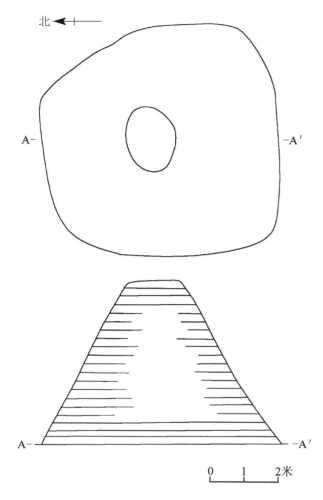

图八五　黑土崖 1 号烽火台平、剖面图

东西长 6、南北长 11 米，顶部东西长 1、南北长 6 米。

烽火台位于长城墙体南侧，北距黑土崖长城 7 米。

黑土崖 3 号烽火台（15012335320117 0165）

位于和林格尔县新店子镇黑土崖村北 0.9 千米。实心。黄土夯筑，夯层厚 0.15～0.2 米。

烽火台带有人工夯筑的台基，平面呈正方形，边长约 25、高 2 米。台墩保存一般，位于台基中央。平面呈正方形，剖面呈梯形。西壁不平，坑凹较多，顶部有小部分塌陷，底部因风蚀而内凹；南壁偏东及东南角有坍塌，偏西有小部分塌陷；东壁受风蚀破坏严重，顶部塌毁。烽火台现高 8、底部边长 11、顶部边长 4 米。（彩图三三七）

烽火台位于长城墙体南侧，北距黑土崖长城 0.2 千米。

丈房沟烽火台（150123353201170166）

位于和林格尔县新店子镇黑土崖村西南 0.5 千米。实心。黄土夹沙夯筑，夯层厚 0.15～0.25 米。

烽火台保存较差。平面呈矩形，剖面呈梯形。西壁中部及偏北部大面积坍塌，坍塌的夯土在底部形成斜坡，坡上长满杂草，偏南部保存一小部分的台体；南壁坑洼不平，底部风蚀形成两处较大的凹坑；东壁偏北局部塌陷，偏南保存较好；北壁中部保存稍好，两侧坍塌。烽火台现高 5 米，底部东西长 10、南北长 8.5 米，顶部东西长 1.5、南北长 2.5 米。

烽火台位于长城墙体南侧，北距丈房沟长城 0.2 千米。

黄草梁烽火台（150123353201170167）

位于和林格尔县新店子镇黄草梁村北 1.3 千米。实心。黄土夯筑，夯层厚 0.15～0.2 米。

烽火台保存较差。平面呈矩形，剖面呈梯形。北壁平整，偏东坍塌较多；受南壁坍塌影响，东壁残破不堪，东南大部分塌陷；南壁毁；西壁顶部偏北局部坍塌，西南角残损。烽火台现高 5 米，底部东西长 9、南北长 6 米，顶部东西长 1.5、南北长 1 米。

烽火台位于长城墙体东侧，西与黄草梁长城相邻。

羊山 1 号烽火台（150123353201170168）

位于和林格尔县新店子镇黑土崖村西南 2 千米。实心。黄土夯筑，夯层厚 0.15～0.2 米，夹有较多碎砂砾。

烽火台位于山顶上。保存较差。平面呈近圆形，剖面呈梯形。受风蚀破坏严重，四壁坍塌形成斜坡，整体呈圆锥状。烽火台现高 6 米，底部东西长 6、南北长 7 米，顶部东西长 1、南北长 2 米。

烽火台位于长城墙体东侧，西距羊山长城 0.03 千米。

羊山 2 号烽火台 （150123353201170169）

位于和林格尔县新店子镇黄草梁村西北 0.3 千米。实心。黄土夯筑，夯层厚 0.15～0.2 米，内无夹杂物。

烽火台保存较差。平面呈矩形，剖面呈梯形。北壁上半部局部坍塌，下半部呈斜坡状，壁面偏东有一条长 2 米的裂缝；东壁坑洼不平，底部形成斜坡；南壁较平整，偏西局部塌陷；西壁塌毁。烽火台现高 6 米，底部边长 7 米，顶部东西长 2、南北长 1 米。

烽火台位于长城墙体东侧，西距羊山长城 0.1 千米。

羊山 3 号烽火台 （150123353201170170）

位于和林格尔县新店子镇黄草梁村西南 0.6 千米。实心。黄土夯筑，夯层厚 0.15～0.2 米，由台基、台墩和围墙三部分组成。

烽火台保存较好。台基平面呈正方形，高 1.5 米，有残损。台基顶部沿边筑有围墙，破坏严重，多已消失，仅西、南墙残存基础部分，两墙长 40 米。台基中央为台墩，平面呈矩形，剖面呈梯形，顶部较平，四壁有残损；北壁中部偏西有一现代洞穴，高 1、宽 1、进深 0.6 米；西壁坑窝较多，中部因雨水冲刷形成一条沟槽；南壁比较平整；东壁大面积坍塌，呈斜坡状。烽火台现高 6 米，底部边长 8 米，顶部东西长 6、南北长 5 米。（彩图三三八）

烽火台位于长城墙体东侧，西距羊山长城 0.035 千米。

二道边 1 号烽火台 （150123353201170171）

位于和林格尔县新店子镇黄草梁村西南 1.5 千米。实心。黄土夯筑，夯层厚 0.15～0.2 米，内无夹杂物。

烽火台保存较差。平面呈矩形，剖面呈梯形。四壁多已坍塌，形成斜坡。西壁较平整，偏南、北侧坍塌较多；东壁大部分塌陷，底部凹陷，壁上长满杂草；南壁上半部塌毁，下半部呈斜坡状，长满杂草。烽火台现高 6 米，底部东西长 6、南北长 7 米，顶部边长 0.5 米。

烽火台位于长城墙体东侧，西距二道边长城 11 米。

二道边 2 号烽火台 （150123353201170172）

位于和林格尔县新店子镇黄草梁村东北 1.3 千米。实心。黄土夯筑，夯层厚 0.15～0.2 米，内无夹杂物。

烽火台建在一个突兀的山头之上。保存差。平面呈矩形，剖面呈梯形。四壁坍塌，通顶形成斜坡，长满杂草。西壁底部有一人为洞穴，宽 0.7、高 1、进深 1 米，洞内墙壁上有一较小的坑洞。烽火台现高 3 米。

烽火台位于长城墙体东侧，西距二道边长城 0.06 千米。

后爱好 1 号烽火台 （150123353201170173）

位于和林格尔县羊群沟乡后爱好村东南 1.5 千米。实心。黄土夯筑，夯层厚 0.15～0.2 米，内无夹杂物。

烽火台保存较差。平面呈近圆形，剖面呈梯形。北壁整体坍塌，形成斜坡，长满杂草；西壁因坍塌和风蚀呈台阶状，夯层显露，偏南及偏北局部塌陷；南壁大面积塌毁，顶部呈三角状；东壁坍塌较多，底部形成斜坡，坡上杂草较多。烽火台现高 6 米，底部东西长 10、南北长 11 米，顶部东西长 0.5、南北长 2.5 米。（图八六）

烽火台位于长城墙体西侧，东距后爱好长城 0.2 千米。

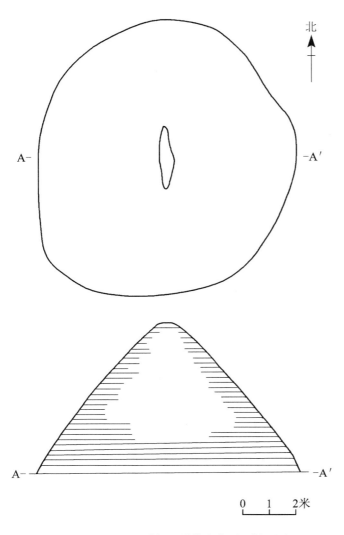

图八六　后爱好 1 号烽火台平、剖面图

烽火台位于长城墙体东侧，西距后爱好长城 0.25 千米。

后爱好 4 号烽火台 （150123353201170176）

位于和林格尔县羊群沟乡后爱好村南 3.1 千米。实心。黄土夯筑，夯层厚 0.15～0.2 米，内无夹杂物。

烽火台保存一般。平面呈矩形，剖面呈梯形。顶部平整，偏北有小范围坍塌；北壁坍塌，在底部形成斜坡，杂草丛生；南壁东南角残损。烽火台现高 5 米，底部东西长 6、南北长 7 米，顶部东西长 3、南北长 3.5 米。

烽火台位于长城墙体东侧，西距后爱好长城 0.05 千米。

井沟 1 号烽火台 （150123353201170177）

位于和林格尔县羊群沟乡井沟村东北 0.75 千米。实心。黄土夯筑，夯层厚 0.2～0.25 米，内无夹杂物。

烽火台建在高 2 米的土台之上。保存较差。平面呈矩形，剖面呈梯形。四壁坍塌严重，形成斜坡，坡上长满杂草。东壁底部有一洞穴，高 4、进深 4 米，用来储存柴薪，内部坍塌，洞口大半被封堵；西壁内凹 4 米。烽火台现高 6 米，底部东西长 8、南北长 12 米，顶部东西长 3.5、南北长 1.5 米。

后爱好 2 号烽火台 （150123353201170174）

位于和林格尔县羊群沟乡后爱好村东南 2.4 千米。实心。黄土夯筑，夯层厚 0.15～0.2 米，内无夹杂物。

烽火台保存较差。平面呈矩形，剖面呈梯形。东、南、北壁塌陷较多，东壁呈台阶状，底部有一洞穴，洞口呈弧形，高 2、宽 1.5、进深 4 米；北壁中部向内整体塌毁，偏东及东北角消失。烽火台现高 8 米，底部东西长 10、南北长 7.5 米，顶部东西长 0.3、南北长 1 米。

烽火台位于长城墙体西侧，东距后爱好长城 0.01 千米。

后爱好 3 号烽火台 （150123353201170175）

位于和林格尔县羊群沟乡后爱好村东南 2.9 千米。实心。黄土夯筑，夯层厚 0.15～0.2 米，内无夹杂物。

烽火台保存一般。平面呈正方形，剖面呈梯形。南壁凹凸不平，东南角有一人为洞穴，宽 0.4、高 0.7、进深 0.4 米；东壁局部坍塌，底部形成斜坡；北壁中部有一条内凹的沟槽，底部偏西有一人为小洞，宽 0.5、高 0.7、进深 0.5 米。烽火台现高 9 米，底部边长 9.5 米，顶部东西长 3.5、南北长 2 米。

烽火台位于长城墙体东侧，西距井沟长城0.02千米。

井沟2号烽火台（150123353201170178）

位于和林格尔县羊群沟乡井沟村东南0.67千米。实心。黄土夯筑，夯层厚0.15～0.2米，内无夹杂物。有围墙。

烽火台保存较差。平面呈矩形，剖面呈梯形。东壁有内凹现象；南壁有少量坑窝，坍塌较少，由于受东、南壁坍塌影响，壁面缩小；西壁坍塌，错落不齐，有两处洞穴，其中一个较大洞穴挖掘较早，高0.7、宽1.5、进深2.5米，另一小洞现代所为。烽火台现高7米，底部东西长9、南北长7米，顶部东西长4、南北长3.5米。（图八七）烽火台外围有围墙，坍塌严重，消失殆尽，北墙长30米，东墙长15米。

烽火台位于长城墙体东侧，西距井沟长城0.03千米。

口子沟烽火台（150123353201170179）

位于和林格尔县羊群沟乡井沟村东南1.1千米。实心。黄土夯筑，夯层厚0.15～0.2米，内无夹杂物。

烽火台保存较差。平面呈近圆形，剖面呈梯形。四壁坍塌严重，整体呈圆锥状，长满杂草。烽火台现高5米，底部东西长6、南北长5米，顶部边长1米。

烽火台位于长城墙体东侧，西侧紧邻大沙口长城。

黄草梁堡（150123352102170001）

位于和林格尔县新店子镇黄草梁村南0.5千米、长城墙体东南。西北距羊山长城0.7千米。该堡平面呈"日"字形。设南门。周长940米，面积54600平方米。该堡有角楼4座、马面5座、瓮城1座。（图八八；彩图三三九、三四〇）

该堡保存一般。堡墙、马面和角楼黄土夯筑，夯层厚0.15～0.2米。堡内已开辟成农田，四周墙体有不同程度的坍塌和断裂。

东墙长210米，现高5、底宽5、顶宽0.5～1米，有马面2座。南墙长260米，保存较好，现高7、底宽5、顶宽0.5～2米；中部有城门，城门处铺有条石，门外有瓮城；瓮城保存较差，大部分坍塌，仅存小部分墙体；瓮城东西长20、南北长15米；瓮城墙现高3、底宽4、顶宽0.2～0.5米，夯筑，夯层厚0.2～0.3米。西墙长210米，现高5、底宽5、顶宽0.5～1米，有马面2座；中部有一豁口，宽8米，豁口处杨树较多。北墙长260米，现高4、底宽5、顶宽0.5～1米，有马面1座；偏东有一豁口，宽15米。

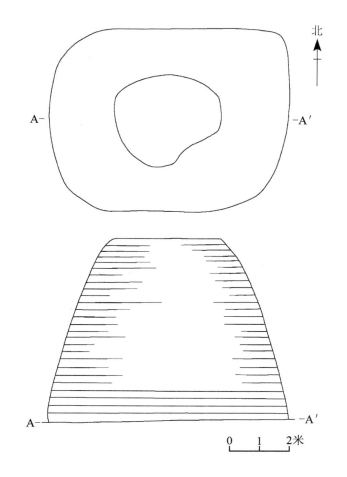

图八七　井沟2号烽火台平、剖面图

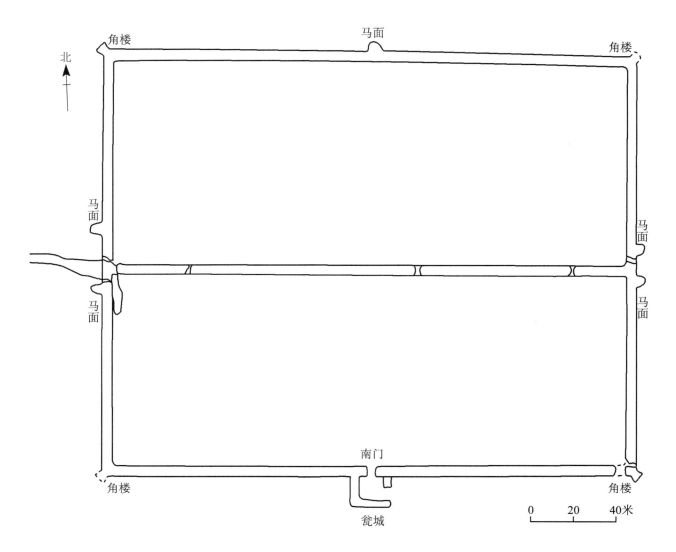

图八八　黄草梁堡平面图

　　堡内中部横向有一道土墙，与东、西堡墙相连，将堡分为南、北两部分；此墙现高7、底宽5、顶宽2.5米。堡四角有角楼，东北和西南角楼消失，西北、东南角楼遭到破坏，保存差。

（五）呼和浩特市清水河县

清水河县境内有烽火台48座、堡3座。（地图八-1、3，参见地图七）
福心沟烽火台（150124353201170497）
位于清水河县韭菜庄乡福心沟村东北0.9千米。实心。黄土夯筑，夯层厚0.15～0.2米，含有少量石块。有台基。
　　烽火台保存较差。台基平面呈正方形。台墩位于台基上，平面呈矩形，剖面呈梯形。台墩顶部北高南低，四壁遭破坏，底部散落石块；南、东壁整体坍塌，形成斜坡，上面长满杂草；北壁和西壁保存稍好，坍塌较少，壁面凹凸不平，有少量风蚀或人为破坏形成的小坑洞。烽火台现高7米，底部东

西长9、南北长11.5米，顶部东西长3、南北长8米。（图八九）

烽火台位于长城墙体西北，东南距福心沟长城0.45千米。

二墩烽火台（15012435 3201170498）

位于山西省朔州市平鲁区高石庄乡二墩村西0.64千米清水河县境内。实心。黄土夯筑，夯层厚0.15~0.2米，内无夹杂物。有围墙。

烽火台位于一片农田中。保存较差。平面呈矩形，剖面呈梯形。南、西壁保存稍好，局部表层夯土脱落，壁面凹凸不平，有明显雨水冲刷和水土流失的痕迹；东壁保存稍差，有较大面积坍塌，形成斜坡；北壁塌毁，形成斜坡，坡上有一雨水冲沟，自顶部而下。烽火台现高6米，底部边长11米，顶部东西长8、南北长7米。烽火台外围有围墙，已消失，隐约看出其轮廓。（图九〇）

烽火台位于长城墙体西北侧，东南距二墩长城0.1千米。

窑子上1号烽火台（15012435320 1170499）

位于山西省朔州市平鲁区井坪镇六墩村西南1.1千米清水河县境内。实心。黄土夯筑，夯层厚0.15~0.2米，内无夹杂物。

烽火台保存较差。破坏严重，四壁坍塌，形成斜坡，长满杂草，有裂缝及雨水冲刷出的沟痕。整体略呈圆锥状。南壁底部东西各有一个动物打挖形成的洞穴，较宽。烽火台现高5米，底部东西长9、南北长10米，顶部东西长4.5、南北长4米。

烽火台位于长城墙体西北侧，东南距窑子上长城0.11千米。

窑子上2号烽火台（15012435320 1170500）

位于山西省朔州市平鲁区井坪镇六墩村西南1.3千米清水河县境内。实心。黄土夯筑，夯层厚0.15~0.2米，内无夹杂物。

烽火台保存较差。平面呈矩形，剖面呈梯形。顶部坍塌较多，近乎尖状；东、北壁整体坍塌，通顶形成斜坡；西、南壁保存稍好，壁面轮廓尚可辨认；西壁中部坍塌，形成凹槽。烽火台现高6米，底部东西长11、南北长10米，顶部边长5米。

烽火台位于长城墙体西侧，东距窑子上长城0.3千米。

十七沟1号烽火台（15012435 3201170501）

位于清水河县韭菜庄乡十七沟村东北约0.7千米。实心。黄土夯筑，夯层厚0.15~0.2米，内无夹杂物。

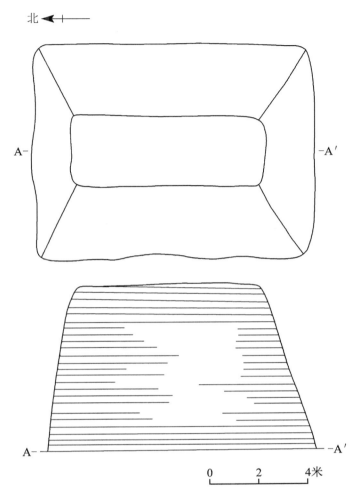

北 ←

0　2　4米

图八九　福心沟烽火台平、剖面图

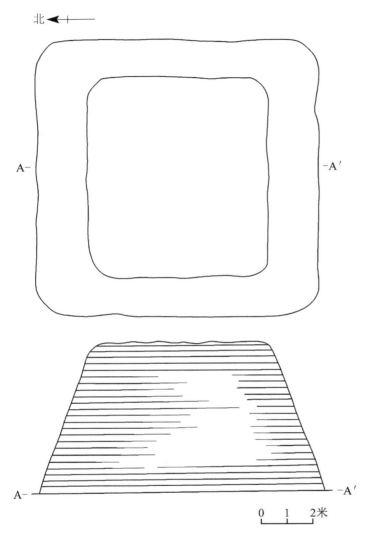

北 ←

A—　　　　　　—A′

0　1　2米

图九〇　二墩烽火台平、剖面图

烽火台保存较差。四壁坍塌，形成斜坡，长满杂草。整体略呈圆锥状，底部散落碎青砖块和条石。东南和西北侧腰部各有一个洞穴，东南洞穴垂直向下延伸，洞口宽 1、深 4～5 米，人为挖掘；西北洞穴宽 4、高 6 米。烽火台现高 7、底部直径 15 米。

烽火台位于长城墙体北侧，南距窑子上长城 0.1 千米。

辛庄子 2 号烽火台（1501243532011 70502）

位于山西省朔州市平鲁区阻虎乡辛庄子村西南 0.8 千米清水河县境内。实心。黄土夯筑，夯层厚 0.15～0.2 米，内无夹杂物。

烽火台保存较差。破坏严重，四壁有坍塌，形成斜坡，坡上长满杂草。北壁完全塌毁。烽火台现高 5 米。

烽火台位于长城墙体西侧，东距窑子上长城 0.1 千米。

新庄窝 1 号烽火台（1501243532011 70503）

位于山西省朔州市平鲁区阻虎乡红山村西 0.2 千米清水河县境内。实心。黄土夯筑，夯层厚 0.15～0.2 米，夹有片石。

烽火台保存较差。四壁有坍塌，形成斜坡，坡上长满杂草。东壁坍塌断面露出夯层中的片石。烽火台现高 5 米。

烽火台位于长城墙体西侧，东距新庄窝长城 0.1 千米。

新庄窝 5 号烽火台（150124353201170504）

位于山西省朔州市平鲁区阻虎乡正沟村西 0.1 千米清水河县境内。实心。黄土夯筑，夯层厚 0.15～0.2 米，夯筑坚硬，内无夹杂物。

烽火台矗立于山丘上。保存较差。四壁坍塌，形成斜坡，整体呈锥状，长满杂草，斜坡上多雨水冲刷出的小冲沟。烽火台现高 9、底部边长 10、顶部边长 2 米。

烽火台位于长城墙体西侧，东距新庄窝长城 0.2 千米。

头墩 1 号烽火台（150124353201170505）

位于山西省朔州市平鲁区阻虎乡头墩村西 0.45 千米清水河县境内。实心。黄土夯筑，夯层厚 0.15～0.2 米，夯筑坚硬，内无夹杂物。

烽火台矗立于山丘上。保存较差。四壁坍塌，形成斜坡，整体成锥状土丘，长满杂草。烽火台现高 8 米，底部东西长 9、南北长 10 米，顶部东西长 5、南北长 4 米。

烽火台位于长城墙体西侧，东距头墩长城 0.1 千米。

头墩 2 号烽火台（150124353201170506）

位于山西省朔州市平鲁区阻虎乡头墩村南 1 千米清水河县境内。实心。黄土夯筑。夯层厚 0.15～0.2 米，夯筑坚硬，内无夹杂物。

烽火台矗立于山丘上。保存较差。四壁坍塌，形成斜坡，整体呈锥状，长满杂草，东、南、西面斜坡上有少量风蚀形成的台阶和坑窝。烽火台现高 6 米，底部东西长 9、南北长 8 米，顶部东西长 3、南北长 6 米。

烽火台位于长城墙体西侧，东距头墩长城 0.2 千米。

八墩 1 号烽火台（150124353201170507）

位于山西省朔州市平鲁区阻虎乡小七墩村西南 0.5 千米清水河县境内。实心，黄土夯筑，夯层厚 0.15～0.2 米，内无夹杂物。

烽火台保存较差。平面呈矩形，剖面呈梯形。顶部呈半球状，多杂草；东壁大面积坍塌；南壁顶部中间凹陷，表面有冲沟，底部堆积碎石，碎石堆上有祈雨的神仙牌位；西壁顶部平坦，壁面有坑洞，底部形成小斜坡；北壁东侧坍塌，表面凹陷，有雨水冲沟。烽火台现高 9 米，底部东西长 6、南北长 8 米，顶部东西长 3、南北长 5 米。

烽火台位于长城墙体西侧，东距八墩长城 0.2 千米。

八墩 2 号烽火台（150124353201170508）

位于山西省朔州市平鲁区阻虎乡小七墩村西南 0.8 千米清水河县境内。实心。黄土夯筑，夯层厚 0.15～0.2 米，内无夹杂物。

烽火台保存较差。平面呈矩形，剖面呈梯形。东壁顶部有残损，壁面有雨水冲沟，大面积坍塌，形成斜坡；南壁顶部西侧坍塌，壁面有夯土脱落现象，底部有坑洞，洞高 1、宽 0.4 米；西壁坍塌有裂缝，北部有雨水冲沟；北壁表面有坑洞，夯土脱落，形成小斜坡。烽火台现高 8 米，底部东西长 8、南北长 10 米，顶部东西长 6、南北长 7 米。

烽火台位于长城墙体西侧，东距八墩长城 0.4 千米。

八墩 5 号烽火台（150124353201170509）

位于山西省朔州市平鲁区阻虎乡小七墩村西南 1.7 千米清水河县境内。实心。黄土夯筑，夯层厚 0.15～0.2 米，内无夹杂物。

烽火台保存较差。平面呈矩形，剖面呈梯形。东壁顶部中间坍塌，下陷形成斜坡；南壁有数个大小不一的坑洞，有夯土脱落现象；西壁顶部塌陷，中间低两边高，壁表有坑洞和雨水冲沟，夯土有脱落；北壁稍好，坑洞和雨水冲沟较少，夯土脱落轻微。烽火台现高 8 米，底部东西长 8、南北长 15 米，顶部东西长 6、南北长 9 米。

烽火台位于长城墙体西侧，东距八墩长城 0.2 千米。

九墩 1 号烽火台（150124353201170510）

位于清水河县北堡乡八墩村北 0.1 千米。实心。黄土夯筑，夯层厚 0.15～0.2 米，内无夹杂物。

烽火台矗立在山丘上。保存较差。平面呈矩形，剖面呈梯形。北壁顶部有几条雨水冲沟，壁面有少量坑窝；东壁整体坍塌，形成斜坡，坡上有几道风蚀形成的台阶；南壁呈斜坡状，坑洼不平有几道台阶。烽火台现高 8 米，底部东西长 15、南北长 12 米，顶部边长 3 米。

烽火台位于长城墙体西侧，东距九墩长城 0.35 千米。

九墩 3 号烽火台（150124353201170511）

位于山西省朔州市平鲁区阻虎乡九墩村西 0.15 千米清水河县境内。实心。黄土夯筑，夯层厚 0.15～0.2 米，内无夹杂物。

烽火台保存一般。平面呈矩形，剖面呈梯形。顶部凹凸不平，长满杂草；东壁夯土大量脱落；南壁有数条雨水冲沟；西壁整体塌毁，形成斜坡，坡上有小冲沟和少量坑窝；北壁中间坍塌，形成高 6 米的斜坡，坡上有风蚀形成的台阶，残存一段壁面。烽火台现高 9 米，底部东西长 9、南北长 10 米，顶部东西长 4、南北长 3.5 米。

烽火台位于长城墙体西侧，东距九墩长城 0.35 千米。

九墩 4 号烽火台（150124353201170512）

位于山西省朔州市平鲁区阻虎乡九墩村西 2.1 千米清水河县境内。实心。黄土夯筑，夯层厚 0.15～0.2 米，内无夹杂物。

烽火台矗立在山丘上。保存较差。平面呈近圆形，剖面呈梯形。只西壁有小部分残留，东、南、北壁坍塌成斜坡，通体长满杂草。烽火台现高 8 米，底部东西长 17、南北长 15 米，顶部东西长 1.5、南北长 3 米。

烽火台位于长城墙体西侧，东距九墩长城 0.12 千米。

泉子沟烽火台（150124353201170513）

位于清水河县北堡乡泉子沟村东北 1.9 千米。实心。黄土夯筑，夯层厚 0.15～0.2 米，内无夹杂物。

烽火台保存较差。平面呈近圆形，剖面呈梯形，整体呈锥状。四壁坍塌，形成斜坡，长满杂草和灌木。烽火台现高 6 米，底部直径 8 米，顶部东西长 1、南北长 1.5 米。（图九一）

烽火台位于长城墙体北侧，南距泉子沟长城 0.2 千米。

碌碡坪 1 号烽火台（150124353201170514）

位于清水河县北堡乡泉子沟村旧址西 0.8 千米。实心。黄土夯筑，夯层厚 0.15～0.2 米，内无夹杂物。

烽火台保存较差。平面呈矩形，剖面呈梯形。四壁坍塌，形成斜坡，长有杂草；南壁底部有一洞穴，高 0.5、宽 0.4、进深 1 米。烽火台现高 8 米，底部边长 7 米，顶部东西长 3、南北长 4.5 米。

烽火台位于长城墙体西侧，东距碌碡坪长城 0.13 千米。

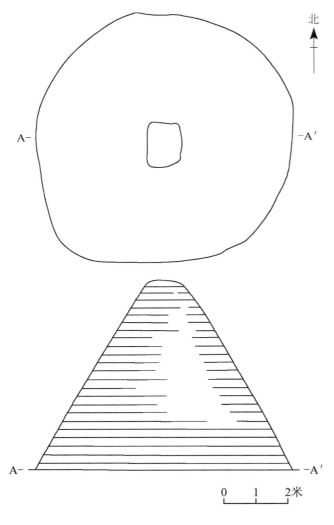

北

A- -A'

A- -A'

0　1　2米

图九一　泉子沟烽火台平、剖面图

硌磛坪 2 号烽火台（15012435320117 0515）

位于清水河县北堡乡泉子沟村旧址西 0.5 千米。实心。黄土夯筑，夯层厚 0.15～0.2 米，内无夹杂物。

烽火台保存较差。平面呈近圆形，剖面呈梯形。东、北壁塌毁，通顶形成斜坡；西、南壁分别残存高 1 米和 2 米的壁面，底部形成斜坡。烽火台现高 9.5 米，底部东西长 12、南北长 13 米，顶部边长 3 米。

烽火台位于长城墙体西侧，东距硌磛坪长城 0.08 千米。

硌磛坪 3 号烽火台（15012435320117 0516）

位于清水河县北堡乡硌磛坪村东北 0.5 千米。实心。黄土夯筑，夯层厚 0.15～0.2 米，内无夹杂物。

烽火台保存较差。平面呈近圆形，剖面呈梯形。顶部凹凸不平，可见少量碎石。四壁有坍塌，在底部形成斜坡，东壁斜坡高 3 米，南壁斜坡高 1.5 米，西壁斜坡高 1 米，北壁因雨水冲刷呈台阶状，四壁长有杂草和灌木。烽火台现高 8 米，底部东西长 8、南北长 9.5 米，顶部东西长 5、南北长 4 米。

烽火台位于长城墙体东侧，西距硌磛坪长城 1 千米。

北堡 1 号烽火台（150124353201170517）

位于清水河县北堡乡口子上村西北 0.3 千米。实心。黄土夯筑，夯层厚 0.15～0.2 米，内无夹杂物。

烽火台保存一般。平面呈近圆形，剖面呈梯形。四壁坍塌，形成斜坡，坡高 5～7 米，长满杂草和灌木。斜坡上残存的壁面较少，上有少量坑窝及雨水冲沟。烽火台现高 10 米，底部东西长 16、南北长 20 米，顶部东西长 6、南北长 7 米。（彩图三四一）

烽火台位于长城墙体南侧，北距北堡长城 1 段 0.1 千米。

北堡 2 号烽火台（150124353201170518）

位于清水河县北堡乡口子上村西 0.65 千米。实心。黄土夯筑，夯层厚 0.15～0.2 米，内无夹杂物。

烽火台保存较差。四壁有程度不等的坍塌，在底部形成高 3～6 米的斜坡，坡上长满杂草和灌木。烽火台现高 7 米，底部东西长 11、南北长 10 米，顶部东西长 1、南北长 3 米。

烽火台位于长城墙体南侧，北距北堡长城 1 段 0.1 千米。

北堡 3 号烽火台（150124353201170519）

位于清水河县北堡乡口子上村西 2.1 千米。实心。黄土夯筑，夯层厚 0.15～0.2 米，内无夹杂物。

烽火台保存较差。四壁有坍塌，在底部形成斜坡，坡上长满杂草和灌木，残存的壁面上有大量的坑窝和雨水冲痕。烽火台现高 7.5 米，底部东西长 11、南北长 9 米，顶部东西长 2.5、南北长 3 米。

烽火台位于长城墙体南侧，北距北堡长城 2 段 0.01 千米。

北堡 4 号烽火台（150124353201170520）

位于清水河县北堡乡口子上村西 1.9 千米。实心。黄土夯筑，夯层厚 0.15～0.2 米，内无夹杂物。

烽火台保存较差。四壁有坍塌，在底部形成斜坡，坡上长满杂草和灌木，残存的壁面上有大量的坑窝和雨水冲痕。烽火台现高 7 米，底部边长 8 米，顶部东西长 3.5、南北长 3 米。

烽火台位于长城墙体南侧，北距北堡长城 2 段 0.1 千米。

水草沟烽火台（150124353201170521）

位于清水河县北堡乡水草沟村东 0.3 千米。实心。黄土夯筑，夯层厚 0.15～0.2 米，内无夹杂物。

烽火台保存较差。四壁有坍塌，在底部形成高 1～3 米斜坡，坡上长满杂草和灌木，残存的壁面因雨水冲刷而坑洼不平，有多个坑窝和雨水冲痕。东面斜坡上有一个人为洞穴，高 0.8、宽 1、进深 2 米。烽火台现高 8 米，底部东西长 16、南北长 20 米，顶部东西长 4、南北长 2 米。（彩图三四二）

烽火台位于长城墙体东侧，西与水草沟长城 3 段相邻。

口子上 1 号烽火台（150124353201170522）

位于清水河县北堡乡口子上村东 0.5 千米。实心。黄土夯筑，夯层厚 0.15～0.2 米，内无夹杂物。

烽火台保存较差。平面略呈椭圆形，剖面呈梯形。四壁有坍塌，在底部形成斜坡，坡上长满杂草和灌木。残存的壁面因雨水冲刷而坑洼不平，有多个坑窝和雨水冲痕。烽火台现高 11 米，底部东西长 14、南北长 16 米，顶部东西长 4、南北长 5 米。

烽火台位于长城墙体东侧，西距口子上长城 2 段 0.03 千米。

口子上 2 号烽火台（150124353201170523）

位于清水河县北堡乡口子上村东 0.55 千米。实心。黄土夯筑，夯层厚 0.15～0.2 米，内无夹杂物。外侧原包有砖石，现脱落流失殆尽。

烽火台建于山丘上，保存较好。整体呈圆柱状。顶部较平坦，长有少量杂草，四面破坏轻微；东壁较平直，由于雨水冲刷导致夯土脱落，形成宽约 0.3 米的冲沟；南壁夯土大量脱落，形成小台阶，坑洼不平；西壁有一条小冲沟，底部呈台阶状；北壁上部有一条长 1、宽约 0.3 米的冲沟，底部有一人为的洞穴，高 1、宽约 0.8、进深 2 米。烽火台现高 10 米，底部东西长 14、南北长 13.5 米，顶部边长 6.5 米。

烽火台位于长城墙体东侧，西距口子上长城 2 段 0.1 千米。

口子上 3 号烽火台（150124353201170524）

位于清水河县北堡乡口子上村东 0.4 千米。实心。黄土夯筑，夯层厚 0.15～0.2 米，内无夹杂物。

烽火台保存较差。四壁有坍塌，在底部形成斜坡，坡上长满杂草和灌木。残存壁面因雨水冲刷坑洼不平，有多个坑窝和雨水冲痕。烽火台现高 9.5 米，底部东西长 7、南北长 9 米，顶部东西长 3、南北长 2 米。

烽火台位于长城墙体东侧，西距口子上长城 2 段 0.05 千米。

口子上 4 号烽火台（150124353201170525）

位于清水河县北堡乡口子上村东北 0.3 千米。实心。黄土夯筑，夯层厚 0.15～0.2 米，内无夹杂物。

烽火台保存较差。四壁有坍塌，在底部形成斜坡，坡上长满杂草和灌木，西、南侧斜坡呈台阶状。烽火台现高 9 米，底部东西长 14、南北长 13 米，顶部边长 4 米。

烽火台位于长城墙体西侧，东与口子上长城 2 段相邻。

口子上 5 号烽火台（150124353201170526）

位于清水河县北堡乡口子上村西南 0.8 千米。实心。黄土夯筑，夯层厚 0.15～0.2 米，内无夹杂物。

烽火台保存较差。四壁有坍塌，在底部形成高 4～6 米的斜坡，坡上长满杂草和灌木。残存壁面因雨水冲刷而坑洼不平，有多个坑窝和雨水冲痕。烽火台现高 7 米，底部东西长 6、南北长 10 米，顶部东西长 2、南北长 3.5 米。

烽火台位于长城墙体南侧，北距口子上长城 2 段 0.2 千米。

口子上 6 号烽火台（150124353201170527）

位于清水河县北堡乡口子上村西南 0.9 千米。实心。黄土夯筑，夯层厚 0.15～0.2 米，内无夹杂物。

烽火台保存较差。四壁受到严重破坏。东壁上部不平，夯土大量脱落，形成两道宽约 0.3～0.7 米的竖向冲沟，面临坍塌；南壁顶部长有杂草和几棵小树，壁面凹凸不平，因雨水冲刷，形成坍塌面和数条小沟；西壁上部坍塌，壁表有少量坑窝和几道冲沟；北壁凹凸不平，有几条大的冲沟和裂缝，底部有高 2.5 米的斜坡，坡上生长大量的灌木和杂草。烽火台现高 9.5 米，底部东西长 8.5、南北长 8 米，顶部东西长 4、南北长 2 米。

烽火台位于长城墙体南侧，北距口子上长城 2 段 0.02 千米。

口子上 7 号烽火台（150124353201170528）

位于清水河县北堡乡口子上村南 0.25 千米。实心。内部黄土夯筑，夯层厚 0.15～0.2 米，内无夹杂物；外部原包有砖石，现滑落流失殆尽。

烽火台保存较好。带有台基和围墙。台基呈圆形，高 2、直径 33 米。台墩呈圆台状，顶部坑洼不平并长有少量杂草和几棵小树，四壁有破坏。东壁因雨水冲刷形成少量坑窝和雨水冲沟；南壁局部塌陷，有几道雨水冲沟；西壁中部坍塌，壁表有少量坑窝和几条雨水冲沟；北壁长有少量灌木和杂草，底部有较大的裂缝。烽火台现高 9、底部直径 13、顶部直径 7 米。

烽火台外围有圆形围墙，只在东南残存一段。长 5、现高 1～2.5、底宽 3～5、顶宽 0.5～1 米，呈弧形。（图九二）

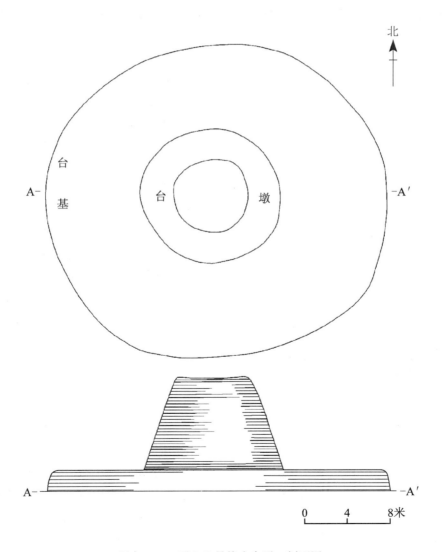

图九二　口子上 7 号烽火台平、剖面图

烽火台位于长城墙体南侧，北距口子上长城2段0.2千米。

腰榨1号烽火台（15012435320117 0529）

位于清水河县北堡乡口子上村西南2.2千米。实心。黄土夯筑，夯层厚0.15~0.2米，内无夹杂物。

烽火台保存较差。平面呈近圆形，剖面呈梯形。顶部不平整，长有少量灌木和杂草；四壁受到不同程度的破坏；东壁因雨水冲刷而凹凸不平，表面有几条较小的冲沟；南壁上部严重坍塌，呈多层台阶状，壁表有少量坑窝和灌木；西壁坍塌成台阶状，生长少量灌木，有少量坑窝；北壁底部形成高2米的斜坡，坡上长有大量杂草和灌木，壁表有几道冲沟和少量坑窝。烽火台现高10米，底部东西长7、南北长10米，顶部东西长1.5、南北长3米。

烽火台位于长城墙体东侧，西距腰榨长城0.01千米。

腰榨2号烽火台（15012435320117 0530）

位于清水河县北堡乡口子上村西南2.5千米。实心。黄土夯筑，夯层厚0.15~0.2米，夯层清晰、坚硬，内无夹杂物。

烽火台保存较好。整体呈圆台状，破坏比较小。东壁底部有塌陷，壁表有几道冲沟；南壁有一条宽约0.3米的竖向冲沟，底部有高5米的夯土脱落，形成高1米的斜坡；西壁上部坍塌，生长大量灌木，底部有雨水冲痕；北壁稍好，底部有雨水冲痕。烽火台现高9.8、底部直径13、顶部直径7米。（图九三；彩图三四三）

烽火台位于长城墙体东侧，西距腰榨长城0.07千米。

腰榨3号烽火台（15012435320117 0531）

位于清水河县北堡乡口子上村西南2.8千米。实心。土石混筑。内部夯筑，夯层厚0.15~0.2米；外侧原包有条石，多已流失。

烽火台保存较差。平面略呈椭圆形，剖面呈梯形。顶部不平整，长有大量杂草；四壁均有破坏；东壁的条石全部被拆移，壁表坑洼不平，呈台阶状，有少量坑窝和灌木；南壁呈台阶状，露出土石混筑部分；西壁呈台阶状；北壁底部形成高1.5米的斜坡，上面长满杂草，散落大量石块。烽火台现高7米，底部东西长5、南北长7米，顶部东西长1.5、南北长3米。

烽火台位于长城墙体东侧，西侧紧邻腰榨长城。

老洼沟烽火台（15012435320117 0532）

位于清水河县北堡乡口子上村西南4.1千米。实心。黄土夯筑，夯层清晰、坚硬，厚0.15~0.2米，内无夹杂物。

烽火台保存较差。平面呈近圆形，剖面呈

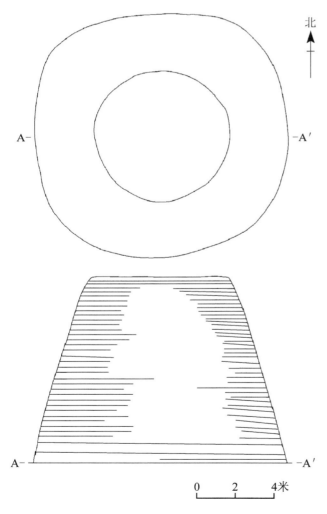

北

A- -A'

A- -A'

0　　2　　4米

图九三　腰榨2号烽火台平、剖面图

梯形。顶部不平整，长有大量杂草；四壁有破坏；东壁坍塌较为严重，壁表长有少量灌木和杂草，有较多裂缝和鸟兽筑巢留下的坑窝；南壁基本坍塌，形成斜坡，残存壁面呈台阶状，长有较多杂草和少量灌木，有大量坑窝；西壁有多处裂缝和坑窝，西北角破坏严重。烽火台现高 9 米，底部东西长 14、南北长 13 米，顶部东西长 7、南北长 4 米。

烽火台位于长城墙体西侧，东距老洼沟长城 2 段 0.1 千米。

窑子沟 3 号烽火台（150124353201170533）

位于清水河县北堡乡阳井上村东 0.6 千米。实心。黄土夯筑，夯层清晰、坚硬，厚 0.15 ~ 0.2 米，内无夹杂物。

烽火台整体保存较好，破坏轻微。平面呈矩形，剖面呈梯形。西、南壁保存尚好，壁表有少量坑窝和裂缝；北壁不平整，有几条因雨水冲刷形成的竖向凹槽；东壁保存较差，两侧边缘大部分坍塌，中间残存小部分台体，上面长满杂草。烽火台现高 8 米，底部东西长 9.15、南北长 10.2 米，顶部东西长 7、南北长 6.85 米。

烽火台位于长城墙体北侧，南距窑子上长城 2.1 千米。

窑子沟 6 号烽火台（150124353201170534）

位于清水河县北堡乡水草沟村东北 1 千米。实心。黄土夯筑，夯层清晰，厚 0.15 ~ 0.2 米，内无夹杂物。

烽火台保存较差。整体呈圆柱状。东壁受南壁影响部分坍塌；南壁整体坍塌，中部和偏西部残存少量台体；西壁不平整，偏南部有大小不一的坑窝，偏北部有少量坍塌；北壁两侧边缘局部坍塌，底部因风蚀内凹。烽火台周围散落碎石块，石块应与烽火台有关，未发现台体外有包砖、包石迹象。烽火台现高 4.98、底部直径 6.5、顶部直径 3.2 米。

烽火台位于长城墙体西侧，东距北堡长城 2 段 1 千米。

窑子沟 7 号烽火台（150124353201170535）

位于清水河县北堡乡栋木塔村东北 0.67 千米。实心。黄土夯筑，夯层清晰，厚 0.15 ~ 0.2 米，内无夹杂物。

烽火台保存较差。平面呈矩形，剖面呈梯形。四壁有坍塌。东壁整体坍塌成斜坡，长满杂草；南壁两侧边缘受东、西壁坍塌影响而坍塌，中部因风蚀凹陷左下角有一个小洞口，应为早期挖掘，洞口下半部被坍塌土封堵；西壁坍塌较多，壁面不平整，左下角坍塌呈洞状；北壁两侧边缘坍塌成斜坡。烽火台现高 5.52 米，底部东西长 4、南北长 5.2 米，顶部东西长 1、南北长 2.5 米。

烽火台位于长城墙体西侧，东距窑子沟长城 2 千米。

小元峁 2 号烽火台（150124353201170536）

位于清水河县北堡乡栋木塔村西南 1.1 千米。实心。黄土夯筑，夯层清晰，厚 0.08 ~ 0.15 米，内无夹杂物。

烽火台保存较差。平面呈椭圆形，剖面呈梯形。东壁较差，中部坍塌成高 3 米的斜坡，坡上长有少量灌木，残存壁表凹凸不平，有少量坑窝；南壁底部有高 4 米的斜坡，坡上长有杂草，残存壁表有几道雨水冲痕和数个坑窝，长有杂草和灌木；西壁中间坍塌成高 3 米的斜坡，斜坡上长满杂草和灌木，残壁不平整，有大量坑窝和雨水冲痕；北壁较差，中部坍塌成高 3 米的斜坡，坡上长满杂草，残壁上有大量雨水冲痕和坑窝。烽火台现高 8 米，底部东西长 9、南北长 10 米，顶部东西长 4、南北长 5 米。

烽火台位于长城墙体北侧，南距窑子沟长城 1.2 千米。

窑洼 3 号烽火台 （150124353201170537）

烽火台位于清水河县北堡乡小井沟村旧址西 1 千米，建在半山腰的一个台地上。实心。黄土夯筑，夯层清晰，厚 0.08～0.15 米，内无夹杂物。

烽火台保存较差。平面呈近圆形，剖面呈梯形。东壁上部残存高 1 米多的壁面，下为斜坡；南壁整体坍塌，形成斜坡；西壁只残存高 3 米的台体；北壁因雨水冲刷呈台阶状。烽火台现高 7 米，底部东西长 12、南北长 10 米，顶部东西长 6、南北长 4 米。

烽火台位于长城墙体北侧，南距窑洼长城 0.3 千米。

许家湾 5 号烽火台 （150124353201170538）

位于清水河县北堡乡川峁上村东 0.6 千米，建于山顶上。实心。黄土夯筑，夯层清晰，厚 0.1～0.15 米，内无夹杂物。

烽火台保存较好，整体呈圆柱状。南壁底部有一现代挖掘的小洞；西壁底部有小部分夯土剥落，无坍塌情况。烽火台现高 13.8、底部直径 12、顶部直径 5 米。

烽火台位于长城墙体北侧，南距许家湾长城 0.36 千米。

川峁上 1 号烽火台 （150124353201170539）

位于清水河县北堡乡川峁上村。实心。黄土夯筑，夯层清晰，厚 0.1～0.15 米，内无夹杂物。

烽火台保存较差。平面呈近圆形，剖面呈梯形。顶部不平，长满杂草；四壁坍塌，形成斜坡，上面长有较多杂草、沙棘和柠条；东壁底部形成较大斜坡；西壁底部有一人为大洞。烽火台现高 7 米，底部东西长 9、南北长 10 米，顶部东西长 5、南北长 6 米。

烽火台位于长城墙体东侧，西距川峁上长城 0.12 千米。

川峁上 4 号烽火台 （150124353201170540）

位于清水河县北堡乡川峁上村东北 0.5 千米。实心。黄土夯筑，夯层清晰，厚 0.15～0.2 米，内无夹杂物。

烽火台保存较差。平面呈近圆形，剖面呈梯形。顶部不平，长满杂草；四壁有坍塌，坍塌的夯土与地面形成斜坡，坡上长满杂草和沙棘。烽火台现高 6 米，底部东西长 6、南北长 7 米，顶部东西长 4、南北长 3 米。

烽火台位于长城墙体东侧，西距川峁上长城 0.4 千米。（彩图三四四）

石垛墕 3 号烽火台 （150124353201170541）

位于清水河县单台子乡石垛墕村西北 1.16 千米。实心。黄土夯筑，夯层清晰，厚 0.15～0.2 米，内无夹杂物。

烽火台保存较好。平面呈正方形，剖面呈梯形。顶部平坦，有少许青砖和碎瓦；四壁有不同程度的坍塌；东壁较好；南壁中部和西部小面积坍塌，中部有几处大坑窝，顶部出现豁口；北壁保存一般，部分塌陷，中部稍有凸出，呈斜坡状；西壁相对较好，壁面稍有不平，有较多雨水冲痕，上半部生长较多植物。烽火台现高 10、底部边长 11、顶部边长 7.5 米。

烽火台位于长城墙体东侧，西距石垛墕长城 0.19 千米。

白泥窑 1 号烽火台 （150124353201170542）

位于清水河县单台子乡石垛墕村东南 0.24 千米。实心。黄土夯筑，夯层清晰，厚 0.15～0.2 米，内无夹杂物。

烽火台保存较差。四壁均受到严重破坏，只残存中心部分，坍塌的夯土在周围形成斜坡。烽火台现高 5 米，底部东西长 5、南北长 4.9 米，顶部东西长 2.1、南北长 1 米。

烽火台位于长城墙体北侧，南距白泥窑长城 0.13 千米。

正湖梁 4 号烽火台（150124353201170543）

位于山西省偏关县万家寨镇滑石村东北 1.5 千米清水河县境内。实心。黄土夯筑，夯层清晰，厚 0.15 ~ 0.2 米，内无夹杂物。

烽火台保存一般。四壁受到一定破坏，北壁破坏严重。烽火台现高 6 米，底部边长 5 米，顶部东西长 1、南北长 1.5 米。（图九四）

烽火台位于长城墙体北侧，南距正湖梁长城 0.57 千米。

正湖梁 5 号烽火台（150124353201170544）

位于山西省偏关县万家寨镇滑石村东北 1.52 千米清水河县境内。实心。黄土夯筑，夯层清晰，厚 0.15 ~ 0.2 米，内无夹杂物。

烽火台保存较差。平面呈近圆形，剖面呈梯形。四壁破坏严重，夯土大量流失，只残存中心部分。烽火台现高 4、底部直径 5、顶部直径 0.7 米。

烽火台位于长城墙体北侧，南距正湖梁长城 0.53 千米。

五眼井堡（1501243531021700001）

位于清水河县北堡乡口子上村南 0.5 千米、长城墙体东侧。西距清水河县口子上长城 2 段 0.2 千米。该堡平面呈正方形。设东门，方向正东。周长 280 米，面积 4900 平方米。堡墙上有角楼 4 座。（图九五）

该堡所处位置西高东低。整体保存较差。堡内不平，生长有大量的杂草，有条石堆砌的道路和数个大堆石遗迹。堡墙四角残存角楼。门位于东墙中部。堡墙及角楼黄土夯筑，夯层明显且坚硬，厚 0.25 ~ 0.3 米。

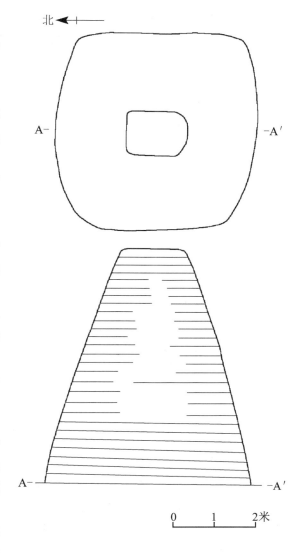

图九四　正湖梁 4 号烽火台平、剖面图

外侧包有砖石，被人为拆移，只残留钉条石。钉条石是当时为了防止外层包砖石的墙体向外倒塌镶嵌于内层夯土墙体中，与外层包砖石墙体交错叠压在一起。

东墙长 70 米，残存最高 5.5、最低 3.5 米，底宽 4 ~ 8、顶宽 0.8 ~ 2 米；中部开门，宽 6 米。南墙长 70 米，残存最高 5.5、最低 3.5 米，底宽 6 ~ 8、顶宽 1 ~ 1.5 米。（彩图三四五）西墙长 70 米，残存最高 5 米，底宽 6 ~ 8、顶宽 1.5 ~ 2 米。（彩图三四六）北墙长 70 米，残存最高 5.5、最低 4 米，底宽 6 ~ 8、顶宽 0.5 ~ 1.3 米。墙体表面凹凸不平，有大量钉条石。

堡墙四角有角楼。平面呈正方形，剖面呈梯形。东南角楼现高 5.5 米，底部边长 9.5、凸出墙体 3.5 米，顶部边长 7、凸出墙体 2 米；西南角楼现高 5.5 米，底部边长 9.5、凸出墙体 3.5 米，顶部边长 7、凸出墙体 2 米；西北角楼现高 5.5 米，底部边长 9.5、凸出墙体 3.5 米，顶部边长 7、凸出墙体 2 米；东北角楼现高 5.5 米，底部边长 9.5、凸出墙体 3.5 米，顶部边长 7、凸出墙体 2 米。

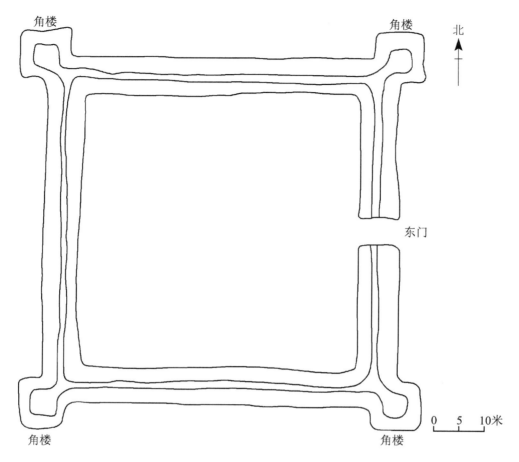

图九五　五眼井堡平面图

小元峁堡（150124353102170002）

位于清水河县北堡乡楝木塔村西南 3.1 千米、长城墙体南侧，建在一个山顶上，北距清水河县小元峁长城 0.5 千米。该堡平面呈矩形，设南门，方向正南。周长 346 米，面积 7650 平方米。该堡有角楼 4 座、马面 2 座。（图九六；彩图三四七）

该堡整体保存较差。四周墙体基本保留，东、南、西、北墙分别长 83、85、88、90 米。北墙和东墙中部各有 1 座马面，形制相仿，平面呈矩形，剖面呈梯形，现高 5、底部边长 5～8、顶部边长 4～6 米。南墙中部开门，城门处坍塌成较大豁口。（彩图三四八）四角残存有角楼，（彩图三四九）略高于城墙，向外狭长凸出，平面呈矩形，剖面呈梯形，底部东西长 5～8、南北长 7～10 米，顶部东西长 3～7、南北长 6～9 米。堡内被开辟成农田，不见其他遗迹。堡墙、马面及角楼黄土夯筑，夯层厚约 0.2 米。堡墙现高 0.7～5、底宽 5、顶宽 0.2～1.5 米。

白泥窑堡（150124353102170003）

位于清水河县单台子乡石垛塌村西南 1.1 千米、长城墙体南侧。北距清水河县白泥窑长城 0.16 千米。该堡平面呈正方形，门址不清。周长 360 米，面积 8100 平方米。堡内残存白泥窑 3 号烽火台。（图九七）

堡墙均长 90 米，黄土夯筑，现高 0～3.6 米。不见马面和角楼。东墙北部有一豁口，宽 10 米，有车轮印，是出入该堡的通道；南墙中部以西墙体坍塌；西墙北部有一段墙体保存较好，其余大多坍塌；北墙大部分坍塌，西部墙体基本消失，残存墙体顶部有较多豁口。（彩图三五〇）

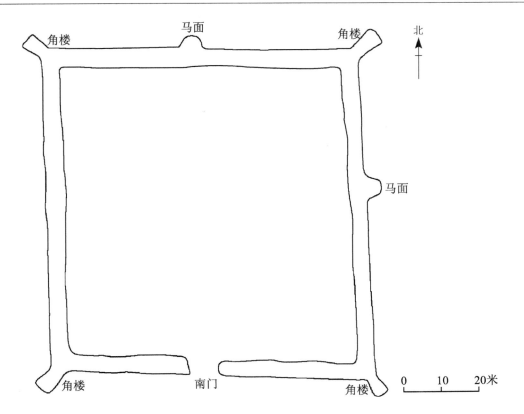

图九六　小元峁堡平面图

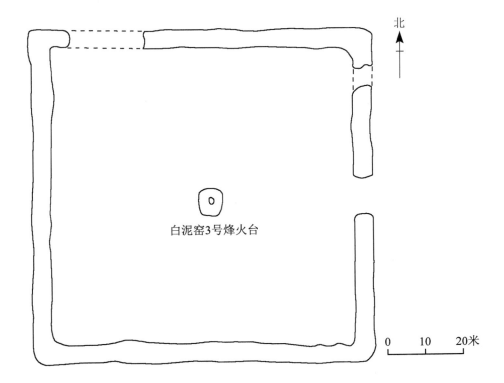

图九七　白泥窑堡平面图

（六）山西省朔州市平鲁区

平鲁区境内有烽火台35座、堡1座。（参见地图八-3、4）

九洞1号烽火台（1406033353201170012）

位于平鲁区高石庄乡九洞村东0.25千米。实心。内部黄土夯筑，夯层厚0.15～0.2米，含有砖石碎块；外侧包有砖石，流失殆尽，只在顶部残存。

烽火台保存一般。平面呈矩形，剖面呈梯形。因自然及人为因素的残损，四壁均有破坏。南壁尚好，左上角坍塌，右上角残存高1.5、宽1.2米的包石，壁上有几处坑窝，底部有堆土；东壁凹凸不平，有几处坑窝，底部坍塌的夯土上长有小榆树；北壁由于坍塌而部分内凹，坍塌的夯土堆积于地面形成斜坡，坡上长有杂草；西壁中部坍塌严重而内凹，底部有少量堆土。烽火台现高9米，底部东西长9、南北长8米，顶部东西长5、南北长8米。

烽火台外围残存围墙。平面呈正方形，边长24米。围墙内散落大量的砖石。

烽火台位于长城墙体东侧，西距九洞长城0.6千米。

九洞2号烽火台（1406033353201170013）

位于平鲁区高石庄乡九洞村南0.2千米。实心。黄土夯筑，夯层厚0.15～0.2米。

烽火台保存一般。整体坍塌成锥状，长满杂草。现高6米，底部东西长6、南北长8米，顶部边长1.5米。

烽火台东侧有围院，痕迹不明显。

九洞3号烽火台（1406033353201170014）

位于平鲁区高石庄乡九洞村西南0.65千米。实心。黄土夯筑，夯层厚0.15～0.2米，内无夹杂物。

烽火台保存一般。平面呈正方形，剖面呈梯形。四壁有破坏。东壁多处坍塌，坍塌的夯土形成斜坡，上面长满杂草；南壁较平整，东部有坍塌；北壁西半部坍塌严重，形成斜坡，坡上长有较多杂草。烽火台现高5、底部边长6、顶部边长3米。

九洞4号烽火台（1406033353201170015）

位于平鲁区高石庄乡九洞村西南0.85千米。实心。黄土夯筑，夯层厚0.15～0.2米，内无夹杂物。

烽火台保存较差。破坏严重，四壁坍塌成斜坡。烽火台现高5米，底部边长8米，顶部东西长0.5、南北长1米。

烽火台外围有围墙，痕迹不明显。

烽火台位于长城墙体东侧，西与九洞长城相邻。

八墩1号烽火台（1406033353201170016）

位于平鲁区高石庄乡八墩村西北0.8千米。实心。黄土夯筑，夯层厚0.15～0.2米，内无夹杂物。

烽火台保存较差。东、南、北壁坍塌成斜坡，西壁因坍塌而内凹，四壁长满杂草。烽火台现高5米，底部东西长5、南北长6米，顶部东西长1、南北长3米。

烽火台位于长城墙体东侧，西与平鲁区八墩长城相邻。

八墩2号烽火台（1406033353201170017）

位于平鲁区高石庄乡八墩村西南1.5千米。实心。黄土夯筑，夯层厚0.15～0.2米，内无夹杂物。

　　烽火台保存较差。四壁坍塌成斜坡，只小部分台体残存，通体长满杂草，西壁内凹。烽火台现高5米，底部东西长5、南北长6米，顶部东西长1、南北长3米。

　　烽火台位于长城墙体东侧，西与平鲁区八墩长城相邻。

八墩3号烽火台 （140603353201170018）

　　位于平鲁区高石庄乡八墩村西南1.4千米。实心。黄土夯筑，夯层厚0.15～0.2米，内无夹杂物。

　　烽火台建在高4米的土台之上。保存一般。顶部中间坍塌下陷；东、南壁由上至下大面积坍塌，形成斜坡；西壁有两个坑洞；北壁稍好，有数个坑洞，两侧有冲沟。烽火台现高8米，底部东西长11、南北长10米，顶部东西长4、南北长6米。

　　烽火台位于长城墙体东侧，西距平鲁区八墩长城0.5千米。

七墩镇烽火台 （140603353201170019）

　　位于内蒙古自治区清水河县韭菜庄乡新村东北1.9千米。实心。黄土夯筑，夯层厚0.15～0.2米，内无夹杂物。

　　烽火台保存一般。受多年自然和人为因素破坏，四壁有较严重坍塌，坍塌的夯土在地面形成斜坡。烽火台现高7米，底部东西长10、南北长8米，顶部边长1米。

　　烽火台位于长城墙体东侧，西与七墩镇长城相邻。

大何堡烽火台 （140603353201170020）

　　位于平鲁区高石庄乡九洞村南1.6千米。实心。黄土夯筑，夯层厚0.15～0.2米，内无夹杂物。

　　烽火台保存一般。平面呈矩形，剖面呈梯形。顶部较平，四壁有破损；东壁较好，壁面平直，中上部局部坍塌，坍塌的夯土在底部堆积成斜坡；南壁不平，底部有坑窝，偏东有小范围坍塌；西壁保存一般，坍塌较多，偏北不平，底部因风蚀而内凹，有一条裂缝；北壁较好，稍有不平，底部有几处坑窝，因风蚀夯层裸露。烽火台现高8米，底部东西长8、南北长9米，顶部边长5米。烽火台周围散落大量砖石，推测烽火台有外包石，现脱落流失。

　　烽火台位于长城墙体东侧，西与小岔子长城相邻。

火家堡烽火台 （140603353201170021）

　　位于平鲁区高石庄乡新墩村南1千米。实心。黄土夯筑，夯层厚0.15～0.2米，内无夹杂物。

　　烽火台为圆柱形。保存较差。顶部及台壁受到严重破坏，呈圆锥状；东、北壁自顶部坍塌，形成两个较大的缺口，底部形成斜坡，坡上长满杂草，散落红色石块、青砖和瓦片。烽火台现高6、直径12米。

　　烽火台位于长城墙体东侧，西距新村长城1.1千米。

牛洞沟烽火台 （140603353201170022）

　　位于平鲁区高石庄乡牛洞沟村西北1.3千米。实心。黄土夯筑，夯层厚0.15～0.2米，内无夹杂物。

　　烽火台保存一般。东、西、北壁破坏较严重，形成斜坡；南壁顶部坍塌，坍塌的夯土在地面形成斜坡。烽火台通体长满杂草，四周斜坡上散落石块、碎青砖和瓦片等。烽火台现高8米，底部东西长10.5、南北长11.5米，顶部东西长4.5、南北长7米。（彩图三五一）

　　烽火台有围院，平面呈近正方形，东西长27、南北长27.5米。烽火台居于正中，距围院墙体8米。

　　烽火台位于长城墙体东侧，西与板申沟长城相邻。

蒋家坪烽火台 （140603353201170023）

　　位于平鲁区高石庄乡蒋家坪村西北1.3千米。实心。黄土夯筑，夯层厚0.15～0.2米，内无夹杂物。

烽火台建在台基之上。整体保存较差。台基长满杂草，散落碎石块、碎青石和瓦片等。台体东壁坍塌，形成较大斜坡，坡上长满杂草；西壁因雨水冲刷而凹凸不平，有裂缝，上半部长有稀疏的杂草；南、北壁严重坍塌。烽火台现高4.5米，底部东西长4.5、南北长7米，顶部东西长1、南北长3米。

烽火台位于长城墙体东侧，西与福心沟长城相邻。

六墩1号烽火台（140603353201170024）

位于平鲁区高石庄乡六墩村西南0.2千米。实心。黄土夯筑，夯层厚0.15～0.2米，内无夹杂物。

烽火台保存较差。四壁受到不同程度的破坏。顶部残破不堪；东南壁整体坍塌，坍塌部分在地面形成较大斜坡，只西北角保存稍好。斜坡上长满杂草和低矮灌木。烽火台现高5米。

烽火台位于长城墙体东南侧，西北与二墩长城相邻。东南侧有一片农田。

六墩2号烽火台（140603353201170025）

位于平鲁区井坪镇六墩村西南0.35千米。实心。黄土夯筑，夯层厚0.15～0.2米，内无夹杂物。

烽火台位于一片农田中，周围有一个平台。保存较差，损坏严重。顶部残破不堪，裂缝和坑洞较多；四壁坍塌，无法准确辨认，形成较大斜坡，坡上长满杂草以及灌木，环绕人为踩踏的小路。烽火台现高5米，底部东西长9、南北长8.5米，顶部东西长3.5、南北长2米。

烽火台位于长城墙体东南侧，西北与二墩长城相邻。

窑子上3号烽火台（140603353201170026）

位于平鲁区井坪镇六墩村西南约1.4千米。实心。黄土夯筑，夯层厚0.15～0.2米，内无夹杂物。

烽火台保存较差。南、西、北壁左侧坍塌，东壁坍塌，均形成斜坡，坡上和顶部长满杂草。四壁残存部分有数量不等的坑窝、裂缝和冲沟，表面凹凸不平。烽火台现高9米，底部东西长10.5、南北长9.5米，顶部边长4米。

烽火台位于长城墙体东南侧，西北与窑子上长城相邻。

窑子上4号烽火台（140603353201170027）

位于内蒙古自治区清水河县韭菜庄乡窑子上村南0.7千米。实心。黄土夯筑，夯层不明显，厚0.15～0.2米，内无夹杂物。

烽火台保存较差。整体呈圆锥状，顶部尖。四壁坍塌，在底部形成斜坡，坡上长满杂草，散落有碎青砖和石块。烽火台现高4、直径13米。

烽火台位于长城墙体东南侧，西北与窑子上长城相邻。

十七沟2号烽火台（140603353201170028）

位于内蒙古自治区清水河县韭菜庄乡十七沟村东约1千米。实心。黄土夯筑，夯层不明显，厚0.15～0.2米，内无夹杂物。

烽火台保存较差。由台基和台墩两部分组成。台基平面呈正方形，现高3、边长28米，顶部除台墩外被开垦成农田。台墩位于台基顶部中央，平面呈矩形，剖面呈梯形。台墩顶部凹凸不平，有较多坍塌，长满杂草；东、西壁整体坍塌，形成斜坡，坡上长满杂草；北壁坍塌成三角形。烽火台现高7米，底部边长7米，顶部东西长3、南北长4米。

烽火台位于长城墙体南侧，北距窑子上长城0.1千米。

十七沟3号烽火台（140603353201170029）

位于内蒙古自治区清水河县韭菜庄乡十七沟村东南约0.5千米。实心。黄土夯筑，夯层厚0.15～0.2米，内无夹杂物。

烽火台保存较差。东、南、北壁稍可辨认；西壁自顶部坍塌，仅残存上半部局部壁面，下半部坍塌，形成斜坡，坡上长满杂草，散落较多的碎青砖和石块。烽火台现高 6 米，底部边长 6 米，顶部东西长 1、南北长 2 米。

烽火台位于长城墙体南侧，北距窑子上长城 0.02 千米。

帐贵窑子 1 号烽火台（140603353201170030）

位于平鲁区阻虎乡帐贵窑子村西南 0.6 千米。实心。黄土夯筑，夯层厚 0.15~0.2 米，内无夹杂物。

烽火台保存一般。整体坍塌呈锥状，长满杂草，顶部稍平。烽火台现高 5、底部边长 8、顶部边长 2 米。

烽火台外围有围院，轮廓呈矩形，东西长 28、南北长 27 米，围墙现高 1~4、底宽 3、顶宽 1 米。

烽火台位于长城墙体东侧，西距帐贵窑子长城 0.02 千米。

帐贵窑子 2 号烽火台（140603353201170031）

位于平鲁区阻虎乡帐贵窑子村西南 1.05 千米。实心。黄土夯筑，夯层厚 0.15~0.2 米，内无夹杂物。

烽火台建在一个台基上。保存较差。台墩顶部较平；东壁坍塌形成斜坡，长满杂草；南壁分布少量坑窝，无坍塌；西壁有几处小坑窝，右下角局部坍塌；北壁受东壁坍塌影响，东半部呈竖切面坍塌，底部有堆土。烽火台现高 7 米，底部边长 9 米，顶部东西长 1、南北长 2 米。

烽火台外围有围院，痕迹比较模糊。轮廓呈正方形，边长 20 米。

烽火台位于长城墙体东侧，西与帐贵窑子长城相邻。

寺回口 1 号烽火台（140603353201170032）

位于平鲁区阻虎乡帐贵窑子村西南 1.6 千米。实心。黄土混合石块夯筑，隐约可见夯层，厚 0.15~0.2 米。

烽火台保存较差。破坏严重，整体坍塌。顶部呈尖状，分不出四壁；中上部残存一梯状台体；中下部堆积坍塌的夯土，混杂大量石块和残砖。烽火台现高 4 米，底部边长 5 米，顶部东西长 1、南北长 2 米。（图九八）

烽火台位于长城墙体东侧，西与寺回口长城 1 段相邻。

寺回口 2 号烽火台（14060335320117 0033）

位于平鲁区阻虎乡帐贵窑子村西南 1.85 千米。实心。黄土混合石块夯筑，隐约可见夯层，厚 0.15~0.2 米。

烽火台保存较差。整体坍塌，呈圆锥状。底部有大量堆土，周围散落较多的青砖和石块，堆土上残存少量台体。北壁内凹，露出夹杂的石块；西壁中部有

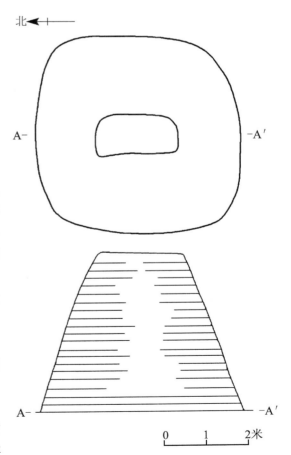

图九八　寺回口 1 号烽火台平、剖面图

一洞穴，洞内严重坍塌，堆满塌土，洞口宽1.2、高0.3米，洞进深1米；南壁与东壁坍塌。烽火台现高5米，底部东西长6、南北长5米，顶部边长1米。

烽火台位于长城墙体东侧，西与寺回口长城1段相邻。

新窑上1号烽火台（14060335320117 0034）

位于平鲁区阻虎乡寺回沟村西南1.2千米。实心。黄土夯筑，夯层厚0.15~0.2米，内无夹杂物。

烽火台保存较差。顶部基本消失，东、南、北壁坍塌，形成斜坡；西壁保存稍好，有几处较大的坑洞。烽火台现高5米。

烽火台位于长城墙体东侧，西与新窑上长城相邻。

新窑上2号烽火台（1406033532201170035）

位于平鲁区阻虎乡辛庄子村西北0.9千米。实心。黄土夯筑，夯层厚0.15~0.2米，内无夹杂物。

烽火台建在高1.5~2米的台基上。保存较差。整体坍塌呈圆锥状，长满杂草。烽火台现高5米。

烽火台位于长城墙体东侧，西距新窑上长城0.15千米。

辛庄子1号烽火台（1406033532201170036）

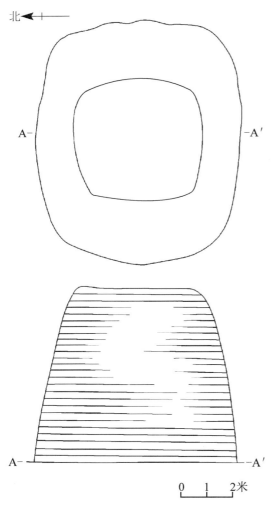

图九九　辛庄子1号烽火台平、剖面图

位于平鲁区阻虎乡辛庄子村西0.8千米。实心。黄土夯筑，夯层厚0.15~0.2米，内无夹杂物。

烽火台建在高2米的台基上。保存较差。顶部有坍塌，可见石块；东、北壁大面积坍塌，形成斜坡；南壁西侧有一道冲沟和数个坑洞；西壁中部有冲沟和坑洞，底部形成斜坡。烽火台现高7米，底部东西长10、南北长8米，顶部边长5米。（图九九）

烽火台东侧残存围院。平面呈矩形，东西长25、南北长21米，墙体现高1米。

烽火台位于长城墙体东侧，西与新窑上长城相邻。

新庄窝2号烽火台（1406033532201170037）

位于平鲁区阻虎乡正沟村东北0.9千米。实心。黄土夯筑，夯层厚0.15~0.2米，内无夹杂物。

烽火台保存较差。顶部不平，四壁大面积坍塌。西壁形成斜坡，被村民用作屋顶的一部分。烽火台现高7米。

烽火台位于长城墙体东侧，西与新庄窝长城相邻。

新庄窝3号烽火台（1406033532201170038）

位于平鲁区阻虎乡正沟村南0.8千米。实心。黄土夯筑，夯层厚0.15~0.2米，内无夹杂物。

烽火台保存一般。通体长满杂草。北壁坍塌成斜坡；南壁稍好，有少量坑洞；东壁大半坍塌成斜坡；西壁至顶坍塌成斜坡。烽火台现高5米，底部东西长8、南北长10米，顶部东西长4、南北长5米。（图一〇〇）

烽火台位于长城墙体东侧，西与新庄窝长城相邻。

新庄窝 4 号烽火台（140603353201170039）

位于平鲁区阻虎乡红山村南 1 千米。实心。黄土夯筑，夯层厚 0.15 ~ 0.2 米，内无夹杂物。

烽火台建在一个较高的台基上。破坏严重，保存较差。顶部不平，长满杂草；东壁坍塌较严重，形成高 4 米的斜坡；北壁顶部和底部有塌陷；南壁西南角残留宽 2 米的夯土立柱；西壁顶部和底部因雨水冲刷而残损。烽火台现高 10 米，底部东西长 9.5、南北长 10 米，顶部东西长 4、南北长 3 米。

烽火台位于长城墙体东侧，西与新庄窝长城相邻。

其花峁 1 号烽火台（140603353201170040）

位于平鲁区阻虎乡小七墩村北 0.4 千米。实心。黄土夯筑，夯层厚 0.15 ~ 0.2 米，内无夹杂物。

烽火台建在高 3 米的台基上。保存较差。顶部呈锥状。西壁北侧有一道宽 0.5 米的裂缝和较多的坑窝；东壁由于雨水冲刷形成斜坡，坡上有几级台阶；南壁有几条冲沟和少量坑窝，底部有一人为大洞，洞口高 0.8、宽 1 米，洞进深 2 米；北壁有一条较大的裂缝。烽火台现高 8 米，底部东西长 6、南北长 5 米，顶部东西长 2、南北长 4 米。

烽火台位于长城墙体东侧，西与其花峁长城相邻。

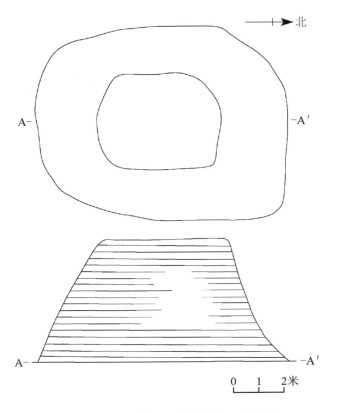

北

A— —A'

A— —A'

0　1　2米

图一〇〇　新庄窝 3 号烽火台平、剖面图

其花峁 2 号烽火台（140603353201170041）

位于平鲁区阻虎乡小土墩村西南 0.2 千米。实心。黄土夯筑，夯层厚 0.15 ~ 0.2 米，内无夹杂物。

烽火台建在洼地中。保存较差。四壁坍塌成斜坡，整体呈锥形，通体长满杂草。烽火台现高 8 米，底部东西长 13、南北长 11 米，顶部东西长 3、南北长 2 米。

烽火台位于长城墙体东侧，西距其花峁长城 0.05 千米。

其花峁 3 号烽火台（140603353201170042）

位于平鲁区阻虎乡小七墩村南 1 千米。实心。黄土夯筑，夯层厚 0.15 ~ 0.2 米，内无夹杂物。

烽火台建在较高的山丘上。保存较差。顶部不平，长满杂草；四壁有破坏，周围散落大量的碎石；东壁形成斜坡，坡上有台阶状小道；北壁由于雨水冲刷形成多条裂缝，局部塌陷；西壁坍塌成斜坡；南壁塌毁。烽火台现高 8 米，底部东西长 6、南北长 7 米，顶部东西长 1、南北长 2.5 米。

烽火台位于长城墙体东侧，西距其花峁长城 0.5 千米。

其花峁六墩烽火台（140603353201170043）

位于平鲁区阻虎乡小七墩村西南 0.5 千米。实心。黄土夯筑，夯层厚 0.15 ~ 0.2 米，内无夹杂物。

烽火台保存较差。东壁中部自顶部坍塌成两部分，形成斜坡，长满杂草；西壁有坑洞，断面无杂草，斜坡上杂草较多；南壁大面积坍塌，上有杂草；北壁塌毁。烽火台现高 5 米，底部东西长 6、南北长 7 米，顶部东西长 3、南北长 4 米。

烽火台位于长城墙体东侧，西距其花峁长城 0.05 千米。

八墩 3 号烽火台（140603353201170044）

位于平鲁区阻虎乡小七墩村西南 1 千米。实心。黄土夯筑，夯层厚 0.15～0.2 米，内无夹杂物。

烽火台建在高 3 米的台基上。保存较差。顶部呈尖状；东壁北部坍塌成斜坡，有大量碎石块；南壁中部坍塌成斜坡；西壁表面有坑洞，坍塌成斜坡；北壁从顶部整体坍塌。烽火台现高 5 米，底部东西长 12、南北长 10 米，顶部边长 3 米。

烽火台位于长城墙体东侧，西与六墩长城相邻。

八墩 4 号烽火台（140603353201170045）

位于平鲁区阻虎乡小七墩村西南 1.3 千米。实心。黄土夹杂石块混筑而成，夯层清晰，厚 0.15～0.2 米。

烽火台保存较差。整体坍塌呈锥状，通体长满杂草。南壁坍塌较少，可见内部夹杂的石块。烽火台现高 5 米。

烽火台位于长城墙体东侧，西与六墩长城相邻。

九墩 2 号烽火台（140603353201170046）

位于平鲁区阻虎乡六墩村西 0.25 千米。实心。黄土夯筑，夯层厚 0.15～0.2 米，内无夹杂物。

烽火台保存较差。顶部不平，长满杂草；四壁有坍塌；西壁顶部北侧坍塌，底部有雨水冲刷的痕迹，壁表由于风沙侵蚀和鸟兽筑巢留下少量坑窝，有台阶状小道；北壁受雨水冲刷破坏严重，表面有少量坑窝；东壁破坏严重，坍塌成斜坡，坡上有雨水冲刷形成的台阶，长满灌木；南壁有少量鸟类和人为挖掘的坑窝。烽火台现高 9、底部边长 10、顶部边长 3 米。（彩图三五二）

烽火台位于长城墙体东侧，西距九墩长城 0.1 千米。

大何堡（140603353102170001）

位于平鲁区高石庄乡九洞村南 1.65 千米、长城墙体东南。西北距平鲁区九墩长城 0.5 千米。该堡平面呈矩形。设南门，为东北－西南向。周长 898 米，面积 47320 平方米。堡内外有瓮城 1 座、角楼 4 座、马面 3 座。

该堡保存一般。堡墙、马面和角楼受到破坏，格局基本完整（彩图三五三、三五四）。东、南、西、北墙分别长 169、280、169、280 米，现高 2～6、底宽 5、顶宽 0.5～1.5 米。

东墙偏南严重坍塌，中部有 1 座马面。马面现高 8 米，底部东西长 6、南北长 9 米，顶部东西长 3、南北长 4 米。（彩图三五五）

南墙中部开门，门外有瓮城。平面呈正方形，边长 80 米。瓮城墙现高 6～10、底宽 5、顶宽 0.5～1.5 米。瓮城内有一城门垛，现高 7、东西长 2.5、南北长 6 米。瓮城门位于西墙，面向西，宽 5 米。翁城内有较多人为挖掘的窑洞，西墙保存较好，其他墙体坍塌严重。（彩图三五六、三五七）

西墙有多处豁口，有小路穿过，墙体上长有小榆树。中部有马面 1 座，尺寸与东墙的基本一致。

北墙有多处坍塌，长有榆树，中部有马面，破坏极为严重，基本消失。（彩图三五八）

堡的四角有角楼，只西南和西北角楼保存尚好，现高 7、底部边长 10、顶部边长 5 米。东北和东南角楼保存较差，东南角楼几乎完全坍塌。（图一〇一）

根据相关史料记载，此堡于崇祯十三年（1640 年）由指挥郑一元筑成，包砖，堡内建有军营和马铺，分管长城二十里。明设守备一员。清初改设参将一员。康熙年间改为把总一员，民国年间废军堡改为民堡，派驻稽查队，成为自然村（现已废弃）。

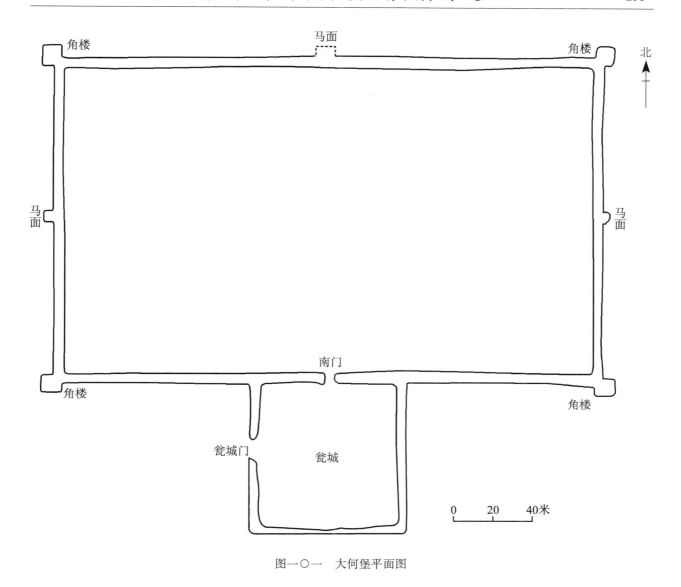

图一〇一　大何堡平面图

（七）山西省忻州市偏关县

偏关县境内有烽火台 69 座、堡 5 座。（参见地图八－1、3）

野羊洼 1 号烽火台　（140932353201170008）

位于偏关县老营镇柏羊岭村西北 1.5 千米。实心。黄土夯筑，夯层清晰、坚硬，厚 0.15～0.2 米，内无夹杂物。

烽火台建在山顶上。保存较差。坍塌严重。南壁残存 3 米；西壁有较大裂缝，宽 0.8 米，残存部分呈立柱状。烽火台现高 8 米，底部东西长 9、南北长 10 米，顶部东西长 1、南北长 2 米。（彩图三五九）

烽火台位于长城墙体南侧，北距野羊洼长城 0.01 千米。

野羊洼 2 号烽火台　（140932353201170009）

位于偏关县老营镇野羊洼村东 0.7 千米。实心。内部黄土夯筑，夯层厚 0.15～0.2 米，内无夹杂物；外侧包有砖石，现脱落流失殆尽。

　　烽火台保存较差。四壁因雨水冲刷而坑洼不平，有多个坑窝和雨水冲痕，有坍塌，坍塌的夯土在底部形成斜坡，坡上长满大量杂草和少量灌木。烽火台现高7米，底部东西长9、南北长8米，顶部东西长4.5、南北长1.5米。（彩图三六○）

　　烽火台位于长城墙体南侧，北距野羊洼长城8米。

野羊洼3号烽火台（140932353201170010）

　　位于偏关县老营镇野羊洼村北0.4千米。实心。黄土夯筑，厚0.15~0.2米，内无夹杂物。

　　烽火台保存较差。整体呈圆柱状。顶部不平，长有少量杂草；四壁受到不同的破坏；东壁夯土大量脱落，表面有少量坑窝和几道雨水冲痕；南壁上部大面积坍塌，在底部形成高1.5米的斜坡，壁表凹凸不平；西壁中部有两道冲沟，底部有雨水冲刷的痕迹；北壁有一条宽约0.5米的竖向冲沟。烽火台现高10、底部直径10、顶部直径7米。（彩图三六一）

　　烽火台位于长城墙体南侧，北距野羊洼长城5米。

野羊洼4号烽火台（140932353201170011）

　　位于偏关县老营镇野羊洼村北0.39千米。此烽火台为汉代所建，明代沿用。实心。黄土夯筑，夯层厚0.15~0.2米，内无夹杂物。

　　烽火台建在人工修筑的土台基上。保存一般。台基平面呈近圆形，现高1.2、直径20.5米，四周有包石痕迹。台墩位于台基中央，平面呈近圆形，剖面呈梯形，整体轮廓相对清晰，四周台壁有不同程度的坍塌。烽火台现高10、底部直径10、顶部直径5米。

　　烽火台位于长城墙体南侧，北距野羊洼长城0.01千米。

窑子沟1号烽火台（140932353201170012）

　　位于偏关县老营镇野羊洼村西北0.75千米。此烽火台为汉代所建，明代沿用。实心。黄土夹石夯筑，夯层厚0.15~0.2米。

　　烽火台保存较好。整体轮廓清晰，呈圆柱状，破坏轻微，上半部夯层中夹有较多石块。烽火台现高10.5、底部直径9.6、顶部直径6米。

　　烽火台位于长城墙体南侧，北距窑子沟长城1米。

窑子沟2号烽火台（140932353201170013）

　　位于偏关县老营镇野羊洼村西南1.4千米。实心。黄土夯筑，夯层厚0.15~0.2米，内无夹杂物。

　　烽火台建在人工修筑的土台基上。保存一般。台基平面呈正方形，现高2、边长20米，四周有包石痕迹。台墩位于台基顶部中央，平面呈近圆形，剖面呈梯形，整体轮廓相对清晰，四周台壁有不同程度的坍塌。烽火台现高8.21、底部直径10.5、顶部直径8米。

　　烽火台位于长城墙体南侧，北距窑子沟长城12米。

窑子沟4号烽火台（140932353201170014）

　　位于偏关县老营镇野羊洼村西南1.4千米。实心。黄土夯筑，夯层厚0.15~0.2米，夹有较多砂砾和石块。

　　烽火台建在土丘上。保存较差。整体呈圆柱状。东壁大部分坍塌；南壁坍塌较多，坍塌的夯土形成斜坡；西壁上半部坍塌严重；北壁局部坍塌，夯层明显，有一人为小洞。烽火台现高6.5、底部直径8、顶部直径2.2米。

　　烽火台位于长城墙体东侧，西距窑子沟长城0.016千米。

窑子沟5号烽火台（140932353201170015）

　　位于偏关县老营镇野羊洼村西南2千米。实心。黄土夯筑，夯层厚0.08~0.2米，夹有较多砂砾。

烽火台保存一般。平面呈近圆形，剖面呈梯形，整体轮廓基本清晰。四周台壁有不同程度的坍塌。北壁中部和西部大面积坍塌；西壁上部因雨水冲刷形成一 "V" 形缺口，表面有数条裂缝。烽火台现高9.11、底部直径10、顶部直径6.85米。

烽火台位于长城墙体东侧，西距窑子沟长城3米。

栋木塔1号烽火台（140932353201170016）

位于内蒙古自治区清水河县北堡乡栋木塔村东南1.9千米。实心，黄土夯筑，厚0.08~0.15米，夹有少量石块。

烽火台保存较好。平面呈近圆形，剖面呈梯形，整体略呈圆柱状。顶部较平，长满杂草；东、西、北壁保存尚好，比较平直，受风蚀影响有较多坑窝，底部有内凹现象；南壁有大面积坍塌，塌下的夯土堆积形成斜坡，坡上长满杂草。烽火台现高11.2、底部直径14.8、顶部直径7.5米。（彩图三六二）

烽火台位于长城墙体南侧，北距栋木塔长城6米。

栋木塔2号烽火台（140932353201170017）

位于内蒙古自治区清水河县北堡乡栋木塔村东南1.7千米。实心。黄土夯筑，厚0.1~0.2米，内无夹杂物。

烽火台建在台基上。保存较好。台基平面呈近圆形，现高1.2、直径19.8米；外侧包有石块，包石厚0.4~0.5米。台墩位于台基顶部中央，平面呈近圆形，剖面呈梯形，整体呈圆柱状；南壁小部分坍塌，其余台壁尚好，受风蚀影响底部内凹。烽火台现高11.3、底部直径13.2、顶部直径9米。

烽火台位于长城墙体南侧，北距栋木塔长城24米。

栋木塔3号烽火台（140932353201170018）

位于偏关县老营镇朱儿洼村西北1千米。实心。黄土夯筑，厚0.1~0.15米，内无夹杂物。

烽火台保存一般。平面呈近圆形，剖面呈梯形，整体略呈圆柱状。四周因雨水冲刷有多处倒塌，表面生长少量灌木。南壁上部有两条大裂缝和少量坑窝；西壁因雨水冲刷表面形成一条大冲沟，夯土脱落较严重；北壁有几条较小的裂缝，夯土大量脱落。烽火台现高11、底部直径11、顶部直径5米。

烽火台位于长城墙体东侧，西距栋木塔长城0.03千米。

栋木塔4号烽火台（140932353201170019）

位于偏关县老营镇朱儿洼村西北1.3千米。实心。土石混筑，隐约可见夯层，厚0.1~0.15米。

烽火台处于山丘上，保存一般。平面呈近圆形，剖面呈梯形，整体略呈圆柱状。顶部不平，长满杂草；四周台壁有损毁；东壁夯土大面积脱落，有多条裂缝；南壁尚好，表面有少量坑窝，底部有雨水冲刷形成的深1米的沟槽；西壁局部坍塌成小斜坡；北壁有少量雨水冲痕。烽火台现高9、底部直径10、顶部直径6米。

烽火台位于长城墙体南侧，北与栋木塔长城相邻。

小元峁1号烽火台（140932353201170020）

位于偏关县老营镇朱儿洼村西北1.5千米。实心。土石混筑，夯层清晰、坚硬，厚0.1~0.15米。

烽火台保存较差。平面呈近圆形，剖面呈梯形。四周台壁有损毁。东壁整体坍塌；南壁有几道雨水冲痕和鸟兽筑巢留下的坑窝；西壁因雨水冲刷坍塌成高1.5米的斜坡，上面长有少量灌木。烽火台现高10、底部直径10、顶部直径5米。

烽火台位于长城墙体东侧，西距小元峁长城0.03千米。

小元峁3号烽火台（140932353201170021）

位于内蒙古自治区清水河县北堡乡栋木塔村南1.9千米。实心。黄土夯筑，夯层清晰、坚硬，厚

0.1~0.2米，内无夹杂物。

烽火台保存较差。平面呈近圆形，剖面呈梯形，整体呈圆柱状。顶部较平，长满杂草；四周台壁有损毁；东壁有几处大坑窝；南壁中部有几条雨水冲刷的沟槽，表面有较多坑窝；西壁有几处坑窝和雨水冲槽；北壁有较多坑窝。烽火台现高9.2、底部直径14.5、顶部直径8米。

烽火台位于长城墙体南侧，北距小元峁长城0.03千米。

小元峁4号烽火台（140932353201170022）

位于内蒙古自治区清水河县北堡乡栋木塔村西南2.15千米。实心。黄土夯筑，夯层清晰、坚硬，厚0.1~0.2米，内无夹杂物。

烽火台建在圆形夯土台基上。保存较好。台基现高1.7、直径20米。台墩位于台基顶部中央，平面呈近圆形，剖面呈梯形，整体呈圆柱状。台墩顶部较平，长满杂草；四周台壁有损毁；东壁有风蚀和鸟兽筑巢留下的坑洞，其余保存尚好。烽火台现高9、底部直径8、顶部直径7.5米。

烽火台位于长城墙体南侧，北距小元峁长城0.025千米。

小元峁5号烽火台（140932353201170023）

位于内蒙古自治区清水河县北堡乡栋木塔村西南2.3千米。实心。由台基、台墩和围墙三部分组成。黄土夯筑，夯层厚0.05~0.15米，内无夹杂物。

烽火台保存一般。台基平面呈近圆形，现高2、直径30米。台墩位于台基顶部中央，平面呈近圆形，剖面呈梯形，整体呈圆柱状。台墩破坏较少，顶部长有杂草，壁表有几处坑窝。台墩现高6.8、底部直径11.2、顶部直径9.5米。

烽火台外围有围墙。保存较差，基本消失，现高0.5米。南墙有一门，高1.5、宽3、进深2米，门口用条石包砌。（彩图三六三、三六四）

烽火台位于长城墙体东南侧，西北距小元峁长城0.04千米。

小元峁6号烽火台（140932353201170024）

位于内蒙古自治区清水河县北堡乡栋木塔村西南2.4千米。实心。由台基、台墩和围墙三部分组成。黄土夯筑，夯层厚0.05~0.1米，内无夹杂物。

烽火台保存较好。台基平面呈近圆形，现高2.2、直径21米。台墩位于台基顶部中央，平面呈近圆形，剖面呈梯形，整体呈圆柱状。台墩东壁上部有小面积坍塌；南壁表层夯土剥落；西壁上部局部塌陷，形成一豁口，自豁口向下形成一道冲沟。台墩现高10.5、底部直径11、顶部直径7.8米。

烽火台外围有围墙，保存较好。墙体最高1.5、最宽1.2米。西南部有一处入口，入口处砌有石块，大部分坍塌。（彩图三六五、三六六）

烽火台位于长城墙体南侧，北距小元峁长城0.02千米。

窑洼1号烽火台（140932353201170025）

位于偏关县水泉乡窑洼村东1.2千米。此烽火台为汉代所建，明代沿用。实心。黄土夯筑，厚0.15~0.2米，内无夹杂物。

烽火台保存较差。平面呈近圆形，剖面呈梯形。东壁因雨水冲刷而凹凸不平，表面长有几棵小树与杂草，底部形成高4米的斜坡；南壁夯土大部分脱落，表面有几个坑窝和数条雨水冲痕；西壁夯土脱落严重，底部部分坍塌；北壁部分坍塌，残存部分呈台阶状，上面生长少量灌木和几棵小树，底部形成高2米的斜坡。烽火台现高11、底部直径12、顶部直径6米。

烽火台外围有围墙，平面呈圆形，现高0.3~1、直径28米。（彩图三六七）

烽火台位于长城墙体南侧，北距窑洼长城0.05千米。

窑洼2号烽火台（140932353201170026）

位于偏关县水泉乡窑洼村东0.6千米。此烽火台为汉代所建，明代沿用。实心。黄土夯筑，夯层厚0.15～0.2米，内无夹杂物。

烽火台建在高4米的平台上。保存较差。平面呈椭圆形，剖面呈梯形。顶部不平，长满杂草；四壁坍塌，形成斜坡，坡上长满杂草和少量灌木。烽火台现高6米，底部东西长6、南北长7米，顶部东西长3、南北长4米。

烽火台位于长城墙体南侧，北距窑洼长城0.2千米。

窑洼4号烽火台（140932353201170027）

位于偏关县水泉乡窑洼村西0.3千米。实心。黄土夯筑，夯层厚0.15～0.2米，内无夹杂物。

烽火台建在一个台基上。保存较差。台基平面呈近圆形，现高4、直径30米。台墩位于台基顶部中央，平面呈近圆形，剖面呈梯形。台墩四周台壁有坍塌，形成斜坡，上面长有杂草和少量灌木。东壁因雨水冲刷中部坍塌成高2.5米的斜坡，南壁中部有一个直径1米的大坑。台墩现高5、底部直径14、顶部直径8米。（彩图三六八）

烽火台位于长城墙体南侧，北距窑洼长城0.02千米。

窑洼5号烽火台（140932353201170028）

位于偏关县水泉乡窑洼村西北0.8千米。实心。黄土夯筑，夯层厚0.15～0.2米，内无夹杂物。

烽火台保存较差。平面呈近圆形，剖面呈梯形。东壁底部形成高1米的斜坡；北壁东北角坍塌，壁表呈台阶状，生长少量灌木，底部形成高1.5米的斜坡。台墩现高8、底部直径8、顶部直径3.5米。（图一〇二；彩图三六九）

烽火台位于长城墙体南侧，北距窑洼长城0.05千米。

窑洼6号烽火台（140932353201170029）

位于偏关县水泉乡窑洼村西北1.3千米。实心。黄土夯筑，夯层厚0.15～0.2米，内无夹杂物。

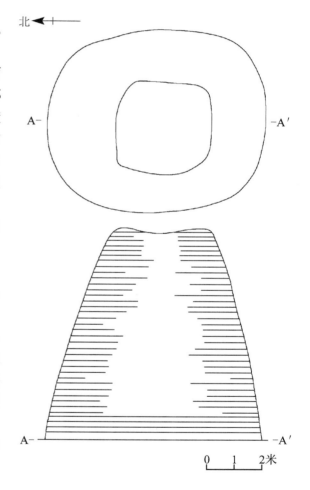

图一〇二　窑洼5号烽火台平、剖面图

烽火台建在一个台基上。整体保存较差。台基平面呈近圆形，现高3、直径30米。台墩位于台基顶部中央，平面呈近圆形，剖面呈梯形，四周台壁遭到严重破坏。东壁底部形成高2.4米的斜坡，残壁上有少量坑窝和几道裂缝；南壁夯土大量脱落，表面有少量坑窝和几条裂缝；西壁底部坍塌，残存壁表凹凸不平，有几条较大的裂缝和少量坑窝；北壁因雨水冲刷在底部形成高3米的斜坡，残壁高3米，表面凹凸不平有雨水冲痕。台墩现高6米，底部东西长6、南北长8米，顶部东西长2、南北长3米。（彩图三七〇）

烽火台位于长城墙体南侧，北距窑洼长城 0.02 千米。

碓臼坪 1 号烽火台（14093235320117 0030）

位于内蒙古自治区清水河县北堡乡碓臼坪村西南 1.1 千米。空心。由台基、台墩和围墙三部分组成。黄土夯筑，夯层清晰、坚硬，厚 0.08 ~ 0.15 米，内无夹杂物。

烽火台保存较好。台基有坍塌，平面呈近圆形，现高 1 ~ 4、直径 25 米。台墩位于台基顶部中央，平面呈近圆形，剖面呈梯形，整体呈覆钵状，四周台壁遭到严重破坏。顶部中空；北、西、南壁有早期留下的窑洞，洞内尚好，抹有草泥和白灰，窑洞应为士兵居住或放置柴薪之所。北壁底部正中和偏东各有一个窑洞，洞口一大一小，两洞相通，大洞宽 1.5、高 1.9、进深 3.5 米，小洞宽 0.8、高 1、进深 2 米；南壁整体坍塌，上半部保留一处小洞口，可通往台体顶部，由于壁面严重坍塌，洞口的位置和大小无法确定，洞口现高 1、宽 0.8 米，距地面 4.8 米，呈椭圆形；西壁底部正中有一洞口，洞口宽 1.5、高 1.2 米，洞进深 3 米，洞口底部铺有条石，里面有一个土台，洞口顶部有小部分夯层脱落。台墩现高 9、底部直径 14.8、顶部直径 12 米。

烽火台外围有围墙，部分坍塌。墙体现高 2.5、底宽 1、顶宽 0.4 ~ 0.2 米，南墙因坍塌有一个宽 15 米的豁口，应是围墙的出入口。（图一○三；彩图三七一）

烽火台位于长城墙体南侧，北距碓臼坪长城 0.02 千米。

碓臼坪 2 号烽火台（14093235320117 0031）

位于内蒙古自治区清水河县北堡乡碓臼坪村西南 0.8 千米。空心。黄土夯筑，夯层厚 0.15 ~ 0.2 米，内无夹杂物。

烽火台建在圆形台基上。保存一般。台基现高 2、直径 24 米。台墩平面呈近圆形，剖面呈梯形，整体呈覆钵状。东壁偏南小部分坍塌，底部内凹现象明显；南壁底部和上半部风蚀严重，内凹和坑窝较多，底部有现代人为挖掘的洞穴，洞口宽 1.6、高 1 米，洞进深 2.5 米，洞口顶部有部分夯土脱落，中部有一椭圆形洞口，里面有一条通往顶部的通道，洞口宽 1、高 1.2 米；西壁中间底部风蚀严重，有大量大小不一的坑窝，偏南有一条水冲刷形成的竖向沟槽，宽 0.2 ~ 0.4 米；北壁西部有一条雨水冲槽，底部有一现代洞穴，已坍塌。台墩现高 8、底部直径 13、顶部直径 8 米。（彩图三七二）

烽火台位于长城墙体南侧，北距碓臼坪长城 0.05 千米。

许家湾 1 号烽火台（1409323532011170032）

位于内蒙古自治区清水河县北堡乡碓

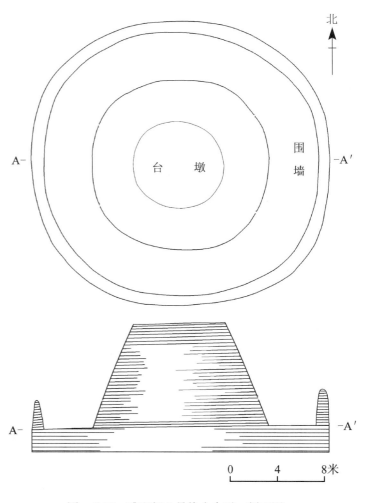

图一○三　碓臼坪 1 号烽火台平、剖面图

臼坪村西南 1.3 千米偏关县境内。实心。由台基、台墩和围墙三部分组成。黄土夯筑，夯层清晰、坚硬，厚 0.08 ~ 0.15 米，内无夹杂物。

烽火台保存一般。台基人工修筑，平面呈近圆形，现高 2、直径 30 米。台墩位于台基顶部中央，平面呈近圆形，剖面呈梯形，整体呈覆钵状。台墩东壁塌陷，残留的夯土面较平整，底部有一个洞口，被坍塌土堵死；南壁坍塌较多，壁表残破不堪，有多条裂缝；西壁下部坍塌严重，底部有两个洞口，两洞相通；北壁偏东局部坍塌，坍塌下的夯土堆积成斜坡。台墩现高 9、底部直径 15、顶部直径 13 米。（彩图三七三、三七四）

烽火台有围墙。现高 2.5、底宽 1、顶宽 0.5 米。坍塌严重。南墙有一豁口，宽 20 米，应是出入围墙的通道。

烽火台位于长城墙体南侧，北距许家窑长城 0.09 千米。

许家湾 2 号烽火台（14093235320 1170033）

位于内蒙古自治区清水河县北堡乡川峁上村东南 0.9 千米。空心。黄土夯筑，夯层清晰、坚硬，厚 0.08 ~ 0.15 米，内无夹杂物。

烽火台建在圆形夯土台基上。保存较好。台基现高 2.5、直径 28 米。台墩位于台基顶部中央，平面呈近圆形，剖面呈梯形。台墩东壁下方局部坍塌，有几处坑窝，顶部较平，有青砖碎块；南壁上半部有一处洞，宽 0.6、高 0.8 米，可通往顶部，底部有一人为挖掘的洞，宽 1.5、高 0.5、进深 1 米；北壁底部有一处向内的凹槽，中部有坑窝。台墩现高 10、底部直径 15、顶部直径 9 米。（彩图三七五）

烽火台位于长城墙体南侧，北距许家窑长城 0.04 千米。

许家湾 3 号烽火台（140932353201170034）

位于内蒙古自治区清水河县北堡乡川峁上村东南 0.47 千米。实心。黄土夯筑，夯层清晰、坚硬，厚 0.1 ~ 0.15 米，内夹有少量砂砾。

烽火台保存一般。整体呈圆柱状。东壁底部有小部分夯层剥落，上部有几处鸟兽筑巢留下的坑洞；南壁坍塌严重，壁面残破不堪，有多条细小的裂缝，底部有三孔窑洞，挖掘较早，现仍在使用，三洞内部相通，洞口和内部有较多坍塌；西壁壁表整体剥落，现为平面，有较多大小不一的坑窝，上部长有一棵榆树。烽火台现高 9.45、底部直径 16、顶部直径 10 米。（彩图三七六）

烽火台有围墙，坍塌严重，现高 3.5、底宽 1、顶宽 0.2 ~ 0.5 米。

烽火台位于长城墙体南侧，北距许家窑长城 0.1 千米。

许家湾 4 号烽火台（140932353201170035）

位于内蒙古自治区清水河县北堡乡川峁上村东南 0.7 千米。实心。黄土夯筑，夯层清晰、坚硬，厚 0.1 ~ 0.15 米，夹有少量砂砾。

烽火台保存一般。整体呈圆柱状。东壁底部因风蚀而内凹，中部有两条雨水冲沟；南壁三分之二夯土坍塌；西壁大面积坍塌，内凹，两边残存有小部分台体；北壁中部有一条裂缝，底部有小部分夯土坍塌，西部被雨水冲出一条较大较深的沟槽，几乎将偏西部切掉。烽火台现高 8、底部直径 14.8、顶部直径 11 米。（彩图三七七）

烽火台位于长城墙体南侧，北距许家窑长城 0.47 千米。

川峁上 2 号烽火台（140932353201170036）

位于内蒙古自治区清水河县北堡乡川峁上村西 0.7 千米。实心。黄土夯筑，夯层清晰、坚硬，厚 0.1 ~ 0.15 米，内无夹杂物。

烽火台建在高 2、直径 30 米的平台上。保存较差。平面呈近圆形，剖面呈梯形。顶部凹凸不平，长满杂草；四周坍塌，形成斜坡，坡上生长大量灌木和杂草；东壁长有几棵小树，底部冲刷严重；南壁有较多鸟兽筑巢留下的坑窝。烽火台现高 9、底部直径 14、顶部直径 10 米。

烽火台位于长城墙体西侧，东距川峁上长城 0.15 千米。

川峁上 3 号烽火台（140932353201170037）

位于内蒙古自治区清水河县北堡乡川峁上村西 1 千米。实心。黄土夯筑，夯层清晰、坚硬，厚 0.15～0.2 米，内无夹杂物。

烽火台保存较差。平面呈近圆形，剖面呈梯形。顶部不平，长满大量杂草；四壁有破损；东壁有几条较大的裂缝；南壁底部形成高 3 米的斜坡，坡上生长大量杂草和少量灌木，底部中间有一人为洞穴，高 1、宽 1.5、进深 2 米；西壁底部形成高 4 米的斜坡，中间有一条宽 0.6 米的冲沟；北壁表面长有少量灌木和几棵小树，有几道雨水冲痕。烽火台现高 10 米，底部东西长 11、南北长 12 米，顶部东西长 4.5、南北长 5 米。（彩图三七八）

烽火台位于长城墙体西侧，东距川峁上长城 0.44 千米。

川峁上 5 号烽火台（140932353201170038）

位于内蒙古自治区清水河县北堡乡头道沟村南 1 千米。实心。由台基、台墩和围墙三部分组成。黄土夯筑，夯层清晰、坚硬，厚 0.15～0.2 米，内无夹杂物。

烽火台保存较好。台基平面呈近圆形，现高 1、直径 28 米。台基顶部沿边有围墙，墙体外侧高 3～4、内侧高 0.8～1.8 米，南墙上有一人为大洞。台墩位于台基顶部中央，平面呈近圆形，剖面呈梯形。台墩四周台壁有坍塌，形成斜坡，坡上长有少量杂草。台墩现高 10、底部直径 14、顶部直径 10 米。（彩图三七九、三八○）

烽火台位于长城墙体西侧，东距川峁上长城 0.02 千米。

头道沟 1 号烽火台（140932353201170039）

位于偏关县水泉乡后海子村北 0.7 千米。实心。由台基、台墩和围墙三部分组成。黄土夯筑，夯层清晰、坚硬，厚 0.15～0.2 米，内无夹杂物。

烽火台保存较差。台基平面呈近圆形，现高 2、直径 26 米。台墩位于台基顶部中央，平面呈近圆形，剖面呈梯形。台墩壁面有大的坑窝和雨水冲沟，表层夯土脱落较多，底部形成大小不等的斜坡，坡上长满杂草。台墩现高 9、底部直径 12、顶部直径 8 米。（彩图三八一、三八二）

烽火台外围有围墙。墙体外侧高 1～3、内侧高 0.5～2 米，正南有一个宽 3、高 2.8 米的大豁口；较为规整，应被修葺过，是围墙的门；豁口处墙体底宽 1.3、顶宽 0.8 米。围院被现代人用来堆放杂物。

烽火台位于长城墙体西侧，东距头道沟长城 0.08 千米。

头道沟 2 号烽火台（140932353201170040）

位于内蒙古自治区清水河县北堡乡头道沟村西 1.5 千米。实心。由台基和台墩两部分组成。黄土夯筑，夯层清晰、坚硬，厚 0.15～0.2 米，内无夹杂物。

烽火台建在山顶上。保存较差。台基平面呈近圆形，现高 2、直径 30 米。台墩位于台基顶部中央，平面呈近圆形，剖面呈梯形。台墩四周台壁有坍塌，形成斜坡，坡上长有大量杂草和少量灌木。东壁底部有三个较大的洞穴，系居住用，内部坍塌严重；北壁有一道宽 0.5 米的冲沟。台墩现高 9、底部直径 12、顶部直径 7 米。

烽火台位于长城墙体西侧，东距头道沟长城 0.1 千米。

头道沟 3 号烽火台（140932353201170041）

位于内蒙古自治区清水河县北堡乡腰栅嘴村南 1.4 千米。实心。由台基、台墩和围墙组成。黄土夯筑，夯层清晰、坚硬，厚 0.15 ~ 0.2 米，内无夹杂物。

烽火台保存较好。台基平面呈近圆形，现高 2、直径 30 米。台墩位于台基顶部中央，平面呈近圆形，剖面呈梯形。台墩顶部不平，长满杂草和少量灌木；四周壁面破坏轻微；东壁保存较好，只上部和底部有少量雨水冲刷痕迹；南壁较好，少量夯土脱落，有几条雨水冲痕；西壁有较多的雨水冲刷痕迹和少量坑窝，底部和上部局部坍塌；北壁上部有两条长 3 米的冲沟，夯土大量脱落。台墩现高 12、底部直径 14、顶部直径 10 米。

烽火台外围有围墙，平面呈近圆形，墙体外侧高 0.5 ~ 4、内侧高 0.5 ~ 3 米。

烽火台位于长城墙体南侧，北距头道沟长城 0.08 千米。

杏树峁 1 号烽火台（140932353201170042）

位于内蒙古自治区清水河县北堡乡腰栅嘴村西南 1.5 千米。实心。黄土夯筑，夯层清晰、坚硬，厚 0.05 ~ 0.1 米，内无夹杂物。

烽火台建在山顶上。保存较差。破坏严重，不完整。东壁小部分坍塌，壁表有几条雨水冲槽；南壁上部有一个豁口，宽 1 米，表面因风蚀而内凹，有较多坑窝。烽火台现高 7 米，底部东西长 10、南北长 11 米，顶部直径 7 米。

烽火台位于长城墙体南侧，北距杏树峁长城 0.11 千米。

杏树峁 2 号烽火台（140932353201170043）

位于内蒙古自治区清水河县北堡乡腰栅嘴村西南 1.4 千米。实心。黄土夯筑，夯层清晰、坚硬，厚 0.05 ~ 0.1 米，夹有少量砂砾。

烽火台保存一般。整体呈圆柱状。壁面凹凸不平，有较多坑凹和雨水冲痕，北壁有"V"形大豁口。烽火台现高 5.7、底部直径 7.1、顶部直径 5.5 米。

烽火台位于长城墙体南侧，北距杏树峁长城 0.11 千米。

杏树峁 3 号烽火台（140932353201170044）

位于内蒙古自治区清水河县北堡乡腰栅嘴村西南 1.7 千米。实心。黄土夯筑，夯层清晰、坚硬，厚 0.05 ~ 0.15 米，内无夹杂物。

烽火台建在山顶上。保存较好。整体呈圆柱状，轮廓清晰。顶部平坦，长满杂草；壁面有夯土脱落现象，个别地方塌陷。烽火台现高 6.4、底部直径 14、顶部直径 12 米。（彩图三八三）

烽火台位于长城墙体南侧，北距杏树峁长城 0.07 千米。

杏树峁 4 号烽火台（140932353201170045）

位于内蒙古自治区清水河县北堡乡腰栅嘴村西南 1.8 千米。实心。黄土夯筑，夯层清晰、坚硬，厚 0.05 ~ 0.15 米，内无夹杂物。

烽火台建在山顶上。保存较好。整体呈圆柱状，轮廓清晰，通过台体残存断面可看出顶部有二次修复的痕迹。顶部平坦，长满杂草；南壁有塌陷，表面形成宽 1 米的沟槽，底部有一孔现代掏挖的窑洞，洞口宽 1.5 米，洞高 1.5、洞进深 2.4 米。烽火台现高 10、底部直径 11、顶部直径 7 米。

烽火台位于长城墙体南侧，北距杏树峁长城 0.055 千米。

杏树峁 5 号烽火台（140932353201170046）

位于内蒙古自治区清水河县北堡乡腰栅嘴村西南 1.9 千米。实心。黄土夯筑，夯层清晰、坚硬，厚 0.05 ~ 0.1 米，夹有少量砾石。

烽火台保存较差。整体呈圆柱状。四周台壁有不同程度的坍塌，有雨水冲槽，南壁有早期洞口两处，进行过修整，有三个现代洞口，各处洞口均有坍塌。烽火台现高7.6、底部直径16、顶部直径12米。

烽火台位于长城墙体西侧，东距杏树峁长城0.035千米。（彩图三八四）

关地嘴1号烽火台（140932353201170047）

位于内蒙古自治区清水河县北堡乡安根楼村东南2千米。实心。黄土夯筑，夯层清晰、坚硬，厚0.05～0.1米，内无夹杂物。

烽火台保存一般。四壁有不同程度的破坏。西、北壁保存较好；东壁稍有不平，小部分坍塌，上半部杂草较多；南壁大部分坍塌，有宽2米的豁口，偏东底部有一个洞口，宽2.2、高1.3、进深3.5米，洞内壁面抹有白灰，洞口大部分被坍塌土堵死。烽火台现高6.6米，底部东西长13、南北长19米，顶部东西长6、南北长17米。

烽火台位于长城墙体西侧，东距关地嘴长城0.04千米。

关地嘴2号烽火台（140932353201170048）

位于内蒙古自治区清水河县北堡乡安根楼村东南1.6千米。实心。黄土夯筑，夯层清晰、坚硬，厚0.05～0.15米，内无夹杂物。

烽火台建在高1～2、直径21米的圆形台基上。保存一般。台墩平面呈近圆形，剖面呈梯形，整体呈圆柱状。四周台壁有不同程度的破坏，西、北壁保存较好。烽火台现高8、底部直径13、顶部直径10米。

烽火台位于长城墙体南侧，北距关地嘴长城0.03千米。

关地嘴3号烽火台（140932353201170049）

位于偏关县水泉乡窑沟子村北0.7千米。实心。黄土夯筑，夯层清晰、坚硬，厚0.05～0.15米，内无夹杂物。

烽火台建在高4、直径30米的台基上。保存较差。平面呈近圆形，剖面呈梯形。四周台壁有不同程度的破坏。烽火台现高11米，底部东西长10、南北长12米，顶部东西长4、南北6米。（彩图三八五）

烽火台位于长城墙体南侧，北距关地嘴长城0.03千米。

安根楼1号烽火台（140932353201170050）

位于内蒙古自治区清水河县北堡乡安根楼村西南1.2千米。实心。由台基、台墩和围墙组成。黄土夯筑，夯层清晰、坚硬，厚0.1～0.15米，内无夹杂物。

烽火台保存较好。台基平面呈近圆形，现高3、直径30米。台墩位于台基顶部中央，平面呈近圆形，剖面呈梯形。台墩四周台壁有坍塌；东壁上部夯土脱落较多，表面有几条雨水冲沟；南壁表面有少量夯土脱落及少许雨水冲痕，底部部分塌陷；西壁有少量坑窝和一条宽约0.2米的冲沟，夯土大量脱落，底部小部分坍塌；北壁上部有一较大冲沟，宽约0.8，底部东侧小部分坍塌。台墩现高9、底部直径14、顶部直径10米。（彩图三八六、三八七）

台基顶部沿边有围墙，墙体外侧高2～4、内侧高0.8～2.5米，厚0.4米，现多坍塌。围墙东侧有一人为的洞，高1.5、宽2、进深3米。

烽火台位于长城墙体东侧，西距安根楼长城0.05千米。

安根楼2号烽火台（140932353201170051）

位于内蒙古自治区清水河县单台子乡下黄家梁村东0.3千米。实心。由台基、台墩和围墙组成。黄土夯筑，夯层清晰、坚硬，厚0.15～0.2米，内无夹杂物。

烽火台保存一般。台基平面呈近圆形，现高4、直径30米。台墩位于台基顶部中央，平面呈近圆形，剖面呈梯形。台墩四壁均有坍塌；东壁中部有一个大坑，残壁上凹凸不平，面临坍塌，长有几棵小树；

南壁因雨水冲刷形成一个坍塌面，残壁坑洼不平，有几条大的裂缝和冲槽；西壁不平整，夯土脱落较多，有少量坑窝；北壁凹凸不平，有较多雨水冲痕。台墩现高9、底部直径14、顶部直径10米。

台基顶部沿边有两圈围墙，外侧围墙高2～4米，内侧围墙高0.8～2.5、宽0.4米，多已坍塌。（彩图三八八）

烽火台位于长城墙体东侧，西距安根楼长城0.05千米。

安根楼3号烽火台（140932353201170052）

位于内蒙古自治区清水河县单台子乡下黄家梁村南0.4千米。实心。黄土夯筑，夯层清晰、坚硬，厚0.15～0.2米，内无夹杂物。

烽火台建在山丘上。保存较差。平面呈近圆形，剖面呈梯形。破坏严重，壁面凹凸不平，坑窝较多，雨水冲刷痕迹明显。烽火台现高6、底部直径7、顶部直径4米。

烽火台位于长城墙体南侧，北距安根楼长城0.4千米。

阳洼子1号烽火台（140932353201170053）

位于内蒙古自治区清水河县单台子乡下黄家梁村西0.4千米。实心。由台基、台墩和围墙组成。黄土夯筑，夯层清晰、坚硬，厚0.15～0.2米，内无夹杂物。

烽火台保存一般。平面呈近圆形，剖面呈梯形。四壁有坍塌；东壁夯土大量脱落，有几道雨水冲痕；南壁少量夯土脱落，有雨水冲刷痕迹；西壁中部坍塌，在底部形成斜坡；北壁夯土大量脱落，有几道冲沟。台墩现高10、底部直径14、顶部直径10米。（图一〇四）

台基顶部沿边有围墙，墙体外侧高2～4、内侧高0.8～2米。南墙上有一人为洞门，高2.5、宽2米，可出入围院。（彩图三八九）

烽火台位于长城墙体南侧，北距阳洼子长城0.06千米。

阳洼子2号烽火台（140932353201170054）

位于偏关县万家寨镇阳洼子村西北0.5千米。实心。由台基、台墩和围墙组成。黄土夯筑，夯层清晰、坚硬，厚0.15～0.2米，内无夹杂物。

烽火台保存较差。台基平面呈近圆形，现高2、直径25米。台墩位于台基顶部中央，平面呈近圆形，剖面呈梯形。台墩四周台壁有坍塌，东壁少量夯土脱落，壁表不平整，底部形成高1米的斜坡；南壁夯土脱落较多，底部形成高2米的斜坡；西壁底部受雨水冲刷严重，夯土大量脱落；北壁凹凸不平，有几道冲沟。台墩现高8.5、底部直径12、顶部直径8米。

台基顶部沿边有围墙，墙体外侧高3米，内侧高0.8～1.5米。

烽火台位于长城墙体南侧，北距阳洼子长城0.02千米。

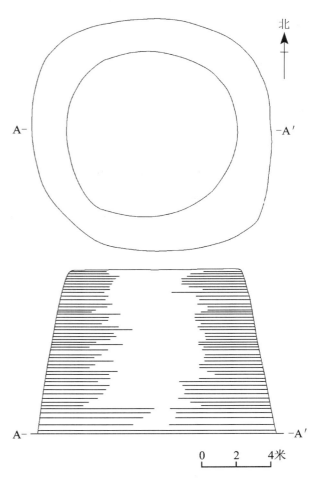

图一〇四　阳洼子1号烽火台平、剖面图

石垛墕 1 号烽火台（14093235320117 0055）

位于偏关县万家寨镇阳洼子村西北 0.8 千米。空心。由台基、台墩和围墙组成。黄土夯筑，夯层清晰、坚硬，厚 0.15～0.2 米，夹杂少量碎石。

烽火台保存较好。台基平面呈近圆形，现高 2、直径 30 米。台墩位于台基顶部中央，平面呈近圆形，剖面呈梯形，整体呈圆柱状。台墩南壁中部有一个洞穴直通顶部，高 1.6、宽 1.2 米，洞口周围有少量夯土脱落；西壁较好，无坍塌；北壁无坍塌，中部有一条竖向裂缝。台墩现高 10、底部直径 14、顶部直径 10 米。

烽火台外围有围墙，平面呈近圆形，直径 26 米，墙体现高 2～3.5、宽 0.5～1.5 米。南墙开门，宽 2 米。（彩图三九〇、三九一）

烽火台位于长城墙体西南侧，东北距石垛墕长城 0.12 千米。

石垛墕 2 号烽火台（14093235320117 0056）

位于内蒙古自治区清水河县单台子乡石垛墕村东南 0.06 千米。实心。黄土夯筑，夯层清晰、坚硬，厚 0.15～0.2 米，内无夹杂物。

烽火台保存较好。平面呈近圆形，剖面呈梯形，整体呈圆柱状。四周台壁有不同程度的破坏，南壁顶部因雨水冲刷形成一个宽 2.5 米的大豁口。烽火台现高 10、底部直径 15、顶部直径 12 米。（彩图三九二、三九三）

烽火台外围有围墙，平面呈近圆形，直径 30 米，墙体现高 2～3、宽 0.5～1.5 米。南墙有拱形洞门，高约 1.5、宽 2 米。洞门西侧的围墙坍塌出一个大豁口。

烽火台位于长城墙体东北侧，西南距石垛墕长城 0.08 千米。

白泥窑 2 号烽火台（140932353201170057）

位于内蒙古自治区清水河县单台子乡石垛墕村西南 0.8 千米。实心。黄土夯筑，夯层清晰、坚硬，厚 0.15～0.2 米，内无夹杂物。

烽火台保存较好。平面呈近圆形，剖面呈梯形，整体呈圆柱状。四周台壁有不同程度的破损；南壁底部有一个洞穴，可通往顶部；西壁南部有一个现代洞穴，宽 0.8、高 1.9、进深 0.5 米，底部稍有内凹。烽火台现高 10、底部直径 20、顶部直径 15 米。

烽火台外围有围墙，保存较差，大部分坍塌，仅东北部小部分残留。（彩图三九四）

烽火台位于长城墙体南侧，北距白泥窑长城 0.06 千米。

白泥窑 3 号烽火台（140932353201170058）

位于内蒙古自治区清水河县单台子乡石垛墕村西南 1.2 千米。实心。黄土夯筑，夯层清晰、坚硬，厚 0.1～0.15 米，内无夹杂物。

烽火台建于白泥窑堡中央。保存较差。四壁坍塌，形成斜坡，坡上长满杂草。烽火台现高 4 米，底部东西长 6、南北长 7.5 米，顶部东西长 0.5、南北长 2 米。

正泥墕 1 号烽火台（140932353201170059）

位于偏关县万家寨镇正泥墕村南 1 千米。空心。黄土夯筑，夯层清晰、坚硬，厚 0.05～0.15 米，内无夹杂物。

烽火台保存较好。平面呈近圆形，剖面呈梯形，整体呈圆柱状。顶部平坦，长满杂草；四壁有少量坑窝；西壁有一个洞口，高 2.5、宽 1.5 米，可通往顶部，内部有台阶，阶高 0.3、宽 1 米。烽火台现高 11.5、底部直径 18、顶部直径 15 米。（彩图三九五）

烽火台外围有围墙，坍塌破坏严重。

烽火台位于长城墙体西侧，东距正泥墕长城 0.07 千米。

正泥墕 2 号烽火台（140932353201170060）

位于偏关县万家寨镇正泥墕村西北 0.1 千米。实心。黄土夯筑，夯层清晰、坚硬，厚 0.05～0.15 米，内无夹杂物。

烽火台保存一般。平面呈近圆形，剖面呈梯形，整体呈圆柱状。南壁内凹 1.4 米，其余壁面尚好，坍塌较少。烽火台底部有四个人为洞穴，存有干草。烽火台现高 11、底部直径 13、顶部直径 11 米。（彩图三九六）

烽火台外围有围墙，现被压在当地居民堆放的秸秆之下。围墙内、烽火台四周被用作打谷场。

烽火台位于长城墙体西侧，东距正泥墕长城 0.065 千米。

东牛腻塔烽火台（140932353201170061）

位于偏关县万家寨镇正泥墕村西北 0.8 千米。空心。黄土夯筑，夯层清晰、坚硬，厚 0.15～0.2 米，内无夹杂物。

烽火台建在圆形夯土台基上。保存一般。台基现高 1、直径 24 米。台墩平面呈近圆形，剖面呈梯形，整体呈圆柱状。台墩东、南壁保存较差，东壁夯土大量脱落，有少量雨水冲痕，底部有一高 3.5、宽 1 米的洞穴，与顶部相通。烽火台现高 8.5、底部直径 12、顶部直径 8 米。（彩图三九七）

烽火台外围沿台基顶部边缘有围墙，坍塌消失殆尽。

烽火台位于长城墙体南侧，北距东牛腻塔长城 0.05 千米。

青草峁 1 号烽火台（140932353201170062）

位于内蒙古自治区清水河县单台子乡青草峁村南 0.4 千米。空心。黄土夯筑，夯层清晰、坚硬，厚 0.15～0.2 米，内无夹杂物。

烽火台建在圆形夯土台基上。保存较差。台基现高 1、直径 20 米。台墩平面呈近圆形，剖面呈梯形，整体呈圆柱状。台墩顶部不平，长有大量杂草；四壁面均有破坏；东壁因雨水冲刷中间有宽 3、高约 5 米的部分坍塌，底部有高 1 米的斜坡，残壁表面有少量坑窝；南壁中部有一个通往顶部的大洞，宽约 1.5、高 3 米，因人为破坏，表面夯土多处坍塌和脱落；西壁有大量雨水冲痕，表面夯土脱落较多；北壁整体坍塌成斜坡。烽火台现高 9、底部直径 10、顶部直径 8 米。（彩图三九八）

烽火台位于长城墙体南侧，北距东牛腻塔长城 0.1 千米。

青草峁 2 号烽火台（140932353201170063）

位于内蒙古自治区清水河县单台子乡青草峁村西南 0.7 千米。实心。黄土夯筑，夯层清晰、坚硬，厚 0.15～0.2 米，内无夹杂物。

烽火台保存较差。破坏严重。平面呈近圆形，剖面呈梯形。四周底部形成斜坡，只残存小部分台体。烽火台现高 7、底部直径 8、顶部直径 2 米。（图一〇五）

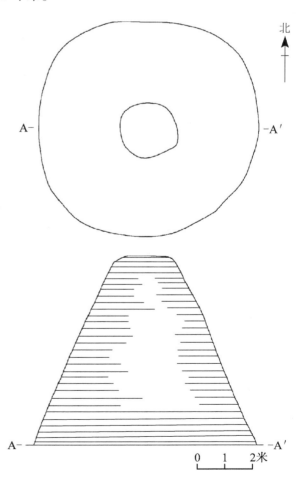

图一〇五 青草峁 2 号烽火台平、剖面图

烽火台位于长城墙体南侧，北距东牛腻塔长城 0.16 千米。

青草峁 3 号烽火台（140932353201170064）

位于偏关县万家寨镇南庄王村北 0.7 千米。空心。由台基、台墩和围墙组成。黄土夯筑，夯层清晰、坚硬，厚 0.15~0.2 米，内无夹杂物。

烽火台保存较差。台基平面呈近圆形，现高 3、直径 30 米。台墩位于台基顶部中央，平面呈近圆形，剖面呈梯形。台墩顶部有一个直径 5、高 1 米的小平台，平台东面有塌陷；东壁底部有一个人为洞穴，壁表长有几棵小树；南壁底部中间有两个人为洞穴，高 3、宽 3、进深 5 米；西壁底部有人为挖掘的几个小洞；北壁有几处人为洞穴，基部破坏严重。台墩现高 10、底部直径 14、顶部直径 10 米。

烽火台外围有围墙，墙体外侧高 1~4、内侧高 0.5~2 米。（彩图三九九）

烽火台位于长城墙体南侧，北距青草峁长城 0.16 千米。

正湖梁 1 号烽火台（140932353201170065）

位于内蒙古自治区清水河县单台子乡正湖梁村东 0.7 千米。空心。由台基、台墩和围墙组成。黄土夯筑，夯层清晰、坚硬，厚 0.15~0.2 米，内无夹杂物。

烽火台保存较差。台基平面呈近圆形，现高 3、直径 24 米。台墩位于台基顶部中央，平面呈近圆形，剖面呈梯形。台墩顶部不平，长满杂草；四壁均有破坏；东壁因雨水冲刷形成一道竖向冲沟，宽约 0.5 米，顶部大量坍塌；南壁夯土大量脱落，顶部冲刷严重；西壁呈台阶状，大量夯土脱落，底部雨水冲刷严重；北壁顶部有几条冲槽，夯土大量脱落。烽火台现高 9、底部直径 12、顶部直径 8 米。

烽火台外围有围墙，墙体外侧高 3、内侧高 0.8~2 米。（彩图四〇〇）

烽火台位于长城墙体南侧，北距正湖梁长城 0.07 千米。

正湖梁 2 号烽火台（140932353201170066）

位于偏关县万家寨镇滑石涧村北 0.4 千米。实心。黄土夯筑，夯层清晰、坚硬，厚 0.15~0.2 米，内无夹杂物。

烽火台保存较差。四壁坍塌，整体呈圆锥状。现高 5.4、底部直径 9、顶部直径 4.5 米。

烽火台位于长城墙体南侧，北距正湖梁长城 0.12 千米。

正湖梁 3 号烽火台（140932353201170067）

位于偏关县万家寨镇滑石涧村南 0.4 千米。空心。黄土夯筑，夯层清晰、坚硬，厚 0.15~0.2 米，内无夹杂物。

烽火台保存一般。平面呈近圆形，剖面呈梯形，四周有不同程度的塌陷，南壁中部有一个通往顶部的通道，高 1、宽 0.7 米。烽火台现高 13、底部直径 11、顶部直径 5 米。（彩图四〇一）

烽火台位于长城墙体南侧，北距正湖梁长城 0.75 千米。东北 0.5 千米为滑石涧堡，堡中为滑石涧村，有村民居住。

北古梁 1 号烽火台（140932353201170068）

位于内蒙古自治区清水河县单台子乡北古梁村南 0.7 千米。实心。黄土夯筑，夯层清晰、坚硬，厚 0.1~0.2 米，内无夹杂物。

烽火台保存一般。平面呈矩形，剖面呈梯形。顶部不平，长满杂草；四壁有不同程度的塌陷；东、北壁保存相对较好，坍塌较少，壁表稍有不平；西、南壁坍塌下的夯土堆积成斜坡，坡上长满杂草，残壁上坑窝较多。烽火台现高 7 米，底部东西长 10.5、南北长 8.8 米，顶部东西长 8、南北长 7 米。

烽火台位于长城墙体东南侧，西北距水门塔长城 0.29 千米。

北古梁 2 号烽火台（140932353201170069）

位于内蒙古自治区清水河县单台子乡北古梁村南 0.8 千米。实心。黄土夯筑，夯层清晰、坚硬，厚 0.1~0.2 米，内无夹杂物。

烽火台保存一般。平面呈矩形，剖面呈梯形。顶部不平，长满杂草；四壁有不同程度的塌陷；东壁坍塌较多；西、南壁保存一般，表面不平，有几处沟槽；北壁较平整，小部分坍塌。烽火台现高 6.8 米，底部东西长 9.8、南北长 9 米；顶部东西长 6.4、南北长 7 米。（彩图四〇二）

烽火台位于长城墙体东南侧，西北距水门塔长城 0.4 千米，西北 0.41 千米有水门塔 2 号敌台。

马道嘴 1 号烽火台（140932353201170070）

位于偏关县万家寨镇马道嘴村西北 0.9 千米。实心。黄土夯筑，夯层清晰、坚硬，厚 0.1~0.2 米，内无夹杂物。

烽火台保存较差。平面呈矩形，剖面呈梯形。顶部不平，长满杂草；四壁有不同程度的塌陷；东、西、北壁坍塌，形成斜坡；南壁保存较好，偏东部分坍塌，表面较平，有几处坑窝。烽火台现高 5.2 米，底部东西长 5.8、南北长 4.9 米，顶部东西长 0.6、南北长 2 米。

烽火台位于长城墙体西南侧，东北距闫王鼻子长城 0.8 千米，东北 0.18 千米为马道嘴 3 号烽火台。

马道嘴 2 号烽火台（140932353201170071）

位于偏关县万家寨镇马道嘴村西 0.6 千米。空心。由台基、台墩和围墙组成。黄土夯筑，夯层清晰、坚硬，厚 0.15~0.2 米，内无夹杂物。

烽火台保存一般。台基平面呈近圆形，现高 1、直径 30 米。台墩位于台基顶部中央，平面呈近圆形，剖面呈梯形。台墩顶部不平，长满杂草；四周有坍塌；东壁部分夯土脱落，顶部有几条裂缝；南壁夯土大量脱落，底部有一个人为洞穴，高出地面 1.5 米，洞口高 1.3、宽 1 米，洞进深 3 米；北壁底部有一个高 3、宽 1.5 米的洞口，从斜坡通往顶部，坍塌严重，洞口高于地表 1 米，壁面夯土大量脱落。台墩现高 10、底部直径 14、顶部直径 10 米。

烽火台外围有围墙，墙体外侧高 2~5、内侧高 0.8~4 米，宽 1 米。围墙坍塌严重，有多处豁口。（彩图四〇三）

烽火台位于长城墙体西南侧，东北距闫王鼻子长城 0.1 千米，西北 0.12 千米有闫王鼻子 2 号敌台。

马道嘴 3 号烽火台（140932353201170072）

位于偏关县万家寨镇马道嘴村西 1 千米。实心。黄土夯筑，夯层清晰、坚硬，厚 0.1~0.2 米，内无夹杂物。

烽火台保存较差。平面呈近圆形，剖面呈梯形。顶部不平，长满杂草；四壁有坍塌；东、西、北壁坍塌成斜坡；南壁因坍塌表面凹凸不平，有较多雨水冲痕。烽火台现高 4 米，底部东西长 5、南北长 7 米，顶部东西长 2、南北长 3 米。

烽火台位于长城墙体南侧，北距闫王鼻子长城 0.1 千米，西南 0.18 千米有闫王鼻子 1 号烽火台。

闫王鼻子 1 号烽火台（140932353201170073）

位于偏关县万家寨镇马道嘴村西约 1.4 千米。实心。黄土夯筑，夯层清晰、坚硬，厚 0.1~0.2 米，内无夹杂物。

烽火台建在南－北走向的山脊上。保存较差。平面呈近圆形，剖面呈梯形。顶部不平，长满杂草；四壁受到不同程度的破坏；东壁因雨水冲刷部分坍塌，底部形成高 2 米的斜坡，残壁上有一个大坑；南、西、北壁坍塌成斜坡。烽火台现高 4 米，底部东西长 6、南北长 8 米，顶部边长 3 米。

烽火台位于长城墙体西侧，东距闫王鼻子长城 0.1 千米，东北 0.18 千米有马道嘴 3 号烽火台。

闫王鼻子 2 号烽火台（140932353201170074）

位于偏关县万家寨镇马道嘴村西 2 千米。空心。由台基、台墩和围墙组成。黄土夯筑，夯层清晰、坚硬，厚 0.15 ~ 0.2 米，内无夹杂物。

烽火台保存较差。台基平面呈近圆形，现高 2.5、直径 30 米。台墩位于台基顶部中央，平面呈近圆形，剖面呈梯形。台墩顶部不平，长满杂草；四壁受到不同程度的破坏；南壁有一个高 2、宽 1.5 米的洞穴，通往顶部，洞内夯土大量脱落；北壁因雨水冲刷使夯土大量脱落，有多条雨水冲痕。烽火台现高 10、底部直径 14、顶部直径 10 米。

烽火台外围有围墙，墙体外侧高 1 ~ 3、内侧高 0.8 ~ 2 米，宽 1 米。有多处坍塌。（彩图四〇四）

烽火台位于长城墙体南侧，北距闫王鼻子长城 0.2 千米，东北 0.18 米有闫王鼻子 3 号敌台。

老牛湾 1 号烽火台（140932353201170075）

位于偏关县万家寨镇老牛湾村东 0.4 千米。实心。黄土夯筑，夯层清晰、坚硬，厚 0.15 ~ 0.2 米，内无夹杂物。

烽火台保存较差。平面呈近圆形，剖面呈梯形。四周台壁受到不同程度的破坏；东壁坍塌成斜坡；南壁大多坍塌，残存部分呈台阶状；西壁凹凸不平，有多条雨水冲痕；北壁底部形成高 3 米的斜坡，残壁顶部小部分坍塌，表面凹凸不平。烽火台现高 5、底部直径 6、顶部直径 3 米。

烽火台位于长城墙体南侧，北距老牛湾长城 0.3 千米，西北 0.35 千米有闫王鼻子 6 号敌台。

老牛湾 2 号烽火台（140932353201170076）

此烽火台又称"望河楼"，位于偏关县万家寨镇老牛湾村北 0.2 千米。空心。内部结构不详；外侧下部包石，上部包砖。

烽火台保存较好。平面呈正方形，剖面呈梯形。顶部不平，长有少量杂草；四壁有几条裂缝，上部部分包砖被腐蚀；东壁下有 20 层条石，高 3.7 米，上为砖砌部分，顶部部分青砖因雨水冲刷而脱落；南壁自顶部往下 2.5 米处有一个箭窗，高 1.6、宽 0.9 米，为一伏一券形制，窗内两侧有两个石门，箭窗上方有一个长 1、高 0.8 米的仿木框，方框凸出壁表，上书"望河楼"；西、北壁保存较好，上部有部分包砖被腐蚀。烽火台现高 12、底部边长 14、顶部边长 12 米。（图一〇六）

烽火台位于长城墙体西南侧，东北距老牛湾长城 0.47 千米，南 0.27 千米有老牛湾堡。

柏羊岭 1 号堡（140932353102170001）

位于偏关县老营镇柏羊岭村东 0.5 千米、长城墙体南一片较为平坦的荒地中。北距内蒙古自治区清水河县柏羊岭长城 2 段 0.05 千米。该堡平面呈正方形，边长 100 米，周长 400 米，面积 10000 平方米。设南门。堡墙上有敌台 1 座。（图一〇七）

该堡保存差。堡墙黄土夯筑，夯层清晰、坚硬，厚 0.15 ~ 0.2 米。因雨水冲刷，多有破坏，在底部形成斜坡。四面堡墙保存情况分别为：东墙现高 7 ~ 8、底宽 6 ~ 8、顶宽 1 ~ 2 米，南墙现高 4 ~ 6、底宽 6 ~ 8、顶宽 0.8 ~ 1.5 米，西墙现高 7 ~ 8、底宽 7 ~ 10、顶宽 2 ~ 3.5 米，北墙现高 8、底宽 7 ~ 10、顶宽 1 ~ 2.5 米。城门位于南墙中部，宽 10 米。

堡内紧贴北墙南侧有一座敌台，建在高 4 米的台基上。保存一般。敌台现高 12 米，底部东西长 14、南北长 13、顶部东西长 3、南北长 6.5 米。（彩图四〇五）

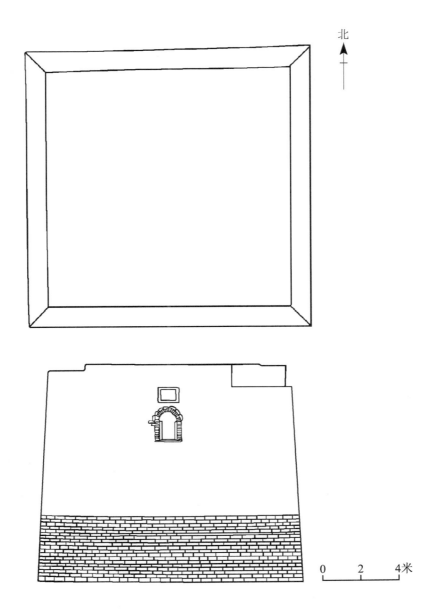

北

0　2　4米

图一〇六　老牛湾 2 号烽火台（望河楼）平、立面图

柏羊岭 2 号堡（1409323531021700002）

位于偏关县老营镇柏羊岭村西北 1.2 千米、长城墙体南。北距内蒙古自治区清水河县柏羊岭长城 2 段 0.02 千米。该堡平面呈不规则形，周长 248 米，面积 4104 平方米。设东门。堡内外有角楼 4 座、登城马道一处。（图一〇八）

该堡建在山坡上，西高东低。堡墙、角楼用黄土夹砂夯筑。外包砖石，现脱落流失殆尽，只残存防止墙体向外倒塌的钉条石。

东墙长 58、现高 4~6、底宽 4~8、顶宽 1~2 米，南墙长 54、现高 5~7、底宽 6~8、顶宽 0.5~1.5 米，西墙长 60、现高 8~9、底宽 6~8、顶宽 0.5~1.2 米，北墙长 76、现高 3、底宽 6~8、顶宽 0.5~1 米。城门位于东墙中部，高 4、宽 6 米。

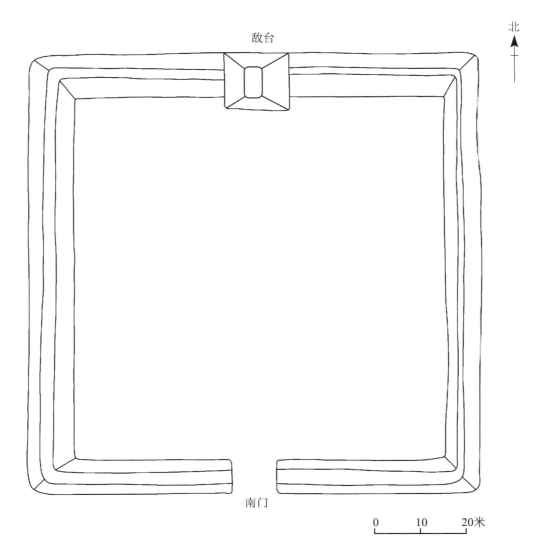

图一〇七　柏羊岭 1 号堡平面图

　　堡四角有角楼。东南角楼现高 6 米，底部东西长 9.6、南北长 7 米，顶部边长 4 米，底部凸出墙体 2 米，顶部凸出墙体 1 米；西南角楼现高 9 米，底部东西长 8.5、南北长 9.8 米，顶部东西长 5、南北长 6 米，底部凸出墙体 2 米，顶部凸出墙体 1 米；西北角楼现高 9 米，底部东西长 10、南北长 9.5 米，顶部呈不规则形，底部凸出墙体 2 米；东北角楼现高 8 米，底部东西长 7.2、南北长 7.8 米，顶部边长 4 米，基部凸出墙体 2 米，顶部凸出墙体 1 米。（彩图四〇六、四〇七）

　　堡内有几十处石堆砌的痕迹，东南角有长 10、最高 3.5 米的石砌登城马道。

　　堡外四周为荒地，杂草灌木丛生。北 0.02 千米为东 - 西走向的柏羊岭长城 2 段，南 1.4 千米为柏羊岭 1 号堡。

水泉堡（140932353102170003）

　　位于偏关县水泉乡水泉堡村长城墙体西南。东北距内蒙古自治区清水河县川峁上长城 0.7 千米。该堡平面略呈矩形，周长 1585 米，面积 92400 平方米。堡内外有城门 3 座、角楼 4 座、马面 5 座、照壁 1 座、南门古石道 1 条。（图一〇九；彩图四〇八）

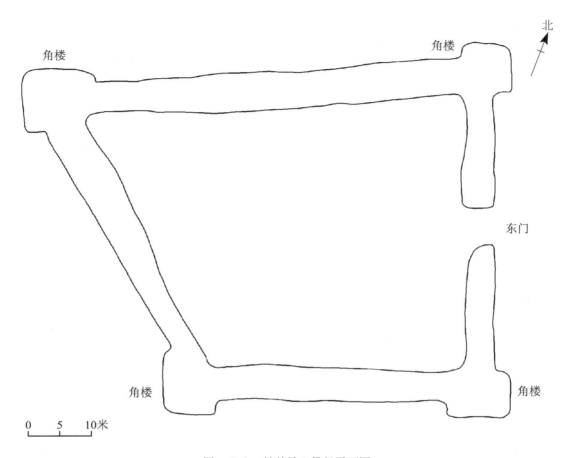

图一〇八　柏羊岭 2 号堡平面图

　　该堡所处地形东北高西南低。保存一般。堡墙四角残存角楼。（彩图四〇九、四一〇）堡墙、角楼、马面内部黄土夯筑，夯层坚硬，厚 0.15~0.2 米；外侧有包石，现脱落流失殆尽。堡内现有居民居住。（彩图四一一）

　　南墙长 220、现高 9、底宽 6、顶宽 2~4 米。破坏严重，大多消失。设南门，门洞和门垛尚存。（彩图四一二、四一三）城门为正南向，高 4、宽 3、进深 6 米；基部砌有条石，上部为青砖，三伏三券，外门基石七层，高 1.6 米，内门基石 17 层，高 3.2 米；内外门两侧各有柱础洞，口径为 0.25 米。南门正南方 30 米处有一照壁，高 7、长 10.4、厚 1.1 米，基部有七层条石，高 1.1 米，顶部板瓦和筒瓦相扣，两面出水。照壁中间墙壁上有一长 6、宽 2.4 米的仿木框结构，上有四个小方格，字迹漫漶不清。（彩图四一四）照壁与城门之间有一条宽 3 米的古石道。（彩图四一五）

　　东墙长 420 米，保存最高处 9.5 米，上有城门 1 座、角楼 2 座、马面 2 座。墙体在第二座角楼处向西南拐 30°，残存的东门设在此段东北－西南走向墙体中部，原貌无存。角楼现高 9.5、底宽 16、顶宽 6 米，凸出墙体 6 米。马面 1 座，形制基本与角楼一致。

　　北墙 360 米，其中消失 33 米，保存最高 8、最低 0.5、底宽 4~6、顶宽 0.3~3 米。距东北角 25 米处有一条通往堡内的道路，呈北－南走向。设北门，距东北角 200 米，内外两门，下有七层基石，上为砖砌，三伏三券；通高 3.2 米，门内高 2.6、宽 2、进深 6 米。（彩图四一六、四一七）墙体上有 1 座角楼、2 座马面。

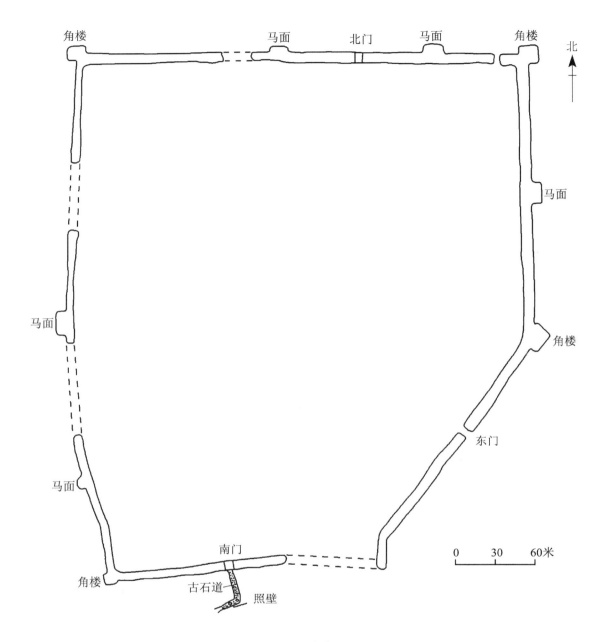

图一○九　水泉堡平面图

　　西墙 442 米，其中消失 110 米，保存最高 8、最低 0.5 米，底宽 3.5～6、顶宽 0.5～4 米。墙体上有 2 座角楼、2 座马面。

　　该堡东北 0.7 千米为清水河县川峁上长城，北 0.68 千米有川峁上 3 号烽火台。堡外四周为民房和农田，西、北有沟谷，南有 209 国道。

　　滑石涧堡（140932353102170004）

　　位于偏关县万家寨镇滑石涧村内，为该村的居民区，在长城墙体南侧。北距内蒙古自治区清水河县正湖梁长城 0.4 千米。该堡平面呈正方形，边长 140 米。设南门，方向正南，周长 560 米，面积 19600 平方米。堡内外有角楼 4 座、马面 3 座、明代碑碣 1 通。（图一一○）

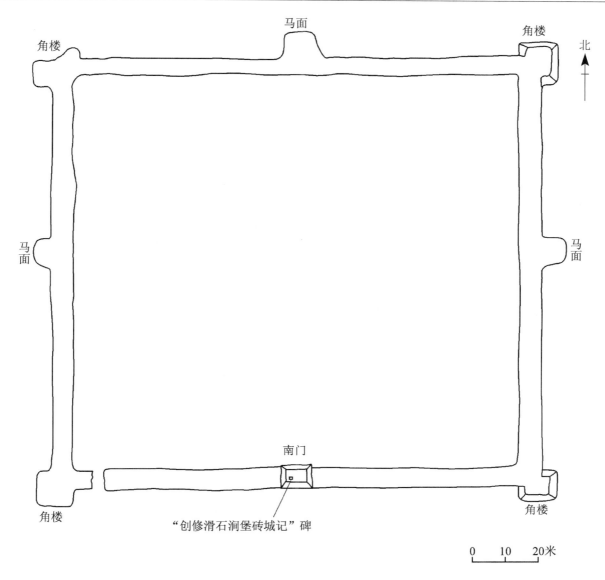

马面　　　角楼　　　　　北

角楼

马面

马面

南门

角楼　　　　　角楼

"创修滑石涧堡砖城记"碑

0　　10　　20米

图一一〇　滑石涧堡平面图

该堡建在山丘顶部。堡内高低不平，起伏较大，有多处被开垦成农田，中间被修成打谷场。堡内原住有居民，现多数搬出，尚有五户居住在堡北墙附近。（彩图四一八）

堡墙结构分为三层：最内层为黄褐土夯筑，夯层明显，厚0.15～0.2米；最外层为条石砌筑，整齐坚固，白灰勾缝；中层为黄土与碎石块混合物填充堆筑，较松散。结合文献记载判断，城堡始建时仅为最内层的夯筑土墙，后来才砌以外层的砖石，砌筑砖石时，中间留出一层空隙，待砖石砌筑牢固，再往中间填充黄土与石块，堆筑而成。砖石基本被拆除殆尽，夯土外露，多处坍塌，堡墙上有人为挖掘的洞口，可通往堡内。北墙顶部铺有青砖，南墙西南角有一宽5米的豁口，系村民经常出入形成。东、西、北墙中部各有一座马面，形制相仿，平面呈矩形，剖面呈梯形，底宽8～12、顶宽6～9、向外凸出5～7米。四角各有一座角楼，西北角楼有残损，其他角楼保存尚好，平面呈矩形，剖面呈梯形，底部东西长10～15、南北长9～15米，顶部东西长7～9、南北长6～8米。（彩图四一九～四二三）

城门位于南墙中部，保存基本完整。（彩图四二四）门拱上方0.9米处嵌有一块石匾，（彩图四二五）呈长方形，宽1.2、高0.8米，正中刻有"镇宁"两字，右侧文字为：

钦差巡抚山西都御史高文荐

钦差镇守山西总兵官王国勋

左侧文字为：

钦差岢岚兵备升任宁夏巡抚萧大亨

钦差岢岚兵备右参政王□

钦差分守西路右参将李东阳

万历八年庚辰季夏吉旦潞安府同知胡□

滑石堡守备常世爵

委官援兵把总□□□

根据史料记载，此为明代万历八年（1580年）对滑石涧堡城墙包砖时所立。

城门通高6、进深12米，分外部和内部两部分。外部：外侧城门洞内高4、宽2.6、进深3.7米。外侧城门洞基部为石块铺底，基石共九层，高2.7米。内部：内侧城门洞高5、宽3.3、进深8.3米，内侧城门洞基部为石块铺底，基石共八层，高2.7米。

内外城门洞接合处两边向外扩0.35米，城门外两侧墙体底宽5.5、高4米，为十二层条石，上下层条石相互交错叠压垒砌，较为坚固，条石上青砖垒砌，高3.3米，城门处城墙高7.3米。城门洞边缘为三券三伏。城门顶部立有一块石碑，（彩图四二六）题名"创修滑石涧堡砖城记"，碑文全文如下：

赐进士第文林郎巡按云南监察御史侍经筵解州兼山侯居艮撰并篆/国家建都北平以宣大为肩背以辽东为左臂谓其外与虏接而内距京师无□也谋国之臣于此数镇恒注筹焉正德嘉靖中虏/数数南犯乃以我颓垣坏壁无暇为自治防故辄入辄得志去/穆宗朝虏掩答孳孙若妇欵云中塞/诏许纳之虏大感我恩因求贡请封为外藩自是南北弭兵矣偏关北七十里古有滑石涧堡至我/朝堡仅存基址尔隆庆三年岢岚兵宪沾化范公西路右参将榆林方公复加修筑城事竣议设一防守官统御之/迨万历五年前都御史今总督宁夏成/都高公缘秋防互市历偏关因而之边巡阅新修塞垣抵滑石谓阙地乃偏关之保障三关之锁钥也其形险固造物者设此以作藩篱防守恐非所/宜且北虏欵贡狼烟少警我固得向意内治然斯重镇非得人以守之孰为之控制哉迨六年五月内遂疏请於/朝设一守备官而募军六百名为防御计当大司马议覆报可第其堡城仍土为之顾制度狭隘墙垣巍剥实非永久者谋乃前省杂今陕都御史东岱萧/公曰往岁虏侵掠不时我不得措版锺故城堡随修随圮仅仅限华夷以故虏长驱无忌耳今桑土可把绸缪宜备不可不预为之防始谋易以砖石高/其墙深其堑诚廷一劳永逸得筹多也是役也咨谋荒度经营中始则高公萧公廷以移镇去缵继勋猷丕树成业则今抚台都御安丘辛公克绪畴庸/辉章终绩前省杂陕都御太康王公今整饬岢岚左省杂莱州胡公胜算制於帷幄率作兢於原野则前陕肘印云中麻公今镇守大将军上谷王公□/山削谷谋始成终则前副总兵济宁赵公榆林李公今永平陶公前杂将白登李君今蔚州张君转饷恤戎综覆稽核则管粮同知汝阳胡君胼胝为劳/始终底绩则滑石守备今升都司保定常君至於控驭三陛绮分万里则前总督山阴吴公今安肃郑公也功始于万历庚辰告成于壬午城计周围一/里许砖石各相半上建面楼者二角楼者四各悬扁於其上东西敌台房各五间左右厢房二间马道二处各有牌坊门柝内堡门改小楼一座为更敲/谯角者设艮地建察院公署一所内堡建守备公衙一所乾地建中军官衙一所堡前建把总官衙一所又创仓廒数间营房三百间分街衢为五道堡/内建马王庙北楼塑真武像廊外建武安王庙以修祀典缘堡去水远又凿水窖十一眼每窖可容水千石余以备不测雉堞云连梯楼相映屹乎天险/之峻金城之固矣乃常君以记来请余为之记曰易萃有之曰泽上于地萃君子以除戎器戒不虞然当萃聚时而预为武备修者何盖以肃内外防而/保其萃者注意深也故戎车饬于六月而非以为棘干羽舞於两阶而非以为弛采薇遣戍又惓惓戎狄之虑焉乃当周盛时盖如此后世亡论已然保/邦固围安内攘外未始渍夷□防我/国家/列圣继统薄海内外罔不率俾况丑虏欵阙效顺尘沙风扫瀚海波澄此诚千载未觏事也然致治未

乱保邦未危在谋国大臣可无未雨之忧先事之虑哉/且滑石东接水泉西逼河套南屏偏关北临穷漠诚极边要塞也今坚城固壁深沟高垒我既据其上游即使虏一旦败盟弯弓牧马而南则可恃在我/庶高枕而无忧矣奠/国祚於苞桑措边民於衽席威严所加震讋所慑即一孤城巍然虎豹关也虽然山以西视京师为外藩地形延□通胡之孔道尚伙当事者诚於此时相/与戮力经营令亭障星连烽燧炬列又时时与之讲武备习射骑储粮饷厉器械于地利人和均加之意焉使夷虏望见知中国有备毫无间隙不敢窥/我谋南向如此可保数百年无事矣记成又附之云云/大明万历十年岁在壬午孟秋吉/钦依守备山西滑石涧堡地方今升本省都司佥书中式丁丑科会试武举署都指挥同知保定常世爵立石

□城工委官把总尹凤□

指挥王乔

本营中军百户潘九龄

把总百户汪起凤

老牛湾堡（1409323531021700005）

位于偏关县万家寨镇老牛湾村长城墙体南侧。北距内蒙古自治区清水河县老牛湾长城 0.6 千米。该堡平面呈矩形，周长 315 米，面积 6150 平方米。设南门，方向正南。堡内外有瓮城 1 座、角楼 4 座（2 座已不存）。（图一一一；彩图四二七）

该堡建在较平坦的台地上。城门位于南墙中部。四角有角楼，现只东南和东北角楼残存，（彩图四二八、四二九）东北角楼残存外包砖石，东南角楼夯土外露。

堡墙内部黄土夯筑，夯层厚 0.15～0.2 米；外包砖石，现脱落流失殆尽，夯土外露。东墙长 80、现高 1～9、底宽 4～6、顶宽 0.5～2 米。南墙长 75 米，城门西侧墙体坍塌，墙体底宽 4～6、顶宽 1～3 米。东南角楼平面呈正方形，现高 9、底部边长 10、顶部边长 7.5 米。西墙长 82 米，全部坍塌，原貌无存，仅西北角残存部分墙体。北墙长 78 米，破坏轻微，东北角保存较好，现高 0.5～9、底宽 4～6、顶宽 0.1～1 米。东北角楼现高 9、底部边长 10、顶部边长 7.5 米，外侧尚有包砌的条石和青砖，有几条裂缝，西北角坍塌。

南墙中部开门。（彩图四三○）城门外高 7.2、内高 4、宽 3.4、进深 5.2 米，有十一层基石，三伏三券。门外有瓮城，平面呈矩形，东西长 15、南北长 18 米。瓮城门和门垛保存尚好，三伏三券，瓮城门外高 7、内高 3.2、宽 3.2、基石高 2.7、进深 8.1 米。瓮城墙体破坏严重，现高 1～7、底宽 3.5、顶宽 1～1.5 米。（彩图四三一、四三二）

堡外四周是荒地，散落民居，东侧是缓坡，其余三侧环绕黄河支流。

四　相关遗存

内蒙古自治区乌兰察布市和呼和浩特市二边沿线有相关遗存 14 处，其中挡马墙 8 段、砖窑 2 处、采石场 2 处、碑碣 2 通。

八墩窑 1 号挡马墙（150925354104170001）

位于乌兰察布市凉城县六苏木镇八墩窑村西南 0.9 千米、八墩窑长城北 0.04 千米的缓坡之上。东南－西北走向。与长城墙体平行，属于长城墙体的附加防御设施。长 285 米。

挡马墙黄土夯筑，夯层明显，厚 0.1～0.2 米。保存较差，大部分塌陷。剖面呈梯形，断面较多。挡马墙现高 1～3、底宽 3、顶宽 0.5～1 米。

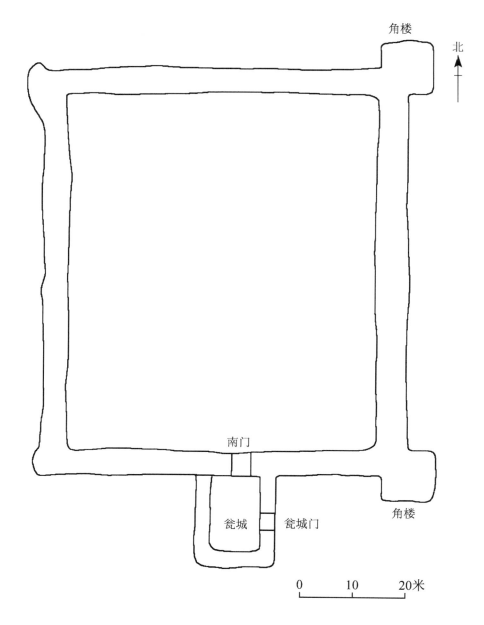

图一一一　老牛湾堡平面图

八墩窑 2 号挡马墙（150925354104170002）

位于凉城县六苏木镇八墩窑村北 0.16 千米、八墩窑长城北 0.16 千米的缓坡之上。东南 – 西北走向。与长城墙体平行，属于长城墙体的附加防御设施。长 260 米。

挡马墙黄土夯筑，夯层明显，厚 0.1～0.2 米。保存较差。风沙侵蚀、雨水冲刷、修建农田等，致使墙体大部分坍塌。剖面呈梯形，断面较多。挡马墙现高 0.5～1.3、底宽 3.5、顶宽 1.3 米。（彩图四三三）

八墩窑 3 号挡马墙（150925354104170003）

位于凉城县六苏木镇八墩窑村西北 2.7 千米、八墩窑长城北 0.06 千米的缓坡之上。东南 – 西北走向。与长城墙体平行，属于长城墙体的附加防御设施。长 268 米。

挡马墙黄土夯筑，夯层明显，厚 0.15 ~ 0.2 米，内无夹杂物。保存较差，大部分塌陷。剖面呈梯形，断面较多。挡马墙现高 0.5 ~ 3、底宽 1 ~ 4、顶宽 1 ~ 2 米。

八台沟挡马墙（150925354104170004）

位于凉城县六苏木镇十二沟村东北 1.5 千米、八台沟长城北侧。南 - 北走向。与长城墙体平行，属于长城墙体的附加防御设施。长 630 米。

挡马墙黄土夯筑，夯层明显，厚 0.1 ~ 0.15 米，内无夹杂物。保存一般。人为破坏严重，大部分墙体因人为修筑梯田基本坍塌，仅保存基础部分，其中一小段还保留着部分墙体，墙体上长满杂草。挡马墙现高 0.5 ~ 2、底宽 2 ~ 4、顶宽 0.2 ~ 1 米。（彩图四三四）

十二沟 1 号挡马墙（150925354104170005）

位于凉城县六苏木镇十二沟村东 0.5 千米、十二沟长城外侧。南 - 北走向。与长城墙体平行，属于长城墙体的附加防御设施。长 260 米。

挡马墙黄土夯筑，夯层明显，厚 0.1 ~ 0.15 米，内无夹杂物。保存较差。人为破坏严重，大部分墙体因人为修筑梯田基本坍塌，仅保存基础部分，其中一小段还保留着部分墙体。挡马墙现高 0.5 ~ 2.5、底宽 3、顶宽 0.5 ~ 1 米。

十二沟 2 号挡马墙（150925354104170006）

位于凉城县六苏木镇十二沟村西南 0.7 千米、十二沟长城北 0.02 千米。东 - 西走向。与长城墙体平行，属于长城墙体的附加防御设施。长 153 米。

挡马墙黄土夯筑，夯层明显，厚 0.15 ~ 0.2 米。保存较差。因人为修筑梯田的破坏，西高东低。挡马墙现高 1 ~ 3、底宽 2 ~ 3、顶宽 0.4 ~ 0.8 米。此挡马墙北 12 米有十二沟 3 号挡马墙，与之平行，二者构成双重防御体系。（彩图四三五）

十二沟 3 号挡马墙（150925354104170007）

位于凉城县六苏木镇十二沟村西南 0.7 千米、十二沟长城北 0.032 千米。东 - 西走向。与长城墙体平行，属于长城墙体的附加防御设施。长 351 米。

挡马墙黄土夯筑，夯层明显，厚 0.15 ~ 0.2 米。保存较差。周围均为农田，农田对其有破坏，两侧为斜坡，坡上及墙体上长满杂草和柠条，农田对墙体的破坏有逐年加剧的趋势。其北侧紧邻一条东 - 西走向的乡级公路，使挡马墙遭到严重破坏。挡马墙现高 0.3 ~ 1.3、底宽 2 ~ 2.5、顶宽 0.3 ~ 0.5 米。此挡马墙南 12 米为十二沟 2 号挡马墙，与之平行，二者构成双重防御体系。（参见彩图四三五）

杀虎口挡马墙（140623354104170001）

位于山西省右玉县杀虎口乡杀虎口村东 0.7 千米、杀虎口长城北 14 米。东 - 西走向。与长城墙体平行，属于长城墙体的附加防御设施。长 298 米。

挡马墙黄土夯筑，夯层明显，厚 0.15 ~ 0.2 米。保存较差。因农田开垦的破坏，大部分坍塌，多数地段仅存基础部分，局部保留部分墙体，墙体上长满杂草。挡马墙现高 0.5 ~ 2.3、底宽 3.5 ~ 5、顶宽 0.2 ~ 2 米。（参见彩图一一九）

二三墩 1 号砖窑（140623354102170001）

位于凉城县曹碾满族乡芦草沟村西南 2 千米、山西省右玉县十五沟村北 0.4 千米。占地面积 1320 平方米。

砖窑建在凉城县二三墩长城南 0.5 千米的深谷内。保存较差。窑址被开垦为农田，遗迹无存，地表仅见少量遗物，附近有较多红烧土、瓷片及烧坏的青砖。由于取土的原因，窑址所处沟谷较深，深

14 米，沟内宽 150 米，有一条南 – 北向河床，北侧有一条东 – 西向乡级公路。

二三墩 2 号砖窑（140623354102170002）

位于凉城县曹碾满族乡二三墩村西北 0.1 千米。东西长 30、南北长 50 米，占地面积 1500 平方米。

砖窑建在凉城县二三墩长城南 1 千米的缓坡上。保存较差。大部分已坍塌，塌陷处能明显分辨出窑址的大致范围。窑址面积较小，呈长条形，主窑口南侧保存三处小型窑口。由于雨水冲刷、水土流失等自然原因的破坏，已分辨不出窑口的大体形状，保留人为加工的痕迹。主窑址受人为因素破坏，被踏踩出一条通往山坡的小路。地表有明显的黑土范围及少量烧土的碎石块。通过断面观察，地表下有明显的烧土痕迹和人为加工的痕迹，灰土上抹有一层草木灰，窑口处有一道石墙，现已破坏，仅存少量石块，摆放呈弧形。地表灰土与黄土界限明显，可观察窑址宽 0.5～4、长 10 米。

腰榨采石场（150124354101170001）

位于清水河县北堡乡口子上村南 1.8 千米、清水河县腰榨长城起点东侧。

采石场位于较高的山顶东侧。地表可见多处采石点，散落大量加工过的石块和石片，附近有人为挖掘的痕迹。采石场东西长 50、南北长 100 米。（彩图四三六）

小元峁采石场（140932354101170001）

位于山西省偏关县老营镇小元峁绿化工程地上、清水河县小元峁长城起点东南 0.03 千米。

采石场位于一处范围较大的山腰上。山腰四面为人工挖掘的断面，采石场痕迹较明显，地表有大量的碎石块和未经加工的条石、石块。附近长城墙体和单体建筑大部分有包石，可见当时采石场的供应量较大。采石场东、南、北面可看到已开凿的石墙面和层层石面。采石场长、宽 100 米。（彩图四三七）

高家窑 1 号碑（140623354109170001）

位于内蒙古自治区和林格尔县羊群沟乡后爱好村东南 1.3 千米、和林格尔县高家窑长城东侧，又名大同中路分属西界碑。

碑身和碑座分离，斜插在长满杂草的土坑里，底部的"界"字被土掩埋大半。碑座在碑身南 20 米一条自然沟谷北岸的岸边。碑座底部有一处缺口，上部立碑身的凹槽内塞满泥沙。石碑的材质为红色砂岩，碑身高 2.44、宽 0.87、厚 0.25 米，碑座长 0.83、通高 0.46 米，地表以上高 0.22 米，厚约 0.35 米。

碑文两行，竖书，正文为"大同中路分属西界"，落款为"万历二十七年季秋吉日立"，共 19 字，阴刻。石碑碑面边缘有回纹，宽 5 厘米。（彩图四三八）

该碑南 51 米有高家窑 2 号碑。

高家窑 2 号碑（140623354109170002）

位于内蒙古自治区和林格尔县羊群沟乡后爱好村东南 1.3 千米、和林格尔县高家窑长城东 0.02 千米，又名大同中路分属东界碑。

石碑破坏轻微，碑身长满苔藓，由于风力较强，石碑稍有倾斜。石碑材质为红色砂岩，圆顶，方座。碑身高 2.33、宽 0.9、厚 0.19 米，碑座高 0.28、长 1.14、宽 0.76 米。

碑文两行，竖书，正文为"大同威远路分属东界"，落款为"万历二十七年季秋吉日立"，共二十字。碑文中只有"大"字阴刻，其余为双钩空心字。碑身边缘有回纹。

碑北面 51 米有高家窑 1 号石碑。

此碑连同高家窑 1 号碑是迄今发现的唯一分管长城的界碑，为研究明代九边军镇体制提供了实物资料。

表一五　乌兰察布市、呼和浩特市明长城二边马面统计表

地域	序号	名称	形状	保存状况	材质及构筑方法	尺寸（米）底部	顶部	高	备注	图纸	照片	所属墙体段落
乌兰察布市凉城县	15092535352102170066	三墩湾1号马面	圆锥状	一般	黄土夯筑	10×10.05	1.5	8		无	无	三墩湾长城
	15092535352102170067	三墩湾2号马面	圆锥状	一般	黄土夯筑	9×10	1.7	10.2		无	无	
	15092535352102170068	冯家沟1号马面	不规则状	较差	黄土夯筑	2.8×3.8		2.5		无	无	冯家沟长城
	15092535352102170069	冯家沟2号马面	不规则状	一般	黄土夯筑	8×9	3.5×2.5	6		无	彩图四三九	
	15092535352102170070	冯家沟3号马面	平面呈三角形	较差	黄土夯筑	10×9.5	2.5×2	7.5		无	无	
	15092535352102170071	冯家沟4号马面	平面呈三角形	较差	黄土夯筑	9.5×10.5	3×2	8.5		无	无	
	15092535352102170072	冯家沟5号马面	覆斗状	较差	黄土夯筑	11×7.5	7.5×2	7.5		无	无	
	15092535352102170073	芦草沟1号马面	平面呈弧形	较差	黄土夯筑	10×9	6.5×6	6		无	无	芦草沟长城
	15092535352102170074	芦草沟2号马面	覆斗状	较差	黄土夯筑	9×7.5	1.7×6	6		无	无	
	15092535352102170075	芦草沟3号马面	平面呈三角形	较差	黄土夯筑	9×9	3×1	7.5		无	彩图四〇	
	15092535352102170076	芦草沟4号马面	覆斗状	一般	黄土夯筑	10×10	5×2.5	6.5		图一一三	无	
	15092535352102170077	芦草沟5号马面	圆锥状	一般	黄土夯筑	10.5×11	2×3	10	高出墙体2.1米	无	彩图四一	
	15092535352102170078	芦草沟6号马面	覆斗状	一般	黄土夯筑	9.5×8	3.2×3.2	9		无	无	
	15092535352102170079	芦草沟7号马面	覆斗状	较差	黄土夯筑	7.5×8	6×2.6	5		无	无	
	15092535352102170080	三墩1号马面	平面呈弧形	一般	黄土夯筑	9.5×11.5	5×3	8.5		无	彩图四二	三墩长城
	15092535352102170081	三墩2号马面	平面呈弧形	较好	黄土夹砂夯筑	10×10	5×4	9.5		无	无	
	15092535352102170082	三墩3号马面	覆斗状	较好	黄土夯筑	10×10	4×4	10		无	无	
	15092535352102170083	三墩4号马面	平面呈三角形	较差	黄土夹砂夯筑	9×8	4×3	9		无	无	
	15092535352102170084	七墩窑1号马面	不规则状	较差	黄土夹砂夯筑	7×7	2.7×3	6		无	无	七墩窑长城
	15092535352102170085	七墩窑2号马面	覆斗状	较差	黄土夯筑	7.5×6	2.5×2.5	6		无	无	
	15092535352102170086	七墩窑3号马面	覆斗状	较好	黄土夯筑	8×6	3×2	7		无	无	
	15092535352102170087	七墩窑4号马面	覆斗状	较好	黄土夯筑	8.5×8	3×3	8.5		无	彩图四三	
	15092535352102170088	七墩窑5号马面	覆斗状	较差	黄土夯筑	7×6	4×3	8.5		无	无	

续表

地域	序号	名称	形状	保存状况	材质及构筑方法	尺寸（米）			备注	图纸	照片	所属墙体段落
						底部	顶部	高				
乌兰察布市凉城县	15092535352102170089	头墩1号马面	覆斗状	较差	黄土夯筑	6×7	1.2×3	6.5	高出墙体2米	图一一三	彩图四四四	头墩长城
	15092535352102170090	头墩2号马面	平面呈椭圆形	一般	黄土夯筑	10×8.5	3×2	6		无	无	
	15092535352102170091	头墩3号马面	覆斗状	较差	黄土夯筑	6×6.5	3×2.5	5		无	无	
	15092535352102170092	庙沟1号马面	覆斗状	较好	黄土夯筑	8.5×7.5	4×2.7	7	高出墙体2.4米	无	无	庙沟长城
	15092535352102170093	庙沟2号马面	覆斗状	较好	黄土夯筑	8.5×9	2.5×3	9	高出墙体2.4米	图一一四	无	
	15092535352102170094	庙沟3号马面	覆斗状	较好	黄土夯筑	7.5×7	2×4	6	高出墙体1.2米	无	无	
	15092535352102170095	庙沟4号马面	覆斗状	一般	黄土夯筑	5.5×6.5	1×3	5.5	高出墙体1.2米	无	无	
	15092535352102170096	庙沟5号马面	覆斗状	较好	黄土夯筑	8×9.5	3×4	10		无	无	
	15092535352102170097	庙沟6号马面	覆斗状	较好	黄土夯筑	6.5×7	3×3.5	8.5		无	彩图四四五	
	15092535352102170098	庙沟7号马面	覆斗状	一般	黄土夯筑	9×7.5	3×4.5	8		无	无	
	15092535352102170099	庙沟8号马面	覆斗状	一般	黄土夯筑	5×7	2×2.5	5		无	无	
	15092535352102170100	八墩窑1号马面	覆钵状	较差	黄土夯筑	8×5	4×1	7.5		无	无	八墩窑长城
	15092535352102170101	八墩窑2号马面	圆柱状	一般	黄土夯筑	7×6	4×3.5	9	高出墙体2米	图一一五	彩图四四六	
	15092535352102170102	八墩窑3号马面	覆钵状	一般	黄土夯筑	8×8	4×3.5	7.5		无	彩图四四七	
	15092535352102170103	张王沟1号马面	覆斗状	一般	黄土夯筑	6×5.5	3×2.5	6		无	无	张王沟长城
	15092535352102170104	张王沟2号马面	覆斗状	一般	黄土夯筑	6×6.5	1.5×4	6.5	高出墙体2米	图一一六	彩图四四八	
	15092535352102170105	马场沟1号马面	覆斗状	较好	黄土夹砂夯筑	8.5×7.5	3.5×3.4	7	高出墙体1.9米	图一一七	无	马场沟长城
	15092535352102170106	马场沟2号马面	覆斗状	较好	黄土夹砂夯筑	6.5×9	4×5.5	5.5		无	无	
	15092535352102170107	马场沟3号马面	覆斗状	一般	黄土夯筑	7.5×8.5	2×3	8	高出墙体1.5米	无	无	
	15092535352102170108	马场沟4号马面	覆斗状	一般	黄土夯筑	6×5	3×1.3	6		无	无	
	15092535352102170109	马场沟5号马面	覆斗状	较好	黄土夯筑	8.5×7	3.5×2	8	高出墙体1.5米	无	无	
	15092535352102170110	八台沟1号马面	覆斗状	较好	黄土夯筑	8×7	4×3	6		图一一八	无	八台沟长城
	15092535352102170111	八台沟2号马面	覆斗状	较好	黄土夯筑	6×5	2.5×1	5		无	无	
	15092535352102170112	十二沟1号马面	覆斗状	较好	黄土夯筑	6×8	3×2.5	6	高出墙体1－2米	无	无	十二沟长城
	15092535352102170113	十二沟2号马面	覆斗状	较好	黄土夯筑	6×7	4×4	8		无	彩图四四九	
	15092535352102170114	十二沟3号马面	覆斗状	较差	黄土夯筑	6×9	2.5×5	5		无	彩图四五〇	
	15092535352102170115	十二沟4号马面	覆钵状	较差	黄土夯筑	6.5×6.5	4×3.5	6		无	无	

续表

地域	序号	名称	形状	保存状况	材质及构筑方法	尺寸（米）			备注	图纸	照片	所属墙体段落
						底部	顶部	高				
山西朔州右玉县	14062335210217007	杀虎口1号马面	覆钵状	较差	黄土夯筑	6.5×5.5	4×4.6	5		图一一九	无	杀虎口城
	14062335210217008	杀虎口2号马面	平面呈三角形	较好	黄土夯筑	7×6	1.5×2.8	12		无	无	
	14062335210217009	杀虎口3号马面	覆斗状	较差	黄土夯筑	5×7	3.2×1.5	8		无	无	
	14062335210217010	杀虎口4号马面	覆斗状	较好	黄土夯筑	8×7	3×5	12		无	无	
	14062335210217011	杀虎口5号马面	平面呈三角形	较好	黄土夯筑	10×8	1×2	7		无	无	
	14062335210217012	杀虎口6号马面	覆钵状	较好	黄土夯筑	6×7	4.5×2	7		无	无	
呼和浩特市和林格尔县	15012335210217114	二十三村1号马面	覆钵状	较差	黄土夯筑	11×11	4×6.5	8.5		无	无	二十三村长城
	15012335210217115	二十三村2号马面	圆锥状	较差	黄土夯筑	8×8	3×2	2		无	无	
	15012335210217116	海子湾1号马面	覆斗状	一般	黄土夯筑	10.5×11.5	4×4	12	高出墙体5.6米	无	无	海子湾长城
	15012335210217117	海子湾2号马面	覆斗状	较好	黄土夯筑	12.5×11.5	6×4	12		图一二〇	彩图四五一	
	15012335210217118	北辛窑1号马面	覆斗状	较差	黄土夯筑	6×5.5	5×2	4		无	无	北辛窑长城
	15012335210217119	北辛窑2号马面	覆钵状	较差	黄土夯筑	7×8	5×2	5		无	无	
	15012335210217120	磨疙凹1号马面	覆斗状	一般	黄土夹砂夯筑	6×6	4×2	7	高出墙体1米	图一二一	无	磨疙凹长城
	15012335210217121	磨疙凹2号马面	覆斗状	一般	黄土夹砂夯筑	5×3	3×3		高出墙体1米	无	无	
	15012335210217122	黑土崖1号马面	覆斗状	较差	黄土夹砂夯筑	14×15	5×3	7	高出墙体2.5米	图一二二	无	黑土崖长城
	15012335210217123	黑土崖2号马面	覆斗状	一般	黄土夹砂夯筑	13×12	3×5	7	高出墙体2.5米	无	无	
	15012335210217124	黑土崖3号马面	覆斗状	一般	黄土夯筑	9×10	2×4	9		无	彩图四五二	
	15012335210217125	丈房沟1号马面	覆斗状	一般	黄土夯筑	10×12	3×4	9		无	无	丈房沟长城
	15012335210217126	丈房沟2号马面	覆斗状	较差	黄土夯筑	12×12	5×4	10		无	无	
	15012335210217127	丈房沟3号马面	覆斗状	一般	黄土夹砂夯筑	10×12	3×4	8	高出墙体3.5米	无	无	
	15012335210217128	丈房沟4号马面	覆斗状	较差	黄土夯筑	7×6	3×7	10	高出墙体1.7米	无	无	
	15012335210217129	黄草梁1号马面	覆斗状	较差	黄土夯筑	5×8	1×2	6		无	无	黄草梁长城
	15012335210217130	黄草梁2号马面	覆斗状	较好	黄土夯筑	13×13	5×4	10		无	无	
	15012335210217131	黄草梁3号马面	覆斗状	一般	黄土夯筑	13×12	2×4	12	高出墙体3米	无	无	

续表

地域	序号	名称	形状	保存状况	材质及构筑方法	尺寸（米）			备注	图纸	照片	所属墙体段落
						底部	顶部	高				
呼和浩特市和林格尔县	150123352102170132	羊山1号马面	覆斗状	一般	黄土夯筑	13×10	3×1.5	10		无	无	羊山长城
	150123352102170133	羊山2号马面	覆斗状	一般	黄土夯筑	10×7	3×2	5		无	无	
	150123352102170134	羊山3号马面	覆斗状	一般	黄土夯筑	10×8	2.5×3.5	7		无	无	
	150123352102170135	羊山4号马面	覆斗状	较好	黄土夯筑	14×14	5×5	10	高出墙体3米	无	彩图四五三	
	150123352102170136	后爱好1号马面	覆斗状	较好	黄土夹砂夯筑	12×10	3×2	8	高出墙体4米	图一二三	无	后爱好长城
	150123352102170137	后爱好2号马面	覆斗状	较好	黄土夯筑	11×10	3×4	8		无	无	
	150123352102170138	后爱好3号马面	覆斗状	一般	黄土夯筑	7×8	2.5×3.5	5		无	无	
	150123352102170139	后爱好4号马面	覆斗状	一般	黄土夯筑	9×9	5×5	7		无	无	
	150123352102170140	后爱好5号马面	覆斗状	一般	黄土夯筑	8.5×9	4×3	7		无	无	
	150123352102170141	后爱好6号马面	覆斗状	一般	黄土夯筑	7×9	5×4	7	高出墙体3米	无	无	
	150123352102170142	后爱好7号马面	覆斗状	较好	黄土夯筑	7×10	3×4	5		无	无	
	150123352102170143	后爱好8号马面	覆斗状	较好	黄土夯筑	11×10	4×3	9	高出墙体3米	无	无	
	150123352102170144	后爱好9号马面	覆斗状	一般	黄土夯筑	10×8	3×2	5		无	无	
	150123352102170145	后爱好10号马面	覆斗状	较好	黄土夯筑	10×8	3×2	8		无	无	
	150123352102170146	后爱好11号马面	略呈长方体	一般	黄土夯筑	12×9	4×4	7		无	无	
	150123352102170147	韭菜沟1号马面	覆斗状	较差	黄土夯筑	8×11	2×7	8		图一二四	彩图四五四	韭菜沟长城
	150123352102170148	韭菜沟2号马面	覆斗状	一般	黄土夯筑	7.5×9	4×4	7.5		无	无	
	150123352102170149	韭菜沟3号马面	等腰三角形状	较差	黄土夯筑	7×7	1×2	5		无	无	
	150123352102170150	韭菜沟4号马面	覆斗状	较差	黄土夯筑	9×10	4×1.3	8		无	无	
	150123352102170151	火盘沟1号马面	覆斗状	较好	黄土夯筑	11×11.5	7×5	10		无	彩图四五五	火盘沟长城
	150123352102170152	火盘沟2号马面	覆斗状	一般	黄土夯筑	8×9	2×3	7		无	无	
	150123352102170153	井沟1号马面	覆斗状	一般	黄土夯筑	7×7	3×3	7	高出墙体2米	图一二五	无	井沟长城
	150123352102170154	井沟2号马面	覆斗状	较好	黄土夯筑	12×7	3×3	6	高出墙体2~3米	无	无	
	150123352102170155	井沟3号马面	覆斗状	较差	黄土夯筑	8×7	4×1	8	高出墙体	无	无	

地域	序号	名称	形状	保存状况	材质及构筑方法	尺寸（米）			备注	图纸	照片	所属墙体段落
						底部	顶部	高				
呼和浩特市和林格尔县	150123352102170156	井沟4号马面	覆斗状	一般	黄土夯筑	3×4	1.5×0.5	3		无	无	井沟长城
	150123352102170157	井沟5号马面	半圆形土堆状	差	黄土夯筑	半径：3				无	无	
	150123352102170158	口子沟马面	平面呈弧形	较差	黄土夯筑	8×8	4×4	7		无	无	
	150123352102170159	大沙口1号马面	覆斗状	一般	黄土夯筑	6×5	2×2	4.5	高出墙体1~2米	无	无	大沙口口长城
	150123352102170160	大沙口2号马面	圆锥状	一般	黄土夯筑	8×7	1×0.5	5.5	高出墙体3米	无	无	
	150123352102170161	大沙口3号马面	覆斗状	一般	黄土夯筑	8×5	4×1.5	6	高出墙体1~1.5米	无	无	
	150123352102170162	楼沟马面	平面呈弧形	差	黄土夯筑	8×8	0.5×1	7		无	无	
	150124352102170244	七墩镇1号马面	覆斗状	较好	黄土夯筑	9×8	3×3	9	高出墙体1米	无	无	七墩镇长城
	150124352102170245	七墩镇2号马面	覆斗状	一般	黄土夯筑	7×6	1×2	5		无	无	
	150124352102170246	七墩镇3号马面	覆斗状	一般	黄土夯筑	8×12	2.5×4	7	高出墙体1.2米	图一二六	无	
	150124352102170247	新村马面	覆斗状	较差	包砖，内黄土夯筑	7×8	2.5×5	4.5		无	无	新村长城
呼和浩特市清水河县	150124352102170248	新墩马面	覆斗状	一般	黄土夯筑	12×15	8×7	9		无	无	
	150124352102170249	板申沟1号马面	覆斗状	较差	黄土夯筑	3×8.5	1×5	4.5		无	无	板申沟长城
	150124352102170250	板申沟2号马面	覆斗状	较差	黄土夯筑	8×10	2.5×7	6		无	无	
	150124352102170251	板申沟3号马面	圆锥状	较差	黄土夯筑	8×4	5.5×2	6		无	无	
	150124352102170252	板申沟4号马面	覆斗状	差	黄土及零星条石夯筑	5×4.5	1×1	5		无	无	
	150124352102170253	板申沟5号马面	覆斗状	较差	黄土及零星条石夯筑	5×4.5	1×1	5		无	无	
	150124352102170254	板申沟6号马面	覆斗状	较差	黄土夯筑	6×4	4×1	3		无	无	
	150124352102170255	板申沟7号马面	覆斗状	差	黄土夯筑	6×6	2×1	3		无	无	
	150124352102170256	蒋家坪1号马面	覆斗状	较差	黄土夯筑	6×4	3×4	4		无	无	
	150124352102170257	蒋家坪2号马面	覆斗状	较差	土石混筑	10×8	6×4	6		无	无	
	150124352102170258	福心沟1号马面	不规则状	较差	黄土及零星条石夯筑	7.5×5	3.5×1	5.5		无	无	福心沟长城
	150124352102170259	福心沟2号马面	覆斗状	较差	黄土及零星条石夯筑	8.5×7	5×1.5	5		无	无	
	150124352102170260	福心沟3号马面	覆斗状	较差	黄土夯筑	11.5×7	7.5×1.5	7		无	无	

续表

序号	名称	形状	保存状况	材质及构筑方法	尺寸（米）底部	尺寸（米）顶部	尺寸（米）高	备注	图纸	照片	所属墙体段落
150124352102170261	十七坡1号马面	覆斗状	较差	黄土夯筑	6×9	4.5×7.5	8		无	无	十七坡长城
150124352102170262	十七坡2号马面	覆斗状	较好	黄土夯筑	8×11	6×9	8.5	高出墙体4米	图一二七	无	
150124352102170263	十七坡3号马面	覆斗状	一般	黄土夯筑	10×8	9×6	8		无	无	
150124352102170264	十七坡4号马面	覆斗状	差	黄土夯筑	10×10	6.5×1.5	5.5		无	无	
150124352102170265	小岔子1号马面	覆斗状	较差	黄土夯筑	11.5×7	9×2.5	5		无	无	小岔子长城
150124352102170266	小岔子2号马面	不规则状	较差	黄土夯筑	8.5×6	6×2	6		无	无	
150124352102170267	小岔子3号马面	覆斗状	较好	包石、内黄土夯筑	7×9	4×4	7	高出墙体4~5米	无	无	高泉营子长城
150124352102170268	高泉营子号马面	不规则状	差	黄土夯筑	2×4	1×1	3	高出墙体1米	无	无	
150124352102170269	三里铺1号马面	覆斗状	较好	黄土夯筑	10×11	3×8	6		无	无	三里铺长城
150124352102170270	三里铺2号马面	覆斗状	一般	黄土夯筑	5×9	2.5×6	7		无	无	
150124352102170271	二墩1号马面	不规则状	较差	黄土夯筑	6×7	2.5×5	5		无	无	二墩长城
150124352102170272	二墩2号马面	不规则状	较好	黄土夯筑	7×4	6×1.5	5		无	无	
150124352102170273	六墩1号马面	覆斗状	较好	黄土夯筑	24×15	23×12	7	有女墙	无	无	
150124352102170274	六墩2号马面	覆斗状	较差	黄土夯筑	11×9.5	8×5	5		无	无	
150124352102170275	六墩3号马面	覆斗状	一般	黄土夯筑	12.5×8	7×5.5	7		无	无	
150124352102170276	六墩4号马面	覆斗状	较差	黄土夯筑	9.5×6	6×2	6		无	无	
150124352102170277	六墩5号马面	覆斗状	较差	黄土夯筑	9×8	5×2	8		无	无	
150124352102170278	窑子上1号马面	覆斗状	较差	黄土夯筑	8.5×8	2×4	8		无	无	窑子上长城
150124352102170279	窑子上2号马面	覆斗状	较差	黄土夯筑	9×8	5×3	5		无	无	
150124352102170280	窑子上3号马面	覆斗状	较差	黄土夯筑	9×11	3×8	8		无	无	
150124352102170281	窑子上4号马面	覆斗状	较差	黄土夯筑	8×7	5×4	8		无	无	
150124352102170282	十七沟1号马面	覆斗状	较差	黄土夯筑	8×5	5×4	7		无	无	
150124352102170283	十七沟2号马面	覆斗状	一般	黄土夯筑	10×7	6×5.5	7.5	高出墙体4米	无	无	
150124352102170284	十七沟3号马面	覆斗状	较差	黄土夯筑	10×6	6×3.5	8	高于墙体	无	无	
150124352102170285	十七沟4号马面	覆斗状	较差	黄土夯筑	8×6	2×4	5	高出墙体2米	图一二八	无	

地域：呼和浩特市清水河县

续表

地域	序号	名称	形状	保存状况	材质及构筑方法	尺寸（米）底部	顶部	高	备注	图纸	照片	所属墙体段落
呼和浩特市清水河县	150124352102170286	帐贵窑子1号马面	覆斗状	一般	黄土夯筑	7×8	2×2	10	高出墙体2米	无	无	
	150124352102170287	帐贵窑子2号马面	锥体状	差	黄土夯筑	5×6	1×1.5	5	高出墙体2米	无	无	
	150124352102170288	帐贵窑子3号马面	覆斗状	一般	黄土夯筑	5×6	1.5×3	5	高出墙体0.15~1米	无	无	帐贵窑子长城
	150124352102170289	帐贵窑子4号马面	覆斗状	一般	黄土夹杂石块夯筑	8×7	5×3	7		无	无	
	150124352102170290	帐贵窑子5号马面	覆斗状	一般	黄土夯筑	5×5	1×1	4		无	无	
	150124352102170291	寺回回1号马面	锥体状	差	包石，土石混合夯筑	半径3		4		无	无	寺回回长城1段
	150124352102170292	寺回回2号马面	三角锥状	一般	黄土夯筑	7×9	3×8	6	高出墙体1米	无	无	新窑上长城
	150124352102170293	新窑上马面	覆斗状	较差	黄土夯筑	7×7	1.5×4	6		无	无	正沟长城
	150124352102170294	正沟马面	覆钵状	差	黄土夯筑	5×9	3.5×6	7		无	无	其花咀长城
	150124352102170295	其花咀1号马面	覆斗状	一般	黄土夯筑	10×8	4×7	8	高出墙体2米	图二三九	无	
	150124352102170296	其花咀2号马面	覆斗状	一般	黄土夯筑	9×10	6×8	9		无	无	八墩长城
	150124352102170297	八墩1号马面	不规则状	较差	黄土夯筑	9×10	6×3	10		无	无	
	150124352102170298	八墩2号马面	覆斗状	较差	黄土夯筑	8×12	3×5	10		无	无	碌碡坪长城
	150124352102170299	碌碡坪马面	覆斗状	较差	黄土夯筑	9×12	4×9	11		无	无	
	150124352102170300	口子上1号马面	覆斗状	较差	黄土夯筑	10×7	7×1.5	9		无	无	
	150124352102170301	口子上2号马面	覆斗状	较差	黄土夯筑	11×8	7×3	11	高出墙体4.5米	图二三〇	无	口子上长城
	150124352102170302	口子上3号马面	覆斗状	较差	黄土夯筑	13×7	5×2	8		无	无	
	150124352102170303	口子上4号马面	覆斗状	较差	黄土夯筑	9×7	2.5×1.5	9		无	无	
	150124352102170304	口子上5号马面	覆斗状	较差	黄土夯筑	11×8	5×2	9		无	无	
	150124352102170305	北堡1号马面	覆斗状	较差	黄土夯筑	10×8	7×4	1.5		无	无	
	150124352102170306	北堡2号马面	覆斗状	较差	黄土夯筑	10×6	5.5×3	6		无	无	北堡长城1段
	150124352102170307	北堡3号马面	覆斗状	较差	黄土夯筑	4×7	7×3	11		无	无	
	150124352102170308	北堡4号马面	覆斗状	较差	黄土夯筑	14×10	11×7.5	9	高出墙体2米	图二三一	无	
	150124352102170309	北堡5号马面	覆斗状	较差	黄土夯筑	10×6	6×3	8		无	无	

续表

地域	序号	名称	形状	保存状况	材质及构筑方法	尺寸（米）			备注	图纸	照片	所属墙体段落
						底部	顶部	高				
呼和浩特市清水河县	150124352102170310	北堡6号马面	覆斗状	较差	黄土夯筑	10×6	6×3	8	基部有3.5米二层台	无	无	
	150124352102170311	北堡7号马面	覆斗状	较差	黄土夯筑	10×8	7×2	9.5		无	无	
	150124352102170312	北堡8号马面	覆斗状	较差	黄土夯筑	9×7	4×2.5	8		无	无	北堡长城1段
	150124352102170313	北堡9号马面	覆斗状	较差	黄土夯筑	10×10	4×7	10		无	无	
	150124352102170314	北堡10号马面	覆斗状	较差	黄土夯筑	10×8	5×2.5	7.5		无	无	
	150124352102170315	北堡11号马面	圆锥状	较差	黄土夯筑	11×6	7×2.5	10		无	无	北堡长城2段
	150124352102170316	北堡12号马面	圆锥状	较差	黄土夯筑	9×7	7×2	7		无	无	
	150124352102170317	北堡13号马面	圆锥状	较差	黄土夯筑	8×8	1.5×1	15		无	无	
	150124352102170318	水草沟1号马面	覆斗状	较差	黄土夯筑	9×6	3×2	7		无	无	水草沟长城1段
	150124352102170319	水草沟2号马面	覆斗状	较差	黄土夯筑	9×14	3×2	8		无	无	
	150124352102170320	水草沟3号马面	土堆状	较差	黄土夯筑	9×7	6×2.5	6		无	无	
	150124352102170321	水草沟4号马面	锥体状	差	黄土夯筑	11×3	3×1	6		无	无	水草沟长城3段
	150124352102170322	口子上6号马面	锥体状	较差	黄土夯筑	3×9	3×6	6.5		无	彩图四五六	
	150124352102170323	口子上7号马面	覆斗状	较差	黄土夯筑	11×9	5.5×4	7.5		无	无	
	150124352102170324	口子上8号马面	覆斗状	较差	黄土夯筑	8×8.5	2×2	6		无	无	口子上长城2段
	150124352102170325	口子上9号马面	覆斗状	一般	黄土夯筑	9×11	7×10	5		无	无	
	150124352102170326	口子上10号马面	覆斗状	较好	黄土夯筑	11×11	9×7	7		无	无	
	150124352102170327	口子上11号马面	覆斗状	较差	黄土夯筑	8×9	5×7	5		无	无	
	150124352102170328	老洼沟1号马面	覆斗状	较差	黄土夯筑	5×8	2×5	5		无	无	老洼沟长城1段
	150124352102170329	老洼沟2号马面	覆斗状	较差	黄土夯筑	13×9	5×1.5	9		无	无	
	150124352102170330	老洼沟3号马面	覆斗状	较差	黄土夯筑	12×8	10×2	7		无	无	
	150124352102170331	老洼沟4号马面	锥体状	较差	黄土夯筑	8×6	14×1.5	7		无	无	
	150124352102170332	老洼沟5号马面	锥体状	较差	黄土夯筑	13×8	6×3.5	8		无	无	老洼沟长城2段
	150124352102170333	老洼沟6号马面	锥体状	较差	黄土夯筑	11×7	5×2	8		无	无	

续表

地域	序号	名称	形状	保存状况	材质及构筑方法	尺寸（米）底部	顶部	高	备注	图纸	照片	所属墙体段落
呼和浩特市清水河县	150124352102170334	老洼沟7号马面	锥体状	较差	黄土夯筑	5×5	3×2	5		无	无	老洼沟长城2段
	150124352102170335	老洼沟8号马面	锥体状	较差	黄土夯筑	8×7	4×3	6		无	无	
	150124352102170336	柏羊岭1号马面	锥体状	较差	黄土夯筑	8×6	3×2	7		无	无	柏羊岭长城1段
	150124352102170337	柏羊岭2号马面	覆斗状	较差	黄土夯筑	10×8	1×2	6	高出墙体1.6米	图一三三	无	
	150124352102170338	柏羊岭3号马面	圆锥状	较差	黄土夯筑	8×7	3×2.5	7		无	无	
	150124352102170339	柏羊岭4号马面	圆锥状	较差	黄土夯筑	10×7	3×2	5		无	无	
	150124352102170340	柏羊岭5号马面	圆锥状	较差	黄土夯筑	7×11	3×7	6		无	无	柏羊岭长城2段
	150124352102170341	柏羊岭6号马面	圆锥状	较差	黄土夯筑	8×11	3.5×8	6		无	无	
	150124352102170342	柏羊岭7号马面	圆锥状	较差	黄土夯筑	8×12	3×6	7		无	无	
	150124352102170343	柏羊岭8号马面	圆锥状	较差	黄土夯筑	7×11	4×7	5		无	无	
	150124352102170344	野羊洼1号马面	覆钵状	较差	包石，内黄土夯筑	7.5×10	2×3	7		无	无	野羊洼长城
	150124352102170345	野羊洼2号马面	锥体状	较差	黄土夯筑	6×9.5	3.5×5	8		无	无	
	150124352102170346	野羊洼3号马面	圆锥状	较差	黄土夯筑	6×8	2×6	5		无	无	
	150124352102170347	野羊洼4号马面	覆斗状	较差	黄土夯筑	8×9.5	4×5	8		无	无	
	150124352102170348	野羊洼5号马面	覆斗状	较差	黄土夹杂石块、砂砾夯筑	6×7	4×3	5		无	无	
	150124352102170349	野羊洼6号马面	覆斗状	较差	黄土夹杂石块、砂砾夯筑	7×8	1×6	5	顶部铺有石板	无	无	
	150124352102170350	野羊洼7号马面	覆斗状	较差	黄土夹杂石块、砂砾夯筑	6×10	1.5×3	1.5		无	无	
	150124352102170351	野羊洼8号马面	覆斗状	较好	黄土夯筑	7.5×7.8	3×4.5	7		无	无	
	150124352102170352	笸子沟1号马面	覆斗状	较差	黄土夯筑	6×7.2	4.5×2.5	7.15		无	无	笸子沟长城
	150124352102170353	笸子沟2号马面	覆斗状	一般	黄土夯筑	7.44×6.2	2.2×3	4.7	高出墙体0.5米，顶部铺有青砖和石板	无	无	
	150124352102170354	笸子沟3号马面	覆斗状	一般	黄土含石块夯筑	6.3×7	3.2×4.1	5.12	顶部铺有青砖	无	无	
	150124352102170355	笸子沟4号马面	覆斗状	较好	黄土夯筑	5.3×6	2×4.2	7.1		无	无	
	150124352102170356	笸子沟5号马面	覆斗状	较好	黄土夯筑	9.8×9.9	9.8×7	7	有石板铺成的通道	无	彩图四五七	

续表

地域	序号	名称	形状	保存状况	材质及构筑方法	尺寸（米）底部	尺寸（米）顶部	尺寸（米）高	备注	图纸	照片	所属墙体段落
呼和浩特市清水河县	150124352102170357	窑子沟6号马面	覆斗状	一般	黄土夯筑	7×6	3×4	7.1		无	彩图四五八	窑子沟长城
	150124352102170358	窑子沟7号马面	覆斗状	较好	黄土夯筑	9×6.95	3.6×2	8.15	顶部铺有石板	无	无	
	150124352102170359	窑子沟8号马面	覆斗状	较差	黄土夯筑	7.8×6	3×2.15	5.21		无	无	
	150124352102170360	窑子沟9号马面	覆斗状	一般	黄土夯筑	7.98×6.12	2.2×3	4.7		无	无	
	150124352102170361	窑子沟10号马面	覆斗状	一般	黄土夯筑	8×7.8	4.75×4	8		无	无	
	150124352102170362	楝木塔1号马面	覆斗状	较好	黄土夯筑	7×7.2	3×2.5	6.58		无	无	楝木塔长城
	150124352102170363	楝木塔2号马面	覆斗状	一般	黄土夹砂石夯筑	8×7.5	4.5×5	7.5		无	无	
	150124352102170364	楝木塔3号马面	覆斗状	较差	黄土夹砂夯筑	7×9	2×3	8.56		无	无	
	150124352102170365	楝木塔4号马面	覆斗状	一般	黄土夯筑	7.4×6.6	6.1×3	5.7	顶部铺有青砖	无	无	
	150124352102170366	楝木塔5号马面	覆斗状	较差	包石、内黄土夯筑	11.5×7.5	7.8×5.68	6.9	顶部铺有青砖	无	无	
	150124352102170367	楝木塔6号马面	覆斗状	一般	包石、内黄土夯筑	10.2×8.6	6×5.85	6.15	顶部铺有青砖	无	彩图四五九、四六〇	
	150124352102170368	楝木塔7号马面	覆斗状	一般	包石、内黄土夯筑	11.2×6.3	5.1×3.5	6.8	顶部铺有青砖	无	无	
	150124352102170369	楝木塔8号马面	覆斗状	一般	包石、内黄土夯筑	10.5×8.1	3×1.5	4.8	顶部铺有青砖	无	无	
	150124352102170370	小元峁1号马面	覆斗状	较好	包石、内黄土夯筑	12×12	10.5×10.5	6.5	顶部铺有青砖	图一三三	彩图四六一	小元峁长城
	150124352102170371	小元峁2号马面	覆斗状	一般	包石、内黄土夯筑	11×8.9	3.85×2	4.2	顶部铺有青砖	无	无	
	150124352102170372	小元峁3号马面	覆斗状	较差	包石、内黄土夯筑	7.1×8.25	1.5×4.15	6.3		无	无	
	150124352102170373	小元峁4号马面	覆斗状	较好	包石、内黄土夯筑	13.2×6	12.5×7.5	4.4		无	无	
	150124352102170374	小元峁5号马面	覆斗状	一般	包石、内黄土夯筑	12×9.8	11×7.5	4		无	彩图四六二	
	150124352102170375	小元峁6号马面	覆钵状	较差	包石、内黄土夯筑	10×6.2	8×7.5	5		无	无	
	150124352102170376	小元峁7号马面	覆斗状	一般	包石、内黄土夯筑	11×8	8.5×6	5		无	无	
	150124352102170377	小元峁8号马面	覆斗状	一般	包石、内黄土夯筑	11×8	10×8	5.5		无	无	
	150124352102170378	窑洼1号马面	覆斗状	较差	黄土夯筑	16×12	14×10	7		无	无	窑洼长城
	150124352102170379	窑洼2号马面	覆斗状	较差	黄土夯筑	14×14	12×10	6		无	无	
	150124352102170380	窑洼3号马面	覆斗状	较差	包石、内黄土夯筑	10×14	7×9	8		无	无	

续表

地域	序号	名称	形状	保存状况	材质及构筑方法	尺寸（米）底部	顶部	高	备注	图纸	照片	所属墙体段落
	150124352102170381	窑洼4号马面	覆斗状	较差	包石、内黄土夯筑	10×8	6×4	5		无	无	窑洼长城
	150124352102170382	窑洼5号马面	覆斗状	较差	包石、内黄土夯筑	14×10	7×8	8		无	无	
	150124352102170383	窑洼6号马面	覆斗状	较差	包石、内黄土夯筑	10×8	6×7	8		无	无	
	150124352102170384	窑洼7号马面	覆斗状	较差	黄土夯筑	8.5×7	4×3	6		无	无	
	150124352102170385	窑洼8号马面	覆斗状	较差	黄土夯筑	6×8	3×4	9.5		无	无	
	150124352102170386	窑洼9号马面	覆斗状	较差	黄土夯筑	9×13	5×8	6		无	无	
	150124352102170387	窑洼10号马面	覆斗状	较差	黄土夯筑	8×8	4×3.5	6		无	无	
	150124352102170388	窑洼11号马面	覆斗状	较差	包石、内黄土夯筑	11×13	7×9	7		无	无	
	150124352102170389	窑洼12号马面	土堆状	差	包石、内黄土夯筑			4		无	无	
呼和浩特市清水河县	150124352102170390	碓臼坪1号马面	覆斗状	一般	包石、中间土石混筑，内黄土夯筑	5.15×6.2	4.2×4.5	5.5		无	无	碓臼坪长城
	150124352102170391	碓臼坪2号马面	覆斗状	一般	包石、中间土石混筑，内黄土夯筑	10×4.7	8.4×3.4	5.2		无	无	
	150124352102170392	碓臼坪3号马面	覆斗状	一般	包石、中间土石混筑，内黄土夯筑	8.15×6.35	7.23×6	4		无	彩图四六三	
	150124352102170393	碓臼坪4号马面	覆斗状	一般	包石、中间土石混筑，内黄土夯筑	12×12	11×11	4		无	无	
	150124352102170394	碓臼坪5号马面	覆斗状	较差	包石、中间土石混筑，内黄土夯筑	12×4.5	11×2.5	4.75		无	无	
	150124352102170395	碓臼坪6号马面	圆锥状	较差	黄土夯筑	5.78×7.2	1×1	6		无	无	
	150124352102170396	碓臼坪7号马面	覆斗状	较差	包石、中间土石混筑，内黄土夯筑	6.84×4.3	5×3.5	5.45		无	无	
	150124352102170397	碓臼坪8号马面	覆斗状	较差	包石、中间土石混筑，内黄土夯筑	8×5	7.5×1.5	5		无	无	
	150124352102170398	碓臼坪9号马面	覆斗状	一般	包石、中间土石混筑，内黄土夯筑	5.8×8.8	3.75×7.5	6		无	无	
	150124352102170399	碓臼坪10号马面	覆斗状	一般	包石、中间土石混筑，内黄土夯筑	8.35×7	6×5	5.64		无	无	
	150124352102170400	碓臼坪11号马面	覆斗状	较差	包石、中间土石混筑，内黄土夯筑	9×6	6×4	5		无	无	
	150124352102170401	许家湾1号马面	覆斗状	一般	包石、中间土石混筑，内黄土夯筑	9×3	6×1	3		无	无	许家湾长城
	150124352102170402	许家湾2号马面	覆斗状	一般	包石、中间土石混筑，内黄土夯筑	8×7	6×5	5		无	无	
	150124352102170403	许家湾3号马面	覆斗状	一般	包石、中间土石混筑，内黄土夯筑	8×9	5×6	8.5		无	无	
	150124352102170404	许家湾4号马面	覆斗状	一般	包石、中间土石混筑，内黄土夯筑	7.5×6	5×4	4.75		无	无	

续表

地域	序号	名称	形状	保存状况	材质及构筑方法	尺寸（米）底部	尺寸（米）顶部	高	备注	图纸	照片	所属墙体段落
呼和浩特市清水河县	150124352102170405	许家湾5号马面	覆斗状	一般	包石，中间土石混筑，内黄土夯筑	9×7	6×5	6	顶部铺有青砖	无	无	许家湾长城
	150124352102170406	许家湾6号马面	覆斗状	一般	黄土夹砂夯筑	5×5	4×4	4		无	无	
	150124352102170407	川峁上1号马面	覆斗状	较差	黄土夯筑而成	10×12	8×10	7	高出墙而2米	图一三四	彩图四六四	川峁上长城
	150124352102170408	川峁上2号马面	覆斗状	较差	包石，内黄土夯筑	11×12	10×9	5		无	无	
	150124352102170409	川峁上3号马面	覆斗状	较差	黄土夯筑	8×9	5×7	6		无	无	
	150124352102170410	川峁上4号马面	覆斗状	较差	黄土夯筑	9×13	5×8	7		无	彩图四六五	
	150124352102170411	头道沟1号马面	覆斗状	较差	黄土夯筑	7×8	5×3	6		无	无	头道沟长城
	150124352102170412	头道沟2号马面	覆斗状	较差	黄土夯筑	6×8	3×3	7		无	无	
	150124352102170413	头道沟3号马面	覆斗状	较差	黄土夯筑	6×8	2×4	6		无	无	
	150124352102170414	头道沟4号马面	覆斗状	较差	黄土夯筑	15×10	14×6	5		无	无	
	150124352102170415	头道沟5号马面	覆斗状	较差	黄土夯筑	12×12	7×8	4		无	无	
	150124352102170416	杏树峁1号马面	覆斗状	一般	黄土夯筑	8.9×6.9	5×4	6		无	无	杏树峁长城
	150124352102170417	杏树峁2号马面	覆斗状	一般	黄上夯筑	8×8.5	2×5	6.2		无	无	
	150124352102170418	杏树峁3号马面	覆斗状	一般	黄土夹砂夯筑	8×29	6×5	8.5		无	无	
	150124352102170419	杏树峁4号马面	覆斗状	一般	黄土夹砂夯筑	12×7	9×5	7.4		无	无	
	150124352102170420	杏树峁5号马面	覆斗状	一般	包石，内黄土夯筑	9×6.5	7×2.7	5.85		无	无	
	150124352102170421	杏树峁6号马面	覆斗状	一般	黄土夯筑	8×6	5×4	6		无	无	
	150124352102170422	杏树峁7号马面	覆斗状	一般	黄土夯筑	4.3×7.3	3×5	5		无	无	
	150124352102170423	杏树峁8号马面	覆斗状	一般	黄土夯筑	8×7	4.5×1	6		无	无	
	150124352102170424	杏树峁9号马面	覆斗状	一般	黄土夯筑	6×25	1.5×2	5		无	无	
	150124352102170425	杏树峁10号马面	覆斗状	一般	黄土夯筑	6.42×10	2×6	4.76		无	无	
	150124352102170426	杏树峁11号马面	覆斗状	一般	黄土夯筑	8.2×11	4.67×9	6		无	无	
	150124352102170427	杏树峁12号马面	覆斗状	一般	黄土夹砾石夯筑	6.5×7.5	2.5×4.5	6	高出墙体1.5米	图一三五	彩图四六六	

续表

地域	序号	名称	形状	保存状况	材质及构筑方法	尺寸(米)底部	尺寸(米)顶部	尺寸(米)高	备注	图纸	照片	所属墙体段落
呼和浩特市清水河县	150124352102170428	杏树卵13号马面	覆斗状	较差	包石、内黄土夹碎石夯筑	9×7	6×4	5.5	顶部铺有青砖	无	无	杏树卵长城
	150124352102170429	杏树卵14号马面	覆斗状	较差	包石、内黄土夹碎石夯筑	8.5×7	7×5.5	5.5	顶部铺有青砖	无	无	
	150124352102170430	杏树卵15号马面	覆斗状	较差	包石、中间土石混筑、内黄土夯筑	12×7	10×3	4		无	无	
	150124352102170431	关地嘴1号马面	覆斗状	一般	黄土夯筑	7.5×7	6×2	6.5		无	无	关地嘴长城
	150124352102170432	关地嘴2号马面	覆斗状	较差	黄土夯筑	14×8	10×4	6.5		无	无	
	150124352102170433	关地嘴3号马面	覆斗状	一般	黄土夯筑	15×8	12×2	7		无	无	
	150124352102170434	关地嘴4号马面	覆斗状	较差	黄土夯筑	11.5×7	6×3.2	6		无	无	
	150124352102170435	关地嘴5号马面	覆斗状	一般	黄土夯筑	7×6.2	3×2.5	4.5		无	无	
	150124352102170436	关地嘴6号马面	覆斗状	较差	黄土夯筑	15×9	13×6	6		无	无	
	150124352102170437	关地嘴7号马面	不规则状	差	黄土夯筑	16×8	4×6	5		无	无	
	150124352102170438	关地嘴8号马面	覆斗状	较差	土石混筑、内黄土夯筑	12×10	10×3	6		无	无	
	150124352102170439	安根楼1号马面	覆斗状	较差	黄土夯筑	7×10	4.5×7	6		无	无	安根楼长城
	150124352102170440	安根楼2号马面	覆斗状	较差	土石混筑	6×11	2×5	6	有二层台	无	无	
	150124352102170441	安根楼3号马面	覆斗状	较差	黄土夯筑	10×11	3×7	5		无	无	
	150124352102170442	安根楼4号马面	覆斗状	较差	黄土夯筑	5×10	2×5.5	5.5		无	彩图四六七	
	150124352102170443	安根楼5号马面	覆斗状	较差	黄土夯筑	8×10	6×7	6.5		无	无	
	150124352102170444	安根楼6号马面	覆斗状	较差	黄土夯筑	11×12	8×8	8		无	无	
	150124352102170445	安根楼7号马面	覆斗状	较差	黄土夯筑	14×6	6.5×4	5.5		无	无	
	150124352102170446	安根楼8号马面	覆斗状	较差	黄土夯筑	8×7	6×5	5		无	无	
	150124352102170447	安根楼9号马面	覆斗状	较差	黄土夯筑	6×8	1.5×5	5		无	无	
	150124352102170448	安根楼10号马面	覆斗状	一般	黄土夯筑	14×8	9×4	8		无	无	
	150124352102170449	阳洼子1号马面	覆斗状	较差	黄土夯筑	9×8	3×3	7		无	无	阳洼子长城
	150124352102170450	阳洼子2号马面	覆斗状	较差	黄土夯筑	16×8	7×3	6		无	无	

续表

地域	序号	名称	形状	保存状况	材质及构筑方法	尺寸（米）			备注	图纸	照片	所属墙体段落
						底部	顶部	高				
呼和浩特市清水河县	150124352102170451	阳洼子3号马面	覆斗状	较差	黄土夯筑	7×5	4×3	5		无	无	
	150124352102170452	阳洼子4号马面	覆斗状	较差	黄土夯筑	11×8	5.5×4	6		无	无	
	150124352102170453	阳洼子5号马面	覆斗状	较差	土石混筑、内黄土夯筑	11×5	8×2	4.5		无	无	阳洼子长城
	150124352102170454	阳洼子6号马面	覆斗状	较差	黄土夯筑	16×7	12×5	7		无	无	
	150124352102170455	阳洼子7号马面	覆斗状	较差	黄土夯筑	12×8	10×6	5		无	无	
	150124352102170456	阳洼子8号马面	覆斗状	较差	土石混筑、内黄土夯筑	8×9	4×5	5		图一三六	无	
	150124352102170457	阳洼子9号马面	覆斗状	较差	黄土夯筑	8×9	7×6	9		无	无	
	150124352102170458	石垛墕1号马面	覆斗状	一般	包石、中间土石混筑、内黄土夯筑	10×9	8.85×4.9	3.5	顶部铺有青砖	无	无	
	150124352102170459	石垛墕2号马面	覆斗状	一般	包石、中间土石混筑、内黄土夯筑	7.42×6.2	6.5×5.5	4.7		无	无	石垛墕长城
	150124352102170460	石垛墕3号马面	覆斗状	一般	土石混筑	11×9.5	10×5	7.7		无	无	
	150124352102170461	石垛墕4号马面	覆斗状	较好	外土石混筑、内黄土夯筑	12×10	10×8.5	6	高出墙体2.5米	图一三七	无	
	150124352102170462	石垛墕5号马面	覆斗状	较好	黄土夯筑	12×9	11.5×6.96	6.75		无	无	
	150124352102170463	白泥窑1号马面	覆斗状	较好	包石、内黄土夯筑	9×9	8.5×8.5	4.5		无	彩图四六八	
	150124352102170464	白泥窑2号马面	覆斗状	一般	黄土夯筑	8.8×11	6.3×8	6.2		无	无	
	150124352102170465	白泥窑3号马面	覆斗状	一般	黄土夯筑	7.3×10	5×7	5.95		无	无	
	150124352102170466	白泥窑4号马面	覆斗状	较好	黄土夯筑	12×4.5	9×3.6	4.5		无	无	
	150124352102170467	白泥窑5号马面	覆斗状	一般	黄土夯筑	10×11	9×8	6	有二层台	无	无	白泥窑长城
	150124352102170468	白泥窑6号马面	覆斗状	一般	黄土夯筑	12×10	3×8	8		无	无	
	150124352102170469	白泥窑7号马面	覆斗状	一般	黄土夯筑	11×5	9.5×2.5	5.15		无	无	
	150124352102170470	白泥窑8号马面	覆斗状	一般	黄土夯筑	6×3	4×6	4.65		无	无	
	150124352102170471	白泥窑9号马面	覆斗状	一般	包石、中间土石混筑、内黄土夯筑	8×5	5×2	6	顶部铺有青砖	无	无	
	150124352102170472	白泥窑10号马面	覆斗状	较好	包石、中间土石混筑、内黄土夯筑	8×6	6×5	6	顶部铺有青砖	无	彩图四六九	

续表

地域	序号	名称	形状	保存状况	材质及构筑方法	尺寸（米）底部	顶部	高	备注	图纸	照片	所属墙体段落
呼和浩特市清水河县	150124352102170473	正泥墕1号马面	覆斗状	一般	包石，中间土石混筑、内黄土夯筑	8×11	4×7	6	顶部铺有青砖	无	无	
	150124352102170474	正泥墕2号马面	覆斗状	一般	黄土夯筑而成	6×11	4.5×6	4.7		无	无	
	150124352102170475	正泥墕3号马面	覆斗状	一般	包石，内黄土夯筑	6×11	4.5×8	5.5		无	无	
	150124352102170476	正泥墕4号马面	覆斗状	一般	包石，内黄土夯筑	8×11	4.5×8	5.7		无	无	正泥墕长城
	150124352102170477	正泥墕5号马面	覆斗状	一般	黄土夯筑	7×11	4.55×8	5	有修缮痕迹	无	无	
	150124352102170478	正泥墕6号马面	覆斗状	一般	黄土夯筑	9×11	4.5×8	5	有修缮痕迹	无	无	
	150124352102170479	正泥墕7号马面	覆斗状	一般	黄土夯筑	6.4×12	6×6	7		无	彩图四七〇	
	150124352102170480	正泥墕8号马面	覆斗状	较差	黄土夯筑	6×14	4×5.5	8		无	彩图四七一	
	150124352102170481	正泥墕9号马面	覆斗状	较差	黄土夯筑	8×9	5×6.5	6		无	彩图四七二	
	150124352102170482	东牛膀塔1号马面	覆斗状	较差	黄土夯筑	8×6	6.5×4	5	高出墙体1米	图一三八	无	
	150124352102170483	东牛膀塔2号马面	覆斗状	较差	黄土夯筑	12×7	4.5×3	6		无	无	
	150124352102170484	东牛膀塔3号马面	覆斗状	较差	黄土夯筑	8×6	4.5×2	6		无	无	东牛膀塔长城
	150124352102170485	东牛膀塔4号马面	覆斗状	较差	黄土夯筑	12×8	6×2	7		无	无	
	150124352102170486	东牛膀塔5号马面	覆斗状	较差	黄土夯筑	9×6	7×4	5		无	无	
	150124352102170487	青草峁1号马面	覆斗状	较差	黄土夯筑	17×9	13×6	7		无	无	
	150124352102170488	青草峁2号马面	覆斗状	较差	外土石混筑，内黄土夯筑	12×8	8×3	7		无	无	
	150124352102170489	青草峁3号马面	覆斗状	较好	包石，内黄土夯筑	16×14	12×10	6		无	彩图四七三	青草峁长城
	150124352102170490	青草峁4号马面	覆斗状	较差	外土石混筑，内黄土夯筑	8×13	6×11	6		无	彩图四七四	
	150124352102170491	青草峁5号马面	覆斗状	较差	外土石混筑，内黄土夯筑	10×13	8×10	6		无	无	
	150124352102170492	青草峁6号马面	覆斗状	较差	黄土夯筑	10×15	7×13	5		无	无	
	150124352102170493	正湖梁1号马面	覆斗状	较差	黄土夯筑	6×7	3×3	6		无	彩图四七五	
	150124352102170494	正湖梁2号马面	覆斗状	较差	黄土夯筑	12×10	9×8	8		无	无	正湖梁长城
	150124352102170495	正湖梁3号马面	覆斗状	一般	黄土夯筑	7×8	5.5×5.5	7	高出墙体2米	图一三九	无	
	150124352102170496	闫王鼻子马面	覆斗状	较差	黄土夯筑	7×6.5	4×4	3		无	无	闫王鼻子长城

续表

地域	序号	名称	形状	保存状况	材质及构筑方法	尺寸（米）			备注	图纸	照片	所属墙体段落
						底部	顶部	高				
山西忻州偏关县	140932352102170006	后海子马面	覆钵状	一般	黄土夯筑	5×6	3×4	6		无	无	后海子长城
	140932352102170007	窑沟子马面	覆钵状	一般	黄土夯筑	9×8	3×3.5	7		无	无	窑沟子长城
山西朔州平鲁区	140603352102170006	八墩1号马面	覆斗状	一般	黄土夯筑	6×8	4×5	6		无	彩图四七六	八墩长城
	140603352102170007	八墩2号马面	覆斗状	较差	黄土夯筑	5×6	2×2	4	高出墙体2米	无	无	八墩长城
	140603352102170008	九洞1号马面	覆斗状	较差	黄土夯筑	8×9	4.5×5	8	高出墙体2米	无	无	九洞长城
	140603352102170009	九洞2号马面	覆斗状	一般	包砖包石，内黄土夯筑	6×7	2×2.5	4.5		无	无	九洞长城
	140603352102170010	九洞3号马面	覆斗状	较差	黄土夯筑	5×8	3×3	4.5	高出墙体2米	无	无	九洞长城
	140603352102170011	九洞4号马面	覆斗状	一般	黄土夯筑	9×10	1×1.5	7		无	无	九洞长城

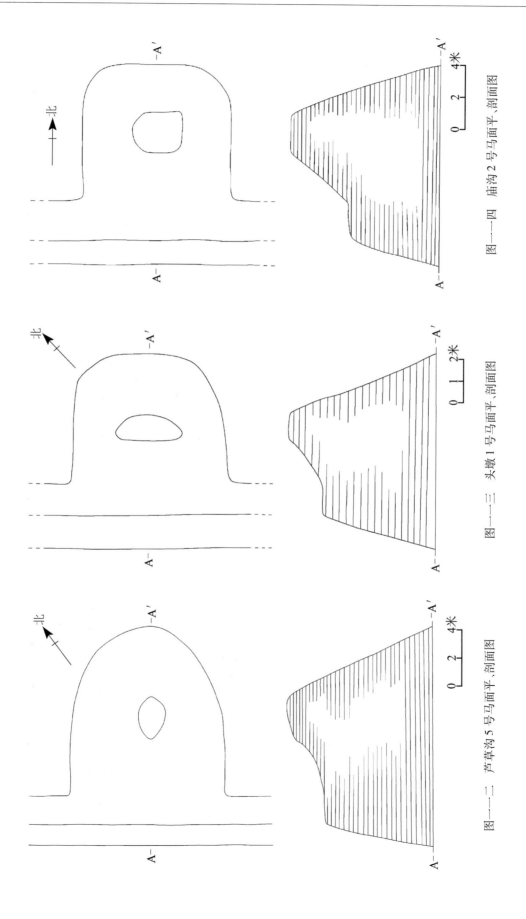

图——四　庙沟2号马面平、剖面图

图——三　头墩1号马面平、剖面图

图——二　芦草沟5号马面平、剖面图

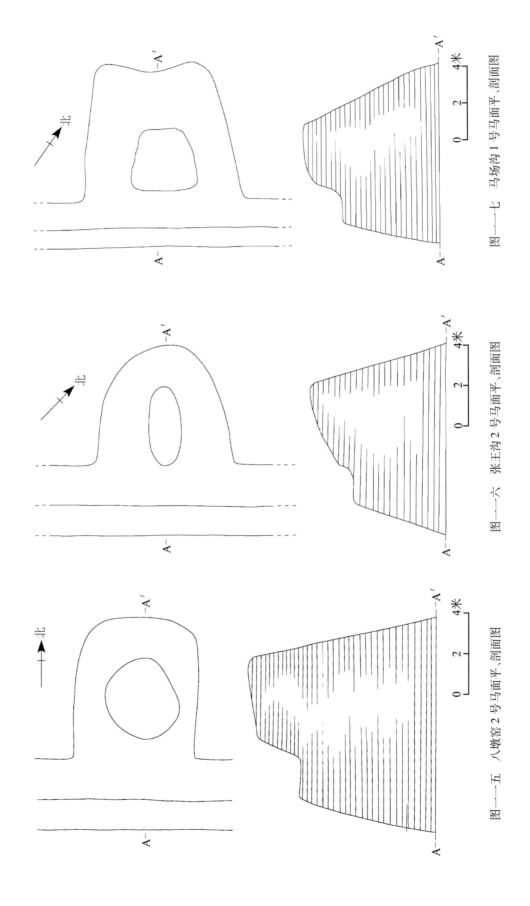

图一一七　马场沟 1 号马面平、剖面图

图一一六　张王沟 2 号马面平、剖面图

图一一五　八墩窑 2 号马面平、剖面图

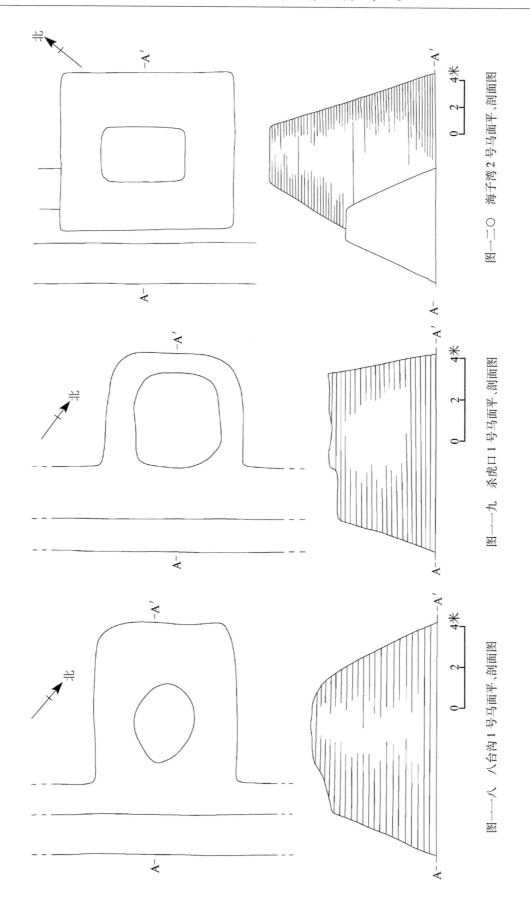

图一二〇　海子湾 2 号马面平、剖面图

图一一九　杀虎口 1 号马面平、剖面图

图一一八　八台沟 1 号马面平、剖面图

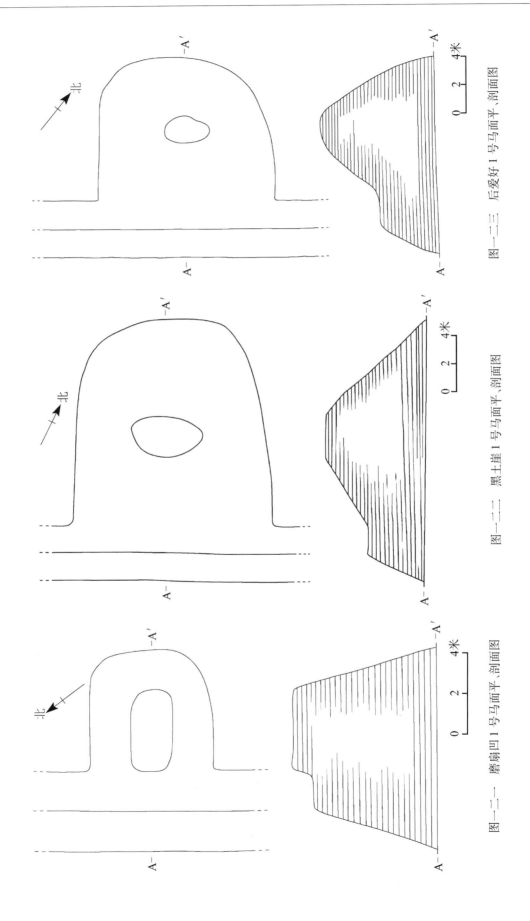

图一二三　后爱好 1 号马面平、剖面图

图一二二　黑土崖 1 号马面平、剖面图

图一二一　磨嘚凹 1 号马面平、剖面图

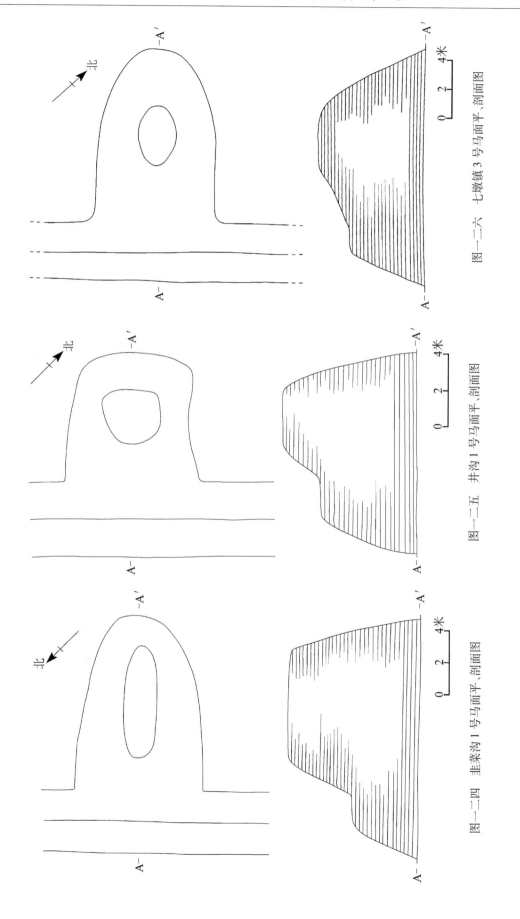

图一二六　七墩镇 3 号马面平、剖面图

图一二五　井沟 1 号马面平、剖面图

图一二四　韭菜沟 1 号马面平、剖面图

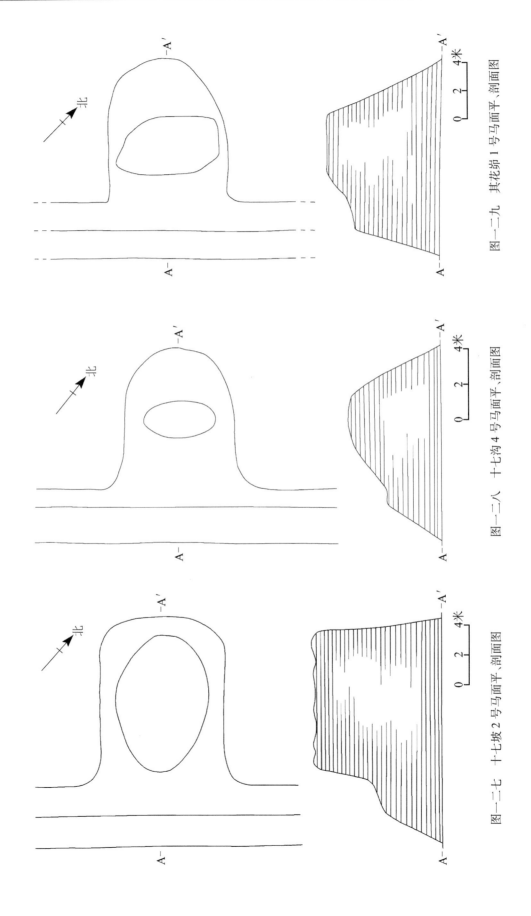

图一二九　其花卯1号马面平、剖面图

图一二八　十七沟4号马面平、剖面图

图一二七　十七坡2号马面平、剖面图

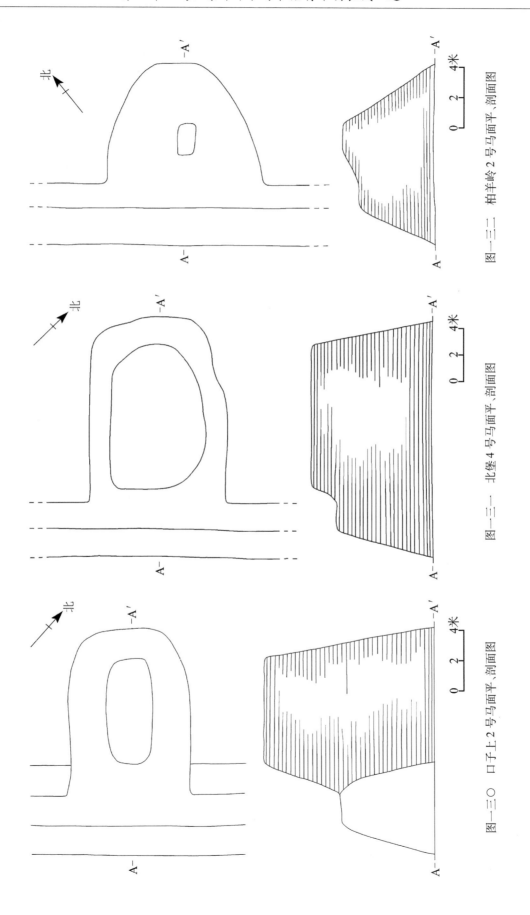

图一三○　口子上 2 号马面平、剖面图

图一三一　北堡 4 号马面平、剖面图

图一三二　柏羊岭 2 号马面平、剖面图

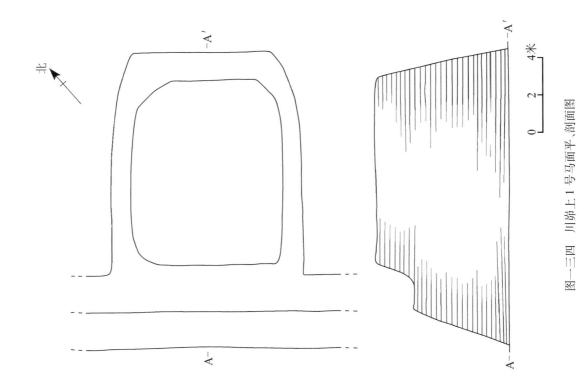

图一三四　川甸上 1 号马面平、剖面图

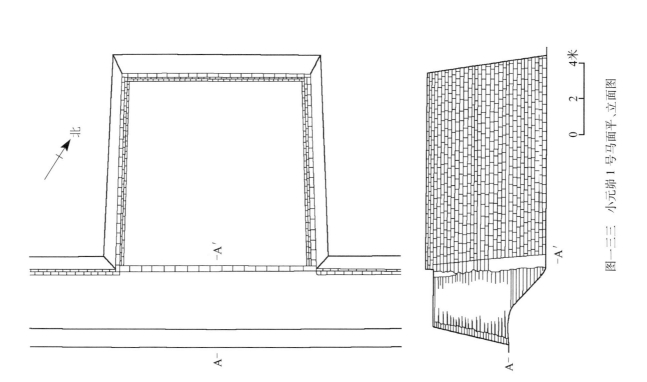

图一三三　小元峁 1 号马面平、立面图

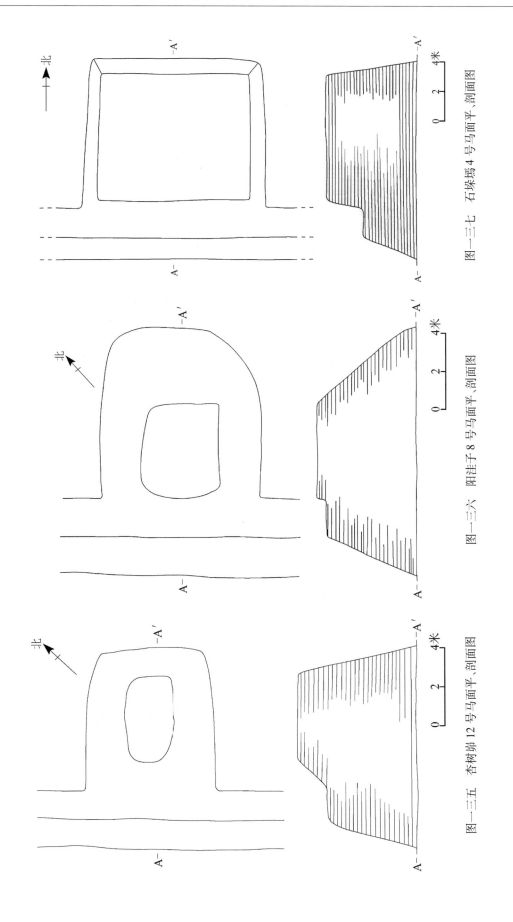

图一三七　石垛塥 4 号马面平、剖面图

图一三六　阴洼子 8 号马面平、剖面图

图一三五　杏树卯 12 号马面平、剖面图

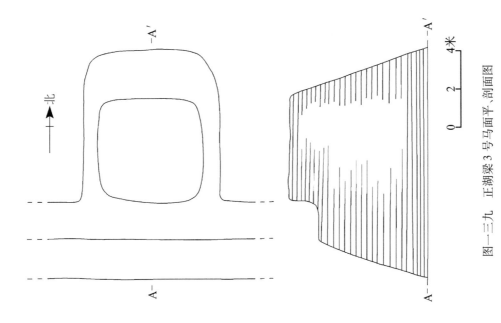

图一三九　正湖梁 3 号马面平、剖面图

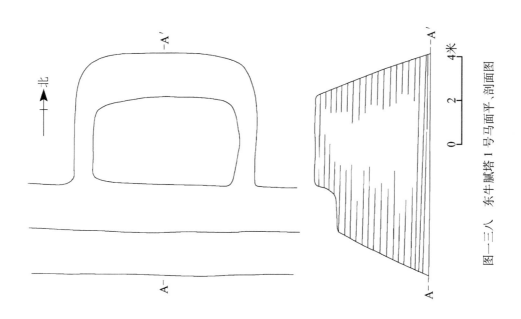

图一三八　东牛臕塔 1 号马面平、剖面图

第四章

鄂尔多斯市明长城

鄂尔多斯市境内的明长城集中分布于鄂托克前旗南部，准格尔旗东南部有少量分布，鄂托克旗境内有几座烽火台。这部分明长城由鄂尔多斯明长城资源调查队调查。鄂托克前旗南部明长城是内蒙古自治区和宁夏回族自治区的分界线，为了工作方便，根据两区协议，此次调查将宁夏回族自治区境内部分墙体划归内蒙古自治区鄂尔多斯市长城资源调查队调查，因此，本节的论述会对宁夏回族自治区境内的相关情况有所涉及。鄂尔多斯市境内明长城总长 60681 米（包括宁夏回族自治区境内划归鄂尔多斯市明长城资源调查队调查的长城），沿线有敌台 135 座、烽火台 16 座、营 1 座、堡 1 座。具体情况如下表所示。（表一六）

表一六　鄂尔多斯市明长城数据简表[1]

长城资源 分布行政区域	长城本体				附属设施		相关遗存
	头道边		二道边		烽火台 （座）	关堡 （座）	
	墙体（米）	敌台（座）	墙体（米）	敌台（座）			
鄂托克前旗	26052.3	104	25789	13	6	0	0
宁夏回族自治区吴忠市盐池县	4302.7	17	3952	0	1	1	0
宁夏回族自治区银川市灵武市	0	0	0	0	3	1	0
鄂托克旗	0	0	0	0	4	0	0
准格尔旗	长城墙体长 585 米、敌台 1 座				2	0	0

一　分布与走向

准格尔旗东南部长城起自准格尔旗龙口镇大占村黄河西岸，东与山西省河曲县境内明长城隔河相望，向西经竹里台村，进入陕西省府谷县，全长 585 米。长城墙体基本消失，现可见烽火台 2 座、敌台 1 座。明代这段墙体归延绥镇管辖。

鄂托克前旗境内明长城有头道边和二道边之分，两道边墙并行。头道边在南，修筑较晚，保存较

---

[1]　鄂托克前旗及宁夏回族自治区盐池县境内的明长城有头道边、二道边之分，准格尔旗境内的明长城只有一小段，不分头道边和二道边；宁夏回族自治区灵武市和鄂托克旗境内只有烽火台，不见墙体。

好；二道边在北，修筑较早，保存较差。

头道边具体走向为，东自宁夏回族自治区盐池县高沙窝镇，进入鄂托克前旗上海庙镇特布德嘎查南部，西行经上海庙镇二套子村西、上水坑村南、刺湾村南、芒哈图村南、小滩子村西，然后向西进入宁夏回族自治区灵武市横城乡，由东南向西北延伸。清水营堡以东，头道边和二道边一南一北并排而行；清水营堡以西，二道边并合于头道边上。两道边墙之间的距离大部分在 0.04～0.12 千米。

为了工作的便利，根据内蒙古自治区文物局与宁夏回族自治区文物局的协议，本次调查对宁夏回族自治区境内的相关长城有所涉及，包括：①宁夏回族自治区灵武市境内，头道边南侧，调查了 1 座营、4 座烽火台；②宁夏回族自治区盐池县境内接鄂托克前旗明长城东端起点，向东延伸调查了一段明长城及两侧的烽火台。此段明长城西起宁夏回族自治区盐池县高沙窝镇兴武营村，向东南延伸至高沙窝镇潘家梁村，全长约 8000 米，分头道边和二道边，两道边墙从兴武营向东间距开始拉大，渐行渐远。

此外，本次调查在鄂托克旗境内发现 4 座明代烽火台，分布于该旗查布苏木境内，附近未发现明长城墙体。

二　长城本体

（一）鄂尔多斯市准格尔旗

准格尔旗东南部的长城起自准格尔旗龙口镇大占村的黄河西岸，东与山西省河曲县境内明长城隔河相望，向西经竹里台村，进入陕西省府谷县。全长 585 米，划分为 2 段，1 段土墙、1 段消失，分别长 68 米和 517 米，各占此段墙体长度的 12% 和 88%。有敌台 1 座。（参见地图一一）

竹里台长城 1 段（1506223382101170001）

起自准格尔旗龙口镇竹里台村东北 0.48 千米，止于龙口镇竹里台村东北 0.46 千米。这是明长城在准格尔旗境内的第一段墙体，呈东南－西北走向。东南隔黄河与山西省河曲县境内明长城相望，西北接竹里台长城 2 段。长 68 米，保存较差。

墙体为自然基础，黄土夯筑，夯层厚 0.15～0.2 米，内无夹杂物。墙体两侧经风吹雨打剥蚀严重，呈锯齿状分布，墙体上长有茅草。墙体现高 0.9～3、底宽 4～6、顶宽 0.5～1.2 米。（彩图四七七）

墙体周边地势平缓，为荒坡地，沟壑遍布。墙体上有敌台 1 座，即竹里台敌台。

竹里台敌台（1506223352101170001）：位于准格尔旗龙口镇竹里台村北 0.5 千米。骑墙而建，空心。黄土夯筑，夯层厚约 0.1 米，内无夹杂物。

敌台保存较好。平面呈近圆形，剖面呈矩形，整体呈圆柱状。顶部周边有一圈女墙，现高 0.3～0.8、厚 0.5～0.7 米。北侧女墙底部有一个洞孔，呈椭圆形，直径 0.15～0.25 米，初步推测是原来的排水孔。西壁有登台步道，宽约 0.3 米，由于破坏严重，台阶痕迹模糊；南壁有一个直径 1.2～1.7 米的洞口，与顶部相通，顶部洞口直径 0.5～0.8 米；北壁底部有一洞穴，洞口被沙土掩埋过半，进深无法测量。敌台现高 6、底部周长 55 米。（彩图四七八）

竹里台长城 2 段（1506223382301170002）

起自准格尔旗龙口镇竹里台村东北 0.46 千米，止于龙口镇竹里台村东北 0.4 千米。这是明长城在准格尔旗境内的最后一段墙体，呈东 - 西走向。东接竹里台长城 1 段，向西进入陕西省府谷县境内。长 517 米，已消失。

（二）鄂尔多斯市鄂托克前旗

鄂托克前旗境内头道边和二道边相距很近，命名上使用同一地名，为了加以区分，对二道边长城本体及附属设施命名时加入了二边字样，头道边则直接以最小区域地名命名。

鄂托克前旗境内明长城总长 51841.3 米。其中头道边长 26052.3 米，划分为 12 段，为土墙。二道边长 25789 米，划分为 16 段，包括土墙 15 段、消失墙体 1 段，分别长 25461 米和 328 米，各占此段二道边长度的 99% 和 1%。头道边有敌台 104 座，二道边有敌台 13 座。（地图九）两道边墙墙体的分类长度统计如下表。（表一七、一八）

表一七　鄂托克前旗明长城头道边墙体分类长度统计表　　　　　（单位：米）

保存状况＼墙体类型	土墙	石墙	砖墙	木障墙	山险墙	山险	河险	其他墙体	消失长城
较好	5024	0	0	0	0	0	0	0	
一般	12422.8	0	0	0	0	0	0	0	
较差	6352	0	0	0	0	0	0	0	0
差	2235.2	0	0	0	0	0	0	0	
消失	18.3	0	0	0	0	0	0	0	
总计	26052.3	0	0	0	0	0	0	0	26052.3

表一八　鄂托克前旗明长城二道边墙体分类长度统计表　　　　　（单位：米）

保存状况＼墙体类型	土墙	石墙	砖墙	木障墙	山险墙	山险	河险	其他墙体	消失长城
较好	187	0	0	0	0	0	0	0	
一般	3390	0	0	0	0	0	0	0	
较差	7497	0	0	0	0	0	0	0	328
差	14379	0	0	0	0	0	0	0	
消失	8	0	0	0	0	0	0	0	
总计	25461	0	0	0	0	0	0	0	25789

特布德长城 1 段（150623382101170001）

起自鄂托克前旗与宁夏回族自治区盐池县交界处，止于鄂托克前旗上海庙镇特布德嘎查东南 12.8 千米。这是明长城在鄂托克前旗境内的第一段墙体。呈东 - 西走向。东接宁夏回族自治区境内的兴武营长城，西接特布德长城 2 段。长 1373.8 米。其中保存一般 792.8 米、较差 553 米、差 28 米，分别占此段墙体长度的 58%、40% 和 2%。

墙体为人工基础，黄土夯筑，夯层厚约 0.2 米，内无夹杂物。长城墙体呈矮墙状分布，由于坍塌和沙土堆积，两侧形成斜坡。墙体上有牲畜踩踏的蹄印，长有杂草；有六处豁口，豁口最宽 7、最窄 3

米，合计长 28 米。墙体现高 1~6、底宽 12~17.5、顶宽 0.3~3.5 米。

　　墙体周围地势平坦，为丛草沙丘地貌，北侧远处有裸露的大沙丘。墙体上有敌台 6 座，即特布德 1~6 号敌台，间距 0.251~0.291 千米。

　　特布德 1 号敌台（1506233352101170001）：位于鄂托克前旗上海庙镇特布德嘎查与宁夏回族自治区盐池县高沙窝镇交界处。骑墙而建，实心。黄沙土夯筑，夯层厚约 0.2 米，内无夹杂物。

　　敌台保存较差。呈不规则形。四壁坍塌形成斜坡，坡上长满杂草，残存壁面有鸟虫洞穴。敌台现高 8.7 米，底部东西长 16、南北长 18 米，顶部东西长 2.9、南北长 3.1 米。

　　特布德 2 号敌台（1506233352101170002）：位于鄂托克前旗上海庙镇特布德嘎查东南 12.7 千米。骑墙而建，实心。黄沙土夯筑，夯层厚约 0.2 米，内无夹杂物。

　　敌台保存较差。顶部夯土大量流失，四壁坍塌成斜坡。东侧裸露的夯土有明显雨水冲刷痕迹，底部多被沙土掩埋，沙土上长满野草。敌台底部东侧紧依敌台的墙体上有一个豁口，似人为开凿，为行车道，已废弃，对墙体和敌台造成破坏。敌台现高 8 米，底部东西长 20、南北长 27 米；顶部破坏严重，边长 3.7~5.2 米。

　　特布德 3 号敌台（1506233352101170003）：位于鄂托克前旗上海庙镇特布德嘎查东南 12.4 千米。骑墙而建，实心。黄沙土夯筑，夯层厚约 0.2 米，内无夹杂物。

　　敌台保存较差。四壁坍塌形成陡坡，坍塌的夯土大部分被雨水冲走，少量堆积在台体底部，形成斜坡。敌台现高 9.1 米，底部东西长 13.2、南北长 14 米；顶部破坏严重，边长 4.7~5.3 米。

　　特布德 4 号敌台（1506233352101170004）：位于鄂托克前旗上海庙镇特布德嘎查东南 12.1 千米。骑墙而建，实心。黄沙土夯筑，夯层厚约 0.2 米，内无夹杂物。

　　敌台保存一般。整体呈覆钵形。四壁坍塌在底部形成斜坡，上面长有少量碱蒿、灰蓬、白刺等。台体上有密集的羊蹄印，牲畜踩踏对敌台造成破坏。敌台底部和顶部平面呈近圆形，现高 10.5、底部直径 18.5~21.3、顶部直径 5.7~8.6 米。

　　特布德 5 号敌台（1506233352101170005）：位于鄂托克前旗上海庙镇特布德嘎查东南 11.9 千米。骑墙而建，实心。黄沙土夯筑，夯层比较模糊，厚约 0.2 米，内无夹杂物。

　　敌台保存一般。整体呈覆钵形。四壁坍塌，顶部和中部有坍塌形成的断层，底部由于坍塌及沙土掩埋形成斜坡，上面长有少量碱蒿、灰蓬、白刺等。台体上有密集的羊蹄印，牲畜踩踏对敌台造成破坏。敌台现高 7.5 米，底部东西长 18.6、南北长 17 米；顶部形状不规则，边长 7.3~10 米。

　　特布德 6 号敌台（1506233352101170006）：位于鄂托克前旗上海庙镇特布德嘎查东南 11.6 千米。骑墙而建，实心。黄沙土夯筑，夯层比较模糊，厚约 0.2 米，内无夹杂物。

　　敌台保存较好。整体呈覆斗形，初始风貌尚存。台体顶部和中部风化侵蚀严重，四壁有少量鸟洞和密集的蜂窝，（彩图四七九）底部保存比较完整，长有大量野草。台体底部西南角有一个鼠洞，口部直径 0.4 米；东北角有一人为洞穴，洞口基本被塌土掩埋，进深约 1.5 米。敌台现存高 11 米，底部东西长 18.4、南北长 17.2 米，顶部东西长 5、南北长 6.5 米。

　　特布德长城 2 段（1506233382101170002）

　　起自鄂托克前旗上海庙镇特布德嘎查东南 12.8 千米，止于上海庙镇特布德嘎查东南 10.8 千米。呈东-西走向。东接特布德长城 1 段，西接特布德长城 2 段。长 1640 米。其中保存较好 516 米、一般 1106 米、差 18 米，分别占此段墙体长度的 31.5%、67.4% 和 1.1%。

　　墙体为人工基础，黄土夯筑，夯层厚约 0.2 米，内无夹杂物。墙体现存高大，底宽顶窄，剖面呈梯形。两侧有坍塌，墙体上有牲畜踩踏的蹄印，长有杂草。特布德 10、11 号敌台之间的墙体上残存女墙和藏身坑等附属设施。（彩图四八〇）墙体上有四处豁口，豁口最宽 6、最窄 3 米，合计 18 米。墙体现高 2.5 ~ 5.5、底宽 10 ~ 12、顶宽 0.7 ~ 3.5 米。

墙体周围地势平坦，为丛草沙丘地貌，北侧远处有裸露的大沙丘。墙体上有敌台 6 座，即特布德 7 ~ 12 号敌台，间距 0.24 ~ 0.307 千米。

特布德 7 号敌台（150623352101170007）：位于鄂托克前旗上海庙镇特布德嘎查东南 11.3 千米。骑墙而建，实心。黄沙土夯筑，夯层比较模糊，厚约 0.2 米，内无夹杂物。

敌台保存较差。形状很不规则。顶部和四壁有大量夯土被人为取走，使敌台变得很低矮；东西两壁因人为取土形成豁口，分别宽 3.5 米和 1 米；北壁有人为取土形成的断层。敌台底部被流沙掩埋，台体上长满野草，有密集的羊蹄印。敌台现高 5.4 米，底部东西长 9.8、南北长 11.5 米；顶部形状很不规则，边长 4.8 ~ 6 米。

特布德 8 号敌台（150623352101170008）：位于鄂托克前旗上海庙镇特布德嘎查东南 11 千米。骑墙而建，实心。黄沙土夯筑，夯层比较模糊，厚约 0.2 米，内无夹杂物。

敌台保存较差。形状不规则。敌台受风蚀破坏严重，顶部和四壁的夯土大部分被风卷走。北侧和西北侧有风蚀形成的坑窝；中部和底部被沙土掩埋，沙土上长满碱蒿、灰蓬、白刺、沙蒿等植物。敌台现高 6.8 米；底部呈近圆形，直径 17.2 ~ 18.7 米；顶部形状不规则，边长 4.7 ~ 6.9 米。

特布德 9 号敌台（150623352101170009）：位于鄂托克前旗上海庙镇特布德嘎查东南 10.7 米。骑墙而建，实心。黄沙土夯筑，夯层清晰，厚约 0.2 米，内无夹杂物。

敌台保存较差。顶部呈覆斗形。表面土层剥落，由于风的作用，裸露的夯土呈阶梯状。底部呈圆形，部分被沙土掩埋，沙土上长满野草。台体上有密集的羊蹄印。敌台现高 8.9 米；底部东西长 20、南北长 18.7 米；顶部形状不规则，边长 4.6 ~ 7.4 米。

紧靠敌台南侧有一个建筑基址，倚特布德 9 号敌台和头道边墙体而建，南向开门。基址被完全破坏，仅残存外围长不足 2 米的墙体。外围墙体东西长 23 米，东墙长 23、西墙长 22 米，南墙中部开门，门宽 7 米。

特布德 10 号敌台（150623352101170010）：位于鄂托克前旗上海庙镇特布德嘎查东南 10.4 千米。骑墙而建，实心。黄沙土夯筑，夯层清晰，厚约 0.2 米，内无夹杂物。

敌台保存较差。整体呈覆斗形，初始风貌犹存。顶部破坏严重，沿边夯土大量流失，呈中央凸起状；中部表土有剥落现象，个别地方剥落成自下而上的阶梯状，有少量鸟类、鼠类和昆虫的洞穴；底部四周多被沙土掩埋。敌台底部南侧有一人为洞穴，进深 2.5 米，洞口呈矩形，高 1.2、宽 1.1 米，洞穴废弃，洞口有坍塌现象。敌台现高 8.7 米，底部东西长 14.8、南北长 19.8 米，顶部东西长 2.3、南北长 2.2 米。（图一四〇；彩图四八一）

特布德 11 号敌台（150623352101170011）：位于鄂托克前旗上海庙镇特布德嘎查东南 10.2 千米。骑墙而建，实心。黄沙土夯筑，夯层比较模糊，厚 0.18 ~ 0.25 米，内无夹杂物。

敌台保存一般。整体呈覆钵形。敌台受风蚀、雨蚀以及流沙掩埋等自然因素破坏严重，顶部西北侧夯土裸露，有比较明显的风蚀痕迹；中部和底部大部分被沙土掩埋，沙土上长满碱蒿、白刺、沙蒿等野生植物。台体上有密集的羊蹄印。敌台底部和顶部平面呈近圆形，现高 8.5、底部直径 16.9 ~ 17.5、顶部直径 3.9 ~ 4.5 米。

特布德 12 号敌台（150623352101170012）：位于鄂托克前旗上海庙镇特布德嘎查东南 10 千米。骑墙而建，实心。黄沙土夯筑，夯层比较模糊，厚 0.18 ~ 0.25 米，内无夹杂物。

敌台保存一般。整体形状不规则。四壁完全坍塌，形成斜坡，坡上长有碱蒿、白刺、沙蒿等野生

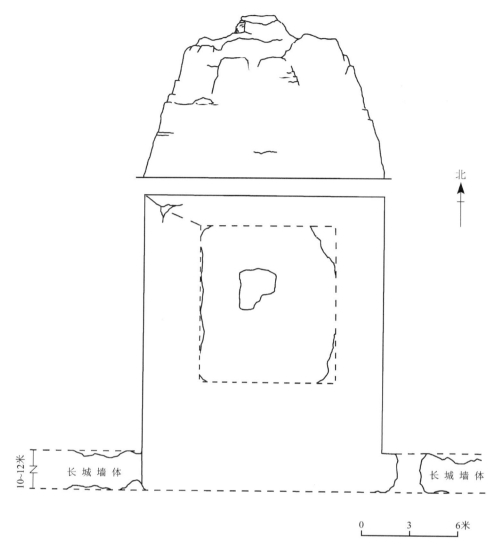

图一四○　特布德 10 号敌台平、立面图

植物。台体上有密集的羊蹄印。敌台现高 9.1 米；底部东西长 17、南北长 20 米；顶部形状很不规则，边长 3.4 ~ 7.4 米。

特布德长城 3 段（150623382101170003）

起自鄂托克前旗上海庙镇特布德嘎查东南 10.1 千米，止于上海庙镇特布德嘎查东南 8.7 千米。东接特布德长城 2 段，西接特布德长城 4 段。呈东 - 西走向。全长 1416 米。其中保存较好 245 米、一般 529 米、较差 184 米、差 458 米，分别占此段墙体长度的 17%、37%、13% 和 33%。

墙体为人工基础，黄土夯筑，夯层厚 0.15 ~ 0.23 米，内无夹杂物。墙体底宽顶窄，剖面呈梯形。两侧有坍塌，墙体上有牲畜踩踏出的蹄印，长有杂草。墙体上有一处较宽的豁口，宽约 6 米。墙体现高 2.5 ~ 5.5、底宽 10 ~ 12、顶宽 0.7 ~ 3.5 米。（彩图四八二）

从特布德 16 号敌台东面墙体上向南延伸出一段短墙，长 27.5、高 1.3、宽 0.4 米。这段短墙建筑在长城墙体上，判断应是障墙。

墙体周围地势平坦，为丛草沙丘地貌，北侧远处有裸露的大沙丘。墙体上有敌台 6 座，即特布德

13~18 号敌台，间距 0.184~0.294 千米。

特布德 13 号敌台（150623352101170013）：位于鄂托克前旗上海庙镇特布德嘎查东南 9.7 千米。骑墙而建，实心。灰土和黄沙土混合夯筑，夯层比较模糊，厚 0.15~0.25 米，内无夹杂物。

敌台保存一般。整体形状很不规则。上部呈覆斗状，四壁有少量鼠类、鸟类的洞穴和蜂窝；南壁坍塌形成斜坡；其他三壁保存稍好，局部也有坍塌。敌台底部被沙土掩埋，沙土上生长有大量野生植物，以碱蒿、白刺、灰蓬为主。敌台现高 8.2 米，底部东西长 18.4、南北长 17.5 米，顶部东西长 5.4、南北长 6.3 米。

特布德 14 号敌台（150623352101170014）：位于鄂托克前旗上海庙镇特布德嘎查东南 9.5 千米。骑墙而建，实心。灰土夯筑。此敌台的建筑形式比较特别，先夯筑敌台的主体部分，再外侧加夯，以加固台体。（彩图四八三）加夯部分厚约 1.7 米。两次夯筑的夯层厚度大致相同，均在 0.18~0.25 米。

敌台保存一般。整体形状很不规则。顶部平整，沿边夯土流失严重；四壁因夯土流失而坑坑洼洼，凹凸不平，有少量鸟洞和蜂窝。底部被沙土掩埋，沙土上生长有大量野生植物，以沙蒿、碱蒿和白刺为主。台体上有密集的羊蹄印，底部东南角散落有瓷片和瓦片。敌台现高 8.5 米，底部东西长 16、南北长 18 米，顶部东西长 7、南北长 7.8 米。（图一四一；彩图四八四）

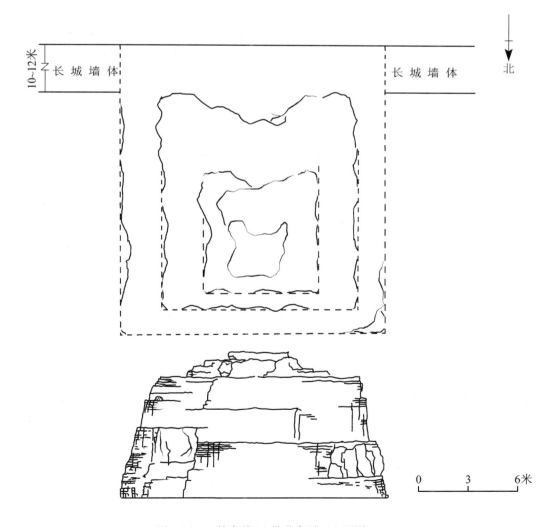

图一四一 特布德 14 号敌台平、立面图

敌台南壁中央隐约可见登台步道，土坯垒砌而成，宽3.5、阶高约0.3米。（彩图四八五）

特布德 15 号敌台（150623352101170015）：位于鄂托克前旗上海庙镇特布德嘎查东南9.3千米。骑墙而建，实心。灰土和黄土混合夯筑，夯层比较清晰，厚0.15～0.25米，内无夹杂物。

敌台保存一般。整体形状很不规则。东、西、北壁坍塌形成斜坡，南壁稍好。各壁腰部以上棱角分明，夯层清晰；腰部以下被沙土掩埋，沙土上生长有大量野生植物，以碱蒿、沙蒿和白刺为主。台体上有密集的羊蹄印。敌台现高7.4米，底部东西长25、南北长27米，顶部东西长6.7、南北长6米。

特布德 16 号敌台（150623352101170016）：位于鄂托克前旗上海庙镇特布德嘎查东南9.1千米。骑墙而建，实心。灰土和黄土混合夯筑，夯层比较清晰，厚0.2～0.25米，内无夹杂物。

敌台保存较好。整体呈近覆斗形。顶部沿边夯土大量滑落流失，呈中央凸起状；东、西、北三壁自上而下有多条裂缝，裂缝宽0.005～0.01米；南壁坍塌破坏，形成多个豁口，底部有两个人为的洞穴，入口较小，内部宽敞，有储藏过物体的痕迹。敌台各壁均有少量鼠类、鸟类的洞穴和蜂窝，底部被沙土掩埋，沙土上生长沙蒿、碱蒿、白刺等植物。敌台现高10.3米，底部东西长15、南北长19米，顶部东西长2.2、南北长2.3米。（图一四二）

特布德 17 号敌台（150623352101170017）：位于鄂托克前旗上海庙镇特布德嘎查东南8.9千米。骑墙而建，实心。黄土夯筑，夯层比较模糊，厚0.2～0.25米，内无夹杂物。

敌台保存一般。整体呈近覆钵形。顶部呈圆形，覆盖一层沙土，长有少量野草；四壁坍塌，形成斜坡。敌台底部被沙土掩埋，沙土上生长有大量野生碱蒿、灰蓬和白刺等植被。台体上有密集的羊蹄印。敌台底部和顶部均呈近圆形，现高7.8、底部直径23.4～25、顶部直径5.8～6.3米。

特布德 18 号敌台（150623352101170018）：位于鄂托克前旗上海庙镇特布德嘎查东南8.7千米。骑墙而建，实心。灰土和黄沙土混合夯筑，夯层比较模糊，厚0.2～0.25米，内无夹杂物。

敌台保存一般。整体呈近覆钵形。顶部破坏严重，夯土大量流失，部分地方有明显的风蚀层；四壁坍塌，形成斜坡。底部被沙土掩埋，沙土上生长碱草、灰蒿和白刺等植物。敌台底部和顶部呈近圆形，现高7.4、底部直径20～21.3、顶部直径5.4～6米。

特布德长城 4 段（150623382101170004）

起自鄂托克前旗上海庙镇特布德嘎查东南8.7千米，止于上海庙镇特布德嘎查东南6.8千米。呈东－西走向。东接特布德长城3段，西接特布德长城5段。长1949.6米。其中保存较好632米、一般851米、较差446米、差20.6米，分别占此段墙体长度的32%、44%、23%和1%。

墙体为人工基础，黄沙土夯筑，夯层厚0.2～0.3米，内无夹杂物。墙体底宽顶窄，剖面呈梯形。两侧有坍塌，墙体上有牲畜踩踏的蹄印，长有杂草。墙体有两处较宽的豁口，最宽豁口11.6米，合计20.6米。墙体现高1～5、底宽9.3～12、顶宽0.7～3米。（彩图四八六）

墙体周围地势平坦，为丛草沙丘地貌，北侧远处有裸露的大沙丘。墙体上有敌台9座，即特布德19～27号敌台，间距0.201～0.23千米。

特布德 19 号敌台（150623352101170019）：位于鄂托克前旗上海庙镇特布德嘎查东南8.5千米。骑墙而建，实心。灰土和黄沙土混合夯筑，夯层比较模糊，厚0.2～0.25米，内无夹杂物。

敌台保存一般。整体呈近覆斗形。敌台比较高大，棱角尚存。四壁坍塌，有少量蜂窝。底部被沙土掩埋，形成斜坡。台体上有密集的羊蹄印，生长少量碱蒿、灰蓬和白刺等植被。敌台现高15米，底部东西长18.6、南北长20米，顶部东西长6.3、南北长5.7米。

特布德 20 号敌台（150623352101170020）：位于鄂托克前旗上海庙镇特布德嘎查东南8.3千米。骑墙而建，实心。灰土和黄沙土混合夯筑，夯层比较模糊，厚0.2～0.25米，内无夹杂物。

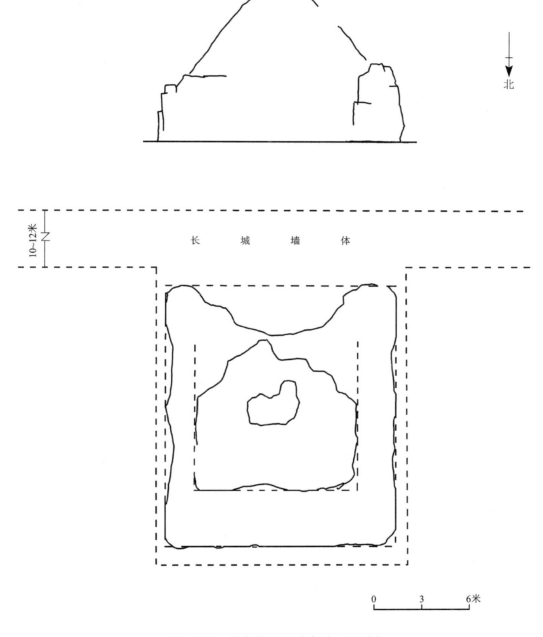

图一四二　特布德16号敌台平、立面图

敌台保存一般。整体呈近覆斗形。敌台顶部和四壁有明显风蚀层，部分地方有雨水冲刷的沟痕。底部被沙土掩埋，东侧沙土呈半流动状态，北侧沙土上生长茂盛的杂草。台体上有密集的羊蹄印。敌台现高13米，底部东西长19.2、南北长18米，顶部东西长4.7、南北长5.6米。

特布德21号敌台（1506233352101170021）：位于鄂托克前旗上海庙镇特布德嘎查东南8.1千米。骑墙而建，实心。灰土和黄沙土混合夯筑，夯层比较模糊，厚0.18～0.25米，内无夹杂物。

敌台保存一般。整体形状不规则。顶部有风蚀层；四壁坍塌，形成斜坡，可见雨水冲刷的沟痕；

西壁腰部有少量鸟洞和蜂窝；底部被沙土掩埋，沙土上长有大量碱蒿、灰蓬和白刺等植被。台体上有密集的羊蹄印。敌台现高7.8米，底部东西长21、南北长23.4米，顶部东西长4.2、南北长5米。

敌台东侧长城墙体上有一个宽3米的豁口，当地称为"过羊洞"，表明这个豁口是为了方便牲畜往来长城两侧而开。

特布德22号敌台（150623352101170022）：位于鄂托克前旗上海庙镇特布德嘎查东南7.8千米。骑墙而建，实心。灰土和黄沙土混合夯筑，夯层比较模糊，厚0.18～0.25米，内无夹杂物。

敌台保存一般。形状不规则。顶部受风化严重，夯土大量流失。四壁坍塌，形成斜坡，残存壁面上有少量蜂窝。底部被沙土掩埋，沙土上长有少量碱蒿和白刺等植被。敌台北壁腰部有一人为洞穴，洞口坍塌，现存口部宽1.2、进深3、内部高1.5米，疑曾用于储藏。台体上有密集的羊蹄印。敌台现高7.3米，底部东西长22、南北长21.2米，顶部东西长4.6、南北长5.8米。

特布德23号敌台（150623352101170023）：位于鄂托克前旗上海庙镇特布德嘎查东南7.6千米。骑墙而建，实心。灰土和黄沙土混合夯筑，夯层比较模糊，厚0.2～0.25米，内无夹杂物。

敌台保存一般。形状不规则。顶部夯土大量流失，只中央残存一个小土台。四壁坍塌，形成斜坡，东、北壁较陡，西、南壁较缓。底部被滑落的夯土掩埋。台体上有少量鸟洞、鼠洞、蜂窝和密集的羊蹄印。敌台现高8.5米；底部东西长20.6、南北长23.4米；顶部形状不规则，边长5.7～7.6米。

特布德24号敌台（150623352101170024）：位于鄂托克前旗上海庙镇特布德嘎查东南7.4千米。骑墙而建，实心。灰土和黄沙土混合夯筑，夯层比较模糊，厚0.2～0.25米，内无夹杂物。

敌台保存较差。整体呈近圆锥状。顶部和中部有大量夯土流失，残存表层土质非常疏松，受雨水和风的作用很容易坍塌脱落；腰部以上夯层清晰，底部被沙土掩埋，四周散落着坍塌的夯土块。台体上有少量鸟洞、鼠洞和蜂窝。敌台底部和顶部平面呈近圆形，现高7.2、底部直径20.7～22、顶部直径5.2～6.3米。

特布德25号敌台（150623352101170025）：位于鄂托克前旗上海庙镇特布德嘎查东南7.2千米。骑墙而建，实心。灰土和黄沙土混合夯筑，夯层比较模糊，厚0.18～0.25米，内无夹杂物。

敌台保存一般。整体形状不规则。顶部因雨水和风的破坏而坑坑洼洼、凹凸不平；四壁坍塌，形成斜坡，残存的壁面有少量鸟洞、鼠洞和蜂窝等。敌台腰部以上夯层清晰，底部被沙土掩埋，沙土上生长大量沙蒿、灰蓬、白刺等植被。台体上有密集的羊蹄印。敌台现高7.2米，底部东西长16.3、南北长18米，顶部东西长6.7、南北长7.3米。

特布德26号敌台（150623352101170026）：位于鄂托克前旗上海庙镇特布德嘎查东南7千米。骑墙而建，实心。灰土和黄土混合夯筑，夯层比较模糊，厚0.16～0.25米，内无夹杂物。

敌台保存一般。整体形状不规则。四壁坍塌，形成斜坡，东、南侧较缓，西、北侧较陡，底部被沙土掩埋，沙土上生长大量沙蒿、灰蓬和白刺等植被。台体上有密集的羊蹄印。敌台现高7.5米；底部东西长21、南北长22.3米；顶部呈近圆形，直径8～8.2米。

特布德27号敌台（150623352101170027）：位于鄂托克前旗上海庙镇特布德嘎查东南7千米。骑墙而建，实心。灰土和黄土混合夯筑，夯层比较模糊，厚0.16～0.25米，内无夹杂物。

敌台保存较好。整体呈覆斗形。顶部沿边有少量夯土流失，呈中央凸起状；四壁有少量鸟洞、鼠洞和蜂窝；西壁保存较好，壁面平整；北壁中部偏西有塌毁形成的豁口；东、南壁塌毁，形成斜坡。敌台底部被沙土掩埋，沙土上生长大量杂草。台体上有密集的羊蹄印。敌台现高9米，底部东西长21、南北长22.8米，顶部东西长6.9、南北长7.2米。

特布德长城 5 段（150623382101170005）

起自鄂托克前旗上海庙镇特布德嘎查东南 6.8 千米，止于上海庙镇特布德嘎查东南 5.4 千米。呈东－西走向。东接特布德长城 4 段，西接特布德长城 6 段。长 1503 米。其中保存一般 175 米、较差 681 米、差 647 米，分别占此段墙体长度的 12%、45% 和 43%。

墙体为人工基础，黄沙土夯筑，夯层厚 0.15 ~ 0.2 米，内无夹杂物。墙体底宽顶窄，剖面呈梯形。两侧有坍塌，墙体上有牲畜踩踏的蹄印，长有杂草。墙体有两处较宽的豁口，最宽豁口 6 米，豁口共宽 11 米。墙体现高 2 ~ 5、底宽 9 ~ 12、顶宽 0.5 ~ 3 米。（彩图四八七、四八八）

墙体周围地势平坦，为丛草沙丘地貌，北侧远处有裸露的大沙丘。此段墙体中，鄂托克前旗明长城头道边与二道边相距最近。墙体上有敌台 7 座，即特布德 28 ~ 34 号敌台，间距 0.175 ~ 0.233 千米。

特布德 28 号敌台（150623352101170028）：位于鄂托克前旗上海庙镇特布德嘎查东南 6.6 千米。骑墙而建，实心。灰土和黄土混合夯筑，夯层比较模糊，厚 0.16 ~ 0.25 米，内无夹杂物。

敌台保存一般。整体形状不规则。顶部有坍塌，表土疏松，南侧有雨水冲刷的浅凹沟，西北侧有风蚀层；四壁有少量鸟洞、鼠洞和蜂窝。底部东侧大半被沙土掩埋，沙土上生长茂盛的沙蒿、灰蓬、白刺等植物。台体上有密集的羊蹄印。敌台现高 8.9 米；底部平面呈近圆形，直径 29 ~ 30 米；顶部东西长 5.2、南北长 6 米。

特布德 29 号敌台（150623352101170029）：位于鄂托克前旗上海庙镇特布德嘎查东南 6.4 千米。骑墙而建，实心。灰土和黄土混合夯筑，夯层比较模糊，厚 0.14 ~ 0.22 米，内无夹杂物。

敌台保存一般。整体呈覆钵形。顶部表层土质比较疏松，容易被雨水、风破坏；四壁坍塌，形成斜坡。底部和中部被沙土掩埋，中部掩埋较薄，底部掩埋非常厚，沙土上生长大量芨芨草、白刺、沙蒿等杂草。台体上有密集的羊蹄印。敌台现高 14 米；底部东西长 21、南北长 20 米；顶部呈近圆形，直径 4.2 ~ 5.8 米。

特布德 30 号敌台（150623352101170030）：位于鄂托克前旗上海庙镇特布德嘎查东南 6.2 千米。骑墙而建，实心。灰土和黄土混合夯筑，夯层比较模糊，厚 0.15 ~ 0.22 米，内无夹杂物。

敌台保存较差。整体形状不规则。顶部呈圆锥形，南侧有风蚀形成的断层；四壁坍塌，形成斜坡。底部被沙土掩埋，西侧的沙土堆积到敌台腰部以上。沙土上面生长稀疏的植物，不能有效固沙，敌台有完全被沙土掩埋的危险。敌台现高 6.9 米；底部东西长 15、南北长 16.3 米；顶部呈近圆形，直径 3 ~ 3.4 米。

特布德 31 号敌台（150623352101170031）：位于鄂托克前旗上海庙镇特布德嘎查东南 6 千米。骑墙而建，实心。灰土和黄土混合夯筑，夯层比较模糊，厚 0.15 ~ 0.22 米，内无夹杂物。

敌台保存差。整体形状不规则。敌台受风沙破坏严重，流沙掩埋了大半台体，沙土上生长大量沙蒿、白刺等植物。敌台现高 6.5 米；底部东西长 12.7、南北长 13 米；顶部形状不规则，边长 4.3 ~ 6.5 米。

特布德 32 号敌台（150623352101170032）：位于鄂托克前旗上海庙镇特布德嘎查东南 5.8 千米。骑墙而建，实心。灰土和黄土堆筑而成，堆土中夹杂有植物的根茎。

敌台保存差。整体形状不规则。敌台受人为因素破坏严重，夯土被大量取走，使台体变得低矮，生长少量杂草。敌台顶部有一取土后留下的豁口，呈东西向，长 6、宽 3.5、深 0.3 ~ 1 米。南壁纵向排列雨水冲刷的小沟；北壁腰部有一人为洞穴，深 3 米，洞口塌毁，宽 1.5 米，从洞穴墙壁上残留的痕迹看，洞穴挖掘时间不长。西侧紧靠敌台有一条简易行车道自北向南穿长城墙体，由于距敌台太近，台体基部受到破坏。敌台底部和顶部平面呈不规则形，现高 5.7、底部边长 21 ~ 24、顶部边长 7.1 ~ 10 米。

　　特布德 33 号敌台（150623352101170033）：位于鄂托克前旗上海庙镇特布德嘎查东南 5.6 千米。骑墙而建，实心。灰土夯筑，个别地方掺杂白土，夯层较薄，厚 0.1～0.2 米。

　　敌台保存较差。整体形状不规则。顶部东侧塌毁严重，塌毁形成的断层上有风蚀坑和风蚀层，其他地方有雨水冲刷的凹沟。底部被沙土掩埋，沙土上生长芨芨草、白刺、沙蒿等植物。敌台现高 7.1 米；底部东西长 22、南北长 24 米；顶部形状不规则，边长 2.5～4 米。（彩图四八九）

　　特布德 34 号敌台（150623352101170034）：位于鄂托克前旗上海庙镇特布德嘎查东南 5.4 千米。骑墙而建，实心。灰土和黄土混合夯筑，夯层比较模糊，厚 0.1～0.2 米，内无夹杂物。

　　敌台保存一般。整体呈覆锥形。顶部西北侧有较明显的风蚀层，东侧中部偏北有一条雨水冲刷的凹沟，底部被沙土掩埋。台体上生长大量芨芨草、白刺、沙蒿等植物，有密集的羊蹄印。敌台底部和顶部平面呈近圆形，现高 12.9、底部直径 20～21、顶部直径 6～6.5 米。

　　特布德长城 6 段（150623382101170006）

　　起自鄂托克前旗上海庙镇特布德嘎查东南 5.4 千米。止于上海庙镇特布德嘎查东南 3.4 千米。呈东－西走向。东接特布德长城 5 段，西接特布德长城 7 段。长 2163.5 米，其中保存较好 410 米、一般 846 米、较差 887 米、差 20.5 米，分别占此段墙体长度的 19%、39%、41% 和 1%。

　　墙体为人工基础，黄土夯筑，夯层厚 0.15～0.2 米，内无夹杂物。墙体底宽顶窄，剖面呈梯形。两侧有坍塌，墙体上有牲畜踩踏的蹄印，长有杂草。特布德 36、37 号敌台之间墙体上残存女墙和藏身坑，（彩图四九〇、四九一）女墙现高 0.3、宽 0.1～0.3 米；藏身坑间距 5～11 米，现高 1～1.6、宽 2、深 1.5～2 米。墙体发现五处较宽的豁口，最宽 6、最窄 1.5 米，豁口合计宽 20.5 米。墙体现高 2～5、底宽 10～13、顶宽 0.5～3.6 米。

　　墙体周围地势平坦，为丛草沙丘地貌。墙体上有敌台 8 座，即特布德 35～42 号敌台，间距 0.195～0.571 千米。特布德 40、41 号敌台之间墙体北侧隐约可见壕沟遗迹。（彩图四九二）

　　特布德 35 号敌台（150623352101170035）：位于鄂托克前旗上海庙镇特布德嘎查东南 5.2 千米。骑墙而建，实心。灰土和黄土混合夯筑，夯层比较模糊，厚约 0.25 米，内无夹杂物。

　　敌台保存一般。整体呈圆锥状。敌台被沙土掩埋，破坏严重，北侧沙土埋到腰部以上。沙土上生长沙蒿、白刺等植物，但不能有效阻挡沙土的流动。敌台现高 7.4 米；底部东西长 24、南北长 25.3 米；顶部呈近圆形，直径 4.8～5.5 米。

　　特布德 36 号敌台（150623352101170036）：位于鄂托克前旗上海庙镇特布德嘎查东南 5 千米。骑墙而建，实心。灰土和黄土混合夯筑，夯层比较模糊，厚约 0.2 米，内无夹杂物。

　　敌台保存一般。整体形状不规则。敌台受自然和人为因素破坏比较严重，东壁有大量夯土被取走，形成高近 2 米的断层。敌台顶部因为人为取土的破坏宽不足 2 米。底部被沙土掩埋，由于植被少，沙土多裸露。台体上有羊蹄印，部分地方有风蚀层和雨水冲刷的沟痕。敌台现高 7.3 米；底部呈近圆形，直径 12～13.9 米；顶部形状不规则，边长 1.5～2 米。

　　特布德 37 号敌台（150623352101170037）：位于鄂托克前旗上海庙镇特布德嘎查东南 4.8 千米。骑墙而建，实心。灰土和黄土混合夯筑，夯层比较模糊，厚 0.15～0.25 米，内无夹杂物。

　　敌台保存一般。整体形状不规则。敌台顶部和四壁夯土脱落流失严重，有明显的风蚀层，部分地方有雨水冲刷的沟痕，壁面有少量鸟洞、鼠洞和蜂穴。底部被沙土掩埋，沙土上生长少量沙蒿、白刺等植物。台体上有密集的羊蹄印。敌台现高 9 米；底部东西长 20.7、南北长 24.5 米；顶部形状不规则，边长 3～4.4 米。

　　特布德 38 号敌台（150623352101170038）：位于鄂托克前旗上海庙镇特布德嘎查东南 4.7 千米。

骑墙而建，实心。灰土和黄土混合夯筑，夯层清晰，厚 0.18～0.25 米，内无夹杂物。

　　敌台保存较好。整体呈覆斗形。西壁中部有一个鹰窝，当地称其为"鹰窝墩"。敌台顶部有少量夯土流失，表层结构被破坏，东南高西北低。底部和中部基本保持原样，台体的棱角受到磨损。北壁中部自上而下有两条雨水冲刷的沟槽，沟宽0.6、深0.2米；西壁中部有少量鸟类洞穴，东南角有一条雨水冲刷的沟，宽 1.5 米。底部有少量沙土堆积。敌台现高 11.6 米，底部东西长 16、南北长 15 米，顶部东西长 5、南北长 4.2 米。（图一四三；彩图四九三）

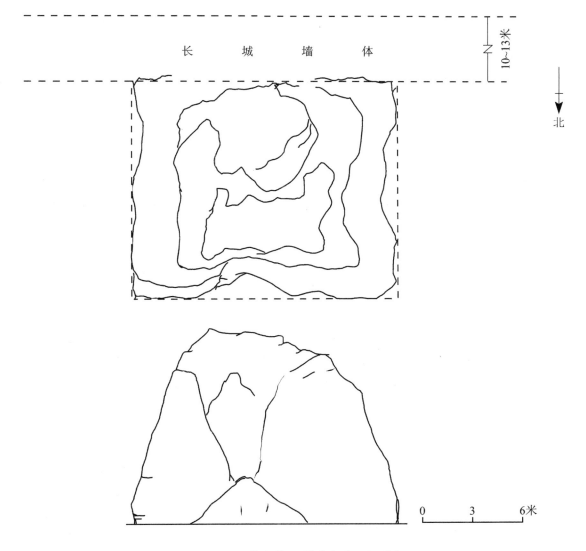

图一四三　特布德 38 号敌台平、立面图

　　特布德 39 号敌台（150623352101170039）：位于鄂托克前旗上海庙镇特布德嘎查东南 4.4 千米。骑墙而建，实心。灰土和黄土混合夯筑，夯层清晰，厚 0.18～0.25 米，内无夹杂物。

　　敌台保存一般。整体形状不规则。四壁坍塌，形成斜坡；东、南壁较缓，西、北壁较陡，壁面上有少量鸟洞、鼠洞和蜂窝，部分地方有雨水冲刷形成的沟痕。台体上有多条裂缝，密集、较浅、呈纵向，有羊蹄印。敌台底部有少量沙土堆积，沙土上生长稀疏的白刺、沙蒿等植物。敌台现高 8.7 米；底部东西长 23.5、南北长 25 米；顶部形状不规则，边长 2.9～4.5 米。

特布德 40 号敌台 （150623352101170040）：位于鄂托克前旗上海庙镇特布德嘎查东南 4.2 千米。骑墙而建，实心。灰土和黄土混合夯筑，夯层清晰，厚 0.18 ~ 0.25 米，内无夹杂物。

敌台保存一般。整体呈圆锥状。顶部沿边夯土大量流失，只剩一圆锥形尖顶。四壁坍塌，有雨水冲刷形成的沟痕，呈纵向，比较密集。底部生长少量白刺、芨芨草等植物。敌台南侧有几个人为的坑，坑内有烧火后残余的灰烬，从对台体破坏状况来分析，这几个坑挖掘年代不远。敌台底部和顶部平面呈近圆形，现高 8.6、底部直径 15.7 ~ 17、顶部直径 2.6 ~ 3 米。

特布德 41 号敌台 （150623352101170041）：位于鄂托克前旗上海庙镇特布德嘎查东南 3.7 千米。骑墙而建，实心。灰土和黄土混合夯筑，夯层清晰，厚 0.18 ~ 0.25 米，内无夹杂物。

敌台保存一般。整体形状不规则。顶部沿边夯土大量流失，只剩一个尖顶，北侧和西侧有较明显的风蚀层，正中有一个深约 2、口部直径 0.3 米的鼠洞。四壁坍塌成缓坡，上有羊蹄印。底部被沙土掩埋，沙土上生长茂密的白刺、芨芨草、沙蒿等植物。敌台现高 7.4 米；底部东西长 19、南北长 20 米；顶部呈近圆形，直径 3.1 ~ 3.7 米。

特布德 42 号敌台 （150623352101170042）：位于鄂托克前旗上海庙镇特布德嘎查东南 3.4 千米。骑墙而建，实心。灰土和红土混合夯筑，夯层比较模糊，厚 0.2 ~ 0.25 米，内无夹杂物。

敌台保存较差。整体形状不规则。敌台受人为因素破坏比较严重，西侧过半夯土被取走，使敌台顶部仅残存宽约 1.5 米。台体有明显的风蚀层和雨水冲刷形成的凹沟，生长少量植物，底部东侧和北侧被沙土掩埋。敌台底部和顶部形状不规则，现高 8.8、底部边长 18 ~ 20、顶部长 1.3 ~ 1.7 米。

特布德长城 7 段 （150623382101170007）

起自鄂托克前旗上海庙镇特布德嘎查东南 3.4 千米，止于上海庙镇特布德嘎查南 1.4 千米。呈东 – 西走向。东接特布德长城 6 段，西接特布德长城 8 段。长 3256 米。其中保存较好 540 米、一般 906 米、较差 833 米、差 977 米，分别占此段墙体长度的 16%、28%、26% 和 30%。

墙体为人工基础，灰土、红土、黄土、白土混合夯筑，夯层厚 0.15 ~ 0.2 米，内无夹杂物。墙体底宽顶窄，剖面呈梯形。两侧有坍塌，墙体上有牲畜踩踏的蹄印，长有杂草。有道路穿过墙体，形成豁口。墙体有三处豁口，最宽 5、最窄 3 米，豁口合计 12 米。墙体现高 1.5 ~ 10、底宽 10 ~ 13、顶宽 0.5 ~ 4 米。墙体北侧有壕沟。（彩图四九四 ~ 四九六）

墙体周围地势平坦，为丛草沙丘地貌。墙体上有敌台 14 座，即特布德 43 ~ 56 号敌台，间距 0.158 ~ 0.329 千米。

特布德 43 号敌台 （150623352101170043）：位于鄂托克前旗上海庙镇特布德嘎查东南 3.4 千米。骑墙而建，实心。灰土和红土混合夯筑，夯层比较模糊，厚 0.2 ~ 0.3 米，内无夹杂物。

敌台保存一般。整体呈圆锥状。敌台顶部和中部大量夯土脱落流失；四周有台体坍塌形成的断层，有明显的风蚀痕和雨水冲刷的沟痕；底部生长茂盛的植物。台体表土很疏松，风雨侵蚀是敌台面临的最大危险；北侧台体上有一人为洞穴，洞口坍塌，宽 2 米，内部尺寸不详。敌台现高 8 米，底部和顶部呈圆形，底部直径 17.4 ~ 18.5、顶部直径 3 ~ 3.6 米。

特布德 44 号敌台 （150623352101170044）：位于鄂托克前旗上海庙镇特布德嘎查东南 3 千米。骑墙而建，实心。灰土和红土混合夯筑，夯层比较模糊，厚 0.2 ~ 0.3 米，内无夹杂物。

敌台保存一般。整体形状不规则。顶部沿边夯土大量脱落流失，只留一个尖顶，部分地方有明显的风蚀层和雨水冲刷的沟痕，有少量鸟类、鼠类的洞穴。底部和中部生长茂盛的杂草，以白刺和芨芨草为主。敌台底部和顶部平面呈近圆形，现高 13.4、顶部直径 4.7 ~ 5.4、底部直径 18 ~ 19 米。

特布德 45 号敌台 （150623352101170045）：位于鄂托克前旗上海庙镇特布德嘎查东南 2.9 千米。

骑墙而建，实心。灰土、白土、红土混合夯筑，夯层比较模糊，厚 0.2~0.3 米，内无夹杂物。

敌台保存较好。整体形状不规则。顶部正中有一条南北向的深沟，把顶部分成两半。四壁有大量夯土坍塌脱落，坍塌形成的断壁上密布鸟洞、鼠洞和蜂穴，东壁中部有一条深 0.5 米的横向沟。底部被坍塌的夯土掩埋，夯土上生长白刺、芨芨草等植物。敌台现高 11 米，底部东西长 14.6、南北长 17 米，顶部东西长 6.7、南北长 8.5 米。

特布德 46 号敌台（150623352101170046）：位于鄂托克前旗上海庙镇特布德嘎查东南 2.7 千米。骑墙而建，实心。基部由白土夯筑，从基部往上 4 米多改由灰土夯筑，夯层厚 0.15~0.25 米。

敌台保存较好。整体形状不规则。顶部西北角和南侧严重塌毁，近一半夯土不复存在，南侧因雨水和风的作用，自下而上呈阶梯状。敌台四壁有大量鸟洞、鼠洞和蜂穴，底部被沙土掩埋，沙土上植物生长茂盛。台体上有密集的羊蹄印。敌台现高 8.7 米；底部东西长 9.8、南北长 12.3 米；顶部形状不规则，边长 3~4.8 米。

特布德 47 号敌台（150623352101170047）：位于鄂托克前旗上海庙镇特布德嘎查东南 2.6 千米。骑墙而建，实心。灰土和红土混合夯筑，夯层比较模糊，厚 0.2~0.3 米，内无夹杂物。

敌台保存一般。整体呈覆钵形。顶部有明显的风蚀层和雨水冲刷的沟痕。四壁有少量鸟类、鼠类和昆虫的洞穴。底部被沙土掩埋，沙土上植物生长稀疏，多数沙土呈裸露状态。台体上有密集的羊蹄印。敌台现高 7.2 米；底部东西长 12、南北长 13.2 米；顶部平面呈近圆形，直径 6~6.5 米。

特布德 48 号敌台（150623352101170048）：位于鄂托克前旗上海庙镇特布德嘎查东南 2.4 千米。骑墙而建，实心。灰土和红土混合夯筑，夯层清晰，厚 0.2~0.3 米，内无夹杂物。

敌台保存差。整体形状不规则。敌台受流沙掩埋破坏严重，沙土将敌台底部和中部掩埋，东侧沙土掩埋到敌台的顶部。敌台东侧和南侧的沙土上植物生长比较茂盛，北侧和西侧沙土处于裸露状态。顶部未被沙土掩埋部分有大量鸟类、鼠类和昆虫的洞穴，有一人为挖掘的坑，深 0.4、口径 0.3 米。底部沙土上有密集的羊蹄印。敌台现高 6.9 米；底部被沙土掩埋，掩埋范围东西长 17、南北长 19.6 米；顶部形状不规则，边长 3.5~4.8 米。

特布德 49 号敌台（150623352101170049）：位于鄂托克前旗上海庙镇特布德嘎查东南 2.2 千米。骑墙而建，实心。灰土和红土混合夯筑，夯层清晰，厚 0.2~0.3 米，内无夹杂物。

敌台保存一般。整体形状不规则。顶部破坏严重，形状不规则，中间低，两边高。四壁塌毁严重，塌毁的残壁上密布鸟洞、鼠洞和蜂穴。底部被沙土掩埋，沙土上植物生长茂盛。敌台现高 8 米，底部东西长 17、南北长 18.5 米，顶部东西长 3.7、南北长 4.5 米。

特布德 50 号敌台（150623352101170050）：位于鄂托克前旗上海庙镇特布德嘎查东南 2 千米。骑墙而建，实心。灰土和黄土混合夯筑，夯层清晰，厚 0.2~0.3 米，内无夹杂物。

敌台保存较差。整体形状不规则。由于自然因素的破坏，敌台结构和形制遭到极大破坏，现存敌台从北面看呈"山"字形。敌台顶部大量夯土脱落流失，西北角坍塌最为严重。四壁有大量鸟洞、鼠洞和蜂穴；分布裂缝，呈纵向，宽约 0.02 米。底部被沙土掩埋，沙土上生长芨芨草、白刺等植物。台体上有羊蹄印。敌台现高 7 米；底部东西长 15.6、南北长 14 米；顶部形状不规则，边长 1.6~3 米。

特布德 51 号敌台（150623352101170051）：位于鄂托克前旗上海庙镇特布德嘎查东南 1.8 千米。骑墙而建，实心。灰土和黄土混合夯筑，夯层清晰，厚 0.2~0.3 米，内无夹杂物。

敌台保存一般。整体形状不规则。顶部破坏严重，夯土大多流失，只西侧残留一个高 0.5 米的土台。四壁密布鸟洞、鼠洞和蜂穴，西壁的鸟洞被风蚀破坏，变成许多风蚀坑。底部被沙土掩埋，东侧沙土掩埋到台体腰部以上，沙土上长有大量野草。台体上有密集的羊蹄印。敌台现高 9 米；底部东西长 15、南北长 16.3 米；顶部形状不规则，边长 4.7～6.3 米。

特布德 52 号敌台（150623352101170052）：位于鄂托克前旗上海庙镇特布德嘎查东南 1.6 千米。骑墙而建，实心。灰土夯筑，夯层清晰，厚 0.2～0.3 米，内无夹杂物。

敌台保存一般。整体形状不规则。顶部四周有流水冲刷的沟痕，西侧和北侧有明显的风蚀层，西南角坍塌损毁严重。底部和中部被沙土掩埋，沙土上生长少量沙蒿、芨芨草等植物，由于风的作用，呈丛草沙丘状。台体上有密集的羊蹄印。敌台现高 11 米；底部被沙土掩埋，掩埋范围东西长 17、南北长 19.1 米；顶部平面呈近圆形，直径 4.1～5.9 米。

特布德 53 号敌台（150623352101170053）：位于鄂托克前旗上海庙镇特布德嘎查东南 1.4 千米。骑墙而建，实心。灰土夯筑，夯层清晰，厚 0.2～0.25 米，内无夹杂物。

敌台保存一般。整体呈近覆斗形。受自然等因素破坏较小，初始风貌尤存，四周棱角隐约可见。顶部夯土大量流失；四壁有大量鸟洞、鼠洞和蜂穴；东壁有一鼠洞，直径 0.5 米，深不可测；北壁自上而下有两条雨水冲刷的豁口，一条偏西，一条偏东。底部生长白刺、芨芨草等植物。敌台现高 8.3 米，底部东西长 13.6、南北长 15 米，顶部东西长 3.7、南北长 4.6 米。

特布德 54 号敌台（150623352101170054）：位于鄂托克前旗上海庙镇特布德嘎查东南 1.3 千米。骑墙而建，实心。灰土夯筑，夯层清晰，厚 0.2～0.25 米，内无夹杂物。

敌台保存较好。整体呈近覆斗形。顶部因风雨侵蚀损毁严重，沿边有大量夯土流失，西北角有一条从顶部直通底部的豁口，宽 0.3 米，由雨水冲刷而形成。四壁有少量鸟洞、鼠洞和蜂穴。底部和中部保存较好，四周棱角尚存，部分底部被沙土掩埋。敌台现高 9 米，底部东西长 15.6、南北长 18 米，顶部东西长 3.9、南北长 4.7 米。

特布德 55 号敌台（150623352101170055）：位于鄂托克前旗上海庙镇特布德嘎查西 1.4 千米。骑墙而建，实心。灰土和黄土混合夯筑，夯层清晰，厚 0.18～0.25 米，内无夹杂物。

敌台保存一般。整体形状不规则。底部和中部夯土坍塌严重，形成许多断层和沟壑，残存部分的夯土较为疏松，有不少裂缝和少量鸟洞、鼠洞和蜂穴。底部被坍塌的夯土掩埋，生长大量芨芨草、白刺等植物。台体北侧有一个宽 3、深 1 米的坑，西侧有一个类似的坑，两坑为人为挖掘。敌台现高 12 米；底部被沙土掩埋，掩埋范围东西长 17.2、南北长 19；顶部东西长 4.2、南北长 5.5 米。

特布德 56 号敌台（150623352101170056）：位于鄂托克前旗上海庙镇特布德嘎查西南 1.4 千米。骑墙而建，实心。灰土和黄土混合夯筑，夯层清晰，厚 0.2～0.25 米，内无夹杂物。

敌台保存一般。整体形状不规则。顶部西南角塌毁。四壁有雨水冲刷的小沟，纵向，分布密集。底部被塌落的夯土掩埋，夯土上生长少量植物。台体上有密集的蜂穴和羊蹄印。敌台现高 12 米，底部东西长 18、南北长 20 米，顶部东西长 4.2、南北长 5.5 米。

特布德长城 8 段（150623382101170008）

起自鄂托克前旗上海庙镇特布德嘎查南 1.4 千米，止于上海庙镇特布德嘎查西南 1.4 千米。呈东－西走向。东接特布德长城 7 段，西接特布德长城 9 段。长 3230.6 米。其中保存较好 504 米、一般 2248 米、较差 441 米、差 37.6 米，分别占此段墙体长度的 16%、69%、14% 和 1%。

墙体为人工基础，灰土、红土、黄土、白土混合夯筑，夯层厚 0.2～0.25 米，内无夹杂物。墙体底宽顶窄，剖面呈梯形。两侧有坍塌。顶部有牲畜踩踏出的蹄印，长有杂草。特布德 60、61 号敌台之间有一条 1978 年修筑的抗旱渠南北向穿过特布德长城 8 段墙体和特布德长城二边 11 段墙体，（彩图四九七）渠长 125、高 5、底宽 4.5、顶宽 1.5 米，对两道边墙造成破坏。墙体有六处较宽的豁口，最宽 11.6 米，豁口合计宽 12 米。墙体现高 1～6、底宽 8～11、顶宽 0.5～4 米。

墙体周围地势平坦，为丛草沙丘地貌。墙体上有敌台10座，即特布德57～66号敌台，间距0.158～0.329千米。特布德62～64号敌台之间墙体北侧可见壕沟，长150、宽20～30、深3～5米。

特布德57号敌台（150623352101170057）：位于鄂托克前旗上海庙镇特布德嘎查西南1.6千米。骑墙而建，实心。灰土和黄土混合夯筑，夯层比较模糊，厚0.2～0.25米，夹有红沙土。

敌台保存较好。整体形状不规则。雨水对敌台破坏最为严重，表层夯土因雨水冲刷而流失，台体四周密布雨水冲刷形成的小沟；西壁北侧有两条裂缝，纵向，宽约0.02米。敌台南壁与东壁底部各有一人为洞穴，两洞口几乎被坍塌的夯土掩埋，东壁洞穴宽1.5米，南壁洞穴宽2米，两洞均深约2米。敌台现高9.5米；底部东西长15.1、南北长16.7米；顶部呈近圆形，直径4.1～6米。

特布德58号敌台（150623352101170058）：位于鄂托克前旗上海庙镇特布德嘎查西南1.7千米。骑墙而建，实心。灰土和白胶泥土混合夯筑，夯层比较模糊，厚0.2～0.3米。

敌台保存差。整体形状不规则。受雨水冲刷和人为因素破坏严重，台体北、西壁的大量夯土被取走，腰部东北角因风蚀而内凹，表面有雨水冲刷的密集的小沟。敌台底部东侧墙体被人为挖开，宽约4米，是为方便进出长城两侧而开凿，对敌台造成破坏。敌台现高5.1米，底部和顶部平面呈近圆形，底部直径9～10、顶部直径1.7～2.2米。

特布德59号敌台（150623352101170059）：位于鄂托克前旗上海庙镇特布德嘎查西南1.9千米。骑墙而建，实心。灰土和黄土混合夯筑，夯层比较模糊，厚0.2～0.3米。

敌台保存一般。整体形状不规则。顶部大量夯土脱落流失，四周有明显的风蚀层，底部被脱落的夯土掩埋。台体上生长大量芨芨草、白刺等植物，有牛羊留下的蹄印。敌台现高8米，底部东西长20、南北长19米，顶部东西长5.2、南北长4.6米。

特布德60号敌台（150623352101170060）：位于鄂托克前旗上海庙镇特布德嘎查西南2.1千米。骑墙而建，实心。灰土、黄土和红土混合夯筑，夯层比较模糊，厚0.2～0.3米。

敌台保存一般。整体形状不规则。敌台由于夯土流失变得低矮，顶部四周有明显的风蚀层，部分地方有雨水冲刷的沟痕，底部和中部生长大量的芨芨草、白刺等植物。台体上有牛羊留下的蹄印。敌台现高8.2米；底部平面呈近圆形，直径18.7～20米；顶部平面呈矩形，东西长3.9、南北长4.8米。

特布德61号敌台（150623352101170061）：位于鄂托克前旗上海庙镇特布德嘎查西南2.2千米。骑墙而建，实心。灰土、黄土和红土混合夯筑，夯层比较模糊，厚0.2～0.3米。

敌台保存较好。整体呈覆斗形。顶部东侧有一人为土坑。台体上有少量鸟洞、鼠洞和蜂穴等，西壁和南壁各有一条雨水冲刷的深沟，西壁的沟从顶部直贯底部。底部生长少量芨芨草、白刺等植物。敌台现高8.5米，底部东西长14.7、南北长15.6米，顶部东西长5.1、南北长6.7米。

特布德62号敌台（150623352101170062）：位于鄂托克前旗上海庙镇特布德嘎查西南2.4千米。骑墙而建，实心。灰土和黄土混合夯筑，夯层比较模糊，厚约0.25米。

敌台保存一般。整体形状不规则。顶部东侧因雨水侵蚀形成两个土坑。四壁有大量鸟洞、鼠洞和蜂穴等，西侧有一个坑，疑人为取土形成。北壁和西壁部分底部被沙土掩埋，沙土上植物生长茂盛。敌台现高7.5米，底部东西长16.9、南北长19.5米，顶部东西长5.1、南北长6.0米。

特布德63号敌台（150623352101170063）：位于鄂托克前旗上海庙镇特布德嘎查西南2.7千米。骑墙而建，实心。灰土和黄土混合夯筑，夯层比较模糊，厚约0.25米。

敌台保存一般。整体呈近圆锥状。西壁被沙土掩埋，未被沙土掩埋部分有少量鸟洞、鼠洞和蜂穴等；东壁有一个人为取土形成的土坑，深1.5、宽1.2米。敌台现高6.7米；底部东西长17.3、南北长18.6米；顶部形状很不规则，边长1.7～3.2米。

特布德 64 号敌台（150623352101170064）：位于鄂托克前旗上海庙镇特布德嘎查西南 2.9 千米。骑墙而建，实心。灰土和黄土混合夯筑，夯层比较模糊，厚约 0.2 米。

敌台保存一般。整体呈覆斗形。敌台破坏轻微，顶部和四壁有少量夯土滑落，南壁有雨水冲刷的沟痕，东、北壁有少量鸟洞、鼠洞和蜂穴等，底部部分被脱落的夯土掩埋。敌台底部和腰部生长芨芨草、白刺等植物。敌台现高 7.5 米，底部东西长 16.7、南北长 18.4 米，顶部东西长 2.7、南北长 3 米。

特布德 65 号敌台（150623352101170065）：位于鄂托克前旗上海庙镇特布德嘎查西南 3.1 千米。骑墙而建，空心。灰土和黄土混合夯筑，夯层比较清晰，厚约 0.25 米。

敌台保存一般。整体呈覆斗形。顶部四周夯土流失，呈中央凸起状；四壁由于夯土坍塌流失而坑坑洼洼、凹凸不平；西壁中部有少量鸟洞、鼠洞和蜂穴等；北壁坍塌损毁严重；东、南壁保存较好，只有个别地方有表层夯土剥落现象。（彩图四九八）

该敌台内有一室，门洞位于台体南壁，略呈半椭圆形，高 1.5、宽 0.8 米。东壁中部有两个瞭望孔，与敌台南侧门洞相通，瞭望孔略呈矩形，间距 1.4 米。其中有一个被坍塌的夯土掩埋过半，未被掩埋的瞭望孔高 1.2、宽 0.8 米。（彩图四九九）

敌台现高 13 米，底部东西长 12.7、南北长 14.5 米，顶部东西长 3、南北长 3.6 米。（图一四四）

特布德 66 号敌台（150623352101170066）：位于鄂托克前旗上海庙镇特布德嘎查西南 3.4 千米。骑墙而建，实心。灰土和黄土混合夯筑，夯层比较清晰，厚约 0.25 米。

敌台保存一般。整体形状不规则。顶部较平整，东南角残缺，四壁陡峭，有密集的蜂穴，西北角和东北角自上而下有多条裂缝，宽约 0.02 米。底部生长芨芨草、白刺等植物。敌台现高 10 米，底部东西长 17.7、南北长 22 米，顶部东西长 4.6、南北长 7.5 米。

特布德长城 9 段（150623382101170009）

起自鄂托克前旗上海庙镇特布德嘎查西南 3.4 千米，止于上海庙镇特布德嘎查西南 6 千米。呈东－西走向。东接特布德长城 8 段，西接特布德长城 10 段。长 3230.6 米。其中保存较好 504 米、一般 2248 米、较差 441 米、差 37.6 米，分别占此段墙体长度的 16%、69%、14% 和 1%。

墙体为人工基础，灰土、黄土、黄沙土混合夯筑，夯层厚 0.2～0.25 米，内无夹杂物。墙体底宽顶窄，剖面呈梯形。两侧有坍塌。墙体上有牲畜踩踏的蹄印，长有杂草。墙体有三处较宽的豁口，豁口合计 18 米。墙体现高 2～8、底宽 9～11、顶宽 0.5～3 米。部分保存尚好的墙体侧面上因风雨侵蚀及鸟兽涵洞而坑坑洼洼。（彩图五〇〇）

墙体周围地势平坦，为丛草沙丘地貌。南 0.04～0.06 千米为二道边墙体。（彩图五〇一）墙体上有敌台 9 座，即特布德 67～75 号敌台，间距 0.202～0.295 千米。

特布德 67 号敌台（150623352101170067）：位于鄂托克前旗上海庙镇特布德嘎查西南 3.7 千米。骑墙而建，实心。灰土和黄土混合夯筑，夯层比较清晰，厚 0.28～0.35 米。

敌台保存一般。整体呈圆锥状。顶部夯土大量流失，形成尖顶，南侧有一个深、口部直径 1 米的坑，人为挖掘形成。台体上长满芨芨草、白刺等野生植物，东壁有雨水冲刷的小沟。底部被沙土掩埋，墙体上有一个豁口，宽 11 米，人为开凿，对敌台造成破坏。敌台现高 6.5 米；底部东西长 21、南北长 22.3 米；顶部平面呈近圆形，直径 2.7～4 米。

特布德 68 号敌台（150623352101170068）：位于鄂托克前旗上海庙镇特布德嘎查西南 3.9 千米。骑墙而建，实心。灰土和黄土混合夯筑，夯层比较模糊，厚 0.28～0.35 米。

敌台保存一般。整体呈近覆斗形。顶部和四壁大量夯土坍塌脱落，降低了敌台的高度，棱角隐约可见。台体上长满杂草，有密集的羊蹄印。底部东、西侧被沙土掩埋。敌台现高 7 米；底部东西长

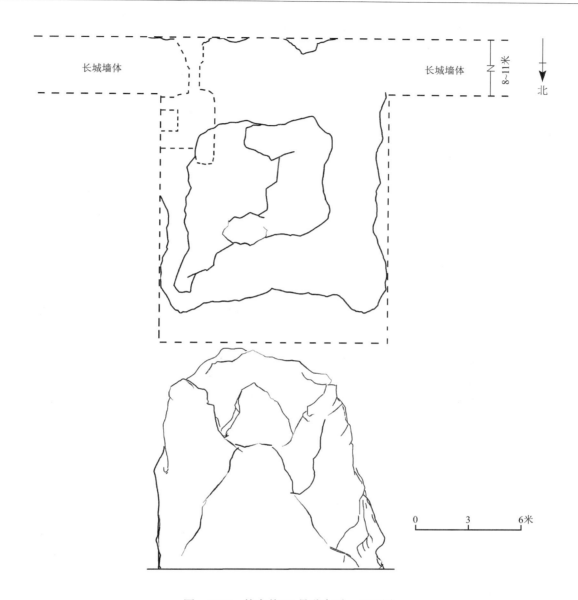

长城墙体

长城墙体

8~11米

北

图一四四　特布德65号敌台平、立面图

20.2、南北长22米；顶部平面呈近圆形，直径6~6.6米。

特布德69号敌台（150623352101170069）：位于鄂托克前旗上海庙镇特布德嘎查西南4.1千米。骑墙而建，实心。灰土、黄土和白土混合夯筑，夯层比较模糊，厚0.25~0.3米。

敌台保存一般。整体形状不规则。顶部和四壁少量夯土流失，降低了敌台的高度。四壁有明显的风蚀层和雨水冲刷的沟痕，布满鸟洞、鼠洞和蜂穴等，底部北、西、南侧被流沙掩埋。敌台现高8米，底部东西长14.8、南北长16米，顶部东西长5.9、南北长7米。

特布德70号敌台（150623352101170070）：位于鄂托克前旗上海庙镇特布德嘎查西南4.3千米。骑墙而建，实心。灰土和黄土混合夯筑，夯层比较清晰，厚0.25~0.3米。

敌台保存一般。整体形状不规则。四壁坍塌破坏，形成斜坡，西、北壁陡峭，东、南壁较缓，壁面有大量鸟洞、鼠洞和蜂穴等。底部被坍塌的夯土掩埋，坍塌的夯土上生长芨芨草、白刺等植物。敌台现高7.7米；底部东西长13、南北长14.5米；顶部形状很不规则，边长4.2~5.4米。

特布德 71 号敌台 （1506233352101170071）：位于鄂托克前旗上海庙镇特布德嘎查西南 4.5 千米。骑墙而建，实心。灰土和黄胶泥土混合夯筑，夯层清晰，厚约 0.3 米。

敌台保存一般。整体形状不规则。顶部和四壁有雨水冲刷的小沟，顶部北侧有一个因风化形成的深 0.5、口部直径 1 米的坑，底部生长大量芨芨草、白刺等植物。台体上有密集的羊蹄印，西南侧呈斜坡状。敌台现高 7.8 米；底部平面呈近圆形，直径 17.6～18.4 米；顶部东西长 4.2、南北长 4.8 米。

特布德 72 号敌台 （1506233352101170072）：位于鄂托克前旗上海庙镇特布德嘎查西南 4.8 千米。骑墙而建，实心。灰土和黄土混合夯筑，夯层清晰，厚 0.25～0.3 米。

敌台保存一般。整体呈近圆锥状。顶部有大量夯土流失，只剩一个尖顶，部分地方有明显的风蚀层。底部和中部生长大量芨芨草、白刺等杂草。台体上有密集的羊蹄印。敌台底部和顶部平面呈近圆形，现高 9、底部直径 15.2～16.6、顶部直径 5～5.6 米。

特布德 73 号敌台 （1506233352101170073）：位于鄂托克前旗上海庙镇特布德嘎查西南 5.1 千米。骑墙而建，实心。灰土和黄土混合夯筑，夯层模糊，厚 0.25～0.3 米。

敌台保存一般。整体形状不规则。顶部风化严重，沿边夯土大量流失，只中间留有一个正方形土台，土台四壁被风雨和鸟虫破坏得千疮百孔。底部被坍塌的夯土掩埋，夯土上生长大量芨芨草、白刺等植物。敌台现高 7 米，底部东西长 16.7、南北长 18 米，顶部东西长 6、南北长 5.2 米。

特布德 74 号敌台 （1506233352101170074）：位于鄂托克前旗上海庙镇特布德嘎查西南 5.3 千米。骑墙而建，实心。灰土和黄胶泥土混合夯筑，夯层模糊，厚 0.25～0.3 米。

敌台保存差。整体形状不规则。顶部受风雨侵蚀破坏严重，四壁有大量夯土流失，只中间留有一个近圆形土台，土台上面长满野草，有雨水冲刷的沟痕。底部及周围长满杂草。敌台现高 5 米；底部东西长 17、南北长 16 米；顶部呈近圆形，直径 5.1～6 米。

特布德 75 号敌台 （1506233352101170075）：位于鄂托克前旗上海庙镇特布德嘎查西南 5.6 千米。骑墙而建，实心。灰土和黄胶泥土混合夯筑，夯层比较清晰，厚 0.25～0.3 米。

敌台保存一般。整体形状不规则。顶部南侧有一个因雨水侵蚀形成的土坑，腰部有大量鸟洞、鼠洞和蜂穴等，底部东侧紧靠敌台有一条简易道路自北向南穿过，道路两侧有圈围牧场的网围栏，道路和网围栏对敌台造成破坏。敌台底部和顶部形状不规则，现高 7.6、底部边长 15.2～17、顶部边长 3.2～4 米。

特布德长城 10 段 （1506233821101170010）

起自鄂托克前旗上海庙镇特布德嘎查西南 6 千米，止于上海庙镇特布德嘎查西南 7.7 千米。呈东 - 西走向。东接特布德长城 9 段，西接特布德长城 11 段。长 1832.6 米。其中保存较好 875 米、一般 954 米、差 3.6 米，分别占此段墙体长度的 47.7%、52.1% 和 0.2%。

墙体为人工基础，灰土和黄土混合夯筑，夯层厚 0.2～0.3 米，内无夹杂物。墙体底宽顶窄，剖面呈梯形。两侧有坍塌，墙体上有牲畜踩踏出的蹄印，长有杂草。特布德 78、79 号敌台之间的墙体顶部可见女墙，高 0.3、宽 0.2 米。墙体有三处较宽的豁口，豁口共宽 18 米。墙体现高 2～8、底宽 9～11、顶宽 0.5～3 米。此段墙体中头道边与二道边相距最远，约 0.12 千米。（彩图五〇二）

墙体周围地势平坦，为丛草沙丘地貌。墙体上有敌台 8 座，即特布德 76～83 号敌台，间距 0.166～0.27 千米。特布德 81～83 号敌台间墙体北侧可见壕沟，深 2、宽 8～20 米。

特布德 76 号敌台 （1506233352101170075）：位于鄂托克前旗上海庙镇特布德嘎查西南 6.2 千米。骑墙而建，实心。灰土和黄土混合夯筑，夯层比较清晰，厚 0.25～0.3 米。

敌台保存一般。整体形状不规则。顶部受风化破坏严重，东高西低，表面坑坑洼洼，高低不平，有风蚀坑；腰部有坍塌的痕迹，部分地方有少量鸟洞、鼠洞和蜂穴；底部植物生长茂盛，植物根系对台体造成破坏。敌台底部和顶部形状不规则，现高 8、底部边长 15～16.6、顶部边长 4.2～5.1 米。

特布德 77 号敌台（150623352101170077）：位于鄂托克前旗上海庙镇特布德嘎查西南 6.4 千米。骑墙而建，实心。灰土、黄土和白土混合夯筑，夯层比较清晰，厚 0.2～0.3 米。

敌台保存一般。整体形状不规则。顶部和四壁因长年风雨侵蚀，有大量夯土流失，破坏了敌台的棱角，台体表面的土层非常疏松。台体四周有少量鸟洞、鼠洞和蜂穴，部分地方有雨水冲刷的小沟。底部被坍塌的夯土掩埋，有少量植物生长。敌台现高 8.8 米，底部东西长 16.6、南北长 16 米，顶部东西长 5.1、南北长 4.5 米。

特布德 78 号敌台（150623352101170078）：位于鄂托克前旗上海庙镇特布德嘎查西南 6.6 千米。骑墙而建，实心。灰土和黄土混合夯筑，夯层比较清晰，厚 0.2～0.3 米。

敌台保存一般。整体形状不规则。顶部因长年风化雨蚀的破坏，有大量夯土流失，残存部分中间高四周低。台体西壁和北壁有明显雨水冲刷出的沟痕，南壁和东壁保存稍好。底部被沙土掩埋，沙土上植物生长茂盛。敌台底部和顶部形状不规则，现高 9、顶部边长 2.4～3.4、底部边长 15～16.2 米。

特布德 79 号敌台（150623352101170079）：位于鄂托克前旗上海庙镇特布德嘎查西南 6.8 千米。骑墙而建，实心。灰土和黄土混合夯筑，夯层比较清晰，厚 0.2～0.3 米。

敌台保存较好。整体呈覆斗形。破坏较轻微，顶部和四壁有少量夯土流失，西北角有一条斜裂缝，宽 0.1 米。台体上有密集的羊蹄印及少量鸟洞、鼠洞和昆虫的洞穴，底部和周边植物生长茂盛。敌台现高 9.5 米，底部东西长 13.7、南北长 14.4 米，顶部东西长 5、南北长 5.7 米。

特布德 80 号敌台（150623352101170080）：位于鄂托克前旗上海庙镇特布德嘎查西南 7 千米。骑墙而建，实心。黄土和灰土混合夯筑，夯层比较清晰，厚 0.2～0.3 米。

敌台保存一般。整体形状不规则。顶部塌毁严重，沿边有多个坍塌留下的豁口，中间部分夯土大量流失，几乎将敌台顶部分成两半。四壁塌毁严重，有大量鸟类、鼠类、昆虫的洞穴。底部被沙土掩埋，沙土上植物生长茂盛，以芨芨草和白刺为主。敌台现高 8.7 米；底部东西长 16、南北长 17.6 米；顶部形状不规则，边长 2.1～3.4 米。

特布德 81 号敌台（150623352101170081）：位于鄂托克前旗上海庙镇特布德嘎查西南 7.2 千米。骑墙而建，实心。黄土和灰土混合夯筑，夯层比较模糊，厚 0.25～0.3 米。

敌台保存较差。整体形状不规则。破坏严重，夯土大量流失，只残存一长方形土台。土台顶部南侧近一半夯土塌毁，四周有少量鸟类、鼠类和昆虫的洞穴。台体坍塌的夯土堆积在底部，其上长有芨芨草、白刺等植物。敌台现高 8.1 米，底部东西长 20、南北长 21.8 米，顶部东西长 3.1、南北长 3.8 米。

特布德 82 号敌台（150623352101170082）：位于鄂托克前旗上海庙镇特布德嘎查西南 7.5 千米。骑墙而建，实心。黄土和灰土混合夯筑，夯层比较模糊，厚 0.25～0.3 米。

敌台保存一般。整体形状不规则。顶部东高西低，东侧大量夯土流失，西侧保存稍好；四壁有大量鸟类、鼠类和昆虫的洞穴；东壁塌毁严重，北壁顶端中部偏东有一条因坍塌形成的沟壑；底部植物生长茂盛，以芨芨草、白刺为主。敌台底部和东侧墙体底部各有一个人为的洞穴，敌台底部洞穴的洞口被沙土掩埋，无法测量深度；东侧墙体底部洞穴进深 2、内宽 3 米。两洞穴疑为现代挖掘，可能作储藏之用。敌台现高 8.3 米；底部东西长 15.7、南北长 16.3 米；顶部形状不规则，边长 2.3～3.6 米。

特布德 83 号敌台（150623352101170083）：位于鄂托克前旗上海庙镇特布德嘎查西南 7.7 千米。骑墙而建，实心。黄土和灰土混合夯筑，夯层比较模糊，厚 0.2～0.25 米。

敌台保存较差。整体形状很不规则。大部分坍塌损毁，只北侧留有一个小土台，土台顶部四周有多道自上而下的裂痕，底部有少量鸟类、鼠类和昆虫的洞穴，土台随时有坍塌的危险。南侧夯土坍塌形成圆锥形土堆，土堆上生长芨芨草、白刺等植物。敌台底部和顶部形状不规则，现高7、底部长13.9~15、顶部长2~7.6米。

特布德长城11段（150623382101170011）

起自鄂托克前旗上海庙镇特布德嘎查西南7.7千米，止于上海庙镇特布德嘎查西南9.9千米。呈东-西走向。东接特布德长城10段，西接特布德长城12段。长2232米。其中保存一般1356、较差876米，分别占此段墙体长度的61%和39%。

墙体为人工基础，灰土和黄土混合夯筑，夯层厚0.2~0.3米，内无夹杂物。墙体底宽顶窄，剖面呈梯形。两侧有坍塌，墙体上有牲畜踩踏的蹄印，长有杂草。墙体现高1~5、底宽9~11、顶宽0.5~2米。

墙体周围地势平坦，为丛草沙丘地貌，北侧远处有裸露的大沙丘。墙体上有敌台9座，即特布德84~92号敌台，间距0.184~0.302千米。

特布德84号敌台（150623352101170084）：位于鄂托克前旗上海庙镇特布德嘎查西南7.9千米。骑墙而建，实心。黄土和灰土混合夯筑，夯层比较模糊，厚0.2~0.25米。

敌台保存一般。整体呈覆钵形。顶部因风化而坑坑洼洼、高低不平；四壁坍塌，形成缓坡，生长少量芨芨草、白刺等植物。敌台现高7.2米，底部东西长18.7、南北长19.2米，顶部东西长5、南北长5.6米。

特布德85号敌台（150623352101170085）：位于鄂托克前旗上海庙镇特布德嘎查西南8.1千米。骑墙而建，实心。黄土和灰土混合夯筑，夯层比较模糊，厚0.2~0.25米。

敌台保存较好。整体呈覆斗形。顶部平整；北壁完整；东壁中部偏北有一条裂缝，纵向，宽0.05米；西壁因风化而坑坑洼洼，中部两个洞穴较大，直径0.5米；底部被坍塌的夯土掩埋，夯土上长满野草。敌台现高9.3米，底部东西长20.7、南北长23.1米，顶部东西长6.7、南北长7.5米。

特布德86号敌台（150623352101170086）：位于鄂托克前旗上海庙镇特布德嘎查西南8.3千米。骑墙而建，实心。黄土和灰土混合夯筑，夯层比较模糊，厚0.2~0.25米。

敌台保存一般。整体形状不规则。顶部夯土流失严重，中间高四周低，形似半球。底部和腰部被沙土掩埋，沙土上生长芨芨草、白刺等植物。未被掩埋台体上有少量鸟类、鼠类和昆虫的洞穴。台体上有羊蹄印。敌台现高7.4米；底部东西长23.1、南北长22米；顶部平面呈圆形，直径6.2~7.1米。

特布德87号敌台（150623352101170087）：位于鄂托克前旗上海庙镇特布德嘎查西南8.6千米。骑墙而建，实心。黄土和灰土混合夯筑，夯层模糊，厚0.2~0.25米。

敌台保存一般。整体呈圆锥状。棱角被磨损，顶部西北侧有明显的风蚀层，有雨水冲刷的沟痕，痕迹比较模糊，表明在破坏台体的自然因素中，风的作用大于雨水的作用。台体上生长少量植物。敌台底部被沙土掩埋，沙土上生长芨芨草、沙蒿等植物，比较稀疏，许多地方有裸露的沙土。敌台现高7米；底部东西长11、南北长12.6米；顶部平面呈圆形，直径1.6~2米。

特布德88号敌台（150623352101170088）：位于鄂托克前旗上海庙镇特布德嘎查西南8.9千米。骑墙而建，实心。黄土和灰土混合夯筑，夯层比较模糊，厚0.2~0.25米。

敌台保存较差。整体形状不规则。受风化和雨水侵蚀破坏严重，棱角磨损不规则。顶部有风蚀形成的小土台，西北侧有明显的风蚀层，表明这里盛行西北风。台体上有雨水冲刷的沟痕，比较模糊。敌台底部和四周生长芨芨草、白刺等植物，台体上有密集的羊蹄印。敌台现高7.6米；底部东西长17.5、南北长17米；顶部平面呈圆形，直径1.6~2米。

特布德 89 号敌台（150623352101170089）：位于鄂托克前旗上海庙镇特布德嘎查西南 9.2 千米。骑墙而建，实心。黄土和灰土混合夯筑，夯层比较模糊，厚 0.2 ~ 0.25 米。

敌台保存一般。整体形状不规则。受风化和雨水侵蚀破坏严重，顶部和四壁夯土大量流失，形成一个大土台。顶部东高西低，南侧坍塌形成豁口。敌台四周密布鸟类、鼠类以及昆虫的洞穴，底部被坍塌的夯土掩埋。台体上洞穴密布，夯土疏松，有继续坍塌的危险。敌台现高 8.8 米，底部东西长 13、南北长 13.1 米，顶部东西长 5.7、南北长 6.2 米。

特布德 90 号敌台（150623352101170090）：位于鄂托克前旗上海庙镇特布德嘎查西南 9.4 千米。骑墙而建，实心。黄土和灰土混合夯筑，夯层比较模糊，厚 0.2 ~ 0.25 米。

敌台保存一般。整体基本呈覆钵形。受长年的风吹雨蚀，比较低矮。顶部夯土大量流失，中间高四周低，棱角被磨损。台体四周大量夯土流失，有雨水冲刷的沟痕，西壁中间一条冲沟较明显，其他比较模糊。敌台底部及周边植物生长茂盛，台体上植物生长稀疏。敌台底部和顶部平面均呈圆形，现高 9.2、底部直径 15.4 ~ 16.3、顶部直径 5.2 ~ 5.8 米。

特布德 91 号敌台（150623352101170091）：位于鄂托克前旗上海庙镇特布德嘎查西南 9.7 千米。骑墙而建，实心。黄土和灰土混合夯筑，夯层清晰，厚 0.2 ~ 0.25 米。

敌台保存一般。整体呈近覆钵形。顶部夯土流失严重，中间高四周低。四壁夯土流失严重，坡度变小，夯层清晰，生长少量植物，西壁有风蚀层。敌台底部及周边植物生长茂盛，台体上有密集的羊蹄印。敌台现高 7.3 米，底部东西长 15、南北长 15.2 米，顶部东西长 8.9、南北长 9.3 米。

特布德 92 号敌台（150623352101170092）：位于鄂托克前旗上海庙镇特布德嘎查西南 9.9 千米。骑墙而建，实心。黄土和灰土混合夯筑，夯层清晰，厚 0.2 ~ 0.25 米。

敌台保存一般。整体呈覆钵形。顶部夯土流失严重，中间高四周低，平面呈圆形。台体四周坡度变小，牛羊踩踏对敌台造成一定程度的破坏。敌台底部和台体上植物生长茂盛，以芨芨草、白刺为主。敌台平面呈近圆形，现高 10.8、底部直径 13.1 ~ 13.8、顶部直径 2.4 ~ 3 米。

特布德长城 12 段（150623382101170012）

起自鄂托克前旗上海庙镇特布德嘎查西南 9.9 千米，止于上海庙镇特布德嘎查西南 12.5 千米。呈东 – 西走向。东接特布德长城 11 段，西接宁夏回族自治区长城调查段。长 2723.9 米。其中保存较好 611 米、一般 1203 米、较差 903 米、差 6.9 米，分别占此段墙体长度的 22.4%、44.2%、33.2% 和 0.2%。

墙体为人工基础，灰土和黄土混合夯筑，夯层厚 0.2 ~ 0.3 米，内无夹杂物。墙体底宽顶窄，剖面呈梯形。两侧有坍塌，墙体上有牲畜踩踏的蹄印，长有杂草。人为或自然形成的道路对墙体造成破坏。墙体有较宽的豁口两处，豁口合计宽 6.9 米。特布德 99 号敌台西侧墙体底部有三个洞穴，两大一小，大的洞内有烟道和用火痕迹，显然有人居住过。墙体现高 0.5 ~ 6、底宽 9 ~ 11、顶宽 0.5 ~ 3 米。（彩图五〇三）

墙体周围地势平坦，为丛草沙丘地貌，北侧远处有裸露的大沙丘。墙体上有敌台 12 座，即特布德 93 ~ 104 号敌台，间距 0.188 ~ 0.214 千米。

特布德 93 号敌台（150623352101170093）：位于鄂托克前旗上海庙镇特布德嘎查西南 10.1 千米。骑墙而建，实心。黄土和灰土混合夯筑，夯层模糊，厚 0.2 ~ 0.25 米。

敌台保存一般。整体呈覆钵形。顶部因长年风雨侵蚀，四周夯土流失严重，只残存中间凸起的尖顶。台体四壁有雨水冲刷的沟痕，由于牛羊踩踏，沟痕比较模糊。台体西北壁有风蚀层。敌台底部和台体上植物生长茂盛，以芨芨草、白刺为主。敌台现高 7.6 米，平面呈近圆形，底部直径 12.7 ~ 13.4、顶部直径 4.2 ~ 4.9 米。

特布德 94 号敌台（150623352101170094）：位于鄂托克前旗上海庙镇特布德嘎查西南 10.3 千米。骑墙而建，实心。黄土和灰土混合夯筑，夯层模糊，厚 0.2～0.25 米。

敌台保存一般。整体呈覆钵形。顶部有大量夯土流失，只留一个尖顶。台体四壁有明显雨水冲刷的沟痕，部分台壁有风蚀层。敌台底部和台体上生长大量植物，台体上有羊蹄印。敌台平面呈近圆形，现高 8.9、底部直径 13.2～14、顶部直径 2.3～3 米。

特布德 95 号敌台（150623352101170095）：位于鄂托克前旗上海庙镇特布德嘎查西南 10.5 千米。骑墙而建，实心。黄土和灰土混合夯筑，夯层比较清晰，厚 0.2～0.25 米。

敌台保存一般。整体形状不规则。顶部西北高、东南低，东南侧夯土大量脱落流失。台体西壁有夯土坍塌形成的陡峭断面，东南壁夯土坍塌形成一个斜坡，台体四壁有少量鸟类、鼠类及昆虫洞穴。敌台底部被坍塌的夯土掩埋，夯土以及台体上生长着芨芨草、白刺等植物。敌台现高 8 米；底部东西长 12、南北长 13 米；顶部形状很不规则，长 2.6～3.8 米。

特布德 96 号敌台（150623352101170096）：位于鄂托克前旗上海庙镇特布德嘎查西南 10.7 千米。骑墙而建，实心。黄土和灰土混合夯筑，夯层比较清晰，厚 0.2～0.25 米。

敌台保存一般。整体形状不规则。顶部保存较好，夯土流失较少，初始风貌犹存。四壁坍塌严重，有坍塌形成的陡峭断面，断面上有大量鸟类、鼠类及昆虫的洞穴。底部被坍塌的夯土掩埋，夯土上及敌台周边植物生长茂盛，以芨芨草、白刺为主。敌台现高 8.6 米，底部东西长 16、南北长 16.9 米，顶部东西长 5、南北长 5.2 米。

特布德 97 号敌台（150623352101170097）：位于鄂托克前旗上海庙镇特布德嘎查西南 10.9 千米。骑墙而建，实心。黄土和灰土混合夯筑，夯层清晰，厚 0.2～0.25 米。

敌台保存一般。整体形状不规则。顶部夯土流失严重，中间高四周低，从北壁看呈"山"字形。台体北壁中部有一因夯土坍塌和雨水冲刷形成的"U"形沟，宽约 6 米。台体四壁坍塌严重，塌毁处夯层清晰，有大量鸟类、鼠类及昆虫的洞穴，表面土层很疏松，容易受风和雨水冲刷破坏。敌台底部北壁和东南壁被坍塌土掩埋，台体底部及周边植物生长茂盛。敌台现高 7.5 米；底部东西长 12.7、南北长 13.8 米；顶部不规则，长 3.5～4.2 米。

特布德 98 号敌台（150623352101170098）：位于鄂托克前旗上海庙镇特布德嘎查西南 11.1 千米。骑墙而建，实心。黄土和灰土混合夯筑，夯层清晰，厚 0.2～0.25 米。

敌台保存一般。整体形状不规则。顶部少量夯土流失，东北侧有一条雨水冲刷的"U"形沟。台体上生长少量植物，有雨水冲刷的沟痕，东壁断层上有少量鸟类、鼠类及昆虫的洞穴。敌台底部和周边植物生长茂盛。敌台现高 6.7 米，底部东西长 13.6、南北长 14.7 米，顶部东西长 4.8、南北长 5.3 米。

特布德 99 号敌台（150623352101170099）：位于鄂托克前旗上海庙镇特布德嘎查西南 11.3 千米。骑墙而建，实心。黄土和灰土混合夯筑，夯层清晰，厚 0.2～0.25 米。

敌台保存一般。整体结构和形制遭到破坏。顶部呈覆斗形，底部坍塌呈圆柱状。顶部西高东低，中间自西向东有一条凹陷沟，为雨水浸蚀形成。台体北壁中间自上而下有一条沟槽，为夯土坍塌和雨水冲刷形成。台体四壁有少量鸟类、鼠类及昆虫的洞穴。敌台底部被坍塌的夯土掩埋，夯土上植物生长茂盛。敌台底部平面呈近圆形，现高 8.5、直径 15～15.8 米；顶部东西长 3.2、南北长 3.6 米。

特布德 100 号敌台（150623352101011700100）：位于鄂托克前旗上海庙镇特布德嘎查西南 11.5 千米。骑墙而建，实心。黄土和灰土混合夯筑，夯层模糊，厚 0.2～0.25 米。

敌台保存一般。整体呈近覆斗形。顶部高低不平，生长少量野草。台体四壁有坍塌痕迹，北壁坍塌最为严重，部分地方有鸟类、鼠类及昆虫的洞穴。敌台北壁和东壁底部被夯土掩埋，夯土上植物生长茂盛。敌台现高 8 米，底部东西长 14.2、南北长 14.6 米，顶部东西长 4、南北长 4.6 米。

特布德 101 号敌台（1506233521011700101）：位于鄂托克前旗上海庙镇特布德嘎查西南 11.7 千米。骑墙而建，实心。黄土和灰土混合夯筑，夯层模糊，厚 0.2 ~ 0.25 米。

敌台保存一般。整体形状不规则。棱角被磨损，台体上生长大量芨芨草、白刺等植物，四壁有风蚀层和雨水冲刷的沟痕。敌台底部及周边植物生长茂盛，台体上有羊蹄印。敌台现高 8.2 米，平面呈近圆形，底部直径 16.3 ~ 17.1、顶部直径 5.3 ~ 6 米。

特布德 102 号敌台（1506233521011170102）：位于鄂托克前旗上海庙镇特布德嘎查西南 11.9 千米。骑墙而建，实心。黄土和灰土混合夯筑，夯层模糊，厚 0.2 ~ 0.25 米。

敌台保存一般。整体呈圆锥状。顶部坍塌严重，西壁坍塌成断面，顶部有一个口向上的洞穴，洞口直径、深 0.5 米，疑为牧羊人挖掘。台体上有羊蹄印，生长芨芨草、白刺等植物，四壁有风蚀层和雨水冲刷的沟痕。敌台底部及周边植物生长茂盛。敌台平面呈近圆形，现高 8.4、底部直径 14 ~ 14.5、顶部直径 3.1 ~ 3.8 米。

特布德 103 号敌台（1506233521011170103）：位于鄂托克前旗上海庙镇特布德嘎查西南 12.1 千米。骑墙而建，实心。黄土、灰土和白胶泥土混合构筑，由于破坏严重，构筑形式不详。

敌台保存差。建筑敌台的土质吸水性极差，易被雨水冲刷，台体夯土大多被雨水冲走，只留一个 2 米多高的南北向土台。敌台现高 2.4、东西长 4、南北长 11 米。

特布德 104 号敌台（1506233521011170104）：位于鄂托克前旗上海庙镇特布德嘎查西南 12.2 千米。骑墙而建，实心。黄土、灰土和白胶泥土混合构筑，由于破坏严重，构筑形式不详。

敌台保存差。整体呈圆锥形。建筑敌台的土质吸水性差，易被雨水冲刷，台体上密布雨水冲刷的小沟，痕迹非常明显。敌台被雨水冲刷呈圆锥状，个别地方长有野草。敌台平面呈近圆形，现高 4.9、底部直径 9.4 ~ 10.1、顶部直径 1.6 ~ 2.2 米。

特布德长城二边 1 段（1506233382101170013）

起自鄂托克前旗上海庙镇特布德嘎查与宁夏回族自治区盐池县交界界碑处北 0.138 千米，止于上海庙镇特布德嘎查东南 11.3 千米。呈东 - 西走向。东接宁夏回族自治区长城调查段，西接特布德长城二边 2 段。长 1647 米，保存差。

墙体黄土构筑，由于破坏严重，构筑方式不详。由于长年风雨侵蚀和盐碱化，墙体受到严重破坏，保存低矮，局部痕迹比较模糊，接近消失。墙体表面长满蒿草和芨芨草，现高 0.1 ~ 1.3、底宽 4 ~ 7、顶宽 0.5 ~ 1.1 米。（彩图五〇四）

墙体周围地势平坦，为丛草沙丘地貌，北侧远处有裸露的大沙丘。墙体上有 2 座敌台，即特布德长城二边 1、2 号敌台，相距 1.34 千米。

特布德长城二边 1 号敌台（1506233521011170105）：位于鄂托克前旗上海庙镇特布德嘎查东南 13 千米。骑墙而建，实心。黄土和灰土混合夯筑，夯层不清晰，厚 0.1 ~ 0.2 米。

敌台保存差。整体形状不规则。受自然和人为因素破坏严重，地表只存一个高约 1.5 米的土台，土台上长满野草，底部有沙化现象。敌台北壁有一条雨水冲刷的深沟。敌台现高 1.5、东西长 14、南北长 19.7 米。

特布德长城二边 2 号敌台（1506233521011170106）：位于鄂托克前旗上海庙镇特布德嘎查东南 11.7 千米。骑墙而建，实心，黄土和灰土混合夯筑，夯层模糊，厚 0.1 ~ 0.2 米。

敌台保存较差。整体呈覆钵形，表面土层疏松。台体上长满芨芨草、白刺等植物。敌台底部及周边土地有沙化现象。敌台平面呈近圆形，现高 6.1、底部直径 14.7 ~ 25.4、顶部直径 8 ~ 8.5 米。

特布德长城二边 2 段（150623382101170014）

起自鄂托克前旗上海庙镇特布德嘎查东南 11.3 千米，止于上海庙镇特布德嘎查东南 11 千米。呈东 - 西走向。东接特布德长城二边 1 段，西接特布德长城二边 3 段。长 312 米，保存较差。

墙体为人工基础，泛白土堆筑，内无夹杂物。墙体为堆土墙，不坚固，加上常年风雨及盐碱侵蚀，变得低矮，呈土垄状分布，局部长有杂草。墙体现高 0.3 ~ 1、底宽 4 ~ 7、顶宽约 0.5 米。（彩图五〇五）

墙体周围地势平坦，为丛草沙丘地貌。墙体上不见敌台、马面等附属建筑。

特布德长城二边 3 段（150623382101170015）

起自鄂托克前旗上海庙镇特布德嘎查东南 11 千米，止于上海庙镇特布德嘎查东南 8.6 千米。呈东 - 西走向。东接特布德长城二边 2 段，西接特布德长城二边 4 段。长 2493 米，其中保存较差 1464 米、差 1029 米，各占此段墙体长度的 59% 和 41%。

墙体为人工基础，黄土、红沙土和白土混合夯筑，夯层厚 0.15 ~ 0.2 米。墙体剖面呈近梯形，底宽上窄，有收分。墙体痕迹清晰，走向明确，比较低矮，表面长有杂草。墙体有五处较宽的豁口，豁口最宽 5 米，合计宽 15 米。墙体现高 0.5 ~ 3、底宽 3 ~ 5、顶宽 0.3 ~ 1.2 米。（彩图五〇六）

墙体周围地势平坦，为丛草沙丘地貌，北侧远处有裸露的大沙丘。墙体上有 2 座敌台，即特布德长城二边 3、4 号敌台，相距 1.5 千米。

特布德长城二边 3 号敌台（150623352101170107）：位于鄂托克前旗上海庙镇特布德嘎查东南 10 千米。骑墙而建，实心。黄土和灰土混合夯筑，夯层清晰，厚约 0.2 米。

敌台保存一般。整体呈近覆斗形。顶部由于雨水和风的作用，夯土流失严重；北壁有明显的风蚀坑。四壁坍塌成斜坡，斜坡表面土层比较疏松，有雨水冲刷的沟痕和羊蹄印。敌台底部生长少量植物，周边土壤有沙化现象。敌台现高 7.1 米，底部东西长 13、南北长 12.2 米，顶部东西长 1、南北长 2.4 米。

特布德长城二边 4 号敌台（150623352101170108）：位于鄂托克前旗上海庙镇特布德嘎查东南 8.6 千米。骑墙而建，实心。黄土和灰土混合夯筑，夯层模糊，厚 0.15 ~ 0.25 米。

敌台保存一般。平面呈近圆形，整体呈圆锥状，棱角被磨损，上尖下圆。台体上生长少量野草，有雨水冲刷的沟痕。台体北壁有一人为洞穴，洞内被坍塌的夯土掩埋过半，进深 2、高 0.8 米，洞口宽 12 米。从洞内残留痕迹看，似乎有人居住过。敌台现高 10、底部直径 24.5 ~ 25、顶部直径 0.5 ~ 1.2 米。

敌台附近有两个建筑基址，命名为特布德 1 号建筑基址和特布德 2 号建筑基址。（彩图五〇七）

特布德 1 号建筑基址位于敌台东 2 米处，痕迹明显，东向开门，门位于东墙中部，宽 7.5 米。基址平面呈近矩形，四周是灰土夯筑的墙体，现高约 0.5 米。东墙长 19.3、南墙长 17、西墙长 20.5、北墙长 18.7 米；西墙向内延伸一条长 9.2 米的墙体，疑为隔墙。基址内残留大量砖头、瓦片及陶瓷片等。

特布德 2 号建筑基址紧靠敌台南侧，痕迹非常明显。有两个门，一个位于西墙中央，宽 2.3 米，一个位于南墙中央，宽 2.2 米。基址平面呈矩形，四周是灰土夯筑的墙体，现高约 0.8 米。西墙长 8.5、南墙长 20.5、东墙长 7 米，北墙紧靠敌台，长 20.5 米。基址内残留大量砖头、瓦片及陶瓷片等。

特布德长城二边 4 段（150623382101170016）

起自鄂托克前旗上海庙镇特布德嘎查东南 8.6 千米，止于上海庙镇特布德嘎查东南 7.2 千米。呈东－西走向。东接特布德长城二边 3 段，西接特布德长城二边 5 段。长 1469 米。其中保存一般 1001 米、较差 316 米、差 152 米，分别占此段墙体长度的 68%、22% 和 10%。

墙体为人工基础，黄土和灰土混合夯筑，夯层厚 0.15 ~ 0.2 米。（彩图五〇八）墙体剖面基本呈梯形，底宽上窄，有收分。墙体痕迹清晰，走向明确，比较低矮，呈土垄状分布。墙体有五处较宽的豁口，最宽 10 米，合计宽 32 米。墙体现高 0.5 ~ 3、底宽 2 ~ 6、顶宽 0.2 ~ 2 米。

墙体周围地势平坦，为丛草沙丘地貌，北侧远处有裸露的大沙丘。墙体止点处有一座敌台，即特布德长城二边 5 号敌台，与东侧的特布德长城二边 4 号敌台相距 1.46 千米。

特布德长城二边 5 号敌台（150623352101170109）：位于鄂托克前旗上海庙镇特布德嘎查东南 7.2 千米。骑墙而建，实心。黄土和灰土混合夯筑，夯层模糊，厚 0.15 ~ 0.25 米。

敌台保存一般。整体形状不规则。顶部分裂成两部分，东侧呈锥形，西侧呈矩形。西侧矩形土台顶部有数道裂缝，土台上土块嶙峋，极易坍塌。敌台中部和底部夯土裸露，夯层清晰，有风蚀坑，部分地方长有少量野草。台体东壁有一个人为的坑，深约 2 米，疑为牧羊人挖掘。敌台现高 7.3 米，底部东西长 16、南北长 16.4 米，顶部东西长 7.9、南北长 3.6 米。

特布德长城二边 5 段（150623382101170017）

起自鄂托克前旗上海庙镇特布德嘎查东南 7.2 千米，止于上海庙镇特布德嘎查东南 5.2 千米。呈东－西走向。东接特布德长城二边 4 段，西接特布德长城二边 6 段。长 2109 米。其中保存较差 599 米、差 1510 米，各占此段墙体长度的 28% 和 72%。

墙体为人工基础，黄土堆筑。墙体剖面略呈半圆形，底宽上窄，有收分。墙体痕迹清晰，走向明确，比较低矮，呈土垄状分布。墙体有六处较宽的豁口，最宽 38.7 米，合计宽 97.7 米。墙体现高 0.5 ~ 3、底宽 5 ~ 7、顶宽 0.3 ~ 2 米。

墙体周围地势平坦，为丛草沙丘地貌，北侧远处有裸露的大沙丘。墙体止点处有一座敌台，即特布德长城二边 6 号敌台，与东侧的特布德长城二边 5 号敌台相距 2.1 千米。

特布德长城二边 6 号敌台（150623352101170110）：位于鄂托克前旗上海庙镇特布德嘎查东南 5.2 千米。骑墙而建，实心。黄土和灰土混合夯筑，夯层比较模糊，厚 0.15 ~ 0.25 米。

敌台保存一般。整体形状不规则。棱角被磨损，上尖下圆。顶部西南侧有风蚀坑，中部和底部夯土裸露，夯层隐约可见，部分地方生长少量野草，台体上有羊蹄印。敌台现高 7.3 米；底部东西长 23、南北长 22 米；顶部平面呈圆形，直径 3.4 ~ 4 米。

特布德长城二边 6 段（150623382101170018）

起自鄂托克前旗上海庙镇特布德嘎查东南 5.2 千米，止于上海庙镇特布德嘎查东南 4.4 千米。呈东－西走向。东接特布德长城二边 5 段，西接特布德长城二边 7 段。长 788 米，保存差。

墙体为人工基础，黄土堆筑。墙体剖面略呈半椭圆形，底宽上窄，有收分。墙体痕迹清晰，走向明确，比较低矮，呈土垄状分布。墙体有一处豁口，宽 7 米。墙体现高 0.3 ~ 2、底宽 4 ~ 5、顶宽 0.2 ~ 1 米。

墙体周围地势平坦，为丛草沙丘地貌，北侧远处有裸露的大沙丘。

特布德长城二边 7 段（150623382101170019）

起自鄂托克前旗上海庙镇特布德嘎查东南 4.4 千米，止于上海庙镇特布德嘎查东南 3.5 千米。呈东－西走向。东接特布德长城二边 6 段，西接特布德长城二边 8 段。长 1062 米。其中保存较差 340 米、差 722 米，分别占此段墙体长度的 32% 和 68%。

墙体为人工基础，黄土夯筑，夯层厚 0.15 ~ 0.25 米。墙体剖面略呈梯形，底宽上窄，有收分。墙体痕迹清晰，走向明确，比较低矮，呈断续的矮墙状分布。墙体有三处豁口，最宽 8 米，豁口合计宽 20 米。墙体现高 0.5~2、底宽 5~6、顶宽 0.3~2 米。（彩图五〇九）

墙体周围地势平坦，为丛草沙丘地貌，北侧远处有裸露的大沙丘。墙体止点处有一座敌台，即特布德长城二边 7 号敌台。

特布德长城二边 7 号敌台（150623352101170111）：位于鄂托克前旗上海庙镇特布德嘎查东南 3.5 千米。骑墙而建，实心。黄土和灰土混合夯筑，夯层清晰，厚 0.15~0.25 米。

敌台保存较差。整体形状不规则。顶部自上而下有多条裂缝，南侧有夯土坍塌形成的豁口，宽 2.5 米。敌台西壁较陡峭，有新坍塌的痕迹；南壁和东壁坡度较缓。敌台底部散落许多坍塌的夯土块，周边植物生长茂盛。台体东、西两侧各有一人为取土坑，东侧土坑宽 2、深 4 米；西侧较浅，深不足 1 米。敌台现高 7 米，底部东西长 19、南北长 19.5 米，顶部东西长 3.9、南北长 4.5 米。

特布德长城二边 8 段（150623382101170020）

起自鄂托克前旗上海庙镇特布德嘎查东南 3.5 千米，止于上海庙镇特布德嘎查东南 2.3 千米。呈东-西走向。东接特布德长城二边 7 段，西接特布德长城二边 9 段。长 1280 米，保存差。

墙体为人工基础，黄土夯筑，夯层厚 0.15~0.25 米。墙体剖面略呈梯形，底宽上窄，有收分。墙体痕迹清晰，走向明确，比较低矮，呈断续的矮墙状分布。墙体有两处豁口，分别宽 13.2、4.4 米。墙体现高 1~2、底宽 6~7、顶宽 0.5~1 米。

墙体周围地势平坦，为丛草沙丘地貌，北侧远处有裸露的大沙丘。墙体止点处有一座敌台，即特布德长城二边 8 号敌台，与东侧的特布德长城二边 7 号敌台相距 1.28 千米。

特布德长城二边 8 号敌台（150623352101170112）：位于鄂托克前旗上海庙镇特布德嘎查东南 2.5 千米。骑墙而建，实心。黄土和灰土混合夯筑，夯层清晰，厚 0.15~0.25 米。

敌台保存较差。整体形状不规则。四壁坍塌成斜坡。台体上长满碱蒿、白刺、芨芨草等植物。底部被沙土掩埋，部分沙土裸露。敌台现高 5 米，底部东西长 16、南北长 17.5 米，顶部东西长 3.9、南北长 2.5 米。

特布德长城二边 9 段（150623382101170021）

起自鄂托克前旗上海庙镇特布德嘎查东南 2.3 千米，止于上海庙镇特布德嘎查南 1.3 千米。呈东-西走向。东接特布德长城二边 8 段，西接特布德长城二边 10 段。长 2020 米，保存差。

墙体为人工基础，黄土夯筑，夯层厚 0.15~0.25 米。墙体剖面略呈梯形，底宽上窄，有收分。墙体痕迹清晰，走向明确，比较低矮，呈断续矮墙状分布。墙体有两处豁口，分别宽 11、5 米。墙体现高 0.5~3.5、底宽 6~7、顶宽 0.2~2 米。

墙体周围地势平坦，为丛草沙丘地貌，北侧远处有裸露的大沙丘。

特布德长城二边 10 段（150623382101170022）

起自鄂托克前旗上海庙镇特布德嘎查南 1.3 千米，止于上海庙镇特布德嘎查西南 1.5 千米。呈东-西走向。东接特布德长城二边 9 段，西接特布德长城二边 11 段。长 328 米，已消失。

此段墙体被压在大边墙体下，表面看不出二边的痕迹，即嘉靖年间修筑的大边墙体叠压在成化年间修筑的二边上。

墙体周围地势平坦，为丛草沙丘地貌，北侧远处有裸露的大沙丘。

特布德长城二边 11 段（150623382101170023）

起自鄂托克前旗上海庙镇特布德嘎查西南 1.5 千米，止于上海庙镇特布德嘎查西南 2.1 千米。呈东-西走向。东接特布德长城二边 10 段，西接特布德长城二边 12 段。长 1244 米。其中保存较差 319

米、保存差 925 米，分别占此段墙体长度的 26% 和 74%。

墙体为人工基础，黄土夯筑，夯层厚 0.15～0.25 米。墙体剖面略呈梯形，底宽上窄，有收分。墙体痕迹清晰，走向明确，比较低矮，呈断续的矮墙状分布。墙体有四处豁口，最宽的 10 米，豁口合计宽 26 米。墙体现高 0.3～3、底宽 4～6、顶宽 0.5～1.5 米。

墙体周围地势平坦，为丛草沙丘地貌，北侧远处有裸露的大沙丘。墙体上有一座敌台，即特布德长城二边 9 号敌台。

特布德长城二边 9 号敌台（150623352101170113）：位于鄂托克前旗上海庙镇特布德嘎查西南 2 千米。骑墙而建，实心。黄土和灰土混合夯筑，夯层清晰，厚 0.15～0.25 米。

敌台保存一般。整体形状不规则。顶部南侧中间有夯土坍塌形成的豁口，宽 2 米，其他三侧夯土流失较少，棱角隐约可见。台体南壁塌毁严重，北壁保存稍好。敌台底部被塌落的夯土掩埋，夯土上生长少量植物。底部东南侧散落台体上坍塌的夯土块。敌台现高 10 米，底部东西长 17.3、南北长 16.9 米，顶部东西长 7、南北长 7.2 米。

敌台外围有一圈围墙，平面呈矩形，东、南、西墙为另筑的夯土墙，北墙借用二边墙体。其中南、北墙分别长 60.3、60.5 米，东、西墙分别长 28.8、27.6 米。除北墙外，其他墙体现高 0.1～0.5、宽 0.5～1 米。墙体破坏严重，看不出门址位置。

特布德长城二边 12 段（150623382101170024）

起自鄂托克前旗上海庙镇特布德嘎查西南 2.1 千米，止于上海庙镇特布德嘎查西南 4.5 千米。呈东－西走向。东接特布德长城二边 11 段，西接特布德长城二边 13 段。长 2707 米。其中保存较好 187 米、一般 1401 米、较差 1102 米、差 17 米，分别占此段墙体长度的 6.9%、51.8%、40.7% 和 0.6%。

墙体为人工基础，黄土夯筑，夯层厚 0.15～0.25 米。墙体剖面略呈梯形，底宽上窄，有收分。墙体呈矮墙状分布，断断续续，地表痕迹明显，有坍塌现象。局部地段墙体现高峻，遗存保存完整。墙体有两处豁口，分别宽 11、6 米。墙体现高 0.5～4、底宽 6～8、顶宽 0.3～1 米。（彩图五一〇）

墙体周围地势平坦，为丛草沙丘地貌，北侧远处有裸露的大沙丘。墙体上有一座敌台，即特布德长城二边 10 号敌台。

特布德长城二边 10 号敌台（150623352101170114）：位于鄂托克前旗上海庙镇特布德嘎查西南 3.4 千米。骑墙而建，实心。黄土和灰土混合夯筑，夯层清晰，厚 0.15～0.25 米。底部有矩形台基，高 0.5、东西长 24、南北长 20.5 米。

敌台保存较好。结构破坏轻微，形制保存较完整，呈覆斗形，初始风貌犹存。台体四壁陡峭，西壁密布风蚀坑，中部自上而下有一条裂缝，宽 0.03 米；南壁风蚀坑较少，中部自上而下有一条宽 1 米的沟槽，初步推测是夯土坍塌后经雨水冲刷形成；北壁和东壁保存完整。敌台西北角、南壁、东壁底部因风蚀而内凹。敌台现高 8 米，底部边长 12.5 米，顶部东西长 6.5、南北长 8 米。

敌台外围有围院，平面呈矩形。北墙借用二边墙体，东、南、西墙为另筑的夯土墙。其中南、北墙分别长 38、40 米，东、西墙分别长 46、44 米。除北墙外，其他墙体现高 0.5～1.5、宽约 3 米。南向开门，门址宽 7.5 米。（彩图五一一）

特布德长城二边 13 段（150623382101170025）

起自鄂托克前旗上海庙镇特布德嘎查西南 4.5 千米，止于上海庙镇特布德嘎查西南 5.7 千米。呈东－西走向。东接特布德长城二边 12 段，西接特布德长城二边 14 段。长 1211 米。其中保存较差 408 米、差 803 米，分别占此段墙体长度的 34% 和 66%。

墙体为人工基础，黄土堆筑。墙体剖面略呈梯形，底宽上窄，有收分。墙体较低矮，表土疏松，坍塌严重。墙体有两处豁口，分别宽9.4、5米。墙体现高0.5~2、底宽6~8、顶宽0.5~1.5米。

墙体周围地势平坦，为丛草沙丘地貌，北侧远处有裸露的大沙丘。墙体上有一座敌台，即特布德长城二边11号敌台。

特布德长城二边11号敌台（150623352101170115）：位于鄂托克前旗上海庙镇特布德嘎查西南4.9千米。骑墙而建，实心。黄土和灰土混合夯筑，夯层清晰，厚0.15~0.25米。

敌台保存差。形状不规则。人为取土是破坏敌台非常重要的因素，敌台底部有多处取土坑。敌台底部有四个洞穴，两个坍塌，另外两个一大一小；大洞口宽1.5米，洞内高1.7、进深3米；小洞口被坍塌的夯土掩埋。台体上生长少量野草，有明显雨水冲刷的沟痕。敌台现高5米；底部东西长18.2、南北长17.7米；顶部平面呈圆形，直径2.6~3.8米。

特布德长城二边14段（150623382101170026）

起自鄂托克前旗上海庙镇特布德嘎查西南5.7千米，止于上海庙镇特布德嘎查西南8.6千米。呈东－西走向。东接特布德长城二边13段，西接特布德长城二边15段。长2999.6米。其中保存一般988米、较差1993米、差18.6米，分别占此段墙体长度的33%、66%和1%。

墙体为人工基础，黄土夯筑，夯层厚约0.2米。墙体剖面略呈梯形，底宽上窄，有收分。墙体比较低矮，表土疏松，坍塌严重。墙体有两处豁口，分别宽9.4、5米。墙体现高0.5~4、底宽5~7、顶宽0.5~2米。（彩图五一二）

墙体周围地势平坦，为丛草沙丘地貌，北侧远处有裸露的大沙丘。墙体上有一座敌台，即特布德长城二边12号敌台。

特布德长城二边12号敌台（150623352101170116）：位于鄂托克前旗上海庙镇特布德嘎查西南8.6千米。骑墙而建，实心。黄土和灰土混合夯筑，夯层清晰，厚0.15~0.25米。

敌台保存较差。整体形状不规则，分裂为东、西两部分，东侧呈近圆锥体，西侧是高约3米的夯土台。敌台部分表土疏松，有雨水冲刷的沟痕。夯土台部分截面和平面呈矩形，台上有多道裂缝。敌台底部和周边为丛草沙丘。敌台现高6.5米；底部东西长18、南北长21米；顶部除夯土台外，东西长3.7、南北长4米。

特布德长城二边15段（150623382101170027）

起自鄂托克前旗上海庙镇特布德嘎查西南8.6千米，止于上海庙镇特布德嘎查西南11.2千米。呈东－西走向。东接特布德长城二边14段，西接特布德长城二边16段。长2705米，保存差。

墙体为人工基础，黄土堆筑。墙体剖面略呈梯形，底宽上窄，有收分。墙体比较低矮，坍塌严重，表土疏松，长满野草。墙体有一处豁口，宽5米。墙体现高0.5~2.5、底宽6~7、顶宽0.5~1.5米。

墙体周围地势平坦，为丛草沙丘地貌，北侧远处有裸露的大沙丘。墙体上没有敌台、马面等附属设施。

特布德长城二边16段（150623382101170028）

起自鄂托克前旗上海庙镇特布德嘎查西南11.2千米，止于上海庙镇特布德嘎查西南12.5千米。呈东南－西北走向。东接特布德长城二边15段，西接宁夏长城调查段。长1387米。其中保存较差644米、差735米、消失8米，分别占此段墙体长度的46%、53%和1%。

墙体为人工基础，黄土堆筑。墙体剖面略呈梯形，底宽上窄，有收分。墙体比较低矮，坍塌严重，表土疏松，长满野草。墙体有两处豁口，分别宽4、5米。墙体现高0.5~2、底宽4~6米，顶宽0.5~1米。

墙体周围地势平坦，为丛草沙丘地貌，北侧远处有裸露的大沙丘。墙体上有一座敌台，即特布德长城二边 13 号敌台。

特布德长城二边 13 号敌台（150623352101170117）：位于鄂托克前旗上海庙镇特布德嘎查西北12.5 千米。骑墙而建，实心。黄土堆筑。

敌台保存差，完全被破坏。当地居民将敌台顶部和中部的土完全取走，剩余部分遭雨水冲刷，塌毁成几个小土丘。该敌台堆土构筑，土质很虚，易受到雨水冲刷的破坏，雨水冲刷是破坏敌台非常重要的因素。敌台现高不足 2 米，底部东西长 14、南北长 13.6 米，顶部尺寸无法测量。

在该敌台采集到西夏文酱釉瓷片。（彩图五一三）

（三）宁夏回族自治区吴忠市盐池县

下面几段长城分布在宁夏回族自治区盐池县境内，西与内蒙古自治区鄂托克前旗境内的明长城相接，为工作方便，在协议中由鄂尔多斯长城资源调查队统一调查，在此一并介绍。这几段长城有头道边和二道边之分，头道边在南，修筑较晚，保存较好；二道边在北，修筑较早，保存较差。同特布德长城一样，两边相距极近，命名上用同一地名，为了加以区分，对二道边长城本体及附属设施命名时，加入二边字样，头道边以最小辖域名命名。

盐池县境内明长城总长 8254.7 米。其中头道边长 4302.7 米，划分为 2 段，为土墙。二道边长3952 米，划分为 3 段，包括土墙 2 段、消失 1 段，分别长 3148、804 米，各占二道边总长的 90% 和10%。头道边上有敌台 17 座，二道边上不见敌台。（参见地图九）两道边墙体的分类长度统计如下表。（表一九、二〇）

表一九　宁夏回族自治区吴忠市盐池县明长城头道边墙体分类长度统计表　　　　（单位：米）

墙体类型 保存状况	土墙	石墙	砖墙	木障墙	山险墙	山险	河险	其他墙体	消失长城
较好	0	0	0	0	0	0	0	0	
一般	2649	0	0	0	0	0	0	0	
较差	1640	0	0	0	0	0	0	0	0
差	13.7	0	0	0	0	0	0	0	
消失	0	0	0	0	0	0	0	0	
总计	4302.7	0	0	0	0	0	0	0	4302.7

表二〇　宁夏回族自治区吴忠市盐池县明长城二道边墙体分类长度统计表　　　　（单位：米）

墙体类型 保存状况	土墙	石墙	砖墙	木障墙	山险墙	山险	河险	其他墙体	消失长城
较好	0	0	0	0	0	0	0	0	
一般	0	0	0	0	0	0	0	0	
较差	2300	0	0	0	0	0	0	0	804
差	848	0	0	0	0	0	0	0	
消失	0	0	0	0	0	0	0	0	
总计	3148	0	0	0	0	0	0	0	3952

潘家梁长城（640323382101170001）

起自盐池县高沙窝镇潘家梁村西南1.4千米，止于高沙窝镇潘家梁村西北1.9千米。呈北－南走向。东接宁夏回族自治区长城调查段，西接兴武营长城1段。长2649米，保存一般。

墙体为人工基础，灰土、黄土和红土混合夯筑，夯层厚0.2～0.3米，内无夹杂物。墙体底宽顶窄，剖面呈梯形。两侧有坍塌，墙体上有牲畜踩踏的蹄印，遍布小动物的洞穴。由于风沙较大，大部分墙体底部甚至中部被沙土掩埋。当地村民在墙体上取土给墙体造成不小的破坏。墙体现高2～5、底宽11～16、顶宽0.5～3米。

墙体周围地势平坦，为丛草沙丘地貌。墙体上有敌台12座，即潘家梁1～12号敌台，间距0.165～0.386千米。

潘家梁1号敌台（640323352101170001）：位于盐池县高沙窝镇潘家梁村南1.3千米。骑墙而建，实心。黄沙土夯筑，夯层厚约0.2米。

敌台保存较差。整体形状不规则。顶部破坏严重，大量夯土流失。流沙对敌台破坏严重，西侧沙土掩埋到敌台顶部。敌台裸露部分严重残损，千疮百孔，夯土嶙峋。敌台底部掩埋的沙土上长满芨芨草、白刺等植物。台体上有羊蹄印。敌台现高7米，底部东西长14、南北长16米，顶部东西长2.9、南北长3.1米。

潘家梁2号敌台（640323352101170002）：位于盐池县高沙窝镇潘家梁村南1.2千米。骑墙而建，实心。黄沙土夯筑，夯层厚约0.2米。

敌台保存较好。整体呈覆斗形。顶部破坏轻微，平面呈矩形，长有少量杂草；西壁残损，中部夯土坍塌；其他三壁保存较好，剖面呈梯形，夯层清晰，有少量鸟洞、鼠洞和蜂穴。底部四周被沙土掩埋，沙土厚约1米，沙土上长有少量杂草。敌台现高8.5米，底部东西长15.6、南北长16米，顶部东西长6.9、南北长8.1米。

潘家梁3号敌台（640323352101170003）：位于盐池县高沙窝镇潘家梁村南1.1千米。骑墙而建，实心。黄沙土夯筑，夯层厚0.15～0.2米。

敌台保存一般。整体形状不规则。西壁北侧大量夯土流失，西壁南侧和东壁有新坍塌的痕迹；南壁保存稍好，表土疏松；北壁腰部中间有一人为洞穴，洞高1.5、进深1米，洞内底壁有一动物洞穴，口部呈圆形，直径0.5米。台体上有少量鸟洞、鼠洞和蜂穴等。敌台底部被沙土掩埋，沙土上长有少量杂草。敌台现高8米，底部东西长16.2、南北长17米，顶部东西长6.3、南北长7.7米。

潘家梁4号敌台（640323352101170004）：位于盐池县高沙窝镇潘家梁村南1千米。骑墙而建，实心。灰土和黄土混合夯筑，夯层厚0.15～0.2米。

敌台保存一般。整体呈覆钵形。四壁坍塌成斜坡，台体上覆盖一层沙土，个别地方露出敌台初始土质和夯层。台体上有密集的羊蹄印，长有少量芨芨草和白刺等植物。敌台现高6米；底部东西长16.4、南北长18米；顶部平面呈近圆形，直径3.2～4米。

潘家梁5号敌台（640323352101170005）：位于盐池县高沙窝镇潘家梁村南1千米。骑墙而建，实心。灰土和黄土混合夯筑，夯层厚0.15～0.2米。

敌台保存一般。整体呈覆钵形。顶部被风破坏，夯土流失。四壁坍塌成斜坡。腰部以下被一层沙土覆盖；腰部以上可见夯层，比较清晰，有少量鸟洞、鼠洞和蜂穴等。台体上有密集的羊蹄印，长有少量芨芨草和白刺等植物。敌台现高6.5米；底部东西长17、南北长15.6米；顶部平面呈近圆形，直径2.2～3.6米。

潘家梁 6 号敌台（6403233352101170006）：位于盐池县高沙窝镇潘家梁村西南 1 千米。骑墙而建，实心。灰土和黄土混合夯筑，夯层厚约 0.2 米。

敌台保存一般。整体形状不规则。敌台破坏严重，西南壁自腰部以上塌毁，顶部大量夯土流失，底部四周被沙土掩埋，沙土厚约 1 米，沙土上生长有少量芨芨草和白刺等植物。台体上有密集的羊蹄印。敌台现高 5.4 米，底部东西长 14.8、南北长 15.6 米，顶部东西长 3.5、南北长 2.9 米。

潘家梁 7 号敌台（6403233352101170007）：位于盐池县高沙窝镇潘家梁村西 1.2 千米。骑墙而建，实心。灰土和黄土混合夯筑，夯层厚约 0.2 米。

敌台保存一般。整体形状不规则。顶部破坏较轻微；四壁有不同程度的残损；南壁和东壁中部自上而下各有一个豁口；西壁与北壁保存稍好。台体上有少量鸟洞、鼠洞和蜂穴等，底部四周被沙土掩埋，沙土上生长有少量芨芨草和白刺等植物。敌台现高 8.7 米，底部东西长 14.8、南北长 16 米，顶部东西长 5.6、南北长 2.3 米。

潘家梁 8 号敌台（6403233352101170008）：位于盐池县高沙窝镇潘家梁村西北 1.3 千米。骑墙而建，实心。灰土和黄土混合夯筑，夯层厚约 0.2 米。

敌台保存较差。整体形状不规则。四壁坍塌，形成斜坡。底部被沙土掩埋，沙土上长有少量芨芨草、白刺等植物。未被沙土掩埋部分夯层清晰，有少量鸟洞、鼠洞和蜂穴。台体上有密集的羊蹄印。敌台现高 5.4 米，底部东西长 15.2、南北长 13 米，顶部东西长 3.3、南北长 4.7 米。

潘家梁 9 号敌台（6403233352101170009）：位于盐池县高沙窝镇潘家梁村西北 1.5 千米。骑墙而建，实心。灰土和黄土混合夯筑，夯层厚约 0.2 米。

敌台保存一般。整体形状不规则。破坏较为严重，四壁坍塌，形成斜坡。敌台腰部以下被沙土掩埋，厚约 3 米，沙土上生长有少量芨芨草、白刺等植物。未被沙土掩埋部分夯层清晰，有少量鸟洞、鼠洞和蜂穴。台体上有密集的羊蹄印。敌台现高 8.2 米，底部东西长 13、南北长 14.1 米，顶部东西长 3.7、南北长 4.3 米。

潘家梁 10 号敌台（6403233352101170010）：位于盐池县高沙窝镇潘家梁村西北 1.6 千米。骑墙而建，实心。灰土和黄土混合夯筑，夯层厚约 0.2 米。

敌台保存一般。整体形状不规则。顶部长有密集的野草，东侧由于夯层被风化，呈阶梯状。敌台腰部以下被沙土掩埋，沙土上长有少量芨芨草、白刺等植物。台体上有密集的羊蹄印。敌台现高 6.1 米，底部东西长 14、南北长 16 米，顶部东西长 3.6、南北长 4.5 米。

潘家梁 11 号敌台（6403233352101170011）：位于盐池县高沙窝镇潘家梁村西北 1.8 千米。骑墙而建，实心。灰土和黄土混合夯筑，夯层厚约 0.2 米。

敌台保存较差。整体呈覆钵形。四壁坍塌，形成斜坡。底部被沙土掩埋，沙土上长有少量野草。未被沙土掩埋部分夯层清晰，有少量鸟洞、鼠洞和蜂穴。台体上有羊蹄印。敌台现高 6.3 米，底部东西长 14.8、南北长 15.7 米，顶部东西长 3.4、南北长 4.2 米。

潘家梁 12 号敌台（6403233352101170012）：位于盐池县高沙窝镇潘家梁村西北 1.9 千米。骑墙而建，实心。灰土和黄土混合夯筑，夯层厚约 0.2 米。

敌台保存较差。整体呈覆钵形。四壁坍塌，形成斜坡。东壁长满杂草，其他三壁夯土裸露。底部被沙土掩埋，东侧沙土裸露。台体上有羊蹄印。敌台现高 5.7 米，底部东西长 13.5、南北长 15.6 米，顶部东西长 3.1、南北长 2.4 米。

兴武营长城（6403233382101170002）

起自盐池县高沙窝镇兴武营村西北 0.47 千米，止于盐池县与鄂托克前旗界碑处。呈东南－西北走向。东接潘家梁长城，西接内蒙古自治区境内的特布德长城 1 段。长 1653.7 米。其中保存一般 1640 米、差 13.7 米，各占此段墙体长度的 99% 和 1%。

墙体为人工基础，灰土、黄土和红土混合夯筑，夯层厚 0.15 ~ 0.2 米，内无夹杂物。墙体底宽顶窄，剖面呈梯形。两侧有坍塌，墙体上有牲畜踩踏的蹄印，遍布小动物洞穴。由于风沙较大，大部分墙体底部、中部被沙土掩埋。当地村民取土给墙体造成不小的破坏，墙体上留下许多缺口。部分地段墙体被铲削，辟为道路。墙体上有两处大豁口，分别宽 8.1、5.6 米。墙体现高 2 ~ 5、底宽 13 ~ 17、顶宽 0.5 ~ 3 米。（彩图五一四）

墙体周围地势平坦，为丛草沙丘地貌。墙体上有敌台 5 座，即兴武营 1 ~ 5 号敌台，间距 0.266 ~ 0.283 千米。

兴武营 1 号敌台（6403233352101170013）：位于盐池县高沙窝镇兴武营村西南 0.19 千米。骑墙而建，实心。灰土和黄土混合夯筑，夯层厚约 0.2 米。

敌台保存较差。整体呈覆钵形。顶部和四壁坍塌，形成斜坡。南壁与东壁有人为挖开的豁口。台体上长有少量野草，有羊蹄印。敌台现高 5.8 米，底部东西长 12.5、南北长 13.9 米，顶部东西长 3.6、南北长 2.8 米。

兴武营 2 号敌台（6403233352101170014）：位于盐池县高沙窝镇兴武营村西 0.16 千米。骑墙而建，实心。灰土和黄土混合夯筑，夯层厚约 0.2 米。

敌台保存一般。整体形状不规则。敌台距兴武营村非常近，人为破坏严重。东壁由于取土形成一个宽 10.8 米的豁口，台壁变得陡峭，底部有两个洞穴，人为挖掘，供储藏用，进深约 3 米，口近椭圆形，宽 0.6 ~ 1 米；其他三壁坍塌成斜坡。台体上长有少量野草，有羊蹄印。敌台现高 7.4 米，底部东西长 14.5、南北长 16.9 米，顶部东西长 3.9、南北长 2.7 米。

兴武营 3 号敌台（6403233352101170015）：位于盐池县高沙窝镇兴武营村西 0.4 千米。骑墙而建，实心。灰土和黄土混合夯筑，夯层厚约 0.2 米。

敌台保存较差。整体形状不规则。四壁坍塌成斜坡。敌台表土疏松，易被雨水破坏，表面有雨水冲刷的小洞。敌台西壁有人为挖掘的痕迹，紧邻南壁有一条车道穿长城墙体而过，对敌台和长城墙体都造成破坏。敌台现高 5 米，底部东西长 13、南北长 12.7 米，顶部东西长 2.5、南北长 1.9 米。

兴武营 4 号敌台（6403233352101170016）：位于盐池县高沙窝镇兴武营村西 0.6 千米。骑墙而建，实心。灰土和黄土混合夯筑，夯层厚约 0.2 米。

敌台保存较差。整体形状不规则。受人为因素破坏严重，紧邻敌台东壁的长城墙体顶部被开辟成道路，既破坏了长城墙体，也破坏了敌台东壁。其他三壁坍塌成斜坡，台体上长满野草。敌台现高 9.3 米，底部东西长 16、南北长 15 米，顶部东西长 2.3、南北长 4 米。

兴武营 5 号敌台（6403233352101170017）：位于盐池县高沙窝镇兴武营村西 0.9 千米。骑墙而建，实心。灰土和黄土混合夯筑，夯层厚约 0.2 米。

敌台保存较差。整体形状不规则。受人为因素破坏严重，腰部以上被铲平，东壁被铺成道路。北、南、西壁被沙土掩埋，沙土厚约 2 米，沙土上长有大量杂草。敌台现高 5.1 米；底部东西长 16、南北长 14 米；顶部被铲平，尺寸无法测量。

潘家梁长城二边（6403233382101170003）

起自盐池县高沙窝镇潘家梁村东 0.44 千米，止于盐池县高沙窝镇潘家梁村西北 2 千米。呈东南-西北走向。东接宁夏长城调查段，西接兴武营长城二边 1 段。长 2315 米。其中保存较差 2300 米、差 15 米，各占此段墙体长度的 99% 和 1%。

墙体为人工基础，灰土和黄土混合夯筑，夯层厚约 0.2 米，内无夹杂物。由于长年风雨侵蚀，墙体受到不同程度损坏，比较低矮。此地风沙较大，大部分墙体底部、中部被沙土掩埋。当地村民取土给墙体造成不小破坏。墙体上有一处豁口，宽 15 米。墙体现高 0.5~4、底宽 4~6、顶宽 0.5~2 米。

墙体周围地势平坦，为丛草沙丘地貌。墙体上无敌台、马面等附属设施。

兴武营长城二边 1 段（640323382101170004）

起自盐池县高沙窝镇潘家梁村西北 2 千米，止于高沙窝镇兴武营村西北 0.5 千米。呈东南－西北走向。东接潘家梁长城二边，西接兴武营长城二边 2 段。长 833 米，保存较差。

墙体为人工基础，灰土和黄土堆筑。墙体较低矮，走向模糊，表面长满野草，即将消失。此地风沙较大，大部分墙体底部、中部被沙土掩埋。墙体现高 1~2、底宽 5~7、顶宽 0.3~1 米。（彩图五一五）

墙体周围地势平坦，为丛草沙丘地貌。墙体上无敌台、马面等附属设施。

兴武营长城二边 2 段（640323382101170005）

起自盐池县高沙窝镇兴武营村西北 0.5 千米，止于盐池县与鄂托克前旗界碑北 0.13 千米。呈东南－西北走向。东接兴武营长城二边 1 段，西接内蒙古自治区境内特布德长城二边 1 段。长 804 米，已消失。

墙体消失，现为农田和道路。

三　附属设施

（一）准格尔旗

准格尔旗境内有烽火台 2 座，不见关堡。（参见地图九）

大占烽火台（150622353201170002）

位于准格尔旗龙口镇竹里台村北 1 千米。实心。黄土夯筑，夯层明显，厚 0.1~0.2 米。

烽火台保存一般。平面呈近圆形，剖面呈梯形，整体呈半球状。顶部中空，四壁夯土坍塌成陡坡。底部东壁残留包石，共七层，条石厚 20、长 30~100 厘米。台体上长满茅草和蒿草。烽火台现高 4.7 米，底部东西长 7、南北长 10.5 米，顶部东西长 5.7、南北长 7.5 米。

烽火台西 1.6 千米有竹里台敌台、1.7 千米有竹里台烽火台。

竹里台烽火台（150622353201170003）

位于准格尔旗龙口镇竹里台村西北 1 千米。实心。黄土夯筑，夯层明显，厚 0.1~0.2 米。

烽火台保存差。坍塌严重。平面呈近圆形，剖面呈不规则形，只残留一高 3 米的三角形夯土台，遍布裂痕，南侧基础部分遭人为挖土破坏。烽火台现高约 3、底部直径约 6 米。烽火台西侧散落大量青砖块。

烽火台东 0.187 千米为竹里台敌台、1.7 千米为大占烽火台。

（二）鄂尔多斯市鄂托克前旗

鄂托克前旗境内有烽火台 6 座，不见关堡。其中特布德 1~3 号烽火台分布于明长城沿线，拜图烽

火台，陶利1、2号烽火台远离长城分布。（参见地图一〇）

特布德1号烽火台（150623353201170118）

位于鄂托克前旗上海庙镇特布德嘎查南1.3千米。实心。四壁用黄土夯筑，内部填充沙土，夯层清晰，厚约0.2米。

烽火台建在头道边与二道边之间的高地上。保存差。结构和形制完全被破坏，台体形状不规则，残存部分不及原来的二分之一。东壁塌毁，内部填充的沙土外露，其他三壁残缺。底部东侧被沙土掩埋。台体上长有野草，有少量昆虫洞穴和羊蹄印。烽火台现高4.8米，底东西长15.5、南北长10.5米，顶部东西长13、南北长6.3米。（图一四五；彩图五一六）

烽火台北0.048千米是二道边墙体，南0.32千米是头道边墙体、0.53千米为东庄子烽火台。

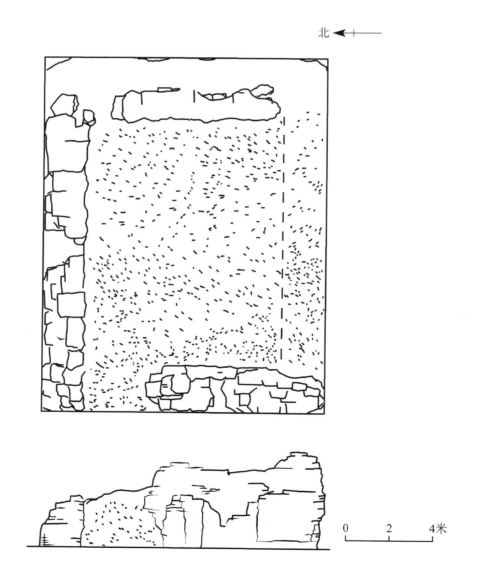

图一四五　特布德1号烽火台平、立面图

特布德 2 号烽火台 （150623353201170119）

位于鄂托克前旗上海庙镇特布德嘎查西 6.4 千米。实心。灰土和黄土混合夯筑，夯层清晰，厚约 0.2 米。

烽火台建在头道边与二道边之间的高地上。保存一般。结构和形制已破坏，台体形状不规则。南壁中部有一豁口，夯土坍塌所致，宽 3.3 米；北壁坍塌形成斜坡，较陡，长有少量野草；东壁中部有坍塌；西壁保存尚好。台体上有大量鸟洞、蜂穴，有多条裂缝，裂缝呈纵向，较浅，底部临近地面部分因风蚀而内凹。烽火台现高 8.5 米，底部东西长 13.5、南北长 17 米，顶部东西长 8.3、南北长 9.1 米。

烽火台有两道围墙，呈"回"字形分布。外道围墙东西长 70、南北长 79 米，内道围墙东西长 37、南北长 45 米，两围墙间距 12 ~ 15 米。墙体现高不足 1、宽 0.2 ~ 0.8 米。破坏严重，门址不清。（彩图五一七）

烽火台紧靠二道边，北侧低于 2 米为二道边墙体，南 0.127 千米为头道边墙体，东南 0.75 千米有张家边壕烽火台。

特布德 3 号烽火台 （150623353201170120）

位于鄂托克前旗上海庙镇特布德嘎查西 10.7 千米。实心。灰土和黄土混合夯筑，夯层清晰，厚约 0.2 米。

烽火台建在头道边与二道边之间的高地上。保存一般。结构和形制已破坏，台体形状不规则。顶部和四壁大量夯土流失，使敌台变得低矮、削薄。南壁偏东有新的坍塌，形成一宽 2 米的豁口；西壁中部有一条纵向裂缝，宽 0.05 米；北壁和东壁有坍塌。烽火台顶部有大量鸟洞，底部堆满坍塌的夯土块，有雨水冲刷的小沟，靠近地面部分因风蚀而内凹。烽火台现高 6.5 米，底部东西长 13、南北长 12.3 米，顶部东西长 4.4、南北长 3.2 米。

烽火台有两道围墙，呈"回"字形分布。外道围墙东西长 53、南北长 60 米，内道围墙东西长 31、南北长 40 米，内外围墙间距 5 ~ 7 米。墙体现高不足 1、宽 0.3 ~ 0.8 米。破坏严重，门址不清。

烽火台北 0.243 千米为二道边墙体，南 0.11 千米为头道边墙体。

拜图烽火台 （150623353201170121）

位于鄂托克前旗布拉格苏木西北 40 千米，拜图大队与陶利大队交界处。实心。红黏土与黄沙土堆筑。

烽火台保存较差。破坏严重。整体呈圆锥状。台体顶部树立一座勘查用的铁三脚架。台体现高 12、底部周长 27、顶部直径 3 米。

烽火台北 5.4 千米有陶利 1 号烽火台。

陶利 1 号烽火台 （150623353201170122）

位于鄂托克前旗布拉格苏木陶利大队东北 2 千米。实心。红黏土与黄沙土堆筑。

烽火台保存较差。破坏严重。整体呈覆钵形。顶部有国家测绘局树立的三角点水泥桩。烽火台现高 9.7、底部直径 27 米。

烽火台南 5.4 千米为拜图烽火台，北 6.5 千米为陶利 2 号烽火台。

陶利 2 号烽火台 （150623353201170123）

位于鄂托克前旗布拉格苏木陶利大队与鄂托克旗查布苏木斯仁音胡同大队相交界的 1 号界碑处。实心。红黏土与黄沙土堆筑。

烽火台保存较差。破坏严重。整体呈覆钵形。顶部有一地界水泥桩，周围有三道网围栏。烽火台现高 12、底部直径 94 米。

（三）鄂尔多斯市鄂托克旗

鄂托克旗境内有烽火台4座，不见关堡。（参见地图一一）

馒头烽火台（150623353201170001）

位于鄂托克旗查布苏木跃进大队西南35千米。实心。黄土夯筑，夯层明显，厚0.1～0.2米，30余层，夹杂小石块。

烽火台建在土质山梁上。整体保存较差。平面呈矩形，剖面呈梯形。顶部残损，主体坍塌，周围风沙侵蚀将烽火台三分之一掩埋。台体东、北壁风化成缓坡状，只西壁残存，轮廓较清晰，从顶部向下因雨水冲刷形成凹槽。烽火台现高7.6米，底部东西长13、南北长10.3米，顶部东西长7、南北长7.4米。

单墩烽火台（150624353201170002）

位于鄂托克旗查布苏木跃进大队西15千米。实心。黄土夯筑，夯层明显，厚0.1～0.2米。

烽火台建在土质山梁上。保存较差。平面呈近正方形，剖面呈梯形。风化使烽火台体积变小，表面长有野草。东壁从底至顶坍塌，形成斜坡；南壁与北壁局部坍塌。烽火台现高8米，底部边长14.5米，顶部东西长5.9、南北长5米。

土桥梁烽火台（150624353201170003）

位于鄂托克旗查布苏木跃进大队土桥梁村南0.1千米。实心。土石混筑。

烽火台建在土质山梁上。保存较好。呈覆斗形，结构和形制尚存。四壁有坍塌，形成斜坡。烽火台现高16.6米，底部东西长18.4、南北长15米，顶部东西长5.7、南北长7.8米。（彩图五一八）

烽火台南侧有一建筑基址，与台体相连。基址墙体宽1.8米，北墙与烽火台相连，南墙长11、东墙长8、西墙长8.5米。东墙上开一宽2米的门，西墙上开一宽1.5米的门。

石桥梁烽火台（150624353201170004）

位于鄂托克旗阿尔巴斯苏木陶利嘎查西北6千米。实心。土石混筑。

烽火台建在石质高山上。保存较差。轮廓不清，已坍塌，土石四落，形成一圆形土石堆。顶部西侧坍塌严重，底部呈缓坡。烽火台现高10米，底部直径24米，顶部东西长4、南北长6米。

（四）宁夏回族自治区银川市灵武市

灵武市境内有烽火台3座、堡1座。（参见地图一○）

郭家坑烽火台（640181353201170001）

位于灵武市磁窑堡镇郭家坑村西北1.2千米。实心。灰土和黄土混合夯筑，夯层清晰，厚约0.2米。

烽火台建在头道边南侧的平地上。保存较差。结构与形制遭到破坏，整体呈近覆斗形。顶部破坏严重，夯土大量流失。台体上长有少量野草，四壁布满鸟洞、鼠洞和蜂穴。底部被坍塌的夯土掩埋，厚约3米。南壁中部自上而下有一个坍塌形成的豁口；西壁和北壁有不同程度的坍塌。烽火台现高5.8米，底部东西长12、南北长12.5米，顶部东西长4.5、南北长4.7米。

烽火台北0.181千米为头道边墙、0.223千米为二道边墙体。

东庄子烽火台（6401813532011700002）

位于灵武市磁窑堡镇东庄子村北 2 千米。实心。灰土和黄土混合夯筑，夯层清晰，厚 0.15 ~ 0.2 米。

烽火台建在头道边南侧的平地上。保存较好。基本保持初始的结构与形制，整体呈覆斗形。顶部轻微残损；南壁中部偏西自上而下有坍塌形成的沟槽；其他三壁保存稍好，表面有多条纵向裂缝，宽 0.02 ~ 0.05 米，表面布满鸟类、鼠类和昆虫的洞穴。台体底部堆积坍塌的夯土。烽火台现高 11 米，底部东西长 13.2、南北长 12 米，顶部东西长 7、南北长 9.5 米。（图一四六）

烽火台有围院。平面呈矩形，北墙借用头道边墙体，其他为另筑墙体。东、南、西墙长分别为 53、51、53 米，东墙和西墙上有两个门，宽分别为 7.6、14 米。围墙现高 0.4 ~ 1、底宽 5 米。（彩图五一九）

烽火台北 0.021 千米为头道边墙体，（彩图五二〇）北 0.1 千米为二道边墙体。

张家边壕烽火台（6401813532011700003）

位于灵武市磁窑堡镇张家边壕村西北 1 千米。实心。灰土和黄土混合夯筑，夯层模糊，厚约 0.2 米。

烽火台建在头道边墙体南侧高地上。保存较差。结构和形制被破坏，形状不规则。台体破坏严重，已坍塌，夯土大多流失，变得非常低矮。烽火台现高 2 米；底部东西长 8、南北长 9 米；顶部形状不规则，长 0.3 ~ 1 米。

烽火台北 0.32 千米为头道边墙体、0.42 千米为二道边墙体。

毛卜剌堡（6401813531021700001）

位于灵武市磁窑堡镇东庄子村西北 0.3 千米、长城墙体南侧。北距特布德头道边墙体 0.078 千米。该堡平面呈矩形，周长 1036 米，面积 69958 平方米。设南门。堡内外有瓮城 1 座、角楼 4 座、马面 2 座、水井 1 口。（图一四七；彩图五二一）

该堡保存较好。轮廓清晰，墙体现高 2.5 ~ 5.8 米。西墙有一人为开挖的豁口，宽 3.6 米，是出入堡的通道。西墙和北墙沙土掩埋严重，部分地段沙土堆积到墙体腰部以上。南门外有瓮城，（彩图五二二）保存一般，夯土坍塌，墙体变得单薄。西北角楼破坏严重，其他角楼保存尚好。堡内被开垦成耕地，种植马铃薯、玉米、蔬菜等农作物。中部偏北有水井一口。堡外南 50 米有一个建筑基址。

该堡四墙长分别为 266、252、260、58 米。墙体、马面、角楼为黄土夯筑，夯层厚 0.2 ~ 0.25 米，夹杂小砾石。

东墙现高 3.6 ~ 5.8、底宽 6.5、顶宽 3 ~ 5.6 米。墙顶残留女墙，高约 0.1、宽约 0.2 米。墙上有一座马面，现高 5 米，底部东西长 10、南北长 7 米，顶部东西长 8、南北长 5 米。东墙外隐约可见壕沟，与墙体并行，距墙体 3 ~ 6 米，壕宽 3 ~ 10、长 160 米。

南墙现高 2.1 ~ 5.3、底宽 7.7、顶宽 0.6 ~ 3.5 米。正中设门，宽 6.3 米。南门外有瓮城，呈矩形，东西长 38、南北长 25 米，东向开门，门宽 6 米。南门和瓮城门塌毁，变成豁口，底部散落大量的砖，推测瓮有砖石。

西墙现高 2.5 ~ 5.8、底宽 12.2、顶宽 1 ~ 2.3 米。西墙外隐约可见壕沟，与墙体并行，距墙体 3 ~ 6 米，壕宽 3 ~ 11、长 100 米。

北墙现高 2.5 ~ 5.8、底宽 9、顶宽 0.8 ~ 4.9 米。（彩图五二三）北墙中部有一马面，现高 7.5 米，底部东西长 13、南北长 17 米，顶部东西长 10、南北长 10.5 米。马面底部四周散落大量的砖、瓦片，（彩图五二四）推测马面上曾有建筑。

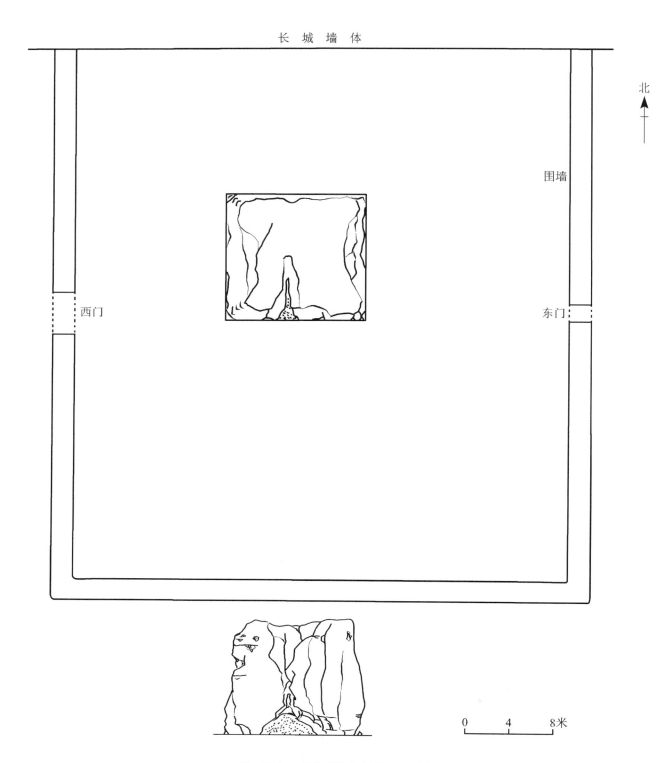

图一四六　东庄子烽火台平、立面图

　　堡有角楼4座。东南角楼现高11.9、底部边长19.5、顶部边长10米。东北角楼现高9.8米，底部东西长11、南北长15米，顶部东西长10.4、南北长5米。西北角楼现高9.4米，底部东西长8.8、南北长11.3米，顶部东西长3.8、南北长4.4米。西南角楼现高11米，底部边长19米，顶部东西长

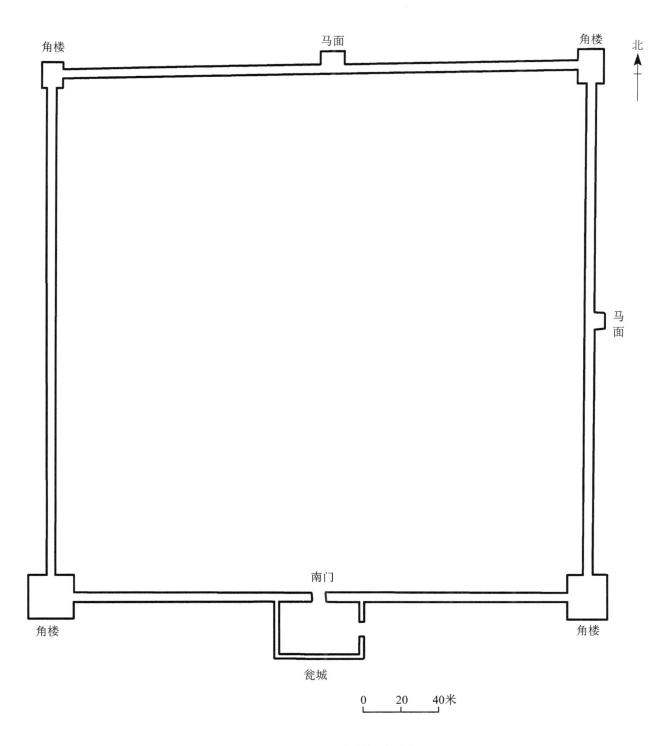

图一四七　毛卜剌堡平面图

8.3、南北长 8.2 米。

据《嘉靖宁夏新志》卷三载："东路兴武营守御千户所……领毛卜剌堡，西至清水营五十里，东至兴武营三十里。城周回一里七分，高二丈三尺。置旗军一百名、操守官一员、守堡官一员。征操马八十四匹、走骡二头、官厅一所、操守宅一所、仓一所、草场一所。"

（五）宁夏回族自治区吴忠市盐池县

盐池县境内有烽火台1座、营1座。（参见地图一〇）

潘家梁烽火台（640323353201170018）

位于盐池县高沙窝镇潘家梁村西北1千米。实心。四壁用红土与黄土夯筑，内部填充红土，夯层清晰，厚0.15~0.2米。

烽火台建在头道边与二道边之间的小山梁上。保存较差。结构和形制被破坏，形状不规则。顶部被破坏。东、北壁外侧夯筑部分坍塌，中间填充的红土外露；西、南壁保存稍好，中间各有一豁口。底部四周被坍塌的夯土掩埋，掩埋较薄。烽火台现高5.8米，底部东西长16.5、南北长17.1米，顶部东西长12.5、南北长13米。

烽火台东北0.21千米为二道边墙体，西南0.779千米为头道边墙体。

兴武营（640323353102170001）

为内蒙古自治区明长城调查队调查的唯一一座营城。位于盐池县高沙窝镇兴武营村西0.8千米、长城墙体南侧。北距特布德头道边墙体0.05千米。该营平面略呈矩形，周长2156米，面积286772平方米。营内外有城门2座、瓮城2座、角楼4座、马面17座、敌台1座、点将台1座。

该营堡存较好。轮廓清晰，墙体现高4.5~7.7米。南瓮城保存完整，西瓮城沙埋严重。四角楼现高7米以上，四壁有坍塌，有雨水冲刷的沟痕。营西墙和北墙沙埋严重，部分地段沙土堆积到墙体的腰部以上。营内被开垦成耕地，种植马铃薯、玉米、蔬菜等农作物。（彩图五二五）营墙、马面、角楼及瓮城甃有砖石，被拆毁。当地村民为方便出入，在营东墙开了一道口子。营北墙中部和南门楼上，当地居民各修了一座小庙，营内东墙下有一庙宇建筑群，其他地方有多所小庙。营内地表散落有大量建筑构件残块和瓷片。（彩图五二六）

该营东、南、西、北墙分别长614、476、586、480米。墙体、马面、角楼均为黄土夯筑，夯层厚0.15~0.2米。东墙夯土中可见红土和残砖等。

南墙现高5.4~7.6、底宽9、顶宽0.9~4米。南墙正中开门，门址宽4.9米，被填实，当地居民在上面建了一所关帝庙。（彩图五二七）南门外50米有建筑基址。南门外有瓮城，呈矩形，东西长39.2、南北长33.7米，西向开门，门宽6.5米。瓮城墙体现高约7.6、底宽约8.6、顶宽约4.8米。瓮城形制和结构保存较完整，墙体顶部和侧面比较平整。瓮城甃有砖石，被拆毁，砖散落于墙根。

南墙上有马面4座，由西向东命名为南墙1~4号马面。倚墙而建，平面和截面呈矩形。南墙1号马面现高7.5米，底部东西长6.5、向南凸出4.1米，顶部东西长4.7~6.2、向南凸出4.1米。南墙2号马面现高7.5米，底部东西长6.5、向南凸出4.2米，顶部东西长4.3~5.2、向南凸出3.6米。南墙3号马面现高7.6米，底部东西长7.4、向南凸出4.5米，顶部东西长3.5~7、向南凸出3.3米。南墙4号马面现高7.5米，底部东西长6.2、向南凸出5.1米，顶部东西长3.8~5.2、向南凸出4.2米。

西墙现高约7、底宽12.5、顶宽0.4~5.9米。正中开门，门宽6.4米，塌毁成豁口。西门外有瓮城，呈矩形，东西长29.9、南北长36米，南向开门，门宽9米，塌毁成豁口。瓮城墙现高6~7、底宽6.5、顶宽2~3.2米。

西墙上有马面4座，由南向北命名为西墙1~4号马面。倚墙而建，平面和截面呈矩形。西墙1号马面现高7.6米，底部南北长7.2、向西凸出4.1米，顶部南北长5~6.9、向西凸出3.5米。西墙2号马面现高7.4米，底部南北长8.2、向西凸出3.9米，顶部南北长6~7.8、向西凸出3.4米。西墙3号

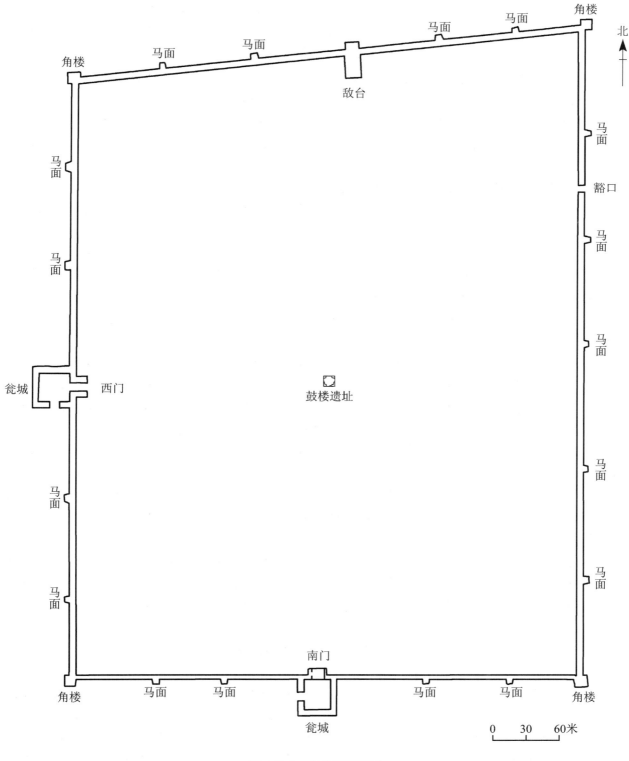

图一四八　兴武营平面图

马面现高 7.7 米，底部南北长 8.7、向西凸出 5.1 米，顶部南北长 6.8~8.6、向西凸出 4.6 米。西墙 4 号马面现高 7.6 米，底部南北长 9.1、向西凸出 4.6 米，顶部南北长 6.8~8.5、向西凸出 4.3 米。西墙及马面外侧土掩沙埋严重，部分地段沙土掩埋到腰部以上。

北墙现高约7.5、底宽11、顶宽0.5～3.3米。北墙中部有一敌台，现高7.8米，略高于北墙，东西长14、南北长19.5米，四周散落大量砖块和瓦片，推测台基上曾有建筑。当地居民在敌台上建有一座玉皇阁。北墙外隐约可见一堵与北墙并行的土墙，被沙土掩埋，顶宽约0.4米。（彩图五二八）

北墙上有马面4座，自西向东命名为北墙1～4号马面。倚墙而建，平面和截面呈矩形。北墙1号马面现高7.6米，底部东西长10.3、向北凸出3.4米，顶部东西长5～7、向北凸出2.9米。北墙2号马面现高7.7米，底部东西长6.5、向北凸出3.9米，顶部东西长4.3～6、向北凸出3.3米。北墙3号马面现高7.6米，底部东西长6.4、向北凸出4.8米，顶部东西长4.2～5、向北凸出4.4米。北墙4号马面现高7.5米，底部东西长8、向北凸出4.2米，顶部东西长4～5、向北凸出3.6米。北墙内外侧夯土有脱落，外侧沙土掩埋严重，部分地段沙土经掩埋到腰部以上。

东墙现高5.2～7.6、底宽10.1、顶宽0.3～3.3米。东墙上有一人为开挖的豁口，宽5.8米，是出入堡内外的通道。（彩图五二九）

东墙上有马面5座，自南向北命名为东墙1～5号马面。倚墙而建，平面和截面呈矩形。东墙1号马面现高8.4米，底部南北长8.5、向东凸出5.6米，顶部南北长5～5.5、向东凸出4.9米。东墙2号马面现高8.5米，底部南北长8.5、向东凸出4.5米，顶部南北长5.2～5.5、向东凸出2.5米。东墙3号马面现高8.3米，底部南北长15.3、向东凸出2.5米，顶部南北长5～7、向东凸出2米。东墙4号马面现高8.4米，底部南北长9、向东凸出4.2米，顶部南北长4.2～5、向东凸出3.8米。东墙5号马面现高8.5米，底部南北长8.5、向东凸出4.1米，顶部南北长4.3～6、向东凸出2.4米。

营四角有角楼，平面呈矩形，剖面呈梯形。西南角楼现高8.8米，底部东西长16、南北长15米，顶部东西长9、南北长7.9米。西北角楼现高11.5米，底部东西长19.1、南北长17米，顶部东西长11.5、南北长11.6米。东北角楼现高11.6米，底部东西长18.5、南北长18米，顶部东西长11.2、南北长8米。（彩图五三〇）东南角楼现高10米，底部东西长14.3、南北长16米，顶部南北长10.3、东西长11.7米。

营内有鼓楼遗址，民间俗称"点将台"，位于营中部，平面呈近正方形，东西长10.8、南北长11.3米，堆土高3.5米。遗址四角残留四个土台，现高1.3米，夯筑，夯层厚约0.15米。遗址上散落大量砖块、瓦片等。（彩图五三一）

营南1.1千米另有一座小城。（彩图五三二）形状不规则，东南角凸出。四墙长分别为63、54、50、46米，现高3.2～4.9米。东向开门，门位于东墙偏南，宽5.4米。小城有四角楼，现高4.9～5.5米。西墙中部有马面，现高5.8米，向西凸出3.7米。城内杂草丛生，散落大量砖块、瓦片。城外东南角散落大量青花瓷片。

营西南1.4千米有西坡寺遗址。（彩图五三三）为矩形土台，东西长45、南北长25米，高出地面2.5米。基址上散落大量砖块、瓦片。

据《嘉靖宁夏新志》卷三记载："东路兴武营守御千户所，建制沿革，本汉朔方郡河南地，旧有城，不详其何代、何名。惟遗废址一面，俗呼为'半个城'。正统九年，巡抚都御史金濂始奏置兴武营，就其旧基，以都指挥守备。成化五年，改守备为协同，分守东路。正德二年，总制右都御史杨一清奏改兴武营为守御千户所，属陕西都司。城周回三里八分，高二丈五尺。池深一丈三尺，阔二丈。西、南二门及四角皆有楼……领毛卜剌堡……边防，墙堑五十三里二分。"

第五章

乌海市明长城

乌海市境内明长城分布在海南区巴音陶亥镇黄河东岸，长39391.1米，由乌海市长城资源调查队调查。这段长城历史上被称为"陶乐长堤"，修筑相对简单，只是一道土墙，墙体上无敌台、马面等附属设施，沿线有烽火台7座，无关堡及相关遗存。（地图一二）

一 分布与走向

长城自宁夏回族自治区陶乐县越过都思兔河进入乌海市海南区巴音陶亥镇，沿黄河东岸向北延伸，至平沟农场河槽南岸消失。大体呈东南－西北走向。分为三段：

第一段从农场一队起，经农场二队、一棵树村、农场三队、巴音陶亥村、巴音陶亥镇、东红村、绿化一队、农场六队、农场七队、四道泉二队、四道泉六队至大桥村止，大体呈东南－西北走向。第二段起于大桥村西北0.2千米，沿黄河东岸向北穿行，经东风农场十队、雀儿沟三队、雀儿沟五队至向阳农场止，大体呈北－南走向。第三段自向阳农场西北0.8千米始，止于平沟农场西南0.7千米，呈东南－西北走向。

二 长城本体

此段长城全长39391.1米，按工作要求划分成39段，其中土墙17段、石墙3段、消失19段，分别长4862.1米、680米和33849米，各占该段长城墙体总长的12%、2%和86%。（参见地图一二）其分类长度统计如下表。（表二一）

表二一 乌海市明长城墙体分类长度统计表 （单位：米）

墙体类型 / 保存状况	土墙	石墙	砖墙	木障墙	山险墙	山险	河险	其他墙体	消失长城
较好	0	0	0	0	0	0	0	0	
一般	0	0	0	0	0	0	0	0	
较差	1633	362	0	0	0	0	0	0	33849
差	2877.5	318	0	0	0	0	0	0	
消失	351.6	0	0	0	0	0	0	0	
总计	4862.1	680	0	0	0	0	0	0	39391.1

下面依照调查情况，对乌海市境内明长城墙体由东南向西北逐段加以介绍。

农场一队长城 1 段（150303382101170001）

起自海南区巴音陶亥镇农场一队东南 1.5 千米，止于巴音陶亥镇农场一队东南 1.4 千米。为明长城在乌海市境内的第一段墙体。呈北－南走向。南接宁夏回族自治区境内长城段，北接农场一队长城 2 段。长 141.6 米。其中保存较差 87 米、差 40 米、消失 14.6 米，分别占此段墙体长度的 61%、28% 和 11%。

墙体为自然基础，红黏土、黄沙土混合堆筑，夹杂砂砾。墙体低矮，坍塌形成斜坡，无法分辨墙体与墙基，呈土垄状分布，表面高低不平，长满珍珠草和蒿草。墙体北部因挖排碱沟受到严重损毁，排碱沟宽 14.6、深 2.5 米。墙体现高 0.3 ~ 0.8、底宽 3.5 ~ 8.3 米。

农场一队长城 2 段（150303382301170002）

起自海南区巴音陶亥镇农场一队东南 1.4 千米，止于巴音陶亥镇农场一队东南 1.3 千米。呈北－南走向。南接农场一队长城 1 段，北接农场一队长城 3 段。长 240 米，已消失。

此地先被开垦为农田，后形成盐碱滩，使墙体消失。

农场一队长城 3 段（150303382101170003）

起自海南区巴音陶亥镇农场一队东南 1.3 千米，止于巴音陶亥镇农场一队东南 1.2 千米。呈北－南走向。南接农场一队长城 2 段，北接农场二队长城 1 段。长 203 米。其中保存较差 183 米、差 20 米，分别占此段墙体长度的 90% 和 10%。

墙体为自然基础，黄黏土、沙土混合堆筑。墙体低矮，坍塌形成斜坡，无法分辨墙体与墙基，呈土垄状分布，表面高低不平，长有白刺、芦草、盐蒿等植物，两侧生长红柳。墙体上有五处较大的深坑，最大的直径 4.1、深 0.7 米。墙体现高 0.26 ~ 2.04、底宽 3.6 ~ 8.5 米。（彩图五三四）

农场二队长城 1 段（150303382301170004）

起自海南区巴音陶亥镇农场一队东南 1.2 千米，止于巴音陶亥镇农场二队东北 1.5 千米。呈北－南走向。南接农场一队长城 3 段，北接农场二队长城 2 段。240 米，已消失。

此地先被开垦为农田，后形成盐碱滩，使墙体消失。

农场二队长城 2 段（150303382101170005）

起自海南区巴音陶亥镇农场二队东北 1.5 千米，止于巴音陶亥镇农场二队东北 1.4 千米。呈北－南走向。南接农场二队长城 1 段，北接一棵树长城 1 段。长 60 米。其中保存较差 10 米、差 33 米、消失 17 米，分别占此段墙体长度的 17%、55% 和 28%。

墙体为自然基础，灰黄土堆筑。墙体低矮，坍塌形成斜坡，无法分辨墙体与墙基，呈土垄状分布，表面高低不平，长有盐蒿、芦草等植物。开垦农田、开挖排碱沟等对墙体造成破坏，将墙体截断。墙体现高 0.3 ~ 0.8、底宽 3 ~ 6 米。

一棵树长城 1 段（150303382301170006）

起自海南区巴音陶亥镇农场二队东北 1.4 千米，止于巴音陶亥镇一棵树村西北 0.6 千米。呈北－南走向。南接农场二队长城 2 段，北接一棵树长城 2 段。长 255 米，已消失。

此地先被开垦为农田，后形成盐碱滩，使墙体消失。

一棵树长城 2 段（150303382101170007）

起自海南区巴音陶亥镇一棵树村西北 0.6 千米，止于巴音陶亥镇一棵树村西北 0.64 千米。呈北－南走向。南接一棵树长城 1 段，北接一棵树长城 3 段。长 68 米。其中保存差 59 米、消失 9 米，分别占此段墙体长度的 87% 和 13%。

墙体为自然基础，灰黄土堆筑。墙体低矮，呈土垄状分布，表面高低不平，长有盐蒿、芦草等植物。开垦农田、开挖排碱沟、修筑公路等对墙体造成破坏，变得坑坑洼洼。墙体现高 1.28～1.5、底宽 5.2～6.7 米。

一棵树长城 3 段（150303382301170008）

起自海南区巴音陶亥镇一棵树村西北 0.64 千米，止于巴音陶亥镇一棵树村东 0.916 千米。呈北－南走向。南接一棵树长城 2 段，北接农场三队长城。长 1300 米，已消失。

开垦耕地、取土、修渠等使墙体消失。地表长满盐蒿、芦草等植物。

农场三队长城（150303382101170009）

起自海南区巴音陶亥镇农场三队东 0.916 千米，止于巴音陶亥镇农场三队东北 0.9 千米，呈北－南走向。南接一棵树长城 3 段，北接巴音陶亥长城 1 段。长 857 米。其中保存较差 49 米、差 592 米、消失 216 米，分别占此段墙体长度的 1%、69% 和 30%。

墙体为自然基础，黄黏土、沙土堆筑，夹杂砂砾。墙体低矮，呈土垄状分布，表面高低不平，长有盐蒿、芦草等植物。开垦农田、开挖排碱沟、修筑公路等对墙体造成破坏，有数十条排碱渠穿过墙体。墙体周围生长白刺、芦草、盐蒿、红柳等植物。墙体现高 0.4～1.6、底宽 5～8 米。（彩图五三五）

巴音陶亥长城 1 段（150303382301170010）

起自海南区巴音陶亥镇农场三队东北 0.9 千米，止于巴音陶亥镇巴音陶亥村东南 0.214 千米。呈北－南走向。南接农场三队长城，北接巴音陶亥长城 2 段。长 1500 米，已消失。

开垦农田、开挖养鱼池等造成墙体消失。据当地村民介绍，部分墙体被巴音陶亥村居民房屋和乡村公路占压。

巴音陶亥长城 2 段（150303382101170011）

起自海南区巴音陶亥镇巴音陶亥村东南 0.214 千米，止于巴音陶亥镇巴音陶亥村西 0.02 千米。呈北－南走向。南接巴音陶亥长城 1 段，北接巴音陶亥长城 3 段。长 221.5 米，保存差。

墙体为自然基础，黄黏土、沙土堆筑，夹杂砂砾。人为因素对墙体破坏严重，村民将道路修筑在墙体上，起点墙体被推平，堆放杂物。个别地段民房依墙体而建，对墙体破坏严重。后半段墙体被当地村民推平当作道路。墙体现高 0.3～0.73、底宽 5.8～9 米。

巴音陶亥长城 3 段（150303382301170012）

起自海南区巴音陶亥镇巴音陶亥村西 0.02 千米，止于巴音陶亥镇东红村西南 0.5 千米。呈北－南走向。南接巴音陶亥长城 2 段，北接东红长城。长 1800 米，已消失。

此段墙体在建设工程中被破坏，现为公路、防洪渠、民房及农田。

东红长城（150303382101170013）

起自海南区巴音陶亥镇东红村西南 0.5 千米，止于巴音陶亥镇东红村西北 0.5 千米。呈北－南走向。南接巴音陶亥长城 3 段，北接绿化一队长城 1 段。长 265 米，保存差。

墙体为自然基础，红黏土、黄沙土堆筑，夹杂砂砾。墙体低矮，呈土垄状分布。部分地段因农业生产、取土建房、修筑道路等使墙体损毁严重，有取土形成的坑洼。2007 年初次调查时个别地段的墙体保存尚好，2008 年复查时发现，当地居民在开垦耕地、修路、修渠中有破坏墙体的事件发生，调查人员及时劝止，并进行了宣传。墙体现高 0.8～1.23、底宽约 1 米。

绿化一队长城 1 段（150303382301170014）

起自海南区巴音陶亥镇东红村西北 0.5 千米，止于巴音陶亥镇绿化一队村东南 0.45 千米。呈东南－西北走向。南接东红长城，北接绿化一队长城 2 段。长 1500 米，已消失。

开垦农田、修水渠、取土修路等造成墙体消失。

绿化一队长城 2 段（1503033382101170015）

起自海南区巴音陶亥镇绿化一队东南 0.45 千米，止于巴音陶亥镇绿化一队东北 0.335 千米。呈东南－西北走向。南接绿化一队长城 1 段，北接绿化一队长城 3 段。长 205 米。其中保存较差 125 米、差 31 米、消失 49 米，分别占此段墙体长度的 61%、15% 和 24%。

墙体为自然基础，红黏土、黄沙土堆筑，夹杂砂砾。墙体低矮，呈土垄状分布，上面杂草丛生，两侧为农田，有灌溉渠，墙体受到破坏。当地村民为种田方便，在墙体上挖开缺口。墙体现高 1 ~ 1.7、底宽 4 ~ 4.8 米。（彩图五三六）

绿化一队长城 3 段（1503033382301170016）

起自海南区巴音陶亥镇绿化一队东北 0.335 千米，止于巴音陶亥镇农场六队东南 0.516 千米。呈东南－西北走向。南接绿化一队长城 2 段，北接农场六队长城 1 段。长 663 米，已消失。

开垦农田、开挖水渠及取土修路等造成墙体消失。

农场六队长城 1 段（1503033382101170017）

起自海南区巴音陶亥镇农场六队东南 0.516 千米，止于巴音陶亥镇农场六队东南 0.483 千米。呈东南－西北走向。南接绿化一队长城 3 段，北接农场六队长城 2 段。长 52 米，保存较差。

墙体为自然基础，红黏土、黄沙土堆筑。墙体低矮，呈土垄状分布，上面长有珍珠草、蒿草。位于农田中，农田开垦、自然坍塌、植物生长等是破坏墙体的主要因素。墙体现高 0.56 ~ 1.8、底宽 6.8 ~ 8.4 米。（彩图五三七）

农场六队长城 2 段（1503033382301170018）

起自海南区巴音陶亥镇农场六队东南 0.483 千米，止于巴音陶亥镇农场七队东南 0.241 千米。呈东南－西北走向。南接农场六队长城 1 段，北接农场七队长城 1 段。长 813 米，已消失。

开垦农田、修水渠、取土、修路、盐碱化等造成墙体消失。

农场七队长城 1 段（1503033382101170019）

起自海南区巴音陶亥镇农场七队东南 0.241 千米，止于巴音陶亥镇农场七队东 0.096 千米。呈东南－西北走向。南接农场六队长城 2 段，北接农场七队长城 2 段。长 184 米，保存差。

墙体为自然基础，黄土夹砂堆筑。墙体低矮，呈土垄状分布，底宽顶窄，剖面略呈半椭圆形。墙体上长有杂草。墙体现高 0.3 ~ 0.8、底宽 4.6 ~ 6.1 米。

农场七队长城 2 段（1503033382301170020）

起自海南区巴音陶亥镇农场七队东 0.096 千米，止于巴音陶亥镇四道泉二队西北 0.269 千米。呈东南－西北走向。南接农场七队长城 1 段，北接四道泉二队长城 1 段。长 760 米，已消失。

开垦农田、修水渠、取土、修路、盐碱化、沙化等造成墙体消失。

四道泉二队长城 1 段（1503033382101170021）

起自海南区巴音陶亥镇四道泉二队西北 0.269 千米，止于巴音陶亥镇四道泉二队西北 0.517 千米。呈东南－西北走向。南接农场七队长城 2 段，北接四道泉二队长城 2 段。长 249 米，保存较差。

墙体为自然基础，黄土夹砂堆筑，夹有砂砾和石块。墙体低矮，呈土垄状分布，高低不平，生长大量芨芨草、白刺、蒿草等植物。墙体现高 1.3 ~ 1.95、底宽 3.2 ~ 4.4 米。（彩图五三八）

四道泉二队长城 2 段（1503033382301170022）

起自海南区巴音陶亥镇四道泉二队西北 0.517 千米，止于巴音陶亥镇四道泉六队西南 1.3 千米。呈东南－西北走向。南接四道泉二队长城 1 段，北接四道泉六队长城 1 段。长 192 米，已消失。

开垦土地、挖灌溉渠、修路、取土、自然坍塌等造成墙体消失。

四道泉六队长城1段（150303382101170023）

起自海南区巴音陶亥镇四道泉六队西南1.3千米，止于巴音陶亥镇四道泉六队西南0.9千米。呈北-南走向。南接四道泉二队长城2段，北接四道泉六队长城2段。长636米，其中保存较差179米、差411米、消失46米，分别占此段墙体长度的28%、65%和7%。

墙体为自然基础，黄土夹砂堆筑，夹有砂砾和石块。墙体低矮，呈土垄状分布，高低不平，生长大量芨芨草、白刺、蒿草等植物。灌渠将墙体多处截断，人为取土对墙体有破坏。墙体现高0.8~2、底宽3~8米。

四道泉六队长城2段（150303382301170024）

起自海南区巴音陶亥镇四道泉六队西南0.9千米，止于巴音陶亥镇大桥村东南0.423千米。呈东南-西北走向。南接四道泉六队长城1段，北接大桥村长城1段。长3600米，已消失。

开垦农田、修水渠、取土、修路、盐碱化等造成墙体消失。

大桥村长城1段（150303382101170025）

起自海南区巴音陶亥镇大桥村东南0.423千米，止于巴音陶亥镇大桥村东南0.37千米。呈东南-西北走向。南接四道泉六队长城2段，北接大桥村长城2段。长53米，保存较差。

墙体位于一片沙枣林中。自然基础。黄黏土、沙土混合堆筑，夹有砂砾。墙体的土层大多剥落流失，比较低矮，呈土垄状分布，表面散落碎石子。墙体现高0.7~1.5、底宽8~8.7米。（彩图五三九）

大桥村长城2段（150303382301170026）

起自海南区巴音陶亥镇大桥村东南0.37千米，止于巴音陶亥镇大桥村东0.051千米。呈东南-西北走向。南接大桥村长城1段，北接大桥村长城3段。长342米，已消失。

开垦土地、修渠、盐碱化、沙化、筑防洪水沟等致墙体消失。

大桥村长城3段（150303382101170027）

起自海南区巴音陶亥镇大桥村东0.051千米，止于巴音陶亥镇大桥村西北0.285千米。呈东南-西北走向。南接大桥村长城2段，北接大桥村长城4段。长531米，保存较差。

墙体为自然基础，黄土夹砂石堆筑。墙体分布在农田中，呈土垄状，由于坍塌变得低矮、疏松、濒临消失。墙体由此向西北拐入黄河河堤，由于黄河改道被破坏，消失。墙体现高0.2~0.9、底宽4.5~5.2米。

大桥村长城4段（150303382301170028）

起自海南区巴音陶亥镇大桥村西北0.285千米，止于巴音陶亥镇东风农场十队东北1.1千米。呈北-南走向。南接大桥村长城3段，北接东风农场十队长城1段。长3500米，已消失。

此段消失墙体从大桥村开始，向北经东风农场十队达黄河岸边砂石厂止。据当地村民介绍，墙体顺山体西坡呈南北向蜿蜒延伸，因农业生产、开山建厂、建房、垒院墙、洪水冲刷等因素破坏消失。

东风农场十队长城1段（150303382102170029）

起自海南区巴音陶亥镇东风农场十队东北1.1千米，止于巴音陶亥镇东风农场十队东北1.3千米。呈北-南走向。南接大桥村长城4段，北接东风农场十队长城2段。长196米，保存较差。

此段墙体为石墙，自然基础，墙体砌筑在山体岩石上。整体保存较差，只残存一层，较窄。砌筑墙体的石料就地取材，以黄砂石为主，石块较大，最大石块边长30厘米，毛石干垒。由于年久失修，墙体坍塌严重，变得低矮，中部有冲沟穿过。墙体现高0.35~0.8、底宽1.1~1.3米。

墙体蜿蜒于海南区雀儿沟山西坡，越往东山体越高，西临南北走向的黄河。

东风农场十队长城 2 段（150303382301170030）

起自海南区巴音陶亥镇东风农场十队东北 1.3 千米，止于巴音陶亥镇东风农场十队东北 1.5 千米。呈北－南走向。南接东风农场十队长城 1 段，北接东风农场十队长城 3 段。长 278 米，已消失。

农业生产、开山建厂、村民建房、垒院墙、洪水冲刷等致墙体消失。

东风农场十队长城 3 段（150303382102170031）

起自海南区巴音陶亥镇东风农场十队东北 1.5 千米，止于巴音陶亥镇东风农场十队东北 1.7 千米。呈北－南走向。南接东风农场十队长城 2 段，北接雀儿沟三队长城 1 段。长 166 米，保存较差。

此段墙体为石墙，自然基础，砌筑在山体岩石上。以山体上的黄砂石为材料，石块较大，边长 0.3 米，毛石干垒，错缝平砌。墙体大多剥蚀脱落，变得低矮，只残留墙体基础，断断续续。墙体现高 0.2~1.2、底宽 1.1~1.3 米。

雀儿沟三队长城 1 段（150303382301170032）

起自海南区巴音陶亥镇东风农场十队东北 1.7 千米，止于巴音陶亥镇雀儿沟三队东南 0.561 千米。呈北－南走向。南接东风农场十队长城 3 段，北接雀儿沟三队长城 2 段。长 1600 米，已消失。

农业生产、开山建厂、建房、垒院墙、洪水冲刷等致墙体消失。

雀儿沟三队长城 2 段（150303382101170033）

起自海南区巴音陶亥镇雀儿沟三队东南 0.561 千米，止于巴音陶亥镇雀儿沟三队东南 0.452 千米。呈北－南走向。南接雀儿沟三队长城 1 段，北接雀儿沟三队长城 3 段。长 113 米，保存较差。

墙体基础不详，黄土夹砂石堆筑。因长年风化、沙化及人为因素破坏，墙体坍塌严重，呈土垄状分布，保存低矮，濒临消失。墙体现高 0.85~1、底宽 8.6~11 米。

雀儿沟三队长城 3 段（150303382301170034）

起自海南区巴音陶亥镇雀儿沟三队东南 0.452 千米，止于巴音陶亥镇雀儿沟二队西北 0.261 千米。呈北－南走向。南接雀儿沟三队长城 2 段，北接雀儿沟二队长城。长 1300 米，已消失。

农业生产、开地、建房、洪水冲刷等致墙体消失。

雀儿沟二队长城（150303382101170035）

起自海南区巴音陶亥镇雀儿沟二队西北 0.261 千米，止于巴音陶亥镇雀儿沟二队西北 0.567 千米。呈北－南走向。南接雀儿沟三队长城 3 段，北接向阳农场长城 1 段。长 490 米，保存差。

此段长城建在黄河东岸二级台地上，与黄河平行。墙体基础不详，黄土夹砂石堆筑。墙体严重坍塌，呈土垄状分布，高低不平。有一冲沟将墙体截断，宽约 7 米。墙体现高 0.5~0.8、底宽 8~11 米。

向阳农场长城 1 段（150303382301170036）

起自海南区巴音陶亥镇雀儿沟二队西北 0.567 千米，止于巴音陶亥镇向阳农场西北 0.897 千米。呈南－北走向。南接雀儿沟二队长城，北接向阳农场长城 2 段。长 5100 米，已消失。

开垦耕地、建房、洪水冲刷等致墙体消失。

向阳农场长城 2 段（150303382101170037）

起自海南区巴音陶亥镇向阳农场西北 0.897 千米，止于巴音陶亥镇向阳农场西北 1.3 千米。呈南－北走向。南接向阳农场长城 1 段，北接平沟农场长城 1 段。长 533 米，保存较差。

此段长城建于黄河东岸二级台地上，与黄河平行。墙体基础不详，黄土夹砂石堆筑。墙体坍塌严重，呈土垄状分布，保存低矮，高低不平。墙体上长满杂草，基部长有沙枣树。部分墙体顶部挖有灌溉渠，立有修渠的标志桩，破坏严重。墙体现高 0.8~1、底宽 6.6~9.4 米。

平沟农场长城 1 段（150303382301170038）

起自海南区巴音陶亥镇向阳农场西北 1.3 千米，止于巴音陶亥镇东风农场六队北 1 千米。呈南 - 北走向。南接向阳农场长城 2 段，北接平沟农场长城 2 段。长 8800 米，已消失。

据当地村民介绍，此处初建村庄时尚有土墙存在，因开垦耕地、建房、洪水冲刷、风雨侵蚀、沙化等致墙体消失。

平沟农场长城 2 段（150303382102170039）

起自海南区巴音陶亥镇东风农场六队北 1 千米，止于巴音陶亥镇平沟农场西南 0.752 千米。呈南 - 北走向。此段长城是乌海市境内明长城的终点，南接平沟农场长城 1 段，向北再无明长城出现。长 318 米，保存差。

该段墙体建在黄河东岸二级台地上。石筑墙体，自然基础，用大小不一的毛石块干垒。墙体整体保存差，较低矮，只可看出基础部分，长有野草，高低不平，局部痕迹模糊，濒临消失。农业生产、建房等对墙体有破坏，有两处豁口，分别宽 1.5、6 米。墙体后半段有一座河神庙建在墙体上。墙体现高 0.1 ~ 0.3、底宽 0.6 ~ 1.5 米。

三　附属设施

乌海市明长城沿线只有烽火台，共 7 座，未见关堡，均分布于海南区。（参见地图一二）

红墩烽火台（150303353201170001）

位于海南区巴音陶亥镇红墩村东 6.3 千米，又名红墩台。实心，构筑方式比较特别。底部 12.7 米以下红黏土夯筑，土质较细，夯层明显，厚约 0.27 米。夯土层以上至顶用土坯垒砌，高约 1.3 米。台体外侧青砖包砌，青砖脱落流失，多为不规则的半截砖。

烽火台保存较好。台体较高，平面呈矩形，剖面呈梯形。顶部坍塌，高低不平；东北角顶部向下有两处因雨水侵蚀形成的沟槽，宽 3.1 米；东北壁坍塌形成斜坡；南、西壁及西北角保存较好。底部东北角有登台步道，只发现两层台阶，长 0.5、宽 0.25 米，阶高 0.3 米，两侧砌有立砖。烽火台现高 14.07 米，底部东西长 27.5、南北长 32.6 米，顶部东西长 6.76、南北长 9.4 米。（图一四九；彩图五四〇）

烽火台北 11 米残存一段围墙。北墙长 55.7 米、东墙残留 12 米、西墙残留 13 米，墙体现高 0.2、宽 3 米。

烽火台位于长城墙体东南侧，西北距农场一队长城 1 段 13.6 千米。

东红烽火台（150303353201170002）

位于海南区巴音陶亥镇东红村东北 0.05 千米。实心。红黏土夯筑而成，夯层明显，厚 0.15 ~ 0.2 米。

烽火台建在高台上。保存较好。台体高大，轮廓清晰。平面呈矩形，剖面呈梯形，整体呈覆斗形。顶部坍塌，台体受风雨侵蚀而表土剥落，外壁有原木腐朽后留下的孔洞。南、东、北壁保存较好，西壁中部有水冲形成的沟槽和豁口，可攀登。烽火台东北不远处有一座现代砖场，就近取土威胁到了烽火台的安全。烽火台现高 9.3 米，底部东西长 22.4、南北长 18.6 米，顶部东西长 9.21、南北长 9.09 米。（图一五〇；彩图五四一）

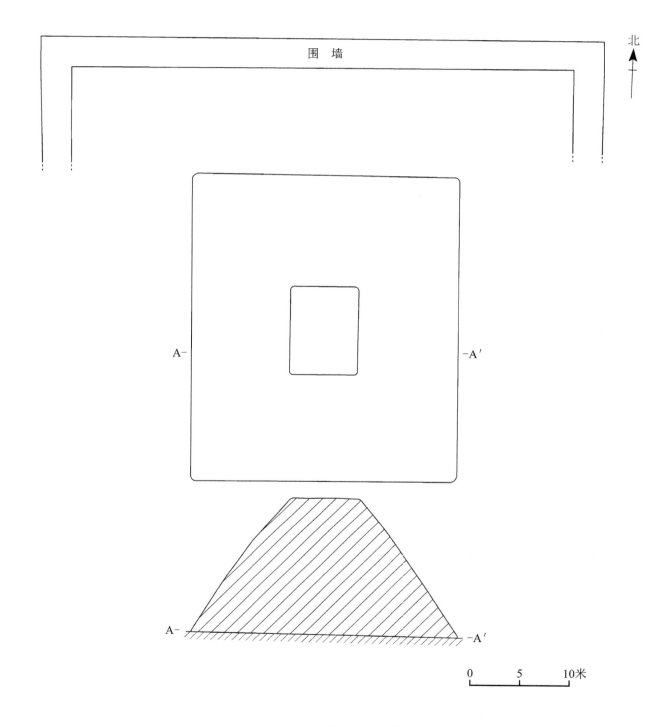

图一四九　红墩烽火台平、剖面图

　　烽火台西、北侧 10 米残存有两道土垄，一为南北向，一为东西向，分别长 5 米和 2 米，宽 2.1 米和 1.2 米，高约 0.02 米，疑似围墙残迹。

　　烽火台位于长城墙体东南侧，西北距东红长城 0.5 千米。

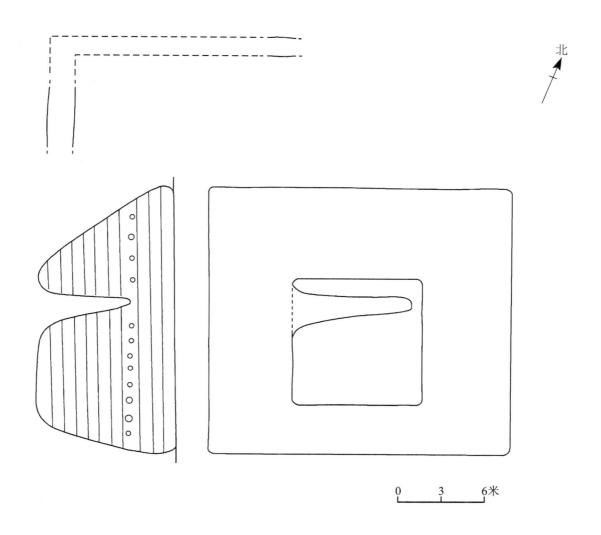

图一五○　东红烽火台平、立面图及其围墙平面图

渡口1号烽火台（150303353201170003）

位于海南区巴音陶亥镇渡口黄河大桥东北 0.8 千米。实心。土石混筑。内部残留有构筑烽火台时搭设的木椽，木椽间隔 1.5 米。

烽火台位于一废弃的碱厂内，保存一般。平面呈矩形，剖面呈梯形，整体呈覆斗形。台体受风雨侵蚀破坏，顶部残损，四壁坍塌成斜坡。北壁木椽外露，隐约有登台步道，痕迹很模糊。底部长有大量杂草，北侧塌陷形成大坑，露出基岩，东侧、西侧部分被碱厂平整场地时推平，用作煤场。烽火台现高 21 米，底部东西长 30.6、南北长 29.6 米，顶部东西长 9、南北长 11.3 米。（彩图五四二）

烽火台位于长城墙体东北侧，西南距大桥村长城 4 段 1 千米。烽火台建在黄河二级台地的山顶之上，西距黄河 0.42 千米。

渡口2号烽火台（150303353201170004）

位于海南区巴音陶亥镇渡口 1 号烽火台东北 0.6 千米。实心，毛石块垒砌。

烽火台建在黄河二级台地的山顶之上。保存较差。整体坍塌成一个石堆，比较低矮，顶部长有白刺。烽火台现高4米，底部边长8米，顶部东西长3.9、南北长4米。

烽火台位于长城墙体东北侧，西南距大桥村长城4段1.6千米。

拉僧庙1号烽火台（150303353201170005）

位于海南区公乌素镇拉僧庙村南2千米河槽南岸山顶之上。此烽火台为汉代修筑，明代沿用。实心。毛石垒砌。

烽火台保存一般。整体坍塌呈堆状，顶部被现代人用作祭祀台，有现代的瓷佛、菩萨像及贡物等。四壁坍塌成斜坡，长有杂草和四合木。烽火台北侧为山体峭壁，南侧倾斜呈斜坡状，使得台体略显高大。烽火台现高12米，底部东西长23.1、南北长18.8米，顶部东西长8.6、南北长5.8米。烽火台周围散落有细绳纹灰陶片和素面灰陶片，为汉代罐、壶、钵的残片。

烽火台位于长城墙体东北侧，西南距雀儿沟二队长城2.9千米。

拉僧庙2号烽火台（150303353201170006）

位于海南区公乌素镇拉僧庙南村3千米河槽南岸山顶西0.57千米。实心。毛石垒砌。

烽火台保存较差。石块被人为搬取，现只残留有基础部分，长满蒿草。烽火台现高0.95米，底部东西长8.7、南北长8.8米，顶部边长6.9米。

烽火台位于长城墙体东北侧，西南距雀儿沟二队长城2.4千米。

二道坎烽火台（150303353201170007）

位于海南区巴音陶亥镇东风六队东北1.5千米。实心。构筑方式比较特别，底部采用石包土的筑法，顶部土坯垒砌。烽火台自基部以上10米为石包土筑法，外壁用毛石块夹红黏土砌筑，中间填充碎石块和杂土。地基以上每隔1.5米平铺有细原木，起拉筋作用，极似现代的钢筋混凝土建筑法。顶部用红黏土土坯垒砌，土坯垒砌部分高约4米，土坯一般长34、宽18、厚9厘米。台顶四周有土坯垒砌的垛墙痕迹，宽1米。顶部东侧有一处豁口，宽0.8米，为排水渠。（图一五一；彩图五四三、五四四）

烽火台建在黄河二级台地的砂石梁上。保存较好。高大雄伟，轮廓清晰。平面呈矩形，剖面呈梯形。顶部残损，东南部、东部、东北部的石块、木椽外露；南、北壁残留二分之一；西壁从顶部向下坍塌成斜坡。烽火台现高14米；底部平面呈正方形，边长22米；顶部平面呈矩形，东西长10、南北长12米。

烽火台有三道围墙。平面均呈正方形，逐层相套。烽火台东壁外侧29米为第一道围墙，边长71、现高0.1～0.3、宽1.1～1.5米，呈土垄状。外37米为第二道围墙，边长80、现高0.3、宽1米。外43米为第三道围墙，边长93、现高0.3、宽1米。第三道围墙的南、西墙同第二道围墙的南、西墙合二为一。

烽火台位于长城墙体东南侧，西北距平沟农场长城2段0.63千米。

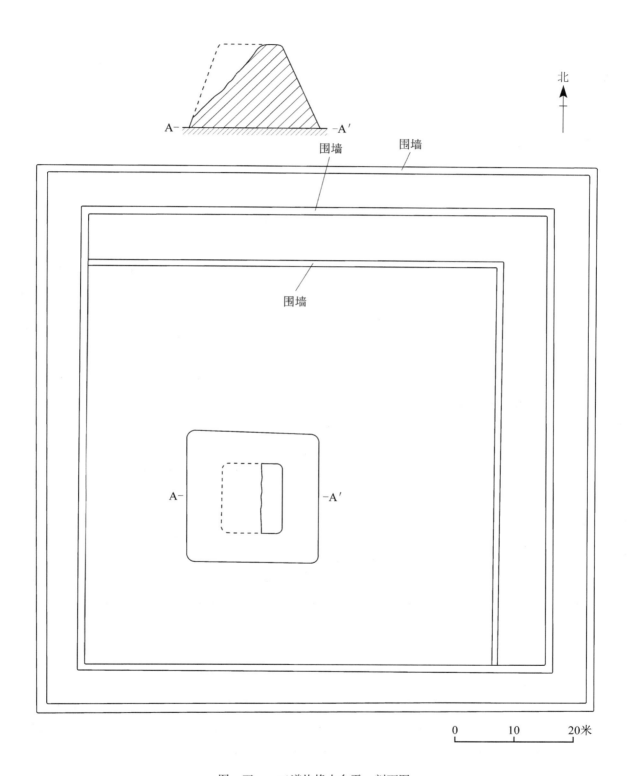

图一五一　二道坎烽火台平、剖面图

第六章

阿拉善盟明长城

阿拉善盟明长城主要分布于阿拉善左旗巴润别立镇上海嘎查及巴彦朝格图嘎查境内，全长 79592 米，有大边和二边。大边靠南，长 34803 米，现为内蒙古自治区与宁夏回族自治区的界线；二边居北，长 44789 米，分布于阿拉善左旗境内。这部分长城由阿拉善盟明长城资源调查队调查。由于两道边墙相距较近，命名上采用同一地名，为了加以区分，对二边长城本体及附属设施命名时加入"二边"字样，大边则直接以最小辖区命名。

长城沿线有敌台 25 座、烽火台 28 座、堡 5 座、相关遗存 2 处（居住址 1 处、石刻 1 处）。烽火台和关堡分布于长城两侧，东侧居多，以行政区划划分，归宁夏回族自治区管辖，本节的论述会对宁夏回族自治区境内的相关情况有所涉及。（地图一三）具体如下表所示。（表二二）

表二二　阿拉善盟明长城数据简表

长城资源 分布行政区域	长城本体				附属设施		相关遗存
	大边		二边		烽火台 （座）	关堡 （座）	
	墙体（米）	敌台（座）	墙体（米）	敌台（座）			
阿拉善左旗	34803	18	44789	7	20	0	2 处
宁夏回族自治区银川市永宁县	0	0	0	0	4	3	0
宁夏回族自治区吴忠市青铜峡市	0	0	0	0	4	2	0

一　分布与走向

根据内蒙古自治区文物局与宁夏回族自治区文物局签署的调查协议，大边自东经 105°49′24.00″、北纬 38°20′48.9″至东经 105°46′42.30″、北纬 38°05′00.00″归内蒙古自治区明长城资源调查队调查，连带调查大边长城本体两侧 1 千米范围内的二边墙体和其他相关遗存。本文所述，仅限于协议调查范围之内。具体情况分段介绍如下：

赤木口长城、赤木口长城二边、磨石口长城、磨石口长城二边、北岔口长城 1~5 段，分布于巴润别立镇上海嘎查境内。赤木口长城大体呈东北－西南走向；赤木口长城二边位于赤木口长城西侧，大体呈西北－东南走向。磨石口长城大体呈东北－西南走向；磨石口长城二边位于磨石口长城西侧，1~

5 段大体呈东南 – 西北走向，6、11 ~ 17 段大体呈东北 – 西南走向，7 ~ 10 段依山形走势修筑，大体自东向北再向西，呈圆弧形走向。北岔口长城 1 ~ 5 段大体呈东北 – 西南走向。

北岔口长城 6 ~ 8 段、北岔口长城二边、柳木高长城、柳木高长城二边、围沟长城二边、乌兰库特勒长城二边、乌兰哈夏长城二边分布于巴润别立镇巴彦超格图嘎查境内。北岔口长城 6 ~ 8 段大体呈东 – 西走向，北岔口长城二边 6 段为西北 – 东南走向，其他各段大体呈北 – 南走向，柳木高长城及西侧的柳木高长城二边大体呈南 – 北走向，围沟长城二边大体呈南 – 北走向，乌兰库特勒长城二边大体呈东北 – 西南走向，乌兰哈夏长城二边大体呈东北 – 西南走向。

二　长城本体

（一）阿拉善盟明长城大边

大边长 34803 米，划分为 62 段，包括土墙 36 段、石墙 1 段、山险墙 2 段、消失 23 段，分别长 28682 米、73 米、2315 米和 3733 米，分别占大边总长的 82.4%、0.2%、6.7%、10.7%。大边中有敌台 18 座。（参见地图一三）其分类长度统计如下表。（表二三）

表二三　阿拉善盟明长城大边墙体分类长度统计表　　　　　　（单位：米）

墙体类型 / 保存状况	土墙	石墙	砖墙	木障墙	山险墙	山险	河险	其他墙体	消失长城
较好	4802	0	0	0	0	0	0	0	
一般	14353	73	0	0	1342	0	0	0	
较差	6483	0	0	0	0	0	0	0	3733
差	2174	0	0	0	925	0	0	0	
消失	870	0	0	0	48	0	0	0	
总计	28682	73	0	0	2315	0	0	0	34803

赤木口长城 1 段（152921382101170001）

起自阿拉善左旗巴润别立镇上海嘎查东 10.62 千米，止于巴润别立镇上海嘎查东 10.56 千米。这是明长城大边在阿拉善左旗境内的第一段墙体，呈东北 – 西南走向。西接赤木口长城 2 段。长 114 米。其中保存一般 49 米、消失 65 米，分别占此段墙体长度的 43% 和 57%。

墙体为人工基础，用石块堆砌，高 0.2 ~ 0.3 米。墙体用黄土夯筑，夯层厚 0.2 ~ 0.4 米，土质较疏松，内夹细碎石粒。墙体起点西 6.5 米处底部有一 0.85 米见方的石砌排水设施，基本采用长 1.4、宽 0.4、厚 0.2 米的条石搭建，贯穿墙体。墙体表面夯土有剥落，顶部坍塌，表面因风蚀形成大小、深浅不一的孔洞。有一条西北 – 东南走向的水沟将墙体拦腰截断，形成长 65 米的消失段。墙体现高 5 ~ 7.5、底宽 8 ~ 14、顶宽 1.3 ~ 2.3 米。（彩图五四五）

墙体上有敌台 1 座，即赤木口 1 号敌台。

赤木口 1 号敌台（152921352101170001）：位于阿拉善左旗巴润别立镇上海嘎查东 10.55 千米。实心，骑墙而建。黄土夯筑，夯层厚约 0.2 米，土质较疏松，内夹杂大量碎石。

敌台保存较差。平面呈矩形，剖面呈梯形，自下而上有收分。顶部有残损；西南壁保存较好，可见初始风貌，基部有一高1.2、宽2、进深1米的盗洞；其他三壁有不同程度崩塌，东北壁坍塌较严重，自台体中心断裂坍塌，整体形制遭到破坏。敌台现高6米，底部东西长8、南北长6米，顶部东西长5、南北长2.5米。敌台顶部有黑色灰烬。（彩图五四六）

赤木口长城2段（152921382101170002）

起自阿拉善左旗巴润别立镇上海嘎查东10.56千米，止于巴润别立镇上海嘎查东11.94千米。呈西北-东南走向。上接赤木口长城1段，下接赤木口长城3段。长1743米。其中保存较好1305米、一般213米、较差127米、消失98米，分别占此段墙体长度的75%、12%、7%和6%。

部分地段墙体为人工基础，石块堆砌，高0.2米。主体黄土混合细沙夯筑，夯层厚0.2~0.25米，内夹细碎石粒。局部可见二次加工痕迹。墙体有1305米形制清晰，保存较好，墙体现高（包括女墙）6~7、底宽6~8、顶宽（包括踏面）4米；顶部残留女墙，高0.8、宽0.6米；墙体表面有风蚀形成的洞孔，底部有风蚀现象。有213米保存一般，现高5~6、底宽6~8、顶宽4米，墙体有不同程度的夯土剥落，表面受雨水冲刷形成凹槽，顶部塌落。有127米保存较差，墙体病害较多，主体崩塌，受洪水冲刷形成垂直断裂，夯土大块剥离、倒塌，两侧因夯土坍塌形成斜坡，墙体现高约3、宽3~4米，顶部受风雨侵蚀形成锯齿状的豁口。有98米消失，是因为长城处于贺兰山边缘，有多处水沟汇集，山水冲刷破坏所致。（彩图五四七）

墙体上有敌台1座，即赤木口2号敌台。

赤木口2号敌台（152921352101170002）：位于阿拉善左旗巴润别立镇上海嘎查东11.94千米。实心，骑墙而建。黄土夯筑，夯层厚0.2米，土质较疏松，内夹杂细碎石砾。

敌台保存一般。平面呈矩形，剖面呈梯形，自下而上有收分。台体坍塌严重，夯土剥落，大块夯土垂直断裂、崩塌，夯土风化，在底部形成45°斜坡。台体顶部破坏严重，顶部夯土内有散乱的石块。残存女墙，宽0.23、高0.1~0.6米。敌台现高6.5米，底部东西长12、南北长11米，顶部东西长5.5、南北长4米。（彩图五四八）

敌台东南16.5米处起由西向东排列3座附燧，平面呈近矩形，石块堆砌，已坍塌，面积均约2.3米×2.7米，高0.1~0.6米，自东向西间距为11、15米。敌台正北50米、拐向东19米起排列4座附燧，呈近正方形，石块堆砌，已坍塌，面积均约2.5米×2.4米，高0.2~0.8米，自西向东间距依次为17、10.5、12米。

赤木口长城3段（152921382101170003）

起自阿拉善左旗巴润别立镇上海嘎查东11.94千米，止于巴润别立镇上海嘎查东南12.62千米。呈北-南走向。上接赤木口长城2段，下接赤木口长城4段。长1112米。其中保存一般748米、较差55米、差111米、消失198米，分别占此段墙体长度的67%、5%、10%和18%。

墙体为自然基础，黄土夯筑，夯层厚0.15~0.2米，土质细密，内夹杂细碎石块。墙体受自然因素破坏严重，部分墙体倒塌，存在风蚀现象。墙体有748米保存一般，现高6~7、底宽7、顶宽3.7米，受风雨侵蚀夯土大块剥落，顶部形成锯齿状豁口，基部有风蚀悬空现象。有55米保存较差，墙体西侧夯土多剥离倒塌，在底部形成45°斜坡；墙体断裂，有纵有横；部分墙体顶部夯土崩塌，几近锐角，墙体现高3~7、底宽7、顶宽约1米。有111米保存差，基本呈土垄状，现高1~4、宽4~8米。有198米消失，是因为长城处于贺兰山边缘，有多处水沟汇集，山水冲刷破坏。（彩图五四九）

墙体上有敌台1座，即赤木口3号敌台。

赤木口3号敌台（152921352101170003）：位于阿拉善左旗巴润别立镇上海嘎查东11.94千米。实心，骑墙而建。黄土夯筑，夯层厚0.2米，土质较疏松，内夹杂细碎石砾。

敌台保存一般。平面呈矩形，剖面呈梯形，自下而上有收分。敌台与长城墙体接合处有断裂、分离现象，应为后期补建。东壁受雨水冲刷及风蚀自顶至底形成一道凹槽，宽1.2~1.5、深0.3~0.8米。台体表面因风蚀形成多处孔洞，深浅大小不一。东南、东北角夯土崩塌，呈悬空状。敌台现高8、底部边长9.5、顶部边长5米。（彩图五五〇）

敌台南侧6米有一道东西向长5米的墙体痕迹，宽0.4米，与长城墙体相接。

赤木口长城4段（152921382105170004）

起自阿拉善左旗巴润别立镇上海嘎查东南12.62千米，止于巴润别立镇上海嘎查东南13.53千米。西北－东南走向。上接赤木口长城3段，下接赤木口长城5段。长1342米，保存一般。

此段长城为山险墙。对山体进行铲削，形成断壁，边缘用黄土夯筑墙体，夯层厚0.2米，内夹大量细碎石块。从墙体起点至632米，现高2~5、底宽5~6、顶宽多不足1米，筑于南北向的山丘上，墙体有坍塌，顶部凹凸不平，呈锯齿状。此处地势平缓，对山体西侧进行铲削，形成平台后筑墙，铲削痕迹被泥土掩盖，多不明显。从632米起，筑于山腰，主要对西侧山腰至山脚进行铲削、开凿，部分断面落差10米以上，夯土墙体现高0.3~2.5、宽约2米；少部分墙体由山脚起夯筑，现高5、底宽约5米。夯筑墙体因受风化而剥落，坍塌严重。（彩图五五一）

赤木口长城5段（152921382105170005）

起自阿拉善左旗巴润别立镇上海嘎查东南13.53千米，止于巴润别立镇上海嘎查东南14.35千米。西北－东南走向。上接赤木口长城4段，下接赤木口长城6段。长973米。其中保存差925米、消失48米，分别占此段墙体长度的95%和5%。

此段长城为山险墙。墙体筑于山腰，依山势而建。对山体西南侧进行铲削，形成断壁，夯土墙体修筑于断壁的边沿，夯层厚0.15~0.2米。部分墙体筑于断壁外侧，高约7米，夹有石块。墙体现高1.8~2.2、底宽2、顶宽1米。墙体受风化破坏，夯土剥落、坍塌严重，局部由于山洪冲刷形成豁口。（彩图五五二）

赤木口长城6段（1529213382301170006）

起自阿拉善左旗巴润别立镇上海嘎查东南14.35千米，止于巴润别立镇上海嘎查东南14.46千米。西北－东南走向。上接赤木口长城5段，下接赤木口长城7段。长155米。处于水沟中，受洪水冲刷，墙体消失。

赤木口长城7段（1529213382101170007）

起自阿拉善左旗巴润别立镇上海嘎查东南14.46千米，止于巴润别立镇上海嘎查东南14.55千米。西北－东南走向。上接赤木口长城6段，下接赤木口长城8段。长118米。其中保存一般63米、差55米，分别占此段墙体长度的53%和47%。

墙体为人工基础，毛石垒砌。基础上是黄土夯筑的墙体，夯层厚约0.2米。从起点至55米，墙体坍塌严重，夯土崩塌风化后形成土垄，现高1~2、宽约5米。55米处起，墙体保存稍好，现高4~4.5、底宽5、顶宽1~4米。受风雨侵蚀，墙体表面形成风蚀洞孔，大小、形状、深浅不同。墙体西侧夯土剥落严重，有明显水浸痕迹，顶部崩塌；东侧底部因夯土剥落、风化形成斜坡，墙体与斜坡接合处风蚀严重，形成悬空。距止点4米处墙体上有一孔洞，贯穿墙体，宽2.4、高1米。

赤木口长城8段（1529213382301170008）

起自阿拉善左旗巴润别立镇上海嘎查东南14.55千米，止于巴润别立镇上海嘎查东南14.7千米。呈西北－东南走向。上接赤木口长城7段，下接赤木口长城9段。长160米。处于水沟中，受洪水冲刷，完全消失。

赤木口长城 9 段（1529213821011170009）

起自阿拉善左旗巴润别立镇上海嘎查东南 14.7 千米，止于巴润别立镇上海嘎查东南 15.54 千米。呈西北 - 东南走向。上接赤木口长城 8 段，下接赤木口长城 10 段。长 1100 米，保存一般。

墙体为人工基础，毛石垒砌。基础上是黄土夯筑的墙体，夯层厚约 0.2 米，内夹细碎石粒。墙体夯土剥落，顶部崩塌。受风雨侵蚀，表面形成风蚀洞，大小、形状、深浅不同。底部两侧形成斜坡，墙体与斜坡接合处风蚀严重，呈悬空状。部分墙体紧靠冲沟，受洪水冲刷垂直断裂，大块夯土面临坍塌。墙体现高 4~5.5、底宽 6、顶宽 1~3 米。

赤木口长城 10 段（1529213823011170010）

起自阿拉善左旗巴润别立镇上海嘎查东南 15.54 千米，止于巴润别立镇上海嘎查东南 15.72 千米。呈西北 - 东南走向。上接赤木口长城 9 段，下接磨石口长城 1 段。长 201 米。处于水沟中，受洪水冲刷，完全消失。

磨石口长城 1 段（1529213821011170011）

起自阿拉善左旗巴润别立镇上海嘎查东南 15.72 千米，止于巴润别立镇上海嘎查东南 15.8 千米。呈北 - 南走向。上接赤木口长城 10 段，下接磨石口长城 2 段。长 113 米，保存一般。

墙体为自然基础，黄土夯筑，夯层厚 0.2 米，土质疏松，内夹细碎石粒。墙体坍塌严重，中段西侧纵向自中心处由顶至底垂直断裂，大块夯土倒向西侧，存在继续坍塌的可能，墙体上有垂直裂缝，底部因风蚀呈悬空状。墙体现高 5、底宽 5.5、顶宽 1~2 米。

磨石口长城 2 段（1529213823011170012）

起自阿拉善左旗巴润别立镇上海嘎查东南 15.8 千米，止于巴润别立镇上海嘎查东南 15.86 千米。呈北 - 南走向。上接磨石口长城 1 段，下接磨石口长城 3 段。长 164 米。处于山水冲沟中，受洪水冲刷，完全消失。

磨石口长城 3 段（1529213821011170013）

起自阿拉善左旗巴润别立镇上海嘎查东南 15.86 千米，止于巴润别立镇上海嘎查东南 15.98 千米。呈北 - 南走向。上接磨石口长城 2 段，下接磨石口长城 4 段。长 458 米，保存一般。

墙体为自然基础，黄土夯筑，夯层厚 0.15~0.2 米，土质疏松，内夹细碎石粒。墙体因风雨侵蚀破坏严重，有垂直断裂现象。牧民依墙体修建圈舍，对墙体造成破坏。墙体有坍塌，倒向西侧。部分墙体顶部残存女墙，西侧女墙最高 0.7、宽 0.4 米，东侧女墙高 0.1~0.2、宽 0.4 米。墙体现高（包括女墙）5、底宽 5~5.5、顶宽（包括踏面）0.8~2.3 米。（彩图五五三）

磨石口长城 4 段（1529213823011170014）

起自阿拉善左旗巴润别立镇上海嘎查东南 15.98 千米，止于巴润别立镇上海嘎查东南 15.98 千米。呈东北 - 西南走向。上接磨石口长城 3 段，下接磨石口长城 5 段。长 86 米。处于山水沟中，受洪水冲刷，完全消失。

磨石口长城 5 段（1529213821011170015）

起自阿拉善左旗巴润别立镇上海嘎查东南 15.98 千米，止于巴润别立镇上海嘎查东南 15.97 千米。呈东北 - 西南走向。上接磨石口长城 4 段，下接磨石口长城 6 段。长 291 米，保存较差。

墙体为自然基础，黄土夯筑，夯层厚 0.15~0.2 米，土质疏松，内夹细碎石粒。墙体夯土剥离、崩落，倒向两侧，在底部形成斜坡，有多处自中心处纵向垂直断裂。墙体现高 3~5、底宽 4~5.5、顶宽 1~2 米。部分墙体完全倒塌，呈土垄状，现高约 3、宽 6 米。

磨石口长城 6 段（152921382102170016）

起自阿拉善左旗巴润别立镇上海嘎查东南 15.97 千米，止于巴润别立镇上海嘎查东南 15.98 千米。呈东北 - 西南走向。上接磨石口长城 5 段，下接磨石口长城 7 段。长 73 米，保存一般。

此段墙体为石墙。两侧用大石块错缝垒砌；内部填充石块、泥土；中间填充部分宽 2 米，石块随意堆砌，用泥土黏接、加固，隔层铺垫树枝。起点起往西 30 米墙体多自顶部向东侧倒塌，30 米之后墙体多向西侧倒塌。墙体现高 2~4.3、底宽 5.5、顶宽 3.3 米。（彩图五五四）

磨石口长城 7 段（152921382101170017）

起自阿拉善左旗巴润别立镇上海嘎查东南 15.98 千米，止于巴润别立镇上海嘎查东南 16.02 千米。呈东北 - 西南走向。上接磨石口长城 6 段，下接磨石口长城 8 段。长 284 米，保存差。

墙体为自然基础，黄土夯筑，夯层厚 0.15~0.2 米，土质疏松，内夹细碎石粒。墙体随山势而筑，东侧低西侧高。墙体多呈锯齿状，或一侧倒塌，或底部风蚀严重，或完全倒塌形成缺口。墙体现高 3~5.2、底宽 6、顶宽 2.9 米。（彩图五五五）

墙体止点有敌台 1 座，即磨石口 1 号敌台。

磨石口 1 号敌台（152921352101170004）：位于阿拉善左旗巴润别立镇上海嘎查东 16.02 千米。实心，骑墙而建。黄土夯筑，夯层厚 0.2 米，土质较疏松，内夹细碎石砾。

敌台保存一般。平面呈矩形，剖面呈梯形，自下而上有收分。敌台夯土剥离、坍塌，表面形成多处风蚀孔洞，大小深浅不一，底部四周因风蚀呈悬空状。台体东、南壁中部雨水冲刷较严重，坍塌内凹；南壁底部风蚀形成悬空；西壁形制保存相对较好。敌台现高 8.6 米；底部东西长 14、南北长 16 米；顶部有残缺，东西最长 8.6、南北最长 9.2 米。（彩图五五六）

敌台东北 29.8 处起米有由西南向东北排列的 2 座附燧。石砌，已坍塌。东侧附燧东西长 5.2、南北长 4、高 1 米，南侧附燧东西长 3.8、南北长 4.3、高 1 米。二者间距 20.77 米。

敌台东 68 米处起由东向西排列 9 座附燧，石砌，已坍塌，自西向东间距为 14.82、13.77、7.83、22.11、24.74、36.11、36.82、32.31 米。第 1 座东西长 3.8、南北长 4.3、高 0.8 米；第 2 座东西长 4.3、南北长 2.6、高 1 米；第 3 座东西长 3.2、南北长 3.5、高 0.7 米；第 4 座只可辨北侧基础，宽 0.6、东西长 3.3 米；第 5 座东西长 2.9、南北长 3.5、高 0.7 米；第 6 座东西长 2、南北长 3、高 1.1 米；第 7 座东西长 3.8、南北长 3.7、高 1.4 米；第 8 座东西长 3.4、南北长 3、高 0.8 米；第 9 座东西长 4、南北长 2.9、高 0.5 米。（彩图五五七）

磨石口长城 8 段（152921382101170018）

起自阿拉善左旗巴润别立镇上海嘎查东南 16.02 千米，止于巴润别立镇上海嘎查东南 16.29 千米。呈北 - 南走向。上接磨石口长城 7 段，下接磨石口长城 9 段。长 757 米，其中保存一般 638 米、差 61 米、消失 58 米，分别占此段墙体长度的 84%、8% 和 8%。

墙体为自然基础，黄土夯筑，夯层厚 0.15~0.2 米，土质疏松，内夹细碎石粒。墙体由于受风雨侵蚀的破坏，夯土剥落、坍塌，在底部形成斜坡，墙体表面遍布大小不一的风蚀孔洞。牧民依墙体修建圈舍，对墙体有破坏。受洪水冲刷，墙体上有两处断口，造成墙体消失 58 米。断口处有二次加工痕迹，未见人工基础。墙体现高 2~5、底宽 4~4.5、顶宽 1~2.4 米。（彩图五五八）

磨石口长城 9 段（152921382301170019）

起自阿拉善左旗巴润别立镇上海嘎查东南 16.29 千米，止于巴润别立镇上海嘎查东南 16.3 千米。呈北 - 南走向。上接磨石口长城 8 段，下接磨石口长城 10 段。长 94 米。处于山水冲沟中，受洪水冲刷，完全消失。

磨石口长城 10 段（152921382101170020）

起自阿拉善左旗巴润别立镇上海嘎查东南 16.3 千米，止于巴润别立镇上海嘎查东南 16.41 千米。呈东北 - 西南走向。上接磨石口长城 9 段，下接磨石口长城 11 段。长 211 米，保存较差。

墙体为自然基础，黄土夯筑，夯层厚 0.15 ~ 0.2 米，土质疏松，内夹细碎石粒。墙体坍塌严重，大块夯土自顶部崩塌，在两侧形成斜坡；东壁有大小、深浅不一的风蚀洞孔；底部有风蚀现象。墙体现高 2 ~ 5、底宽 4 ~ 5、顶宽 1 ~ 2.5 米。（彩图五五九）

墙体止点处有敌台 1 座，即磨石口 2 号敌台。

磨石口 2 号敌台（152921352101170005）：位于阿拉善左旗巴润别立镇上海嘎查东 16.41 千米。实心，骑墙而建。黄土夯筑，夯层厚 0.2 米，土质较疏松，内夹细碎砾石。

敌台保存一般。平面呈矩形，剖面呈梯形，自下而上有收分。由顶至底有坍塌，表面有风蚀洞孔。南壁夯土大块崩塌，断面可见梯形裂缝，似为二次加筑痕迹；东壁底部因风蚀而内凹；西壁夯土剥落，在底部形成 45°斜坡，中部因风雨侵蚀形成凹槽。敌台现高 5 米；底部东西长 6.1、南北长 8.3 米；顶部有残损，东西长 3.1、南北长 6.4 米。（彩图五六〇）

磨石口长城 11 段（152921382101170021）

起自阿拉善左旗巴润别立镇上海嘎查东南 16.41 千米，止于巴润别立镇上海嘎查东南 16.78 千米。呈北 - 南走向。上接磨石口长城 10 段，下接磨石口长城 12 段。长 1174 米。其中保存一般 955 米、较差 145 米、消失 74 米，分别占此段墙体长度的 81%、13% 和 6%。

墙体为自然基础，黄土夯筑，夯层厚 0.2 ~ 0.23 米，土质疏松，内夹细碎石粒。墙体受自然因素破坏，夯土自顶部向两侧坍塌，多在底部形成 45°斜坡。其中有 955 米保存一般，现高 1 ~ 3.8、底宽 4、顶宽 1.7 ~ 4 米。受风雨侵蚀，墙体大多自顶部向东侧坍塌，部分墙体自中心处纵向垂直断裂，大块夯土崩塌，个别地段有完全坍塌的危险。顶部大多宽不足 1 米，形成多处豁口。底部与斜坡接合处因风蚀悬空，深浅不一。墙体表面有大小、深浅不一的风蚀孔洞。有 145 米墙体完全坍塌，形成高 1 ~ 2、宽 4 米的土垄。受洪水冲刷，墙体有两处断口，使墙体消失 74 米。（彩图五六一）

磨石口长城 12 段（1529213 82301170022）

起自阿拉善左旗巴润别立镇上海嘎查东南 16.78 千米，止于巴润别立镇上海嘎查东南 16.8 千米。呈北 - 南走向。上接磨石口长城 11 段，下接磨石口长城 13 段。长 87 米。处于冲沟中，受洪水冲刷，完全消失。

磨石口长城 13 段（152921382101170023）

起自阿拉善左旗巴润别立镇上海嘎查东南 16.8 千米，止于巴润别立镇上海嘎查东南 16.81 千米。呈北 - 南走向。上接磨石口长城 12 段，下接磨石口长城 14 段。长 43 米，保存一般。

墙体为自然基础，黄土夯筑，夯层厚 0.2 ~ 0.23 米，土质疏松，内夹细碎石粒。受风雨侵蚀破坏，墙体大多由顶部坍塌，在两侧形成斜坡，局部自中心处纵向垂直断裂，夯土大块崩塌，顶宽多不足 1 米，呈锯齿状。墙体底部与斜坡接合处因风蚀悬空，深浅不一。墙体表面形成大小、深浅不一的风蚀孔洞。墙体现高 3 ~ 3.8、底宽 4.5、顶宽 0.5 ~ 1.7 米。

墙体止点处有敌台 1 座，即磨石口 3 号敌台。

磨石口 3 号敌台（152921352101170006）：位于阿拉善左旗巴润别立镇上海嘎查东南 16.81 千米。实心，骑墙而建。黄土夯筑，夯层厚 0.2 米，土质较疏松，内夹细碎石砾。

敌台保存一般。平面呈矩形，剖面呈梯形，自下而上有收分。敌台夯土剥离、坍塌，台体东、西壁由顶至底形成半圆形凹槽，最深 1 米；西北角倒塌，形成斜坡；东、南、北壁夯土剥落，在基部形成45°斜坡。东南角底部因风蚀悬空。敌台现高6米；底部东西长10、南北长14米；顶部残损，东西长5、南北长7米。

敌台南、北侧自长城墙体起筑有围墙，东西长23、南北长30米，东墙中部有门，宽5米。围墙坍塌严重，只残存底部痕迹，宽约1米。敌台南北居中。

敌台南侧81.5米、距长城墙体10米处起半圆状排列9座附燧。土石混筑，呈圆形土石堆，直径1~2、高0.5~1.5米，间距依次为27、30、23、38、23、28、35.6、31.7米，与敌台距离依次为81.5、89.3、95.8、102、116.1、128.7、124.5、127.9、138.4米，自西向东第3、5、7号附燧被盗掘，从顶部掘开。1号附燧向南5米自长城墙体处起挖有壕沟，宽3.5米，痕迹尚可辨认，南侧长125.5、东侧长138.5、北侧长96米，三面相连，北侧至与围墙平行处折进36米，与围墙相接。（图一五二）

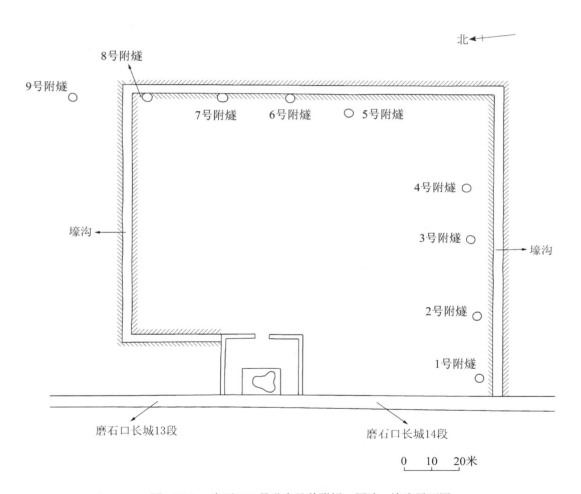

图一五二　磨石口3号敌台及其附燧、围墙、壕沟平面图

磨石口长城14段（152921382101170024）

起自阿拉善左旗巴润别立镇上海嘎查东南16.81千米，止于巴润别立镇上海嘎查东南16.98千米。呈东北－西南走向。上接磨石口长城13段，下接磨石口长城15段。长419米，其中保存较差403米、消失16米，分别占此段墙体长度的96%和4%。

墙体为自然基础，黄土夯筑，夯层厚0.15~0.2米，土质疏松，内夹细碎石粒。墙体坍塌严重，顶部呈锯齿状，坍塌土的夯倒向两侧，在底部形成45°斜坡，存在风蚀悬空现象。墙体有宽16米的断口，被山水冲毁，痕迹全无。墙体由底部起通高约 4 米，高出斜坡的墙体现高 0.8～1.5、底宽 5～6.5、顶宽多不足 1 米。（彩图五六二）

磨石口长城 15 段（1529213382301170025）

起自阿拉善左旗巴润别立镇上海嘎查东南 16.98 千米，止于巴润别立镇上海嘎查东南 17.1 千米。呈东北 – 西南走向。上接磨石口长城 14 段，下接磨石口长城 16 段。长 69 米。处于冲沟中，受洪水冲刷，完全消失。

磨石口长城 16 段（1529213382101170026）

起自阿拉善左旗巴润别立镇上海嘎查东南 17.1 千米，止于巴润别立镇上海嘎查东南 17.29 千米。呈东北 – 西南走向。上接磨石口长城 15 段，下接磨石口长城 17 段。长 869 米。其中保存一般 848 米、消失 21 米，分别占此段墙体长度的 98% 和 2%。

墙体为自然基础，黄土夯筑，夯层厚 0.15～0.2 米，土质疏松，内夹细碎石粒。因风雨侵蚀，墙体两侧夯土剥落、坍塌，顶部坍塌严重，底部受风蚀形成悬空。墙体有一断口，洪水冲刷形成。墙体现高 4、底宽 5、顶宽约 2.2 米。（彩图五六三、五六四）

磨石口长城 17 段（1529213382101170027）

起自阿拉善左旗巴润别立镇上海嘎查东南 17.29 千米，止于巴润别立镇上海嘎查东南 17.36 千米。呈北 – 南走向。上接磨石口长城 16 段，下接磨石口长城 18 段。长 103 米。处于冲沟中，受洪水冲，完全消失。

磨石口长城 18 段（1529213382101170028）

起自阿拉善左旗巴润别立镇上海嘎查东南 17.36 千米，止于巴润别立镇上海嘎查东南 17.39 千米。呈北 – 南走向。上接磨石口长城 17 段，下接磨石口长城 19 段。长 38 米，保存一般。

墙体为自然基础，黄土夯筑，夯层厚 0.2 米，土质疏松，内夹细碎石粒。因风雨侵蚀，墙体两侧夯土剥落、坍塌，顶部坍塌严重，底部因风蚀形成悬空。墙体现高 4、底宽 6.5、顶宽 0.5～0.8 米。

墙体止点处有敌台 1 座，即磨石口 4 号敌台。

磨石口 4 号敌台（1529213352101170007）：位于阿拉善左旗巴润别立镇上海嘎查东南 17.39 千米。骑墙而建，实心。黄土夯筑，夯层厚 0.2 米，土质较疏松，内夹细碎石砾。

敌台保存一般。平面呈矩形，剖面呈梯形，有收分。敌台东壁夯土剥落严重，东、南、西壁底部形成斜坡，西壁与长城连接处有夯土剥落；东南、东北角垂直断裂，造成坍塌；东、南壁底部因风蚀形成悬空。台体表面有大小、深浅不一的风蚀孔洞。敌台现高 8 米，底部东西长 7、南北长 8.3 米，顶部东西长 3、南北长 4 米。

敌台外围筑有围墙，东西长 21、南北长 14 米。东墙正中有一门，宽约 2 米。南、北墙距台体约 3 米，西墙与长城相接。围墙倒塌，底部痕迹尚可辨认，宽约 1 米。（图一五三；彩图五六五）

敌台东南 88.6 米处起自北向南依次排列 10 座附燧，均已坍塌成圆形土石堆，高 0.8～1 米。底部尺寸分别为第 1 座东西长 2.7、南北长 3.5 米，第 2 座东西长 2.9、南北长 3.4 米，第 3 座东西长 3.5、南北长 3 米，第 4 座东西长 3.5、南北长 3.9 米，第 5 座东西长 3.4、南北长 3.5 米，第 6 座东西长 3.2、南北长 3.9 米，第 7 座东西长 3.6、南北长 3.8 米，第 8 座东西长 3.4、南北长 3.7 米，第 9 座东西长 3.3、南北长 3.6 米，第 10 座东西长 3、南北长 3.7 米。自北向南间距为 3.5、2.6、3.1、2.8、3.3、2.8、3.1、2.8、3 米。

磨石口长城 19 段（1529213382101170029）

起自阿拉善左旗巴润别立镇上海嘎查东南 17.39 千米，止于巴润别立镇上海嘎查东南 17.44 千米。

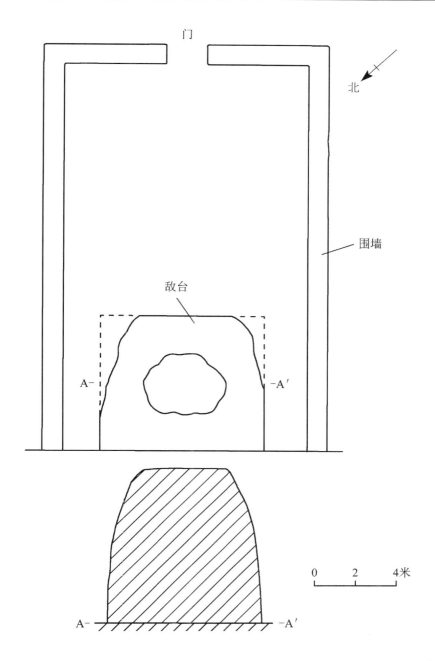

图一五三　磨石口4号敌台平、剖面图

呈北－南走向。上接磨石口长城18段，下接磨石口长城20段。长112米，保存较差。

墙体为自然基础，黄土夯筑，夯层厚0.2~0.23米，土质疏松，内夹细碎石粒。墙体由顶至底坍塌，倒塌的夯土散落墙体底部，风化形成高1~2、宽5~6米的斜坡。斜坡之上残存墙体现高0.5~1.5米，因风蚀破坏严重，断断续续，呈锯齿状。墙体与斜坡接合处因风蚀形成悬空，底宽5米。

磨石口长城20段（152921382301170030）

起自阿拉善左旗巴润别立镇上海嘎查东南17.44千米，止于巴润别立镇上海嘎查东南17.55千米。呈北－南走向。上接磨石口长城19段，下接磨石口长城21段。长268米。处于冲沟中，受洪水冲刷，完全消失。

磨石口长城 21 段（152921382101170031）

起自阿拉善左旗巴润别立镇上海嘎查东南 17.55 千米，止于巴润别立镇上海嘎查东南 17.73 千米。呈东北－西南走向。上接磨石口长城 20 段，下接磨石口长城 22 段。长 411 米，保存较差。

墙体为自然基础，黄土夯筑，夯层厚 0.2 ~ 0.23 米，土质疏松，内夹细碎石粒。墙体风蚀严重，表面形成孔洞，有垂直断裂崩塌现象，倒塌后的夯土堆积在墙体两侧，风化形成高 1 ~ 2 米的斜坡。墙体与斜坡接合处存在风蚀悬空现象。部分墙体风化严重，形成多处大小不一的锯齿形豁口。墙体现高 1 ~ 3.8、底宽 7、顶宽 1 ~ 2.3 米。（彩图五六六）

墙体上有敌台 1 座，即磨石口 5 号敌台。

磨石口 5 号敌台（152921352101170008）：位于阿拉善左旗巴润别立镇上海嘎查东南 17.72 千米。骑墙而建，实心。黄土夯筑，夯层厚 0.2 米，土质较疏松，内夹细碎石砾。

敌台保存一般。平面呈矩形，剖面呈梯形，自下而上有收分。敌台坍塌严重，南壁自顶部崩塌，中部垂直形成半圆形凹槽；北壁顶部残损严重；东、南、北壁底部因夯土剥落堆积形成斜坡。（彩图五六七）

敌台东侧有围院，东西长 12、南北长 15 米。敌台南北居中。东墙正中有一门，宽 1 米。墙体倒塌，只有底部痕迹。

敌台东南 33 米处起自西北向东南排列 8 座附燧，由不规则石块垒砌，底部边长约 4 米，间距依次为 22、22、39、20、14、15、14 米，高 0.5 ~ 0.8 米，均有不同程度坍塌。

磨石口长城 22 段（152921383301170032）

起自阿拉善左旗巴润别立镇上海嘎查东南 17.73 千米，止于巴润别立镇上海嘎查东南 18 千米。呈北－南走向。上接磨石口长城 21 段，下接磨石口长城 23 段。长 361 米。处于冲沟口（磨石沟沟口），受洪水冲刷，完全消失。

磨石口长城 23 段（152921382101170033）

起自阿拉善左旗巴润别立镇上海嘎查东南 18 千米，止于巴润别立镇上海嘎查东南 18.03 千米。呈北－南走向。上接磨石口长城 22 段，下接磨石口长城 24 段。长 50 米，保存差。

墙体为自然基础，黄土夯筑，夯层厚 0.15 ~ 0.2 米，土质疏松，内夹细碎石粒。墙体位于磨石沟沟口，因洪水冲刷破坏严重。墙体西侧底部有明显的山洪冲刷痕迹，顶部夯土大块崩塌。西侧几乎被冲毁，东侧可见倒塌后的夯土风化后形成高约 1.5 米的斜坡。墙体基本呈土垄状，有被洪水完全冲毁的危险。墙体现高 2.4、底宽 4、顶宽 0.5 米。

磨石口长城 24 段（152921383301170034）

起自阿拉善左旗巴润别立镇上海嘎查东南 18.03 千米，止于巴润别立镇上海嘎查东南 18.2 千米。呈东北－西南走向。上接磨石口长城 23 段，下接磨石口长城 25 段。长 305 米。处于冲沟口（磨石沟沟口），受洪水冲刷，完全消失。

磨石口长城 25 段（152921382101170035）

起自阿拉善左旗巴润别立镇上海嘎查东南 18.2 千米，止于巴润别立镇上海嘎查东南 18.55 千米。呈东北－西南走向。上接磨石口长城 24 段，下接北岔口长城 1 段。长 950 米，保存一般。

墙体为自然基础，黄土夯筑，夯层厚 0.15 ~ 0.2 米，土质疏松，内夹细碎石粒。墙体自顶部有坍塌，部分损毁严重的墙体顶部呈锐角。部分墙体受山水冲刷底部悬空，形成垂直断裂，夯土大块崩塌，两侧夯土脱落，在底部形成 45°斜坡，自顶至底被雨水冲刷出垂直的深槽，最深 1.2 米。墙体表面有风蚀形成的大小、深浅不一的孔洞。保存相对高大的墙体顶部可见女墙底部痕迹。墙体现高 6、底宽 4、

顶宽 1.6 米。（彩图五六八）

墙体止点处有敌台 1 座，即磨石口 6 号敌台。

磨石口 6 号敌台（152921352101170009）：位于阿拉善左旗巴润别立镇上海嘎查东南 18.55 千米。实心，骑墙而建。红土夯筑，夯层厚 0.2 米，土质较疏松，内夹细碎石砾。

敌台保存一般。平面呈矩形，剖面呈梯形，自下而上有收分。此段长城墙体黄土夯筑，敌台红土夯筑，应为后期补建。敌台严重坍塌，台体倾倒，形制被破坏，顶部几乎与长城墙体齐平，西高东低呈斜坡状。敌台现高 5 米，倒塌范围东西长 9、南北长 13 米。

敌台东侧有 10 座附燧。东 3 米处起由西向东排列 5 座，间距依次为 5、4、4、3 米。第 5 座起为北南向排列，间距依次为 3、6.5、6.5、12 米。附燧外部用石块垒砌，内部填充碎石块和杂土，形制基本相同，高 1～1.6 米，东西长 3、南北长 3.6 米，有坍塌现象。（彩图五六九）

北岔口长城 1 段（1529921382101170036）

起自阿拉善左旗巴润别立镇上海嘎查东南 18.55 千米，止于巴润别立镇上海嘎查东南 18.69 千米。呈东北 - 西南走向。上接磨石口长城 25 段，下接北岔口长城 2 段。长 480 米，保存一般。

墙体为自然基础，黄土夯筑，夯层厚 0.2 米，土质疏松，内夹细碎石粒。墙体多自顶部坍塌，两侧夯土剥落，在底部形成 45°斜坡。斜坡和墙体接合处风蚀严重，形成悬空。部分墙体西侧垂直断裂，夯土大块崩塌。起点西 54 米起 60 米墙体顶部有女墙，西侧（外侧）女墙高 1.2、宽 0.7 米，东侧（内侧）女墙高 0.5、宽 0.5 米。墙体现高（包括女墙）6.2、底宽 6、顶宽（包括踏面）4.2 米。（彩图五七〇）

北岔口长城 2 段（1529921382301170037）

起自阿拉善左旗巴润别立镇上海嘎查东南 18.69 千米，止于巴润别立镇上海嘎查东南 18.72 千米。呈东北 - 西南走向。上接北岔口长城 1 段，下接北岔口长城 3 段。长 106 米。处于冲沟中，受洪水冲刷，完全消失。

北岔口长城 3 段（1529921382101170038）

起自阿拉善左旗巴润别立镇上海嘎查东南 18.72 千米，止于巴润别立镇上海嘎查东南 18.93 千米。呈东北 - 西南走向。上接北岔口长城 2 段，下接北岔口长城 4 段。长 891 米。其中保存一般 834 米、消失 57 米，分别占此段墙体长度的 94% 和 6%。

墙体为自然基础，黄土夯筑，夯层厚 0.15～0.2 米，土质疏松，内夹细碎石粒。墙体两侧夯土剥落严重，在底部风化形成斜坡。墙体西侧大多垂直断裂，夯土大块崩塌，严重处形成孔洞。局部墙体坍塌，呈土垄状分布。受洪水冲刷，墙体上有两处断口，造成墙体消失，消失 57 米。墙体现高 3～4、底宽 6、顶宽多不足 1 米。（彩图五七一）

北岔口长城 4 段（152921382301170039）

起自阿拉善左旗巴润别立镇上海嘎查东南 18.93 千米，止于巴润别立镇上海嘎查东南 18.96 千米。呈东北 - 西南走向。上接北岔口长城 3 段，下接北岔口长城 5 段。长 70 米。处于冲沟中，受洪水冲刷，完全消失。

北岔口长城 5 段（1529921382101170040）

起自阿拉善左旗巴润别立镇上海嘎查东南 18.96 千米，止于巴润别立镇上海嘎查东南 18.62 千米。呈东 - 西走向。上接北岔口长城 4 段，下接北岔口长城 6 段。长 840 米，保存较好。

墙体为自然基础，黄土夯筑，夯层厚 0.15～0.2 米，内夹细碎石粒。整体保存较好，形制完整、清晰。顶部有女墙，破坏轻微。北侧（外侧）女墙高约 2、宽 0.5 米，南侧（内侧）女墙最高 1.3、宽 0.3 米，每隔约 55 米在女墙底部设排水孔。由于雨水长年从此排出，墙体被冲刷出一道垂直凹槽，直达底部，最深 1.8 米。受雨水冲刷破坏，排水孔形状多不规则，宽 1～1.6 米。墙体现高（包括女墙）8.4、底部宽 6、顶宽 2 米（踏面宽 0.8 米）。（彩图五七二、五七三）

墙体上有敌台 1 座，即北岔口 1 号敌台。

北岔口 1 号敌台（152921352101170010）：位于阿拉善左旗巴润别立镇上海嘎查东南 18.5 千米。实心，骑墙而建。黄土夯筑，夯层厚 0.2 米，土质疏松，内夹大量碎石砾。

敌台保存一般。平面呈矩形，剖面呈梯形，自下而上有收分。受风蚀破坏严重，壁面遍布大小深浅不一的风蚀孔洞。东、西壁中部由顶至底形成凹槽，南壁夯土剥落。敌台底部夯土堆积，形成斜坡，由于风蚀台体与斜坡接合处形成悬空，西南角尤甚。敌台现高 5.5 米；底部东西长 11、南北长 13 米；顶部有残损，东西长 10.5、南北长 8.5 米。

敌台南侧有围院，围院东西长 12、南北长 9 米，敌台居中。墙体坍塌，形成土垄，高不足 1、宽约 1.9 米。南墙中部似有门，痕迹不清，宽约 1 米。（彩图五七四）

自围院西南角 9 米处起由南向北排列 10 座附燧，形制相仿，高 0.7～1.2 米，平面呈正方形，边长约 3 米，间距 4.5～5 米，土石混筑。

北岔口长城 6 段（152921382101170041）

起自阿拉善左旗巴润别立镇巴彦朝格图嘎查东南 17.45 千米，止于巴润别立镇巴彦朝格图嘎查东南 15.14 千米。呈东－西走向。上接北岔口长城 5 段，下接北岔口长城 7 段。长 2721 米。其中保存较好 2657 米、消失 64 米，分别占此段墙体长度的 98% 和 2%。

墙体为自然基础，黄土夯筑，夯层厚 0.15～0.2 米，土质细密，内夹细碎石块。墙体保存较好，形制比较完整，破坏轻微，顶部及两侧有夯土剥落、坍塌，在底部形成斜坡。墙体顶部有女墙，北侧（外侧）女墙高 2～2.5、宽 0.5 米，南侧（内侧）女墙高 1.8～2.3、宽 0.3 米，均为夯筑，夯层厚 0.2～0.3 米。南侧女墙底部每隔约 55 米有排水孔。由于雨水长年从此排出，墙体被冲刷出一道垂直凹槽，直达底部，最深 2.3 米。受雨水冲刷破坏，排水孔形状多不规则。（彩图五七五、五七六）

此段墙体底部有三处排水设施。第一处在起点西 1.12 千米处，内高 0.9、宽 0.7 米，南北贯穿墙体，长 6.7 米；排水孔两侧用长条石砌筑，白灰黏合，顶部长条石横担，底部平铺石板，石板宽窄不一，厚 0.12～0.15 米；石材规格不一，为加工过的褐色沙质岩石。第二处在起点西 1.2 千米处，被冲毁。第三处在起点西 1.4 千米处，是双孔排水设施，所用材料和形制与第一处单孔排水设施相同，两孔间用宽 0.8 米的石墙支撑、分隔。（彩图五七七）

墙体现高（包括女墙）4～8.1、底宽 6～7、顶宽 2～2.6 米（踏面宽 1.8 米）。

北岔口长城 7 段（152921382301170042）

起自阿拉善左旗巴润别立镇巴彦朝格图嘎查东南 15.14 千米，止于巴润别立镇巴彦朝格图嘎查东南 15.09 千米。呈东－西走向。上接北岔口长城 6 段，下接北岔口长城 8 段。长 65 米。处于冲沟中，受洪水冲刷，完全消失。

北岔口长城 8 段（152921382101170043）

起自阿拉善左旗巴润别立镇巴彦朝格图嘎查东南 15.09 千米，止于巴润别立镇巴彦朝格图嘎查东南 14.69 千米。呈东－西走向。上接北岔口长城 7 段，下接柳木高长城 1 段。长 364 米，保存一般。

墙体为自然基础，黄土夯筑，夯层厚 0.2～0.3 米，土质疏松，内夹细碎石块。墙体顶部和两侧夯土剥落、坍塌，多处垂直断裂，在底部形成斜坡。局部墙体坍塌严重，呈土垄状分布。墙体现高 2～4.5、底宽 6、顶宽 1～2 米。（彩图五七八）

墙体上有敌台 1 座，即北岔口 2 号敌台。

北岔口 2 号敌台（152921352101170011）：位于阿拉善左旗巴润别立镇上海嘎查东南 18.5 千米。实心，骑墙而建。黄土夯筑，夯层厚 0.2 米，土质疏松，内夹大量碎石砾。

敌台保存一般。平面呈矩形，剖面呈梯形，自下而上有收分。表面因风蚀形成孔洞，大小、深浅不一。南壁中部受雨水冲刷，从顶到底形成凹槽；东、西壁夯土剥落，东南和西南角底部受风蚀形成悬空；北壁坍塌严重。敌台现高 7 米；底部边长 10 米；顶部有残损，边长 5 米。（彩图五七九）

敌台南侧有围院，东西长 11、南北长 9 米，只有底部痕迹尚可辨认。内部东、西侧墙基有盗洞。

自围院南墙 4.5 米处起由北向南排列 10 座附燧，间距依次为 6.5、4.5、3.5、6.5、3.5、2.5、2.5、2.5、2.5 米，1~4 号附燧高约 0.5 米，6~10 号附燧高约 1 米，底部边长约 2.5 米。附燧土石混筑，多已坍塌。

柳木高长城 1 段（152921382101170044）

起自阿拉善左旗巴润别立镇巴彦朝格图嘎查东南 14.69 千米，止于巴润别立镇巴彦朝格图嘎查东南 15.03 千米。呈北 - 南走向。上接北岔口长城 8 段，下接柳木高长城 2 段。长 1655 米。其中保存一般 1630 米、消失 25 米，分别占此段墙体长度的 98% 和 2%。

墙体为人工基础，黄土夯筑，夯层厚 0.15~0.2 米，土质粗糙，内夹细碎石粒。墙体有坍塌，多向西侧倒塌，在底部形成斜坡，最宽 13、高 2~3 米。墙体现高约 2、底宽 1.5、顶宽约 1 米，顶部最窄处形如刀刃。由于坍塌，墙体不连贯，多呈孤立的断壁，严重处形成豁口。墙体有一处断口，宽 25 米，山水冲刷形成，造成墙体消失。（彩图五八〇、五八一）

墙体上有敌台 1 座，即柳木高 1 号敌台。墙体东侧有筑墙取材形成的沟壑，痕迹较模糊。

柳木高 1 号敌台（152921352101170012）：位于阿拉善左旗巴润别立镇巴彦朝格图嘎查东 14.73 千米。骑墙而建，实心。黄土夯筑，夯层厚 0.2 米，土质疏松，内夹大量碎石砾。

敌台保存一般。平面呈矩形，剖面呈梯形，有收分。受雨水冲刷，由顶至底坍塌严重；东、南、北壁塌毁，形成斜坡。敌台现高 7 米；底部边长 10 米；顶部残损，边长 5 米。

敌台东侧筑有院落，东西长 15、南北长 20.5 米，敌台居中。东墙正中有一门，宽 3 米。院墙倒塌呈土垄状，现高 0.4~1、宽 3 米。敌台外围筑有围墙，西墙借长城墙体，北、东、南墙另筑，分别长 60、68、69 米。敌台南距围墙外侧 28、北距围墙外侧 11.5、东距围墙外侧 32 米。围墙坍塌，只见底部痕迹，宽约 4 米。（彩图五八二）

自围院东北角东 45 米处起由东向西排列 4 座附燧，间距依次为 13、5.5、6.8 米。第 1 座附燧南 23 米另筑 5 座附燧，由东向西排列，间距依次为 2.5、2、2.3、2.3 米。附燧形制和规格相同，高 0.5~1.1 米，平面呈正方形，边长约 3 米，土石混筑，现均已坍塌。

柳木高长城 2 段（152921382301170045）

起自阿拉善左旗巴润别立镇巴彦朝格图嘎查东南 15.03 千米，止于巴润别立镇巴彦朝格图嘎查东南 15.05 千米。呈北 - 南走向。上接柳木高长城 1 段，下接柳木高长城 3 段。长 61 米。处于冲沟中，受洪水冲刷，完全消失。

柳木高长城 3 段（1529213821011704 6）

起自阿拉善左旗巴润别立镇巴彦朝格图嘎查东南 15.05 千米，止于巴润别立镇巴彦朝格图嘎查东南 15.87 千米。呈北 - 南走向。上接柳木高长城 2 段，下接柳木高长城 4 段。长 2360 米，保存一般。

墙体为人工基础，石块砌筑，高 0.1~0.2 米。墙体黄土夯筑，夯层厚 0.2 米，土质粗糙，内夹细碎石块。墙体严重坍塌，多向西侧倒塌，在底部形成斜坡，斜坡最高 2 米。斜坡之上的墙体高 3、底宽 1.5、顶宽多不足 1 米，最窄处形如刀刃。由于坍塌，墙体不连贯，多成孤立的断壁，坍塌严重处形成

豁口。墙体现高 2~5、底宽 6 米。（彩图五八三）

墙体上有敌台 1 座，即柳木高 2 号敌台。

柳木高 2 号敌台（152921352101170013）：位于阿拉善左旗巴润别立镇巴彦朝格图嘎查东南 15.29 千米。骑墙而建，实心。黄土夯筑，夯层厚 0.2~0.3 米，土质疏松，内夹大量碎石块。

敌台保存较差。平面呈矩形，剖面呈梯形，有收分。从顶至底坍塌，形成一高大的土堆，现高 5、底部边长 24 米。

敌台有围墙，已倒塌，只有底部痕迹尚可辨认。围墙东西长 38、南北长 47 米，墙体宽约 1.3 米，敌台倚墙居中。（彩图五八四）

自围院东墙东 3 米处起由东向西排列 5 座附燧，间距依次为 1、3、3、3 米。围墙东南角由西向东排列有 5 座附燧，间距依次为 1、3、3、3 米。附燧均倒塌，呈圆形土堆状隆起，高 0.2~0.5、底部直径 3 米。

柳木高长城 4 段（152921382301170047）

起自阿拉善左旗巴润别立镇巴彦朝格图嘎查东南 15.87 千米，止于巴润别立镇巴彦朝格图嘎查东南 15.91 千米。呈北－南走向。上接柳木高长城 3 段，下接柳木高长城 5 段。长 102 米。处于冲沟中，受洪水冲刷，完全消失。

柳木高长城 5 段（152921382301170048）

起自阿拉善左旗巴润别立镇巴彦朝格图嘎查东南 15.91 千米，止于巴润别立镇巴彦朝格图嘎查东南 16.02 千米。呈北－南走向。上接柳木高长城 4 段，下接柳木高长城 6 段。长 245 米，保存较差。

墙体为自然基础，黄土夯筑，夯层厚 0.2~0.3 米，土质粗糙，内夹大量细碎石块。墙体坍塌严重，因风蚀多向西侧倒塌，在底部形成斜坡，坡高 1.5~2、宽约 6 米。斜坡上墙体最高 3、底部最宽 1.5、顶宽多不足 1 米，最窄处形如刀刃。由于坍塌，墙体不连贯，多成孤立的断壁，坍塌严重处形成豁口。墙体现高约 4.5 米。（彩图五八五）

柳木高长城 6 段（152921382301170049）

起自阿拉善左旗巴润别立镇巴彦朝格图嘎查东南 16.02 千米，止于巴润别立镇巴彦朝格图嘎查东南 16.19 千米。呈北－南走向。上接柳木高长城 5 段，下接柳木高长城 7 段。长 355 米。处于冲沟中，受洪水冲刷，完全消失。

柳木高长城 7 段（152921382101170050）

起自阿拉善左旗巴润别立镇巴彦朝格图嘎查东南 16.19 千米，止于巴润别立镇巴彦朝格图嘎查东南 16.38 千米。呈北－南走向。上接柳木高长城 6 段，下接柳木高长城 8 段。长 245 米，保存较差。

墙体为自然基础，黄土夯筑，夯层厚 0.2~0.3 米，土质粗糙，内夹大量细碎石块。墙体坍塌严重，两侧形成大小、深浅不一的风蚀孔洞。由于坍塌，墙体不连贯，多呈孤立的残墙，其间土垄相连。墙体多向西侧倒塌，剥落的夯土受风化雨蚀在墙体两侧形成斜坡，斜坡高 1.5~2 米，墙体最高 4.5、底宽约 6 米。高出斜坡的墙体最高 3、底部最宽 1.5、顶宽多不足 1 米，最窄处形如刀刃。

墙体上有敌台 1 座，即柳木高 3 号敌台。

柳木高 3 号敌台（152921352101170014）：位于阿拉善左旗巴润别立镇巴彦朝格图嘎查东南 16.17 千米。骑墙而建，实心。黄土夯筑，夯层厚 0.2~0.3 米，土质疏松，内夹砾石，底部有石块垒砌的基础。

敌台保存较差。平面呈矩形，剖面呈梯形，自下而上有收分。受雨水冲刷，自顶至底大面积坍塌，东、南、北壁底部形成斜坡，东壁有风蚀形成的孔洞。敌台现高 3 米；底部边长 8 米；顶部残损，东西长 4.5、南北长 6 米。

敌台有围墙。北墙连接敌台中部，长 34 米；东、南墙与长城墙体相连，分别长 44、42 米。构筑方式比较清楚，挖沟堆土于内侧成墙。墙体坍塌，只有底部痕迹尚可辨认，宽约 2 米，门址不清。（彩图五八六）

围墙外侧东北角向南约 7 米另筑附属设施，西与围墙相连，东西、南北均长 30 米，为两间，呈"日"字形。附属设施已坍塌，只有底部痕迹尚可辨认，墙体宽约 1 米，门址不清。

柳木高长城 8 段（152921382301170051）

起自阿拉善左旗巴润别立镇巴彦朝格图嘎查东南 16.38 千米，止于巴润别立镇巴彦朝格图嘎查东南 16.45 千米。呈北 - 南走向。上接柳木高长城 7 段，下接柳木高长城 9 段。长 145 米。处于冲沟中，受洪水冲刷，完全消失。

柳木高长城 9 段（152921382101170052）

起自阿拉善左旗巴润别立镇巴彦朝格图嘎查东南 16.45 千米，止于巴润别立镇巴彦朝格图嘎查东南 18.46 千米。呈北 - 南走向。上接柳木高长城 8 段，下接柳木高长城 10 段。长 3564 米。其中保存较差 3444 米、消失 120 米，分别占此段墙体长度的 97% 和 3%。

墙体为自然基础，黄土夯筑，夯层厚 0.2 ~ 0.3 米，土质粗糙，内夹大量细碎石块。墙体坍塌严重，多向西侧倒塌，在底部形成斜坡，坡高 1.5 ~ 2 米。斜坡上墙体高 1 ~ 1.5、底宽约 1、顶宽多不足 1 米，最窄处形如刀刃。由于坍塌，墙体不连贯，多呈孤立断壁，形如锯齿，坍塌严重处形成豁口。墙体现高 3.5、底宽 6 米。（彩图五八七、五八八）

墙体上有 2 座敌台，即柳木高 4、5 号敌台。

柳木高 4 号敌台（152921352101170015）：位于阿拉善左旗巴润别立镇巴彦朝格图嘎查东南 16.53 千米。骑墙而建，实心。黄土夯筑，夯层厚 0.2 米，土质疏松，内夹砾石。

敌台保存一般。平面呈矩形，剖面呈梯形，有收分。四壁有不同程度的夯土剥落；北壁自顶至底坍塌，形成凹槽，宽 4 米；南壁中部有人为挖掘形成的凹槽，深 3.5、宽 3.2 米；东南角垂直断裂坍塌，西南角底部因风蚀悬空。敌台现高 6 米；底部边长 11 米；顶部有残损，东西长 9、南北长 7 米。敌台外围可见围墙，痕迹模糊。（彩图五八九）

柳木高 5 号敌台（152921352101170015）：位于阿拉善左旗巴润别立镇巴彦朝格图嘎查东南 18.23 千米。骑墙而建，实心。黄土夯筑，夯层厚 0.2 米，土质疏松，内夹砾石。

敌台保存较差。由顶至底坍塌，塌落的夯土在四周形成圆形土堆，表层覆盖浮土，顶部局部可见夯土。敌台现高 4 米，底部直径 13 米，顶部东西长 4、南北长 2.5 米。

敌台东南角东 50 米处起有 8 座附燧，由西向东排列，已坍塌，只残存底部痕迹，间距约 12 米。

柳木高长城 10 段（152921382301170053）

起自阿拉善左旗巴润别立镇巴彦朝格图嘎查东南 18.46 千米，止于巴润别立镇巴彦朝格图嘎查东南 18.61 千米。呈北 - 南走向。上接柳木高长城 9 段，下接柳木高长城 11 段。长 256 米。处于冲沟中，受洪水冲刷，完全消失。

柳木高长城 11 段（152921382101170054）

起自阿拉善左旗巴润别立镇巴彦朝格图嘎查东南 18.61 千米，止于巴润别立镇巴彦朝格图嘎查东南 18.66 千米。呈北 - 南走向。上接柳木高长城 10 段，下接柳木高长城 12 段。长 74 米，保存差。

墙体为自然基础，黄土夯筑，夯层厚 0.2 米，土质粗糙，内夹大量细碎石块。墙体坍塌严重，夯土从两侧脱落，在底部形成斜坡，整体呈土垄状。斜坡上局部残留断墙，斜坡高 1.5 ~ 2 米，断墙高不足 1 米，墙体底宽约 6 米。

柳木高长城 12 段（152921382301170055）

起自阿拉善左旗巴润别立镇巴彦朝格图嘎查东南 18.66 千米，止于巴润别立镇巴彦朝格图嘎查东南 18.79 千米。呈东北 – 西南走向。上接柳木高长城 11 段，下接柳木高长城 13 段。长 230 米。处于冲沟中，受洪水冲刷，完全消失。

柳木高长城 13 段（152921382101170056）

起自阿拉善左旗巴润别立镇巴彦朝格图嘎查东南 18.79 千米，止于巴润别立镇巴彦朝格图嘎查东南 19.1 千米。呈东北 – 西南走向。上接柳木高长城 12 段，下接柳木高长城 14 段。长 478 米，保存差。

墙体为自然基础，黄土夯筑，夯层厚 0.2 米，土质粗糙，内夹细碎石粒。墙体坍塌严重，夯土从两侧脱落，在底部形成斜坡，整体呈土垄状。斜坡上局部残留断墙，塌毁殆尽，斜坡高 1.5～2 米，断墙高不足 1 米，墙体底宽约 4 米。（彩图五九〇）

柳木高长城 14 段（152921382301170057）

起自阿拉善左旗巴润别立镇巴彦朝格图嘎查东南 19.1 千米，止于巴润别立镇巴彦朝格图嘎查东南 19.13 千米。呈东北 – 西南走向。上接柳木高长城 13 段，下接柳木高长城 15 段。长 64 米。处于冲沟中，受洪水冲刷，完全消失。

柳木高长城 15 段（152921382101170058）

起自阿拉善左旗巴润别立镇巴彦朝格图嘎查东南 19.13 千米，止于巴润别立镇巴彦朝格图嘎查东南 19.18 千米。呈东北 – 西南走向。上接柳木高长城 14 段，下接柳木高长城 16 段。长 101 米，保存差。

墙体为自然基础，黄土夯筑，夯层厚 0.2 米，土质粗糙，内夹细碎石粒。墙体坍塌严重，夯土从两侧脱落，在底部形成斜坡，整体呈土垄状。斜坡上局部残留断墙，塌毁殆尽，斜坡高 1.5～2 米，断墙高不足 1 米，墙体底宽约 4 米。从洪水冲刷形成的断面可观测，墙体底宽约 5 米。（彩图五九一）

柳木高长城 16 段（152921382101170059）

起自阿拉善左旗巴润别立镇巴彦朝格图嘎查东南 19.18 千米，止于巴润别立镇巴彦朝格图嘎查东南 20.9 千米。呈西北 – 东南走向。上接柳木高长城 15 段，下接柳木高长城 17 段。长 1804 米。其中保存较差 960、794 米、消失 50 米，分别占此段墙体长度的 44%、53% 和 3%。

墙体为自然基础，黄土夯筑，夯层厚 0.2 米，土质粗糙，内夹细碎石粒。墙体破坏比较严重，有 960 米保存较差，坍塌较多，夯土向两侧倒塌，形成土垄，高 1～2、宽 3～4 米；土垄之残留部分墙体最宽 0.9 米，自底部最高 2.1 米；由于坍塌，墙体不连贯，呈锯齿状，部分墙体现高 3～3.3、底宽 3、顶宽 1.2 米，为孤立断壁。有 794 米保存差，严重坍塌，形似土垄，多豁口，高 3～3.5、底宽 3、顶宽 1.1 米。墙体有几处被冲沟和道路截断，消失墙体 50 米。（彩图五九二）

墙体上有敌台 1 座，即柳木高 6 号敌台。

柳木高 6 号敌台（152921352101170017）：位于阿拉善左旗巴润别立镇巴彦朝格图嘎查东南 19.98 千米。骑墙而建，实心。黄土夯筑，夯层厚 0.2 米，土质疏松，内夹砾石。

敌台保存一般。平面呈矩形，剖面呈梯形，自下而上有收分。敌台南壁自顶至底塌毁；北壁底部受风蚀悬空；西壁受风雨侵蚀夯土剥落，形成不规则的风蚀孔洞。敌台现高 7 米；底部东西长 10、南北长 8 米；顶部有残损，东西长 4.5、南北长 3 米。

敌台东侧有附属设施，与敌台相连。东西长 10、南北长 8 米，只保留东南角和东北角部分墙体。墙体现高 4、底宽 0.8、顶宽 0.3 米。（彩图五九三）

距附属设施东南角 16 米由东向西排列 10 座附燧。间距约 7 米，构筑方式和形制相仿，外侧石块垒砌，内部填土，平面呈正方形，边长约 2 米，均已坍塌，现高 0.5～0.8 米。

柳木高长城 17 段（152921382101170060）

起自阿拉善左旗巴润别立镇巴彦朝格图嘎查东南 20.9 千米，止于巴润别立镇巴彦朝格图嘎查东南 21.9 千米。呈西北－东南走向。上接柳木高长城 16 段，下接柳木高长城 18 段。长 1090 米，保存一般。

墙体为人工基础，石块砌筑。墙体黄土夯筑，夯层厚 0.2 米，土质疏松，内夹细碎石粒。墙体多处垂直断裂，夯土剥落，顶部坍塌，塌落的夯土堆积在墙体两侧，风化形成 45°斜坡。个别地段墙体倒塌，形成豁口，整体呈土垄状。墙体现高 1.5～4.5、底宽约 6、顶宽 1～4 米。（彩图五九四）

柳木高长城 18 段（152921382301170061）

起自阿拉善左旗巴润别立镇巴彦朝格图嘎查东南 21.9 千米，止于巴润别立镇巴彦朝格图嘎查东南 22.11 千米。呈西北－东南走向。上接柳木高长城 17 段，下接柳木高长城 19 段。长 226 米。处于冲沟中，受洪水冲刷，完全消失。

柳木高长城 19 段（152921382101170062）

起自阿拉善左旗巴润别立镇巴彦朝格图嘎查东南 22.11 千米，止于巴润别立镇巴彦朝格图嘎查东南 23.44 千米。呈西北－东南走向。这是内蒙古自治区调查的明长城大边在阿拉善盟境内的最后一段墙体，上接柳木高长城 18 段。长 1403 米。其中保存一般 1379 米、消失 24 米，分别占此段墙体长度的 98% 和 2%。

墙体为人工基础，石块砌筑，厚约 0.2 米。墙体为黄土夯筑，夯层厚 0.2 米，土质疏松，内夹细碎石粒。墙体坍塌严重，夯土从两侧脱落，在底部形成斜坡。斜坡与墙体接合处因风蚀而内凹。斜坡上的墙体存在垂直断裂、坍塌现象，局部塌毁形成豁口。墙体现高 2～4.5、底宽 6、顶宽 1～4 米。因山水的破坏，墙体有两处断口，造成墙体消失 24 米，断口是往来长城两侧的道路。（彩图五九五、五九六）

墙体上有敌台 1 座，即柳木高 7 号敌台。

柳木高 7 号敌台（152921352101170018）：位于阿拉善左旗巴润别立镇巴彦朝格图嘎查东南 22.41 千米。骑墙而建，实心。黄土夯筑，夯层厚 0.2 米，土质疏松，内夹砾石。

敌台保存较差。平面呈矩形，剖面呈梯形，自下而上有收分。敌台东、北壁受风蚀破坏，夯土剥落，表面有大小、深浅不一的风蚀孔洞，底部因风蚀形成悬空；北壁底部有坍塌形成的斜坡，东南角底部断裂崩塌，大块夯土脱离；西壁由顶至底坍塌。敌台现高 5 米；底部东西长 11.5、南北长 9 米；顶部有残损，东西长 8.5、南北长 5 米。

敌台中部东 12 米处起由东向西排列 9 座附燧。间距约 8 米，土石混筑，形制相仿。均已坍塌，形成直径 2.5 米的圆形土堆，高 0.5～1.2 米。（彩图五九七）

（二）阿拉善盟明长城二边

二边长 44789 米，调查中划分为 53 段，包括土墙 13 段、石墙 10 段、山险墙 17 段、山险 6 段、消失长城 3 段、其他墙体（壕堑）4 段，分别长 3417、5632、22498、3424、2168、7650 米，分别占二边总长的 7.6%、12.6%、50.3%、7.6%、4.9% 和 17%。二边中有敌台 7 座。（参见地图一三）其分类长度统计如下表。（表二四）

表二四　阿拉善盟明长城二边墙体分类长度统计表　　　　　　（单位：米）

墙体类型 保存状况	土墙	石墙	砖墙	木障墙	山险墙	山险	河险	其他墙体	消失长城
较好	837	272	0	0	652	3424	0	0	
一般	467	2949	0	0	11353	0	0	4080	
较差	750	993	0	0	9881	0	0	3512	2168
差	901	1084	0	0	500	0	0	0	
消失	462	334	0	0	112	0	0	58	
总计	3417	5632	0	0	22498	3424	0	7650	44789

赤木口长城二边 1 段（1529213821011170063）

起自阿拉善左旗巴润别立镇上海嘎查东 7.31 千米，止于巴润别立镇上海嘎查东 8.1 千米。这是明长城二边在阿拉善盟境内的第一段墙体，为独立墙体，不与其他墙体相接。呈西北－东南走向。长815 米。其中保存差 787 米、消失 28 米，分别占此段墙体长度的 97% 和 3%。

墙体为自然基础，黄土堆筑，土质疏松，内夹细碎石粒。因受自然因素及羊群踩踏的破坏而倒塌，大多向西侧倒塌，形成土垄，宽约 4 米，生长大量芨芨草和低矮耐旱植物。残存墙体坍塌、断裂，不连贯，呈锯齿形，现高 0.6～2、底宽 1.2～1.4、顶宽约 1 米。人为因素对墙体造成破坏，因铺设兰（州）银（川）天然气管道，挖掘山体，造成墙体 28 米的断口。（彩图五九八）

赤木口长城二边 2 段（1529213821105170064）

起自阿拉善左旗巴润别立镇上海嘎查东 9.4 千米，止于巴润别立镇上海嘎查东 9.23 千米。呈北－南走向。下接赤木口长城 3 段。长 438 米。其中保存较差 388 米、消失 50 米，分别占此段墙体长度的89% 和 11%。

此段墙体为山险墙，利用山体形成屏障，依山势在低缓处垒砌石墙。此处山势险峻，多以山脊为险。石墙较少，分布于山势平缓和低洼处，毛石干垒，受自然因素及炸山取石的破坏坍塌严重，部分几乎与地表齐平。墙体现高近 1、宽约 1.2 米。

赤木口长城二边 3 段（1529213821102170065）

起自阿拉善左旗巴润别立镇上海嘎查东 9.23 千米，止于巴润别立镇上海嘎查东 9.02 千米。呈北－南走向。上接赤木口长城 2 段。长 816 米。其中保存较好 90 米、较差 634 米、消失 92 米，分别占此段墙体长度的 11%、78% 和 11%。

墙体为石墙，自然基础，毛石错缝垒砌。有 90 米墙体保存较好，形制相对完整，现高约 1.9、底宽 1.7、顶宽约 1.1 米，其西侧（外侧）可见白灰勾缝的痕迹。有 634 米的墙体已严重坍塌，局部只残存底部痕迹，现高 0.1～0.8、底宽 1.3～1.7、顶宽 0.4～1.1 米。墙体有两处断口，一处宽 44 米，银川－巴彦浩特公路由此通过；另一处宽 48 米，无墙体痕迹，消失原因不明。（彩图五九九）

赤木口长城二边 4 段（1529213821105170066）

起自阿拉善左旗巴润别立镇上海嘎查东南 12.34 千米，止于巴润别立镇上海嘎查东南 9.65 千米。这是一段独立墙体，不与其他墙体相接。呈东南－西北走向。长 3695 米，保存较差。

此段墙体为山险墙。依山势在山腰处铲削山体开凿形成断面为险，依山形在山腰、两山间低洼处及山势平缓地带垒砌石墙。石墙破坏严重，现高 1～4、宽 1～4 米。（彩图六〇〇）

磨石口长城二边 1 段（1529213821011170067）

起自阿拉善左旗巴润别立镇上海嘎查东南 17.72 千米，止于巴润别立镇上海嘎查东南 17.61 千米。此段墙体由明长城大边的磨石口 5 号敌台西侧延伸出，顺磨石沟向西修筑，下接磨石口长城二边 2 段。呈东－西走向。长 125 米。其中保存一般 33 米、消失 92 米，分别占此段墙体长度的 26% 和 74%。

墙体为自然基础，黄土夯筑，夯层厚 0.15～0.2 米，土质疏松，内夹细碎石粒。风雨侵蚀、山洪冲刷对墙体破坏严重，顶部坍塌，两侧夯土剥落，底部被水侵蚀。墙体现高约 4.7、底宽约 6、顶宽约 2.2 米。由于山水冲刷的破坏，墙体有 92 米断口。

磨石口长城二边 2 段（1529213821051170068）

起自阿拉善左旗巴润别立镇上海嘎查东南 17.61 千米，止于巴润别立镇上海嘎查东南 17.26 千米。呈东南－西北走向。上接磨石口长城二边 1 段，下接磨石口长城二边 3 段。长 435 米，保存较差。

此段墙体为山险墙。以陡峭山体做屏障，局部经铲削，在低缓的山腰处构筑土墙或石墙相连。墙体坍塌严重，大多只有底部痕迹。

此段墙体起点西北 89 米有一条南北向山沟，沟口筑有夯土墙，长 24 米，黄土夯筑，夯层厚 0.15 米，内夹细碎石块。顶部残存女墙，现高 1.3、底宽 0.7、顶宽 0.4 米。夯土墙（包括女墙）最高 4.5、底宽约 5、顶宽（包括踏面）3.1 米。墙体底部中间有排水孔，高 1.7、宽 2.6 米。（彩图六〇一）

起点西北 0.335～0.365 千米有一条南北向山沟，沟口筑有夯土墙，长 30 米，黄土夯筑，夯层厚 0.2 米。夯土墙坍塌比较严重，现高约 5.2、底宽 5、顶宽 1.8 米。底部中间有排水孔，高 1.2、宽 2 米。

磨石口长城二边 3 段（1529213821061170069）

起自阿拉善左旗巴润别立镇上海嘎查东南 17.26 千米，止于巴润别立镇上海嘎查东南 17.1 千米。呈东－西走向。上接磨石口长城二边 2 段，下接磨石口长城二边 4 段。长 191 米，保存较好。

此段墙体为山险。山势高耸、陡峭，山体两侧多是悬崖陡壁，难以攀爬，利用山体作为屏障，无人工修葺痕迹。

磨石口长城二边 4 段（1529213821011170070）

起自阿拉善左旗巴润别立镇上海嘎查东南 17.1 千米，止于巴润别立镇上海嘎查东南 17.07 千米。呈东－西走向。上接磨石口长城二边 3 段，下接磨石口长城二边 5 段。长 33 米，保存较好。

此段墙体位于磨石沟南侧山顶。自然基础，黄土夯筑，夯层厚 0.2～0.23 米，土质较细密，内夹细碎石粒。受雨水冲刷破坏，墙体夯土有剥落，整体尚好。墙体现高 4.5、底宽 5.5、顶宽 2.5 米。

磨石口长城二边 5 段（1529213821051170071）

起自阿拉善左旗巴润别立镇上海嘎查东南 17.07 千米，止于巴润别立镇上海嘎查东南 16.66 千米。呈东－西走向。上接磨石口长城二边 4 段，下接磨石口长城二边 6 段。长 500 米，保存差。

此段墙体为山险墙。依靠山体为险，山腰处铲削形成断壁，地势低洼处垒砌石墙。石墙毛石错缝干垒，多已坍塌，现高 0.1～1、宽 2 米。

磨石口长城二边 6 段（1529213821061170072）

起自阿拉善左旗巴润别立镇上海嘎查东南 16.66 千米，止于巴润别立镇上海嘎查东南 15.98 千米。呈东南－西北走向。上接磨石口长城二边 5 段，下接磨石口长城二边 7 段。长 685 米，保存较好。

此段墙体为山险。山势高耸、陡峭，两侧多陡崖，形势险峻，利用山体作为屏障，无人工修葺痕迹。

磨石口长城二边 7 段（1529213821011170073）

起自阿拉善左旗巴润别立镇上海嘎查东南 15.98 千米，止于巴润别立镇上海嘎查东南 15.92 千米。

呈东北－西南走向。上接磨石口长城二边 6 段，下接磨石口长城二边 8 段。长 110 米。其中保存较差 50 米、消失 60 米，分别占此段墙体长度的 45% 和 55%。

墙体为自然基础，黄土夯筑，夯层厚 0.2 米，土质疏松，内夹细碎石粒。墙体分布在磨石沟内，有 60 米被洪水冲毁，形成断口，致墙体消失。其余墙体破坏严重，坍塌较多，不连贯，呈锯齿状，底部有坍塌形成的斜坡。墙体现通高 4、底宽 4.5 米，斜坡上残墙高 0.6~1.5、顶宽不足 1 米。（彩图六〇二）

磨石口长城二边 8 段（529921382105170074）

起自阿拉善左旗巴润别立镇上海嘎查东南 15.92 千米，止于巴润别立镇上海嘎查东南 15.99 千米。呈西南－东北走向。上接磨石口长城二边 7 段，下接磨石口长城二边 9 段。长 502 米，保存较好。

此段墙体为山险墙。依山体为险，在山腰处顺山体走向进行开凿、铲削，成为断壁，形成屏障。铲削、开凿山体的痕迹非常清晰。铲削后形成的屏障高低不一，现高 1~4、宽 2~3 米。在山势低缓处筑有人工墙体。（彩图六〇三）

山险墙上有敌台 1 座，即磨石口长城二边 1 号敌台。

磨石口长城二边 1 号敌台（152921352101170019）：位于阿拉善左旗巴润别立镇上海嘎查东南 15.91 千米。倚山险墙而建，实心。黄土夯筑，夯层厚 0.2 米，土质疏松，内夹砾石。

敌台保存较好。平面呈矩形，剖面呈梯形，有收分。由于风蚀而夯土剥落，表面遍布大小、深浅不一的孔洞，局部由顶至底坍塌，形成凹槽，底部有坍塌形成的斜坡。东壁、西壁、东南角、西北角底部因风蚀而悬空。敌台依地势而建，西高东低，西壁高 8、东壁高 6 米；底部边长 10 米；顶部有残损，边长 4.5 米。（彩图六〇四）

磨石口长城二边 9 段（152921382101170075）

起自阿拉善左旗巴润别立镇上海嘎查东南 15.99 千米，止于巴润别立镇上海嘎查东南 16.06 千米。呈西北－南北走向。上接磨石口长城二边 8 段，下接磨石口长城二边 10 段。长 112 米。其中保存较差 95 米、消失 17 米，分别占此段墙体长度的 85% 和 15%。

墙体为自然基础，黄土夯筑，夯层厚 0.15~0.2 米，土质疏松，内夹细碎石粒。墙体坍塌，形似土垄，现高 0.5~4、底宽 5、顶宽 0.8 米。墙体上有洪水冲开的宽 17 米的缺口，致墙体消失。

墙体上有敌台 1 座，即磨石口长城二边 2 号敌台。

磨石口长城二边 2 号敌台（152921352101170020）：位于阿拉善左旗巴润别立镇上海嘎查东南 15.91 千米。骑墙而建，实心。黄土夯筑，夯层厚 0.15~0.2 米，土质疏松，内夹杂细碎石粒。敌台内部填充大块石料。

敌台保存较差。平面呈矩形，剖面呈梯形，有收分。东、南壁坍塌严重，底部因风蚀形成悬空；西、北壁夯土剥落、坍塌，在底部形成斜坡；东北角顶部塌毁。敌台现高 2.7 米；底部边长 9 米；顶部残损，东西长 3.5、南北长 6 米。

敌台东南 23 米处起由北向南排列 4 座附燧，石砌，间距依次为 2、2、3 米，平面呈正方形或近正方形，其中一座长 2、宽 1.8 米，其余边长为 1、2、2.5 米，坍塌严重，高 0.5~1 米。

磨石口长城二边 10 段（152921382106170076）

起自阿拉善左旗巴润别立镇上海嘎查东南 16.06 千米，止于巴润别立镇上海嘎查东南 16.59 千米。呈西北－东南走向。上接磨石口长城二边 9 段，下接磨石口长城二边 11 段。长 570 米，保存较好。

墙体为山险。利用西北－东南走向陡峭山体作为屏障，无人工修葺痕迹，山体两侧多断壁，山势险峻。

磨石口长城二边 11 段（152921382105170077）

起自阿拉善左旗巴润别立镇上海嘎查东南 16.59 千米，止于巴润别立镇上海嘎查东南 16.14 千米。呈西北－东南走向。上接磨石口长城二边 10 段，下接磨石口长城二边 12 段。长 897 米，保存一般。

此段墙体为山险墙，依山势在山腰进行铲削、开凿，增加垂直度，使之更加陡峭，形成屏障。铲削、开凿形成的断面高 2~3、宽 2~4.5 米。山势低缓地段垒筑石墙，坍塌严重，只残留有底部痕迹。

山险墙止点处有敌台 1 座，即磨石口二边 4 号敌台。

磨石口长城二边 4 号敌台（152921352101170022）：位于阿拉善左旗巴润别立镇上海嘎查东南 16.14 千米。骑墙而建，实心。外部用毛石块错缝垒砌，内部填充土石。

敌台保存较差。大部分坍塌，只西壁残存少量石砌痕迹，其余痕迹全无，整体基本为一土石堆积。敌台现高 10 米，底部东西长 16.5、南北长 11 米，顶部东西长 5、南北长 3 米。（彩图六〇五）

磨石口长城二边 12 段（152921382101170078）

起自阿拉善左旗巴润别立镇上海嘎查东南 16.14 千米，止于巴润别立镇上海嘎查东南 16.18 千米。呈西南－东北走向。上接磨石口长城二边 11 段，下接磨石口长城二边 13 段。长 255 米。其中保存较好 82 米、差 103 米、消失 70 米，各占此段墙体长度的 32%、40% 和 28%。

墙体为自然基础，黄土夯筑，夯层厚 0.15~0.2 米，土质疏松，内夹细碎石粒。墙体剥落、坍塌，底部形成斜坡，有风蚀悬空现象。局部顶部可见女墙，高、宽 0.4 米。墙体现高（包括女墙）1.5~3.3、底宽约 3、顶宽（包括踏面）2~2.5 米。（彩图六〇六）

磨石口长城二边 13 段（152921382105170079）

起自阿拉善左旗巴润别立镇上海嘎查东南 16.18 千米，止于巴润别立镇上海嘎查东南 15.22 千米。呈北－南走向。上接磨石口长城二边 12 段，下接磨石口长城二边 14 段。长 1767 米，保存一般。

此段墙体为山险墙。主要以陡峭的山脊作为屏障，对山体稍加铲削，在山体鞍部砌筑石墙。沿线有四段石墙，第一段在此段墙体起点北 0.305 千米处，长 20 米，保存较好，毛石错缝垒砌，白灰勾缝，现高 1~2.5、底宽 2、顶宽 1.2 米；第二段在起点北 0.468 千米处，长 22 米，保存较好，形制较完整，毛石错缝垒砌，白灰勾缝，现高 1.7、底宽 2.5、顶宽 0.8~1 米；第三段在起点北 1.59 千米处，长 55 米，已倒塌，只可见底部痕迹，宽 1.5 米；第四段在起点北 1.66 千米处，长 30 米，筑于山脊东侧，已倒塌，只底部痕迹可辨认，宽约 1.5 米。（彩图六〇七）

磨石口长城二边 14 段（152921382106170080）

起自阿拉善左旗巴润别立镇上海嘎查东南 15.22 千米，止于阿拉善左旗巴润别立镇上海嘎查东南 15.18 千米。呈西南－东北走向。上接磨石口长城二边 13 段，下接磨石口长城二边 15 段。长 598 米，保存较好。

此段墙体为山险，利用西南－东北走向的陡峭山体作为屏障，无人工修葺痕迹。山体两侧为断壁，不易攀登。

磨石口长城二边 15 段（152921382101170081）

起自阿拉善左旗巴润别立镇上海嘎查东南 15.18 千米，止于巴润别立镇上海嘎查东南 15.47 千米。呈西北－东南走向。上接磨石口长城二边 14 段，下接磨石口长城二边 16 段。长 336 米，保存一般。

墙体为人工基础，石砌，高 0.3~0.4、宽 2.4 米。墙体为黄土夯筑，夯层厚 0.15~0.25 米，土质疏松，内夹大量细碎石块。

墙体两侧因风雨侵蚀，夯土剥落，破坏严重，部分墙体塌毁，明显窄于底部基础。墙体现高 0.4~2.5、底宽 1.5、顶宽 0.3~0.4 米。墙体有四处宽 2~3 米的豁口，豁口处墙体消失，只残留底部痕迹。

（彩图六〇八）

磨石口长城二边 16 段（152921382101170082）

起自阿拉善左旗巴润别立镇上海嘎查东南 16.33 千米，止于巴润别立镇上海嘎查东南 16.36 千米。墙体筑于两山间的凹地内，是从磨石口长城二边 11 段止点向东延伸的附属墙体，起、止点与山体相连。呈东－西向。长 35 米。其中保存较好 23 米、差 11 米、消失 1 米，分别占此段墙体长度的 66%、31% 和 3%。

墙体为人工基础，黄土夯筑，夯层厚 0.1－0.2 米，土质疏松，内夹细碎石粒。墙体自中心纵向断裂，夯土向北侧倒塌，在底部形成斜坡。南侧墙体风化、剥落严重，表面形成不规则孔洞，底部因风蚀悬空。墙体依地势而筑，东高西低，起点与山体衔接处有 1 米的缺口。墙体现高 3~5.6、底宽 5、顶宽 1.4~2.8 米。有一人为豁口，宽 11 米，简易道路从此穿过。

磨石口长城二边 17 段（152921382105170083）

起自阿拉善左旗巴润别立镇上海嘎查东南 16.53 千米，止于巴润别立镇上海嘎查东南 16.53 千米。这是一段独立的山险墙，筑于两山间的沟谷内，与磨石口长城二边 16 段呈一线。呈西南－东北走向。长 116 米。其中保存较差 97 米、消失 19 米，分别占此段墙体长度的 83% 和 17%。

此段墙体为山险墙。利用山岩断壁为屏障，在边缘、山脊低缓处构筑石墙或土墙。石墙较多，石块错缝垒砌，倒塌严重，现高 0.3~1、宽 0.6~1 米。土墙较少，黄土夯筑，夯层厚 0.3 米，坍塌严重，现高 4、底宽 5 米。墙体起点东北 19 米有一条沟，造成了墙体 19 米的断口，致墙体消失。（彩图六〇九）

山险墙上有敌台 1 座，即磨石口长城二边 3 号敌台。

磨石口长城二边 3 号敌台（152921352101170021）：位于阿拉善左旗巴润别立镇上海嘎查东南 16.53 千米。倚山险墙而建，实心。黄土夯筑，夯层厚 0.15~0.2 米，土质疏松，内夹细碎石粒。

敌台保存一般。平面呈矩形，剖面呈梯形，有收分。南壁靠近冲沟，受洪水冲刷破坏，台壁夯土断裂、坍塌，有明显流失现象，底部可见水浸痕迹，台体底部西壁因风蚀形成悬空。敌台现高 7.5 米；底部东西长 15、南北长 8 米；顶部有残损，东西长 6.5、南北长 4.5 米。（彩图六一〇）

北岔口长城二边 1 段（152921382105170084）

起自阿拉善左旗巴润别立镇巴彦朝格图嘎查东 13.12 千米，止于巴润别立镇巴彦朝格图嘎查东 13.15 千米。这是一段另筑墙体，上不与其他墙体相接，下接北岔口长城二边 2 段。呈北－南走向。长 490 米，保存一般。

此段墙体为山险墙。利用山势在山腰处进行铲削，形成绝壁。地势低缓处垒筑石蔷，毛石干垒，倒塌严重，现高 0.1~1.3、宽 1.2~1.5 米。墙体起点南 50 米西，相距约 10 米，另有一段石墙并行，长 73 米，毛石错缝垒砌，现高 0.8~1、宽 1.2~1.5 米。（彩图六一一）

北岔口长城二边 2 段（152921382101170085）

起自阿拉善左旗巴润别立镇巴彦朝格图嘎查东 13.15 千米，止于巴润别立镇巴彦朝格图嘎查东 13.18 千米。呈北－南走向。上接北岔口长城二边 1 段，下接北岔口长城二边 3 段。长 98 米，保存一般。

墙体为人工基础，石砌，高 0.2~0.4、宽 4.3 米。墙体黄土夯筑，夯层厚 0.15~0.2 米，土质细密，内夹细碎石粒。墙体有坍塌，大块夯土自顶部剥落、崩塌，两侧形成不规则的风蚀孔洞。墙体现高约 1.6、底宽 3.2、顶宽 1.7 米。墙体在起点南 39 米有一洪水冲刷形成的缺口，长 4 米，墙体无存，只残存底部痕迹。（彩图六一二）

北岔口长城二边 3 段（152921382105170086）

起自阿拉善左旗巴润别立镇巴彦朝格图嘎查东 13.18 千米，止于巴润别立镇巴彦朝格图嘎查东

13.44 千米。呈西北－东南走向。上接北岔口长城二边 2 段，下接北岔口长城二边 4 段。长 479 米，保存一般。（彩图六一三）

此段墙体为山险墙。依山势在山腰处进行铲削，形成绝壁。在人工开凿的断壁顶端外缘及地势低缓处垒筑石墙。铲削部分高约 3、最宽 4.5 米。石墙现高 1～1.4、宽 0.6～1.2 米，坍塌严重。

北岔口长城二边 4 段（152921382101170087）

起自阿拉善左旗巴润别立镇巴彦朝格图嘎查东 13.44 千米，止于巴润别立镇巴彦朝格图嘎查东 13.6 千米。呈东－西走向。上接北岔口长城二边 3 段，下接北岔口长城二边 5 段。长 54 米，保存较好。

墙体为自然基础，黄土夯筑，夯层厚 0.15～0.2 米，土质细密，内夹细碎石粒。墙体有坍塌，表面形成多处大小、深浅不一的风蚀孔洞，南侧有垂直裂缝。墙体现高 6、底宽 4、顶宽 2 米。（彩图六一四）

北岔口长城二边 5 段（152921382102170088）

起自阿拉善左旗巴润别立镇巴彦朝格图嘎查东 13.6 千米，止于巴润别立镇巴彦朝格图嘎查东 13.62 千米。呈北－南走向。上接北岔口长城二边 4 段，下接北岔口长城二边 6 段。长 42 米，保存较差。

此段墙体为石墙。筑于山脊上，毛石错缝垒砌，倒塌严重，现高 0.5～1、宽约 2 米，大多地段只有底部痕迹尚可辨认。（彩图六一五）

北岔口长城二边 6 段（152921382101170089）

起自阿拉善左旗巴润别立镇巴彦朝格图嘎查东 13.62 千米，止于巴润别立镇巴彦朝格图嘎查东 14.07 千米。呈北－南走向。上接北岔口长城二边 5 段，下接北岔口长城二边 7 段。长 472 米。其中保存较好 454 米、消失 18 米，分别占此段墙体长度的 96% 和 4%。

墙体筑于沟谷坡地上，自然基础，黄土夯筑，夯层厚 0.15～0.2 米，土质细密，内夹细碎石粒。墙体两侧受风雨冲刷，夯土剥落、坍塌，整体保存尚好。局部顶部可见女墙，南侧女墙痕迹较明显。墙体现高（包括女墙）6～7、底宽 4、顶宽（包括踏面）2 米。受山水冲刷破坏，墙体有一断口，长 18 米，墙体消失。（彩图六一六）

墙体上有敌台 1 座，即北岔口长城二边 1 号敌台。

北岔口长城二边 1 号敌台（152921352101170023）：位于阿拉善左旗巴润别立镇上海嘎查东南 13.72 千米。骑墙而建，实心。黄土夯筑，夯层厚 0.2 米，土质疏松，内夹细碎石粒。

敌台保存一般。保存一般。平面呈矩形，剖面呈梯形，有收分。东、西、南壁底部因夯土剥落形成斜坡，台体表面有大小、深浅不一的风蚀孔洞；南壁因雨水冲刷自顶至底垂直断裂，形成凹槽；西南角由顶至底坍塌，底部有风蚀悬空现象。敌台现高 8 米；底部东西长 10、南北长 12 米；顶部残损，东西长 6.5、南北长 8.5 米。（彩图六一七）

北岔口长城二边 7 段（152921382106170090）

起自阿拉善左旗巴润别立镇巴彦朝格图嘎查东 14.07 千米，止于巴润别立镇巴彦朝格图嘎查东 14.15 千米。呈西南－东北走向。上接北岔口长城二边 6 段，下接北岔口长城二边 8 段。长 180 米，保存较好。此段墙体为山险，利用山体作为屏障，无人工修葺痕迹。

北岔口长城二边 8 段（152921382102170091）

起自阿拉善左旗巴润别立镇巴彦朝格图嘎查东 14.15 千米，止于巴润别立镇巴彦朝格图嘎查东 13.88 千米。呈东南－西北走向。上接北岔口长城二边 7 段，下不与其他墙体相连。长 773 米，保存一般。

此段墙体为石墙。依山势筑于山脊上，毛石错缝垒砌。有坍塌，较低矮，内部可见少量填土。墙体现高 0.5～1.3、底宽 1.4～2、顶宽 0.4～1 米。距墙体止点 60 米有一条山谷，谷底有长 25 米的石墙，形制与山脊上的不同，较宽，现高1.3、底宽2.3、顶宽1.7米，顶部西侧有石砌女墙（垛墙），高0.2~1、宽0.5米。（彩图六一八）

北岔口长城二边9段（152921382105170092）

起自阿拉善左旗巴润别立镇巴彦朝格图嘎查东13.34千米，止于巴润别立镇巴彦朝格图嘎查东13.76千米。呈西北－东南走向。是一段另筑墙体，止点与北岔口长城二边6段相接。长970米。其中保存较好150米、较差820米，分别占此段墙体长度的15%和85%。

此段墙体为山险墙。位于蜿蜒的山脊上及两山间低缓处。墙体主要为夯土墙，夯层厚0.2~0.25米。山脊上的墙体底部有人工对山脊开凿、铲削的痕迹，墙体较为低矮，内夹杂大块毛石，有少量石墙。山间墙体较高大，土质较纯，内夹少量碎石。夯土墙现高0.5~3.8、底宽1.5~4、顶宽0.5~2.4米，石墙现高0.5~1、宽1~2米。此段墙体距止点约30米的夯土墙较高大，现高约4、底宽约3、顶宽1~2米，顶部西侧残存有女墙，现高0.4、宽0.6米。（彩图六一九）

墙体上有敌台1座，即北岔口长城二边2号敌台。

北岔口长城二边2号敌台（152921352101170024）：位于阿拉善左旗巴润别立镇上海嘎查东南13.39千米。骑墙而建，实心。土石混筑，外侧用毛石错缝垒砌，内以沙土、碎石、小石片和小石块填充缝隙。

敌台保存较好。平面呈正方形，剖面呈梯形，有收分。西壁保存较完整，东南、东北、西南角由顶至底坍塌，东、北壁坍塌严重。敌台现高10米；底部边长约15米；顶部残损，边长约10米。

敌台东南0.115千米山体上依山脊排列5座附燧。外侧用石块错缝堆砌，内填土石，均有不同程度的坍塌。第1座利用山体作为基础，高1.7、东西长2.5、南北长2.4米，与第2座间距3.8米；第2座高1.8、东西长2、南北长2.5米，与第3座间距12米；第3座高2.1、东西长2、南北长2.1米，与第4座间距20米；第4座高1.7、东西长2.4、南北长2.1米，与第5座间距8米；第5座高1、东西长2、南北长2.1米，筑于凸出的山石上。

北岔口长城二边10段（152921382102170093）

起自阿拉善左旗巴润别立镇巴彦朝格图嘎查东14.17千米，止于巴润别立镇巴彦朝格图嘎查东14.46千米。呈北－南走向。起点与北岔口长城二边7段前半段相连，止点与北岔口长城二边11、12段相接。长757米，保存一般。

此段墙体为石墙。外侧用毛石块错缝垒砌，内部填充细土、碎石。墙体坍塌严重，有锯齿状豁口，墙体现高0.5~3.2、底宽2~3、顶宽约0.8米。（彩图六二○）

墙体上有敌台1座，即北岔口长城二边3号敌台。

北岔口长城二边3号敌台（152921352101170025）：位于阿拉善左旗巴润别立镇上海嘎查东14.23千米。骑墙而建，实心。毛石干垒。

敌台保存差。完全坍塌，形成一巨大的土石堆积，现高4、底部边长17、顶部边长5米。（彩图六二一）

北岔口长城二边11段（152921382101170094）

起自阿拉善左旗巴润别立镇巴彦朝格图嘎查东14.46千米，止于巴润别立镇巴彦朝格图嘎查东南14.69千米。呈北－南走向。上接北岔口长城二边10段，止于明长城大边北岔口长城8段的止点。长652米。其中保存较好191米、较差461米，分别占此段墙体长度的29%和71%。

墙体为自然基础，黄土夯筑，夯层厚0.25~0.3米，土质疏松，夹杂大量细碎石块。墙体自起点起191米保存较好，现高2~3、底宽3、顶宽约1米，受风雨侵蚀，夯土剥落，两侧底部形成斜坡，顶部坍塌相对严重。其余保存较差，严重坍塌，夯土倒塌，在两侧形成土垄，只有少量墙体残存，呈

锯齿状。墙体现高 1~2、宽 2~3 米。（彩图六二二）

北岔口长城二边 12 段（152921382102170095）

起自阿拉善左旗巴润别立镇巴彦朝格图嘎查东 14.46 千米，止于巴润别立镇巴彦朝格图嘎查东南 14.69 千米。呈北－南走向。上接北岔口长城二边 10 段，下接柳木高长城二边 1 段，在北岔口长城二边 11 段东北与之并行，相距 3~10 米。长 932 米。其中保存一般 320 米、较差 612 米，分别占此段墙体长度的 34% 和 66%。

此段墙体为石墙。外侧用毛石块错缝垒砌，内部填充土石。墙体自起点起 320 米保存一般，现高 1~1.6、底宽约 2、顶宽约 1 米，石块坍塌、流失，形制遭到破坏。其余墙体保存较差，倒塌严重，石块多向西侧倒塌，形成高近 1 米的矮墙，局部只见底部痕迹。（彩图六二三）

柳木高长城二边 1 段（152921382199170096）

起自阿拉善左旗巴润别立镇巴彦朝格图嘎查东南 14.69 千米，止于巴润别立镇巴彦朝格图嘎查东南 15.83 千米。呈北－南走向。上接北岔口长城二边 12 段，下接柳木高长城二边 2 段。长 3770 米，保存一般。

墙体为自然基础，黄土堆筑。构筑方式是挖掘壕沟，将挖出的黄土堆筑于东侧，形成墙体。墙体坍塌，呈土垄状分布，现高 1~2、宽 6~8 米。东距明长城大边 0.011~0.05 千米。壕沟受洪水冲刷及泥沙掩埋，深 0.5~6、宽 6~12 米。（彩图六二四）

柳木高长城二边 2 段（152921382301170097）

起自阿拉善左旗巴润别立镇巴彦朝格图嘎查东南 15.83 千米，止于巴润别立镇巴彦朝格图嘎查东南 16.18 千米。呈北－南走向。上接柳木高长城二边 1 段，下接柳木高长城二边 3 段。长 780 米。处于冲沟口，受洪水冲刷，完全消失。

柳木高长城二边 3 段（152921382199170098）

起自阿拉善左旗巴润别立镇巴彦朝格图嘎查东南 16.18 千米，止于巴润别立镇巴彦朝格图嘎查东南 16.33 千米。呈北－南走向。上接柳木高长城二边 2 段，下接柳木高长城二边 4 段。长 310 米，保存一般。

墙体为自然基础，黄土堆筑。构筑方式是挖掘壕沟，将挖出的黄土堆筑于东侧，形成墙体。墙体已坍塌，呈土垄状分布，现高 1~2、宽 4~6 米。东距明长城大边 0.04~0.05 千米。壕沟被淤泥、河沙堆积掩埋，深 0.3~0.6、宽 6~8 米。

柳木高长城二边 4 段（152921382301170099）

起自阿拉善左旗巴润别立镇巴彦朝格图嘎查东南 16.33 千米，止于巴润别立镇巴彦朝格图嘎查东南 16.68 千米。呈北－南走向。上接柳木高长城二边 3 段，下接柳木高长城二边 5 段。长 670 米。处于冲沟口，受洪水冲刷，完全消失。

柳木高长城二边 5 段（152921382199170100）

起自阿拉善左旗巴润别立镇巴彦朝格图嘎查东南 16.68 千米，止于巴润别立镇巴彦朝格图嘎查东南 18.43 千米。呈北－南走向。上接柳木高长城二边 4 段，下接柳木高长城二边 6 段。长 3080 米，保存较差。

墙体为自然基础，黄土堆筑。构筑方式是挖掘壕沟，将挖出的黄土堆筑于东侧，形成墙体。墙体坍塌，呈土垄状分布，较低矮，现高 1~2、宽 4~6 米。东距明长城大边 0.04~0.05 千米。壕沟被淤泥、河沙堆积掩埋，局部几乎与地表齐平，只有痕迹尚可辨认，深 0.1~0.3、宽 6~8 米。（彩图六二五）

柳木高长城二边 6 段（152921382301170101）

起自阿拉善左旗巴润别立镇巴彦朝格图嘎查东南 18.43 千米，止于巴润别立镇巴彦朝格图嘎查东南 18.85 千米。呈东北－西南走向。上接柳木高长城二边 5 段，下接柳木高长城二边 7 段。长 718 米。处于冲沟口，受洪水冲刷，完全消失。

柳木高长城二边 7 段（152921382199170102）

起自阿拉善左旗巴润别立镇巴彦朝格图嘎查东南 18.85 千米，止于巴润别立镇巴彦朝格图嘎查东南 18.95 千米。呈东北－西南走向。上接柳木高长城二边 6 段，下接柳木高长城二边 8 段。长 490 米。其中保存较差 432 米、消失 58 米，分别占此段墙体长度的 88% 和 12%。

墙体为自然基础，黄土堆筑。构筑方式是挖掘壕沟，将挖出的黄土堆筑于东侧，形成墙体。墙体坍塌，呈土垄状分布，现高 1~2、宽 2~4 米。东距明长城大边 0.04~0.05 千米。壕沟被淤泥、河沙堆积掩埋，局部几乎与地表齐平，只有痕迹尚可辨认，深 0.1~0.3、宽 6~8 米。受洪水冲刷，墙体有一处断口，宽 54 米。（彩图六二六）

柳木高长城二边 8 段（152921382102170103）

起自阿拉善左旗巴润别立镇巴彦朝格图嘎查东南 18.95 千米，止于巴润别立镇巴彦朝格图嘎查东南 19.29 千米。呈北－南走向。上接柳木高长城二边 7 段，下接柳木高长城二边 10 段。长 216 米，保存一般。

此段墙体为石墙，自然基础。外侧毛石错缝垒砌，内部填充红色沙土以加固墙体。墙体石块脱落、坍塌，严重处只残留底部。墙体现高 0.6~1.4、底宽 1.2~2、顶宽 0.5~1.3 米。（彩图六二七）

柳木高长城二边 9 段（152921382105170104）

起自阿拉善左旗巴润别立镇巴彦朝格图嘎查东南 19.25 千米，止于巴润别立镇巴彦朝格图嘎查东南 19.33 千米。呈南－北走向。这段墙体从柳木高长城二边 8 段向西延伸，下不与其他长城墙体相接。长 257 米，保存较差。

此段墙体为山险墙。对山体进行铲削，在低缓的山鞍部垒筑石墙，部分地段在铲削形成的峭壁边缘垒砌石墙。铲削部分高 1~4 米；石墙大多坍塌，现高 0.5~1.5、底宽 1~2、顶宽约 1 米。（彩图六二八）

柳木高长城二边 10 段（152921382105170105）

起自阿拉善左旗巴润别立镇巴彦朝格图嘎查东北 19.29 千米，止于巴润别立镇巴彦朝格图嘎查东北 21.45 千米。呈北－南走向。上接柳木高长城二边 8 段，下接柳木高长城二边 11 段。长 2910 米，保存较差。

此段墙体为山险墙。对山腰处进行铲削，形成断壁，在断壁顶缘、地势低缓处垒筑石墙，山脊上垒砌少量连贯的石墙，毛石干垒，夹有就地取材的土石。铲削部分最高近 4 米；石墙倒塌严重，现高 1.2~2.3、底宽 0.6~1.5、顶宽 0.5~1.3 米。

柳木高长城二边 11 段（152921382101170106）

起自阿拉善左旗巴润别立镇巴彦朝格图嘎查东北 21.45 千米，止于巴润别立镇巴彦朝格图嘎查东北 21.76 千米。呈西北－东南走向。上接柳木高长城二边 10 段，下接柳木高长城二边 12 段。长 320 米。其中保存较差 144 米、消失 176 米，分别占此段墙体长度的 45% 和 55%。

墙体为自然基础，黄土夯筑，夯层厚 0.18~0.22 米，土质细密，内夹细碎石粒。其中 144 米保存较差，大多坍塌形成土垄，现高 0.5~2、底宽 2~4 米，只有少量残墙，顶宽大部分近 1 米，通高约 4 米。受洪水冲刷，墙体有两处断口，造成墙体消失 176 米。

柳木高长城二边 12 段（152921382106170107）

起自阿拉善左旗巴润别立镇巴彦朝格图嘎查东北 21.76 千米，止于巴润别立镇巴彦朝格图嘎查东北 23.3 千米。呈西北 - 东南走向。这是内蒙古自治区调查的阿拉善盟明长城二边最后一段，上接柳木高长城二边 11 段，下接宁夏回族自治区调查段。长 1200 米，保存较好。

此段为山险，利用陡峭山体作屏障，无人工修葺痕迹。

围沟长城二边 1 段（152921382102170108）

起自阿拉善左旗巴润别立镇巴彦朝格图嘎查东北 10.27 千米，止于巴润别立镇巴彦朝格图嘎查东北 10.59 千米。这是一段另筑墙体，下接围沟长城二边 2 段。呈北 - 南走向。长 859 米。其中保存一般 791 米、消失 68 米，分别占此段墙体长度的 92% 和 8%。

此段墙体为石墙。外侧用大块毛石垒砌，石质较硬，内填充褐色易风化碎石，石质松软。墙体倒塌较严重，最高 2.5、底宽 3 ~ 3.5、顶宽约 0.9 米，坍塌严重处几乎与地表齐平。受洪水冲刷，墙体有两处断口，造成墙体消失 68 米，有道路自此穿过墙体。（彩图六二九）

围沟长城二边 2 段（152921382105170109）

起自阿拉善左旗巴润别立镇巴彦朝格图嘎查东北 10.59 千米，止于巴润别立镇巴彦朝格图嘎查东北 13.2 千米。呈北 - 南走向。上接围沟长城二边 1 段，下接围沟长城二边 3 段。长 3870 米，保存一般。

此段墙体为山险墙。依山势在山腰处开凿、铲削形成断壁，断壁顶部外缘及低缓处垒筑石墙。铲削部分最高约 2 米。石墙坍塌严重，最高 2、底宽 0.4 ~ 2、顶宽大部分近 1 米。（彩图六三〇）

围沟长城二边 3 段（152921382105170110）

起自阿拉善左旗巴润别立镇巴彦朝格图嘎查东北 13.2 千米，止于巴润别立镇巴彦朝格图嘎查东北 15.58 千米。呈西北 - 东南走向。上接围沟长城二边 2 段，下接围沟长城二边 4 段。长 3514 米，保存一般。

此段墙体为山险墙。依山势在山腰处进行开凿、铲削，增加垂直度，使之更加陡峭，零星有石墙及补石痕迹。破坏严重，部分山体垮塌，人工修葺的痕迹濒临消失，铲削、开凿部分高 1 ~ 3 米。石墙和补石部分坍塌严重，几乎痕迹全无。

围沟长城二边 4 段（152921382102170111）

起自阿拉善左旗巴润别立镇巴彦朝格图嘎查东北 15.58 千米，止于巴润别立镇巴彦朝格图嘎查东北 16.09 千米。呈西北 - 东南走向。上接围沟长城二边 3 段，下接围沟长城二边 5 段。长 793 米。其中保存较差 200 米、差 472 米、消失 121 米，分别占此段墙体长度的 25%、60% 和 15%。

此段墙体为石墙。两侧用毛石错缝垒砌，内填充细碎土石。墙体坍塌严重，个别大石块被搬走，整体呈高近 1 米的碎石垄，局部几乎与地表齐平，最高 2.5、底宽 2 ~ 2.5、顶宽大部分近 1 米。洪水冲刷使墙体形成断口，墙体消失 121 米。

围沟长城二边 5 段（152921382105170112）

起自阿拉善左旗巴润别立镇巴彦朝格图嘎查东北 16.09 千米，止于巴润别立镇巴彦朝格图嘎查东北 16.32 千米。呈北 - 南走向。上接围沟长城二边 4 段，下不与其他墙体相接。长 336 米，保存一般。

此段墙体为山险墙。依山势对山体西侧山腰进行铲削，形成断壁，增加垂直度，使之更加陡峭，形成屏障。铲削断面高约 3、宽约 2 米。距起点 105 米山鞍部垒筑一段石墙，长 15 米，毛石干垒，顶部坍塌，现高 2.5、底宽约 1.5、顶宽约 0.6 米。

乌兰库特勒长城二边 1 段（152921382102170113）

起自阿拉善左旗巴润别立镇巴彦朝格图嘎查东 8.47 千米，止于巴润别立镇巴彦朝格图嘎查东 8.52 千米。这是一段独立墙体，前后不与其他墙体相连，西约 0.6 千米是乌兰库特勒长城二边 2 段。呈东北 - 西南走向。长 92 米，保存一般。

此段墙体为石墙。依山势垒砌于山脊上，毛石错缝垒砌。坍塌严重，较窄，现高约 0.5、底宽约

0.4、顶宽约 0.2 米。（彩图六三一）

乌兰库特勒长城二边 2 段（152921382105170114）

起自阿拉善左旗巴润别立镇巴彦朝格图嘎查东 9.07 千米，止于巴润别立镇巴彦朝格图嘎查东 9.11 千米。这是一段独立墙体，前后不与其他墙体相连，东约 0.6 千米是乌兰库特勒长城二边 1 段。呈东北 – 西南走向。长 1322 米。其中保存较差 1279 米、消失 43 米，分别占此段墙体长度的 97% 和 3%。

此段墙体是山险墙。利用山势开凿、铲削，形成峭壁。部分地段筑有石墙，为毛石错缝垒砌，局部可见堆土墙痕迹。削山痕迹宽 2.5 ~ 3.5 米，多被泥土掩盖。石墙现高 0.8 ~ 3、宽 0.5 ~ 2 米，断断续续，坍塌严重。堆土墙消失殆尽。受洪水冲刷，墙体有两处断口，使墙体消失 43 米。（彩图六三二）

乌兰哈夏长城二边（152921382102170115）

起自阿拉善左旗巴润别立镇巴彦朝格图嘎查东北 7.43 千米，止于巴润别立镇巴彦朝格图嘎查东北 7.54 千米。这是一段独立墙体，筑于两山之间，前后不与其他墙体相连。呈北 – 南走向。长 352 米。其中保存较好 182 米、较差 117 米、消失 53 米，分别占此段墙体长度的 52%、33% 和 15%。

此段墙体为石墙。两侧用大块岩石错缝堆砌，内填充细碎土石，岩石颜色泛红，石质较硬。墙体自起点起 182 米保存较好，形制清晰，现高 2 ~ 3、底宽约 2、顶宽约 1 米。182 米处有一冲沟，宽约 18 米，沟内墙体消失。其余墙体保存较差，严重塌毁，个别地段几乎坍塌成石垄，现高约 1、底宽 1 ~ 2、顶宽约 1 米。起点向南 220 米处起，墙体消失 35 米，原因不详。（彩图六三三）

三　附属设施

阿拉善盟明长城沿线有烽火台 28 座、关堡 5 座，分布在三个旗县境内。

（一）阿拉善盟阿拉善左旗

阿拉善左旗境内有烽火台 20 座，不见关堡。（参见地图一三）

三关口烽火台（152921353201170026）

位于阿拉善左旗巴润别立镇上海嘎查东 10.43 千米。实心。沙土夯筑，夯层厚 0.2 米，近顶部夯层内夹杂大量石块。

烽火台保存一般。平面呈矩形，剖面呈梯形，自下而上有收分。四壁有坍塌，西北角大面积坍塌，东南角顶部因雨水侵蚀形成凹槽，东壁保存较好。因地势原因，烽火台南壁高 11、北壁高 4.5 米；底部东西长 11、南北长 12 米；顶部有残缺，东西长 6 ~ 8、南北长 1 ~ 3.5 米。（彩图六三四）

烽火台位于长城墙体西侧，东距赤木口 1 号敌台 0.131 千米。

红井沟烽火台（152921353201170027）

位于阿拉善左旗巴润别立镇上海嘎查东 12.4 千米。实心。黄土夯筑，土质比较细密，夯层厚 0.2 ~ 0.22 米，夹有大量碎石，南壁底部可见石砌基础。

烽火台骑山脊而建。保存一般。平面呈矩形，剖面呈梯形，自下而上有收分。顶部及四壁有不同程度的坍塌，东壁中部有一垂直裂缝，西壁中部自顶至底因雨水冲刷形成凹槽。因地势原因，烽火台南壁高 11、北壁高 10.5、中心处高 6.5 米；底部东西长 16、南北长 17.3 米；顶部有残损，东西长 7.5、南北长 6 米。（彩图六三五）

烽火台位于长城墙体西侧，东距赤木口长城 3 段 0.1 千米。

夹子沟 2 号烽火台（152921353201170028）

位于阿拉善左旗巴润别立镇上海嘎查东南 15.86 千米。实心。黄土夯筑，土质比较细密，夯层厚 0.2 ~ 0.22 米，夹有碎石粒。

烽火台骑山脊而建。保存一般。平面呈矩形，剖面呈梯形，有收分。四壁夯土剥落崩塌，形成多处风蚀洞孔；东南角倒塌严重；南壁由顶至底受雨水冲刷形成宽 4、深 0.3 ~ 0.8 米的凹槽；西南角底部风蚀悬空；东、西、北壁表层夯土风蚀剥落，在底部形成斜坡，整体形制遭到破坏。烽火台现高 8、底部边长 11、顶部边长 9 米。（彩图六三六）

烽火台位于长城墙体西侧，东距磨石口长城 4 段 0.13 千米。

磨石口 2 号烽火台（152921353201170029）

位于阿拉善左旗巴润别立镇上海嘎查东南 17.66 千米。骑山脊而建，实心。黄土夯筑，土质比较细密，夯层厚 0.2 ~ 0.23 米，夹有碎石粒。

烽火台保存较好。平面呈矩形，剖面呈梯形，有收分。整体形制尚好，顶部可见垛墙，部分缺失。东壁因雨水冲刷，由顶至底形成凹槽，有轻微垂直裂缝，底部风蚀悬空；南壁夯土剥落；北壁中部夯土剥落，顶部垛墙有一豁口，似为登顶口；西壁夯土剥落，底部形成斜坡，有风蚀悬空现象。烽火台现高 8 米；底部东西（包括垛墙）长 12、南北长 13.5 米，顶部（包括垛墙）东西长 6、南北长 6.5 米。垛墙现高 0.5 ~ 1、宽约 0.4 米。（彩图六三七）

烽火台位于长城墙体西侧，东距磨石口长城 21 段 0.06 千米，西 0.15 千米有磨石口 3 号烽火台，东南 0.25 千米有磨石口 1 号烽火台。

磨石口 3 号烽火台（152921353201170030）

位于阿拉善左旗巴润别立镇上海嘎查东南 17.58 千米。实心。黄土夯筑，土质较细密，夯层厚 0.2 米，夹有碎石粒。底部断裂、风蚀严重的地方露出毛石垒砌的基础。

烽火台保存一般。平面呈矩形，剖面呈梯形，有收分。东壁风蚀严重，表面有大小、深浅不一的风蚀洞孔，中部自顶至底形成凹槽，宽 1.5 ~ 2.5、深约 1 米；南壁形制尚好，底部有风蚀悬空现象，中部由顶至底有一条垂直裂缝；西壁自顶部坍塌，坍塌的夯土风化，在底部形成 45° 斜坡，表面形成风蚀洞孔；东南角底部坍塌，北壁及东北角有垂直断裂塌落现象。烽火台现高 7、底部边长 10、顶部边长 4 米。（彩图六三八）

烽火台东 16 米处起依山脊由西向东排列 10 座附燧。间距依次为 4.5、6、4.5、4.5、4、4、3、2.5、3 米，构筑方式及尺寸相仿，石块堆砌，内夹土石，现高约 1、底部边长约 2 米，均有不同程度坍塌。

烽火台位于长城墙体西侧，东距磨石口长城 20 段 0.18 千米，东 0.15 千米有磨石口 2 号烽火台，东南 0.374 千米有磨石口 1 号烽火台。

营子山烽火台（152921353201170031）

位于阿拉善左旗巴润别立镇巴彦朝格图嘎查东 14.42 千米。实心。石砌，内部填充土石。

烽火台保存较差。破坏严重，坍塌成圆形土石堆积，东、南、北面有盗掘痕迹。烽火台现高 9 米；底部直径 28 米；腰部有石砌痕迹，高 2、宽 9 米；顶部东西长 3、南北长 6 米。

烽火台东北 3 米处起由西南向东北排列 5 座石砌附燧，均有不同程度的坍塌。第 1 座现高 0.6、东西长 2、南北长 1.7 米；第 2 座现高 1.2、东西长 2.8、南北长 3 米；第 3 座东西长 1.8、南北长 1.7 米，遭盗掘；第 4 座现高 1.1、东西长 2.4、南北长 2.6 米；第 5 座现高 1、东西长 2.1、南北长 2.1 米。间距依次为 3、4、2、7 米。

　　烽火台南侧自坍塌边缘起由北向南排列 8 座附燧。石块堆砌，有不同程度的坍塌。现高 1～1.3、底部边长约 2.5 米，间距依次为 5、5、4、0.9、0.7、1.2、2.9 米。

　　烽火台位于长城墙体东侧，西与北岔口长城二边 11、12 段相邻。

小口子烽火台（152921353201170032）

　　位于阿拉善左旗巴润别立镇巴彦朝格图嘎查东北 19.16 千米。骑山脊而建，实心。石砌，外侧毛石垒砌，内部填充土石。

　　烽火台保存较差。台体倒塌，形制遭破坏，形成土石堆积。烽火台上建有一座敖包，直径 3、高 1 米。烽火台现高 9 米，底部东西长 30、南北长 25 米，顶部边长 10 米。

　　烽火台南 20 米起依山脊由北向南排列 6 座附燧。石块堆砌，均倒塌，呈圆形石堆状。现高 0.6～0.8、直径 1.2 米，间距依次为 15、10、4、2、2 米。

　　烽火台北侧倒塌边缘起有 1 座 10 米见方的建筑基址。完全倒塌，只有底部痕迹可分辨。自建筑基址北侧边缘起由北向南依山脊排列 9 座附燧。有不同程度的坍塌，前 4 座形制相同，现高 1～1.2、底部边长 2.8 米；后 5 座形制相同，现高 0.5～0.7、底部边长 1.2 米。间距依次为 4、3、3、3、2、3、3、4 米。

　　烽火台位于长城墙体东侧，西距柳木高长城二边 9 段 0.054 千米。

二关 1 号烽火台（152921353201170033）

　　位于阿拉善左旗巴润别立镇上海嘎查东 8.29 千米。骑山脊而建，实心。黄土夯筑，土质疏松，夯层厚 0.18～0.21 米，夹杂细碎石粒。

　　烽火台保存较差。平面呈矩形，剖面呈梯形，自下而上有收分。台体夯土剥落、坍塌严重，自顶至底大块夯土剥落。东北角断裂崩塌，距地面 1.5 米因风蚀形成一进深 1.2、宽 1.5、高 0.7 米的洞孔；南壁中部有一垂直裂痕，底部有风蚀洞孔；西壁因风蚀形成大小、深浅不一的洞孔；西北角坍塌；西南角顶部有一垂直裂痕，夯土有大块崩塌的危险。烽火台现高 6～9、底部边长 12、顶部边长 6 米。（彩图六三九）

　　烽火台位于长城墙体东侧，西距赤木口长城二边 1 段 0.238 千米。

二关 2 号烽火台（152921353201170034）

　　位于阿拉善左旗巴润别立镇上海嘎查东 7.9 千米。骑山脊而建，实心。黄土夯筑，土质疏松，夯层厚 0.2～0.22 米，内夹细碎石粒。

　　烽火台保存一般。平面呈矩形，剖面呈梯形，自下而上有收分。台体坍塌严重，四壁均有缺失。东北角几乎完全塌落；南壁中部形成一道凹槽，夯土自顶部坍塌剥落，在底部形成斜坡；东壁风蚀严重，形成大小、深浅不一的洞孔。烽火台现高 6～9 米；底部东西长 12、南北长 8 米；顶部有残损，东西长 9.7、南北长 6.5 米。（彩图六四〇）

　　烽火台位于长城墙体西南侧，东北距赤木口长城二边 1 段 0.78 千米。

头关烽火台（152921353201170035）

　　位于阿拉善左旗巴润别立镇上海嘎查东 9.23 千米。骑山脊而建，实心。土石混筑，夹杂石块及细碎石粒。东壁可见明显夯土层，厚约 0.25 米；西壁坍塌处可见台体内平铺的两根原木，直径 15 厘米。

　　烽火台保存一般。平面呈矩形，剖面呈梯形，有收分。严重倒塌，夯土及内部石块剥落崩塌。南、北壁顶部坍塌，形成斜坡，受雨水冲刷形成凹槽。烽火台现高 3～5 米；底部东西长 9、南北长 15 米；顶部坍塌严重，东西长 2、南北长 4 米。（彩图六四一）

　　烽火台位于长城墙体东侧，西与赤木口长城二边 2 段相邻。

乌兰全吉 1 号烽火台（152921353201170036）

位于阿拉善左旗巴润别立镇上海嘎查东 6.8 千米。骑山脊而建，实心。石砌，外侧石块垒砌，内部填充土石。底部西北角残留有石砌基础的痕迹，用大石块垒砌，高 2、宽 3.9 米。

烽火台保存较差。平面呈近圆形，剖面呈梯形。台体倒塌，石块塌落四周，形成一巨大土石堆积。现高 13 米，底部东西长 14、南北长 32 米，顶部东西长 3、南北长 11 米。（彩图六四二）

烽火台位于长城墙体西侧，东距赤木口长城二边 1 段 0.53 千米。

乌兰全吉 2 号烽火台（152921353201170037）

位于阿拉善左旗巴润别立镇上海嘎查东 6.83 千米。骑山脊而建，实心。石砌，外侧毛石垒砌，内部填加土石。底部西北角残留石砌基础的痕迹。

烽火台保存较差。平面呈近圆形，剖面呈梯形。台体倒塌，石块塌落四周，形成巨大的土石堆积，现高 4、直径 10 米。

此烽火台与乌兰全吉 1 号烽火台在同一道山脊上，相距 0.2 千米。初步推测，此烽火台倒塌后，利用其石块重新修建了乌兰全吉 1 号烽火台。

磨石口 4 号烽火台（152921353201170038）

位于阿拉善左旗巴润别立镇上海嘎查东南 16.26 千米。实心。石砌，外侧毛石错缝垒砌，内部填充土石。坍塌处可见内部构造，内部南侧有夯土层，厚 0.3 米。

烽火台保存较差。由顶至底坍塌，形成土石堆积，北侧底部保留部分石砌痕迹。烽火台现高 6 米，底部直径 18 米，顶部东西长 8.6、南北长 4.5 米。（彩图六四三）

烽火台东南角有一围院，院墙石块堆砌，已坍塌。院墙东西长 8、南北长 4 米，墙体现高约 0.8、宽 1.2 米。门向东开，宽 0.5 米。

围院东侧有 5 座附燧。石砌，倒塌严重，圆形，现高约 1、直径约 3 米，间距约 2.5 米。

烽火台东北 30 米处长 11、宽 2 米的石堆上由西向东排列 4 座附燧。石砌，正方形，有不同程度坍塌。形制大体相同，现高约 1.8、底部边长约 2 米，间距约 0.5 米。

烽火台位于长城墙体西南侧，东北与磨石口长城二边 6 段相邻。

磨石口 5 号烽火台（152921353201170039）

位于阿拉善左旗巴润别立镇上海嘎查东南 16.38 千米。实心。黄土夯筑，土质比较细密，夯层厚 0.1~0.2 米，内夹细碎石粒。

烽火台保存一般。平面呈矩形，剖面呈梯形，自下而上有收分。台体四壁夯土剥落，有风蚀洞孔，底部形成斜坡。南壁中部自上而下形成凹槽，底部有风蚀悬空现象；北壁由顶至底坍塌较严重。烽火台现高 8 米；底部边长 11 米；顶部残损，东西长 6、南北长 4.3 米。（彩图六四四）

烽火台东 5 米有石砌长方形建筑基址，现高 0.2~0.6、东西长 10、南北长 3 米，上面有 4 座石砌小台，已坍塌。

烽火台东 20 米处起由东向西排列 6 座正方形附燧，石砌，均已倒塌。形制大体相近，现高约 0.5、底部边长约 2 米，间距约 1.5 米。

烽火台位于长城墙体东侧，西距磨石口长城二边 16 段 0.05 千米。

独疙瘩烽火台（152921353201170040）

位于阿拉善左旗巴润别立镇上海嘎查东北 14.03 千米。实心。石砌，外侧用石块错缝堆砌，内部填充黄沙土。

烽火台保存较差。完全倒塌，形制无存，呈圆形土石堆积。台体南壁腰部残存少量石砌痕迹，毛石错缝堆砌；北壁被人为挖掘，形成一条长东西 7、南北长 10 米的凹槽；西壁和顶部被挖掘。烽火台现高 8、底部直径 30 米。

烽火台北侧 5 米有两道黄土堆筑的墙体，已坍塌，南北向墙体长 14、东西向墙体长 10 米，高 2.5 米，间距 6 米。

烽火台位于长城墙体西侧，东距柳木高长城 1 段 1.2 千米。

昆都伦烽火台（152921353201170041）

位于阿拉善左旗巴润别立镇巴彦朝格图嘎查东北 8.72 千米。骑山脊而建，实心。石砌，外侧用石块错缝堆砌，已坍塌，只东南侧残留石砌痕迹；内部填充碎石和杂土。

烽火台保存较差。坍塌严重，形制完全被破坏，形成土石堆积，现高 4、底部边长 17、顶部边长 7 米。

烽火台南 18 米处起依山脊由北向南北排列 3 座附燧。石块堆砌，已坍塌，间距依次为 21、18 米，平面呈正方形，边长 4 米，第 1、2 座附燧现高 1.5 米，第 3 座附燧现高 1 米。

烽火台北 47 米有一座石砌房屋基址，毛石错缝堆砌，已倒塌。南北长 9、东西长 6 米。东北角残存部分墙基，墙体宽 0.9、残存最高 0.6 米。

烽火台位于长城墙体北侧，南距围沟长城二边 1 段 1.9 千米。

红碴子烽火台（152921353201170042）

位于阿拉善左旗巴润别立镇巴彦朝格图嘎查东北 16.32 千米。骑山脊而建，实心。石砌，外侧用石块错缝堆砌，内部填充土石。

烽火台保存一般。平面呈矩形，剖面呈梯形，有收分。东、南壁石砌痕迹清晰，西、北壁坍塌严重，顶部西侧有一直径 2、深 1 米的盗洞。附近零星散落瓷罐残片。烽火台现高 5、底部边长 11、顶部边长 7 米。（彩图六四五）

烽火台东北角东 8.5 米处起由西向东排列 3 座附燧。石块堆砌，已坍塌，只底部痕迹可分辨，平面呈正方形，边长 2 米，间距约 9 米。

烽火台东南 36 米处起由西向东西排列 3 座附燧，石块堆砌，已坍塌，现高 0.5～1 米，平面呈正方形，边长约 2 米，间距分别为 13、22 米。

烽火台东南角向东 6 米有一处建筑基址。石块堆砌，边长 4 米。墙体大部分倒塌，底宽 0.5 米，残存最高 1 米。西北角留门，宽 0.6 米。

烽火台位于围沟长城二边止点处。

钻洞子 3 号烽火台（152921353201170043）

位于阿拉善左旗巴润别立镇巴彦朝格图嘎查东北 14.73 千米。实心。石砌，完全坍塌，推测外侧以毛石错缝垒砌，内部填充土石。

烽火台保存较差。完全坍塌，形成圆形土石堆积，石块向四周散落。烽火台现高 8、底部直径 17、顶部直径 6 米。

烽火台位于长城墙体东侧，西距围沟长城二边 3 段 1.1 千米。

乌兰哈夏烽火台（152921353201170044）

位于阿拉善左旗巴润别立镇巴彦朝格图嘎查东北 7.63 千米。筑于山顶，实心。毛石错缝垒砌。

烽火台保存较差。烽火台兼有铺舍功能，坐西北朝东南，四面筑墙，向上内收，底部边长 10、顶部边长 9 米。墙体坍塌，残存最高 2.5 米。东南留门，宽 1 米。西侧墙角筑一 3 米见方的附燧。东北侧山势较低，有修筑台基的痕迹。

烽火台东南 3 米有一石砌建筑基址，坐南向北，墙体坍塌，只有底部痕迹尚可分辨。基址东西长

4、南北长5米，墙体底宽0.7米。北侧留门，宽0.5米。

烽火台位于长城墙体南侧，北距乌兰哈夏长城二边0.256千米。

小柳木高烽火台（152921353201170045）

位于阿拉善左旗巴润别立镇巴彦朝格图嘎查东南16.65千米，当地称为"希如勒音全吉"。筑于山顶。实心。石砌，外侧毛石错缝垒砌；内部填充土石，平铺原木。

烽火台保存较好。平面呈矩形，剖面呈梯形，自下而上有收分。四角顶部坍塌，东北角坍塌较严重，底部保存完整，从坍塌处可见每隔约1.3米铺有原木。烽火台现高8~10、底部边长18、顶部边长8.5米。

（二）宁夏回族自治区银川市永宁县

宁夏回族自治区永宁县境内有烽火台3座、堡3座。（参见地图一三）

高石墩1号烽火台（640121353201170001）

位于内蒙古自治区阿拉善左旗巴润别立镇上海嘎查东南13.23千米，属永宁县。实心。黄土夯筑，夯层厚0.2米，土质细密，内夹碎石。

烽火台保存较好。平面呈矩形，剖面呈梯形，自下而上有收分。台体夯土风化剥落。东壁中部受雨水冲刷，形成宽2、深0.3~0.5米的垂直凹槽；东北角底部风蚀比较严重。烽火台现高9米；底部东西长11.3、南北长12米；顶部残损，边长7米。（彩图六四六）

烽火台东北23米处起由北向南排列3座附燧。石块堆砌，内夹土石，均已坍塌，现高约1.2、底部边长2.5米，间距依次为3.5、4.5米。

烽火台位于长城墙体东侧，西与赤木口长城4段相邻。

高石墩2号烽火台（640121353201170002）

位于内蒙古自治区阿拉善左旗巴润别立镇上海嘎查东南14.11千米，属永宁县。实心。黄土夯筑，夯层厚0.2米，土质比较细密，内夹大量碎石。

烽火台保存一般。平面呈矩形，剖面呈梯形，自下而上有收分。台体夯土大量剥落，壁表有多处大小、深浅不一的风蚀孔洞。东北壁破坏较严重，东、西、北壁夯土大面积坍塌、剥落，南壁中部自顶至底因雨水冲刷形成凹槽。台体南壁有石砌台阶痕迹。烽火台中心处高4、东壁高13、西壁高8米；底部东西长19、南北长17米；顶部残损，边长8.5米。（彩图六四七）

烽火台位于长城墙体东侧，西与赤木口长城6段相邻。

夹子沟1号烽火台（640121353201170003）

位于内蒙古自治区阿拉善左旗巴润别立镇上海嘎查东南15.59千米，属永宁县。筑于山顶，实心。黄土夯筑，夯层厚0.2米，土质较细密，内夹碎石。

烽火台保存较差。平面呈矩形，剖面呈梯形，自下而上有收分。台体夯土脱落严重，西壁紧靠悬崖，基本倒塌；东、南、北壁形成垂直凹槽。烽火台东壁高4、北壁高2.8米；底部东西长10、南北长8米；顶部有残损，东西长5.5、南北长6米。（彩图六四八）

烽火台自东南9米处起由西北向东南排列8座附燧。石块堆砌，均已坍塌，边长依次为1.1、1.7、2、1.9、1.2、2、1.2、1.6米，现高0.5~1.2米，间距依次为10.5、7.3、1、1、1.6、3.7、2.8米。

烽火台位于长城墙体东侧，西距赤木口长城6段0.3千米。

汝龙沟堡（640121353102170001）

位于内蒙古自治区阿拉善左旗巴润别立镇上海嘎查东南 17.19 千米，属永宁县。位于长城墙体东南，西北距磨石口长城 14 段 0.254 千米。平面呈矩形，东西长 155、南北长 160 米。设城门 4 座。（图一五五）

图一五五　汝龙沟堡平面图

该堡保存较差。破坏严重，四周墙垣倒塌，几乎与地表齐平，只有底部痕迹可分辨，壕沟被泥土掩埋。

该堡挖沟堆土筑墙而成。墙体呈宽约 1、高 0.2～0.4 米的土垄状，壕沟被泥土掩埋，深 0.2～0.4 米。四墙有城门，东门在距北墙 71 米处，宽 4 米；南门在距东墙 66 米处，宽 3 米；西门在距南墙 71 米处，宽 3 米；北门在距西墙 65 米处，宽 3 米。

堡内外无其他遗迹、遗物。

小沟堡 （6401213531021700002）

位于内蒙古自治区阿拉善左旗巴润别立镇上海嘎查东南 17.24 千米，属永宁县。位于长城墙体东侧，西距磨石口长城16段0.07千米。平面形状不规则，最大范围东西长163、南北长252米，周长784米，面积38468平方米。设城门2座。（图一五六）

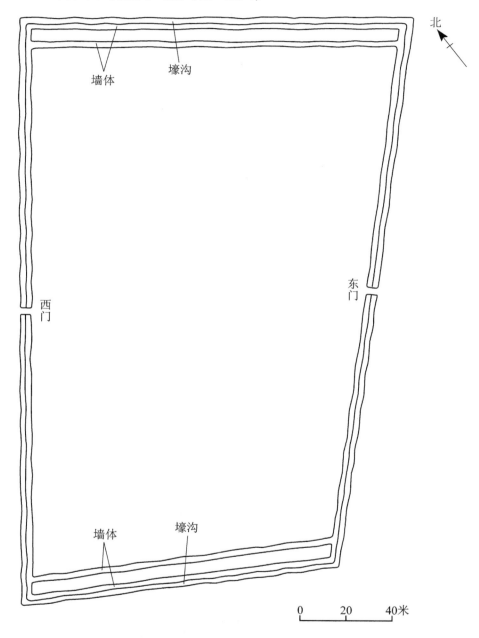

图一五六 小沟堡平面图

该堡保存较差。破坏严重。四周墙垣倒塌，几乎与地表齐平，只有底部痕迹可以分辨，壕沟被泥土掩埋。

该堡挖沟堆土筑墙而成。挖沟堆土于内侧筑墙，墙体现高0.2~0.8米，壕沟深0.1~0.3米。南、北墙分别长133、163米，可见两道墙、两道壕沟，外侧壕沟宽约3米，内测壕沟宽约6米，墙体坍塌呈宽3米的土垄状。东、西墙分别长236、252米，只有一道壕沟，墙体坍塌严重，宽约3米；壕沟宽2~3米。

东、西墙体中部各有一门，宽约2米。

堡内外不见其他遗迹、遗物。

夹子沟堡（640121353102170003）

位于内蒙古自治区阿拉善左旗巴润别立镇上海嘎查东南 16.17 千米，属永宁县。位于长城墙体东侧，西距磨石口长城 3 段 0.06 千米。平面形状不规则，最大范围东西长 150、南北长 180 米，周长 660 米，面积约 27000 平方米。设城门 3 座。（图一五七；彩图六四九）

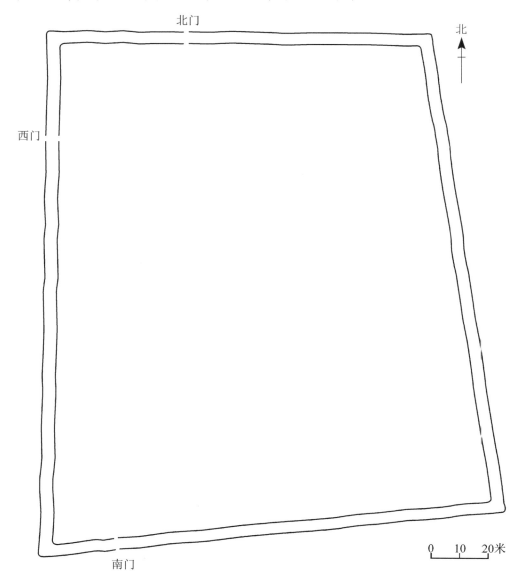

图一五七　夹子沟堡平面图

该堡保存较差。破坏严重。四周墙垣倒塌，几乎与地表齐平，只有底部痕迹可分辨，壕沟被泥土掩埋。堡内因洪水冲刷形成两条南北向冲沟。

该堡挖沟堆土筑墙而成。挖沟堆土于内侧筑墙，墙体宽约 2 米，呈土垄状，现高 0.1~0.3 米。壕沟被泥沙掩埋，几乎与地表齐平。东墙长 175 米，无门；南墙长 164 米，由西向东 27 米处留门，宽 2 米；西墙长 145 米，由北向南 38 米处留门，宽 2 米；北墙长 135 米，由西向东 48 米处留门，宽 2 米，由西向东 78 米处另有一门，痕迹比较模糊。

堡内高低不平，似有建筑遗迹，无法明确辨认，地表零星散落罐、缸等残片及青花瓷片。

（三）宁夏回族自治区吴忠市青铜峡市

宁夏回族自治区青铜峡市境内有烽火台5座、堡2座。（参见地图一三）

红井子圈1号烽火台（640381353201170001）

位于内蒙古自治区阿拉善左旗巴润别立镇上海嘎查东南18.73千米，属青铜峡市。实心。黄土夯筑，夯层厚0.2米，土质比较细密，内夹细碎石粒。

烽火台保存较差。平面呈矩形，剖面呈梯形，有收分。台体夯土严重风化剥落、坍塌，曾遭盗掘，形制被破坏，底部四周形成斜坡，北壁坍塌严重。周围散落较多瓷罐、缸等残片，附属设施被挖掘。烽火台现高5.4米；底部边长11米；顶部残损，边长5米。（彩图六五○）

烽火台东南5米处起由西向东排列5座附燧。现高约1.2、底部边长约4米，石块堆砌，内夹土石，均已坍塌，石块散落四周，均被盗掘。间距依次为6.7、9、12、11米。

烽火台西南66米处起依山脊由西北向东南排列5座附燧。石块堆砌，内夹土石，有不同程度坍塌，现高约1.2、底部边长约3米，间距依次为23、16、16、23米。

烽火台东南50米有一座附燧，已坍塌，只有底部可以辨认，边长约2.6米。

烽火台位于长城墙体东侧，西距北岔口长城3段6米。

红井子圈2号烽火台（640381353201170002）

位于内蒙古自治区阿拉善左旗巴润别立镇上海嘎查东南18.38千米，属青铜峡市。实心。黄土夯筑，夯层厚0.2米，土质比较细密，内夹细碎石粒。

烽火台保存较好。平面呈矩形，剖面呈梯形，有收分。台体表面受风蚀形成大小、深浅不一的洞孔，四角及底部悬空。台体夯土脱落、坍塌，在底部形成斜坡。烽火台现高8米；底部东西长15、南北长15.5米；顶部残损，边长9米。（彩图六五一）

烽火台南侧有一围院与台体南壁相连。东墙外侧距台体9米，西墙外侧距台体7米。平面呈长方形，东西长31、南北长16米。南墙自东向西16米处留门，宽约1米。墙体大部分坍塌，形成宽约1米的土垄，仅西南角可见残存墙体，高3、底宽约1.5米，夯筑，夯层厚约0.2米，残存墙体顶部因风蚀形成锐角。院内东北角被盗掘。（图一五八）

围院东26米有围墙残迹，挖沟在内侧堆土筑墙。东墙长74米，与长城墙体相连；南墙长53米；西墙与围院南墙相接。门向不清。

烽火台东南角向南29米处起由北向南排列10座附燧。土石混筑，已坍塌。现高约0.5、底部边长约3米，间距8~10米。第2座附燧被盗掘。

烽火台位于长城墙体南侧，北距北岔口长城6段6米。

钻洞子1号烽火台（640381353201170003）

位于内蒙古自治区阿拉善左旗巴润别立镇巴彦朝格图嘎查东南16.72千米，属青铜峡市。实心。石砌，外侧毛石错缝垒砌，内部填充土石。

烽火台保存较差。平面呈矩形，剖面呈梯形，有收分。台体倒塌，形成圆形土石堆积。东南角外壁可见保存较好的石砌痕迹，高2米；南壁底部有一盗洞，直径0.8米，被沙土掩盖，洞深不详。烽火台现高5米，底部东西长10、南北长11米，顶部边长5米。（彩图六五二）

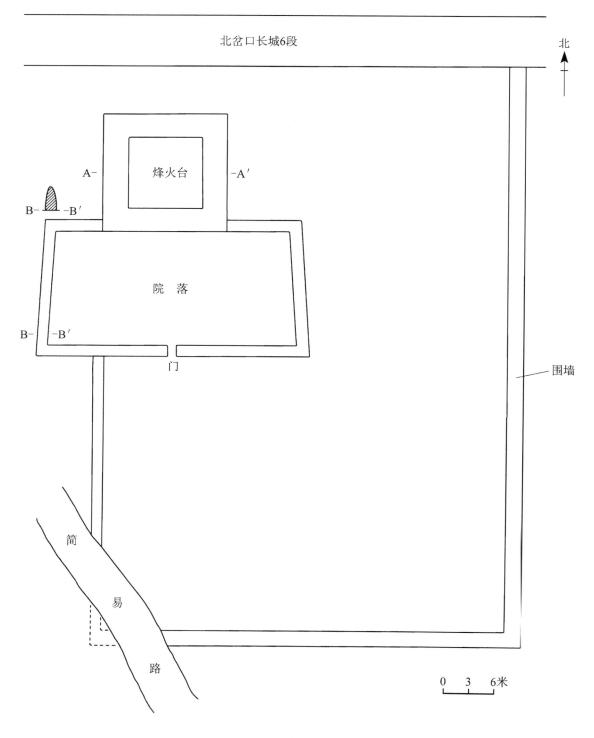

图一五八　红井子圈 2 号烽火台平、剖面

烽火台有围墙。挖沟在外侧堆土为墙，烽火台居中。围墙边长50米，已坍塌，只有宽约2.3米的痕迹可分辨，门址不清。周边地表零星散落碗、罐等瓷片及瓷雷残片。

烽火台位于长城墙体东侧，西与柳木高长城2段相邻。

钻洞子2号烽火台（640381353201170004）

位于内蒙古自治区阿拉善左旗巴润别立镇巴彦朝格图嘎查东南17千米，属青铜峡市。实心。黄土夯筑，夯层厚0.15米，土质细密，内夹细碎石粒。

烽火台保存较好。平面呈正方形，剖面呈梯形，自下而上有收分。四壁受到不同程度风蚀破坏。东壁底部风蚀悬空，壁面有垂直裂缝；东、西壁中部因雨水冲刷形成凹槽，最宽2、最深1.1米；南壁底部夯土断裂剥落，顶部坍塌。烽火台现高8米；底部边长16米；顶部残损，边长10米。（图一五九；彩图六五三）

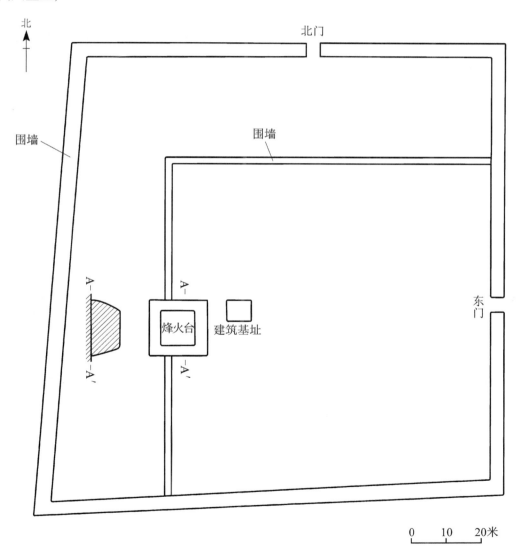

图一五九　钻洞子2号烽火台平、剖面图

烽火台东北5米有建筑基址，已坍塌，可见底部痕迹，东西长7、南北长6米，墙体宽0.9米。

烽火台有围墙，挖沟堆土筑墙。北、西侧有两重围墙，内侧围墙宽约2米，外侧围墙宽约4米，均坍塌严重，只有部分痕迹可分辨。外侧围墙东墙长 131 米，距台体 90 米，自北向南 74 米处留门，宽 4 米；南墙长 131 米，距台体 54 米；西墙长 138 米，距台体 32 米；北墙长 138 米，距台体 68 米，自西向东 65 米处留门，门宽 4 米。烽火台西壁向东 4 米起是内侧围墙，西墙长 82 米，南墙与外侧围墙相接；西墙北端在距台体 28 米处，北墙东端与外侧围墙东墙相接，长 102 米。

烽火台北 20 米处起由东向西排列 10 座附燧。坍塌严重，石块散落，依稀可见底部痕迹，濒临消失。间距约 5 米，高出地表 0.1~0.3、边长约 3 米。

烽火台位于长城墙体东侧，西与柳木高长城 2 段相邻。

磨石口 1 号烽火台（6403813532011170005）

位于内蒙古自治区阿拉善左旗巴润别立镇上海嘎查东南 17.9 千米，属永宁县。实心。黄土夯筑，夯层厚 0.2 米，土质比较细密，内夹碎石。

烽火台保存一般。平面呈矩形，剖面呈梯形，自下而上有收分。东、南、北壁夯土大块剥离；南壁中部自顶至底因雨水冲刷形成凹槽；西壁保存较好，底部有风蚀悬空现象；东南、东北角断裂崩塌；东壁底部中央有一 1 米见方，深 0.8 米的盗洞。烽火台现高 8 米；底部边长 13 米；顶部残损，东西长 6、南北长 5 米。（图一五四；彩图六五四）

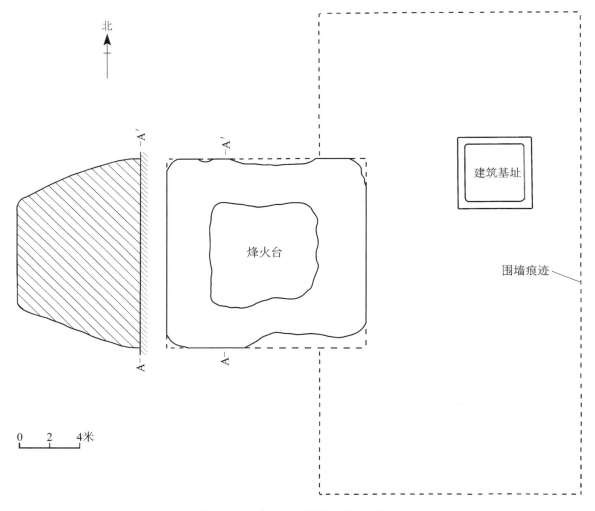

图一五四　磨石口 1 号烽火台平、剖面

烽火台东侧以台体为中心筑有围院，东西长 17、南北长 33 米。围墙坍塌，轮廓尚可分辨。

烽火台东北角东 6.4 米有一建筑基址，正方形，边长 4.9 米，已倒塌，只有底部痕迹可分辨，墙体宽 0.5 米。附近零星散落瓷瓶等的残片。

烽火台位于长城墙体东侧，西距磨石口长城 22 段 0.2 千米，西北 0.25 千米有磨石口 2 号烽火台、0.374 千米有磨石口 3 号烽火台。

红井子堡（640381353102170001）

位于内蒙古自治区阿拉善左旗巴润别立镇上海嘎查东北 18.82 千米，属青铜峡市。处于长城墙体东侧、红井子沟北岸，西距北岔口长城 1 段 0.24 千米。平面呈矩形，东西长 16、南北长 20 米，面积 320 平方米。设城门 1 座。

该堡系挖沟堆土筑墙而成，墙体位于内侧。破坏严重，保存差。四周墙垣坍塌，东、西墙只残留底部，形成土垄；北墙坍塌，基本消失；南墙只残留墙基。墙体最高 0.4、底宽 1.2 米。南墙开门，宽 4 米。（图一六〇）

堡内格局不详，地表零星散落黑釉瓷罐及瓷缸残片等。

钻洞子堡（640381353102170002）

位于内蒙古自治区阿拉善左旗巴润别立镇巴彦朝格图嘎查东南 15.22 千米，属青铜峡市。位于长城墙体东南侧，西北距柳木高长城 3 段 0.585 千米。平面呈不规则形，坐东向西，最大范围东西长 97、南北长 153 米，面积达 5633 平方米。设城门 4 座。

该堡系挖沟堆土筑墙而成。墙体位于内侧，破坏严重，保存差。四周墙垣坍塌，只有底部痕迹尚可分辨。墙体呈土垄状，现高 0.2~0.4、宽 1~2 米。壕沟宽约 2 米，被泥沙掩埋，几乎与地表齐平。

东墙长 43 米，居中处开门，宽 3 米；南墙长 97 米，自西向东 81 米处开门，宽 2 米；西墙长 153 米，自南向北 26 米处开门，宽 3 米；北墙长 67 米，自西向东 48 米处开门，宽 2 米。

堡内格局不详，地表零星散落瓷瓶罐等残片。

四　相关遗存

阿拉善盟明长城沿线有相关遗存 2 处，其中居住址 1 处、石刻 1 处。

小口子居住址（152921354107170001）

位于阿拉善左旗巴润别立镇巴彦朝格图嘎查东北 15.8 千米、围沟长城二边 4 段东 14 米。居住址坐落在一处山坳中，三面是缓坡，东南开阔，最大范围东西长 16、南北长 13 米。

可见一小院落，坐西北向东南，东西长 12、南北长 13 米。墙体毛石块堆砌，已倒塌，现高 0.2~0.7、宽 1 米。东南墙居中开门，宽 3 米。东侧墙角外相接一房屋基址，东西长 4、南北长 5.5 米，已坍塌，只有底部痕迹可分辨，门址不清。

三关石刻（152921354110170002）

位于阿拉善左旗巴润别立镇上海嘎查东 7.61 千米、乌兰全吉 2 号烽火台东北 0.94 千米。

文字刻于贺兰山腹地三关口的石壁上，石壁高、宽 5 米。2 米见方内阴刻 50 余字，汉字楷书"三关"。字体较大，高 0.18、宽 0.15 米，有蒙文"特木尔乌德"（意为铁门），蒙文在左，汉字在右，竖排。石壁右下方竖排镌刻 9 行文字，字体 8 厘米见方，石壁风化严重，有剥落，大部分文字难以辨认，可读内容有：属平羌堡□□□……平羌□□□□……

　　石壁北 2 米是银川 – 巴彦浩特公路。修筑公路时，开凿山体使壁面受到破坏，石壁左下方有明显开裂。初步判断，这是关于关址的石刻。

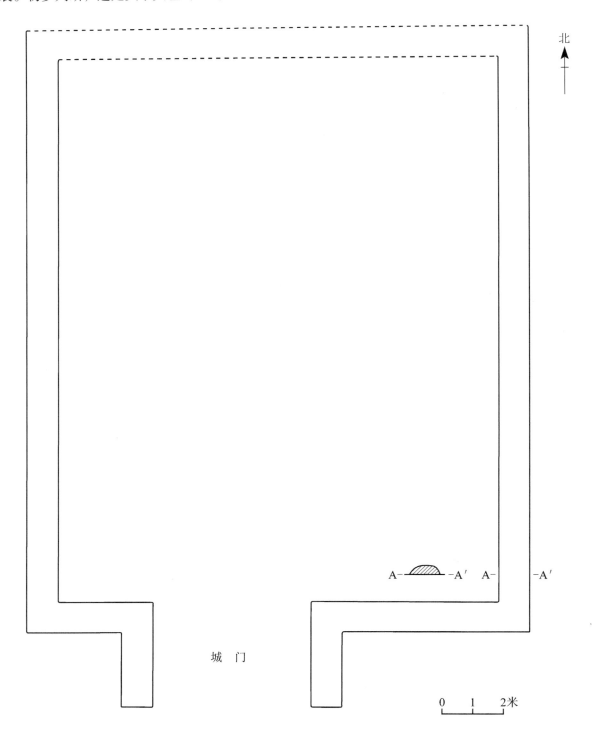

图一六〇　红井子堡平、剖面图

第七章

内蒙古自治区明长城保护与管理现状

由于自然和人为因素的影响和破坏，内蒙古自治区境内的明长城受到不同程度的损毁。当前各级地方政府的保护管理水平有所欠缺，整体保护形势不容乐观。

一　长城破坏情况分析

（一）长城保存现状

关于内蒙古自治区明长城保存现状，通过本次调查，可以作出较为科学的统计，具体如下：

此次调查确认内蒙古自治区境内明长城墙体总长706332.6米。其中土墙502334.6米、石墙34749米、山险4286米、山险墙24813米、壕堑7650米、消失132500米，消失墙体占墙体总长的19%。现存有效墙体[1]中，保存较好39888米、一般119840.3米、较差249803.5米、差144148.9米、消失20151.9米，各占有效墙体总长的7%、21%、43%、25%和4%。

敌台670座，其中保存较好111座、一般266座、较差240座、差53座，各占敌台总数的16%、40%、36%和8%。

马面366座，其中保存较好44座、一般127座、较差183座、差12座，各占马面总数的12%、35%、50%和3%。

烽火台391座，其中保存较好74座、一般123座、较差186座、差8座，各占烽火台总数的19%、32%、47%和2%。

营堡24座，其中保存较好5座、一般6座、较差5座、差8座，各占营堡总数的21%、25%、21%和33%。

调查中，我们判断被调查对象的保存程度参照《长城资源调查工作手册》设定的相关标准，即：

对于长城本体，保存较好为墙体设施保存1/2以上，墙基、墙体保存3/4以上；保存一般为墙体

---

[1]　这里的有效墙体，按照国家文物局制定的《长城资源调查工作手册》的相关标准规范，指非消失墙体段落。同按《手册》要求，消失长度小于50米的墙体不单独算作消失墙体段落，而是划在非消失墙体段落中，是有效墙体的一部分。因此，在有效墙体中，包括一部分消失墙体。

设施保存 1/2 以下，墙基、墙体保存 1/4 ~ 3/4；保存较差为墙体设施无存，墙基、墙体保存 1/4 以下；保存差为墙基、主体仅留地面痕迹，濒临消失；消失为地面遗迹不存。

对于烽火台，保存较好为主体保存 3/4 以上，主体设施保存 1/2 以上，附属设施保存 1/2 以上；保存一般为主体保存 1/4 ~ 3/4，主体设施保存 1/2 以下，附属设施保存 1/2 以下；保存较差为主体保存 1/4 以下，主体设施无存，附属设施无存；保存差为仅存遗迹，濒临消失。

对于关堡，保存较好为格局基本完整，建筑大部分保存，墙体保存 1/4 以上，其他设施保存 1/2 以上；保存一般为格局不完整，建筑少量保存，墙体保存 1/4 ~ 3/4，其他设施保存 1/4 ~ 1/2；保存较差为格局尚可辨认，建筑无存，墙体保存 1/4 以下，其他设施保存 1/4 以下；保存差为格局不清，建筑无存，墙体濒临消失。

由以上统计数据可以看出，各类被调查对象中保存程度所占比例最大的是保存较差，其中保存较差和保存差累加几乎达到一半。也就是说，除消失的外，有近半调查对象主体保存 1/4 以下。

（二）长城破坏因素

1. 自然因素

内蒙古自治区明长城主要分布于内蒙古自治区中西部与相邻省区交界地带。这一区域处于内蒙古高原南部边缘，深处内陆，属温带大陆性气候，干旱少雨，植被覆盖率较低，水土流失和土地荒漠化、沙化严重，对长城保护的影响较大。归纳起来，破坏长城的自然因素大体可分为以下几类：

其一，雨水冲刷、水土流失。这种破坏因素在乌兰察布市和呼和浩特市明长城大边、二边沿线较多见。（参见彩图一五六、二二七）此处山高岭深、沟壑纵横，处于内蒙古高原向黄土高原的过渡地带，土质疏松。这里的明长城墙体依山而建，多分布于山脊和山顶处，沿线沟谷较多，降雨时沟中洪水湍急，长城墙体多被冲断。墙体、附属设施多以黄土夯筑，极易受到雨水冲刷破坏。该地气候干旱，降水较少，植被覆盖率差，水土流失严重，致使墙体坍塌、损坏严重。阿拉善盟境内明长城分布于贺兰山麓地带，受雨水冲刷破坏严重。

其二，风沙侵蚀。内蒙古高原地势高，风力强劲，风沙对长城的破坏也比较严重，其中以鄂尔多斯市鄂托克前旗段明长城为甚。该地处于毛乌素沙漠南缘，土地沙化严重，多有裸露沙丘，流沙危胁着长城，个别地段沙土将长城墙体掩埋过半。（参见彩图四八七）

其三，鸟兽掘洞。长城经过地段大部分为荒山野岭，生活着各类野生动物，包括鼠类、蛇、狐狸、獾、野鸡等。一些长城墙体及烽火台、敌台、马面的壁面上鸟兽洞穴密布，对长城墙体及附属设施、相关遗存等的危害较大。（参见彩图四七九）

其四，植物生长。内蒙古自治区境内的明长城墙体多为土筑，部分外包砖石，砖石大多流失殆尽，露出内部土筑部分。对于呈土垄状的长城墙体来说，表面覆盖的植被对它是一种有效的保护；对于保存相对较好、直立的长城墙体及附属设施、相关遗存来说，表面生长杂草、灌木等会破坏夯土层的土质密度，墙体容易受到损毁。

2. 人为因素

内蒙古自治区境内明长城途经地段人烟稀少，居民基本以农业、畜牧业为主，交通不便，信息闭塞。归纳起来，破坏长城的人为因素主要有以下几类：

其一，村民的破坏。长城途经地段的村民世代居住于长城脚下，但对长城的认识有限，保护观念极为淡薄。乌兰察布市和呼和浩特市明长城二边墙体及附属设施上的外包砖石，多被当地居民拆除，用来垒砌院墙、凉房和畜栏圈舍等。土筑的长城墙体及附属设施上挖掘有窑洞、洞穴等，或为早期的住所或作储藏用。个别村庄紧贴长城墙体，村民借用长城墙体或敌台、马面的壁面修筑房屋、围院、圈舍等，将长城墙体作为取土场是较为多见的。（参见彩图二四五、二四六）

其二，农田的破坏。长城沿线多分布农田，农民耕作时，为方便耕作或扩大耕种面积，有意无意对长城墙体进行铲削。（参见彩图二五九）

其三，道路的破坏。长城墙体整体呈东西向线状分布，对南北向通行有阻碍，当地居民为方便出行，肆意在长城墙体上挖掘通道，造成许多大小不一的豁口。一些大型道路的建设，因设计不当，对长城有破坏。最为严重的是以长城墙体为路基，将道路建在长城墙体上，这对长城的破坏是毁灭性的。（彩图六五五～六五七）

其四，开山采矿的破坏。长城多分布于山区，部分地段沿线有石料和矿产等资源，开采这些资源的过程中时有破坏长城的现象发生。特别是未经文物部门审批的采石场、采矿点，分布散、数量多、范围广，开采手段以爆破为主，不少长城在爆破声中灰飞烟灭。

其五，放牧的破坏。长城沿线有牧区或半农半牧区，牧民放牧对长城踩踏、挖掘造成破坏。特别是牲畜踩踏，使长城表层土质疏松，加速了长城的风化。

其六，盗掘的破坏。长城敌台、马面、烽火台等遗存在坍塌之后多在地表呈土包状，与墓葬封土极为相似，盗墓者将这些遗迹当做墓葬盗掘，关堡周围盗掘现象普遍严重。

（三）长城及其周边环境保护与治理的对策和建议

针对上述存在的问题，当前应从以下两个方面加强对长城及周边环境的保护与治理，以确保长城的安全。

其一，采取有效措施，防止部分具有毁灭性的自然因素对长城造成破坏，如流沙掩埋、山体滑坡、水土流失等。在长城保护区域内，天然草本植被保存较好的地区应进行天然封育，恢复生态。农耕区域应实行退耕还林、还草。荒漠地区应开展大规模植树种草活动，恢复生态，保护长城。

其二，尽快划定长城保护范围和建设控制地带。在长城保护范围内按照一定距离树立保护标志，禁止在保护区内开垦农田，对从事挖砂取石等危及长城安全的厂矿予以取缔或整改。

二　长城保护与管理现状

目前，内蒙古自治区境内的明长城，只有清水河县明长城大边、二边被公布为全国重点文物保护单位，其他地段明长城无保护级别。依据国家对长城实行整体保护、分段管理的原则（《长城保护条例》第四条），内蒙古自治区境内的明长城，由长城所在地县级人民政府及文物主管部门负责管理与保护。时至今日，各级地方政府均未建立专门的长城保护管理机构。个别地段树立了保护标志，数量极少，难以起到全线标记的作用。只有清水河县和鄂托克前旗的明长城，地方政府划定了保护范围和建设控制地带。

出现上述诸多保护不力的情形，与以前对长城总体状况认识不足有关。对于长城的长度、分布地域、保存现状等一系列问题认识不清，长城家底没有摸清，难以制定清晰有效的保护与管理措施。另一方面，从文物保护来讲，以点为单位的文物保护起来相对容易，像长城这样的线形文化遗产，绵延数千公里，保护难度非常大。

具体来说，目前，内蒙古自治区在长城保护与管理方面主要存在以下几方面的问题：

其一，保护力度远远不够。长城保护的法律法规有待进一步完善，缺乏一些具体的保护措施和行之有效的实施手段。

其二，法制观念淡薄。地方政府和相关部门为追求经济利益，忽视长城保护，管理松懈。甚至不惜以破坏长城为代价，来追求经济利益的最大化。

其三，宣传力度不够。长城沿线群众对长城认识有限，保护观念淡薄，破坏长城的现象时有发生。

其四，保护与管理职责不够明确。部分明长城段落为内蒙古自治区与山西省、宁夏回族自治区的省区界线，双方对其管理权限不清。

其五，基层文物保护队伍力量薄弱。长城的保护工作多由当地文物管理部门承担，缺乏专业的长城保护管理机构和人员。

通过此次调查，全面完整地掌握了内蒙古自治区境内明长城资源情况，为下一步的保护与管理奠定了翔实的资料基础。据此，特提出以下几方面的保护对策和建议，以供参考。

其一，长城所在地方政府应严格遵守《中华人民共和国文物保护法》、《长城保护条例》等相关法律法规，坚持科学决策，依法行政，加强管理，重视长城保护工作，对所辖区域的长城资源采取有针对性的保护措施。

其二，地方文化、文物行政部门应积极争取地方政府的支持，划定长城的保护范围和建设控制地带，在村庄附近、路口等长城段落处树立保护标志，大力宣传长城保护的重要意义。

其三，成立长城保护的专门机构，雇用当地居民担任长城保护员，对长城进行全面监控，最大限度降低人为破坏长城的行为。

其四，提高公众的长城保护意识。通过制作电视纪录片、编撰长城普及书籍等方式，提高公众对长城的认识。通过宣传教育，普及与长城保护相关的法律法规和知识等，引起全社会对长城保护重要性的关注，最终让更多人分享长城所蕴含的历史文化信息。

其五，建立长城记录档案。以此次调查为基础，建立翔实的电子档案，不定期到长城现场作比对，观察长城的变化情况，以便于积极主动地制定相应的保护对策。

其六，对于长城重点地段、重要遗存加强保护，适当开展维护工程，恢复其初始面貌。

第八章

结　论

通过本次调查，在掌握内蒙古自治区境内明长城总体分布状况的基础上，取得了许多新的认识。

一　本辖区长城的总体认识

内蒙古自治区境内的明长城由东向西分布于乌兰察布市、呼和浩特市、鄂尔多斯市、乌海市和阿拉善盟五个盟市的南部地区，其分布规律因地形、地貌的不同而自有其特点。

乌兰察布市和呼和浩特市的南部，为内蒙古高原向黄土高原的过渡地带，山高沟深，沟壑纵横。这里的山体虽然高大，山势却并不陡峭，悬崖峭壁等天然屏障更是少见。修建长城时，在有效利用地理形势的同时，又人为增加了其险峻程度，将长城建在山岭之上，或顺山脊而建，或建于山岭北坡，墙体外侧较高，内侧较矮，因地制宜，使北来的进攻者处于仰攻状态，易守难攻。特别是后来整修加固的二边，主墙体宽厚高大，敌台、马面密集，叠立于崇山峻岭之上，山势因长城而险峻，长城借山势而雄壮。在一些地势较弱的山腰、山沟地带，还有多条附属墙体，或为延伸出去的支线，或为主墙体上的葫芦形曲线，再加上挡马墙、"Π"形墙外单体建筑等，更加强了防御效果。

鄂尔多斯市鄂托克前旗南部属于宁夏河东地区，地势平漫，无险可守，其防御完全依赖人为工事，历任守官在这里反复修边，或起墙或挖壕或壕墙并用，极力构筑人为屏障。但是，人为工事的脆弱性和单薄性决定了它在边防上不能独立担当，需与固原配合，互为表里，声息相关。所以在边防工事建设上，河东的边墙与固原的内边墙遥相呼应，共同构成纵深防御。据魏焕在《皇明九边考》中统计，在河东到固原之间有重险四道："新红等堡直北稍东刘天和新筑横墙两道以围梁家泉。直北稍西，旧有深险大沟一道，受迤东罗山之水流于黄河，长一百二十五里，总制刘天和凿崖筑堤一百八十里五分，筑墙堡一十六里八分。自大边至此，重险有四道。"[1] 这样的纵深防御可布置多道障碍，即使敌人逐个突破，也会在前进后退中处处被动挨打。

乌海市明长城分布于黄河东岸，几乎是南北走向，其防御目的并非横向阻挡南下之敌，而是防止敌人自东渡过黄河进入宁夏平原。黄河自成天险，有足够的防御空间，所以，此段长城修筑比较简单，仅是一道长长的墙体。

---

[1] [明] 魏焕：《皇明九边考》卷八，第 3~4 页。

　　在阿拉善盟阿拉善左旗，长城分布于贺兰山西麓，贺兰山山势险峻，此处的长城完全体现了"因地形，用险制塞"的特点，尽量利用高峻的山势因势利导形成屏障，多见山险墙和山险。

　　除以上的总体分布规律差异之外，长城墙体、敌台、马面、烽火台、营堡等亦各有特点。

（一）墙体

1. 乌兰察布市、呼和浩特市明长城大边墙体

　　乌兰察布市、呼和浩特市明长城大边分布于乌兰察布市、呼和浩特市二边北，南距二边 2～50 千米，基本呈东北－西南走向，其墙体类别主要有土墙和石墙两种。

　　土墙。全部为夯土墙，黄土或黑褐土夯筑，夯层厚 0.1～0.15 米，夯土内夹杂有碎石、草秸等杂物，既有自然基础，也有人工基础，现外观多呈不规则的土垄或锯齿形分布，两侧土皮剥落严重，现高 0.3～3、底宽 1.5～6、顶宽 0.2～1.2 米。

　　石墙。分为毛石干垒和土石混筑两种，自然基础，保存较土墙差，多坍塌为绵延起伏的石垄，现高 0.5～1.8、宽 1～3.3 米。

　　乌兰察布市、呼和浩特市明长城大边上的附属设施单一，只有敌台，间距多在 0.5～1.7 千米之间，比较稀疏。

2. 乌兰察布市、呼和浩特市明长城二边墙体

　　乌兰察布市、呼和浩特市明长城二边的绝大部分地段为内蒙古与山西两省区的界线。由于外部包石包砖的流失，目前大部分墙体的外观呈现为土墙，另有 862 米山险。土墙以黄土为材质的夯土墙为主，有的夯土内夹杂碎石、砂砾等，夯层厚 0.15～0.2 米。清水河县个别地段保存较完整的石包和砖包土墙。墙体构造分为两层，内层是夯筑土墙，外层是砌筑的条石或青砖。条石一般长 30～100、宽 20～45、厚 20～25 厘米，青砖长约 40、宽约 20、厚约 10 厘米。有的地段墙体内、外侧的包石材料及包砌方法有所不同，外侧采用加工过的、较平整的石块和条石砌筑，并用白灰勾缝，内侧多以一些较薄的石片和石块粗略地垒筑在墙体边上。

　　山险分布在清水河县的老牛湾，是一段有效利用自然悬崖峭壁为险的墙体，位于黄河支流南岸，因万家寨引水工程的水位上涨，将山险的部分断崖淹没于水下，但露出水面部分仍很陡峭，石质坚硬，高约 20 米。

　　与乌兰察布市、呼和浩特市明长城大边相比较，二边高大、宽厚，墙体一般高 1～5 米，多数高达 3～5 米，最高 7.5 米，底宽一般 3～8、顶宽 1～3 米。墙体上附属的马面和敌台比较密集，间距多在 0.2～0.4 千米之间。

3. 鄂尔多斯市明长城墙体

　　鄂尔多斯市鄂托克前旗的明长城头道边和二道边，间距 0.04～0.12 千米。墙体均为土墙，材质主要是就地取材的黄土、灰土以及红土等，以夯土墙为主，在二道边中有少量堆土墙。夯土墙的土质一般较纯净，部分夹杂有砂石，夯层厚 0.15～0.25 米。堆土墙的修筑较简单，直接堆土成墙，比较低矮。

　　头道边墙体修筑较晚，规模较大，保存较好。墙体最高 10 米，最低 0.5 米，多数 2～5 米；底部最宽 17.5 米，最窄 8 米，多数 9～13 米；顶部最宽 4 米，最窄 0.5 米，多数 0.6～3 米。在保存较好的头道边墙体顶部还残存有女墙和藏身坑等遗迹。二道边则单薄得多，墙体最高 4 米，最低 0.3 米，多数 0.5～3 米；底部最宽 8 米，最窄 2 米，多数 4～7 米；顶宽 0.3～2 米。

两道边墙上均有敌台。头道边上的敌台分布密集，间距 0.2~0.3 千米。二道边上的敌台分布稀疏，间距多 1.3~2 千米，最长 4 千米。

4. 乌海市明长城墙体

乌海市明长城分布于北流黄河东岸，结构简单，没有附属的敌台、马面等设施，墙体可分为堆土墙和石墙两种类型。

堆土墙占大多数，构筑材料主要是就地取材的红黏土、黄黏土和沙土，个别地段墙体中夹有碎石子。墙体比较低矮，现高不足 2、宽 3~8 米。

石墙为毛石干垒而成，自然基础，砌筑墙体的石料就地取材，以黄砂石为主，石块较大。墙体同样保存差，多数只残存基础以上一层，较窄，宽 1~2 米。

5. 阿拉善盟明长城墙体

阿拉善盟明长城分布于阿拉善左旗巴润别立镇上海嘎查、巴彦朝格图嘎查境内，位于贺兰山西麓，分为大边和二边两道墙体。大边居东，现为内蒙古自治区与宁夏回族自治区的界线；二边靠西，全部分布在阿拉善左旗境内。其墙体类别比较丰富，有土墙、石墙、山险墙、山险和壕堑五类。大边有土墙 28682 米、石墙 73 米、山险墙 2315 米，二边有土墙 3417 米、石墙 5632 米、山险墙 22498 米、山险 3424 米、壕堑 7650 米。

土墙可分为夯土墙和堆土墙两类，以夯土墙为主，只在二边有极少量堆土墙。夯土墙中多夹杂有细碎的石粒，坚硬结实，夯层清晰，厚 0.15~0.3 米。在自然形成的断口处，可见明显的石砌基础痕迹，基础多采用毛石码砌，宽度与墙体基本相同。从部分断面上可看出墙体有二次加筑的痕迹。在容易汇集山洪的墙体底部有方形排水孔道，用条石搭建，至今仍发挥作用。在保存相对较好的墙体上残存有垛墙及女墙。大边土墙一般高 1~3、最高 8.4 米，底宽 4~6、顶宽约 1 米。二边土墙略逊于大边，一般高 0.5~3、最高 4.7 米，底宽 2~6、顶宽多不足 1 米。

石墙多见于二边，总体比较低矮、单薄，两侧用石块错缝堆砌，内填土石。毛石干垒的墙体比较少。个别墙体外侧有白灰勾缝的痕迹。石墙一般高 0.5~2、底宽 2~4、顶宽多不足 1 米。

山险墙在大边和二边均可见到，劈山为险，对山体进行铲削、开凿，形成人工断壁，有的垂直高度达约 10 米，再在地势低缓处、断壁外侧及断壁边沿补筑土墙或石墙，共同构成防御体系。

山险多在二边，依据山势，完全利用悬崖绝壁，形成屏障，绝壁两端与墙体相连，使之与整个防线连为一体。

壕堑只见于二边。在开阔地带无险可用时，挖壕堆土于内侧筑成墙体，壕、墙结合，共同形成防线。壕宽 6~8、现存最深约 2 米。内侧的堆土墙一般高 1~2、宽 4~6 米。

（二）敌台

明长城上的敌台均骑墙而建，一般平面呈矩形，剖面呈梯形，由于坍塌损毁，现存外形有覆斗形、覆钵形、圆锥状、土丘状和不规则形等，仅在鄂尔多斯市准格尔旗发现一座圆柱形敌台（竹里台敌台）。（参见彩图四七八）根据构筑材料和方式、内部结构、外部形制和附属设施等差异，明长城敌台可以做多类型的区分和研究。

1. 构筑材料和方式

敌台的构筑材料主要是就地取材的黄土、灰土、褐土、沙土以及砖石等，构筑方式有土夯筑、土堆筑、土石混筑及毛石干垒等几种类型。就内蒙古自治区明长城而言，地域不同，构筑敌台的材料和方式也不尽相同。

①乌兰察布市、呼和浩特市明长城大边

共有敌台 48 座，其中土夯筑 39 座、土堆筑 2 座、土石混筑 7 座。

夯土敌台由黄土或黄褐土夯筑，夯层厚 0.1 ~ 0.25 米，多数夯层厚 0.15 ~ 0.2 米，一般土质比较纯净，个别夯层内夹有碎小的砾石。这一类敌台多数高 5 ~ 10 米，最高 14、最低 1.2 米。堆土敌台由黄褐土堆筑，内部夹有石块，由于坍塌损毁，现外观均呈覆钵形，高 6 ~ 7 米。土石混筑敌台由黄土、黄褐土混合砂石堆筑，现外观呈覆钵或圆锥形，一般高 5 ~ 7 米。

②乌兰察布市、呼和浩特市明长城二边

共有敌台 462 座，分为土筑和土石混筑两种构筑类型，其中土筑 391 座、土石混筑 71 座。

土筑敌台有两种情况：一是夯土敌台，夯层明显，厚 0.1 ~ 0.3 米，由黄土夯筑，土质比较纯净。二是原外侧包有砖石，砖石滑落流失，只剩下中间的土筑部分，现外观成土质敌台，这一类敌台夯层不明显，内部夹杂大量的碎石、残砖和砂砾等。

土石混筑敌台也有两种情况：一是黄土夹杂碎石、砂砾夯筑，个别为一层黄土一层砂石交错夯筑而成。二是分内、中、外三层筑就，内部黄土夯筑；外层包砌条石、青砖，白灰勾缝；中间部分以黄土夹砂石堆筑或一层黄土一层砂石交错堆积填充。外层砖石可见两种包砌法，一种是完全由条石垒砌，另一种是底部铺砌条石，条石之上以青砖垒砌。

乌兰察布市、呼和浩特市明长城二边还有一类敌台，系由马面改建而成。这类敌台原来是一个马面，后改建为敌台，有明显的二次修筑痕迹。原马面的土质较纯净，没有夹杂物，二次修筑部分夯层内夹杂大量砂石。有的敌台中间夹有一层或数层青砖，青砖上、下的夯层明显不同，可以推断为原马面和二次修筑部分的分界线。

乌兰察布市、呼和浩特市明长城二边敌台高多 5 ~ 15 米，尤以约 10 米常见。土石混筑敌台的保存状况优于土筑敌台，高 10 米以上的敌台土石混筑者所占比例明显大于土筑者。个别保存较好的土石混筑敌台，如新村 3 号敌台（徐氏楼）和板申沟 1 号敌台（箭牌楼），高分别为 12、16.48 米。

③鄂尔多斯市明长城

共有敌台 135 座，全部为土夯筑，构筑材质为就地取材的黄沙土、黄土及灰土，土质比较纯净，夯层厚 0.1 ~ 0.3、多数 0.15 ~ 0.25 米。鄂托克前旗头道边的敌台在密度和规模上均明显大于二道边。头道边上的敌台一般高 6 ~ 10、个别高 13 米；二道边上的敌台一般高 5 ~ 8、最高 10 米。

④阿拉善盟明长城

共有敌台 25 座，分为三种构筑类型，其中夯土敌台 22 座、土石混筑敌台 2 座、毛石干垒敌台 1 座。大边上全部为夯土敌台，土石混筑、毛石干垒敌台只见于二边。

夯土敌台由黄土夯筑，土质疏松，内含有大量的砾石，夯层厚约 0.2 米。土石混筑敌台外侧用毛石错缝垒砌，内填沙土、碎石，并用小石片和小石块填充缝隙。在这三类敌台中，土石混筑敌台的保存状况明显好于其他两类，两座土石混筑敌台均高 10 米，夯土敌台现高 4 ~ 8 米，毛石干垒敌台已完全坍塌，高 4 米。

2. 内部结构

按内部结构划分，敌台可分为实心和空心两类。内蒙古自治区明长城上的敌台以实心为主，空心敌台集中分布在乌兰察布市、呼和浩特市明长城二边沿线，另在乌兰察布市明长城大边有两座空心敌台，即丰镇市隆盛庄敌台和凉城县东沟敌台。

乌兰察布市、呼和浩特市明长城二边的空心敌台内部形制基本相同，由底部入口（入口通常位于南壁，个别位于东壁或西壁）进入内部，自下而上通至敌台顶部，通道一般宽1~2米，比较陡直，壁上分布有供上下的脚窝，部分通道内可见包砖或包石痕迹。凉城县庙沟1号敌台内部的通道保存比较完整，可以反映出其基本情况；该敌台内部通道的入口在南壁中下部，高于地面2.5米；入口下方有3级台阶，方便进入；入口高1.33、宽0.5~1.4、进深1.3米；入口内是一条通往敌台顶部的通道，通道口径1.1、0.8米。通道内壁两侧各有一排脚窝，排列规整，方便攀爬。（参见图一七）

二边沿线部分空心敌台的内部结构比较复杂，与河北省明长城沿线的"三眼楼"敌台相类似。以清水河县新村3号敌台（徐氏楼）为例，敌台由上、中、下三部分组成。下部为基座，在东壁设券门，作为进入敌台的入口；券门上装有对开的石门，券门上方有门楣，刻"洞门"二字；进入券门是向上到达敌台中部的石砌台阶，约有15级。中部为空心部分，砖木结构承重，南北贯通；其南北与长城墙体连接处各有一个拱形砖券门洞，在门洞两侧各有一个拱形箭窗，大小略小于门洞；东、西壁各有三个箭窗，中间的箭窗大，两边的箭窗小。上部为台顶，在河北省明长城沿线的同类敌台中，台顶或为平顶，或构筑有楼橹，徐氏楼的顶部完全破损，只局部残存有垛口墙，具体结构已不可知。（参见彩图一八六~一八八）

丰镇市明长城大边的隆盛庄敌台是一座结构复杂的空心敌台，由台基和台墩两部分组成。台基呈不规则形，西北面依托墙体，西南、东南、东北三面建有夯土矮墙。台墩上小下大，平面呈正方形，剖面呈梯形，整体呈覆斗形，中空，分为上、下两层；下层东南面有四个券窑，窑口普遍高1.9、宽1.2米；右首第一个券窑内有通往上一层的阶梯，共11级，每级高0.25、宽0.2米，顶部三级台阶已入上层；上层西北、西南、东北各有一箭窗，箭窗高2、宽1.1米；东南面有两个箭窗，高2.1、宽1.3米；下层除右侧第一个券窑外，其他三个券窑均无通往上层的通道；从右向左，第二个券窑进深10、高2.5米；第三、四个券窑进深5.6、高2.5米，内有二层台，台高1.1、宽0.7米；券窑间均有过道相通，过道的一侧有灯龛，高0.5、宽0.3、进深0.3米，上有0.4米的烟道。敌台内部除了踩踏面外均抹有草拌泥，并涂有白灰面。（参见彩图一一）凉城县东沟敌台的内部结构与之类似，唯一不同的是东沟敌台内部有上下通道，而隆盛庄敌台则未见。

3. 外部形制和附属设施

内蒙古自治区明长城的部分敌台带有台基、围院、壕沟、建筑基址、附燧等。带台基的敌台在乌兰察布市、呼和浩特市明长城大边和二边比较多见，另在鄂尔多斯市明长城二道边也有一座；带围院的敌台在内蒙古自治区明长城沿线均有分布；壕沟分布零散，情况不尽相同；建筑基址只在鄂尔多斯市明长城的敌台周围有发现；带附燧的敌台集中在阿拉善盟明长城沿线。

①台基

台基一般呈正方形，高1~2.5、边长约40米，与台墩连为一体。在兼带有台基和围院的敌台中，根据台基和围院的关系，可分为两种情况：一是围院在台基之上，沿台基顶部边缘构筑；二是围院在台基之外。

第一种情况比较多见，台墩在台基顶部中央，台基顶部沿边构筑围墙，轮廓与台基相同。围墙宽0.5~1.8米，现存高度参差不齐，最高2.2米。在南墙多见较大豁口，应为门址。

第二种情况以鄂尔多斯市明长城二道边的特布德长城二边10号敌台最为典型，具体形制为：敌台底部有矩形台基，高0.5、东西长24、南北长20.5米。台基上是呈覆斗形的台墩。在台基和台墩外围有围院，轮廓呈长方形，北墙借用二道边墙体，东、南、西墙为另筑的夯土墙。其中南、北墙分别长38、40米，东、西墙分别长46、44米。除北墙外，其他三面墙体现高0.5~1.5、宽约3米。南向开

门，门址宽 7.5 米。（参见彩图五一一）

　　凉城县明长城大边东沟敌台的围院则综合了以上两种情况。该敌台由台基、台墩、围院、环壕四部分构成，台墩位于台基顶部中央，沿台基顶部边缘夯筑有土墙，形成内围院，在内围院南墙的中部辟有洞门。台基外，距台基 15～20 米又有一圈围墙，形成外围院，外围院外有环壕。其构筑方式为：挖壕取土，将土堆积于壕内侧，形成墙体。南侧环壕上有土质小桥，以连接内外，穿过小桥便进入了外围院内，再往前走正对内围院的洞门。北侧环壕外还有一堵土墙，土坯加夯土分层构筑而成，墙体外侧连接长城墙体。（参见彩图二〇）

　　②围院

　　带围院的敌台在内蒙古自治区明长城沿线均有发现，其中乌兰察布市、呼和浩特市明长城大边沿线有 11 座，乌兰察布市、呼和浩特市明长城二边沿线有 35 座，鄂尔多斯市明长城沿线有 2 座，阿拉善盟明长城沿线有 7 座。围院的轮廓一般呈矩形，其类型除上面介绍的位于台基顶部边缘外，据其与敌台的关系，还有以下三种形式：

　　其一，围院位于敌台内侧。这种情况较为多见，具体格局是：围院借助长城墙体为其一侧围墙，另外构筑其他三面墙体，这样就在敌台内侧形成了一个封闭空间。敌台位于所借助围墙的中部，一般在向内的南墙或东墙开门，上述特布德长城二边 10 号敌台的围院即属于此种类型。这种类型比较多见，具有普遍性。在阿拉善盟明长城沿线还有另外一种情况，围院不借用长城墙体，其首尾或连于敌台向内一侧的壁面（南壁），或伸向左右两侧与东西壁相连。

　　其二，围院位于敌台外侧。与第一种围院在敌台内侧正好相反，这类围院在敌台的外侧，在外侧形成了一个封闭空间。这种围院比较少见，仅在乌兰察布市、呼和浩特市二边沿线有发现，而且围院的首尾均与长城墙体相接，没有发现未借用长城墙体的情况，其主要目的是为了加强防御。有的敌台在外侧加筑了围墙之后，又在围墙外侧加修一条壕沟，以乌兰察布市凉城县二边上的庙沟 6 号敌台最具代表性，具体情况是：围院位于敌台北侧（外侧），起、止点均与长城墙体相接，将敌台北侧包围。北墙外侧有一条壕沟，包围了敌台和围墙，并向东、西两侧延伸，与长城墙体平行。（参见彩图九八、九九）

　　其三，围院将敌台包围于中央。这类围院较少见，仅发现于乌兰察布市、呼和浩特市二边沿线。根据围院墙体与长城墙体的关系，也有两种情况：第一种情况，长城墙体只与围墙相接，不伸进围墙与敌台相连。这种情况只在清水河县出现，围墙上设有一个或两个出入的洞门，呈拱形、条石、青砖券顶。其特点是外侧围墙（北墙）要比内侧围墙（南墙）高、厚，当是加强外侧防御的缘故，并且围墙内的地面要高出于围墙外，初步推断在外侧围墙的外面原应有壕沟，后为农田所淤埋。（参见彩图二一一）第二种情况，长城墙体伸进围院与敌台的两壁相接，将围院分成内、外两部分，清水河县明长城二边的新村 3 号敌台（徐氏楼）外围的围院即属于此种类型。在徐氏楼伸入围院内的长城墙体底部还发现有洞门，方便出入。

　　③壕沟

　　内蒙古自治区明长城敌台附属的壕沟有两种情况：其一，出现在敌台围院外侧，与围院一同构成防御屏障。尤其是围院构筑在敌台外侧时，壕沟更多见。这类壕沟除将围院整个包围在内外，还顺着长城墙体向东、西两侧延伸，以加强防御效果。其二，敌台周围的壕沟是长城沿线壕沟的一部分，以鄂托克前旗明长城头道边最为典型，墙体内外两侧均挑挖有壕沟，以挖壕的土构筑墙体和敌台，便形成了墙高壕深的头道边。

　　④建筑基址

只在鄂尔多斯市明长城沿线发现 3 座、特布德 9 号敌台周围 1 座、特布德长城二边 4 号敌台周围 2 座。以特布德长城二边 4 号敌台周围的两座建筑基址为例：敌台附近有两个建筑基址，分别命名为特布德 1 号建筑基址和特布德 2 号建筑基址。特布德 1 号建筑基址位于敌台东 2 米处，痕迹明显。基址的平面呈矩形，四周是用灰土夯筑而成的墙体，现高约 0.5 米，东墙长 19.3、南墙长 17、西墙长 20.5、北墙长 18.7 米。西墙还向内延伸出一条长 9.2 米的墙体，疑为隔墙。东向开门，门位于东墙中央，宽 7.5 米。

特布德 2 号建筑基址位于敌台南侧，紧靠敌台，痕迹非常明显。该基址平面呈矩形，四周是用灰土夯筑而成的墙体，现高约 0.8 米，西墙长 8.5、南墙长 0.5、东墙长 7 米，北墙紧靠敌台，北墙长 20.5 米。有两个门，一个位于西墙中央，宽 2.3 米；另一个位于南墙中央，宽 2.2 米。（参见彩图五〇七）

⑤附燧

附燧仅发现于阿拉善盟明长城沿线，分布在敌台和烽火台周围。阿拉善盟明长城大边共有 18 座敌台，其中 13 座带有附燧，二边则未发现带附燧的敌台。

附燧一般由 3～10 座小正方形建筑组成，石砌或土石混筑，边长 3～5 米。由于坍塌，部分外观呈锥状，现高度也各有差别，最高 1.6 米。附燧基本呈东西向排列，比较规律，其间距在同一座敌台内大致相等，在不同敌台之间有较大差别。现将 13 座带有附燧的敌台统计如下表。（表二五）

表二五　阿拉善盟明长城大边沿线带附燧敌台统计表

敌台名称	附燧情况
赤木口 2 号敌台	敌台东南 16.5 米处起由西向东排列 3 座附燧。平面基本呈矩形，石块堆砌，已坍塌，面积均为 2.3 米×2.7 米，高 0.1～0.6 米，自东向西间距为 11、15 米。敌台正北 50 米、拐向东 19 米处起由西向东排列 4 座附燧。平面基本呈近正方形，用石块堆砌，已坍塌，面积均为 2.5 米×2.4 米，高 0.2～0.8 米，自西向东间距为 17、10.5、12 米。
磨石口 1 号敌台	敌台东北 29.8 米处由西南向东北排列 2 座附燧。石砌，已坍塌。东侧附燧高 1、东西长 5.2、南北长 4 米，南侧附燧高 1、东西长 3.8、南北长 4.3 米，二者间距 20.77 米。敌台东 68 米处由西向东排列 9 座附燧。石砌，已坍塌，自西向东间距依次为 14.82、13.77、7.83、22.11、24.74、36.11、36.82、32.31 米。尺寸依次为第 1 座高 0.8、东西长 3.8、南北长 4.3 米，第 2 座高 1、东西长 4.3、南北长 2.6 米，第 3 座高 0.7、东西长 3.2、南北长 3.5 米，第 4 座只可辨北侧根基，宽 0.6、东西长 3.3 米，第 5 座高 0.7、东西长 2.9、南北长 3.5 米，第 6 座高 1.1、东西长 2、南北长 3 米，第 7 座高 1.4、东西长 3.8、南北长 3.7 米，第 8 座高 0.8、东西长 3.4、南北长 3 米，第 9 座高 0.5、东西长 4、南北长 2.9 米。
磨石口 3 号敌台	敌台南侧 81.5 米、距长城墙体 10 米处起半圆状排列 9 座附燧。土石混筑，呈圆形土石堆，高 0.5～1.5、直径 1～2 米，间距依次为 27、30、23、38、23、28、35.6、31.7 米，与敌台距离依次为 81.5、89.3、95.8、102、116.1、128.7、124.5、127.9、138.4 米，自西向东第 3、5、7 号附燧被盗掘，从顶部掘开。1 号附燧向南 35 米处自长城墙体处起挖有壕沟，沟宽 3.5 米，痕迹尚可辨认，南侧长 125.5 米，东侧长 138.5 米，北侧长 96 米，三面相连，北侧至与围墙平行处折进 36 米，与围墙相接。
磨石口 4 号敌台	敌台东南 88.6 米处起由北向南排列 10 座附燧。均已坍塌成圆形土石堆，高 0.8～1 米。自北向南依次排列，底部尺寸分别为第 1 座东西长 2.7、南北长 3.5 米，第 2 座东西长 2.9、南北长 3.4 米，第 3 座东西长 3.5、南北长 3 米，第 4 座东西长 3.5、南北长 3.9 米，第 5 座东西长 3.4、南北长 3.5 米，第 6 座东西长 3.2、南北长 3.9 米，第 7 座东西长 3.6、南北长 3.8 米，第 8 座东西长 3.4、南长北 3.7 米，第 9 座东西长 3.3、南北长 3.6 米，第 10 座东西长 3、南北 3.7 米。自北向南间距依次为：3.5、2.6、3.1、2.8、3.3、2.8、3.1、2.8、3 米。

敌台名称	附燧情况
磨石口 5 号敌台	敌台东南 33 米处起由西北向东南排列 8 座附燧。由不规则石块堆砌，底部边长约 4 米，间距依次为 22、22、39、20、14、15、14 米，高 0.5～0.8 米，均存不同程度的坍塌。
磨石口 6 号敌台	敌台东侧有 10 座附燧。东 3 米处起由东向西排列 5 座，间距依次为 5、4、4、3 米。由第 5 座起改为北－南排列，间距依次为 3、6.5、6.5、12 米。附燧外部用自然石块堆砌，内部填充细碎石块和杂土，形制基本相同，高 1～1.6、东西长 3、南北长 3.6 米，有坍塌现象。
北岔口 1 号敌台	自距敌台围院西南角 9 米处起自北向南排列 10 座附燧。形制相仿，高 0.7～1.2 米，平面呈正方形，边长约 3 米，间距 4.5～5 米，土石混筑。
北岔口 2 号敌台	自距敌台围院南墙 4.5 米起处由北向南排列 10 座附燧。间距依次为 6.5、4.5、3.5、6.5、3.5、2.5、2.5、2.5、2.5 米，1～4 号附燧高约 0.5、5～10 号附燧高约 1 米，底部边长约 2.5 米。附燧土石混筑，现多已坍塌。
柳木高 1 号敌台	自距敌台围院东北角 45 米处起处由西向东排列 4 座附燧，间距依次为 13、5.5、6.8 米。第 1 座向南 23 米另筑 5 座附燧，东－西排列，间距依次为 2.5、2、2.3、2.3 米。附燧形制和规格相同，平面呈正方形，高 0.5～1.1、边长约 3 米，土石混筑，现已坍塌。
柳木高 2 号敌台	自距敌台围院墙东 3 米处起排列有两列附燧，均为 5 座，间距 1～3 米。现附燧已倒塌，呈圆形土堆状隆起，高 0.2～0.5、底部直径 3 米。
柳木高 5 号敌台	敌台东南角向东 50 米处起有 8 座附燧，由西向东排列，已坍塌破坏，只残存底部痕迹略可辨认，间距均约 12 米。
柳木高 6 号敌台	距敌台附属设施东南角 16 米处由西向东排列 10 座附燧，间距约 7 米，构筑方式和形制相仿，外侧石块堆砌，内部填土，平面呈正方形，高 0.5～0.8、边长约 2 米，现均已坍塌。
柳木高 7 号敌台	敌台正中东 12 米处起由西向东排列 9 座附燧，间距约 8 米，土石混筑，形制相仿。均已坍塌，形成高 0.5～1.2、直径 2.5 米的圆形土堆。

（三）马面

马面仅见于乌兰察布市、呼和浩特市明长城二边沿线，倚墙体外侧而建，一般平面呈矩形，剖面呈梯形，多数与长城墙体同高，部分高出墙体 1～3 米。

马面的构筑较为简单，构筑方式往往与所在墙体的构筑方式相同，可分为夯筑和土石混筑两种。夯筑马面占绝大多数，材质以黄土为主，有的内部夹有碎石和砂砾。土石混筑马面的构造一般分内外三层，内部黄土夯筑，外层包砌条石、青砖，白灰勾缝，中间部分一层黄土一层砂石交错堆积填充，较为疏松。

（四）烽火台

内蒙古自治区明长城沿线的烽火台多建在山顶或沟谷两侧视野开阔的地方，在长城墙体南北两侧均有分布，本次调查区域内以位于长城墙体以南者居多。

根据烽火台的平面形制，可分为平面呈矩形和圆形两种。平面呈矩形的烽火台原始外观呈覆斗状，是内蒙古自治区明长城沿线烽火台的主要形制；平面呈圆形的烽火台原始外观呈圆柱或圆台状，只在乌兰察布市、呼和浩特市明长城二边沿线有发现，而且集中分布在长城墙体以南的今山西省偏关县境内。由于坍塌破坏，多数烽火台的外观发生了变化，除上面介绍的覆斗状、圆柱状、圆台状之外，还有覆钵状、圆锥状、土丘状以及不规则形等。同前述的敌台一样，烽火台也可以根据其建筑材质和方式、内部结构、外部形制和附属设施等做不同的划分和研究。

1. 建筑材质和方式

内蒙古自治区明长城沿线的烽火台以夯筑为主，就地取材，构筑材料除黄土较普遍外，在乌兰察布市、呼和浩特市明长城大边沿线构筑材料有褐土、黄褐土和黑褐土等，鄂尔多斯市构筑材料有灰土、红土等，乌海市构筑材料有红黏土等，阿拉善盟构筑材料有砂土等。除阿拉善盟明长城沿线烽火台的夯土中夹砂较多外，其他夯土夹砂的情况都比较少见，夯层厚度差别不大，一般 0.15～0.25 米。乌兰察布市、呼和浩特市境内的部分烽火台原有外包砖石，现多已滑落流失，外观呈现为土质台体，只有个别烽火台的外包砖石保存比较完整。

除夯土烽火台之外，内蒙古自治区明长城沿线的烽火台还有以下几种构筑方式：其一，土堆筑或土石堆筑。这类烽火台构筑比较简单，直接用土或土夹碎石块堆筑而成，在乌兰察布市、呼和浩特市明长城大边，鄂尔多斯市鄂托克前旗以及阿拉善盟明长城沿线比较多见。其二，土石混筑。内部土筑，外部砌筑条石或毛石块，前面介绍的乌兰察布市、呼和浩特市境内部分带外包石的烽火台即属于这种类型。在阿拉善盟，这类烽火台多筑于山地，个别甚至骑山脊而建，依地势筑有石台基。其三，毛石干垒。这类烽火台只见于乌海市和阿拉善盟明长城沿线，由毛石干垒而成，台体松散，不够结实，坍塌严重。

在乌海市和阿拉善盟的个别烽火台中可以看到隔层铺有原木，即柜木，是烽火台的骨架，其作用与现今混凝土建筑的钢筋架构类似，用以增强台体的稳固性和韧度。

乌海市的红墩烽火台和二道坎烽火台均为分层构筑，底部或红黏土夯筑或土石混筑，顶部土坯垒砌。以二道坎烽火台为例，其构筑方式为：自腰部 10 米以下为石包土筑法，外壁用毛石块夹红黏土砌筑，中间填充碎石块和杂土，并且每隔 1.5 米平铺细原木，起拉接作用；腰部以上用红黏土土坯垒砌，土坯一般长 34、宽 18、厚 90 厘米，台顶四周尚残存有土坯垒砌的垛墙痕迹。（参见彩图五四三、五四四）

鄂尔多斯市明长城沿线的特布德 1 号烽火台和潘家梁烽火台构筑比较特别，四周外壁用红土与黄土夯筑，内部填充红土，土质疏松。（参见彩图五一六）这样的构筑方式在内蒙古自治区明长城沿线极为少见。

在以上这几类烽火台中，夯土烽火台保存相对较好，规模也比较大，最差的是毛石干垒烽火台，几乎全部坍塌。若按地域而论，以乌兰察布市、呼和浩特市明长城二边的烽火台最为高大，高多 6～10 米，底部边长（平面呈圆形的烽火台则为直径）10～20 米，顶部边长 3～10 米。其他地域的烽火台差别不大，高一般 4～8 米，个别 10 米以上，底部边长 8～20、顶部边长 4～10 米。

2. 内部结构

按内部结构而论，烽火台可划分为实心和空心两类。内蒙古自治区明长城沿线的烽火台绝大部分是实心，只在乌兰察布市、呼和浩特市明长城大边、二边沿线发现有空心烽火台，以二边沿线居多，尤其在二边南侧、山西省偏关县境内更多。这类烽火台的内部有上下通道，通道的入口一般在烽火台底部，为一洞口，洞口处地面铺有条石，也有的入口距地面有一定的高度。通道内有登台步道，也有的没有步道，在内壁掏挖有脚窝以供上下。通道出口在烽火台顶部。与空心敌台相比，空心烽火台的内部通道要简单得多。

3. 外部形制和附属设施

就外部形制和附属设施而言，烽火台可从台基、围院、壕沟、建筑基址、附燧等几方面加以探讨。

①台基

乌兰察布市、呼和浩特市明长城沿线的烽火台多带有台基。台基的形状与台墩相同，台墩位于台基顶部中央，若台墩的平面呈正方形，则台基的平面也呈正方形，若台墩平面呈近圆形，则台基的平面呈圆形。正方形台基略呈上小下大的覆斗形，一般高 2 ~ 4、部分高 5 ~ 6 米，底部边长 30 ~ 50 米。圆形台基只出现在山西省偏关县圆台或圆柱状烽火台中，多数高 2 ~ 4 米，底部直径 30 ~ 50 米。多数台基顶部边缘筑有土墙，约厚 1 米，高度参差不齐，部分 2.5 米以上。

鄂尔多斯市、乌海市明长城沿线的烽火台不见台基，阿拉善盟个别烽火台的台基直接铲削山体形成。

②围院

烽火台的围院比较简单，除了上面介绍的位于台基顶部边缘之外，再就是以台墩为中心，包围在其外围。围院的平面以矩形多见，根据地形，也有呈不规则形。围墙多夯筑，建筑形式与附近的长城墙体类似，比建在台基上的围墙厚实，厚 2 ~ 4 米。由于围墙破坏严重，门址多不清楚。部分烽火台有内外两重围院；乌海市二道坎烽火台甚至有三重围院，具体形制为：烽火台外围有三重围院，平面均呈正方形，逐层相套。

③壕沟

内蒙古自治区明长城沿线烽火台周围发现的壕沟较少，主要是挖掘在台基或围院外围，与台基和围院共同构成屏障。以清水河县明长城大边沿线的边墙壕 1 号烽火台为例，它的台基外围四周挖有壕沟，深 2、宽 2.5 米，西侧壕沟上保留一条通道与外部相连，通道宽 1 米。台基顶部边缘还筑有土墙。

④建筑基址

在鄂尔多斯市和阿拉善盟明长城沿线的部分烽火台周围发现有建筑基址。基址一般分布在烽火台南侧或东南侧，四周筑有墙垣，平面呈矩形，边长 4 ~ 10 米。一般留有一门，门的开向不固定，或在四周墙垣上，或在墙角。鄂尔多斯市鄂托克前旗土桥梁烽火台周围的建筑基址留有两门，其形制为：建筑基址在烽火台南侧，与台体相连；基址墙体厚 1.8 米，北墙与烽火台相连，南墙长 11、东墙长 8、西墙长 8.5 米；东墙上开一道宽 2 米的门，西墙上开一道宽 1.5 米的门。

⑤附燧

仅在阿拉善盟烽火台周围发现有附燧，其结构、形制、排列方式与该地区敌台周围的附燧相同。阿拉善盟明长城沿线有 28 座烽火台，其中 12 座带有附燧，统计如下表。（表二六）

表二六　阿拉善盟明长城沿线带附燧烽火台统计表

烽火台名称	附燧情况
磨石口 3 号烽火台	烽火台东 16 米处起依山脊由西向东排列 10 座附燧，间距依次为 4.5、6、4.5、4.5、4、4、3、2.5、3 米。构筑方式及尺寸相仿，石块堆砌，内夹土石，现高约 1、底部边长约 2 米，均有不同程度坍塌。
营子山烽火台	烽火台东北 3 米处起由西南向东北排列 5 座石砌附燧，均有不同程度的坍塌。第 1 座现高 0.6、东西长 2、南北长 1.7 米，第 2 座现高 1.2、东西长 2.8、南北长 3 米，第 3 座东西长 1.8、南北长 1.7 米，遭盗掘破坏，第 4 座现高 1.1、东西长 2.4、南北长 2.6 米，第 5 座现高 1、东西长 2.1、南北长 2.1 米。间距依次为 3、4、2、7 米。 烽火台南侧自坍塌边缘处起由北向南排列 8 座附燧，石块堆砌，有不同程度坍塌，现高 1 ~ 1.3、底部边长约 2.5 米，间距依次为 5、5、4、0.9、0.7、1.2、2.9 米。
小口子烽火台	烽火台南 20 米处起依山脊由北向南排列 6 座附燧，石块堆砌，均倒塌，呈圆形石堆状，现高 0.6 ~ 0.8、直径 1.2 米，间距依次为 15、10、4、2、2 米。 自烽火台北侧的建筑基址北侧边缘起由南向北依山脊排列 9 座附燧，有不同程度的坍塌，前 4 座形制相同，现高 1 ~ 1.2、底部边长 2.8 米；后 5 座形制相同，现高 0.5 ~ 0.7、底部边长 1.2 米。间距依次为 4、3、3、3、2、3、3、4 米。

续表

烽火台名称	附燧情况
磨石口 4 号烽火台	烽火台围院东侧有 5 座附燧。石砌，倒塌严重，圆形，现高约 1、直径约 3 米，间距约 2.5 米。 烽火台东北 30 米处起，在宽 2、长 11 米的石堆之上由东向西排列 4 座附燧，石砌，平面呈正方形，存在不同程度坍塌。形制大体相同，现高 1.8、底部边长约 2 米，间距约 0.5 米。
磨石口 5 号烽火台	烽火台东 5 米有石砌的长方形建筑基址，现高 0.2 ~ 0.6、东西长 10、南北长 3 米；上面有 4 座石砌小台，已坍塌。 烽火台东 20 米处起由西向东排列 6 座方形附燧，石砌，均已倒塌。形制大体相近，现高约 0.5、底部边长约 2 米，间距约 1.5 米。
昆都伦烽火台	烽火台南 18 米处起依山脊由北向南排列 3 座附燧，石块堆砌，已坍塌，由南向北间距依次为 21、18 米，边长 4 米，第 1、2 座附燧现高 1.5 米，第 3 附燧座现高 1 米。
红碴子烽火台	烽火台东北角向东 8.5 米处起由西向东排列 3 座附燧，石块堆砌，现已坍塌，只有底部痕迹可以辨认，边长 2 米，间距约 9 米。 烽火台东南 36 米处起由西向东排列 3 座附燧。石块堆砌，均已坍塌，现高 0.5 ~ 1 米，均约 2 米，间距依次为 13、22 米。
高石墩 1 号烽火台	烽火台东北 23 米处起由西向东排列 3 座附燧。石块堆砌，内夹土石，均已坍塌，现高约 1.2、底部边长 2.5 米，间距依次为 3.5、4.5 米。
夹子沟 1 号烽火台	烽火台自东南 9 米处起由西北向东南排列 8 座附燧。石块堆砌，均已坍塌，范围依次为 1.1 米×1.1 米、1.7 米×1.7 米、2 米×2 米、1.9 米×1.9 米、1.1 米×1.2 米、2 米×2 米、1.2 米×1.2 米、1.6 米×1.6 米，高 0.5 ~ 1.2 米，间距依次为 10.5、7.3、1、1、1.6、3.7、2.8 米。
红井子圈 1 号烽火台	烽火台东南 5 米处起由西向东排列 5 座附燧。现高 1.2、底部边长约 4 米，石块堆砌，内夹土石，均已坍塌，石块散落四周，均被盗掘，间距依次为 6.7、9、12、11 米。 烽火台西南 66 米处起依山脊由西北向东南排列 5 座附燧。石块堆砌，内夹土石，有不同程度坍塌，现高约 1.2 底部边长大部分 3 米，间距依次为 23、16、16、23 米。 烽火台东南 50 米另有一座附燧，已坍塌，只有底部可以辨认，边长约 2.6 米。
红井子圈 2 号烽火台	烽火台东南角向南 29 米处起由北向南排列 10 座附燧。土石混筑，已坍塌，现高约 0.5、底部边长约 3 米，间距 8 ~ 10 米。第 2 座附燧遭盗掘。
钻洞子 2 号烽火台	烽火台北 20 米处起向东由西排列 10 座附燧，坍塌严重，石块散落，依稀可见底部痕迹，濒临消失，高出地表 0.1 ~ 0.3、边长约 3 米。间距约 5 米。

（五）营堡

此次调查中，在内蒙古自治区明长城沿线调查营 1 座、堡 23 座，均建在长城内侧地势比较开阔的地方。其中，乌兰察布市、呼和浩特市明长城大边沿线 2 座、二边沿线 15 座，鄂尔多斯市鄂托克前旗明长城沿线 2 座，阿拉善盟明长城沿线 5 座。在明代，长城沿线的城堡有卫城、所城、堡城三个级别，卫城最大，所城次之，堡城最小。鄂托克前旗明长城沿线的兴武营是此次调查的唯一一座所城，在明代称为兴武营守御千户所，归宁夏后卫管辖，下领堡城一座，即毛卜剌堡。

1. 平面形制

内蒙古自治区明长城沿线的营堡多数平面形制比较规则，在 24 座营堡中，平面呈矩形 12 座、正方形 5 座、"日"字形 2 座、"目"字形 1 座、不规则形 4 座。营堡的平面形制与其选址地形有很大关系，平面规则的营堡所处地域地形相对平坦，地势落差较小，平面不规则主要是受到地理环境的制约，平面形状随地形而变化。

在这些营堡中，除兴武营的边长在 500 米以上之外，其他的多数在 200～300 米，二道边村堡、后窑子堡、柏杨岭 2 号堡、白泥窑堡、老牛湾堡、红井子堡、钻洞子堡 7 座堡的边长不足 100 米，红井子堡的边长最短，只有约 20 米。

2. 军事建筑

营堡的修建以军事要求为其主要目的，所以，它的附属建筑中以军事建筑为主。我们将营堡的城垣，城垣附属的马面、角楼、城门瓮城以及城垣内外的壕沟等以军事防御目的为主的建筑，统称为军事建筑。

①城垣

城垣是一座城堡最主要的建筑，不仅是城堡外在的屏障，更是一座城堡的标志。在内蒙古自治区明长城沿线的 24 座营堡中，大部分城垣基本完整，以夯土墙为主，阿拉善盟 5 座堡城的墙垣为堆土墙。文献记载，明代早、中期长城沿线的城堡均为土墙，到晚期才在内外侧包砌砖石。

夯土墙以黄土夯筑为主，一般土质比较纯净，个别墙体中含有砂石，夯层厚度差别不大，集中在 0.15～0.25 米，个别厚 0.3 米以上。除乌兰察布市、呼和浩特市明长城大边沿线的二道边村堡、后窑子堡和阿拉善盟的 5 座堡城外，其他多数残存有外包砌砖石，一般包石在墙体底部，其上是包砖。部分堡城的城垣为使后包的砖石与夯土墙完全衔接，在中间填充土石。以破虎堡为例，墙垣可分为内、中、外三层，最内层是夯土墙，外层为包砌的砖石，二者中间土石混筑，内部夯土墙厚 1～1.5 米，外层包砌的砖石厚约 1 米，中间土石混筑部分厚 1～1.5 米。外包砖石中的石块为规整的条石，大小不一；砖为青砖，大小相当，长 37～40、宽 18.5、厚 7 厘米。鄂托克前旗的毛卜刺堡只在瓮城中散落有砖、石块，其他墙垣周围未见，怀疑当时在包砖的时候只包砌了瓮城城垣和城门。

夯土城垣普遍比较高大，残存一般高 2～8 米，保存比较完整的城垣多数高 8～10 米，个别高 10 米以上。普遍底宽 4～8 米，兴武营的墙体底宽 10 米以上，顶宽 1～3 米。

个别城垣的顶部保存比较完整，可看出其建筑形式。滑石涧堡北墙平铺有青砖；毛卜刺堡东墙顶部残留有女墙，高约 0.1 米，宽不足 0.2 米。

堆土墙只出现在阿拉善盟的 5 座堡城中。这 5 座堡城均挖沟堆土筑墙构筑，形成由墙垣、壕沟构成的堡城，个别为内外双墙双壕结构。堆土城垣低矮、窄薄，宽 1～3 米，普遍高不足 1 米；墙外的壕沟大部分被沙土掩埋，个别地方有残存，测得其宽 2～3 米，普遍深不足 1 米。堆土城垣构筑简单，只是一道土墙，未见马面、角楼等其他附属建筑。

②马面

马面是城堡墙垣上的重要建筑。内蒙古自治区明长城沿线的 24 座营堡中，边长 100 米以上的均带有马面（阿拉善盟的 5 座堡城除外），一般为 2 座、3 座和 5 座；兴武营的马面最多，有 17 座。

带 2 座马面的是残虎堡、小元峁堡和毛卜刺堡。马面的分布位置为，与南门相对的北墙上 1 座，另外 1 座或位于东墙或位于西墙。但残虎堡例外，猜测它应有 3 座马面，因东墙遭破坏导致其上的马面消失。带 3 座马面的是韭菜沟堡、云石堡、大何堡和滑石涧堡，马面的分布位置很有规律，均分布在除城门所在的墙体之外的其他三面墙之上。带 5 座马面的是破虎堡、杀虎堡、黄草梁堡和水泉堡，马面的分布也很规律，北墙上 1 座，东、西墙上各 2 座。兴武营 17 座马面的分布状况为，城门和敌台所在的西、南墙及北墙上各有 4 座，东墙有 5 座。

马面均倚墙而建，位于墙垣外侧，向外凸出，顶部与墙顶齐平，平面呈矩形，剖面呈梯形，构筑方式与所在墙体相同。同一座营堡的马面尺寸基本相同，不同营堡则略有差别。绝大部分马面的底部较长边长 8～14、较短边长 6～8 米，顶部较长边长 3～8、较短边长 2～4 米。

③角楼

在内蒙古自治区明长城沿线的 24 座营堡中，除二道边村堡、后窑子堡、柏杨岭 1 号堡、白泥窑堡及阿拉善盟的 5 座堡城之外，其他的营堡均建有角楼。由于角楼的上部建筑已不存在，这里讨论的角楼仅指尚残存的底部台体建筑。

角楼的分布很有规律，每一座营堡有 4 座，四个拐角各一座。角楼一般凸出于墙垣，形成一个半独立式的台体结构，它的内部与墙垣相连，一般平面上只表现出三个拐角，略高于墙垣。其建筑形式与所在营堡墙垣的建筑形式相同，一般是土夯，外包砖石。角楼一般平面呈正方形，剖面呈梯形，边长近似或略有差别，底部边长 8～15、顶部边长 5～10 米，底部向外凸出 2～4、顶部向外凸出 1～3 米。由于破坏的原因，角楼均失去了原有的高度，现高 5～10 米，兴武营的西北角楼保存最完整，现高 11.5 米。

④敌台

敌台在营堡中比较少见，只在柏羊岭 1 号堡和兴武营有发现。柏羊岭 1 号堡的敌台位于北墙内侧，倚墙而建，建在一座高 4 米的台基之上，现高 12 米，底部东西长 14、南北长 13 米，顶部东西长 3、南北长 6.5 米。兴武营的敌台位于北墙中部，骑墙而建，现高 7.8 米，略高于北墙，顶部东西长 14、南北长 19.5 米，周围散落大量的砖瓦碎块。

就其功用而言，柏羊岭 1 号堡的敌台应当与加固墙垣及加强防御有关。兴武营敌台的功用则比较清楚，从周围散落的砖瓦碎块来看，应是北墙上楼铺的承载体，而且这个楼铺的规模较为宏大。

⑤城门、瓮城

内蒙古自治区明长城沿线的营堡一般设 1～2 座城门，个别设 3 座（杀虎堡、水泉堡、夹子沟堡），甚至 4 座（汝龙沟堡、钻洞子堡）。设 1 座城门的多在南墙或东墙。设 2 座城门的南墙 1 座，另外 1 座或在东墙或在西墙。杀虎堡南、东、西墙各开 1 门，水泉堡的 3 座门分别在南、东、北墙，夹子沟堡的 3 座门则在南、西墙和北墙。汝龙沟堡和钻洞子堡四墙均设有门。

在内蒙古自治区明长城沿线的 24 座营堡中，有 9 座营堡的城门带有瓮城，但一般每一座营堡只有一座带瓮城的城门，出现在作为主城门的南门或东门外，只有杀虎堡和兴武营有 2 座带瓮城的城门。杀虎堡比较特别，由新、旧两座堡构成，原堡的正门外带有 1 座瓮城，两堡合并之后，新堡的瓮城成了合并后杀虎堡正门的瓮城，旧堡的瓮城则在堡内，已失去了作用。兴武营的规格比较高，城垣比较大，在南门和西门外各带有一座瓮城。

内蒙古自治区明长城沿线保存比较完整的瓮城，平面均呈矩形，边长多 15～30 米。兴武营的瓮城稍大，南门瓮城东西长 39.2、南北长 33.7 米，西门瓮城东西长 29.9、南北长 36 米。最大的是大何堡的瓮城，边长 80 米。

⑥马道

城墙建筑的马道有两种类型，一种修建于城垣内侧，呈斜坡或阶梯状，供人员、马匹上下城墙和运送物资，另一种是墙垣顶部内外女墙之间的走道。这里讨论的马道仅指前者。

内蒙古自治区明长城沿线只在破虎堡、柏羊岭 2 号堡发现有马道。破虎堡的马道在北墙中部内侧，已破坏，只依稀可见台阶。柏羊岭 2 号堡的马道在堡内东南角，长 10、最高 3.5 米，石砌台阶状坡面。

⑦壕沟

阿拉善盟 5 座堡城的构筑方式均为挖壕取土筑墙，其外侧均发现有壕沟，由于沙土的掩埋，痕迹不甚明显，宽 2～6、深不足 1 米。其中，小沟堡为双墙双壕结构，有两道墙、两道壕。

除阿拉善盟之外，只在破虎堡、残虎堡、云石堡、毛卜剌堡及兴武营城垣外侧发现有壕沟，多被沙土掩埋或农田破坏，痕迹模糊。破虎堡和残虎堡外的壕沟保存尚好。

破虎堡在东、北、西面墙体外发现壕沟，有并排的两道，宽 2～3、深 2～4 米，壕内被开垦成农田，局部被坍塌的城垣掩埋。内侧壕沟距离堡墙 3～5 米，北墙外的壕沟保存最好，最北处距离城墙 11.5 米。残虎堡发现的壕沟也在东、北、西面墙外，宽 5～6、深 2～3 米，壕内被开垦成农田。

⑧其他

兴武营在主城垣之外另带有一座小城，当与军事目的有关，是主城的翼城。小城在兴武营南 1.1 千米处，形状不规则，东南角凸出，其东、南、西、北墙长分别为 63、54、50、46 米，现高 3.2～4.9 米。东向开门，门在东墙偏南处，宽 5.4 米。小城四角有角楼，高 4.9～5.5 米。西墙正中有马面，高 5.8 米，向西凸出 3.7 米。城内杂草丛生，散落大量残砖、瓦片等。城外东南角散落着大量青花瓷片。

3. 其他建筑

除军事建筑之外，部分营堡中还残存有其他建筑，有中心建筑、庙宇、照壁等。

①中心建筑

在兴武营堡、白泥窑堡发现有中心建筑。兴武营的中心建筑在城内正中，为鼓楼遗址。现该遗址主体部分已消失，只残存基部，为近正方形土堆，现高 3.5、东西长 10.8、南北长 11.3 米。土堆四角残留有四个土台，夯筑，高 1.3 米，周围散落有大量砖瓦碎块。当地居民称此建筑遗址为"点将台"。白泥窑堡的中心建筑为一座烽火台。

②庙宇

兴武营城外西南 1.4 千米有西坡寺遗址，现只残存基础，为一矩形土台，东西长 45、南北长 25 米，高出地面 2.5 米，周围散落有大量砖瓦碎块。兴武营城墙上及城内还有数量众多的庙宇，均为现代新建。

③照壁

照壁发现两座，破虎堡和水泉堡各一座，均在南门正南。破虎堡的照壁在其南门外正南 27.5 米处，保存完整，呈东西向，长 10.7、厚 0.95、高 5 米。顶部为两出水砖式结构，筒瓦和板瓦组合封顶，板瓦之下垒砌有五层青砖。顶部个别地方稍有残破，但原貌尚存，现长满杂草。照壁东西两侧各有宽 0.95 米的砖柱，稍凸出于壁面，砖柱之间土坯垒砌，外涂一层白灰面，现有几处脱落。照壁基部五层青色条石交错叠压垒砌，高 1 米，条石之上又有三层青砖，高 0.25 米。

水泉堡的照壁在南门正南方 30 米处，长 10.4、高 7、厚 1.1 米。基部有七层条石，高 1.1 米，顶部板瓦和筒瓦相扣合，两面出水，照壁中间墙壁上有一长 6、宽 2.4 米的仿木框结构，上有四个小方格，方格内字迹漫漶不清。

二　本次调查的主要收获和意义

通过此次调查，对内蒙古自治区境内的明长城有了一个较为完整的认识，部分调查成果可与文献相印证，有着重要的意义。

（一）明初内蒙古一线防御体系的建立和转化

明代北边防御体系的建设始于洪武朝，以洪武五年（1372 年）为界，可分为前、后两个阶段。前一阶段，明军主动出击，全力清剿故元残余势力。特别是洪武三年（1370 年），徐达、李文忠分率两路大军北征，西路军"自潼关出西安，捣定西，以取王保保"，东路军"出居庸，入沙漠，以追元主"[1]。经过沈儿峪口之役和应昌之役，明军大败扩廓帖木儿，平定甘宁，克取应昌，迫使北元汗廷退到了漠北深处。这一时期，明朝在北边以军事进攻为主，不以筑城设卫、驻军屯田为意。在一些重要的占领区，如北京、大同、陕西、宁夏等地，朱元璋派遣大将练兵驻守。

洪武五年，明朝的北伐大军在漠北腹地遭到重创，损失惨重，史称"岭北惨败"，成为明初对蒙政策上的一个重要转折点。岭北惨败使朱元璋认识到"略荒裔之地不如守边"，落实到具体的边防策略中就是"御边之道，固当示以威武，尤必守以持重，来则御之，去则勿追，斯为上策。若专务穷兵，朕所不取。"[2]明朝以军事进攻为主的策略转变为以守塞防御为主、主动进攻为辅的新战略，撤出已占领的漠南地区，重点构筑内边防御带。

就今天的内蒙古自治区一线而言，明初的边防建设主要是围绕着大同外围展开。首先是建立了一系列的卫所，在洪武四年（1371 年）设立了东胜卫。但是，第二年，明朝就遭到了岭北惨败，主动退出了已占领的漠南地区，将东胜卫迁往大同。洪武中期以后，经过十多年的休养生息和对北边防御的不断经略，明朝国力恢复，洪武二十年（1387 年）、二十一年（1388 年），大将冯胜、蓝玉先后迫降北元丞相纳哈出，击败脱古思帖木儿汗，北元势力远遁，明朝北边防线再次向北推进，在沿边大规模设置卫所。洪武二十五年（1392 年）分置东胜左、右、中、前、后五卫[3]。洪武二十六年（1393 年）二月，明朝"置大同后卫及东胜左右、阳和、天城、怀安、万全左右、宣府左右十卫于大同之东。高山、镇朔、定边、玉林、云川、镇虏、宣德七卫于大同之西，皆筑城置兵屯守。"[4]

明初，在今天内蒙古自治区境内设置的卫所主要有东胜卫、云川卫、镇虏卫、玉林卫、宣德卫、官山卫、开平卫等。

东胜卫：故址即今托克托县东沙岗古城。《明史·地理志》载："东胜卫，元东胜州，属大同路。洪武四年正月，州废，置卫。二十五年八月分置东胜左、右、中、前、后五卫。"[5]洪武二十五年新筑东胜城。《读史方舆纪要》载，东胜卫在"府（大同府）西五百里"。其地"西滨黄河，东接大同，南抵偏关，北连大山、榆杨等口，中有赤儿山，东西垣平二百余里，其外连亘官山，实外寇出没必经之地"。永乐初，东胜卫"移入畿辅，其地遂墟。"[6]经周松考证，东胜卫经过数次变迁[7]。（表二七）

[1]《明太祖实录》卷四八"洪武三年春正月癸巳"。
[2]《明太祖实录》卷七八"洪武六年春正月壬子"。
[3]《明史》卷九一《兵志三》载："（洪武）二十五年又筑东胜城于河州东受降城之东，设十六卫，与大同相望。自辽以西，数千里声势联络"。
[4]《明太祖实录》卷二二五"洪武二十六年二月辛巳"。
[5]《明史》卷四一《地理志二》。
[6] 顾祖禹：《读史方舆纪要》（四）卷四四《山西六》。
[7] 周松：《明初河套周边边政研究》，甘肃人民出版社，2008 年，第 110 页。

表二七　明初东胜卫变迁简表

时段	变动内容	地点
洪武四年至洪武五年	初建东胜卫	东胜州故城
洪武五年至洪武二十五年	第一次内迁	大同城
洪武二十六年至建文四年	增置为东胜左右卫	东胜新城
建文四年以后	第二次内迁	卢龙（左卫）、遵化（右卫）

云川卫：明洪武二十六年（1393 年）置，洪武二十八年（1395 年）筑云川卫城，"命山西都指挥同知王仙领兵置堡屯种"[1]，故址即今和林格尔县大红城乡政府驻地北 0.5 千米的大红城古城。永乐元年（1403 年）内徙，宣德元年（1426 年）复还旧治，正统十四年（1449 年）徙云川卫于大同左卫。

镇虏卫：洪武二十六年置，故址即今托克托县黑城古城。镇虏卫位于东胜卫东南的兔毛河下游一带，扼守兔毛河进入大同的要道，洪武二十六年与云川卫、玉林卫同守东胜地区，主要为加强大同西北地区的防守。《明史·地理志》载：镇虏卫"永乐元年二月徙治北直畿内，直隶后军都督府。宣德元年还旧治，仍属行都司。正统十四年徙治天城卫城，与天成卫同治，而卫城遂废。"[2]

玉林卫：明洪武二十六年置，故址即今和林格尔县新店子镇榆林城古城。玉林卫亦位于兔毛河边，在镇虏卫之东，是沿兔毛河进入参合陉（今杀虎口）的最后一道防线。永乐元年内徙，治北直隶州，宣德元年复还旧治，正统十四年并入大同右卫。

宣德卫：洪武二十六年置，东南距山西行都司八十里，故址即今凉城县天成乡土城村古城遗址。不久即废。

官山卫：洪武八年（1375 年）三月置，故址应在今卓资县梨花镇三道营古城附近。《明太祖实录》记载："故元知院不颜朵儿只等来降，赐罗绮衣服有差。不颜朵儿只者，即元国公乃儿不花也。于是诏置官山卫指挥使司，隶大同都卫，以乃儿不花为指挥同知。"[3]第二年四月，"官山卫指挥同知乃儿不花叛入沙漠。大同卫指挥使周立率大同、振武等卫将士讨之。追及白寺塔滩，获其辎重。乃儿不花遁去。"[4]随着乃儿不花的叛逃，官山卫也就自动废置了。

以上几个卫所均归山西行都司管辖。此外，明初，内蒙古境内还有一个隶归北平行都司管辖的开平卫。

开平卫：治所在今正蓝旗元上都遗址。《明史·地理志》中记载："开平卫，元上都路，直隶中书省。洪武二年为府，属北平行省，寻废府置卫，属北平都司。永乐元年二月徙卫治京师，直隶后军都督府。四年二月还旧治。宣德五年迁治独石堡，改属万全都司，而令兵分班哨备于此，后废。"[5]

除设置卫所外，朱元璋还重视北边城池关隘的修缮工作。洪武五年（1372 年）十一月，朱元璋下令将北征将士调回山西、北平等地，次年初，命徐达、李文忠、冯胜等人统领诸将往北平、山西练兵备边，修缮城池，北平自永平（今河北省卢龙县）、蓟州（今天津市蓟县）、密云以西二千余里，关隘一百二十九处。山西在雁门关、太和岭以及武朔诸山谷间七十三处关隘皆设重兵把守，紫荆关、芦花

〔1〕《明太祖实录》卷二三八"洪武二十八年四月辛卯"。
〔2〕《明史》卷四一《地理志二》。
〔3〕《明太祖实录》卷九八"洪武八年三月戊子"。
〔4〕《明太祖实录》卷一〇五"洪武九年三月乙酉"。
〔5〕《明史》卷四〇《地理志一》。

岭设千户所守御。洪武九年（1376 年），命燕山前后等十一卫士卒分兵把守古北口、居庸关、喜峰口、松亭关烽堠一百九十六处。洪武十四年（1381 年），徐达发燕山等卫屯兵修筑永平界岭等三十二关；十五年（1382 年），于北平都指挥使司所辖关隘二百处，以各卫军卒戍守；二十年（1387 年）冯胜修筑大宁、宽河、会州、富裕四城；二十五年（1392 年），建东胜城与大同隔河相望；二十六年（1393 年），大同后卫等十七卫皆筑城置兵屯守；三十年（1397 年）筑开平卫城。又派重兵驻防辽东、大宁、宣府、大同等重镇，以加强防御。

洪武时期，明朝从辽东到甘肃设置了七个都司（行都司）：辽东都司、北平都司、山西都司、陕西都司、北平行都司（后改大宁都司）、山西行都司和陕西行都司。都司、行都司之下设有卫所，卫所屯兵，形成了都司（行都司）—卫—所的统军体制。但都司卫所的防御体制存在着明显的不足。首先，北边七个都司、行都司互不统属，遇有战事，相互之间难以协调。其次，各都司、行都司兵力有限，遇有大敌入侵，以单个都司、行都司的兵力难以迎敌。所以，朱元璋以巡边、备边的名义，将一些元勋宿将派往边地，负责督察备边事宜，在边陲有警时，授以印信，让备边将帅调动各都司、行都司卫所士兵进行整体防御。事毕，将帅交出印信，军士各回卫所。是为大将守边制度。

从洪武三年（1370 年）开始，朱元璋陆续在北部沿边地区分封了九个儿子：秦王（西安）、晋王（太原）、燕王（北平）、谷王（宣府）、肃王（甘州）、辽王（辽阳）、宁王（大宁）、代王（大同）、庆王（宁夏）。至洪武二十二年（1389 年），朱元璋利用北元内讧、蒙古势力有所削弱的时机，让分封于边塞的诸子参与边务，承担起边防重任。大将守边制度让位于"塞王守边"。这些塞王多握有重兵，有时还能节制诸将，对加强北部边防起到了一定的作用。特别是燕王和晋王，雄才勇略，有力阻止了蒙古势力的南下。

靖难之后，朱棣以燕王登极，对势力强大的塞王心怀芥蒂，摒弃"塞王守边"政策，改为"皇帝守边"，将大量的沿边卫所迁至京畿，造成天子拥兵、雄视天下的态势。同时，朱棣也不忘边防建设，对边地的指挥系统和兵力部署作了调整，逐渐使沿边驻守大将有了固定的防区和特定的权限，总兵镇守制度开始出现。仁宣以后，明朝在北边逐渐形成了以九边为据点、以长城为屏障和阵地的边镇防御体系。

（二）关于明长城尺度的认识

明代文献中多处提到明长城的尺度，而且极为详尽，这有利于了解明长城的原始情况，并可与今天的实测数据作比较。

在明代，长城的高、宽、厚等尺度以尺和丈为基本计量单位。虽然对于明代的尺长折合现今计量单位的问题有不同意见，但差别很小，不影响今天对长城这种大体量对象的讨论。这里采用《新编简明中国度量衡通史》中的观点，明代的 1 尺约等于现今的 32 厘米[1]，对数据相对完整的宁夏河东地区的长城作一探讨。

宁夏河东地区二道边的尺度，明代文献记载最为详尽。杨一清在一道奏疏中写道："沿边旧有墩台七十一座，旧筑边墙高一丈，连垛墙三尺，共一丈三尺，底阔一丈，收顶三尺五寸，内除垛墙根砖一尺五寸，止剩二尺，官军难以摆列御敌。墙外壕堑一道，深八尺，口阔一丈，底阔四尺，中间多有填

---

〔1〕 参见吴慧：《新编简明中国度量衡通史》第八章《明清度量衡》，北京计量出版社，2006 年。

塞平漫，只存形迹。"[1]杨一清这道奏疏主要是说二道边原本就单薄，加之年久失修，已残破不堪，需要加固。但从中我们可以看出二道边的原始尺度，"边墙高一丈，连垛墙三尺，共一丈三尺，底阔一丈，收顶三尺五寸，内除垛墙根砖一尺五寸，止剩二尺"。转换成今天的尺寸是：墙体现高 3 米多，加上近 1 米的垛墙，通高约 4 米；底宽 3 米多；顶部加上垛墙总宽才 1 米多，去掉垛墙也就半米多宽。实地调查中，二道边破坏严重，均已坍塌，一般高约 2 米，保存稍好地段 3 米以上，最高 4 米，底宽多 4～6，顶宽多不足 1 米。实测数据和文献记载有一定差异，这是由于历年的破坏降低了长城的高度，原来的基宽坍塌为底宽，但是在一些保存较好的地段，其尺度基本与文献记载相吻合。二道边外侧的壕沟则完全被沙土湮没，痕迹全无。

　　宁夏河东地区还有两座营堡，即兴武营和毛卜剌堡。《嘉靖宁夏新志》卷三《所属各地·东路兴武营守御千户所》记载："正统九年，巡抚都御史金濂始奏置兴武营，就其旧基，以都指挥守备。成化五年，改守备为协同分守东路。正德二年，总制右都御史杨一清奏改兴武营为守御千户所，属陕西都司。城周回三里八分，高二丈五尺。池深一丈三尺，阔二丈。西、南二门及四角皆有楼……领毛卜剌堡，西至清水营五十里，东至兴武营三十里。城周回一里七分，高二丈三尺。"

　　据实地调查，兴武营平面略呈矩形，东、南、西、北墙分别长 614、476、586、480 米，周长 2156 米，墙垣高 5.4～7.6 米，略低于文献中记载的"二丈五尺"（二丈五尺为 25×0.32 米 = 8 米）。毛卜剌堡平面也呈矩形，东、南、西、北墙长分别为 266、252、260、258 米，周长 1036 米，墙垣高 2.5～5.8 米，明显低于文献中的"二丈三尺"（二丈三尺为 23×0.32 米 = 7.36 米）。

　　梁方仲先生在《中国历代度量衡之变迁及其时代特征》一文中写到："自汉代以后，历代计算长度，都是自尺以上，到丈为止。至清光绪三十四年（1908 年）重定度量衡制时，始规定于丈之上加上'引'、'里'这两个单位。本来引、里两个名称，古代早已存在，但多半是用来计量面积。虽亦用来表达长度，但仍从面积这个概念引申而来的，并不是正规的用法。到了光绪末年，才明文规定于尺之外，另立里制：以'五尺为一步，二步为一丈，十丈为一引，十八引为一里'"[2]。虽然中国以"里"作为计算长度的单位在制度上确立很晚，但是"里"这个单位在中国古代应用比较广泛，特别是在明长城的长度计量中，它基本上是主单位。可是"里"并非正规用法，所以在换算上存在着一定的问题。这里我们以兴武营和毛卜剌堡的周长为切入点，在明代"里"的换算问题上作一简单探讨。

　　兴武营和毛卜剌堡的城垣基本完好，实测周长与原始周长应比较接近。实测兴武营和毛卜剌堡的周长分别为 2156 米和 1036 米，而文献记载中其周长分别为"三里八分"和"一里七分"，前后折算得出两个数值。从兴武营中算出一里等于 567 米，从毛卜剌堡中算出一里约等于 609 米。另外，《嘉靖宁夏新志》中还记载，毛卜剌堡西至清水营 50 里，东至兴武营 30 里。据实测，毛卜剌堡距兴武营 13.5 千米、清水营 17 千米。这里又可以得出两个数值，从毛卜剌堡和清水营的距离算出一里等于 280 米，从毛卜剌堡和兴武营的距离则算出一里等于 450 米。但是由于文献中记载的数字不精确，这两个数据的可靠性不高，仅供参考。

　　从上面的数据对比中可以看出：其一，在以"尺"、"丈"为计量单位的明长城墙体高度、厚度的尺度中，实测数据往往低于文献中的记载，这主要是因为历年的人为、自然因素破坏降低了长城的高度。但是在一些保存较好的地段，实测数据基本与文献记载相近。可见，就明长城而言，明代文献中记载的尺度比较准确，可信度很高。其二，"里"虽然在明长城长度的计量中作为主单位使用，但是

〔1〕《明经世文编》卷一一六，载杨一清：《为经理要害边防保固疆场事》。
〔2〕 梁方仲：《中国历代度量衡之变迁及其时代特征》，载《中山大学学报》（哲学社会科学版）1980 年第 2 期。

单位长度不统一，从兴武营和毛卜剌堡的周长中得出的两个可靠性相对比较高的数据，相差也有40余米。

三 调查中的重大发现及价值评估

本次调查中的部分发现或可填补史料空白，或可纠正史料记载中的错误，有着重要的价值。

（一）石刻的发现

这次调查在内蒙古自治区明长城沿线发现石刻7处，其中4处登记为相关遗存，其他3处为所调查关堡的一部分。

1. 隆盛庄石刻题记

发现于乌兰察布市丰镇市大边沿线的双台山上，记录了该段长城的修筑时间、修筑者、起止位置及长度等信息。该石刻刻于双台山上一块较大的岩石向阳一面，雕刻手法为阴刻，主体文字外侧刻有两周围框，外围框宽1.1、高0.95米，内围框宽1、高0.85米。围框上部自右向左刻有"□记"两字，围框内刻有五六个字，自右向左竖排，每排七个字，共分为8排。由于岩石本身不够坚硬，属砂质岩，密度疏松，历经多年风雨侵蚀，部分文字已模糊不清，但刻文的内容仍可大致辨读。（参见彩图七三~七五）具体文字内容如下：

□记」大明洪武贰拾玖」年岁次丙子四月」甲寅吉日山西行」都指挥使司建築」隘口东山坡至西」山坡长贰千捌拾」捌丈□□壹拾壹」里陆□煙墩三座」

在整个石刻中，有四个字迹已难以辨认，但并不影响对全文的释读，可句读并将繁体字转为简体字如下：

□记：大明洪武二十九年，岁次丙子，四月甲寅吉日，山西行都指挥使司建筑隘口，东山坡至西山坡长二千八十八丈，□□□一十一里六□，烟墩三座。

上述石刻至少为我们提供了以下几个方面的重要信息：其一，石刻刻于明初洪武二十九年，为1396年；其二，当时修筑这段隘口的军事机构为山西行都指挥使司，隘口应指长城墙体，石刻北40米处分布着明长城大边兰家沟长城2段；其三，隘口长2088丈，按照普遍认为的明1营造尺为现代0.32米的算法，2088丈可折合为6681.6米，表明当时修筑了长6681.6米的长城墙体，这段墙当为兰家沟长城2段及其前后分布于隆盛庄镇周边冲刷平原上的明长城大边；其四，若按照1里等于180丈的传统算法计算，刻文中的"一十一里六"恰等于2088丈，那么"一十一里六"前面的两个不可辨识字应为"合计"或者之类的名词；后面一个不可辨识字，根据明代长度计量中的习惯用法"×里×分"，应该为"分"；其五，"烟墩三座"指的是还同时修筑了三座烽火台，这段明长城南侧分布有烽火台，双台山之名即来自于烽火台。

明初大边的修筑情况文献记载极少，它的修建过程更是难以掌握，这段题记的发现为我们提供了一个重要的时间线索。

2. 三关石刻

发现于阿拉善盟阿拉善左旗巴润别立镇上海嘎查东7.61千米处，命名为三关石刻。其文字刻于贺兰山腹地三关口的石壁上。明代宁夏镇西南长城防线自南向北设有四大关隘，胜金关、赤木关、打硙口和镇远关，军事位置极为险要，有"边防四险"之称。"三关口"便是其中一处，又名"赤木口"、"赤木隘口"、"赤木关"，处于贺兰山腹地，曾设有三道关口。以往，一直未曾发现关址，只是笼统地将这一区域所在统称为"三关口"。三关石刻明确标示出了"三关口"的具体位置，并记录了隶属关系等内容。石刻的发现，对此区域内的明长城研究而言，无疑极具价值。

3. 其他石刻

调查中在呼和浩特市二边沿线发现了5块石刻，极具价值。其中分界碑2块，为高家窑1、2号碑；纪事碑3块，为破虎堡修缮功德碑、"镇宁"碑和"创修滑石涧堡砖城记"碑。

高家窑1、2号碑分别是"大同中路分属西界"碑（参见彩图四三八）和"大同中路分属东界"碑，是迄今发现的唯一两块分管长城的界碑，为研究明代九边军镇体制提供了实物资料。

破虎堡修缮功德碑是为了纪念万历二十五年（1597年）重修破虎堡而立。碑上记载了当年重修破虎堡时的一些重要人物，为研究明代城堡的修建史提供了新史料。此堡的重修是在隆庆和议以后，明蒙实现了暂时和解，边关稍稍安宁，并在长城沿线展开了大规模的互市贸易，特别是破虎堡一带，再无大的战争。但是，为了防患于未然，居安思危，明朝政府趁此机会更加大规模地完善长城防御系统，这块石碑便是这段历史的实物写照。

"镇宁"碑和"创修滑石涧堡砖城记"碑（参见彩图四二五、四二六）均发现于滑石涧堡内，分别是对万历八年（1580年）和万历十年（1582年）重修滑石涧堡的记载。特别是"创修滑石涧堡砖城记"碑，详细介绍了重修该堡的背景、意义以及堡中的各项设施，并阐释了本堡的重要战略地位，为研究明长城防御体系中城堡的修建提供了重要信息。

（二）长城附属设施的新发现和再认识

1. 新发现的"Π"形墙外单体建筑

凉城县明长城二边外侧发现了几处"Π"形墙外单体建筑，（参见彩图一○七、一○八）属于首次发现。这样的建筑均建在长城墙体外侧的平台上，由三段墙体构成，轮廓呈"Π"形，向北凸出，黄土夯筑，夯层厚0.1~0.2米。北墙与长城墙体平行，长35~40米，距长城墙体约15米；东、西墙垂直伸向长城墙体。因为调查对象的东、西墙均已坍塌，是否与长城墙体相接并不清楚。虽然目前其功用尚不清楚，但是它的发现充实了明长城附属设施的类别，有助于全面认识明长城。

2. 对"品"字形坑的认识

据《弘治宁夏新志》中记载，宁夏河东地区的明长城二道边外侧挖有4.4万眼"品"字形坑。现今，这类遗迹已完全湮没于地下。2004年，宁夏回族自治区文物考古研究所和鄂托克前旗文化局曾对芒哈图明长城进行了调查和试掘，在长城墙体北50米发现有"品"字形坑遗迹，与墙体并行，呈三排错落分布，前排与后排相互对直，中间一排与前后排相互错位后便形成了"品"字形坑。坑呈长方形，大小基本一致，坑壁陡直，坑东西长0.9、南北长1.2~1.3米，深1.1米，坑间距0.9~1.3米[1]。

（三）对鄂托克前旗明长城的新认识

关于鄂尔多斯市鄂托克前旗南部头道边和二道边的西端交汇点，以前一直认为在兴武营（今宁夏

回族自治区盐池县高沙窝乡兴武营村）[1]，本次调查发现这两道边墙其实相交于兴武营再往西的清水营（今宁夏回族自治区灵武市瓷窑乡清水营村），从清水营往东至兴武营30多千米，二者并行分布，间距0.2千米之内，最近处只有25米，过兴武营往东，二者逐渐分离，越往东离得越远。二道边在北，即成化十年（1474年）徐廷章所修的河东墙。头道边在南，以前多认为是嘉靖十年（1531年）王琼所修的"深沟高垒"。

关于"深沟高垒"的修筑情况，艾冲认为："其中红山堡至兴武营仍帮筑旧'河东墙'，而由兴武营向东南另筑新墙，经安定、高平诸堡接东关门墙，再经盐场堡而达定边营。"[2]艾冲之后，研究者一直延续着这种观点[3]，而王琼自己的说法却与此不同。王琼在其名作《北虏事迹》之后附了一幅当时宁夏的边防图，叫"设险守边图说"，里面介绍说"定边营南山口起西北至宁夏横城旧墙止，开堑共二百一十里，筑墙十八里"[4]，根据图中所示，筑墙在定边营一带，从定边营往西至清水营开堑，从清水营往西穿过河东旧墙直至黄河东岸挖沟。很明显，王琼构筑"深沟高垒"时在定边营附近、定边营往西至清水营、清水营再往西至黄河这三段的标准是不一样的，其中以清水营往西至黄河这一段标准最低，只挖了一道沟。前面已介绍，杨一清在帮修河东旧墙时完成了横城往东四十里，那么在20多年后王琼挑挖壕堑的时候，这段墙体还应当比较高大，所以王琼从清水营往西继续沿用杨一清帮筑后的河东墙，清水营往东，放弃河东墙，挑挖新边。后来，在嘉靖十五年（1536年），总制刘天和又对兴武营一带七十多里的边墙进行了帮筑加固，基本形成了兴武营至清水营一带头道边现今的样子。

另外，认为头道边即王琼所修"深沟高垒"这种观点也值得商榷。"深沟高垒"以挖沟为主，垒高一丈，只在定边营一带沙土易圮处修筑了十八里二丈多高的墙体，这与现今所见高大的头道边相去甚远。而且，王琼之后的继任者又在"深沟高垒"的基础上进行了帮修，再加上"深沟高垒"的主体——沟堑已被沙土掩埋，所以其原貌已不可见。至于现今所见头道边，用文献中提到的"横城大边"称呼似更妥当。

"横城大边"这个名称在文献中大概最早出自成书于嘉靖二十年（1541年）的《皇明九边考》，在该书卷八《宁夏镇·保障考》中提到，总制尚书刘天和沿黄河东岸修筑的长堤"顺河直抵横城大边墙"。这里的大边是相对于河东以南直至固原境内的数条内边而言的，因其起于横城堡，故名横城大边墙。时至现今，横城大边的叫法有些混乱，有时概指宁夏河东长城（包括现今所见头道边和二道边），有时特指形体高大的头道边。王琼挑挖"深沟高垒"后，河东地区在防守上基本放弃了"河东墙"，之后的边防及边墙建设主要沿着王琼的"深沟高垒"进行，所以"横城大边"应该特指在"深沟高垒"基础上帮修形成的今天所见头道边。

---

[1] 艾冲："两道长城在此（从兴武营起往西）合为一股"，参见艾冲：《明代陕西四镇长城》，陕西师范大学出版社，1990年，第83页；华夏子"兴武营是盐池境内南（深沟高垒）、北（河北墙）两道长城的汇合点"，参见华夏子：《明长城考实》，档案出版社，1998年，第247页。

[2] 艾冲：《明代陕西四镇长城》，陕西师范大学出版社，1990年，第73页。

[3] 宁夏回族自治区文物考古研究所：《宁夏灵武市古长城调查与试掘》，载《考古与文物》2006年第2期；冯晓多：《宁夏河东地区明代边墙与屯堡的变迁》，载《兰州教育学院学报》2006年第3期。

[4] 单锦珩辑校：《王琼集》，山西人民出版社，1991年，第87页。

附录

凉城县曹碾满族乡明长城二边支线

2009 年，凉城县文物管理所在进行第三次全国文物普查中，在曹碾满族乡境内发现了一段明长城，并把这一消息报告给乌兰察布市明长城资源调查队。2009 年 10 月，乌兰察布市明长城资源调查队对这段长城作了调查，调查人员有李恩瑞、李川、王会杰、李华等。

在调查前期的资料收集过程中，发现该段长城在《凉城县志》中曾提及，时代被定为汉代。通过调查，可以确定其为明长城二边向北延伸出的一条支线。该段长城从凉城县曹碾满族乡大虎口村东北、蒙晋两省区分界线上的二边分出，向西延伸，至马头山墙体消失不见，但墙体沿线的烽火台继续向西北延伸至曹碾满族乡省城窑村，与明长城大边沿线的烽火台遥遥相望。

此次共调查长城墙体 2 段、烽火台 7 座。其中墙体长 4570 米，烽火台分布延续达 30 余千米。（参见地图五、地图八－2）

一　墙体

大虎口长城 1 段（150925382101170055）

起自曹碾满族乡大虎口村东北 0.79 千米，止于大虎口村西南 2.3 千米。呈东北－西南走向。上接蒙晋两省区交界处的明长城二边主墙体，至马头山消失不见。长 3160 米，保存较差。

墙体为自然基础，黄土夯筑，夯层厚 0.12～0.25 米。坍塌严重，呈土垄或矮墙状分布，长满杂草，受自然风化和雨水侵蚀的破坏，表面土层疏松，脱落于墙体西侧，个别地段被农田或水冲沟截断。墙体现高 1～1.5、底宽 2～3、顶宽 0.2～0.5 米。

大虎口长城 2 段（150925382101170056）

此段墙体并行于大虎口长城 1 段后半段北侧，起自大虎口村西北 0.93 千米，止于大虎口村西 2.3 千米。呈东北－西南走向。长 1410 米，保存较差。

墙体为自然基础，毛石干垒，已完全坍塌，呈石垄状，个别地段残存低矮的墙体，石砌侧面齐整。墙体现高 1～1.5、底宽 3～5、顶宽 0.2～0.6 米。

二　烽火台

大虎口 1 号烽火台（150925353201170034）

位于曹碾满族乡大虎口村东北 0.24 千米。实心，无台基。黄土夯筑，夯层厚 0.12 ~ 0.15 米，内夹砂砾，夯层均匀、坚实。

烽火台保存差。平面呈不规则形，剖面呈梯形，整体略呈覆斗形。破坏严重，四壁表面受风雨侵蚀，夯土剥落，淤积在底部形成斜坡。烽火台现高约 5 米，底部最大边长 8 米，顶部呈锥状。

烽火台位于马头山东侧山脚下、长城墙体南侧，东北距大虎口长城 1 段起点 0.547 千米，西南距大虎口 2 号烽火台 0.7 千米。

大虎口 2 号烽火台（150925353201170035）

位于曹碾满族乡大虎口村西南 0.46 千米。实心，无台基。黄土夯筑，夯层厚 0.12 ~ 0.15 米，内夹砂砾，夯层均匀、坚实。

烽火台保存差。平面呈不规则圆形，剖面呈梯形，整体呈土丘形。破坏严重，四壁表面受风雨侵蚀，夯土剥落，淤积在底部形成斜坡，北侧有人为盗洞。烽火台现高约 2 米，底部周长 32 米，顶部呈锥状。

烽火台位于马头山东侧山脚下、长城墙体南侧，东北距大虎口 1 号烽火台 0.7 千米，西距大虎口 3 号烽火台 0.48 千米。

大虎口 3 号烽火台（150925353201170036）

位于曹碾满族乡大虎口村西南 0.93 千米。实心，无台基。黄土夯筑，夯层厚 0.12 ~ 0.15 米，内夹砂砾，夯层均匀、坚实。

烽火台保存较差。平面呈正方形，剖面呈梯形，整体呈覆斗形。破坏严重，四壁表面受风雨侵蚀，夯土剥落，淤积在底部形成斜坡。烽火台现高约 5 米，底部边长 6 米，顶部呈圆锥状。

烽火台位于马头山东侧山脚下、长城墙体南侧，东距大虎口 2 号烽火台 0.48 千米，西距大虎口 4 号烽火台 1.1 千米。

大虎口 4 号烽火台（150925353201170037）

位于曹碾满族乡大虎口村西南 2 千米。实心，无台基。土筑，具体构筑方式不详。

烽火台保存差。平面呈不规则圆形，剖面呈梯形，整体呈土丘状。破坏严重，四壁表面受风雨侵蚀，夯土剥落，淤积在底部形成大的土包。烽火台现高 2.2 米，底部最大直径 11 米，顶部呈圆锥状。

烽火台位于马头山东侧半山腰之上、长城墙体南侧，东距大虎口 3 号烽火台 1.1 千米，西南距七号村烽火台 14.2 千米。

七号村烽火台（150925353201170038）

位于曹碾满族乡七号村北 0.8 千米。实心，无台基，有围墙。黄土夯筑，夯层厚 0.1 ~ 0.25 米，内夹砂砾，夯层均匀、坚实。

烽火台保存较差。平面呈不规则形，剖面呈梯形，整体呈覆斗形。破坏较为严重，四壁表面受风雨侵蚀，夯土剥落，淤积在底部形成斜坡。烽火台现高约 9 米；底部东西长 10.8、南北长 8 米；顶部平面呈不规则形，最大边长 1.5 米。烽火台外围有围墙，平面呈不规则形，东北墙长 57、西北墙长 73、东南墙长 54、西南墙长 68 米，墙体现高 1 ~ 1.5 米。

烽火台位于七号村北的高坡之上，四周均为低缓的土山。东北距大虎口 4 号烽火台 14.2 千米，西北距边墙号村烽火台 7 千米。

边墙号村烽火台（150925353201170039）

位于曹碾满族乡边墙号村东南 1.2 千米。实心，无台基。黄土夯筑，夯层厚 0.12 ~ 0.25 米，内夹砂砾，夯层均匀、坚实。

烽火台保存较差。平面呈不规则形，剖面呈梯形，整体呈覆斗形。四壁表面受风雨侵蚀，夯土剥落，淤积在底部形成斜坡。烽火台现高约 13 米，底部西边长 16、南边长 8、东边长 14、北边长 12.6 米；顶部呈不规则形，最大边长 2 米。烽火台外围有围墙，平面略呈正方形，东墙长 65、北墙长 71、西墙长 90、南墙长 65 米，墙体现高 0.5～1.5 米。围墙夯筑，夯层厚 0.2～0.25 米。

烽火台位于边墙号村东南的高坡之上，四周是较为平缓的山坡，东南距七号村烽火台 7 千米，西距省城窑烽火台 2.9 千米。

省城窑烽火台（150925353201170040）

位于曹碾满族乡省城窑村东南 2.9 千米。实心，无台基。黄土夯筑，夯层厚 0.15～0.2 米，内夹砂砾，夯层均匀、坚实。

烽火台保存较差。平面呈正方形，剖面呈梯形，整体呈覆斗形。四壁表面受风雨侵蚀，夯土剥落，淤积在底部形成斜坡。烽火台现高约 10 米，底部边长 10 米，顶部平面呈不规则形，最大边长 2 米。烽火台外围有围墙，平面略呈矩形，东墙长 68、北墙长 70、西墙长 90、南墙长 70 米，墙体现高 0.5～1.8 米。围墙夯筑，夯层厚 0.2～0.25 米。

烽火台位于省城窑村东南的高坡之上，四周是较为平缓的山坡，东距边墙号村烽火台 2.9 千米，北与明长城大边沿线的烽火台遥遥相望。

参考文献

一、参考书目

1.《明实录》，台湾中研院史语所，1962 年影印本。

2.（明）《永乐大典》，中华书局，1960 年影印本。

3.（明）胡汝砺：《嘉靖宁夏新志》，宁夏人民出版社，1982 年。

4.（明）赵廷瑞、马里：《嘉靖陕西通志》，载《中国西北稀见方志续集》，全国图书馆文献缩微复制中心，1997 年。

5.（明）陈子龙辑：《明经世文编》，中华书局，1962 年。

6.（明）章潢：《图书编》，文渊阁四库全书本。

7.（明）李东阳纂、申时行重修：《大明会典》，载明万历内府刻本《元明史料丛编》第一辑，海文出版社，1984 年。

8.（明）王世贞：《弇山堂别集》，中华书局，1985 年点校本。

9.（明）郑晓：《今言》，中华书局，1984 年。

10.（明）陆容：《菽园杂记》，中华书局，1985 年点校本。

11.（明）朱国祯：《涌幢小品》，中华书局，1959 年铅印本。

12.（明）陈祖绶：《皇明职方地图表》，载明崇祯九年刊本《玄览堂丛书三集》。

13.（明）廖希颜、孙继鲁：《三关志》，明刻本影印。

14.（清）王鸿绪：《明史稿》，台北文海出版社，1963 年。

15.（清）张廷玉：《明史》，中华书局，1974 年。

16.（清）谷应泰：《明史纪事本末》，中华书局，1977 年。

17.（清）夏燮：《明通鉴》，中华书局，1980 年点校本。

18.（清）龙文彬：《明会要》，中华书局，1956 年。

19.（清）顾炎武：《天下郡国利病书》，载四部丛刊本，上海书店，1985 年影印本。

20. 周景柱：《（雍正）宁武府志》，载《宁武旧志集成》，巴蜀书社，2010 年。

21. 胡文烨：《（顺治）云中郡志》，大同市地方志办公室点校本，1988 年。

22.（清）顾祖禹：《读史方舆纪要》，中华书局，1955 年。

23.（日）田村实造：《明代满蒙史料（明实录抄）·蒙古篇》，京都大学文学部东洋史研究室，昭和三十三年。

24. 薄音湖、王雄编辑点校：《明代蒙古汉籍史料汇编》第一辑，内蒙古大学出版社，1994 年。

25. 薄音湖、王雄编辑点校：《明代蒙古汉籍史料汇编》第二辑，内蒙古大学出版社，2000 年。

26. 王雄编辑点校：《明代蒙古汉籍史料汇编》第三辑，内蒙古大学出版社，2006 年。

27. 薄音湖编辑点校：《明代蒙古汉籍史料汇编》第四辑，内蒙古大学出版社，2007 年。

28. 王雄编辑点校：《明代蒙古汉籍史料汇编》第五辑，内蒙古大学出版社，2009 年。

29. 薄音湖、于默颖编辑点校：《明代蒙古汉籍史料汇编》第六辑，内蒙古大学出版社，2009 年。

30. 薄音湖编辑点校：《明代蒙古汉籍史料汇编》第七辑，内蒙古大学出版社，2011 年。

31. 谭其骧主编：《中国历史地图集》第七册《元明时期》，中国地图出版社，1982 年。

32. 华夏子：《明长城考实》，档案出版社，1987 年。

33. 和林格尔文物保护管理所编：《和林格尔文物志》（内部资料），1988 年。

34. 许成：《宁夏考古史地研究文集》，宁夏人民出版社，1989 年。

35. 艾冲：《明代陕西四镇长城》，陕西师范大学出版社，1990 年。

36. 马大正主编：《中国古代边疆政策研究》，中国社会科学出版社，1990 年。

37. 高旺：《内蒙古长城史话》，内蒙古人民出版社，1991 年。

38. 凉城县文物保护管理所编：《凉城县文物志》（内部资料），1992 年。

39. 李国祥、杨昶主编：《明实录类纂·军事史料卷》，武汉出版社，1993 年。

40. 陈育宁：《宁夏通史》（古代卷），宁夏人民出版社，1993 年。

41. 鲁人勇、吴忠礼、徐庄：《宁夏历史地理考》，宁夏人民出版社，1993 年。

42. 李逸友编著：《内蒙古历史名城》，内蒙古人民出版社，1993 年。

43. 李逸友：《北方考古研究（一）》，中州古籍出版社，1994 年。

44. 周清澍主编：《内蒙古历史地理》，内蒙古大学出版社，1994 年。

45. 山西省偏关县志编纂委员会：《偏关县志》，山西经济出版社，1994 年。

46. 山西省右玉县志编纂委员会：《右玉县志》，中华书局，1999 年。

47. 肖立军：《明代中后期九边兵制研究》，吉林人民出版社，2001 年。

48. 翁独健主编：《中国民族关系史纲要》，中国社会科学出版社，2001 年。

49. 清水河县志编纂委员会：《清水河县志》，内蒙古文化出版社，2001 年。

50.《蒙古民族通史》编写组：《蒙古民族通史》（第三卷），内蒙古大学出版社，2002 年。

51. 国家文物局主编：《中国文物地图集·内蒙古自治区分册》，西安地图出版社，2003 年。

52. 丰镇市志编纂委员会：《丰镇市志》，内蒙古文化出版社，2005 年。

53. 刘祥学：《明朝民族政策演变史》，民族出版社，2006 年。

54. 景爱：《中国长城史》，上海人民出版社，2006 年。

55. 王天顺：《黄河文明：河套史》，人民出版社，2006 年。

56. 王泽民：《杀虎口与中国北部边疆》，内蒙古大学出版社，2007 年。

57. 周松：《明初河套周边边政研究》，甘肃人民出版社，2008 年。

二、参考论文

1. 南炳文：《明初军制初探》，载《南开史学》1983 年第 1 期。

2. 鲁人勇：《宁夏境内的明代长城三题》，载《宁夏大学学报》（社会科学版）1983 年第 4 期。

3. 于福顺：《明代长城修筑经过》，载《历史教学》1984 年第 11 期。

4. 胡钟达：《明与北元——蒙古关系之探讨》，载《内蒙古社会科学》1985 年第 5 期。

5. 余同元：《明代九边述论》，载《安徽师范大学学报》（哲学社会科学版）1989 年第 2 期。

6. 顾诚：《明帝国的疆土管理体制》，载《历史研究》1989 年第 3 期。

7. 曹永年：《从白塔题记看明初丰州地区的行政建置——呼和浩特市万部华严经塔明代题记探讨之三》，载《内蒙古师范大学学报》1992 年第 3 期。

8. 薛正昌：《明代西北边备与宁夏镇军事地理位置及都市格局的形成》，载《大同高等专科学校学报》（社会科学版）1994 年第 1 期。

9. （日）松本隆晴著、南炳文译：《试论余子俊修筑的万里长城》，载《大同高等专科学校学报》（社会科学版）1994 年第 1 期。

10. 薄音湖：《北元与明代蒙古》，载《内蒙古大学学报》（社会科学版）1994 年第 1 期。

11. 肖立军：《九边重镇与明之国运——兼析明末大起义首发于陕的原因》，载《天津师范大学学报》（社会科学版）1994 年第 2 期。

12. 尹钧科：《宁夏镇成为明代九边重镇之一的军事地理因素试析》，载《大同高等专科学校学报》（社会科学版）1994 年第 2 期。

13. 姚有志、毛振发：《古长城的国防价值再评估》，载《中国边疆史地研究》1994 年第 3 期。

14. 史念海：《论西北地区诸长城的分布及其历史军事地理》（下篇），载《中国历史地理论丛》1994 年第 3 辑。

15. 李三谋：《明代的边防与边垦》，载《中国边疆史地研究》1995 年第 4 期。

16. 赵立人：《洪武时期北部边防政策的形成与演变》，载《史学集刊》1994 年第 4 期。

17. 范中义：《明代九边形成的时间》，载《大同高等专科学校学报》1995 年第 4 期。

18. 刘仲华：《试析分权制衡和以文制武思想对明代九边防务体制的影响》，载《宁夏社会科学》1996 年第 6 期。

19. 魏保信：《明代长城考略》，载《文物春秋》1997 年第 2 期。

20. 晚学、王兴明：《浅谈明长城墙台的几种类型》，载《文物春秋》1998 年第 2 期。

21. 鲁杰、李子春：《长城防卫的哨所——烽火台》，载《文物春秋》1998 年第 2 期。

22. 孟昭永：《明长城敌台建筑形制分类》，载《文物春秋》1998 年第 2 期。

23. 赵毅、胡凡：《论明代洪武时期的北部边防建设》，载《东北师大学报》1998 年第 4 期。

24. 韦占彬：《明初西北边政述略》，载《石家庄师范专科学校学报》（社会科学版）1999 年第 1 期。

25. 刘仲华：《明代嘉隆两朝九边消极的防守策略》，载《青海民族学院学报》（社会科学版）1999 年第 1 期。

26. 邓沛：《明代"九边"考述》，载《绵阳师范高等专科学校学报》1999 年第 4 期。

27. 宝音德力根：《15 世纪中叶前的北元可汗世系及政局》，载《蒙古史研究》第六辑，2000 年。

28. 韦占彬：《明代"九边"设置时间辨析》，载《石家庄师范专科学校学报》2002 年第 3 期。

29. 达力扎布：《北元初期的疆域和汗斡耳朵地望》，载达力扎布：《明清蒙古史论稿》，民族出版社，2003 年。

30. 向燕南：《明代北塞军事危机与边镇志书的编纂》，载《中州学刊》2006 年第 1 期。

31. 冯晓多：《宁夏河东地区明代边墙与屯堡的变迁》，载《兰州教育学院学报》2006 年第 3 期。

32. 周松：《明与北元对峙格局中的洪武朝之东胜卫变迁》，载《史学月刊》2007 年第 5 期。

后　记

　　《内蒙古自治区长城资源调查报告·明长城卷》是内蒙古自治区明长城资源调查的主要业务成果。本报告的编写，是按照国家文物局和国家长城资源调查项目组关于长城资源调查的总体部署来完成的，其编制体例大致遵照了国家制定的《长城资源调查报告编写体例》，部分内容结合内蒙古自治区明长城分布的实际情况有所调整。

　　本报告的编写始于2009年初，在内蒙古自治区文化厅（文物局）的领导下，由设在内蒙古自治区文物考古研究所的内蒙古自治区长城资源调查项目组具体负责，项目总领队张文平组织五支明长城调查队的队长和业务骨干撰写。由于期间还开展了大规模的战国秦汉长城、金界壕等田野调查和室内资料整理等工作，明长城调查报告的编写时断时续，直至2012年初才得以将主稿交付文物出版社。

　　本报告前言由张文平撰写，第一章由张文平、胡春柏、杨建林、杜斌撰写，第二章由李恩瑞、马登云撰写，第三章由王仁旺、李恩瑞、翟禹、郭勇、霍强胜、王永乐撰写，第四章由甄自明撰写，第五章由武俊生撰写，第六章由巴戈那、张震洲撰写，第七章、第八章由张文平、杨建林撰写，附录由李恩瑞撰写。张文平、杨建林做了最后的全面统稿工作。胡春柏、马登云、李宁、巴戈那、武俊生、李恩瑞、刘志博、布赫、高平等参与了绘图工作，巴戈那、武俊生、甄自明、冯吉祥、马登云、张旭梅、张升华、陈伟才等参与了摄影工作。此外，在前期的资料整理过程中，李树国、王春燕、张志凤、张强、徐峥等参与了数据库的汇总、完善工作。内蒙古自治区航空遥感测绘院提供了内蒙古自治区明长城资源分布图和专题图，主要绘图人员有张桂莲、赵海霞、杨晓燕、包东妍、张丽娜等。

　　本报告中所用测绘、测量数据，均以文物部门的调查数据为准。由内蒙古自治区航空遥感测绘院完成的明长城测绘数据，计划在以后的长城资源调查成果中予以专门反映。内蒙古自治区航空遥感测绘院公布的内蒙古自治区明长城的总体测绘成果为：内蒙古自治区实际调查的明长城坡面长712.603千米，投影长706.443千米；现存长城555.088千米（包含山险 4.849 千米、山险墙 25.306 千米），消失长城 157.515 千米；内蒙古自治区明长城长度测量的总体精度为 0.028 千米。

　　本报告是一项集体劳动成果。感谢国家文物局对内蒙古自治区明长城资源调查及调查报告编写工作的重视和支持，感谢中国文化遗产研究院国家长城资源调查项目组对内蒙古自治区明长城资源调查及调查报告编写工作的关心与指导。本报告的出版得到文物出版社的大力支持，责任编辑冯冬梅女士从报告的编写到出版，一直予以关注并付出辛劳。在此表示诚挚谢意。

　　由于编写时间仓促，加之水平有限，本报告难免存在诸多问题，敬请广大同行、读者批评指正。

编者

2013 年 2 月 17 日

内蒙古自治区长城资源调查报告
明长城卷

内蒙古自治区文化厅（文物局）
内蒙古自治区文物考古研究所　编著

下　册

文物出版社

图　　例

符号	名称	符号	名称
⊓⊓⊓⊓⊓⊓⊓	土墙	∣	长城分隔符
▪▪▪▪▪▪▪	石墙	△	烽火台
⊓⊔⊓⊔⊓⊔	砖墙	🔳	敌台
⸱⊔⸱⊓⸱⊔⸱	消失的墙体	✥	营堡
∧∧∧∧∧∧∧	山险	⊖	挡马墙
⌒⌒⌒⌒⌒	河险	🔲	城楼
∿∿∿∿∿	山险墙	⊚	砖瓦窑
▲▲▲▲▲	界壕	Ⓐ	题记刻碑
▲–▲–▲–▲	壕堑	◕	居住址
▬▬▬▬▬	其他墙体	▣	其他相关遗存、遗迹

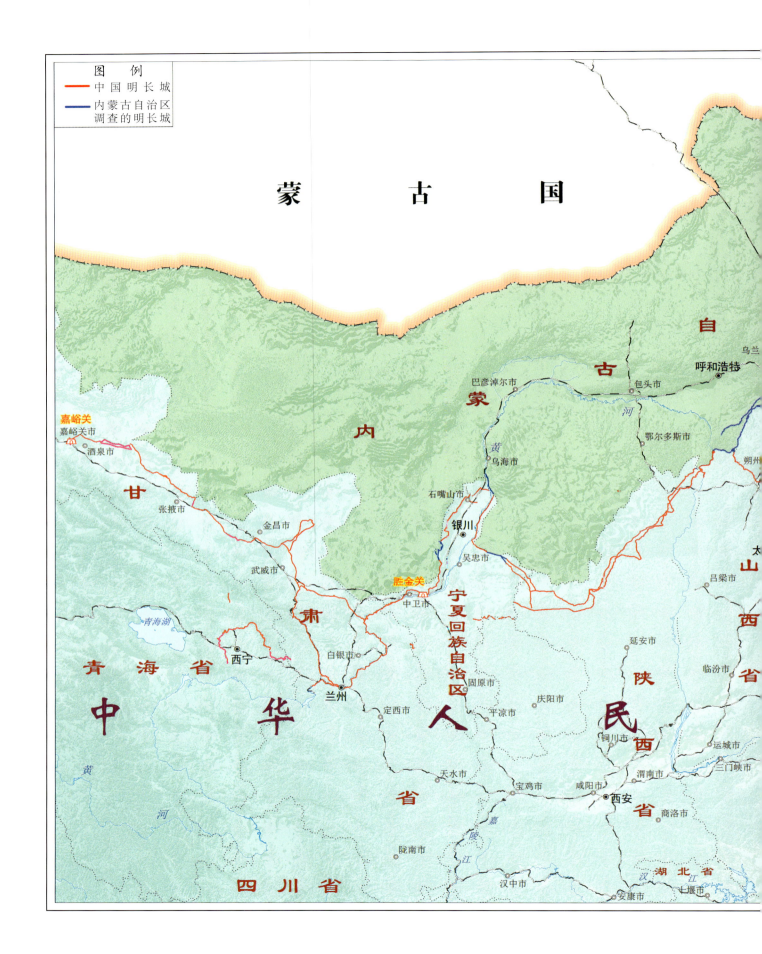

图　例
中国明长城
内蒙古自治区
调查的明长城

蒙　　古　　国

自

古

蒙

内

呼和浩特

乌兰

包头市

巴彦淖尔市

河

黄

鄂尔多斯市

朔州

嘉峪关

嘉峪关市

酒泉市

乌海市

甘

张掖市

石嘴山市

太

金昌市

银川

山

武威市

吴忠市

吕梁市

西

胭金关

宁夏回族自治区

肃

中卫市

延安市

陕

青海湖

白银市

临汾市

省

西宁

固原市

民

省

兰州

庆阳市

定西市

平凉市

中

铜川市

运城市

西

华

人

渭南市

三门峡市

西安

黄

天水市

咸阳市

省

河

宝鸡市

商洛市

嘉

汉

湖

陇南市

陵

北

省

江

汉中市

四　川　省

安康市

十堰市

青　海　省

地图一　中国明长城分布图

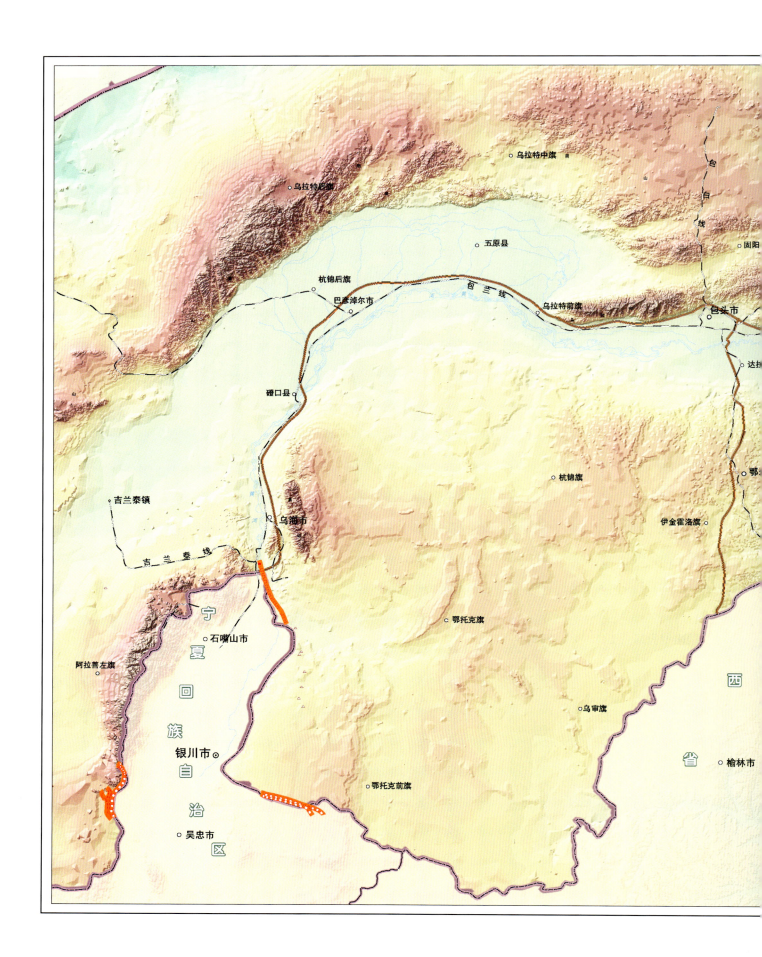

乌拉特中旗

包白线

固阳

五原县

杭锦后旗

包兰线

乌拉特后旗

巴彦淖尔市

乌拉特前旗

包头市

达拉

磴口县

黄河

杭锦旗

鄂

吉兰泰镇

乌海市

伊金霍洛旗

吉兰泰线

鄂托克旗

宁夏回族自治区

石嘴山市

阿拉善左旗

鄂托克旗

乌审旗

西省

银川市

榆林市

鄂托克前旗

吴忠市

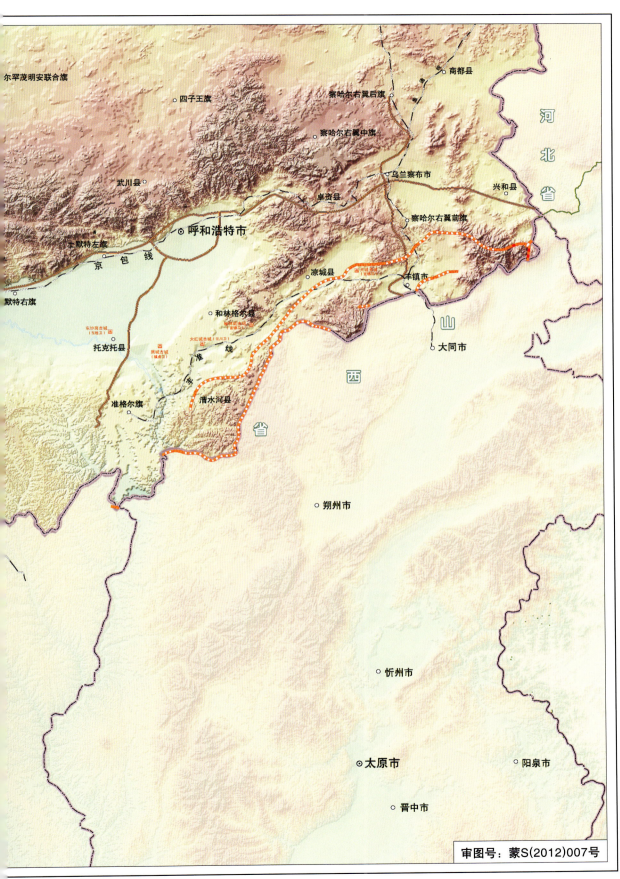

| 0 | 21.0 | 42.0 | 63.0 | 84.0 | 105.0千米 |

地图二　内蒙古自治区明长城资源分布地势图

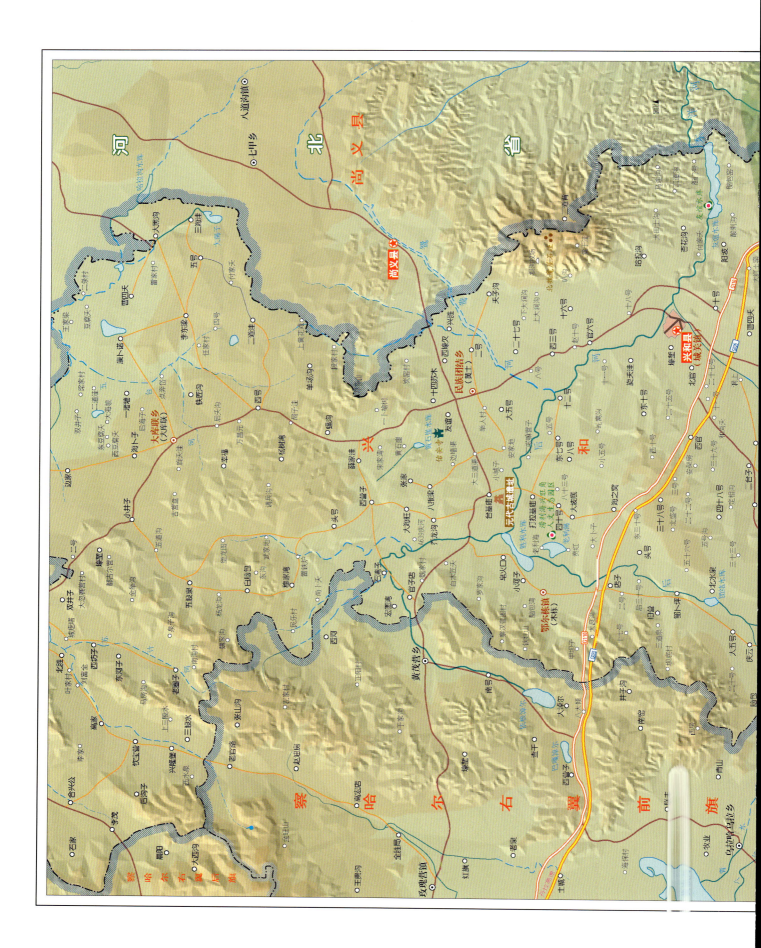

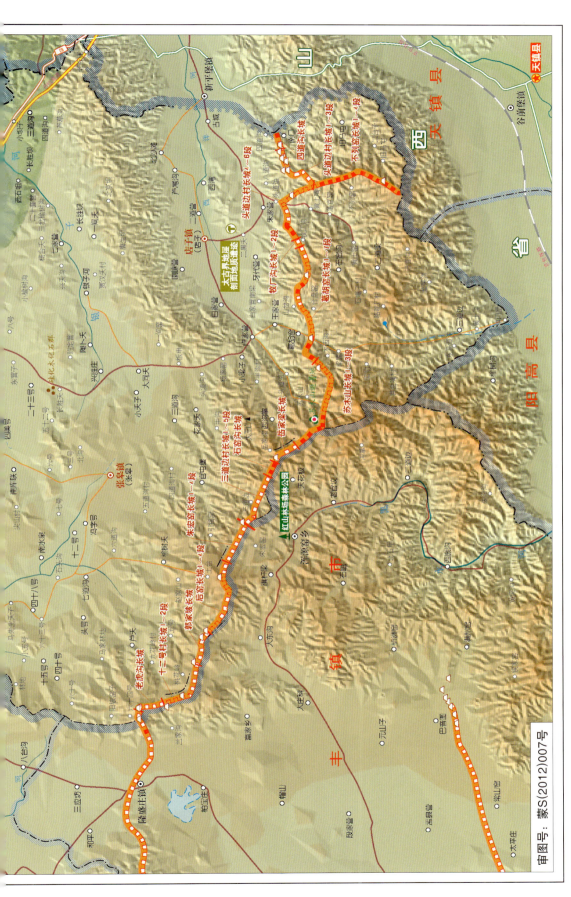

地图三　兴和县明长城资源分布图

审图号：蒙S(2012)007号

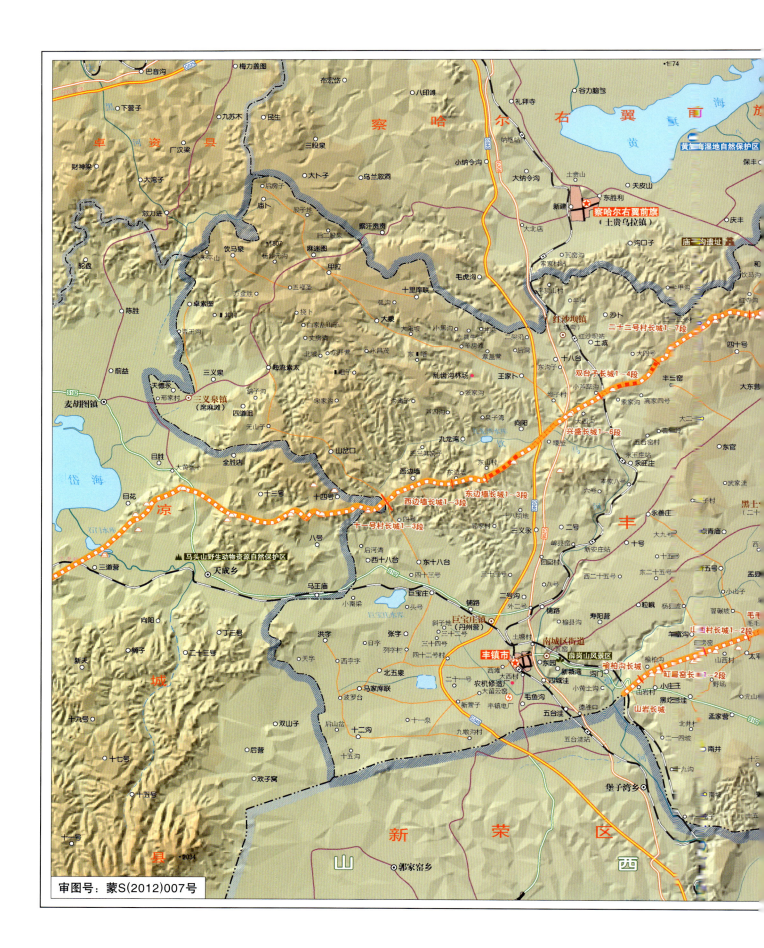

审图号：蒙S(2012)007号

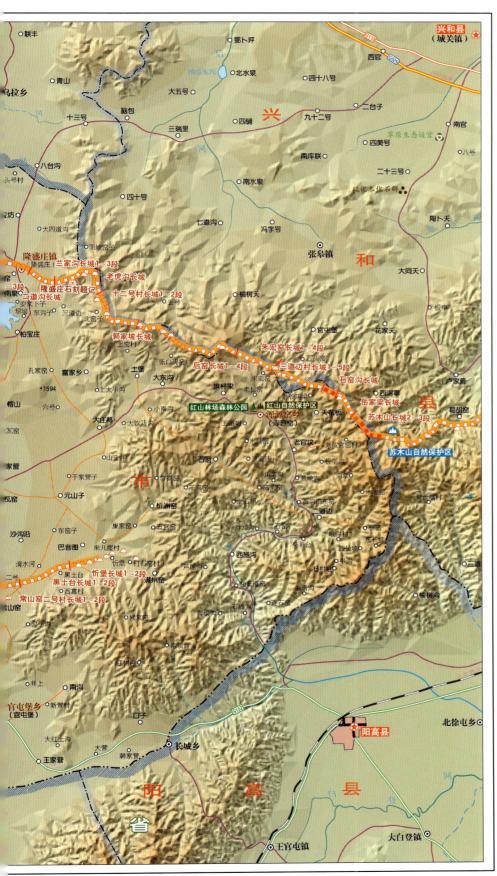

地图四　丰镇市明长城资源分布图

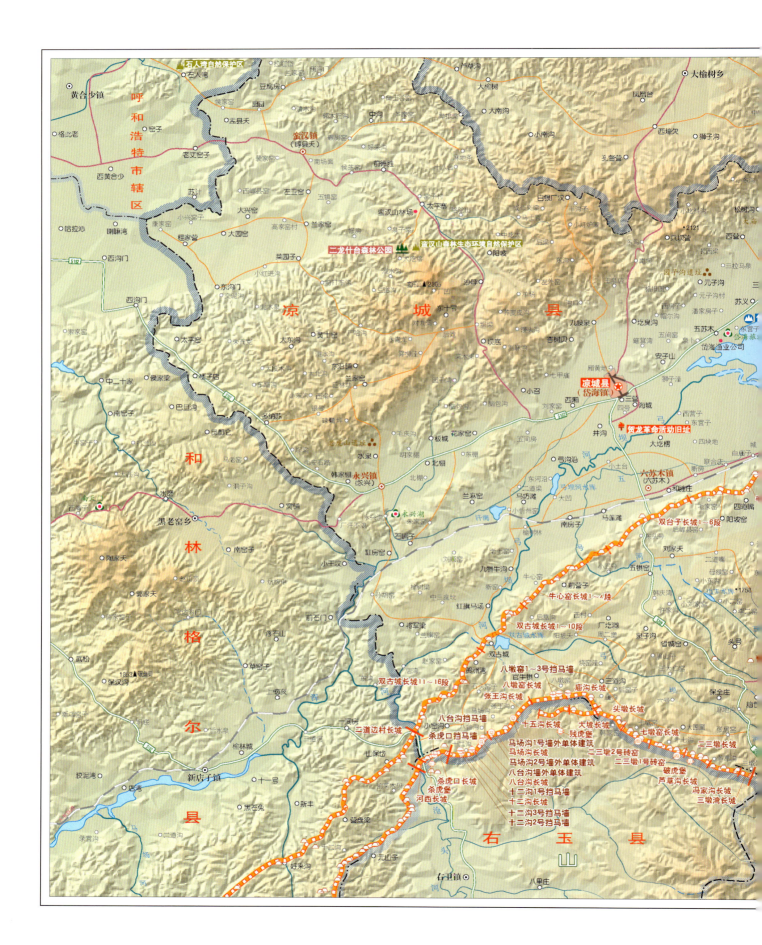

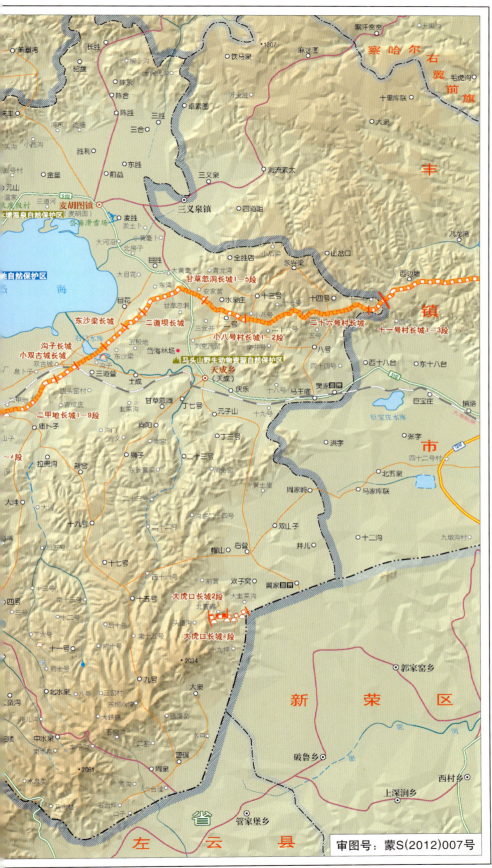

审图号：蒙S(2012)007号

地图五　凉城县明长城资源分布图

0　　3.0　　6.0　　9.0　　12.0　　15.0千米

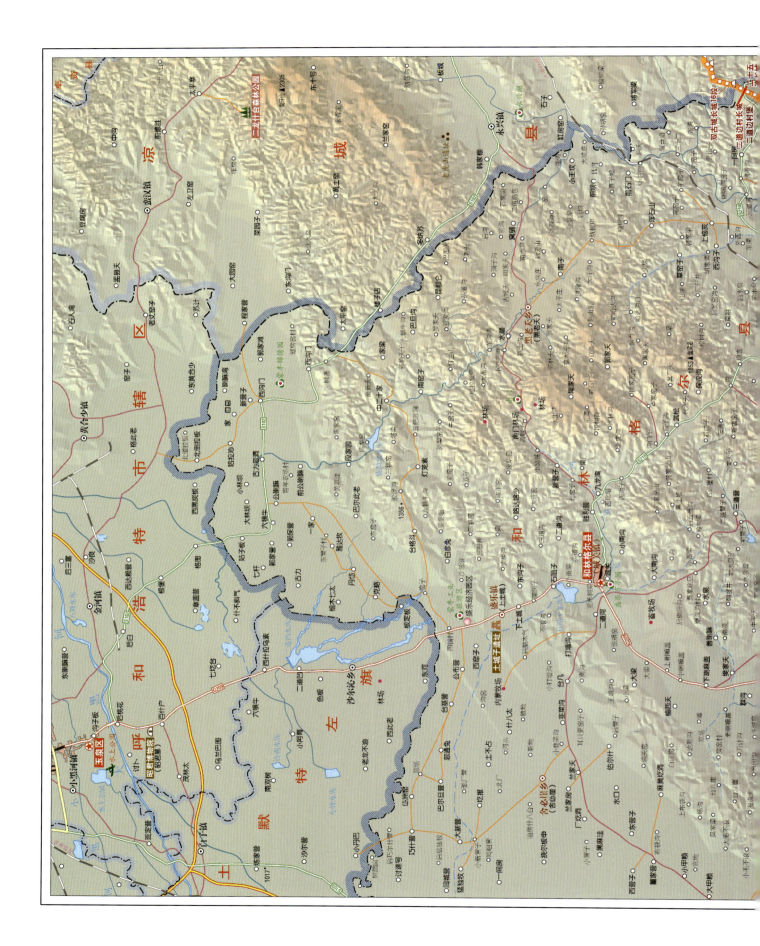

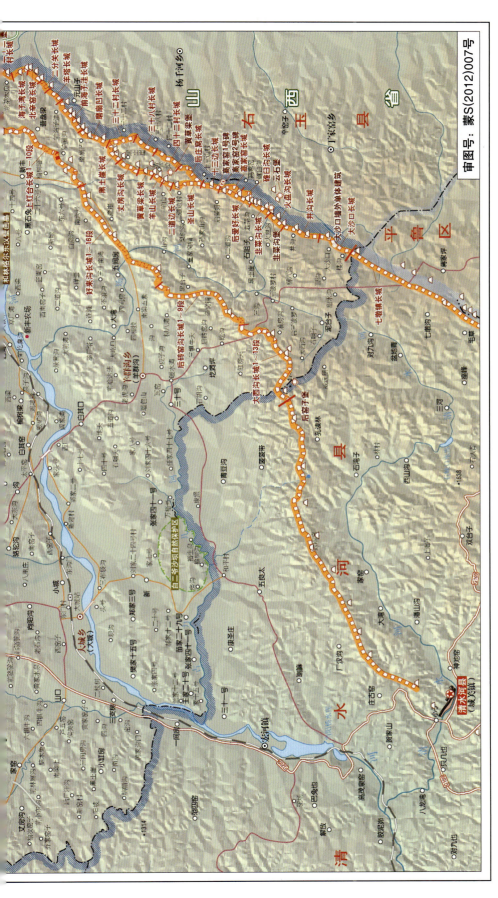

审图号：蒙S(2012)007号

和林格尔县 明长城资源分布图

地图六

0　　3.0　　6.0　　9.0　　12.0　　15.0千米

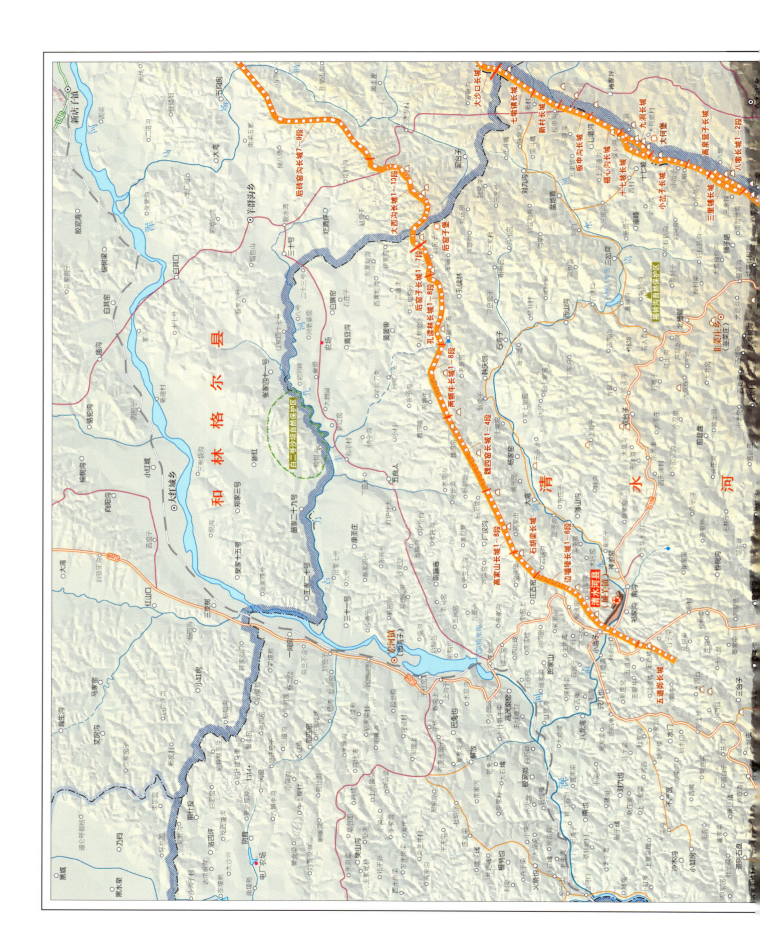

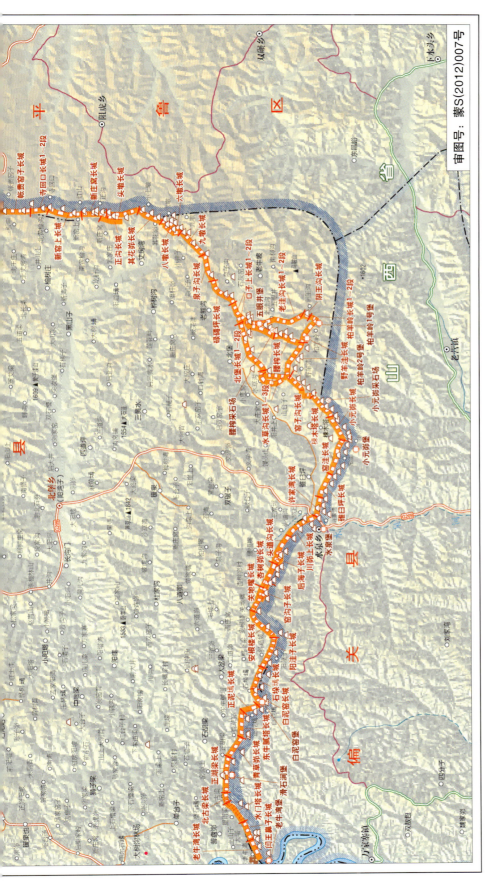

0　　2.5　　5.0　　7.5　　10.0　　12.5千米

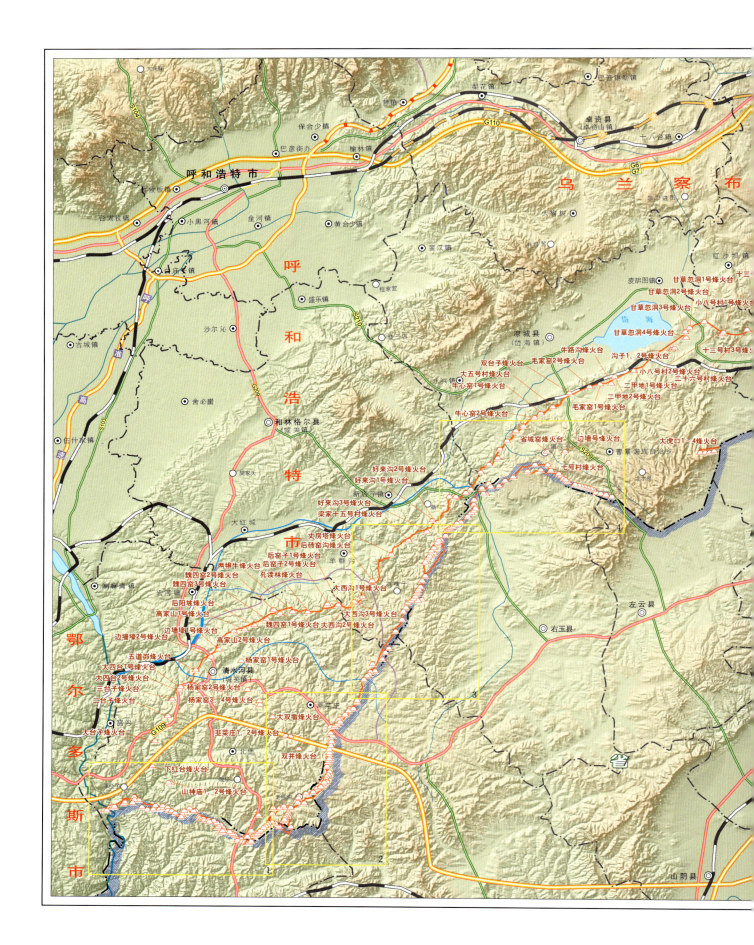

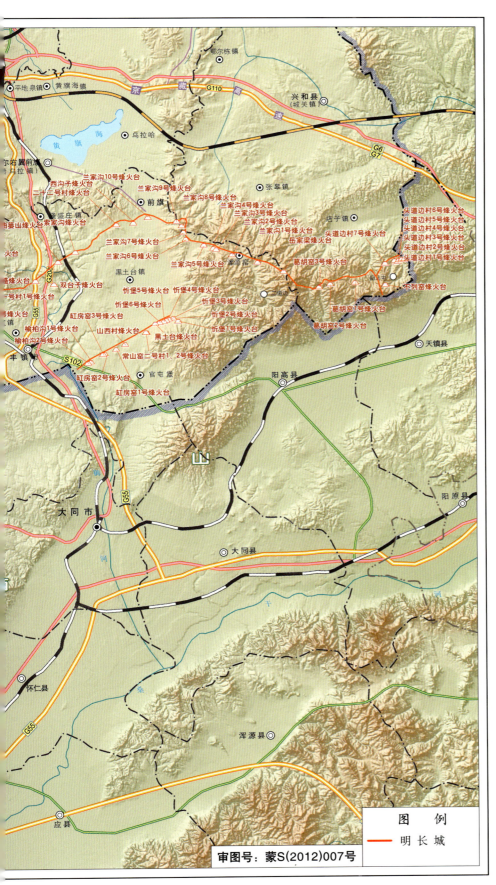

图 例

—— 明 长 城

审图号：蒙S(2012)007号

地图八　乌兰察布市、呼和浩特市
烽火台分布图

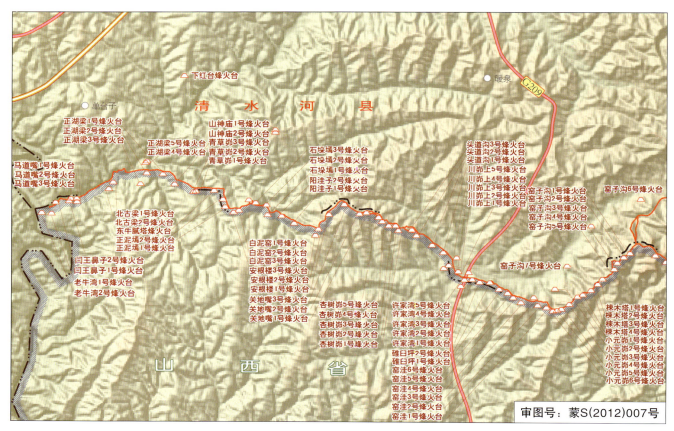

地图八–1　乌兰察布市、呼和浩特市烽火台1区展开图

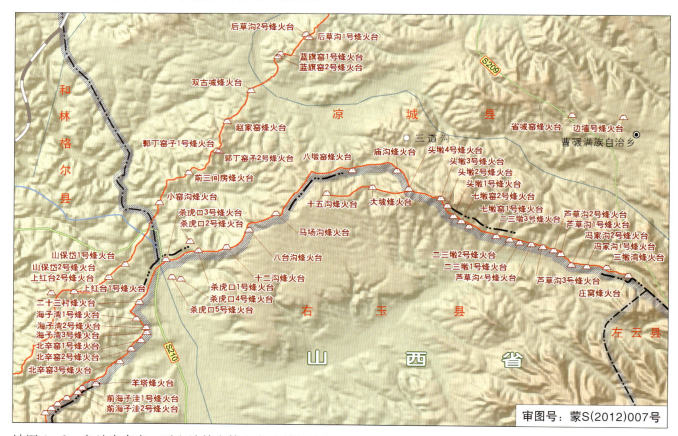

地图八–2　乌兰察布市、呼和浩特市烽火台4区展开图

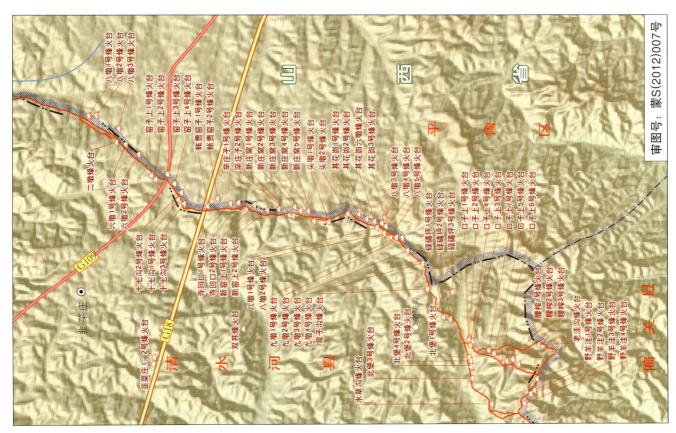

地图八-3　乌兰察布市、呼和浩特市烽火台2区展开图

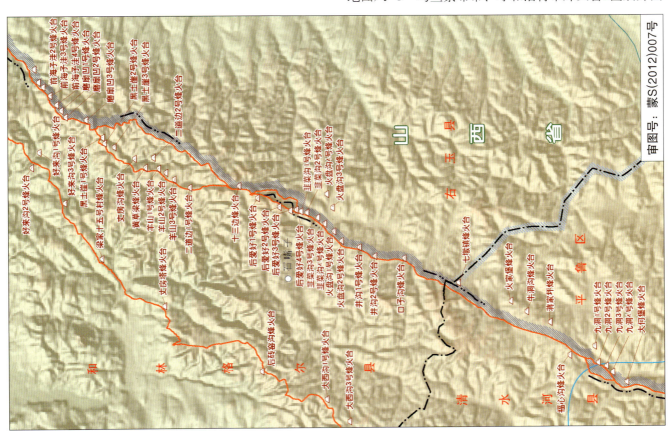

地图八-4　乌兰察布市、呼和浩特市烽火台3区展开图

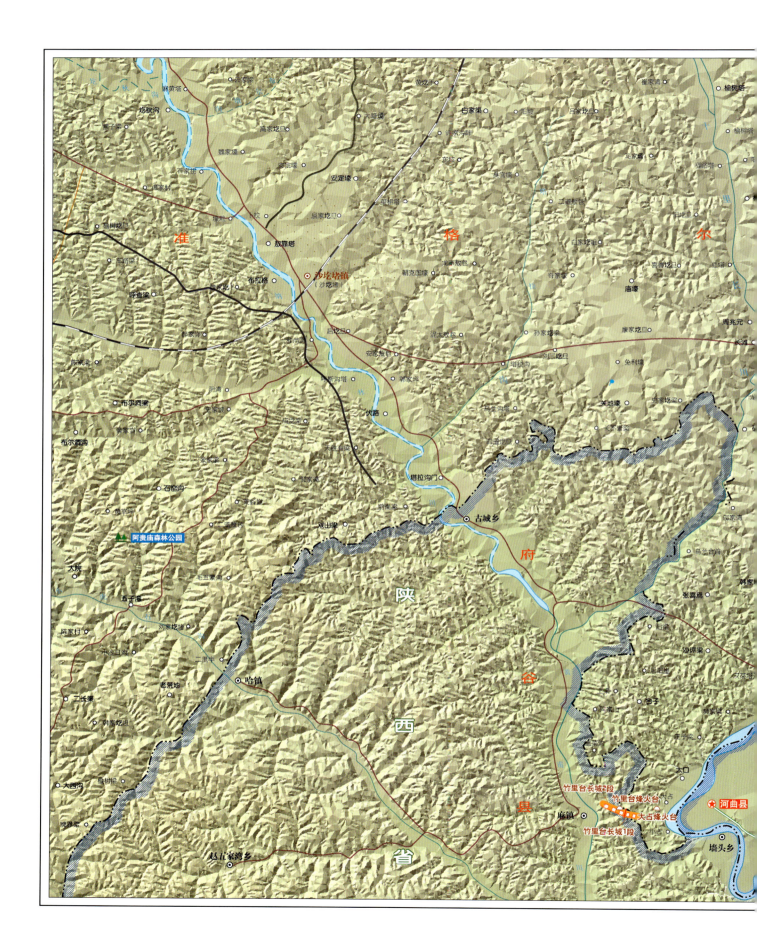

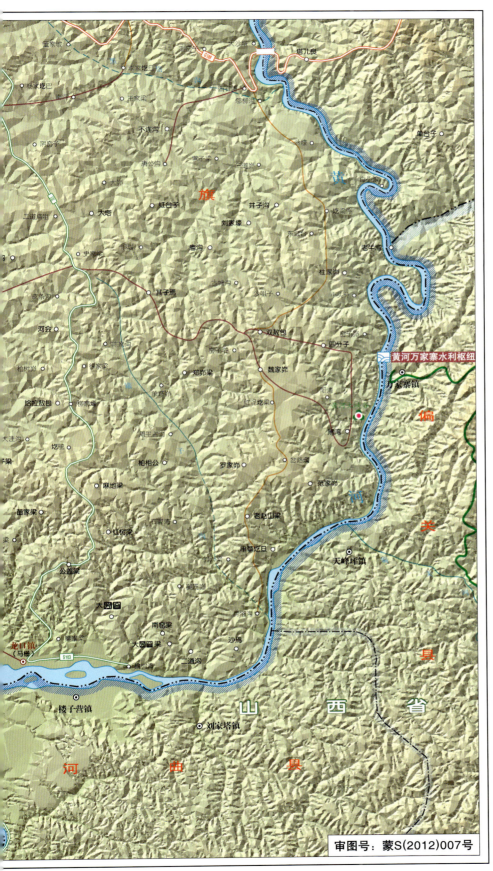

审图号：蒙S(2012)007号

地图九　准格尔旗明长城资源分布图

0　2.0　4.0　6.0　8.0　10.0千米

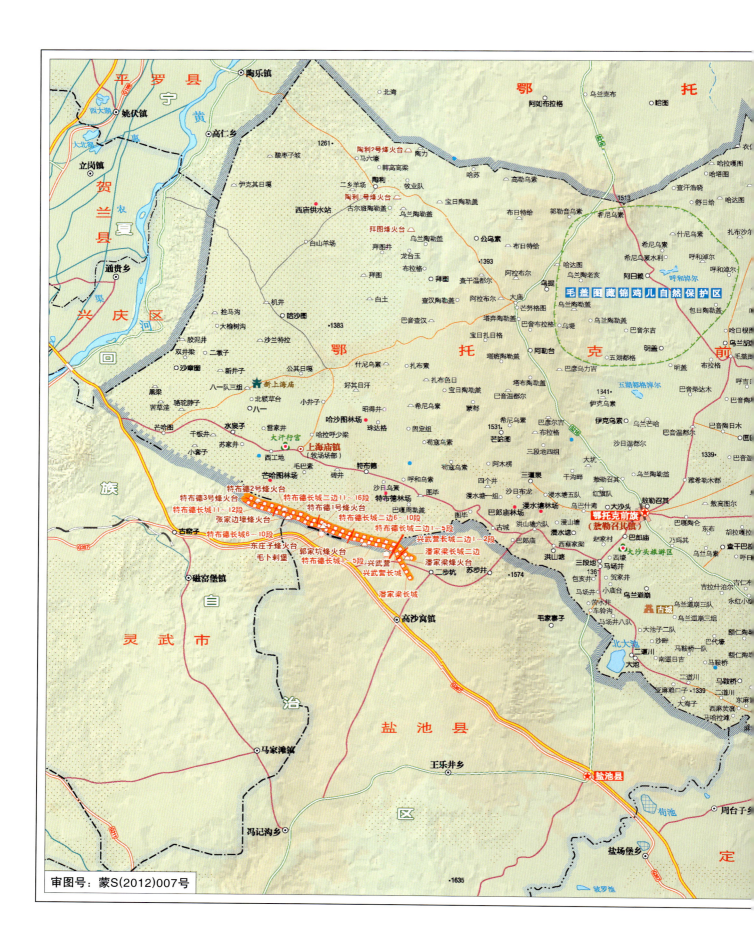

平罗县 陶乐镇 鄂 托 克 前 旗

姚伏镇 高仁乡 北湾 阿如布拉格 乌兰克布 哈图

立岗镇 大北湖 酸枣子坡 1261 陶利2号烽火台 马六壕 陶力 1513 乌拉嘎图 哈拉嘎图 查汗浩晓

贺兰县 伊克其日嘎 二乡羊场 陶利 韩高梁 哈苏 高勒乌素 舒日给 哈达图

通贵乡 西庙供水站 陶利1号烽火台 古尔斑陶勒盖 牧业队 宝日陶勒盖 布日特给 郭勒音乌素 希尼乌素 什尼乌素 扎布沙尔

白山羊场 拜图烽火台 乌兰陶勒盖 公乌素 布日特给 希尼乌素 希尼乌素水利 呼和淖尔 呼和淖尔

兴庆区 拜图井 布拉格 龙日玉 1393 查干温都尔 哈达图 乌兰陶老亥 阿日赖

拜图 阿拉布尔 乌提 毛盖图藏锦鸡儿自然保护区

回 拴马沟 机井 白土 查汉陶勒盖 阿布尔 大庙 乌兰陶勒盖 包日陶勒盖

大榆树沟 哈沙图 1383 巴音查汉 塔森陶勒盖 宝日扎日格 乌兰陶勒盖 乌堤 哈日乌素

胶泥井 鄂 托 克 阿勒台 明蓋 明盖

沙兰特拉 公共日嘎 什尼乌素 扎布色日 塔日陶勒盖 希尼乌素 1341 五湖都格博尔 巴音柴达木

沙章图 新井子 扎布日白 宝日陶勒盖 巴音温都尔 伊克乌素 巴音温都尔 巴音温都尔

黑梁 八一队三组 新上海庙 北锁草台 小井子 昭河井 1531 希尼乌素 巴彦尔吉 1339

苦菜洼 骆驼脖子 八一 哈沙图林场 固定组 芒哈图 乌兰哈 沙日温都尔

兰哈图 水泉子 冒家井 哈拉呼少梁 珠达格 苟窝乌素 三段地四组 巴音温都尔

干板井 苏家井 大汗行宫 珠达格 苟窝乌素 大坑 巴图希勒都

族 小塞子 西工地 上海庙镇 牧场场部 固定组 四个井 干沟井 敖勒召其

芒哈图林场 毛巴素 砖井 呼和乌素 三道泉 漫水塘一组 红旗队 敖图

特布德3号烽火台 特布德2号烽火台 特布德长城二边11~16段 沙日乌素 图毕 巴郎庙林场 漫水塘五队 大沙头 鄂托克前旗

特布德长城11~12段 特布德1号烽火台 特布德羊场 嘎嘎周陶勒盖 古城 漫山塘 大坝 （敖勒召其镇） 巴嘎陶óǒ 东布

张家边壕烽火台 特布德长城6~10段 特布德长城二边6~10段 图毕 巴郎庙林场 洪水塘六队 乃玛其 乌兰陶óǒ

古窑子 特布德长城二边1~5段 兴武营长城二边6~10段 洪山塘 西蔡家梁 巴郎庙

东庄子烽火台 郭家坑烽火台 兴武营长城二边1~2段 潘家梁长城二边 洪山塘 大沙头旅游区

磁窑堡镇 毛卜剌堡 特布德长城1~5段 潘家梁烽火台 三段地 马场井 古城

兴武营长城 二步坑 1574 苏步井 三段地二队 136 乌兰道崩 吉拉什伯台 永红小

灵武市 潘家梁长城 车铃沟 乌兰道崩三队

苦水井 马场井八头 大池子二队 额仁淖尔

治 高沙窝镇 毛家寨子 马场井 苦水沟 北大池 大池子 马鞍桥

额仁淖尔

盐池县 二道川 二道川 南道日吉 马鞍桥

马家滩镇 大池 额仁淖尔

街池 周台子乡 1339 亚麻颗口子 二道川

定 王乐井乡 盐池县 盐场堡乡

冯记沟乡 区 1635 陂罗池 哈拉道淌 西麻黄滩

审图号：蒙S(2012)007号

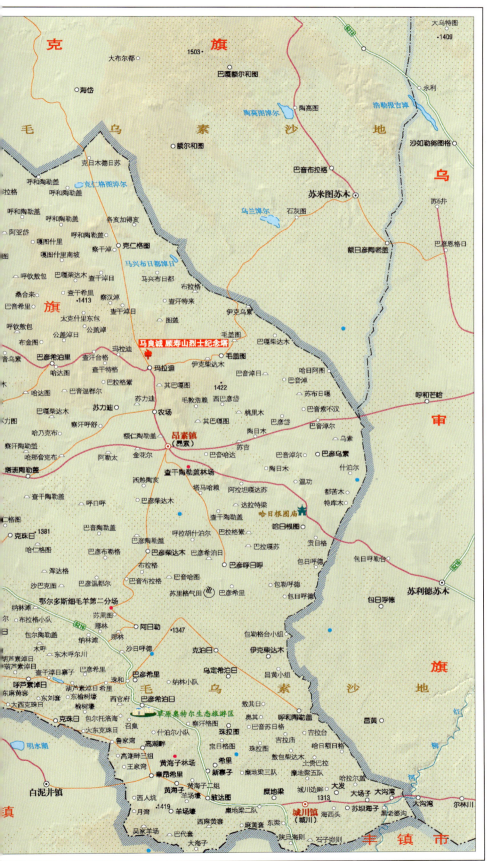

地图一〇　鄂托克前旗明长城资源分布图

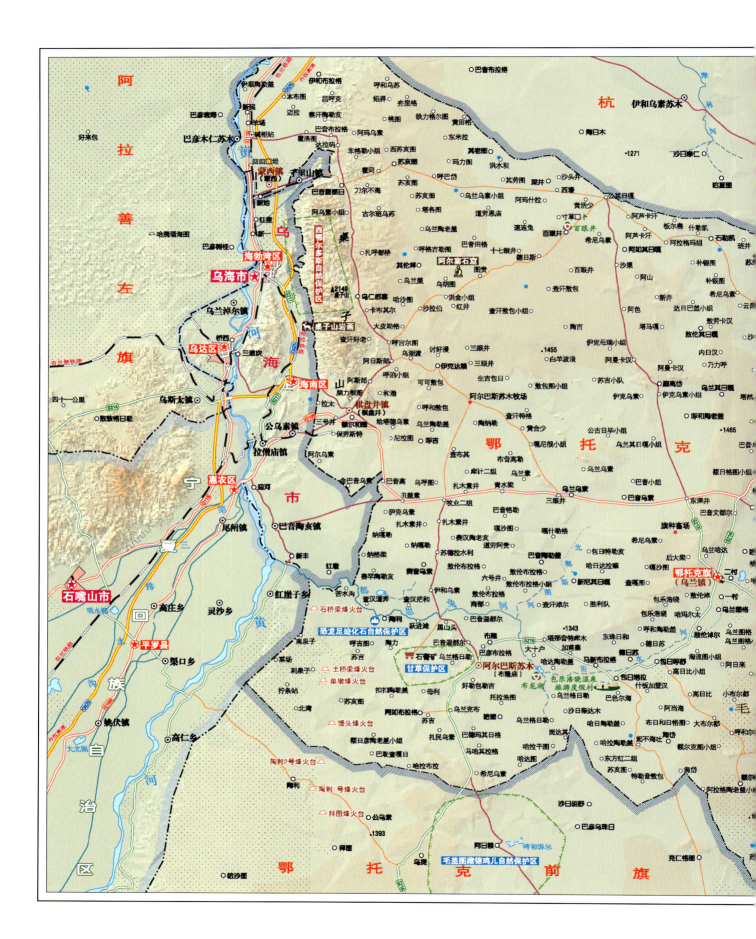

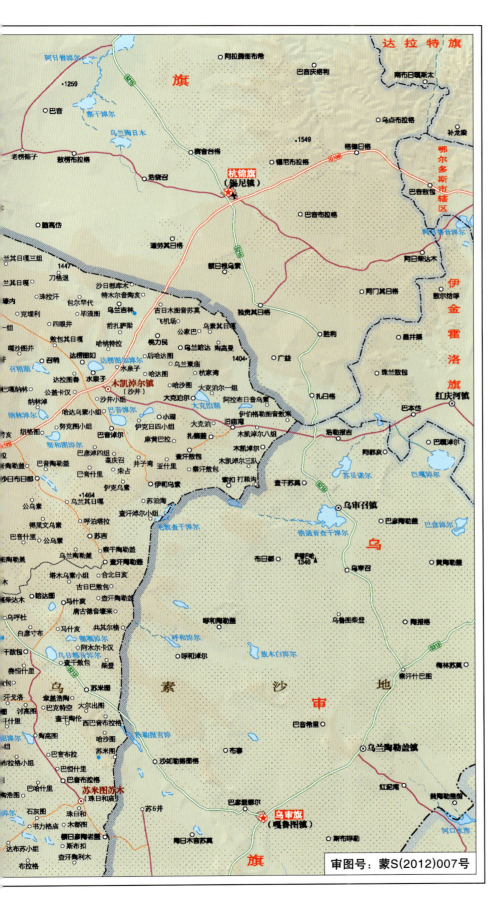

审图号：蒙S(2012)007号

地图一一 鄂托克旗明长城资源分布图

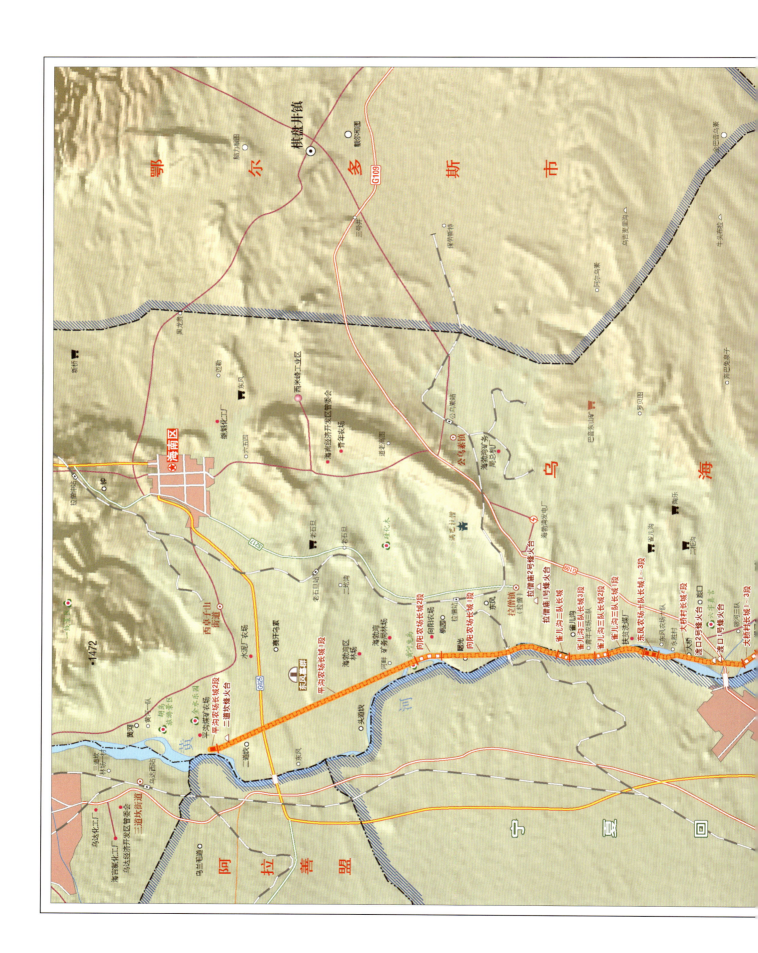

鄂　尔　多　斯　市

棋盘井镇

G109

乌　海

海南区

西来峰工业区
海南经济开发区管委会
青年农场

海勃湾国务
局总制口

公务素镇

海勃湾发电厂

拉僧庙2号烽火台

拉僧庙1号烽火台
拉僧镇
（拉僧）

拉僧庙长城
雀儿沟三队长城3段
雀儿沟三队长城2段
雀儿沟三队长城1段
青年农场三队
雀儿沟三队长城1段

G109

东凤农场十队长城4段
大桥村烽火台
大桥村长城
渡口2号烽火台
六字路
大桥村长城1~3段

新桥乡

纸料化工
继料化工厂

东凤

西卓子山街道

水泥厂农场

鸿巴计台

佳北木

老石旦站
老石旦
老石旦

二沙湾

向阳农场长城1段
向阳农场长城2段

海勃湾矿务局林场
海勃湾区
河畔矿务局林场
枫园
曙光

向阳农场长城3段
扶贫沙湖

1472

一线泉水队
黄河一队
黄河

胡杨
派潭景区
平沟煤矿农场
二道坎
平沟农场长城2段
三道坎烽火台

平沟农场长城1段

G025

黄河

头道坎

东凤

黄　河

三道坎林场检查口
乌达经济开发区管委会
三道坎街道

乌达化工
海吉泰化工厂
乌达经济开发区管委会

乌兰毛道

阿　拉　善　盟

宁　夏　回

G109

26

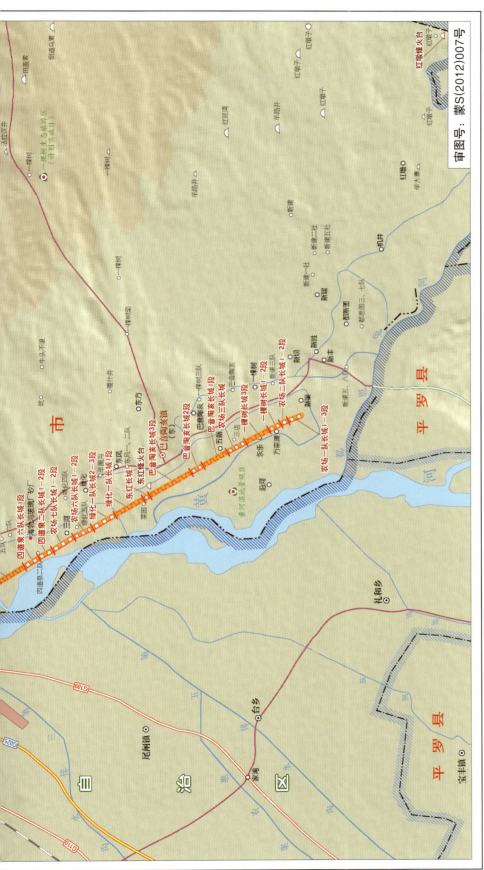

审图号：蒙S(2012)007号　　地图一一　乌海市明长城资源分布图

0　　1.5　　3.0　　4.5　　6.0　　7.5千米

宁　夏　回　族　自　治

永　宁　县

青

阿　拉

上海

红井石　三关口
红井沟

乌兰全2号烽火台
乌兰全1号烽火台

三关1号烽火台
三关口长城二边1段
赤木口2号烽火台
赤木口长城二边2～3段
头关
二关
二关口烽火台
三关口烽火台
赤木口长城二边4段
赤木口长城1～10段
红井沟烽火台
高石墩2号烽火台
高石墩1号烽火台
夹子沟2号烽火台
夹子沟1号烽火台
汝龙沟堡
小沟堡
磨石口长城1～25段
磨石口长城1～6段
磨石口长城二边15段
磨石口长城二边14段
磨石口长城二边13段
磨石口长城二边12段
磨石口5号烽火台
磨石口长城二边11段
磨石口长城二边10段
磨石口长城二边9段
磨石口长城二边8段
磨石口长城二边7段
磨石口4号烽火台
磨石口长城二边6段
磨石口长城二边5段
磨石口长城二边3～4段
磨石口长城二边2段
磨石口长城二边1段
磨石口3号烽火台
磨石口2号烽火台
磨石口1号烽火台
红井子堡
红井子圈1号烽火台
北岔口长城1～8段
红井子圈2号烽火台
北岔口长城11～12段

黑沟脑　▲ 1943

呼和额鲁格

北岔口长城二边9段
北岔口长城二边8段
北岔口长城二边1～5段
北岔口长城二边6段
北岔口长城二边7段
北岔口长城二边2段
营子山烽火台
昆都伦烽火台

乌兰库特勒长城二边1段
乌兰库特勒长城二边1段
乌兰恰夏长城二边
乌兰恰夏烽火台

阿

拉

审图号：蒙S(2012)007号

阿拉善盟明长城资源分布图

地图一三

0　1.2　2.4　3.6　4.8　6.0千米

青铜峡市

左旗

柳木高长城一边1～10段
钻洞子1号烽火台
钻洞子2号烽火台

柳木高长城11～19段

柳木高长城二边1～8段

钻洞子3号烽火台

小口子居住址

红道子烽火台

小柳木高烽火台

小口子烽火台

围沟长城二边4段

围沟长城二边5段

柳木高长城二边9段

柳木高长城二边10段

柳木高长城二边11段

色日腾夏布日全烽火台

柳木高长城二边12段

围沟长城二边2～3段

巴彦陶勒盖

白礁子

土图

29

彩图一　兴和县四道沟长城（西南—东北）

彩图二　兴和县头道边村1号敌台（东北—西南）

彩图三　兴和县牧厂沟长城1段（西南—东北）

彩图四　兴和县葛胡窑长城1段（东—西）

彩图五　兴和县葛胡窑长城1段墙体夯层（东北—西南）

彩图六　兴和县三道边村长城5段（西北—东南）

彩图七　丰镇市朱宏窑长城1段
（西北—东南）

彩图八　丰镇市郭家坡长城
（东南—西北）

彩图九　丰镇市老虎沟长城
（东南—西北）

彩图一〇　丰镇市二道沟长城（东—西）

彩图一一　丰镇市隆盛庄敌台（西南—东北）

彩图一二　丰镇市西沟长城3段（东北—西南）

彩图一三　丰镇市二十二号村长城5段（东—西）

彩图一四　丰镇市二十二号村长城7段（西—东）

彩图一五　丰镇市双台子长城3段（东北—西南）

彩图二〇　凉城县东沟敌台（南—北）

彩图二一　凉城县双台子长城5段（西北—东南）

彩图二二　凉城县双台子敌台（东北—西南）

彩图二三　凉城县牛心窑长城2段（北—南）

彩图二四　凉城县后圪针沟敌台（西南—东北）

彩图二五　和林格尔县二道边村长城（东北—西南）

彩图二六　和林格尔县山保岱长城2段（西—东）

彩图二七　和林格尔县山保岱敌台（西南—东北）

彩图二八　和林格尔县上红台1号敌台（东北—西南）

彩图二九　和林格尔县上红台2号敌台（东北—西南）

彩图三〇　和林格尔县上红台长城10段（南—北）

彩图三一　和林格尔县好来沟3号敌台（南—北）

彩图三二　和林格尔县大西沟长城11段（东—西）

彩图三三　清水河县后窑子圡城1段（东北—西南）

彩图三四　清水河县后窑子长城3段（东—西）

彩图三五　清水河县后窑子敌台（西南—东北）

彩图三六　清水河县两犋牛长城1段（东南—西北）

彩图三七　清水河县两骐牛长
城3段（西—东）

彩图三八　清水河县魏四窑长
城1段（西南—东北）

彩图三九　清水河县石胡梁长
城（东北—西南）

彩图四〇 兴和县头道边村1号烽火台（东北—西南）

彩图四一 兴和县头道边村3号烽火台（西南—东北）

彩图四二 兴和县头道边村7号烽火台（南—北）

彩图四三　兴和县不列窑烽火台（西南—东北）

彩图四四　丰镇市兰家沟2号烽火台（北—南）

彩图四五　丰镇市西沟子烽火台（南—北）

彩图四六　凉城县十一号村
1号烽火台（西南—东北）

彩图四八　凉城县二甲地1号烽火台（东南—西北）

彩图四九　凉城县牛心窑2号
烽火台（南—北）

彩图四七　凉城县甘草忽洞2号烽火台（东南—西北）

彩图五〇　凉城县后草沟2号烽火台（东南—西北）

彩图五一　凉城县蓝旗窑1、2号烽火台（东北—西南）

彩图五二　凉城县双古城烽火台（东—西）

彩图五三　凉城县前三间房烽火台（东北—西南）

彩图五四　和林格尔县山保岱2号烽火台（东南—西北）

彩图五五　和林格尔县好来沟3号烽火台（东南—西北）

彩图五七　和林格尔县丈房塔烽火台（南—北）

彩图五八　和林格尔县大西沟2号烽火台（西—东）

彩图五六 和林格尔县梁家十五号村烽火台（南—北）

彩图五九 和林格尔县二道边村堡（西南—东北）

彩图六〇 清水河县孔读林烽火台（东—西）

彩图六一　清水河县高家山1号烽火台（东南—西北）

彩图六二　清水河县高家山2号烽火台（西南—东北）

彩图六四　清水河县边墙壕2号烽火台（西—东）

彩图六三　清水河县边墙壕1号烽火台（西北—东南）

彩图六五　清水河县五道峁烽火台（东南—西北）

彩图六六　清水河县二台子烽火台（东北—西南）

彩图六七　清水河县大台子烽火台（西北—东南）

彩图六八　清水河县山神庙1号烽火台（南—北）

彩图六九　清水河县杨家窑1号烽火台（南—北）

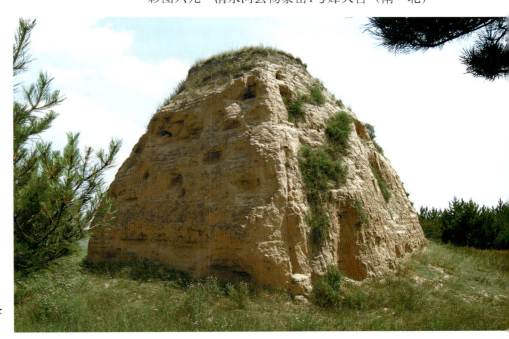

彩图七○　清水河县杨家窑4号烽
火台（西南—东北）

彩图七一　清水河县双井烽火台（西北—东南）

彩图七二　丰镇市隆盛庄石刻题记全景（南—北）

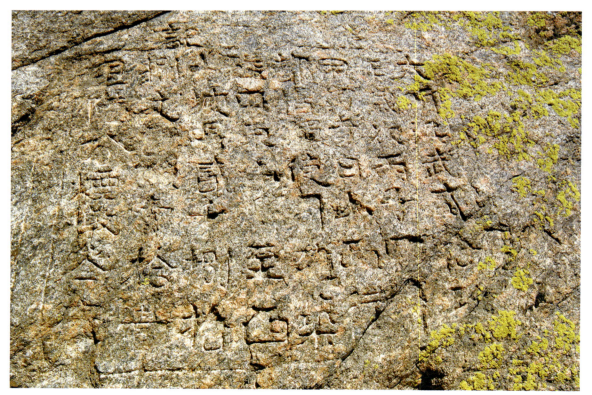

彩图七三　丰镇市隆盛庄石刻题记（南—北）

彩图七四　丰镇市隆盛庄石刻题记拓片

彩图七五　丰镇市黑土台长城1段（东—西）

彩图七六　丰镇市黑土台长城2段（西南－东北）

彩图七七　丰镇市常山窑二号村1号敌台（西南－东北）

彩图七八　丰镇市山西村长城2段（东北-西南）

彩图七九　丰镇市缸房窑长城1段（东北-西南）

彩图八〇　丰镇市缸房窑长城2段（东-西）

彩图八一　凉城县三墩湾长城

彩图八二　凉城县三墩湾长城墙体断面

彩图八三　凉城县冯家沟长城

彩图八四　凉城县冯家沟1号敌台

彩图八五　凉城县冯家沟2号敌台

彩图八六　凉城县芦草沟长城

彩图八七　凉城县芦草沟4号敌台

彩图八八　凉城县二三墩长城

彩图八九　凉城县二三墩3号敌台

彩图九○　凉城县二三墩4号敌台

彩图九一　凉城县七墩窑4号敌台

彩图九二　凉城县七墩窑6号敌台

彩图九三　凉城县头墩长城

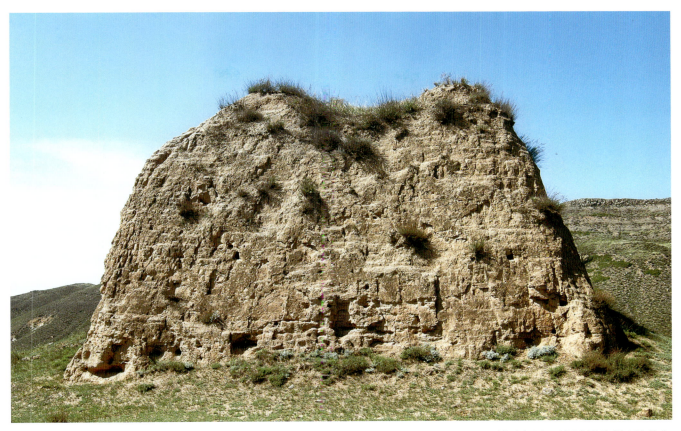

彩图九四　凉城县头墩4号敌台

彩图九五　凉城县庙沟长城（一）

彩图九六　凉城县庙沟长城（二）

彩图九七　凉城县庙沟1号敌台

彩图九八　凉城县庙沟6号敌台（一）

彩图九九　凉城县庙沟6号敌台（二）

彩图一〇〇　凉城县八墩窑长城

彩图一〇一　凉城县八墩窑6号敌台

彩图一〇二　凉城县张王沟长城

彩图一〇三　凉城县张王沟1号敌台

彩图一〇四　凉城县张王沟2号敌台

彩图一〇五 京城县马场沟长城

彩图一○六　凉城县马场沟4号敌台

彩图一○七　凉城县马场沟1号墙外单体建筑

彩图一〇八　凉城县马场沟2号墙外单体建筑

彩图一〇九　凉城县八台沟长城远景

彩图一一〇　凉城县八台沟长城近景

彩图一一一　凉城县八台沟2号敌台

彩图一一二　凉城县八台沟3号敌台

彩图一一三　凉城县八台沟墙外单体建筑

彩图一一四　凉城县十二沟长城

彩图一一五　凉城县十二沟1号敌台

彩图一一六　凉城县十二沟3号敌台（南—北）

彩图一一七　凉城县十二沟4号敌台（东南—西北）

彩图一一八　右玉县杀虎口挡马墙

彩图一一九　右玉县杀虎口长城

彩图一二〇　右玉县杀虎口1号敌台（南—北）

彩图一二一　右玉县杀虎口城楼

彩图一二二　和林格尔县二十三村长城

彩图一二三　和林格尔县二十三村4号敌台

彩图一二四　和林格尔县海子湾2号敌台

彩图一二五　和林格尔县北辛窑长城

彩图一二六　和林格尔县北辛
窑1号敌台

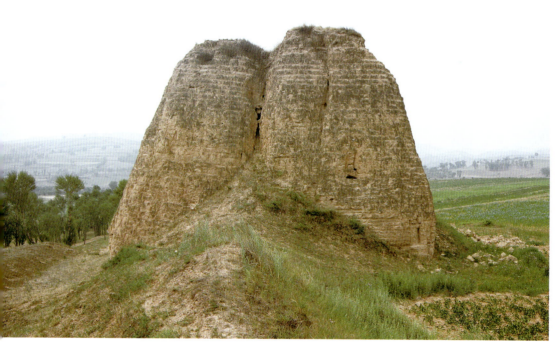

彩图一二七　和林格尔县北辛
窑3号敌台

彩图一二八　和林格尔县北辛
窑4号敌台

彩图一二九　和林格尔县前海子洼长城

彩图一三〇　和林格尔县前海子洼1号敌台

彩图一三一　和林格尔县前海子洼6号敌台

彩图一三二　和林格尔县前海子洼7号敌台（东南—西北）

彩图一三三　和林格尔县磨扇凹长城

彩图一三四　和林格尔县磨扇凹1号敌台

彩图一三五　和林格尔县磨扇凹3号敌台

彩图一三六　和林格尔县磨扇凹6号敌台

彩图一三七　和林格尔县三十二村长城

彩图一三八　和林格尔县三十二村2号敌台（一）

彩图一三九　和林格尔县三十二村2号敌台（二）

彩图一四〇　和林格尔县三十二村7号敌台

彩图一四一　和林格尔县三十八村长城

彩图一四二　和林格尔县三十八村1号敌台

彩图一四三　和林格尔县三十八村4号敌台

彩图一四四　和林格尔县三十八村5号敌台

彩图一四五　和林格尔县四十二村长城

彩图一四六　和林格尔县四十二村2号敌台

彩图一四七　和林格尔县四十二村7号敌台

彩图一四八　和林格尔县后庄窝长城

彩图一四九　和林格尔县后庄窝4号敌台

彩图一五〇　和林格尔县后庄窝6号敌台

彩图一五一　和林格尔县后庄窝7号敌台

彩图一五二　和林格尔县后庄窝9号敌台

彩图一五三　和林格尔县黑土崖长城

彩图一五四　和林格尔县黄草梁长城

彩图一五五　和林格尔县羊山长城

彩图一五六　和林格尔县十三边长城（一）

彩图一五七　和林格尔县十三边长城（二）

彩图一五八　和林格尔县十三边1号敌台

彩图一五九　和林格尔县十三边5号敌台

彩图一六〇　和林格尔县十三边8号敌台

彩图一六一　和林格尔县高家窑长城

彩图一六二　和林格尔县高家窑5号敌台

彩图一六三　和林格尔县高家窑6号敌台

彩图一六四　和林格尔县碓臼沟长城

彩图一六五　和林格尔县碓臼沟1号敌台

彩图一六六　和林格尔县碓臼沟3号敌台

彩图一六七　和林格尔县韭菜
沟长城

彩图一六八　和林格尔县韭菜
沟2号敌台

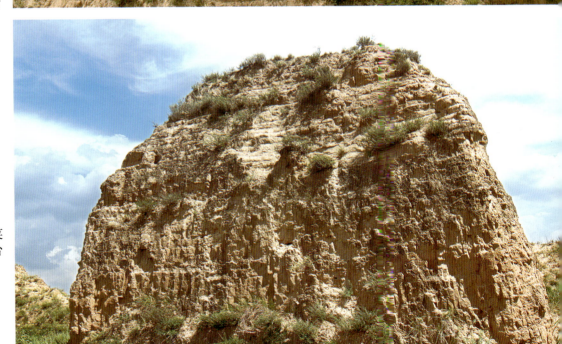

彩图一六九　和林格尔县韭菜
沟4号敌台

彩图一七〇 和林格尔县韭菜沟6号敌台

彩图一七一 和林格尔县火盘沟长城

彩图一七二　和林格尔县火盘沟3号敌台

彩图一七三　和林格尔县火盘沟5号敌台

彩图一七四　和林格尔县井沟长城

彩图一七五　和林格尔县井沟5号敌台

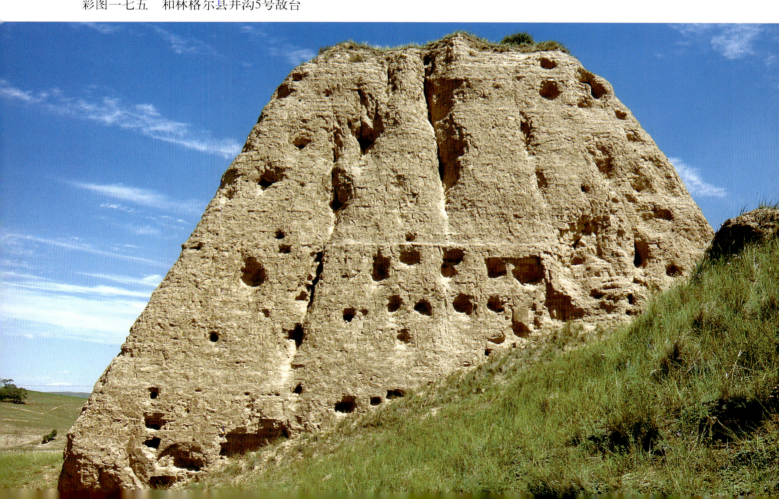

彩图一七六　和林格尔县井沟7号敌台

彩图一七七　和林格尔县大沙口长城

彩图一七八　和林格尔县口子沟1号敌台

彩图一七九　和林格尔县大沙口2号敌台

彩图一八〇　和林格尔县楼沟2号敌台

彩图一八一　和林格尔县大沙口墙外单体建筑

彩图一八二　清水河县七墩镇长城

彩图一八三　清水河县七墩镇9号敌台

彩图一八四　清水河县新村长城

彩图一八五　清水河县新村3号敌台〔徐氏楼〕及围院

彩图一八六　清水河县新村3号敌台（徐氏楼）

彩图一八七　清水河县新村3号敌台
（徐氏楼）门洞

彩图一八八　清水河县新村3号敌台（徐氏楼）局部

彩图一八九　清水河县板申沟长城

彩图一九〇　清水河县板申沟1号敌台（箭牌楼）

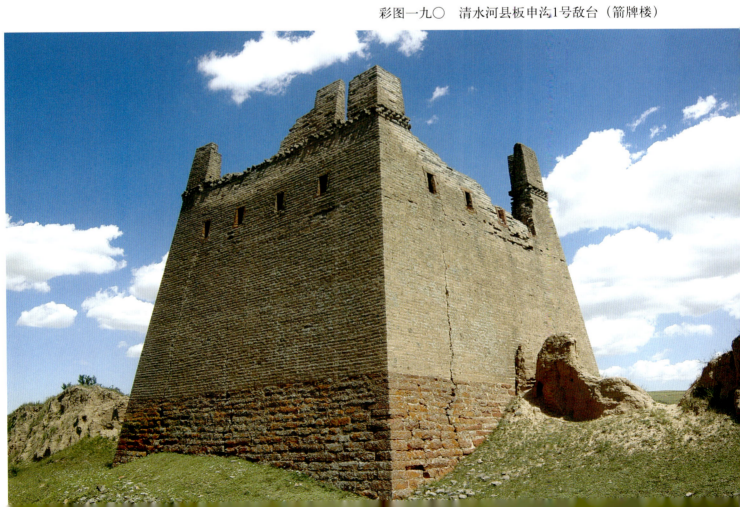

彩图一九一　清水河县福心沟长城

彩图一九二　清水河县蒋家坪1号敌台

彩图一九三　清水河县福心沟1号敌台（一）

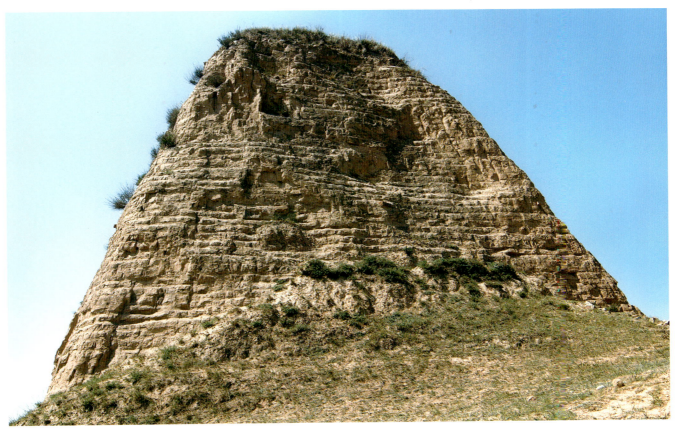

彩图一九四　清水河县福心沟1号敌台（二）

彩图一九五　清水河县十七坡长城

彩图一九六　清水河县小岔子长城

彩图一九七　清水河县高泉营子长城

彩图一九八　清水河县高泉营子2号敌台

彩图一九九　清水河县高泉营子4号敌台

彩图二〇〇　清水河县三里铺长城（一）

彩图二〇一　清水河县三里铺长城（二）

彩图二〇二　清水河县三里铺4号敌台

彩图二〇三　清水河县三里铺6号敌台

彩图二〇四　清水河县二墩长城

彩图二〇五　清水河县二墩1号敌台

彩图二〇六　清水河县二墩2号敌台（东—西）

彩图二〇七　清水河县二墩2号敌台洞门（东—西）

彩图二〇八　清水河县窑子上长城（一）

彩图二〇九　清水河县窑子上长城（二）

彩图二一〇　清水河县窑子上1号敌台

彩图二一一　清水河县窑子上1号敌台及围院

彩图二一二　清水河县帐贵窑子长城

彩图二一三　清水河县寺回口长城1段

彩图二一四　清水河县寺回口5号敌台（东—西）

彩图二一五　清水河县寺回口5号敌台通道（一）

彩图二一六　清水河县寺回口5号敌台通道（二）

彩图二一七　清水河县寺回口5号敌台局部包石

彩图二一八　清水河县新窑上长城（一）

彩图二一九　清水河县新窑上长城（二）

彩图二二〇　清水河县新窑上2号敌台

彩图二二一　清水河县新窑上6号敌台

彩图二二二　清水河县新庄窝长城

彩图二二三　清水河县新庄窝5号敌台

彩图二二四　清水河县新庄窝6号敌台

彩图二二五　清水河县头墩长城

彩图二二六　青水河县正沟长城

彩图二二七　清水河县其花峁长城

彩图二二八　清水河县其花峁5号敌台

彩图二二九、二三〇　清水河县其花峁5号敌台、围院及南侧洞门（南—北）

彩图二三一　清水河县八墩长城

彩图二三二　清水河县九墩长城

彩图二三三　清水河县九墩6号敌台

彩图二三四　清水河县九墩6号敌台（西南—东北）

彩图二三五　清水河县碌碡坪长城

彩图二三六　清水河县碌碡坪2号敌台（南—北）

彩图二三七　清水河县口子上长城1段

彩图二三八　清水河县水草沟长城2段

彩图二三九　清水河县水草沟7号敌台

彩图二四〇　清水河县口子上长城2段

彩图二四一　清水河县口子上8号敌台

彩图二四二　清水河县腰榨长城

彩图二四三　清水河县老洼沟长城1段（一）

彩图二四四　清水河县老洼沟长城1段（二）

彩图二四五　清水河县老三沟1号敌台（一）

彩图二四六　清水河县三洼沟1号敌台（二）

彩图二四七　清水河县老洼沟2号敌台

彩图二四八　清水河县老洼沟长城2段（一）

彩图二四九　清水河县老洼沟长城2段（二）

彩图二五〇　清水河县阴王沟长城

彩图二五一　清水河县柏羊岭长城2段

彩图二五二　清水河县柏羊岭3号敌台

彩图二五三　清水河县野羊洼长城

彩图二五四　清水河县野羊洼2号敌台（一）

彩图二五五　清水河县野羊洼2号敌台（二）

彩图二五六　清水河县窑子沟长城

彩图二五七　清水河县窑子沟4号敌台

彩图二五八　清水河县栋木塔长城（一）

彩图二五九　清水河县楝木塔长城（二）

彩图二六〇　清水河县小元峁长城

彩图二六一　清水河县窑洼3号敌台（一）

彩图二六二　清水河县窑洼3号敌台（二）

彩图二六三　清水河县窑洼4号敌台

彩图二六四　清水河县窑洼7号敌台

彩图二六五　清水河县窑洼7号敌台两侧缺口

彩图二六六　清水河县碓臼坪长城

彩图二六七　清水河县碓臼坪2号敌台

彩图二六八　清水河县川峁上长城

彩图二六九　清水河县头道沟长城

彩图二七〇　清水河县头道沟4号敌台

彩图二七一　清水河县杏树峁长城

彩图二七二　清水河县关地嘴长城

彩图二七三　清水河县安根楼长城

彩图二七四　清水河县安根楼1号敌台

彩图二七五　清水河县阳洼子长城

彩图二七六　清水河县阳洼子1号敌台

彩图二七七　清水河县阳洼子2号敌台

彩图二七八　清水河县阳洼子3号敌台全景

彩图二七九　清水河县阳洼子3号敌台局部

彩图二八〇　清水河县阳洼子3号敌台内部

彩图二八一　清水河县石垛墕长城

彩图二八二　清水河县石垛墕1号敌台远景

彩图二八三　清水河县石垛墕1号敌台近景

彩图二八四　清水河县石垛墕1号敌台内部结构

彩图二八五　清水河县石垛墕1号敌台通道

彩图二八六　清水河县石垛墕2号敌台

彩图二八七　清水河县白泥窑长城

彩图二八八　清水河县正泥墕长城

彩图二八九　清水河县东牛腻塔长城

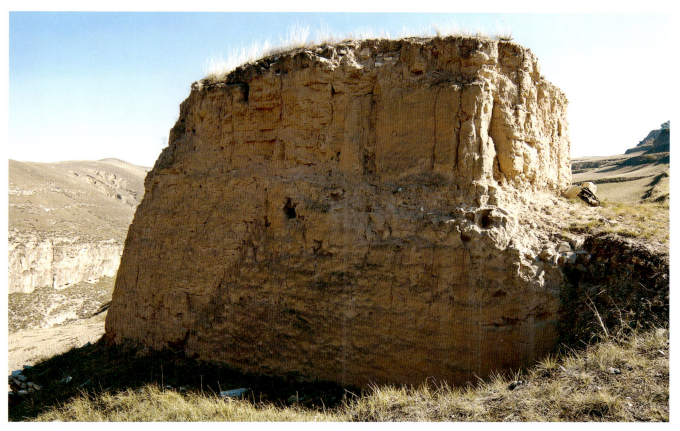

彩图二九〇　清水河县东牛腻塔3号敌台

彩图二九一　清水河县青草峁长城

彩图二九二　清水河县正湖梁长城

彩图二九三　清水河县正湖梁8号敌台

彩图二九四　清水河县闫王鼻子长城

彩图二九五　清水河县闫王鼻子4号敌台

彩图二九六　偏关县后海子长城

彩图二九七　偏关县后海子2号敌台

彩图二九八　偏关县窑沟子长城

彩图二九九　朔州市平鲁区八墩长城1段

彩图三〇〇　朔州市平鲁区八墩1号敌台

彩图三〇一　丰镇市忻堡6号烽火台（北-南）

彩图三〇二　凉城县杀虎口2号烽火台（一）

彩图三〇三　凉城县杀虎口2号烽火台（二）

彩图三〇四　右玉县大坡烽火台

彩图三〇五　右玉县杀虎口5号烽火台

彩图三〇六　右玉县芦草沟3号烽火台

彩图三〇七　右玉县二三墩1
号烽火台

彩图三〇八　右玉县头墩2号
烽火台

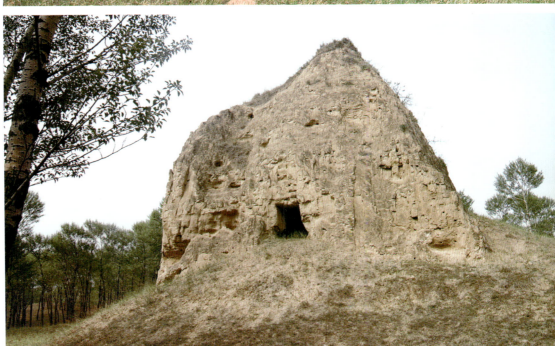

彩图三〇九　右玉县北辛窑1
号烽火台

彩图三一〇　右玉县火盘沟4号烽火台

彩图三一一　右玉县破虎堡远景

彩图三一二　右玉县破虎堡外包砖石滑落后的堡墙

彩图三一三　右玉县破虎堡东墙（东南—西北）

彩图三一四　右玉县破虎堡西墙（东北—西南）

彩图三一五　右玉县破虎堡北墙（西北—东南）

彩图三一六　右玉县破虎堡西北角楼及外侧壕沟（北—南）

彩图三一七　右玉县破虎堡南门
外侧

彩图三一八　右玉县破虎堡南门
内侧

彩图三一九　右玉县破虎堡南门
门洞局部

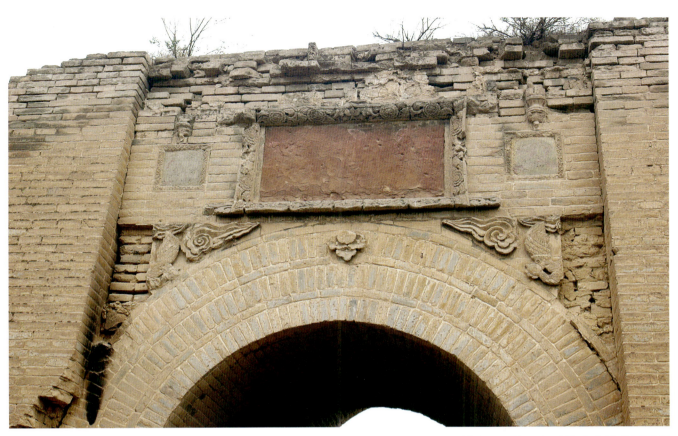

彩图三二〇　右玉县破虎堡南门匾额

彩图三二一　右玉县破虎堡南门外照壁

彩图三二二　右玉县残虎堡北墙

彩图三二三　右玉县残虎堡西南角楼

彩图三二四　右玉县残虎堡北墙及墙外护城壕（西—东）

彩图三二五　右玉县杀虎堡西南角马面

彩图三二六　右玉县杀虎堡西门

彩图三二七　右玉县杀虎堡南门（平集堡城门）

彩图三二八　右玉县杀虎堡南门"平集堡"匾额

彩图三二九　右玉县杀虎堡新堡（平集堡）北门

彩图三三〇　右玉县杀虎堡旧堡南瓮城

彩图三三一　右玉县杀虎堡西门前的古道

彩图三三二　右玉县韭菜沟堡远景

彩图三三三　右玉县云石堡远景

彩图三三四　右玉县云石堡东墙

彩图三三五　右玉县云石堡西墙

彩图三三六　右玉县云石堡坍塌的堡墙

彩图三三七　和林格尔县黑土崖3号烽火台

彩图三三八　和林格尔县羊山3号烽火台

彩图三三九　和林格尔县黄草梁堡远景

彩图三四〇　和林格尔县黄草梁堡局部

彩图三四一　清水河县北堡1号烽火台

彩图三四二　清水河县水草沟烽火台

彩图三四三　清水河县腰榨2号烽火台

彩图三四四　清水河县川峁上4号烽火台

彩图三四五　清水河县五眼井堡南墙

彩图三四六　清水河县五眼井堡西墙

彩图三四七　清水河县小元峁堡内部

彩图三四八　清水河县小元峁堡南门

彩图三四九　清水河县小元峁堡角楼及城墙

彩图三五〇　清水河县白泥窑堡局部

彩图三五一　朔州市平鲁区牛洞沟烽火台

彩图三五二　朔州市平鲁区九墩2号烽火台

彩图三五三　朔州市平鲁区大何堡堡墙坍塌严重

彩图三五四　朔州市平鲁区大何堡马面和角楼

彩图三五五　朔州市平鲁区大何堡东墙

彩图三五六　朔州市平鲁区大何堡瓮城

彩图三五七　朔州市平鲁区大何堡南墙及瓮城西墙

彩图三五八　朔州市平鲁区大何堡北墙

彩图三五九　偏关县野羊洼1号烽火台

彩图三六〇　偏关县野羊洼2号烽火台

彩图三六一　偏关县野羊洼3号烽火台

彩图三六二　偏关县楝木塔1号烽火台

彩图三六三　偏关县小元峁5号烽火台（一）

彩图三六四　偏关县小元峁5号烽火台（二）

彩图三六五　偏关县小元峁6号烽火台（一）

彩图三六六　偏关县小元峁6号烽火台（二）

彩图三六七　偏关县窑洼1号烽火台

彩图三六八　偏关县窑洼4号烽火台

彩图三六九　偏关县窑洼5号烽火台

彩图三七〇　偏关县窑洼6号烽火台

彩图三七一　偏关县碓臼坪1号烽火台

彩图三七二　偏关县碓臼坪2号烽火台

彩图三七三、三七四　偏关县千家湾1号烽火台及洞口

彩图三七五　偏关县许家湾2号烽火台

彩图三七六　偏关县许家湾3号烽火台

彩图三七七　偏关县许家湾4号烽火台

彩图三七八　偏关县川崞上3号烽火台

彩图三七九　偏关县川崞上5号烽火台（一）

彩图三八〇　偏关县川崞上5号烽火台（二）

彩图三八一　偏关县头道沟1号烽火台（一）

彩图三八二　偏关县头道沟1号烽火台（二）

彩图三八三　偏关县杏树峁3号烽火台

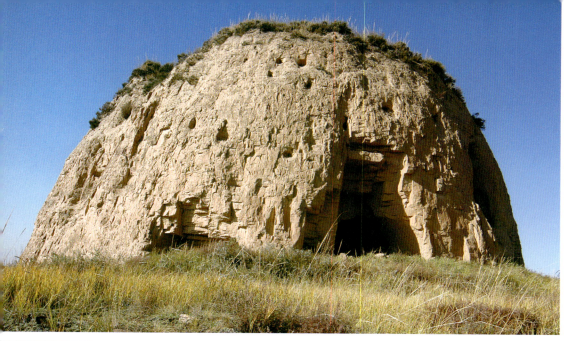

彩图三八四　偏关县杏树峁5号烽火台

彩图三八五　偏关县关地嘴3号烽火台

彩图三八六　偏关县安根楼1号烽火台（一）

彩图三八七　偏关县安根楼1
　　　　号烽火台（二）

彩图三八八　偏关县安根楼2
　　　　号烽火台

彩图三八九　偏关县阳洼子1
　　　　号烽火台

彩图三九〇　偏关县石垛墕1号烽火台（一）

彩图三九一　偏关县石垛墕1号烽火台（二）

彩图三九二　偏关县石垛墕2号烽火台（一）

彩图三九三　偏关县石垛墕2号烽火台（二）

彩图三九四　偏关县白泥窑2号烽火台

彩图三九五　偏关县正泥墕1号烽火台

彩图三九六　偏关县正泥墕2号烽火台

彩图三九七　偏关县东牛腻塔烽火台

彩图三九八　偏关县青草峁1号烽火台

彩图三九九　偏关县青草峁3号烽火台

彩图四〇〇　偏关县正湖梁1号烽火台

彩图四〇一　偏关县正湖梁3号烽火台

彩图四〇二　偏关县北古梁2号烽火台远景

彩图四〇三　偏关县马道嘴2号烽火台

彩图四〇四　偏关县闫王鼻子2号烽火台

彩图四〇五　偏关县柏羊岭1号堡

彩图四〇六　偏关县柏羊岭2号堡全景

彩图四〇七　偏关县柏羊岭2号堡局部

彩图四〇八　偏关县水泉堡全景

彩图四〇九　偏关县水泉堡角楼（一）

彩图四一〇　偏关县水泉堡角楼（二）

彩图四一一　偏关县水泉堡内部情况

226

彩图四一二　偏关县水泉堡南
门（一）

彩图四一三　偏关县水泉堡南
门（二）

彩图四一四　偏关县水泉堡照壁

彩图四一五　偏关县水泉堡古石道

彩图四一六　偏关县水泉堡北门

彩图四一七　偏关县水泉堡北门洞内门闩洞

彩图四一八　偏关县滑石涧堡内部情况

彩图四一九　　偏关县滑石涧堡西城墙

彩图四二〇　　偏关县滑石涧堡西城墙中部马面

彩图四二一　偏关县滑石涧堡东城墙

彩图四二二　偏关县滑石涧堡东城墙局部

彩图四二三　偏关县滑石涧堡南城墙东段

彩图四二四　偏关县滑石涧堡城门

彩图四二五　偏关县滑石涧堡城门匾额

彩图四二六　偏关县滑石涧堡"创修滑石涧堡砖城记"碑

彩图四二七　偏关县老牛湾堡全景

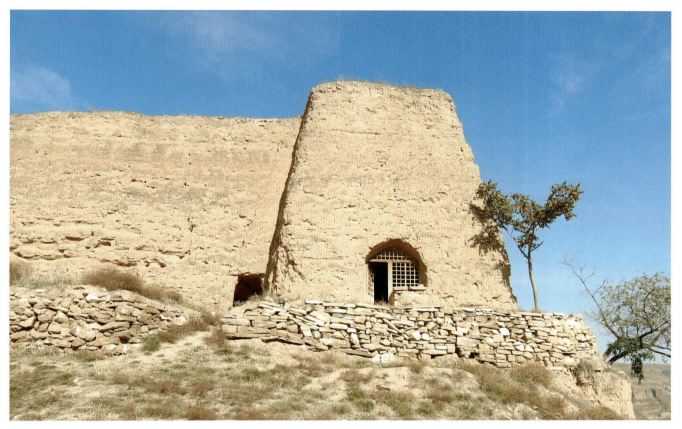

彩图四二八　偏关县老牛湾堡东南角楼

彩图四二九　偏关县老牛湾堡东北角楼

彩图四三〇　偏关县老牛湾堡南城门

彩图四三一　偏关县老牛湾堡瓮城门（一）

彩图四三二　偏关县老牛湾堡瓮城门（二）

彩图四三三　凉城县八墩窑2号挡马墙

彩图四三四　凉城县八台沟挡马墙

彩图四三五　凉城县十二沟2、3号挡马墙

彩图四三六　清水河县腰榨采石场

彩图四三七　偏关县小元峁采石场

彩图四三八　右玉县高家窑1号碑

彩图四三九　凉城县冯家沟2号马面

彩图四四〇　凉城县芦草沟3号马面

彩图四四一 凉城县芦草沟J6号马面

彩图四四二 凉城县二三墩2号马面

彩图四四三　凉城县七墩窑4号马面

彩图四四四　凉城县头墩1号马面

彩图四四五　凉城县庙沟7号马面

彩图四四六　凉城县八墩窑2号马面

彩图四四七　凉城县八墩窑3号马面

彩图四四八　凉城县张王沟2号马面

彩图四四九　凉城县十二沟2号马面

彩图四五〇　凉城县十二沟3号马面

彩图四五一　和林格尔县海子湾2号马面

彩图四五二　和林格尔县黑土崖3号马面

彩图四五三　和林格尔县羊山4号马面

彩图四五四　和林格尔县韭菜沟1号马面

彩图四五五　和林格尔县火盘沟1号马面

彩图四五六　清水河县口子上6号马面

彩图四五七　清水河县窑子沟5号马面

彩图四五八　清水河县窑子沟6号马面

彩图四五九　清水河县楝木塔6号马面（一）

彩图四六〇　清水河县楝木塔6号马面（二）

彩图四六一　清水河县小元峁1号马面

彩图四六二　清水河县小元峁5号马面

彩图四六三　清水河县碓臼坪4号马面

彩图四六四　清水河县川岇上1号马面

彩图四六五　清水河县川峁上4号马面

彩图四六六　清水河县杏树峁12号马面

彩图四六七　清水河县安根楼4号马面

彩图四六八　清水河县白泥窑1号马面

彩图四六九　清水河县白泥窑10号马面

彩图四七〇　清水河县正泥墕7号马面

彩图四七一　清水河县正泥墕8号马面

彩图四七二　清水河县正泥墕9号马面

彩图四七三　清水河县青草峁3号
　　　　　马面

彩图四七四　清水河县青草峁4号
　　　　　马面

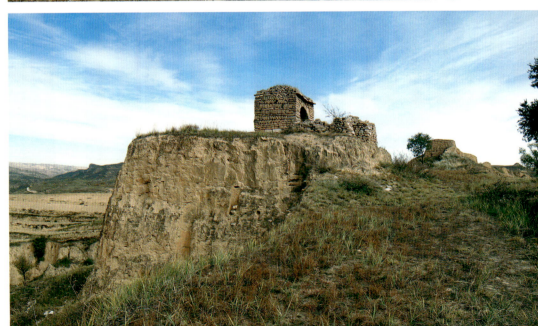

彩图四七五　清水河县正湖梁1号
　　　　　马面

彩图四七六　朔州市平鲁区八墩1号马面

彩图四七七　准格尔旗竹里台长城1段（西—东）

彩图四七八　准格尔旗竹里台敌台及登台步道（西—东）

彩图四七九　鄂托克前旗被蜂窝损害的特布德6号敌台（南—北）

彩图四八〇　鄂托克前旗特布德长城2段墙体上的女墙与藏身坑（西—东）

彩图四八一　鄂托克前旗特布德10号敌台（北—南）

彩图四八二　鄂托克前旗特布德长城3段墙体局部（东—西）

彩图四八三　鄂托克前旗特布德14号敌台加夯痕迹

彩图四八四　鄂托克前旗特布德14号敌台（北—南）

彩图四八五　鄂托克前旗特布德14号敌台南侧阶梯

彩图四八六　鄂托克前旗特布德长城4段沙土掩埋墙体（东—西）

彩图四八七　鄂托克前旗特布德长城5段（东北—西南）

彩图四八八　鄂托克前旗明长城头道边（特布德长城5段）与二道边相距最近处

彩图四八九　鄂托克前旗特布德33号敌台上羊蹄印（西—东）

彩图四九〇　鄂托克前旗特布德长城6段墙体上的女墙与藏身坑（西—东）

彩图四九一　鄂托克前旗特布德长城6段墙体上的藏身坑（南—北）

彩图四九二　鄂托克前旗特布德长城6段南侧壕沟（东北—西南）

彩图四九三　鄂托克前旗特布德38号敌台（北—南）

彩图四九四　鄂托克前旗特布德长城7段（北—南）

彩图四九五　鄂托克前旗特布德长城7段顶部（东—西）

彩图四九六　鄂托克前旗特布德长城7段北侧壕沟（西—东）

彩图四九七　鄂托克前旗"文革"晚期的抗旱渠穿过特布德长城8段（东—西）

彩图四九八　鄂托克前旗特布德65号敌台（东—西）

彩图四九九　鄂托克前旗特布德65号敌台南壁门洞（南—北）

彩图五〇〇　鄂托克前旗特布德长城9段（北—南）

彩图五〇一　鄂托克前旗明长城头道边（特布德长城9段）与二道边（西—东）

彩图五〇二　鄂托克前旗明长城头道边（特布德长城10段）与二道边相距最远处（东—西）

彩图五〇三　鄂托克前旗特布德长城12段墙体与特布德3号烽火台（东—西）

彩图五〇四　鄂托克前旗特布德长城二边1段（东—西）

彩图五〇五　鄂托克前旗特布德长城二边2段（西—东）

彩图五〇六　鄂托克前旗特布德长城二边3段（东—西）

273

彩图五〇七　鄂托克前旗特布德长城二边4号敌台及南、东侧建筑基址（东南—西北）

彩图五〇八　鄂托克前旗特布德长城二边4段墙体夯层（东南—西北）

彩图五〇九　鄂托克前旗特布德长城二边7段（东南—西北）

彩图五一〇　鄂托克前旗特布德长城二边12段（东—西）

彩图五一一　鄂托克前旗特布德长城二边10号敌台（东—西）

彩图五一二　鄂托克前旗特布德长城二边14段（东南—西北）

彩图五一三　鄂托克前旗特布德长城二边13号敌台采集的西夏文酱釉瓷片

彩图五一四　盐池县兴武营长城（北—南）

彩图五一五　盐池县兴武营长城二边1段（西—东）

彩图五一六　鄂托克前旗特布德1号烽火台（南—北）

彩图五一七　鄂托克前旗特布德2号烽火台（南—北）

彩图五一八　鄂托克旗土桥梁烽火台（北—南）

彩图五一九　灵武市东庄子烽火台（东—西）

彩图五二〇　灵武市东庄子烽火台与头道边墙体、特布德1号烽火台（西—东）

彩图五二一　灵武市毛卜剌堡全景（东—西）

彩图五二二　灵武市毛卜剌堡南瓮城远景（东—西）

彩图五二三　灵武市毛卜剌堡北墙（西南—东北）

彩图五二四　灵武市毛卜剌堡地表遗物

彩图五二五　盐池县兴武营内环境（西北—东南）

彩图五二六　盐池县兴武营地表遗物

283

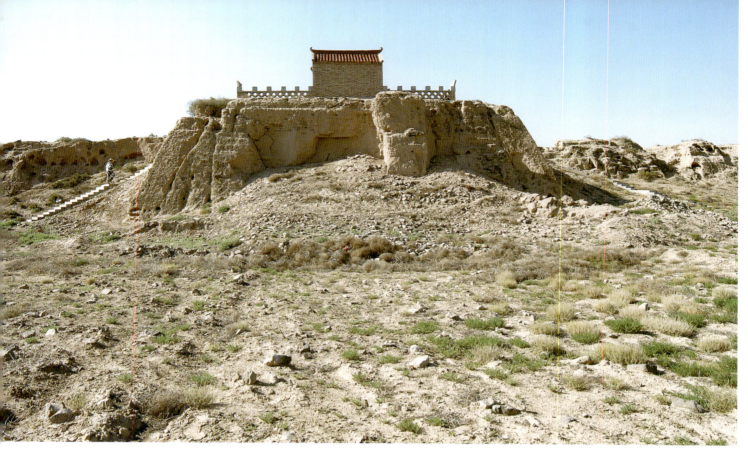

彩图五二七　盐池县兴武营南门，已被填实（南—北）

彩图五二八　盐池县兴武营北墙（西—东）

彩图五二九　盐池县兴武营东墙（北—南）

彩图五三〇　盐池县兴武营东北角楼（北—南）

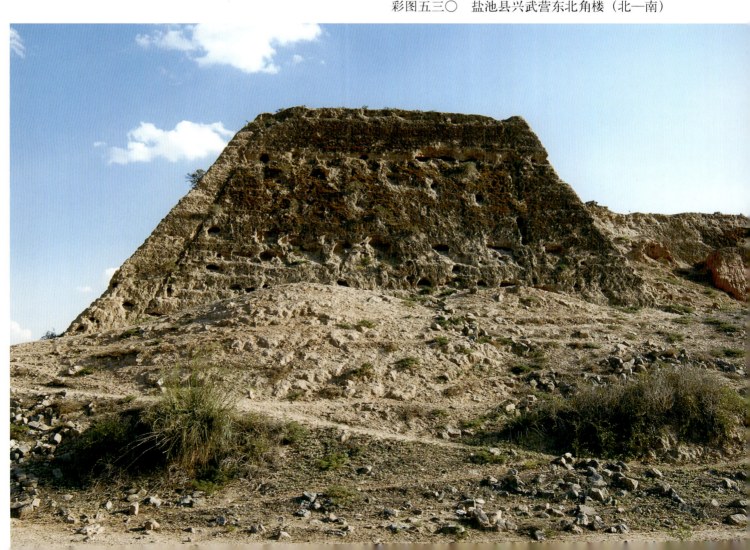

彩图五三一　盐池县兴武营点将台遗址（南—北）

彩图五三二　盐池县兴武营小城遗址（西南—东北）

彩图五三三　盐池县西坡寺遗址（西南—东北）

彩图五三四　乌海市海南区农场一队长城3段（北—南）

彩图五三五　乌海市海南区农场三队长城（北—南）

彩图五三六　乌海市海南区绿化一队长城2段（西南—东北）

彩图五三七　乌海市海南区农场六队长城1段（北—南）

彩图五三八　乌海市海南区四道泉二队长城1段（东南—西北）

彩图五三九　乌海市海南区大桥村长城1段（南—北）

彩图五四〇　乌海市海南区红墩烽火台（东—西）

彩图五四一　乌海市海南区东红烽火台（西—东）

彩图五四二　乌海市海南区渡口1号烽火台（南—北）

彩图五四三　乌海市海南区二道坎烽火台（一）（东—西）

彩图五四四　乌海市海南区二道坎烽火台（二）（东北—西南）

彩图五四五　阿拉善左旗赤木口长城1段墙体局部及排水设施（东北—西南）

彩图五四六　阿拉善左旗赤木口1号敌台（西北—东南）

彩图五四七　阿拉善左旗赤木口长城2段（北—南）

彩图五四八　阿拉善左旗赤木口2号敌台（北—南）

彩图五四九　阿拉善左旗赤木口长城3段（北—南）

彩图五五〇　阿拉善左旗赤木口3号敌台（东南—西北）

彩图五五一　阿拉善左旗赤木口长城4段（山险墙）局部（南—北）

彩图五五二　阿拉善左旗赤木口长城5段（北—南）

彩图五五三　阿拉善左旗磨石口长城3段（东北—西南）

彩图五五四　阿拉善左旗磨石口长城6段（西—东）

彩图五五五　阿拉善左旗磨石口长城7段（北—南）

彩图五五六　阿拉善左旗磨石口1号敌台（南—北）

彩图五五七　阿拉善左旗磨石口1号敌台附燧（西—东）

彩图五五八　阿拉善左旗磨石口长城8段（北—南）

彩图五五九　阿拉善左旗磨石口长城10段墙体东侧局部（东北—西南）

彩图五六〇　阿拉善左旗磨石口2号敌台（南—北）

彩图五六一　阿拉善左旗磨石口长城11段（北—南）

彩图五六二　阿拉善左旗磨石口长城14段（东北—西南）

彩图五六三　阿拉善左旗磨石口长城16段（一）（南—北）

彩图五六四　阿拉善左旗磨石口长城16段（二）（北—南）

彩图五六五　阿拉善左旗磨石口4号敌台及围院（东北—西南）

彩图五六六　阿拉善左旗磨石口长城21段（西南—东北）

彩图五六七　阿拉善左旗磨石口5号敌台（西—东）

彩图五六八　阿拉善左旗磨石口长城25段（东北—西南）

彩图五六九　阿拉善左旗磨石口6号敌台及附燧（南—北）

彩图五七〇　阿拉善左旗北岔口长城1段（北—南）

彩图五七一　阿拉善左旗北岔口长城3段起点（东北—西南）

彩图五七六　阿拉善左旗北岔口长城6段墙体顶部女墙（东—西）

彩图五七七　阿拉善左旗北岔口长城6段双排水孔南侧全景（南—北）

彩图五七八　阿拉善左旗北岔口长城8段（西—东）

彩图五七九　阿拉善左旗北岔口2号敌台（南—北）

彩图五八○　阿拉善左旗柳木高长城1段（北—南）

彩图五八一　阿拉善左旗柳木高长城1段墙体拐点（西南—东北）

彩图五八二　阿拉善左旗柳木高1号敌台及围院（东—西）

彩图五八三　阿拉善左旗柳木高长城3段（东北—西南）

彩图五八四　阿拉善左旗柳木高2号敌台及围院（东南—西北）

彩图五八五　阿拉善左旗柳木高长城5段（东北—西南）

彩图五八六　阿拉善左旗柳木高3号敌台（南—北）

彩图五八七　阿拉善左旗柳木高长城9段（一）（北—南）

彩图五八八　阿拉善左旗柳木高长城9段（二）（南—北）

彩图五八九　阿拉善左旗柳木高4号敌台（南—北）

彩图五九〇　阿拉善左旗柳木高长城13段（北—南）

彩图五九一　阿拉善左旗柳木高长城15段（北—南）

彩图五九二　阿拉善左旗柳木高长城16段（西北—东南）

彩图五九三　阿拉善左旗柳木高6号敌台（东北—西南）

彩图五九四　阿拉善左旗柳木高长城17段（东北—西南）

彩图五九五　阿拉善左旗柳木高长城19段（西北—东南）

彩图五九六　阿拉善左旗柳木高长城19段局部（北—南）

彩图五九七　阿拉善左旗柳木高7号敌台及附燧（东—西）

彩图五九八　阿拉善左旗赤木口长城二边1段（东—西）

彩图五九九　阿拉善左旗赤木口长城二边3段（北—南）

彩图六〇〇　阿拉善左旗赤木口长城二边4段（南—北）

彩图六〇一　阿拉善左旗磨石口长城二边2段（西—东）

彩图六〇二　阿拉善左旗磨石口长城二边7段（西—东）

彩图六〇三　阿拉善左旗磨石口长城二边8段（西—东）

彩图六〇四　阿拉善左旗磨石口长城二边1号敌台（西—东）

彩图六〇五　阿拉善左旗磨石口长城二边4号敌台（西—东）

彩图六〇六　阿拉善左旗磨石口长城二边12段（东南—西北）

彩图六〇七　阿拉善左旗磨石口长城二边13段（北—南）

彩图六〇八　阿拉善左旗磨石口长城二边15段（东—西）

彩图六〇九　阿拉善左旗磨石口长城二边17段（东—西）

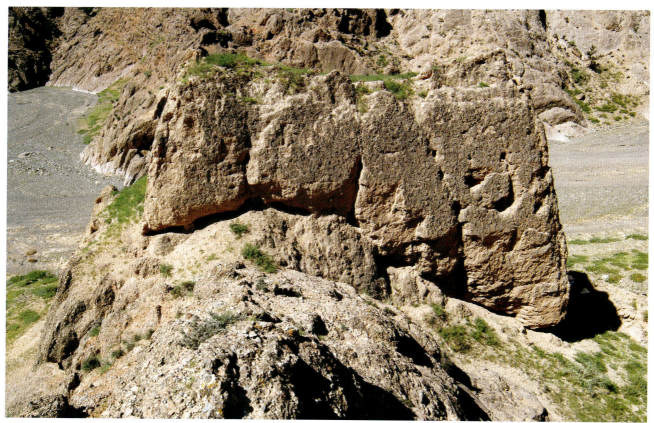

彩图六一〇 阿拉善左旗磨石口长城二边3号敌台（北—南）

彩图六一一 阿拉善左旗北岔口长城二边1段（西—东）

彩图六一二　阿拉善左旗北岔口长城二边2段（西北—东南）

彩图六一三　阿拉善左旗北岔口长城二边3段（东南—西北）

彩图六一四　阿拉善左旗北岔口长城二边4段（东—西）

彩图六一五　阿拉善左旗北岔口长城二边5段（南—北）

彩图六一六　阿拉善左旗北岔口长城二边6段（西—东）

彩图六一七　阿拉善左旗北岔口长城二边1号敌台（东南—西北）

彩图六一八　阿拉善左旗北岔口长城二边8段（北—南）

彩图六一九　阿拉善左旗北岔口长城二边9段（西北—东南）

彩版六二〇　阿拉善左旗北岔口长城二边10段（南—北）

彩图六二一　阿拉善左旗北岔口长城二边3号敌台（东—西）

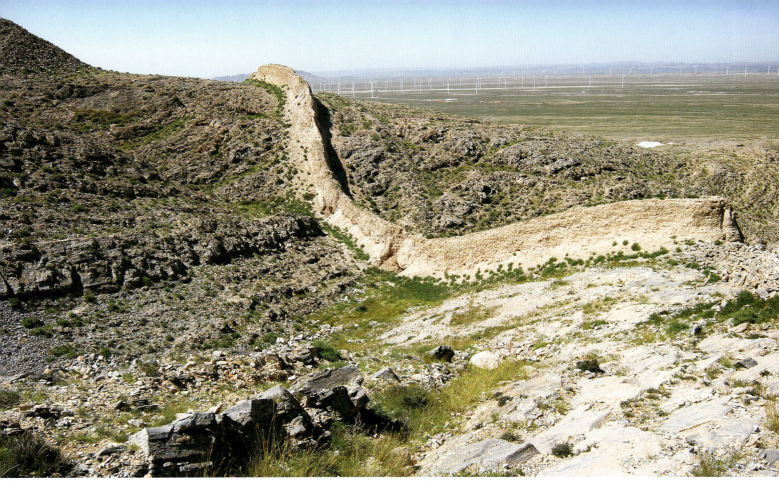

彩图六二二　阿拉善左旗北岔口长城二边11段（东北—西南）

彩图六二三　阿拉善左旗北岔口长城二边12段（北—南）

彩图六二四　阿拉善左旗柳木高长城二边1段（北—南）

彩图六二五　阿拉善左旗柳木高长城二边5段（北—南）

彩图六二六　阿拉善左旗柳木高长城二边7段（南—北）

彩图六二七　阿拉善左旗柳木高长城二边8段（南—北）

彩图六二八　阿拉善左旗柳木高长城二边9段（东南—西北）

彩图六二九　阿拉善左旗围沟长城二边1段（西南—东北）

彩图六三〇　阿拉善左旗围沟长城二边2段（北—南）

彩图六三一　阿拉善左旗乌兰库特勒长城二边1段（西—东）

彩图六三二　阿拉善左旗乌兰库特勒长城二边2段（南—北）

彩图六三三　阿拉善左旗乌兰哈夏长城二边（南—北）

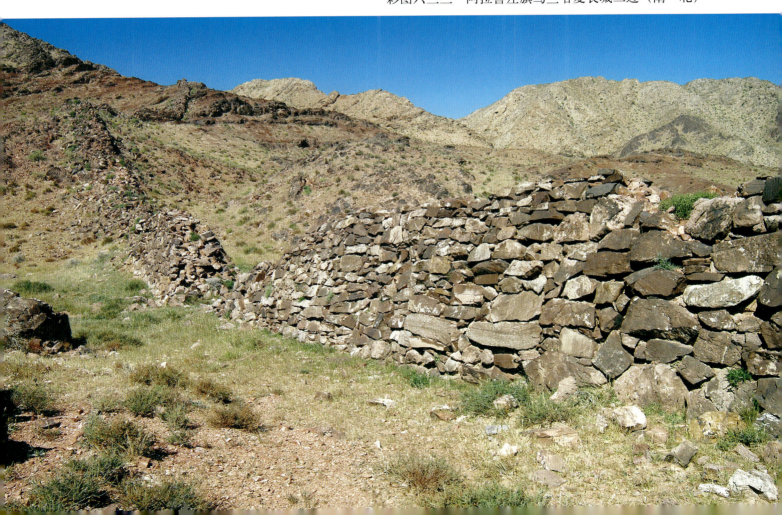

彩图六三四　阿拉善左旗三关口烽火台（西—东）

彩图六三五　阿拉善左旗红井沟烽火台（东—西）

彩图六三六　阿拉善左旗夹子沟2号烽火台（东—西）

彩图六三七　阿拉善左旗磨石口2号烽火台（西北—东南）

彩图六三八　阿拉善左旗磨石口3号烽火台（东—西）

彩图六三九　阿拉善左旗二关1号烽火台（北—南）

彩图六四〇　阿拉善左旗二关2号烽火台（西—东）

彩图六四一　阿拉善左旗头关烽火台（西北—东南）

彩图六四二　阿拉善左旗乌兰全吉1号烽火台（南—北）

彩图六四三　阿拉善左旗磨石口4号烽火台（西北—东南）

彩图六四四　阿拉善左旗磨石口5号烽火台（东—西）

彩图六四五　阿拉善左旗红碴子烽火台（东北—西南）

彩图六四六　永宁县高石墩1号烽火台（南—北）

彩图六四七　永宁县高石墩2号烽火台（南—北）

彩图六四八　永宁县夹子沟1号烽火台（东南—西北）

彩图六四九　永宁县夹子沟堡（东北—西南）

彩图六五〇　青铜峡市红井子圈1号烽火台（西北—东南）

彩图六五一　青铜峡市红井子圈2号烽火台（东—西）

彩图六五二　青铜峡市钻洞子1号烽火台（南—北）

彩图六五三　青铜峡市钻洞子2号烽火台（东—西）

彩图六五四　永宁县磨石口1号
烽火台（西—东）

彩图六五五　鄂托克前旗被雨水
冲刷损害的长城墙体（西—东）

彩图六五六　鄂托克前旗被推
土机损坏的墙体（东—西）

彩图六五七　鄂托克前旗墙体上的豁口（北—南）

彩图六五八　田间走访

彩图六五九　实地测量

彩图六六〇　临摹拓片

彩图六六一　现场记录

彩图六六二　翻山越岭

彩图六六三　畅饮山泉

彩图六六四　山林野餐